本译著系国家2011计划司法文明协同创新中心、
吉林大学理论法学研究中心
以及国家社科基金项目“乡土社会变迁与基层司法创新机制研究”
（批准号：12BFX015）阶段性成果，并受其资助出版。

The Oxford Handbook *of*
JURISPRUDENCE &
PHILOSOPHY OF LAW

# 牛津法理学与法哲学手册

## （上册）

［美］朱尔斯·科尔曼　斯科特·夏皮罗◎主编
杜宴林　朱　振　韦洪发　等◎译

上海三联书店

“十三五”国家重点图书出版规划项目
国家出版基金资助项目

# 作者简介

拉里・亚历山大(Larry Alexander),圣地亚哥大学法学院 Warren 杰出教授。

彼得・本森(Peter Benson),多伦多大学法学教授。

布莱恩・H. 比克斯(Brian H. Bix),明尼苏达大学法学院法学教授。

艾伦・布坎南(Allen Buchanan),亚利桑那大学哲学教授。

朱尔斯・L. 科尔曼(Jules L. Coleman),耶鲁大学法学院 Wesley Newcomb Hohfeld 法理学教授,耶鲁大学哲学教授。

蒂莫西・A. O. 恩迪科特(Timothy A. O. Endicott),牛津大学贝利奥尔学院法学研究员。

约翰・菲尼斯(John Finnis),牛津大学法律和法哲学教授,圣母大学法学院 Robert and Frances Biolchini 教授。

约翰・加德纳(John Gardner),牛津大学法理学教授。

大卫・古拉夫(David Golove),纽约大学法学院法学教授。

莱斯利・格林(Leslie Green),多伦多约克大学奥斯古德法学院(Osgoode Hall Law School)和哲学系法学和哲学教授。

肯特・格林纳瓦尔特(Kent Greenawalt),哥伦比亚大学法学院大学教授(University Professor)。

肯尼斯・埃纳・海默(Kenneth Einar Himma),华盛顿大学哲学讲师。

F. M. 卡姆(F. M. Kamm),纽约大学哲学教授,医学(生物伦理学)教授,法学院附属教员(Affiliated Faculty)。

乔迪・S. 克洛斯(Jody S. Kraus),弗吉尼亚大学法学院法学教授。

克里斯托弗・库茨(Christopher Kutz),加州大学伯克利分校博尔特法学院(Boalt

Hall School of Law）法理学和社会政策项目法学助理教授。

布莱恩·莱特（Brian Leiter），德克萨斯大学奥斯汀分校 Charles I. Francis 法学教授，哲学教授，法律和哲学项目主任。

威廉·露茜（William Lucy），英国基尔大学（Keele University）法学教授。

蒂莫西·麦克莱姆（Timothy Macklem），伦敦国王学院法学讲师。

安德瑞·马默：（Andrei Marmor），以色列荷兹利亚跨学科中心副教授，芝加哥大学法学院长期访问教授。

杰拉德·J. 波斯特玛（Gerald J. Postema），北卡罗来纳大学教堂山分校 Carry C. Boshamer 哲学教授和法学教授。

亚瑟·利普斯坦（Arthur Ripstein），多伦多大学法学和哲学教授。

斯科特·J. 夏皮罗（Scott J. Shapiro），叶史瓦大学本杰明·N. 卡多佐法学院法学教授。

爱德华·斯坦（Edward Stein），叶史瓦大学本杰明□ N. 卡多佐法学院法学副教授

马丁·斯通（Martin Stone），杜克大学法学教授，哲学副教授。

杰里米·沃尔德伦（Jeremy Waldron），哥伦比亚大学 Maurice and Hilda Friedman 法学教授，法学和哲学中心主任。

本杰明·C. 泽普尔斯基（Benjamin C. Zipursky），福特汉姆大学法学院学术事务副院长、教授。

## 译者简介（按所译章节先后为序）：

朱　振，国家2011计划司法文明协同创新中心、吉林大学法学院、理论法学研究中心副教授，主要从事西方法哲学研究。

焦宝乾，浙江大学光华法学院教授，主要从事法律方法论研究。

杜宴林，国家2011计划司法文明协同创新中心、吉林大学法学院、理论法学研究中心教授，主要从事法理学、法哲学研究。

于立深，吉林大学法学院、吉林大学理论法学研究中心教授、博士生导师，主要从事宪法、行政法哲学和法律规制研究。

刘红臻，吉林大学法学院、吉林大学理论法学研究中心副教授，主要从事人权法哲学研究。

韦洪发，吉林大学马克思主义学院副教授，主要从事法理学研究。

李立丰，吉林大学法学院教授，主要从事刑法哲学研究。

蔡立东，吉林大学法学院、吉林大学理论法学研究中心教授，主要从事民法哲学研究。

孙良国，吉林大学法学院教授，主要从事民法哲学研究。

王彦志，吉林大学法学院副教授，经济学博士，主要从事国际法、国际经济法、国际商法与国际私法的实证法学、社会科学与人文哲学研究。

# 序　言

当下哲学出版物充斥着词典、百科全书和指南，法律哲学当然也不例外。我们的意图并不是再去增加这一不断增长的标题清单。相反，我们想把关于法律哲学中之主要论题的工作汇集一卷，这一工作不仅是报告目前的学术发展水平，而且也为其作出了贡献。

我们给作者们的只是非常简单的指示：就被选定的论题，向我们给出你的“看法”。我们的理想是想使各章详细讨论这一领域中的一些主要问题以及关于这些问题的一些突出进路。但是，我们也想使这些探究成为作者自己观点的出发点。我们意识到要完成这些任务，显然作者们将需要比百科全书词条和期刊文章所通常允许的更多的自由和空间。因此，我们允许作者们在一万五千个单词以内可写作任意篇幅的词条。尽管多数作者都控制在这一限度之内，但也有几个作者明显超过了这个限度，而我们也保留了这些骤增的丰富内容。

因此，这些章节并不旨在追求全面并有意地与众不同，而这正是《手册》本身的特征。正如这些作者们并未致力于涵盖每一个重要的问题和立场一样，我们也不试图将法哲学中每一个有价值的论题或主要的思想流派囊括进词条之中。这基于以下几个理由：第一，尽管我们已经创作出了厚厚的一本大书，但仍然有篇幅的限制。每一章的规模都明显限制了我们能收录的词条的数目。第二，某些重要的法理学论题在近年来的文献中已经被广泛地探讨，而且我们也不认为再讨论一次将会是有益的(例如，法理学无需有关法律和经济学之规范性基础的另一种尝试)。第三，已经承诺写作词条的少数几个人在这一计划的最后阶段不得不撤出了，而且时间的限制也使得我们无法找到合适的替代者。

总之，纵然如此，这一计划已经按照我们的设想充分地实现了，即关于法律哲学之主要论题的一本原创性论文集，而这些论文是由当今仍笔耕不辍的最令人感兴趣和最有思想的研究者所撰写的。本书不仅抓住了过往法理学的多数内容；它也展现了法哲学的现状并且为我们指出了法哲学未来发展的好几个可能方向。

最后，要是不感谢 Kenneth Himma 对这一计划的成功所做的贡献，我们将会是不负责任的。一开始 Kenneth 是这一计划的“匿名”审稿人，并很快成为了副主编。事实上，我们收到的作者提交的每一篇论文都最终送交 Kenneth 来审阅。Kenneth 都以惊人的速度做出回应，他不但对文章的风格和表述提供有益的建议，而且还为作者们就文章的基本内容提出丰富的和有洞见的评论。几乎每一位作者(包括最初对他的批评感到伤自尊的那些人)都告诉我们说，审稿人的评论实质性地改进了他们的作品，这对 Kenneth 来说是一个荣耀。对此，我们完全赞同。

朱尔斯·L.科尔曼(Jules L. Coleman)<br>
斯科特·夏皮罗(Scott Shapiro)<br>
于<br>
纽黑文(*New Haven*)<br>
纽约(*New York*)

# 目录 CONTENTS

## 上册



## 下册

上册

# 第1章　自然法:古典传统

约翰·菲尼斯 著　朱　振* 译

## 导论

在任何能谈及义务的地方,我们都可以谈及法律。实际上,我们仍旧能够在更宽泛的意义上使用这个词,于是在任何能谈及规范性的地方我们都能谈及法律,那就是被认为算作是(或有资格算作是)人们对于做什么之慎思(deliberations)的一般性指引。因此,尽管确实还有其他的含义,但"法律"能被用以指涉一些对实践(行为[conduct]、行动[action])问题作正当判断(right judgment)的标准,即评估人之行为自由选择之好坏、对错、可欲或不可欲、合适或不合适的标准。那就是"法律"这个词被用于"自然法"这个术语中的含义。

尽管"自然的"这个词有一个意义的范围,但其仍能被用来表明:在那些判准或标准中,其中有一些以某种方式在规范性上优先于人们的任何选择[1]。根据这一观念,这些具有优先性的标准既非个体亦非集体之选择或认定的产物,它不能被取消,尽管它们经常被违反、反对或忽视。这里要表达的理念就是,在人们的慎思中,

---

* 2011计划司法文明协同创新中心、吉林大学理论法学研究中心副教授,主要从事当代西方法哲学研究。本文的翻译受益于与陈庆、吴彦、韦洪发以及 Brian Bix 的讨论,当然译文所出现的一切错误由译者负责。

[1] 为简化起见,本章使用"标准"指涉能给予或意图给予某人考虑去做什么的慎思以指引(激发动机并对动机分类及排序)的任何原则、规则或规范。因此,这个词不仅涵盖了上一段中所提到的"一般性指引(general directions)"和这个句子中所提到的"判准(criteria)",而且还包括实在法的许多原则和规则等等。

承认这些标准是有部分合理性的——这与承认基本自然事实(世界的持续性或时间的单向流动等等),或逻辑的要求,或为实现明确目的之手段的合适或不合适(糕点的烹饪法、通货紧缩的各种补救方法、战斗的策略、做出芯片的电路等)会有同样多的部分合理性。不承认这些标准的人们或文化,即使在许多方面是理性的(rational),但在那一方面就是不合理的(unreasonable)。(参见下文第10节和第18节)

正如一句格言所示,这种不合理性(unreasonableness)是"人性的,太人性的(human, all too human)"。但更精确地说,相比于一个人能够完满地成为什么(fully what a human being can be),不合理性是一种使人变得不太完满的方式。而且这也不是称之为"非自然的"(unnatural)唯一理由。贫乏的思考和选择不但无法实现一个完满的人的智能和理性能力,而且还导致了一些行动和疏忽,从而无法尊重和提升它们所影响的每一个人的人性(即天性)。违背了我们据以鉴别此类失败之标准的一个社会是不能实现它可以具有的繁盛(flourishing)* 的。它的成员,无论是正在行动(并在保持克制),还是本应当受益而没有受损的,都无法完善他们的能力。然而人类事务所特有的是,这一情况就其不尊重人而言是非自然的。因其是不合理的,所以是非自然的;而不合理是因为它忽视人的善,而这里的善是实践理性标准的主旨(the subject-matter of practical reason's standards)。

"古典(的)"这个术语能规范性地或仅仅是描述性地加以使用。在描述的意义上,它仅仅意味着年代学。因此,"古典自然法理论"(classical natural law theory)可以仅仅意指出现在"古典时代"的理论;对我们来说就是指古希腊。或者,描述也许是出于惯习的评估(conventional assessment);因此"古典自然法理论"可以仅仅意指这样一种理论:它通常被视为典型理论或极通常情况下所讨论之理论的一类或亚类。或者,人们能够在规范的意义上使用这个术语,以表明他的如下判断,即这个理论或这套观念——无论是否受到欢迎、被忽视的还是广受关注——实际上是合理的,并有资格成为个人与公共生活的导引。在本章中,我通常同时在三种意义上使用这个术语;当然,我关注的重点还是规范的意义与主张。

---

* "繁盛(flourishing)"采用的是罗志良的译法,参见罗志良:《方法论的自然法:Finnis之"修辞学转向"》,"国立"台北大学法学系2006年硕士论文,第45页,指导教师为庄世同博士。

自然法理论主张成为充分的或合理的法理学（或法律哲学），而且也主张成为合理的伦理学与政治理论。因此我不但以接下来的简短一节，而且更进一步将以27个小标题来阐述这一理论。对于载入本《手册》的其他27个论题中的每一个来说，自然法理论对此都说了哪些种类的事情呢？或者，如果始终如一地加以阐述，自然法理论又会说些什么呢？作为对上述问题的一个素描式回应，我将循着本书的顺序进行论述，但这样做的代价是会有重复，而且对于所讨论的种种理念与问题来说，这样做也会偏离一个更自然的（更融贯的、更富有启发性的并更富有成果的）的次序。

### 1. 古典自然法理论

尽管存在着多种观点和实践，但确实有一些关于正当行为的正确而有效的标准，柏拉图在哲学意义上（即反思性地且批判性地）阐述了这一点。在他和怀疑论者的对话录中，柏拉图也发现，从怀疑论者手中夺回“自然”和“自然的”这些词是合适的。因为怀疑论者主张，强壮的人和自私的人生来（即自然地）胜过那些虚弱的人，或因照顾别人、遵守诺言或承担其他“责任”而自我弱化的人。对此，柏拉图以其卓越才智回应道，毫无同情心地追求权力欲和其他满足欲，由此试图过一种“自然的”或与“自然法保持一致的”生活是自我无效的（self-stultifying）、不融贯的并且是不合理的。人们的欲望，无论是理智的（比如知识与友爱），还是主要为情感的（比如美食、性、权力、名誉等等），生来都需要由理性的标准来支配与节制。这些标准的运用范围已超出了使一个人自己的心灵处于良好的状态，并且也包括建立和维持与其他同类之间的一种良好秩序，或在其同类之中建立和维持一种良好秩序。心灵中的（亦即确实在特定个体整个天性[the whole make-up]中的）正义是社会中正义的来源，映照了社会中的正义，且为社会中的正义所反映。政治共同体的本性也就是“扩大了的”人类个体的本性，反之亦然。我们据以判断贪婪的暴君是一个坏人即一个失败者（不但把他看成是邪恶的，而且也因其是邪恶的才是一个失败者）的标准是自然正当（*natural right*），即自然法（*natural law*）。怀疑论者的“自然法”尽管具有自然法的某些外表（邪恶的魅力），因其是不合理的，所以是非自然的。这就是柏拉图《高尔吉亚篇》（*Gorgias*）、《理想国》、《法律篇》以及其他著作的主题[2]。

柏拉图与怀疑主义，以及与现代功利主义和实用主义的诸多理论雏形之间的对话差不多一直持续到现在。他的概念工具和论证策略被亚里士多德、西塞罗、奥古斯丁和阿奎那承接下来，更不必说莎士比亚和其他诸多论者的著作了。实际上，这一传统的一些主要因素还出现在洛克、康德和黑格尔那里，尽管其实践理性已对怀疑主义做出了巨大让步，以至于他们的理论不能再被视为古典的而应是"现代的"。相对于古典的理解，并且相对于在性质上多少是古典的理论所支撑的政治与法律秩序，这种现代性在某些方面是一个进步。但是在某些重要的以及基本的方面，"现代的"诸多观念是对柏拉图洞见的一个倒退，它退回到了前苏格拉底哲学家和诡辩家。另外，它也是一个已在消逝的现代性。

关于自然法理论的传统有着如下三个引言性的观点：

1. 自然法理论的主导性目的是回答一个有良知的个体，或一个群体，或一个群体的负责任的官员（如法官）提出的类似问题："我应该做什么？""我应当决定、制定、要求或提高什么？"确实，如果没有一套合理且广泛的关于世界运行方式之事实的知识，这些规范性问题就不能得到很好的回答。因此好的描述（包括一般性的与具体的描述）是必要的。但这些描述仍旧只具有次要的与派生的重要性。我们关注的核心在于：为自己判断什么样的理由是采纳或拒绝特定类型之选择的好理由。于是，社会及其法律与制度就能被理解了，正如他们会被一个参与者所理解，而这个参与者审慎地思考了是否要做出（关于行动、性情、制度、实践等等的）多种选择，这些选择塑造了并在很大程度上构成了那个社会的现实（reality）并决定其有无价值。这一"内在"观点是具有支配性的，而且行为的标准和规则从来都不是由习俗、习惯或合意的诸事实所构成的。（也不是由如下这个事实所构成，即审慎思考的人们接受它们。）除非依凭某个更高的、更终极的应当前提（ought-premise），"应当"从来都不能由"是"推衍出来。正如我们将看到的，实证主义并没有融贯地满足这一逻辑要求。而实证主义所合理期望坚持的每一件事都被清楚地并且融贯地涵括在

[2] See John Finnis, 'Natural Law and the Ethics of Discourse', *Ratio Juris*, 12(1999), 354 - 373; *American Journal of Jurisprudence*, 43(1999), 53 - 73.

古典自然法理论之中。

2. 古典自然法理论(无论是通过"演绎"(deduction)还是其他方法)没有把"应当"化约为"是",其原因在于,在与前科学的迷信以及诡辩派把正当化约为强权(might)的争论之中,古典自然法理论澄清了四种类型的秩序相互之间的不可化约性,与此相应出现了四种理论:(1)是其所是的秩序(orders which are what they are),它们独立于我们的思考,也就是自然、自然律(natural laws),相应地形成了自然科学与形而上学;(2)能够纳入我们的思考之中的秩序,相应地形成了逻辑标准与逻辑学;(3)能够纳入我们在整个生活之开放视野中的慎思、选择和行动之中的秩序,相应地形成了道德的标准与反思性的伦理学科;(4)能够纳入我们的力量所支配之事物(包括我们自己的身体)中的秩序,亦即达致相对特定之目的的诸多方法,相应地形成了无数的技巧(techniques)、工艺(crafts)和技术(technologies)[3]。道德和自然法(在该术语的相关意义上)不能被化约为或演绎自自然科学或形而上学、逻辑或任何技艺的诸原则。

3. 尽管如此,这一传统清晰地认识到,一个人不能合理地断言人际平等,或人权的普遍性及其约束力量,除非他承认,对人来说,存在某种东西,不但能够把他们与一些理性不足的(sub-rational)生物从根本上区别开来,而且还优先于任何对"身份"的承认而内在于每个人(无论是成年人还是幼年人,健康人还是残疾人)的真实实在(factual reality)。

## 2. 现代自然法传统

"现代的"在此指"当下的"。但实际上,现在所有还打算称他们自己的作品为"自然法理论"的人都自认为是对古典传统的重述和发展。另外,他们也拒绝那个"现代"传统的一些特有信条,这个传统出现于17世纪并自觉地抛弃了恰恰属于古典传统的某些要素,而这些要素正是现在的"新古典"理论家所最为敬重的。

---

[3] 对于本段所考虑的这四类知识/科学/学科及其不可化约性(irreducibility)参见比如 Finnis, *Aquinas: Moral, Political and Legal Theory* (Oxford University Press, 1998) (hereafter *Aquinas*), ch. 2; Finnis, 'Legal Reasoning and Legal Theory', in Robert P. George (ed.), *Natural Law Theory* (Oxford: Oxford University Press, 1992), 134 – 157 at 139 – 140.

因此我将遵循一个常规的学术观点：显而易见，自然法理论的现代传统不迟于1660年就出现了，这时普芬道夫(Samuel Pufendorf)在海牙出版了他的《普遍法理学原理》[4]。普芬道夫的这本书，或其更详尽的论文《论自然法与民族法》(1672)[5]，或者洛克长期未出版的著作《自然法诸问题》[6](其完成时间明显地在大约1660年到1664年之间)已经研究了此类自然法理论的独有特征。显而易见，普芬道夫与洛克的理论在某些方面源自于胡果·格老秀斯(Hugo Grotius)，而在其他一些方面源自于托马斯·霍布斯(Thomas Hobbes)。极为明显地，普芬道夫显著地把霍布斯的《论公民》(*Pe Cive*)(论成为一个公民)(1642)视为"在很大程度上是极为敏锐与合理的"，这本书预示了霍布斯更著名的《利维坦》(*Leviathan*)(1651)之道德与法学的要义。[7]

对于格老秀斯的有重大影响的《战争与和平法》，洛克和普芬道夫持一种非常动听但却相当模糊的观点，即道德和法律的基本原则是一个"遵循理性自然"(conformity to rational nature)的问题。这一自然怎样被认知，以及它为什么对任何人都具有规范性，对此他们从未仔细地思考过。霍布斯直面并回答了这些基本的问题。但是他的答案把我们的实践推理(practical reasoning)视为服务于诸如对死亡的恐惧等理性不足之激情(sub-rational passions)的所有东西，而且还把实践推理视为优于其他东西的欲望：也就是优于如下这类动机，古典传统确认，这些动机需要由我们对更终极的与更好的目的、正确的及内在的善以及真正明智的行动理由的理性把握所指引。霍布斯表明了他对终极目的与内在行动理由(intrinsic reasons for action)的古典式探寻的蔑视。当我们注意到，某个目的要求某种特定手段并且为了某个目的而要求这一手段(而且，不去判断那个目的的可欲性及是否值得追求，这会是不合理的)，我们就确认了一种必要性，于是对霍布斯来说，在这

〔4〕*Elementorum Jurisprudentiae Universalis Libri Duo* by Samuel Pufendorf, vol. ii, *The Translation*, by William Abbott Oldfather (Oxford University Press, 1931) (hereafter *Elements*).

〔5〕*De Jure Naturae et Gentium Libri Octo* by Samuel Pufendorf, vol. ii, *The Translation*, by C. H. Oldfather and W. A. Oldfather (Oxford University Press, 1934).

〔6〕Ed. Robert Horwitz, Jenny Strauss Clay, and Diskin Clay (Ithaca, NY: Cornell University Press, 1990); also published as W. von Leyden (ed.), *Essays on the Law of Nature* (Oxford: Oxford University Press, 1954).

〔7〕Pufendorf, *Elements*, preface, p. xxx.

类必要性中无疑能够发现义务与法律的来源。[8] 更确切地讲，霍布斯进而是洛克和普芬道夫把义务和法律界定为优势者意志（superior *will*）的问题。

"无立法者即无法律。"[9]没有对"优势者之权力意志"[10]的服从就没有义务。"法律的形式定义是：一个优势者意志的宣布。"[11]"优势者权力的意志就是我们行动的规则。"[12]这些现代自然法理论的创立者普遍认为这些定义和原理可适用于关于国家实在法（positive law of states）的自然法（亦即正是道德的诸原则）。[13] 因此，义务公然"源自于"事实，也就是如此这般已被一位优势者所命令的那种事实。固然，当自然法（道德）处于争议之中时，这一优势者即上帝被认定为是明智的。但是在解释为什么上帝的命令能为理性的良知创设义务时，神圣智慧的观念没有被赋予一个实在的作用。上帝进行立法的权利反而经由纯粹权力的类比而得到解释："因为谁会否认泥土要屈从于陶工的意志而且瓦罐也能被型塑它的同样的手所毁坏？"[14]

像霍布斯一样，洛克不安地意识到（尽管是隐含地），如果没有某个更进一步的"应当"，"是"推不出"应当"。也就是说，他不安地意识到，一位优势者或通过契约建立的一个团体曾经命令了一个行为，这一事实不能解释为什么那一行为现在仍是义务性的，或曾经确实能够完全是义务性的。因此洛克有时考虑用逻辑融贯的理性（rationality of logical coherence）去弥补他赤裸裸的唯意志论（voluntarism）（即

---

〔8〕下文第7小节思考了刚才分析的这样来解释义务的目的（this obligation-explaining end）是什么。

〔9〕Locke, *Questions*, 192–193.

〔10〕ibid. 158–9, 166–167.

〔11〕See ibid. 102–103.

〔12〕See ibid. 204–205.

〔13〕See e.g. Pufendorf, *Elements*, i, def. 12, sect. 17："因为，如果你取消了上帝主持正义的作用，契约的……全部效力——一方订约人不得通过武力强迫其他订约人守约——将会立即消失，并且每一个人将根据他自己的特殊利益去衡量正义。可以确定地说，如果我们乐于坦承这一真相，一旦对神圣复仇（divine vengeance）的恐惧被消除，就没有足够的理由去说明，在支配我利益的条件变化之后，对于在条件未变化因而我能获益的情形下我对其负有义务的对方订约人，为什么我完全还应当有义务去做那同样的事；当然，条件是我不必恐惧作为该行动之结果的任何真正的不利，至少不会恐惧任何人所施加的不利。"

〔14〕Locke, *Questions*, 165–166: 'patet ... posse homines a rebus sensibilibus colligere *superiorem esse aliquem potentem sapientemque* qui in homines ipsos *jus habet et imperium*. Quis *enim* negabit lutum figuli *voluntati esse subjectum*, testamque eadem manu qua formata est' (emphasis added, here as elsewhere).

用意志的行动去解释应当)：基本的道德原则是真函恒真(tautologies)，即一些规范，否定这些规范会是自相矛盾的(*self-contradictory*)[15]。对于其基本社会契约的义务性即服从最高统治者，霍布斯大胆提出了一个类似的说明。他的正式的和广为人知的解释是，"梅花即王牌"(即优势者的意志和优势者的权力/武力)。但是，对于并不认同把强权与公理、是与应当赤裸裸地等同起来的任何人，他提供了另外一种解释：一个人不遵守他已经做出的承诺是自相矛盾的。[16]

把逻辑规范吸收进自然法(道德)规范，这一策略的主要倡导者是康德，其《道德形而上学》(*Metaphysics of Morals*)(1779)在某些方面是关于近代自然法理论的最复杂的阐述。康德公开拒绝任何形式的把应当化约为意志的是(any reduction of *ought* to the *is* of will)，他认为，理性独自支配良心的慎思和行动(conscientious deliberation and action)。决定这一支配作用的理性必然性是无矛盾的逻辑必然性，而且康德对解释特定类型之义务(允诺的、私有财产的、政治的、婚姻的义务，等等)所做的所有努力就是要主张：按照任何其他的"行动准则(maxim of action)"行事都会蕴涵(自相)矛盾([self-]contradiction)。[17]

康德把道德理性(moral rationality)化约为逻辑完全失败了。这些化约必定要失败，因为康德的基本理论缺乏一个实质的行动理由概念(the concept of a substantive reason of action)——这一理由不是关于自然事实的真实判断，不是一个逻辑的要求，也不是为达致一个明确的和可实现的目的所采取之有效手段的技术必要性。康德的理论和实践目的是从功利主义和怀疑主义的破坏中拯救文明的内容。他以与众不同的力量清晰地表达了激进的反功利主义的原则，即人们必须总是把你自己的人性(humanity)正如同其他人的人性一样作为目的，而从不能仅仅作为手段。但他自己对于"人性"的正式界定会剥夺这一定言命令(categorical imperative)的重要性。因为，如果我们的人性正如康德所言是我们的理性

---

〔15〕See Lock, *Questions*, 178 - 179 (passage deleted by Locke in 1664).

〔16〕See Hobbes, *De Corpore Politico* (1650), part I, ch. 3; *Leviathan*, ch. 14; Finnis, *Natural Law and Natural Rights* (Oxford: Oxford University Press, 1980) (hereafter *NLNR*), 348 - 349(引证并分析了相关的段落，并且指出了策略中所固有的两种谬误：时间上的含糊其词[temporal equivocation]与未经解释的年代学偏好).

〔17〕See *NLNR*, 349.

(rationality)，并且那一理性除了是连贯一致的，并没有命令的内容，那么我们就不能够获得慎思所能包含的理性动机和智识方向。

最后，像洛克和休谟(Hume)一样，康德仍旧坚定抓住如下假设，即激发我们趋向一个目的而非另一个目的的东西是我们理性不足的情感。他几乎缺乏古典自然法理论的全部组成要素，即实质性的首要原则(基本的行动理由)，这些原则指引我们趋向肉体的生命和健康、婚姻、友爱、知识等等[18]，正如内在的人类善，这些善不但给予我们行动的理由(理智的而不仅仅是情感的动机)，而且作为现实的人(flesh and blood persons)的人性的诸方面，应总是作为目的而从不仅仅作为手段来对待。他不能说明他确实努力证成的一些义务和制度，更别提他所忽略的其他义务了，例如为了救济其他人的需要而公正地使用人们的大量财产的义务。康德公开拒绝把应当化约为意志的是，这一看法却被他如下主张的模糊性推翻了，即道德律是一个人自我立法的问题，而且在他关于实践理性所理解之内容的观念中，因缺失任何实质性目的(行动理由)，这些模糊性就是不可避免的了。[19]

20世纪中期流行把古典自然法理论与现代自然法理论区分开来，这基于如下考虑，即古典自然法著作有自然正当的观念，却没有现代自然法理论的自然权利和人权的概念。一些学者补充说道，自然权利的概念不可逃避地与个人主义者的唯意志论理论密切相关，这些理论努力地——当然是徒劳地，例如霍布斯——在一个自我强加的政治忠诚的契约中确立政治义务，并且经常无法把自由权与自我限制的义务以及与服务别人的义务连为一体。因此，自然法理论从古典到现代的转换就大约可判定为一种纯粹的思想堕落。但更进一步的反思和研究已经表明，自然权利或人权的概念(即使不是作为习语)在古典理论中肯定是存在的，并应在任何合理的道德理论和政治理论中获得一个中心的位置(更进一步的论述参见下文第8小节)。

因此，"现代"自然法理论和"古典"自然法理论的断裂之处应基本在于缺失古

---

〔18〕对于基本善的清单，see e.g. Finnis, 'Is Natural Law Theory Compatible with Limited Government?', in Robert P. George (ed.), *Liberalism and Morality* (Oxford: Oxford University Press, 1996), 1-26 at 4; more fully, *Aquinas*, 79-86; earlier, Finnis, *NLNR*, 59-99.

〔19〕See Finnis, 'Legal Enforcement of Duties to Oneself: Kant versus Neo-Kantians', *Columbia Law Review*, 87(1987), 433-456 at 433-435, 454-456.

典理论家的如下洞见，即人们只能通过理解人的能力来理解人性，并且这些能力相应地也只能通过理解实现这些能力的一些行动而得到理解，同时那些行动只能通过理解他们的“目标”即他们所意欲获得的善而得到理解[20]。那些善是我们为了行动而拥有的理由，并且我们充分注意到那些善的内在价值、它们使人们丰富和完满的方式以及它们对于应当做什么的全部思考所具有的指引性或规范性，并以此来关注它们，除此之外，在道德、政治或法律理论中就没有什么东西能得到很好的理解。

### 3. 排他性法律实证主义

除了经由惯习、命令或其他诸如此类的社会事实所创制的（更合适地说，是设定的）标准外，不存在行动的标准，这一观念也为柏拉图和亚里士多德所熟知。[21]对任何这样的观念提出并阐述一种持续的批评是这些哲学家及其追随者（诸如西塞罗）的首要目标。现在，这种极端类型的“排他性实证主义”的提倡者有意无意地也是尼采或其他一些人的追随者，他们像尼采一样把伦理学和规范的政治或法律理论化约为探寻伦理、政治或法律之标准的“系谱（genealogy）”——直接的与更深的历史（也许部分或全部是生理的）渊源。这些标准在超凡魅力的（charismatic）个体或追寻权力的群体之意志的运用中有着直接的来源，并且在据推测是类似意志的理性不及的内驱力（supposedly will-like sub-rational drives）以及关于强制、屈从、怨恨等等之强迫性冲动（compulsions）中有着它们更深刻的来源。当下，在持“实用主义”法律理论的论者那里也可发现关于“道德之谱系”的此类观念。

法律实证主义原则上是一种更加温和的主张：国家法是（或应当以体系性的方式加以研究，好像它是）完全源自惯习、命令或其他此类社会事实的一套标准。正如边沁、奥斯丁和凯尔森所提出并详尽阐释的，法律实证主义对下述问题公开保持中立，即在法律之外是否存在某些道德标准，它们的指引性（规范性、权威和强制性）[directiveness (normativity, authority, obligatoriness)]完全根据任何社会事实

---

〔20〕 See *Aquinas*, 29 - 34, 90 - 91.

〔21〕 See e. g. *Nicomachean Ethics*, I: 1094b15 - 16.

就不能得到解释。边沁和奥斯丁当然会认为,他们的功利主义道德(utilitarian morality)就其强制性而言并不依赖于任何个人或群体的权威性决定(say-so),即使奥斯丁认为功利主义道德要求的全部内容也是神的命令。直到暮年,凯尔森的正式理论——至少当他从事法律哲学时——还是:也许存在道德真理,但即使如此,它们完全外在于法律科学或法律哲学的视域。然而他最后的定位要么是完全的道德怀疑主义,要么是不折不扣的道德唯意志论:如果上帝存在的话,道德规范只能是上帝的命令。这样一个定位不但是唯意志论的最终结果(consummation),这种唯意志论贯穿了凯尔森关于实在法的全部理论论证;而且还是其每一个早期理论的最终结果,这些理论当然认为(参见上文第2节),法律及其强制性是且必定是优势者意志与强制权力(the will and coercive power of a superior)的一个结果。正如凯尔森认为的,这一定位没有给法律中逻辑一贯性(logical consistency)的要求留有任何余地,也没有给如下推理的企图留有余地,即一个一般性规则("谋杀者应被处罚")加上一个相关的事实命题("Smith 上周谋杀了 Jones")就能够要求一个规范性的结论("Smith 将被处罚")。规范性——并因此一个特定规范的规范性——的唯一来源是实证性(positivity),即基于一个优势者的那一规范的实际意志;理性(reason)——甚至是经由把事实涵摄于规则之下而进行的逻辑的与无矛盾的法律推理的理性能力(rationality)——从来不能代替意志。〔22〕

不能把凯尔森的最终立场看成是怪癖,仅能引起传记的兴趣(biographical interest),而认为这些立场毫无价值。然而,当下诸如拉兹这样的法律法哲学家所捍卫的排他性法律实证主义是非常独特的〔23〕。当断定所有的法律基于社会事实的来源并由其赋予效力时(这种断言就使之成为排他性法律实证主义),它也认为法官能够并且也确实常常有一个法律的与道德的义务把一些原则和规则适用于司法推理之中,因为,尽管不具有法律上的效力(因其迄今为止不能被任何社会事实的来源所证实),但它们在道德上是正确的或能被上面所说的法官接受为道德上正

〔22〕 Hans Kelsen, *The General Theory of Norm*, 1st pub. 1979, trans. Michael Hartney (Oxford: Oxford University Press, 1991), chs. 57–58.

〔23〕 See, e.g., 'A postscript', in Marshall Cohen (ed.), *Ronald Dworkin and Contemporary Jurisprudence* (London: Duckworth, 1984), 81–87.

确的。也许某个已制定的规则正在指引法官根据公平和公正的东西(what is fair and equitable)去判决某些特定案件。或许法官认识到,在实质正义(substantive justice)足够急迫地遭受损害的情形下,法官有权在任何实在法规则没有明确排除的地方引入正义的道德规则。

已经被证实的就是实在的(positive),不能被证实的就是非实在的,古典自然法理论并不拒绝这个命题。(实际上,"实在法"这个术语正是阿奎那引入哲学之中的,而且他也首次提出,一个政治社群的全部法律在哲学上可以被视为实在法[24])。但是这个命题需要详尽阐明。说一个规则、原则或其他标准"已经被一个社会事实的来源所证实"(has been posited by a social-fact source),这意味着什么?在规范的所有特性中,缺乏对规范的明确阐述将会是不够的,而且一种纯粹的推衍(推理)或可推导性也将是不足够的,这一看法意味着凯尔森最终想意指的东西吗?实际上,其他的实证主义者在这一方面并不追随凯尔森。但即使不追随他,对于一个标准有资格被视为"证实的"(posited)而言,与一个社会事实的来源已明确阐述的东西具有的哪些类型的一致性是必要且充分的?人们根据什么标准去回答这一理论问题?很显然,法律理论家很少有理由满意于任何如下这样的观念,即无论在哪个社会,通过审慎表达的实际行动,法律理论应当仅仅表述关于已被明确证实以及尚未被明确证实之东西的社会事实。当拉兹宣称法院基于自身特有属性而有着法律的和/或道德的义务去适用非法律的标准时,他自己就大为超出了如此狭窄的一个方案。

现在,考虑一下把一个道德标准确认为如下这样一个标准的司法程序或法律程序,即判决一个特定案件的任何人都有义务适用这个标准,尽管它(至今)还不曾被习惯、立法或先例等社会事实所证实。这个特定的道德标准通常会是某个非常一般的原则(诸如公正)——亦即拒绝接受有利或不利对待——的具体体现,而且这一对待用如下原则(金规则)来衡量就是专断的,这个原则包括:同等情况同等对待,不同等情况不同等对待,一个人应当为别人做他希望别人为他自己或他喜欢的

〔24〕 See Finnis, 'The Truth in Legal Positivism', in Robert P. George (ed.), *The Autonomy of Law* (Oxford: Oxford University Press, 1996), 195 - 214.

人做的事……(参见下文第 10 节。)但是如果不密切注意确定无疑的实在法已经对待这些类型的人、事与行为的方式,关于一般道德原则的此一具体体现(或细化)就不能合理地持续下去。没有这样的注意,人们就不能解决什么情况是类似的以及什么情况是不同的,而且也不能知道什么类型的人、行动或事情是既有的实在法已经赞同的或反对的。因此道德上正当标准的选择即手头案件在道德上的正当解决只能被这样一些人合适地做到,他们足够了解所证实的(实在的)法,知道什么样的解决争议的新标准比其他可选择的标准能真正地更好地适合于这个案件。这一选择,当在司法上被如此做出的时候,在某种意义上就是在"创制"一个新法律。但是,正如法官们时时提醒他们自己(律师以及他们的听众)的那样,这一司法责任大大不同于立法者的如下权威:制定广泛的废止措施,对人、事物或行动进行新的分类,以及划出鲜明的分界线(它们本来能够以其他方式而被合理地做出)。现存实在法的各种偶然性如此严格地控制着司法上所采纳的"新"标准,因此在某种重要的意义上,这一标准已经是法律的组成部分,这一说法合理地标识出了司法与立法之间的重要差异。[25] (详见下文第 14 节。)排他性法律实证主义拒绝支持上述论证方式是没有充分根据的。

对致力于追求司法推理的法官或律师来说,法律有双重生命。某些人过去如此这般地做,而某些人现在有如此这般的性情来决定并行动,这些都是作为纯粹的事实而存在的。这些事实给排他性法律实证主义提供了它关于一个社会之法律的记述。[26] 但是法律的存在也是作为标准来指引那些其责任是根据法律而做决定(公平做事)的人们良心上的慎思(conscientious deliberation)。从"内在的"观点来看,可证实的社会事实既是不够的,又可能是多余的。言其不够是因为,法律的这类新进展只是被概述的,在这种情形中,那些事实尽管从未毫无相关,也必须由因正确而被适用的道德标准所增补。言其多余是因为,有时社会事实来源所产生的

---

〔25〕 See Finnis, 'The Fairy Tale's Moral', *Law Quarterly Review*, 115(1999), 170 – 175 at 174 – 175.

〔26〕 当拉兹断言,法律是体系性的,因此,被视为"明确证实"之东西的内容取决于这个体系的其他规范和原则的内容,他就开始正确地超越(leave behind)这个观点:法律理论应当只关涉社会事实来源所证实的东西。因为这蕴涵着,即使社会事实可逐一证实这些其他的标准,没有立法者(司法意义上的或以其他形式体现的立法者)能通过他们自己确实并且能够决定法律的内容及其进行证实活动(即证实社会事实)的影响(effect of their act (social fact) of positing)。

标准有如此多的道德缺陷，以至于甚至宣誓遵守法律的法官都把它们扔在一边，转而支持许多备选规范，这些规范既与道德原则（完满的实践合理性[full practical reasonableness]）相一致，又与实在法的那些和道德原则相一致的所有其他部分相一致。

关于实证主义的不融贯性和冗余（incoherence and redundancy），参见下文第7节。

## 4. 包容性法律实证主义

包容性法律实证主义论者并不愿意切断“适用这一案件的法律是什么?”这个问题与另外一个问题即“根据我们的法律，在这个案件中我作为法官的义务是什么?”之间的联系。如果被视作整体的一个国家的法律明示或默示授权或要求法官在某些特定类型的案件中问问他们自己道德在这类情形中要求的是什么，那么回答那一问题的道德标准——或至少可适应于这些情形的道德结论——不但有道德权威，而且有法律权威。这个（或这些）道德标准在那一意义上并基于那一理据而被看成是我们法律的一部分。正如一些论者所说，它们“被包容”或“被安置”进社会的法律之中。回想一下，排他性法律实证主义论者坚持认为，这样的标准即使在这个案子中支配了法官的义务，它们仍旧在法律之外，因其缺乏（至少到目前为止）社会事实的系谱（pedigree）而被排除出法律。

遵循古典自然法传统的人们觉察出，排他性与包容性法律实证主义论者之间的争论是一个毫无成效的界限之争，无异于关于“法律”或“法律体系”的词语争吵。正如在上文第三节末尾所标明的，一般意义上的法律，以及过去或现在的一个特定社会的法律，能以两种基本方式中的无论哪一个去有益地思考。法律能被视为关于一小圈人或许多人在某个时候之信念与实践的一个复杂事实，并（通常）优先考虑那一社会的如下那些成员的信念与实践，他们作为法官、法律顾问、法警、警察等等在职业上都与法律有关。在描述这一复杂的事实时，人们将发现，这些人把法律作为一个行动的理由，而且他也许正如他们所做的一样来描述法律，即把法律作为一整套理由（有一些是授权性的，有一些是义务性的，还有二者都是的），它们经由推衍的相互关系、解释的限制或其他类型的相互依存而系统化，并力图为行动提供融贯的指引。但是既然一个人最终要涉及到这套关于人们的信念与实践的事实，无论是作为法官、公民，还是其他身份，他将不必去判断这个体系的标准是否确实是融贯的，或是判断这个体系最基本的效力规则、授权规则、来源规则或承认规则是否令人满意地说明了它的其他标准，或是否给任何人以某个特定方式而行动提供了一个真正合理的且充分理智的理由。

思考法律的另外一种基本方式是，法以及一个特定社会中的法律正好能被看作好的行动理由(good reasons for action)。但是，当我们顺其自然地进行审慎思考，则会发现，我们据以行动(且抑制行动)的真正好的和唯一确实充分的理由是道德的理由：从意图以自主性(即自我决定和良心，在古典传统中，自主性具有核心重要性)来思考和行动的任何一个人的观点来看，那就是"一个理由是道德的"这一命题所意指的东西〔27〕。而且就这种思考的目的而言，显而易见的是，除非与道德的(积极与消极)要求相一致，没有什么东西将被视为法律。基于将要表明的理据(参见下文第 7 节)，道德要求我们致力于创制、执行、遵守并维续实在的、基于社会事实来源的以及系谱的法律，并要求我们使它们相互之间保持融贯。这些实在法给道德的内在指令确实增加了许多东西。所增加的东西对于这里所说的社会、时间和地点来说是特有的，即使它与其他特定社会的实在法标准在相关问题上具有相同的内容——毫无疑问，通常也应当具有同样的内容。

古典自然法理论主要涉及第二种探究。但是它尊重第一种探究之描述的、历史的、"社会学的"考量因素，并设法从中受益。正如我们将(在下文第 5 节)看到的，仅当关于法律之富有成效的一般性描述的基本概念结构自觉地并批判性地源自关于好理由的那种理解，而正是第二类探究通过公开讨论和批判性评价使达致这种理解成为其职责，古典自然法理论才同样地为思考这些描述提供了理据。

在关于是(曾经是，或可能是)什么的研究和关于应当是什么的研究之间是有区别的，坚定地做出并坚持这一基本区分的任何一个人将会注意到，法律实证主义论者之内的大量争论产生于——或至少包含着——对这一区分的忽视。实际上，当前大量的法学著作来回摇摆于严格描述的("外在于"良心)和严格规范的("内在

---

〔27〕 See Plato, *Gorgias*; Aquinas, *Summa Theologiae*, I–II, prol.; *Aquinas*, 20, 124–125.

于"良心)之间,提供了各种各样的却总是不融贯的关于二者的混合物。关于鲁里坦尼亚王国法律的一个严格描述性的理解(a rigorously descriptive understanding of Ruritania's law)确实只能叙说,在鲁里坦尼亚王国广为接受的或以某种其他方式而被接受的是,在某些特定情况下,法官应当通过适用被他们判定为道德上正确的一些标准去解决案件,即使这些标准不是系谱的,亦即迄今为止还没有被法律的任何社会事实来源所确证。

假设如此被叙说的承认规则按照它自己的主张包含着如下陈述,即这一承认规则要求或授权法官去适用的任何非系谱的标准(因其被法官视为道德上正确的)应被法官接受或宣布为社会之法律不可或缺的一部分。排他性法律实证主义论者有什么理由说这样一个承认规则对于法律的性质来说不管怎么着都错了?然而再假设,鲁里坦尼亚王国的承认规则规定(a)在某些特定情况下,它的法官被要求适用一个非系谱的标准,因为他们认为其在道德上是正确的,而且(b)在这样做时,他们并不把那一标准视为该国法律的不可或缺的一部分,而是视为类似于那些外国规则,根据鲁里坦尼亚王国冲突法的法律选择规则,它们可适用于该国法庭中。(比如,在涉及到标准之溯及既往的适用,或者涉及到把这一标准应用于为了限制行动之规则的目的而评估是否已经存在一个"法律错误",或者涉及到赔偿,在这些情形中,规定(b)正好能够产生某些法律后果。)包容性法律实证主义论者有什么理由说这样一个承认规则的(b)部分对于法律的性质来说无论怎么着都错了?

如果法律哲学中相竞争的"主义"之争被一个特定社会宣布成其为法律的东西所影响,那么这一争论还能有严肃的理论内容吗?排他性与包容性法律实证主义论者之间的当下诸多争论中,没有一个关于法律的真值似乎在体系上成败难料。这一主导性的争议似乎并不值得追求。倘若一个人已把他自己的看法对其读者讲清楚了且无歧义,那么他是把实在法只界定为(a)全部的系谱标准,还是只界定为(b)承认规则要求或授权法官去适用的所有标准,都是根本无关紧要的。任何一个界定都有其优点和麻烦。正如已经提到的,只把(a)已有系谱的东西视为法律有以下麻烦:法律义务和法庭义务之间的关系似乎并不属于法律"科学"或法律"哲学",此外,要有一个具体的意志行动(act of will)去系谱化每一个法律命题,依据这一要求就切割掉了大多数的法律思想与法律方法(亦即从一种标准到另一种标准的所有推理，或从体系一致性出发的所有推理），缺乏后期凯尔森式的这一做法似乎就没有办法准确地确定什么能被视为“系谱的”（“有来源的”、“可导出的（derivable）”等等）。把（b）法庭有一个司法义务去实施的无论什么标准都视为法律，其麻烦之处在于，如果不明确地担负起古典自然法理论的任务，而且不实质性地遵循古典自然法理论的路线，那么这一点就不能被很好地（批判性地并且充分地）做到。

法律的“实证性”（positivity）首先是由古典自然法理论家表达、接受和阐述的〔28〕。法律实证主义把自身看成是对自然法理论的挑战。法律实证主义做出其可理解的（intelligible）挑战大约已有225年了〔29〕。作为关于法律实证主义之挑战的一种陈述，其当下的支持者所能提出的最好表述似乎是：“法律和道德之间不存在必然关联。”〔30〕但是古典自然法理论总是一直热情地肯定那个陈述。有些法律完全是不正义的，即完全是不道德的；被授权或被承认为有效法律之来源的诸社会来源宣布或制定某物为法律，这一事实绝不蕴涵着（entails），它在道德上是（甚至被任何人认为是）可接受的，甚或相关于对某人之道德责任的考虑因素（无论是在事实上，还是根据某种惯习的和独特的理解，都是如此）。在法律与道德或道德责任之间没有必然的联系。说自然法理论忽视了和法律有关的某些社会事实，这一主张完全是错误的，而且也确然是错误的。

因此，意图界定法律实证主义的这个陈述急需得到澄清（更进一步的论述参见下文第7节）。仍旧更加根本的是，不考虑法律与道德这两个所谓分离（disjunction）

---

〔28〕 See Sect. 3 at n. 24 above.

〔29〕 即，从边沁的著作 *A Comment on the Commentaries* （London, 1776）开始算起。

〔30〕 Thus Jules L. Coleman and Brian Leiter, ‘Legal Positivism’, in Dennis Patterson, *A Companion to Philosophy of Law and Legal Theory* （Oxford and Cambridge, Mass., Blackwell, 1996），241. 他们增加了另外一个“核心信念”和一个更进一步的“承诺”。（i）这个“核心信念”是，“在任何一个特定的社会中被视为法律的东西基本上是一个社会事实或惯习问题（‘社会论’）”。对此古典自然法理论家将评论道，这一看法在（a）真函恒真命题（tautologous proposition）（即在一个特定的社会中被视为法律的东西在那个社会也被视为法律）与（b）错误命题——对审慎思考其责任的完全明智的（reasonable）人们（如明智的法官）来说，被视为法律的东西全部是且只能是被那个社会的其他人视为法律的东西，错误的原因在于，“是”并不蕴涵“应当”（比如合理责任的应当）（另参见下文第七小节）——之间是模棱两可的。（ii）更进一步的承诺是“一个对如下观念的承诺，即构成问题（例如，法律……）域的现象必须为人的心智易于获得”。这个承诺也完全为古典自然法理论所分享，该理论把自然法界定为人的心智易获得的诸原则，并把实在法界定为人的心智所设计的规则（坚持那些原则和/或通过原则的“具体规定”来补充规则）。

之术语,就不可能有真正的澄清。要是不坚定地且批判性地关注对于一般而言的或是特定社会的法律道德必须要说些什么,那么,在“关联”和“必然”的任何相关意义上法律与道德都不存在必然关联,这个说法就不能在理性上得到证实(rationally affirmed)。律师、法官以及其他公民或法律主体——准确说来,当他们考虑法律怎样涉及到其作为律师等等的责任时——不应当或不必关注“道德对于法律以及有资格算作法律的事物必须要说些什么”这一问题,有什么理据去宣称、蕴涵或允许思考上述看法呢?当道德涉及到法律、法律的理念以及特定法律的时候,除了以这样一种探究——无论其标签是什么都与古典自然法理论一样有雄心扩展其范围,一位法律学者将去哪里发现这样一种对道德之坚定的且批判性的注意呢?

如果你想成为“实证主义者”,也就是对作为一种社会事实的法律坚持“严格描述的”实证主义者,那么你最好也要成为对道德坚持严格描述的实证主义者。“包容性法律实证论者”草率地认为,系谱之来源指引法官参照“道德”(“正义”等等)的任何法律体系都包含着道德。被描述性地对待的那一法律体系也包括了那一社会或法官认为是道德的事物,即一套信念,它们被道德地对待,但也许根本上是非道德的。正如包容性法律实证主义论者似乎认定的那样,把法律和道德视为社会事实(即关于行动理由的信念与符合此类信念的实践)与把法律和道德视为行动理由(真正的理由)二者之间没有妥协的余地。[31] 道德使实在法的社会来源(social sources)与社会事实内容(social-fact content)成为理由,正是在此意义上,实在法被明确地视为真正的行动理由,于是实在法(positive laws)才是能被算作是理由(即实在法(positive law))的社会事实。

### 5. 方法论

在当下的法理学中,其主旨是(a)法律的**概念**还是(b)作为一个社会实在和/或作为一种行动理由的法律(law as a social reality and/or as a kind of reason for action),对于这一点有着太多的不确定性,或多或少,人们(包括理论家在内)都有

---

〔31〕存在着表达法律或道德的第三种或一个“折衷”方式,即“不偏不倚的”或“专业的”陈述,人们以这种陈述来言说,好像正在表达作为真正行动理由的标准,而实际上保留了自己的观点。而且确实存在着许多其他的言说方式,包括撒谎、演戏等等。其中没有一种方式影响了文中所陈述的观点。

着许多充分的法律概念。[32] 20世纪后期法律理论的典范文本被认为是《法律的概念》(*The Concept of Law*)[33]。但是,尽管此处用的是定冠词("the"),哈特的著作显而易见认为存在许多法律——甚至是成熟民族国家的法律——的概念(many concepts of law)。这本书从不试图确定,在一些或大或小的社会存在着有资格称为法律概念的一种法律概念(a concept of law which is entitled to be called 'the' concept of law)。相反,它进入法律的现实,既把法律作为一种"社会现象",也作为一种特定类型的"行动理由",并据此以一种即使是不完全的然而也是令人瞩目的成功而寻求达致一种对于法律的"改进的理解",即一个更好的法律概念。哈特本可以更精确地——即使更少一点优雅——称他的书为《一种新的和改进的法律概念》(*A New and Improved Concept of Law*)。

关于主旨的这样一种不确定其实是关于方法的不确定。正如上文第三节所表明的一样,这种不确定的一种原因是法律有双重生命。更准确地说,存在着这样的法律,它是作为许多可记述之事实(reportable facts)而存在的,而这些事实关涉到一个社会的许多观念与实践。并且也存在着这样的法律,它是融入某人之慎思的一套行动理由,在一个特定社会的境况下,他正在以对于做什么的充分合理性进行审慎思考。对他来说,一个据称的(purported)理由,仅当正好就其作为理由来说是好的,才是一个理由。与此有些类似的是,对逻辑学家来说,得出结论的一个无效论证不是一个论证,即不是断定那个结论的理由。可以确信,我们把我们的法律看成是理由,而且我们社会的当下与过去的许多理念与实践深刻地、且几乎在每一个细节方面型塑着这些理由。但是上面的分析表明,使一个理由成为好的行动理由的东西从未是一个事实,比如关于某个社会所做和所想的诸多事实。纯粹的是推不出应当。因此再重复说一次(参见第3和第4节),对法律来说,有两种不同的有价值的研究方式,而不是一种。有的研究针对的是作为一个事实问题的法律,亦

---

〔32〕 See e. g. Joseph Raz, 'Two Views of the Nature of the Theory of Law: A Partial Comparison', *Legal Theory*, 4(1998), 249 - 282 at 280:"法律哲学……只是解释了独立于它而存在的概念";256:"拥有一个概念也能完全达不到对事物本质的透彻了解,它是……一个哲学解释……的概念,其目标是改进[人们]在各个方面对概念的理解"(强调为引者所加;并去掉了拉兹对前三个单词所加的斜体。emphases added; Raz's italicizing of the first three words removed). But see also n. 35 below.

〔33〕 H. L. A. Hart, *The Concept of Law* (Oxford: Oxford University Press, 1961, 2nd edn. 1994).

即在特定的社会或亚社会里事实上(合理地或不合理地)被认为是法律的东西。而且也有研究针对的是作为提出(比如说作为一个判断的)行动理由(等同于好理由)的法律。

理解并描述一个人或一群人的行动理由而他自己不视其为正当理由(sound reasons),这当然是可能的。一个人能够“接受”另一个人的观点而不赞同它,不以评价的方式而描述评价,如此等等。但是,如果一个人渴望说出关于某些人类事务的普遍的东西,并超越一个无穷无尽的新闻片式注解(endless newsreel),即对其他人在其概念习语中之观念的一个列表和重复,那么他就必须判明哪些概念更好地阐明了人类的处境,并且判明哪些据称的行动理由对理解人类的行为和机会是更重要的。任何法律观念在关于人类事务的一般性说明中获得它的位置了吗?或者在这些说明中,它应当被诸如控制、社会化或生产与消费之关系这样一个概念所取代吗?并且,如果它获得了它的位置,为什么能够获得,且用什么形式获得?优势者的命令?有效生存的规则?或解决争议之规则?或者共同善(common good)的规则?等等。

正如亚里士多德的著作所表明的,古典自然法理论认为,社会科学[包括政治理论,法律理论只是政治理论的一部分(参见第6节)]中的恰当方法要求,应用于一般性描述和解释中的概念选择应当被如下同样的标准所引导:当理论家判断对一个社会来说什么是好的(并且因此也在判断什么是恶的),也就是在理论家自己的社会以及这个社会本身所遭遇的各种境况中判断什么是好的行动理由(good reasons for action)的时候,他采用了这些标准。因此,描述性的一般社会理论(descriptive general social theory)(比如哈特的《法律的概念》)内在地(尽管通常不被承认)依赖于某个人的有意识的评价,他现在不是在慎思,而更是在理论化(描述、解释、分析)(not deliberating but rather theorizing (describing, explaining, analysing))。

尽管哈特主张描述的中立性或价值无涉,但其实际上的研究方法大量地证实了古典理论所主张的东西。一般性的描述和解释必定依赖于在作者和读者之间所界定的共享评价。经由确认社会之功能、利益、愉悦(amenities)、缺陷及其补救等等,哈特理所当然地在每一个方面都有所进展。如果不诉诸价值即好的行动理由，他反对相竞争之描述性与解释性法律理论的那些论述就几乎不可能开始进行，更别说取得成功。没有理由认为这还能通过其他方式来达到。像边沁和凯尔森的法律理论一样意图把自己建立在纯粹事实的基础之上的法律理论的历史是一个关于定义的历史，这些定义设法把专断和欠缺解释权力（lack of explanatory power）结合起来[34]。此外我们不必接受拉兹的如下主张[35]，即不考虑有什么样的其他规则、制度或一般意义上的社会安排及相应的行动理由，我们也能知道法律的“基本性质”或“本质属性”，也就是说，必须解除或减缓无政府状态、专制及“人治”的罪恶将会是有价值的。这不是基于拉兹相同的主张，即“法律有”它的基本性质或属性，而是基于实践理性的要求，也就是所存在的行动理由即人类善的要求。

被柏拉图广泛运用且被由亚里士多德和阿奎那阐释的关于类比与中心意义（analogy and focal meaning）的许多古典概念，并不去压制甚或遮避任何损毁人类事务的邪恶（evils）、越轨、堕落以及邪恶的实践或制度（vicious practices or institutions），据此古典概念使得理论继续向前推进。政体（constitutions）、友爱（friendship）或法律体系的幼稚的、腐烂的、寄生的以及道德上堕落的诸事例并不被允许强制弱化关于诸种好的政体、友爱、法律等等的说明，而是仍旧显现在对其所是的说明中（the account as what they are），也就是说并不充分地是政体、法律等等，亦即不是诸种人类现实和目的的核心情形，而且并不在那些术语的中心意

---

[34] 在边沁的思想里，有着这样一个时刻，他部分地看到了理解法律和评价法律之间的内在关联：See his *An Introduction to the Principles of Morals and Legislation* (first printed 1780, ed. Wilfrid Harrison, Oxford: Basil Blackwell, 1967), 401 (ch. 16, para. 57); likewise paras 48 - 57 of his *A Fragment on Government* (first published 1776, ed. Harrison 1967), 23 - 25. 但是他关于一般的描述法理学之正式的和稳固的观点是其《论一般法律（*Of Laws in General*）》一书所体现出的粗糙的、赤裸裸的和遮蔽现实的经验主义，ed. Hart (University of London, Athlone Press, 1970).

[35] Joseph Raz, 'Postema on Law's Autonomy and Public Practical Reasons: A Critical Comment', *Legal Theory*, 4(1998), 1 - 20 at 16. But cf. Raz, 'Tow Views of the Nature of the Theory of Law', n. 31, at 267:“哈特……否认对法律性质的解释是有价值的。对他来讲，法律是一个‘描述性的’事业。基于菲尼斯[*NLNR*, ch. 1]所解释的理由，我认为哈特在这个问题上是错误的，德沃金是正确的，他认为对于法律性质的解释包含了评价性因素。”像其他承认这种“评价”之必要性的当下实证主义者一样，拉兹仍然坚持，法律不必并且不应或者也没有扩展到道德的评价。哈特坚持认为，内在于法律概念的评价能够并且也应当被限制在“存活”方面，像哈特一样，裁剪实践理性（评价）的所有此类企图（attempt）似乎都是专断的。

义内[36]。

这个方法贯穿于我的《自然法与自然权利》:尤其是关于法律的定义,以及我对达致这样一种不同于"描述一个概念"之定义的诸多方式的解释。古典的方法在那本书的第一章以某些一般性的术语得到了辩护,而且倒数第二章(论不正义的法律)解释了古典方法会涉及到实证主义论者在浏览古典文本时所犯的明显的解释错误。

### 6. 法律哲学与政治哲学的关系

亚里士多德对法律的处理体现在其"关于人类事务的哲学"的两个部分中:《伦理学》的第五卷和《政治学》第三卷及其他部分,而且这种处理也是他谨慎地连接这两部分论述的主旨(the final pages of Ethics, book X)。阿奎那对法律的处理体现在他关于人类自决(human self-determination)之宏大论述的两个杰出部分中(part II of his *Summa Theologaiae*):其中的一个处理致力于解决关于作为一种协调引导机制之法律的 40 多个问题(qq. 90 - 97 of part I - II),另一种处理涉及到权利、判决以及正义的许多相关方面(in the midst of part II - II, esp. qq. 57 - 71)。

正如这些分析和综合所表明的,法律哲学和政治哲学是一个更广大事业的组成部分,不注意其他部分及整体特征,就没有哪个部分能够被稳妥地追求。亚里士多德"关于人类事务的哲学"概括了那个更广大事业的特征。或者更直接地,正如阿奎那所概括的:对依据自决的和自我决定的(self-determined and self-determining)人类行动的研究。没有哪个特征能用任何方式排除掉对有关人的构成、动机和行为之诸方面的分析,而这些方面是生物的、生理的,而且在许多方面类

[36] 这里并不建议,为理解任何词,人们必须把一个事例(或一类事例)视为核心的或典范的(central or paradigmatic),并把一种意义视为中心的(focal)。相反,把某些意义确定为中心的以及把某些事例或某些类型的事例确定为"核心的"总是相对于某个观点(viewpoint),或特定的研究线索或兴趣的焦点而言的,并因此在社会科学中具有特别的重要性,这是就社会科学的主旨由人们已选择要做的事情所构成而言的:Finnis, 'Reason, Authority and Friendship in Law and Morals', in B. Y. Khanbai, R. S. Katz, and R. A. Pineau, *Jowett Papers* 1968 - 1969 (Oxford: Blackwell, 1970), 101 - 124 at 101; *NLNR*, 11; *Aquinas*, 45 - 46:"根据适于评价人之行动合理或不合理的标准来判断,某些政体具有核心重要性……"('*Judged by the standards appropriate for evaluating human actions as reasonable or unreasonable*, some constitutions are central ... ')

似于其他动物和有机物的生命。但是，当特别集中关注人类选择自由（human *freedom of choice*）的含义时，阿奎那以批评性分析和转用（critical analysis and appropriation）直截了当地讨论了人类现实的特征，这一特征懂得（makes sense of）实践哲学特别关注从"内在观点"来理解行动，确切来说就是，正如行动被这样一个行动着的人所理解，他审慎地思考、认同明智的选择自由、做出选择，并成功或不成功地实施着如此所采纳的意图。

因此，以理智和诚实进行慎思并且关注去做什么的人们找到了好的理由去尊重和提升福祉（well-being），这福祉不仅是他们自己的，也是他们家庭成员、他们的邻居以及他们经济上的伙伴和组织的。对这些理由的批判反思的分析就是亚里士多德称之为伦理学的东西。首先，这种伦理学聚焦在关于个体的自决、美德或邪恶等等这个核心上。这一关注点试图从人际联合（*inter-personal* associations）的全部范围内抽象出一些重要的东西，而这些联合的繁盛对任何个体的福祉来说是内在的，而不仅仅是工具性的。因此对诸如正义、婚姻等伦理观念的研究拓展了家庭的实践哲学、他们的"经济"以及这一经济与更广大的经济关系网络（我们遵循亚里士多德称之为经济学）的联系。但是，关于做什么，即任何人应当把什么视为一个责任的推理不能在这里停止。缔结契约的各方（包括配偶）、伤害者和受害者（包括父母和孩子）、财产拥有者和非法侵入者等等他们之间的正义问题，而且与此相似，为捍卫邻里和各种组织的整个网络，或为便利交易、生产事业和财富的公平分配所需要的协调行动的各种问题，都需要创立并维系一个我们称之为政治社群或政府的这类涵盖一切的结合（an all-embracing association of the kind we call political community or state）。伦理哲学在其规范的、寻求好理由的目的和方法方面不需要任何实质性的转变就能拓展到政治哲学。而且要是没有新的行为规范、没有实施道德长久要求的新程序以及没有新程序以合宜地引入并维持那些新规范和新程序，实现正义的问题以及协调护卫和经济福利的问题就不能合理地得到解决，因此政治哲学必须包含一种法律理论。

这是一个承认真正好的行动理由的问题，就此而言，政治哲学和法律哲学不能只是和伦理学自身一样是规范性的，而是伦理学的一个特别的延伸。然而，伦理学是一个合理的思考方式问题，就此而言，一般意义上的伦理学和特定意义上的政治与法律哲学都运用了逻辑，即一个因更宽泛而不同的学科。同样地，伦理学和实践哲学的其他部分引导现实的人们的行动，就此而言，它们也都运用了对自然的理解，我们称之为科学，亚里士多德主义者常常称之为自然哲学。并且最后，法律对前文所提到的社会生活诸问题在伦理上的正当回应包括了新规则和新制度的创立，这是经由对语言以及其他诸如表决系统（voting system）、司法边界(jurisdictional boundaries)等等惯习措施的控制而实现的，就此而言，法律哲学有着其他非伦理之“艺术”（non-ethical ‘arts’）——达致目标的一些技巧和技术（techniques and technologies），它们相较于伦理学上关于人类善的无限视野有着更多的限制——的特征。因此，正如技术不能被化约为伦理学一样(技术和伦理学同样不能被化约为逻辑学或自然科学)，法律理论也不能被完全化约为伦理学或一般意义上的政治哲学。

“法律现实主义”往往把法律理论的主旨和方法化约为自然科学。康德主义的法律理论往往又化约为逻辑。各种各样的法律实证主义就其不仅是不融贯的而言（to the extent that they are not simple incoherent）(参见上文第 4 节和下文第 7 节）又把法律理论化约为一种技术。自然法理论力求避免所有这些化约主义。而且它的中心任务是去解释法律为什么以及怎样——尽管法律的价值与其规范性或权威依赖于其伦理合理性——不能被化约为伦理学或来自伦理学的任何推论，而在很大程度上是一种真正的被创造，即完全是实在的。这种解释策略将在下文进行概述。

## 7. 权威

现在我们能从自然法学家关于权威的论述中看到这个问题。因为要成为法律，一个规范必须为道德所要求。一个规范是道德的一个要求这一事实给予了行动者遵循它的一个(也许是首要的)理由，在这个意义上道德具有权威。如果道德具有权威，并且法律规范必然是道德的，则法律也具有权威。

然而，关于法律权威的这一论证实际上对法律来讲是灾难性的，因为它使法律的权威对于道德的权威来说成为多余的……如果所有的法律要求也是道德的要求(正像自然法学家会认为的那样),那么一个规范是一个法律规范这一事实并没有为公民提供额外的行动理由。因而,自然法理论无法说明法律的权威。[37]

这个批评完全失败了。没有一个关于法律的自然法理论曾经主张过,“要成为法律,一个规范必须为道德所要求”,或者“所有的法律要求也是”——这一点独立于有效地被证实为法律——“道德的要求”。自然法理论家认为,诸如“在城市街道时速不能超过35英里”这样一个正义的和有效制定的法律规则的内容直到被制定这一规则的司法(法律机构)法律权威有效证实才为道德所要求。关于法律的自然法理论的中心任务是解释“纯粹实在的”法律之制定怎样能创设道德的义务,而直到制定的那一刻起这些义务才存在。不幸地,Coleman 和 Leiter 的错误(实际上彻底错了)有许多先例。凯尔森曾经尤为惯常主张,根据自然法理论,实在法仅仅是自然法的一个“模本”,并且“只是复制了已经以某种方式存在的真正的法”;这个主张已被表明完全是(对自然法的)歪曲。[38] 像 Coleman 和 Leiter 一样,凯尔森没有引用文本去支持他关于自然法理论说了些什么的主张,因为(正如他曾经有每一个机会知道)没有文本能被征引。

正如凯尔森55年的法理学研究所充分表明的,实证主义解释法律权威的努力是注定要失败的。因为,正如 Coleman 和 Leiter 所正确指出的,“一个实践权威就是一个人或一个机构,其命令(directives)为人们提供了(遵守那些命令[dictates]的)一个行动理由”;[39]而且他们本可以进一步论述到,对每一个人来说,一个理由不仅仅是对他如此行动之利己的“审慎理由”(prudential reasons)的一个复制品。但是,正如他们所应当承认(却没有承认)的,无论多么复杂的事实都不能由其自身提供一个行动理由,更不用说去提供能有权威反对一个人的自利(self-interest)的

〔37〕 Jules L. Coleman and Brian Leiter, ‘Legal Positivism’, in Dennis Patterson, *A Companion to Philosophy of Law and Legal Theory* (Oxford and Cambridge, Mass.: Blackwell, 1996), 244.

〔38〕 Kelsen, *General Theory of Law and States* (Harvard University Press, 1945), 416; Finnis, *NLNR*, 28.

〔39〕 ‘Legal Positivism’, n. 37 above, at 243 (emphasis added). For ‘dictate’ read directive or prescription (e.g. enactment, judicial judgment, etc.).

这类应当。(再重复一遍,确实只遵从自利的"我欲求"['I want']的权威对其所指向的个体是多余的,对社群是无用的。)从纯粹的是中推不出应当。因此,既然实证主义自己自豪于只把事实作为其理论基础,它就剥夺了行动理由(即应当)的唯一可信的来源,即真正的和内在的价值。(基本的人类善,以及实践理性命题的第一原则,而实践理性指引我们达致那些值得追求的善并指出应当避免的有害于它们的事情。)

实证主义的这种不融贯性——它缺乏成功地完成其自我设定的解释性工作所需之内在的和自我规定的能力——从 Coleman 和 Leiter 对解释"承认规则的权威"所做的努力中充分地显现出来。[40] 他们以如下评论开始这一解释,即"我们都认可在道德上应受指责的有效法律的情形(例如,支持种族隔离政策的南非的法律)"。[41] 因此,通过质问这样的解释怎么能出现在当时南非的一个官员(比如纳尔逊·曼德拉[Nelson Mandela],当他从事最高法院的辩护律师的工作时)的慎思之中,我们就能方便地检测他们对于这一法律效力即权威性(authoritativeness)的解释。(让我们假想)曼德拉问 Coleman 和 Leiter 为什么(以及是否)南非的承认规则——他知道这一规则是如下态度的命题内容,即这些态度在南非伴随着并支持了关于聚合的官员行为的大量事实(the massive fact of convergent official behaviour)——给他一个能够合理地断定权威性的行动理由。他问,聚合的官员行为这一事实怎样使得法律对于他及承认法律的非正义的其他任何人来说不仅被接受为具有法律上的权威性(*accepted as* legally authoritative)而且实际上具有作为法律的权威性(actually *authoritative as law*)? Coleman 和 Leiter 会做出像这样的解释:(1)通常你的自利要求你把你的行为与那些官员的行为以及事实上正在和那些官员一致行动的其他人们的行为协调一致。(但是曼德拉正在质疑权威命令,而非自利的指引。自利要求和当地的匪徒相协调,但它们的命令并不是权威的。)(2)另外,如果你认为那些官员正尽力做道德所要求的事情,你就有理由遵循他们的引导。(曼德拉将不这么认为,而且是正确的。)(3)你可以"相信承认规则提供了类似

---

〔40〕'Legal Positivism', n. 37 above, at 248 (emphasis added). For 'dictate' read directive or prescription (e. g. enactment, judicial judgment, etc.).

〔41〕ibid. 243.

于正确标准的某个事物用以评价隶属于承认规则之规范的效力”。[42]（他理所当然地不这样认为。）(4)“……除了[你]关于承认规则自身具有相当多优点的看法……不但有关自由稳定性的诸条件(conditions of liberal stability)，而且对混乱和故意伤害的避免都要求官员之间的协调一致。”Coleman 和 Leiter 在这里至少提出了一个有价值的理由，它能通过面对相同类型的某些理由而被理性地争论。上述引文中所主张的要求已超越了“聚合行为的事实”；它承认了对于秩序、和平与正义（“自由主义”）的强有力的评价；如果不是一个道德的要求则它实际上什么都不是。仅当“可分离命题(separability thesis)”[43]被作为可辩护的与不可辩护的命题之间的一种模棱两可的表述(an equivocation between defensible and indefensible thesis)，并且 Coleman 和 Leiter 所赞同的关于法律权威性的“实证主义”解释被作为错误放弃了，解释法律的权威性才是可实现的。在法理学中，有一个法律理论的名字承担了公开地和批判性地认同和辩论道德原则和道德要求(moral principles and requirements)，这些原则和要求回应了审慎思考的人们要求要向他们表明为什么一个有效制定的法律规则对他们有约束力并具有权威性，确切地说是作为法律的约束力和权威性。那个名字永远是“自然法理论”。

Coleman 和 Leiter 也许回答说，我正在混淆法律权威与道德权威。但是这一回答依赖于这样一个错误的观点——正如我们已经看到的，他们完全地持有这个观点——即自然法理论所理解的实在法没有对先在的道德要求增加任何东西。一旦我们承认，相当多（而不是全部！）的法律要求，除非根据法律自己的效力判准在法律上被创制出来，就不会是道德的要求，那么当说到就“权威的”中心意义而言法律的权威性除了其道德权威别无他物，我们就能明白其中的道理。再重复一遍，我们大部分的法律除非在法律上是有效的即是实在法，就不会有道德权威。因此，它们的道德权威也才真正地是法律的权威。因不正义而不具有道德权威的法律在“权威的”中心含义上也不具有法律权威。非正义法律的权威最终只是辛迪加(Syndicate)即有权势的人们(powerful people)的权威，他们能够强迫你遵守他们的

〔42〕‘Legal Positivism’, n. 37 above, at 248.
〔43〕See sect. 4 text at n. 30 above.

意志，违反则遭受不利后果，但他们不能创造任何有自尊的人们所视为一个真正义务的东西。（也参见下文第 13 节。）

自然法理论解释法律权威的核心策略是指出，在个人与社会不受限制的（不仅是技术的）自决领域中，大部分（即使不是全部）实践理性的要求稍欠确定性（under-determinacy）（远不是完全的不确定性）。确实，人们越是乐善好施和深思熟虑，他们将越能提出好的但却不相容的（不可共存的）政治层面——财产、货币、防卫、法律程序等——的社会协调方案（总是包括相互宽容的"消极"协调）。因此，就特定方案的优点达成一致在实践上是不可能的，但是围绕着某个或某些方案的协调则为共同善（正义、和平、福利）所要求，这些善良的人们有充分的理由去承认权威，即一个公认的与可接受的选择特定协调方案的程序，一旦这些方案被这样选择，这个社会的每一个明智的成员（reasonable member）被强制在道德上相协作，这正是因为它们已经以这样的程序被选择——即正是因为它们基于道德的正当良知而具有法律上的可强制性。

这就是内容独立和强制（content-independence and peremptoriness）的来源，哈特在其后期著作中正确地把内容独立和强制视为法律的行动理由的特征以及这些理由的权威性的本质。并且正如上述阐述所表明的，这一内容独立和强制既不是无条件的，也不是无例外的。内容上的不正义达到足够的程度将取消良心上的强制性。请 Coleman 和 Leiter 原谅，南非的法律或这些法律的某些部分都是没有约束力的，尽管在更广泛的意义上它们可被作为、认为或强加为是有约束力的。实证主义从来不能融贯地超越叙述性看法和聚合行为（reporting attitudes and convergent behaviour）（也许是那些精致的和清晰阐明的看法，它们构成了一套承认规则、改变规则和裁判规则）。如果官员和平民（private citizens）想判断作为一个法律体系的官员而正在行动的那些人及其命令所主张和强加（enforced）的权威与强制（authority and obligatoriness）是否、什么时候以及为什么是他们自己本着良心之行动（conscientious action）的权威理由，则实证主义不能给他们提供任何东西。在这一点上，实证主义确实只是重复（i）任何有决定权的法律人（包括每一个法律上有决定权的自然法理论的追随者）要说的东西都是（或不是）法律体系之内的（intra-systemically）有效法律，它们强加了"法律的要求"，以及（ii）任何一个适应都市生活的观察者所警告的事都是不遵守法律的可能结果。对一个官员或平民的良心(最终的理性判断)来说,实证主义不能解释这些所断言和强加的许多要求的权威性,它也不能解释当这些要求根本上非正义时就缺乏这样的权威。实证主义不仅是不融贯的,它也是多余的。

尽管当下的法律实证主义也有复杂性,但它们实质上都赞同奥斯丁在其关于邪恶法律之权威性的残忍的且无关紧要的论述中所采纳的观点:如果我说严重违反道德的法律没有约束力,"法院将会按照我已指责其不具有法律效力的法把我绞死以显示我的推理不具有决定性。"[44]

## 8. 权利

法学不但倒退,而且也在发展。19世纪晚期霍菲尔德(Hohfeld)完成的关于权利的分析在明晰性上取得了显著的进步。但是,霍菲尔德四类型中的每一种权利不但阿奎那那一时代(以及实际上更早的时代)的民法学家(civilian lawyers)提到过,而且阿奎那本人也提到过[45]。"权利"一词翻译于拉丁语 *ius* 或 *jus*,这两个拉丁词是"正义('justice')"、"法学家('jurist')"、"司法的('juridical')"和"法学('jurisprudence')"的词根。尽管阿奎那没有像我们频繁地使用复数的"权利"一样来使用 *ius* 一词的复数形式,但是正像有些人已经犯的错误一样,认为他缺乏或否认现代意义上的权利概念——根据现代意义,一个权利在其属于某人(权利的主体)的意义上是"主观的"——则是完全错误的。当阿奎那把正义界定为将属于他们的东西(*what is theirs*)给予他们的稳固意愿(steady willingness),他就立即紧接着将这一短语[即上文的 *what is theirs*——译者注]看成是与他们的权利(*their right*)(*ius suum*)同义的;因此他就把权利(right/rights)(*ius*/*iura*)看成是主观的。(他还把这个词用以论及"客观的"权利,也就是说,何种人际行动或人际关系(interpersonal action and relationship)是道德上或法律上的权利,这要依赖于具体

〔44〕 Austin, *The Province of Jurisprudence Determined*, 1st pub. 1832, ed. Hart (London, 1954), 185; see Finnis, *NLNR*, 354 - 355.

〔45〕 See *Aquinas*, 133 n. 10, 134 n. 12.

情况。)[46]

霍布斯大大激励了功利主义者和奥斯丁式的实证主义(Benthamite and Austinian positivism),他拒斥古典法学的传统并在完全缺乏义务(duty)的意义上把"权利"界定为自由。所以,人们在自然状态下拥有大部分权利而不负有义务。这一举动是法律哲学以及更一般而言的政治与道德哲学之倒退的例证。幸运的是,这一错误显而易见。如果每个人对他人都无义务或不尊重他人,那么更准确的说法是,根本没有人会享有权利。因为在这种事态中,每个人都会遭受其他任何人的破坏或伤害,而且每个人的行动所遭受的阻碍与任何人或任何群体所渴望(以及能够)做出的安排一样多。事实是,权利概念除了作为(霍菲尔德的主张权)其他人之义务的相关方;或者(霍菲尔德的自由)作为被其他人不干涉的义务所保护的东西;或者(霍菲尔德的权力)作为由官员及其他人承认并实现某人之法律行动(或这些行动的道德对应物)的义务所促进的东西;或者(霍菲尔德的豁免)作为由官员及其他人不承认另一个人的法律行动(juridical acts)(尽管据称关系到我的处境)的类似义务所保护的东西,就几乎没有意义了。

这不能得出结论说,正像有人认定的那样,根据古典的观点,义务在概念上或在其他方面要优先于权利。对他人的义务(根据定义)是正义中的义务,并且正义(根据定义)是把他人的权利给予他们的意愿。所以,义务(至少是对他人的义务)和权利是相互界定的;谁也不能优先谁。除非理解作为正义之基础的人类事实的和规范的平等,否则人们并不真正理解相关的义务概念;权利概念对那一平等予以规范性认可。"现代自然法"学派相当片面地根据自由和/或权力来定义权利,即权利被认为是主体的属性,在此意义上,它就冒着模糊权利与义务的实质相关性或相互依赖性的风险,以及一般而言,冒着模糊人们之间权利关系的相互依赖性的风险。

尽管"人权"这个用法是相当晚近的,而且阿奎那从来没有碰巧使用过完全同义的"自然权利(natural rights)"(复数形式)这个用法,但是阿奎那有人权的概念。因为他阐明了一系列的正义准则或正义规范(precepts or norms of justice),他认为

[46] See Finnis, *NLNR*, 206,228; *Aquinas*, 132-138.

这些准则或规范涉及到同样的每个人所应得的东西。[47]

比权利或义务更加基本的、而且对于理性地(rationally)决定人们拥有什么样的权利来说必不可少的是实践理性的根本原则(the first principles of practical reason),它们确认基本的行动理由,指引我们迈向基本的人类善。没有权利理论是有根据的,甚或概括地说是完整的,除非它致力于人类福祉(human well-being)的基本方面这一问题。没有人权理论是令人满意的,除非它致力于如下问题,即关于人类实在(human reality)的什么真实特征在相关意义上与其他人是平等的,并使得世界上的其他生物不是我们的同类而且缺乏我们所拥有的权利。当下的法律哲学(和法律理论:参见下文第 27 节)由于忽视了具有人性的人(human person)而受损[48],(人们可以认为)本《手册》的论题选择就是这一忽视的例证,并且只有通过再次吸收古典自然法理论所追求的体系上复杂的且雄心勃勃的事业而使法律哲学得到补救。

## 9. 制度性(institutionality)

正像拉丁词根 *institutio* 一样,我们所用的"制度('institution')"一词的一连串含义指出了法律和法律所涉及的很多事情的显著特征:它们被制定、被创建、被确立、被创立;它们确立了一种模式、安排、秩序、体系、章程和/或组织;当人们和/或其行动熙来攘往时,它们持续存在着。因为那些含义是我们称为之制度(奴隶制、契约、财产、金融、银行[担保或开发]、法院、陪审团审判[jury trial]、切腹自杀[ritual suicide]、便装周五[Friday dressing-down]等等)的相当不同种类之事实(reality)的显著特征。像 Gaius 和 Tribonian 这样的罗马法学家,通过把他们的基础教科书(books of foundational instruction)称为 *Institut[ion]es** 就为把这个词引入到现代世界做了大量的工作:这些书籍在多种原则(理性的来源或基础)和所建立的理念与实践方面启发学生,这些理念和实践赋予了一个法律体系的外形,这一

---

[47] See Aquinas, 136 ('*indifferenter omnibus debitum*').

[48] See Finnis, 'The Priority of Persons', in Jeremy Horder (ed.), *Oxford Essays in Jurisprudence: Fourth Series* (Oxford: Oxford University Press, 2000), 1 - 15.

* *Institut[ion]es* 即《法学阶梯》——译者注。

外形既有别于其他种类的社会安排，又不同于其他法律体系。

因此，探究法律制度性的诸方面将涉及到合理性以及理性上未决的选择(reasonableness and rationally under-determined choice)在提出并维系甚至一个完全正当的(decent)法律体系方面所起的双重作用。它也将是一种对于如下诸方式的探究：通过这些方式，法律在进行调节时既在重要性上次于，甚至又隶属于它所不能创立的其他社会制度，不管这些制度是合理的与好的(像婚姻和家庭的适当形式，或者是较少期望的允诺，更不用说宗教团体和宗教实践了)，还是不合理的、邪恶的以及有害的(像卖淫、奴隶制、或血亲复仇)。我们不应想象，市场制度或婚姻或公司团体会等待"授权性"法律规则的出现。不管法律规则的法律形式以及它们对于创立社会实践和社会制度的法律样式所起的作用(可以说，这一作用附随着这些实践和制度而产生)是什么，法律规则经常是批准性的和调整性的(ratificatory and regulative)，而不真正是构成性的。这一批准性和调整性作用作为保持和平与公正的手段是高度可欲的。但是，对于法律制度所有的来源和变化来讲，并就其是合理的并引起关于良心的主张而言，法律制度仍依赖于基本的道德原则，这些原则挑选出了专注于基本人类善和人类选择自由诸特征的一个合理性(a reasonableness attentive to the basic human goods and the human characteristics of freedom of choice)的诸多要求，同时上述的善与特征处于对身体与情感、成熟、死亡(mortality)、环境状况和环境动态(the shape and dynamics of the environment)等等的限制之下。

时间和实在性(time and positivity)：法律的制度品格是法律渴望把植根于过去的一种秩序纳入现在和可预知之将来的一种标志，这里所说的过去指的是某个缘起性的事件(比如怀孕和出生)或行动，经常但并不总是一个法律行动，诸如接受一个合同要约、组建公司或取得其中的股份、设立信托等等，这一行动的确切意图在于改变法律关系。正如革命和政变(coup d'etat)事件时时提醒宪政理论家、法官和法律执业者的，即便是最自我指涉地(self-referentially)详尽且完备的宪法条文也不能使其对于正在进行的制度即国家(政治社群)的生活中的所有偶然事件提供足够的规定。[49]

---

〔49〕 See Finnis, *NLNR*, 275 - 276 and citations in 275 n. 7.

## 10. 理由

哈特坚定地把法理学放置在回溯到——或者更精确地说，是前行到——再结合古典传统之途上。因为他的核心要旨是，在法理学中正如在生活中，法律及其所有的基本要素和概念必须从内在观点(the internal point of view)来理解(参见第1小节)。那么，什么是内在观点呢？它就是把一个规则作为行动理由(而不只是作为一个预测或预测的基础)的某个人的思考方式。哈特被忽略的但却重要的晚期著作——特别是他的 *Essays on Bentham*[50]——甚至更坚决地把他的全部法律理论重新表述为一种关于特定类型的行动理由的理论，这些理由不是根据其内容而是根据其与其他东西即权威性规则(改变规则、裁判规则以及最重要的承认规则)的关系而具有优先的规范性(peremptorily normative)。

哈特进一步地讨论下去。人们必须引入这些授权性的(改变、裁判和承认)规则并将其视为权威的，对这样做的理由，他给出了一种说明。简言之，这些理由是，没有这些规则，社会生活是极度有缺陷的——受争议支配、不适应变化等等。正是作为对这些缺陷的补救，这些"次级"规则('secondary' rules)是合理的。但是他做出了更进一步的讨论，并给出了"初级"规则('primary' rules)的理由，而且次级规则大大增强了初级规则对可欲社会生活的贡献。他认为，为了"生存"(survival)，这些初级规则在理性上被需要。然而，我们应当注意到，哈特做出了两大正式分类，即反对暴力、盗窃和欺诈的初级的即强加义务的规则和关于立法、裁判和法律认可的次级规则，除此之外，哈特还突出强调了另一大类规则：它们通过订立契约、让与等方式或多或少赋予改变一个人之规范性地位(normative position)的私人权力(*private* powers)。为这些规则的巨大"便利"(immense 'amenity')起见，有理由引入这些规则并承认它们的权威——哈特认为，这些规则是与车轮的发明同等重要的一个"进展"(a 'step forward')。

上面所述恰恰使哈特处于古典自然法理论的领域之中[51]。但是他拒绝在那

---

〔50〕H. L. A. Hart, *Essays on Bentham: Studies in Jurisprudence and Political Theory* (Oxford: Oxford University Press, 1982)，尤其是最后一篇和第VII篇。

〔51〕因这些目的，如下看法就无关紧要了：正如第9部分所表明的，自然法理论家对某人也许从哈特那里得出的如下这个推论当然会有许多保留，即直到有了对于结婚的"授权性"法律规则，人们才有合法资格(capacity)结婚。

一领域定居下来安心地做一位公民。(1)他宣布,除了"生存"之外,基本善(basic goods)和行动理由是"有争议的",而且他拒绝采纳古典辩证法(classical dialectic),这一辩证法表明把生存看成是唯一的基本行动理由是多么地不合理且不现实。(2)通过拥有法律(初级规则,还有次级规则,等等),存在着有益于社会的好理由(the good reasons),哈特并不赋予好理由在阐明对社会及其法律的内在忠诚态度时具有优先权;包括法官在内的人们"能够"基于其他诸如追求名利(careerism)、盲目的因循守旧(blind conformism)、不加鉴别的传统主义(uncritical traditionalism)等等"理由"而遵循法律。哈特从未回应过如下古典的反对意见,即尽管这些可选择的动机能够而且实际上确实存在并进而也许是普遍的,但是它们对于某些好理由——这些理由是用来引入并支持法律反对追求名利或其他形式的自私的自我利益,并且反对盲目因袭旧有方式和旧有传统——从未能够具有可辩护的力量甚或描述—解释的力量(the justificatory or even the descriptive-explanatory power)。当考虑到多种多样的像法律一样的社会制度时,他坚决地并且非常有益地区分了核心情形与次要情形、中心意义与类比意义。但是他从未意识到,如果人们承认存在着关于内在态度(*the internal attitude*)的核心情形与次要情形,那么关于各式各样之动机的诸事实怎样能够同样是最好地相协调地容纳在一起。

因此,哈特为我们开启了把法律理解为一种好的行动理由的道路,但是他拒绝全面地、开放性地、批判性地考虑哪些类型的行动理由就其作为理由而言是真正合理的即真正好的。自然法理论的全部抱负正在于这一考虑。

休谟认为,理性只能是激情的奴隶,而且除了作为满足或回应激情的指引手段(directing means),理性不能激发动机,一旦人们注意到休谟这一主张的错误,道路就敞开了。[52] 人类行动包含激情,但是激情不必是排他性的甚或是根本的最终激发因素。远更适于那一任务的是可理解的基本人类善,即作为一个人连同其他人(as a person with other persons)的真正改善和繁盛的明智机会。上文第2小节曾

〔52〕 See e. g. Robert P. George, *In Defense of Natural Law* (Oxford: Oxford University Press, 1999), ch. 1. 休谟自己就违背了如下逻辑真式(logical truth)(略带天真地通常被称之为休谟法则):应当不能从是中推演出来,关于这一点参见 Finnis, *NLNR*, 36 – 38,41 – 42.

经介绍了这些内在的善[53]。这些善的可理解性(intelligibility)——能给人们带来益处并使其趋于完美(as benefiting and perfective of human persons)——是其指引性(directiveness)(即这些善被认为是行动理由)的来源。它也是如下这个更进一步的问题的来源:鉴于基本人类善的多样性以及在生活中实现这些善的人们的多样性,一个人要做什么以及实践合理性的要求是什么?[54] 解答那个问题的要点在于,人们必须不能减低基本行动理由的指引性。它们合并的或整全的指引性——尽管这一指引性不是加入到那一清单中的另一个善或额外的理由——能够被表述为这样一个原则:在一个人全部的慎思和行动中,他应当选择并以其他方式意欲那些且只有那些可能性,关于这些可能性的意愿(willing)与整全的人的自我实现(integral human fulfillment)亦即在所有基本人类善中所有人及其社群的实现相协调。[55] 这就是道德的主要原则,而且它也能够被构想为人权的基本原则:满足其他人们的需要依赖于一个人的选择及其他意愿,就此而言,他们就有这样一个权利:他的选择和其他意愿对整全的人的自我实现保持开放。

所有其他的道德诸原则是这一主要道德原则的具体体现。康德式的命令——在每一个行动中,一个人要把他自己看成在为"一个目的王国(a kingdom of ends)"("系统结合中的全部目的[a whole of ends in systematic conjunction]")立法——是这个主要原则的一个正式宣告;基督教的首要原则也是如此,为了天国,要像爱自己一样爱邻居;亚里士多德的作为最终目的的幸福(*eudaimonia*)观念以及寻求"最大多数人的最大善/幸福"的功利主义指令是另外表述这一主要道德原则的更不恰当的尝试。整全的人的自我实现是那个主要原则的核心,仅仅在这个意义上我们可以说,整全的人的自我实现是人类生活和行动的最终要旨(目的)。

---

〔53〕See n. 18 above.

〔54〕《自然法与自然权利》这本书的第5章(*NLNR*, ch. 5)展示了实践合理性的诸要求,好像它们每一个都是自明的,但是它们更应被理解为对于统一的主要原则(the unifying master principle)——这一原则面向整全的人的自我实现开放(openness to integral human fulfillment)——的具体说明:See *Aquinas*, ch. 4.

〔55〕关于这个"道德的主要原则"('master principle of morality'), see, e. g. Finnis, J. Boyle and G. Grisez, *Nuclear Deterrence*, *Morality*, *and Realism* (Oxford: Oxford University Press, 1987), 281 - 288.

道德的首要原则是怎样具体化为不太抽象的道德标准的？道德的理性规定如何形成明确的责任？整全的人的自我实现并不是可以作为世界范围内十亿年计划的目标（目的）而被筹划的一种巨大事态。更确切地说，主要原则所规定的是，一个人不要自动地限制他经由遵循非理性动机——这些动机并不立基于基本行动理由可理解的要求——所关注的人及善的范围。一种类型的非理性动机是怀有敌意的情感，诸如针对自己或别人的生气和憎恶。受到诸如报复情感所激发的一个人或群体不会拥有一个对整全的人的自我实现开放的意志。因此这一主要原则的第一个具体表现形式就是：不用伤害去报复伤害。这一原则在所有正当法律体系（decent legal systems）中被认为是基本的，而且它与公正补偿（甚至是通过自助的公正补偿）的标准相当一致，也与为恢复违法者与守法者之间的公正平衡所采取的报应性惩罚的标准相当一致（参见下文第 20－2 与 26 小节）。

道德的主要原则的第二个基本的具体表现形式是这样一种原则：不要作恶（do evil）——选择破坏、伤害或阻碍一个基本人类善的某一方面——善可能到来，而每一种形式的结果主义论者、比例代表制者（proportionalist）、功利主义者（utilitarian）或其他据称是集合的道德理论（purportedly aggregative moral theory）都是专门用以拒绝这一原则的理论。[56] 这是真正神圣不可侵犯的（truly inviolable）人权的基础，也是正当法律体系的支柱，因为这些法律体系绝对地排除了作为达致任何公共或私人目的的一种手段所造成的对无辜人们的杀害或伤害；而且基于主要道德原则的类似具体表现形式，这些法律体系绝对地排除了使用伪证（perjured testimony）、致使错误判断的选择或造成其他在司法上或官方上支持欺诈行为的选择，甚至为了国家安全所进行的掠夺以及奴役制度（chattel slavery）。要捍卫道德主要原则的每一种这样的具体表现形式，一个必要的部分就是批判集合的伦理方法，这些方法全都主张要确定能胜过邪恶行动的更重要的善，但是都失败

---

〔56〕对于这一原则的某种解释与捍卫参见 Finnis, 'Commensuration and Public Reason', in Ruth Chang (ed.), *Incommensurability, Incomparability, and Practical Reason* (Cambridge, Mass.: Harvard University Press, 1997), 215 - 233 at 226; more extensively, Finnis *et al.*, *Nuclear Deterrence*, chs. 9 and 10.

了，因为它们都忽略了人们、他们的基本善以及可传递与不可传递的选择结果（the transitive with the intransitive effects of choosing）各自的不可通约性（incommensurability）。[57]

给予道德主要原则以相对明确规定的第三个原则是金规则（the Gold Rule），即公平的核心原则："己之所欲，施之于人；己所不欲，勿施于人。"因为以利己主义（egoism）和其他偏见（partiality）为标识的意志不能对整全的人的自我实现开放。这一不偏不倚（impartiality）[58]的理性原则绝不排除所有的形式和偏爱他自己以及那些亲近的和心爱的人的相应的情感（比如说父母对于孩子的责任，以及随着优先照顾孩子而产生的父母的责任）；这一理性原则排除了由欲望、厌恶（aversion）、敌意——它们与真正的行动理由（即例示在[instantiated in]其他人们的生活中正如例示在他自己或他所爱的那些人的生活中的基本人类善）的可理解的诸多方面并不一致——所激发的偏爱。

### 11. 形式主义

除非法律被颁布，否则就不能实现其协调与其他的指引功能。即使法律能够实现这些功能，法律不公开通常对于某些（即使不是全部）法律主体也会是不公平的。此外，通常不公平的还有，包括法官在内的官员不去适用对法律主体公开的规则，而且法律主体还把这些规则视为可适用于法官或其他官员现在所面对的那类情形。法律有着一个公共"形式"（a public 'form'），这一点以上述两种方式体现了规则之治（法律的……[' ... of law']）而非个人自由裁量之治（人的……[' ... of man']）这一观念的核心所在。立法的产物只有根据一个确定的"方式与形式"而被制定才能被视为有效的，即被视为是法律，这一点对于法律可欲的实在性（law's desirable positivity）以及对于通过法律对政治统治者及其官员所做的可欲的限制同样是本质性的。通过注意——并且在很大程度上也只能通过注意——

[57] See e. g. Finnis, 'Commensuration and Public Reason', n. 56 above, at 218 - 223; *Fundamentals of Ethics* (Oxford: Georgetown University Press and Oxford University Press, 1983), 109 - 142.

[58] See further 'Commensuration and Public Reason', 227 - 229, showing, *inter alia*, how the content of this rational standard is usually supplied, in specific cases, by sub-rational factors (taste for risk, conventions, etc. ).

法律的形式，而不是去注意立法者未公开的意图，或是法律的或立法者的目的，或是法律的正义或其他价值，人们应当能够知晓大部分的（即使不是全部的）法律。要不是这样，则实在法会是多余的；但它又不是多余的（参见上文第3，6－7节）；因此形式与尊重形式（form and formalities）确实正是持有法律之理念的一部分。

非常偶然地，一种法律理论会将自己描述为"形式主义"。于是，Ernest Weinrib根据那个"标签"提出了关于某些特定制度（如侵权法）的一种解释，他认为，只有人们放弃关于这些制度的看法、价值或社会效用的所有问题，这些制度才能被理解。它们的可理解性和理想实在（intelligibility and ideal reality）独立于它们可以拥有的任何价值，并在同样独立于特定社群的目的这个意义上是永恒的（trans-historical）。但是形而上学和这一论点的阐释性力量是大有疑问的。法律和法律制度存在于特定人们以及社群的心灵与性情之中，此外，法律与法律制度的唯一实在——但这也是它们的基本实在——是作为行动理由，这些理由是好的，因为它们可理解地（intelligibly）与基本行动理由（虽然通常并不由基本行动理由演绎得出！）——即基本善，也就是人的行动中得失攸关的内在价值——相关联，而且与它们自身在道德标准中的完整展现相关联。

通常"形式主义者"是一些人带着不友好的意图所使用的一个称谓，他们认为某人实际的或被建议的裁决方法未能充分注意到立法者没有明确表达的意图或更一步的目的，或未充分地注意有关正义、仁慈（mercy）和/或人类福利的某个其他方面的因素[59]。既然很多（尽管不是全部）法律依靠一个决定（*determinatio*）而存在，这个决定并不能正当地主张成为社会问题的唯一合理的（道德所要求的）解决方法（参见上文第7节），那么，对未被表达在决定（立法或先前的判决或实践）之形式中的评价所进行的"太多"的或"太少"的司法关注到底是多少这一问题自身很大程度上就是一个决定的问题，不是演绎或对自明（self-evident）的洞见，也不是其他任何能够产生一个唯一正解（a uniquely correct answer）的智力过程。简而言之，用

---

〔59〕关于昂格尔（Roberto Unger）对我们法律中的形式主义的指责，参见 Finnis，'On "The Critical Legal Studies Movement"'，in John Eekelaar and John Bell（eds.），*Oxford Essays in Jurisprudence*，*Third Series*（Oxford：Oxford University Press，1987），145－165.

来自于特定法律体系及从中产生的特定种类之问题的抽象概念几乎不能有益地说明这一问题。

## 12. 实用主义

“实用主义”这个术语是由 C. S. 皮尔斯(Charles Sanders Peirce)在 1878 年引入哲学话语之中的,用以表述他自从 1867 年就已提出并详加阐述的有关逻辑(健全的思维[good thinking])的一系列观点的总和。1903 年他在哈佛大学进行了题为“作为正确思维之原则和方法的实用主义”的七场系列讲座[60]。这些讲座使其读者看到,忠实于其奠基者的洞见和看法的一种实用主义与柏拉图、亚里士多德和其他古典自然法理论的拥护者的关键哲学方法和结论相一致——实际上也是这些方法和结论的一种延续。

得出这一结论是因为,在那些讲座中皮尔斯解释道,“实用主义的问题是假说推理(Abduction)的问题”。他把假说推理与归纳法(induction)和演绎法(deduction)区别开来,并把它看成是三大推理(即一个人符合逻辑地进行思维[moving soundly in one's thinking])方法之一。皮尔斯把假说推理解释为对予料(data)* 即“摆在我们面前的一大堆事实”的领悟(insight),直到“我们看到了如下这一点为止——即要是我们将假定我们不知道为真的某个事物是真的,这些事实就会清楚明白地排列整理其自身”,我们都会发现予料是“一个混杂的缠结(confused snarl),即一个难以渗透的错综复杂的事物”。“那就是假说推理。”[61](我们可以说)皮尔斯“假说推理”的核心是亚里士多德所说的努斯(*nous*)和阿奎那所说的智能(*intellectus*),也就是领悟,亦即这样的一种理解,它不是假设推论这一

---

[60] Charles Sanders Peirce, *Pragmatism as a Principle and Method of right Thinking*: *The* 1903 *Harvard Lectures on Pragmatism*, ed. Patricia Ann Turrisi (Albany, NY: State University of New York Press, 1997). William James 邀请皮尔斯并建议了这个题目。

* Data 是拉丁文 *datum*(意为“所予”)的复数,即“任何研究或推断由之开始的材料或信息。予料是这样的信念,它们不需要进一步的理由,它们是我们关于世界的知识必不可少、最低限度的前提。”参见[英]尼古拉斯・布宁、余纪元主编:《西方哲学英汉对照词典》,人民出版社 2001 年版,第 227-228 页。“领悟”(insight)指的是,抓住事物内在的或隐藏的性质或靠直觉感受的行为或结果(The act or outcome of grasping the inward or hidden nature of things or of perceiving in an intuitive manner),参见《美国传统词典》。——译者注

[61] *Pragmatism as a Principle and Method of Right Thinking*, 282.

术语之现代意义上的演绎，也不是现代意义上的归纳，而是深入到经验予料之中，并不仅仅是一个基于更少予料的"直觉"。

皮尔斯完全把逻辑理解为规范性的，即由真理的善所引导并趋向真理的善(as directed and directing towards and by the good of truth)，亦即理解为人类思维活动的对象或目标(object [ive])。"每个人都很满意存在着作为真理的这样一个东西，或者他不会再问任何问题。那一真理在于遵从独立于他如此对待真理的某个事物，或者独立于任何人关于那一主题的看法。"〔62〕既然逻辑是经由并趋向可获得的一种善而被指引的一种人类活动(使我们能够获得可认知的真理善[the cognitive good of truth]的逻辑美德)，那么逻辑就附属于另一种更加广泛的规范性知识(尽管并不仅仅是其工具!)：伦理学。而且被视为人类行动之规范的伦理学转而又立基于皮尔斯(反常地[eccentrically])所称的审美学——关于"本身就值得赞赏"之物的一种知识(a knowledge of what is 'admirable *per se*')。〔63〕 因此，关于它的真理和知识就是一种本身内在的善。

因此真正的实用主义远离诸如理查德·罗蒂或理查德·波斯纳所主张的那类"实用主义"，在其边缘，实用主义这一术语意指一种(自我驳斥的[self-refuting])真理怀疑论(skepticism about truth)，并意味着固执地拥抱逻辑的非融贯性以及其他形式的断言的公然任意(overt arbitrariness in assertion)。这样的"实用主义"——因其公开把断言化约为需要之满足或其他驱动力(want-satisfaction or other drives)的一种工具——就不是哲学的一部分。(当然，就像不公正的法也是法的一部分，坏科学也是科学的一部分，因此不道德的实用主义也是哲学的一部分!)为了哲学的目的，对于这种实用主义需要说的都已表达在柏拉图关于不道德的修辞学的分析中，即他主要讨论自然法的《高尔吉亚篇》(the *Gorgias*)的第一部分〔64〕。由尤尔根·哈贝马斯部分地恢复的这种真正的实用主义理解到，我们能够

〔62〕ibid, 255(强调部分为原文所加).

〔63〕ibid. 118－119. 古典理论家们不太情愿将四种"科学"中之任一种从属于其他三种(例如，逻辑从属于伦理学)。

〔64〕在和哈贝马斯的对话中(他并不是一位这一不道德意义上的实用主义者)，关于《高尔吉亚篇》和话语伦理学(不同于不道德的修辞学)的思考，参见 Finnis, 'Natural Law and the Ethics of Discourse', n. 2 above.

富有成效地探究关于合理地(准确地、有逻辑地、负责地)思考和真正地论辩这样的(被自由地选择的)人类活动的诸多前设与前提(presuppositions and preconditions)。而且在这些前提之中,最重要的是,一个人通过对其关于倾向和可能性之经验的无中介的领悟(unmediated *insight*)而理解到,理解、合理性和知识不仅是可能性,而且也是参与一种基本人类善(并因此也是一种真正的行动理由)的机会。这样的领悟及其在实践理性中的联合和展开(consolidation and unfolding)的出现标志着一个孩子达到了理性的年龄。

### 13. 法律和义务

法律的实证性是"自然法"(客观道德)的拥护者强劲促进(vigorously promoted)的——尽管同样也不是由他们发明的——一种实在(一个概念,以及一种理想),一旦认识到这一点,那么我们将容易地理解到,"法律义务"与"道德义务"之间的分离真是太粗糙了。更确切地说,存在一类独一无二的道德义务,它只是作为实在法的一种属性或结果而获得的。这能够被称为"法律—道德的义务"(legal-moral obligation)或"道德意义上的法律义务"(legal obligation in the moral sense)。它与"体系之内的法律义务"区别开来,尽管通常它也遵循后者,法律的特定规则宣布它们自身(或由其他法律规则宣布)创设了这种体系之内的法律义务,并且法律制度也宣布这一义务并把它视为惩罚和处罚(punishments and penalties)的根据。

近年来,一些法学家已经认识到,把权威与义务这两个概念分离开来在逻辑上或概念上是可能的。统治者及其官员可以被承认为拥有权威(包括制定并强制法律的道德权威)以及不被篡夺的权利,然而与此同时在他们的法律中——甚至是那些强加体系内之法律义务的法律中——没有一个会创设任何道德意义上的法律义务(尽管他们的某些法律甚至在法律[the law]缺失的情况下当然可能在内容上与义务性的道德规范相一致)。应当承认的是,这在概念上是可能的。但是应当否认的是,因此而产生的权威和法律义务的诸观念符合经由描述而获得的任何在历史上存在的社群态度或实践。更重要的是,这些新提出的概念并没有挑选出任何合理类型的选择,即社会安排或一系列的部署,它们可以服务于一些善,正是为了这些善，法律存在并值得创立、维系或修复。[65]

上文第7节关于权威的讨论强调了实证主义无力提供关于权威的如下性质的任何说明：这一说明能够理性地让那些最经常与法律打交道的人满意——他们（比如法官）有现实的机会规避法律试图权威性地要求他们做的事情。不管多么复杂难懂，纯粹的是推不出应当。因此，义务也必须同样是如此，这一点甚至是更加显而易见的。正如哈特鲜明地意识到的，[66]他自己关于法律强制性（law's obligatoriness）的说明——甚至是关于法律系统内之义务的说明——是相当不令人满意的。他自己对于奥斯丁的批评就是以被强迫（"我被威胁"这个是再加上关于害怕的事实或理性不足的动机）和根据一个义务（一个应当）之间的基本差异为中心而展开的。但是他自己根据由其他人们关于重要性的信念所激发的持续的社会压力而对法律义务所做的解释却没有为需要解释的应当架起合理的桥梁。同样地，哈特把承认规则看成是关于聚合的官员部署与实践的一个纯粹事实，这是由于他在决定性的时刻放弃了内在态度即对行动理由的合理关注。把所有法律体系的应当系于官员实践的纯粹的是，对此哈特的理由是不充分的。无疑，一些甚或许多官员以及其他人会放弃探寻忠诚于法律的好理由，并且将就着诸如因循守旧（conformism）、传统主义（traditionalism）或名利主义（careerism）这样的理性不足的动机。但是这样的态度无法完全明了法律的命令。理由的核心情形并非共同被接受为理由的东西，而是被接受为理由的好理由。内在态度的核心情形就是在理性上正当地把法律接受为良心上具有强制性的，即在选择的时刻使法律与真正的权威沟通交流。只有自然法理论遵循了这一接受的理性根据。

古典自然法理论只是通过把所有的理由与义务系于一个最终的事实即上帝意志而以为降祸的日子还远（put off the evil day），这种认识同样也是不正确的。正如我们（在上文第2小节）所曾经看到的，某些现代的自然法理论家也许主张这一点。但是当阿奎那遵循奥古斯丁说，自然的道德的法律（the natural moral law）（并

---

〔65〕对于本段所讨论的建议和回应，See Rolf Sartorius, 'Positivism and the Foundations of Legal Authority', in Ruth Gavison (ed.), *Issues in Contemporary Legal Philosophy* (Oxford: Oxford University Press, 1987), 43－61; Finnis, 'comment', ibid. 62－75.

〔66〕See e.g. Hart, *Essays on Bentham*, 266－267.

因此所有的正义的人法即实在法)"从永恒的法律"获得其强制性,他并非在指一个神的命令,而毋宁是根据神的智慧在创造中(in creating)所选择之事情的伟大方案的可理解性(intelligibility)、善良(goodness)、完美(beauty)和理性的魅力(rational attractiveness)。[67] 具有强制性之事物的规范性是如下实践理性或自然法之首要原则的规范性,即避恶行善——实践理性的其他首要原则即基本行动理由给予了这一"善"的指涉物(参见上文第2、10小节)。行动或抑制的一个特定选择是强制性的,其原因永远且最终在于:如果我不做这一选择,那么我就不能融贯地、合理地尊重整全的人的自我实现即所有的具有人性的人们与社群的善,我或其他人选择任何事情时所拥有的整体的唯一理由把我指引到这一自我实现。

### 14. 判决

法院的主要职责是适用法律。这一判决过程的伦理学与比如阿奎那这样的古典自然法理论家大有干系。法官必须考虑到要确定多方当事人所做的事情的真相。尽管这个职责从来不能背离它的目标——与关于过去之行动和事实的实在相一致,但是它的履行还要根据证据规则和证明来进行。这些规则有许多目的。一个目的是实行无罪推定(presumption of innocence),其自身是"爱邻居就像爱自己"这个一般理性原则的具体形式。证据规则的另一个目的是通过降低如下这样一种风险而维持当事人双方的基本平等,即一方当事人通过令人惊讶的、修辞性的优势或其他这样的手段比其他当事人多获得好处。更深一层的目的是减少这样一种风险,即裁决事实的人,无论是法官还是陪审团,都将会受到对于案件诸特征之情感的或其他非理性的回应的扰乱,这样的回应并不真正与基于真实事实而适用实在法以实现正义的目标相关。在关于特定事实和当事人的情感上迷人的情形中从事裁决活动的人们将会偏离那一目标,古典理论家对这一风险印象深刻。

对于法官/陪审员之公平的不偏不倚(balanced impartiality)的某种悲观主义或现实主义使得古典理论家相比于做出判决(*determinations*)的普通法方法更倾向于偏爱立法,如果你喜欢也可以说是法律成文化(codification),经由立法,自然

〔67〕 See Aquinas, *summa Theologiae*, I-II, q. 96, a. 4; *Aquinas*, 307-312.

法能够以非演绎的方式(nondeductively)具体化为一个特定社会之实在法的规则与制度。在这里我们就得出了法官的次要职责与作用:解释并发展我们的法律。正如(上文第3小节)关于"排他性法律实证主义"的讨论所表明的,法官的这一做法将包括某些因素,它们以某种方式超越了在社会事实来源(先前的立法与先例)中已经完全具体化的且被决定的东西。但是,存在着一种法律的统治(rule)(即governance)而非"人"(尤其是法官)的统治,这样一种渴望要求,每一次往回参照道德的永久标准以及根据这些标准进行推理都应当由包括纯粹判决在内的作为整体的社会既存法律进行调和,并且应当通过融贯地坚持既存法律来过滤对道德标准的参照及所进行的推理(参见上文第7、11节)。

法律的道德支柱只有一小部分是针对故意伤害和谎言的严格的且无例外的规则(参见上文第10节)。剩下的大部分法律结构和内容赋予了关于注意和公正(care and fairness)的广泛的肯定性责任以特殊性。这一特殊性产生了交易法、程序法和财产法的特定体系。这些特定标准和制度的合理性不是"理性(道德)所必然要求的"形式的合理性,而是"根据在合理选择范围内的选择我们的法律所采纳的"形式的合理性。但一旦做出这些选择,融贯性的理性要求就强烈地限制了为进一步的具体化和发展所做的合理选择的范围。(进一步的论述参见下文第25节。)

除了整个法律领域的激进重建——比如立法机构能够承担起这个任务——之外,法律的发展应该根据柯克所称的"法律的人为理性(artificial reason)"[68]而进行,这一理性是法官的特有职责。因为法官只是这样一些人,他们致力于并且在智性上(intellectually)和道德上准备以(可以说是)法律的并进而且是社会的声音而非他们自己的个人声音做决定。他们在当事人之间实现正义的职责——对案件给出一个在道德上合理的和正当的解决——总是与以下职责相和谐,这一职责使得上述解决也适合——至少并不冲突于——那个社会的现有法律,这一法律被视为一个整体并且是就其在道德上是可容忍的而言的。指出这一合适性要求的一种传统方式是这样一种原则,在解决解释的不确定性时,法官必须问,要是那些制定法律的人已经进入了现在所讨论的情形,他们在法律现有的形式和表达中(在合理性

〔68〕 *Prohibitions del roy* (1608),12 Co. Rep. 64.

的限度内)将会制定些什么。

尽管我们应当因此而广泛地接受德沃金(Ronald Dworkin)关于判决之论述的某些主要要素,但是我们应当拒绝他的如下观点,即甚至在疑难案件中也要假设存在一个法律上唯一正确的答案。这个观点既夸大了道德自身标准的特性,也夸大了大多数实证规则的语言与目的的确定性。道德合理性(soundness)的要求以及适合实证法及其社会事实来源的要求排除了案件在逻辑上有无数种可能的解决办法,并且使得所有简单案件都有一个唯一正确的法律解答。但是在一个疑难案件中,这些要求在特性上将允许不止一种道德上和法律上正确的答案,亦即,不是错误的答案。德沃金正确地察觉到,作为一个法官,他将通常——甚至在法官出现分歧的一个疑难案件中(even in a hard case on a divided bench)——考虑到,有一种答案把它自身呈现为令人信服的。但这一点来自于如下事实,即每一位法官为完全实证的法律增添了一系列对事件的假设,这些假设就是或者包含了关于未来的猜想,比如关于如下后果的猜想,即在一个国际经济相互依赖或民族经济紊乱的时代坚持"政府权利",或者参与一个投机的政治冒险(诸如加入欧盟),或者最高法院公然反抗国家行政的欲望和期望,等等。这一类假设在一个个体的法官的心中应当是并且通常是相当稳固的,而且还给那个法官自己的慎思提供了一个特性和必然性,它们在某种程度上超过了法律的特性。

判决的这两个宽泛的目的和方面——既适用于事实,也适用于解释的发展——中的每一个都要求湮没法官自己的想法(包括道德倾向和事实信念)而赞同社会的想法。在传统中,这一点在阿奎那以及其他许多人(但不是全部)所捍卫的道德规则与法律规则中被渲染为法官必须根据法律上允许的证据来判决,而不考虑如下事实:法律并不允许这些事实出现在证据中,甚至法官(作为个人来讲)碰巧知道它们是正确的。〔69〕

新案件 *B* 中的相关事实类似于先前已判决的案件 *A* 中的事实,因此应以相同的方式来对待,很多司法推理都采取这一决定形式。一些理论家已经发现这种"类比推理"(reasoning by analogy)是令人困惑的,他们观察到,作为推理,似乎有着一

〔69〕 *Aquinas*, 250; Aquinas, *summa Theologiae* II-II, q. 67, a. 2, q. 64, a. 6 ad 3.

种众所周知的谬误模式。能保证正确地诉诸类比的东西不是一种推理模式，而是对某种标准的领悟[70]，这一标准以前也许从未被注意到或被阐述过，它既证成了 $A$ 中的更早的决定，又证成了 $B$ 中的相应决定，而且它也合宜地融贯于剩下的法律以及全部的合理的实践判断，注意到这一点，困惑也就解决了。

## 15. 法律和认识论

法律的实证性允许范围广泛的“推定(deeming)”。某种这样的推定在道德上和法律上都是必然的：比如，事实一旦由合适的程序所决定就必须在此后被视为真的，而且申诉或附属异议(collateral challenges)的时间一过它就不可挑战地成为真的。某种推定不是必然的但也许是合理的：比如一个法庭，为了履行裁判权并实现以其他方式难以达到的正义，也许就会认为某些事件在一个地方发生了，而实际上在那个地方它们并没有发生。但是关于这些假设的例子只能有助于突出法律的普遍认识论。事件确实出现了，而且能够真实地被判断为已经出现了。关于事件的某些信念以及关于善与恶、正确与错误的某些信念是错误的。对一些事件的说明是谎话，因为做出这些说明的人知道或者能够被认为相信，这些说明并不与他们意图描述的现实一致。关于值得选择(choiceworthy)之事的某些信念是如此地与事实相反、如此的错误与不合理，以至于按照其中一种信念而行动的任何人能够并应当受指责，并且在适当的情况下要因这样做而受处罚。我们的法律认识论是有关诸事实和价值的常识的实在论，这一实在论以反思批判的诸多改进(refinements)描述了自然法理论之古典传统的特征。

正如我们已经看到的(上文第 1 节)，这一古典传统强有力地区分了自然秩序的事实、逻辑事实、人类行动合理秩序的事实(伦理原则、政治原则、法律原则)和技术上或艺术上有效的事实。第三种(道德)秩序的事实不能被化约为任何其他种类的事实，甚至不能被化约为自然事实。因为人之本性是这样的：自我实现是经由自由选择(并伴随着价值的判断)在人类善的开放视野中进行自我决定的一个问题；因此人的自我实现的完全措施和特征以及实践理性之首要原则的充分意义和蕴

---

[70] 这类领悟是 Peirce 称之为假设推理的一个例子：上文第 12 节。

涵——要是先于那些选择和判断以及个人与社会在行动中对它们的实施——就不能完全被知晓。但是，除了通过知道一个存在者的那种自我实现是什么之外，他的未能实现的本性就不能被充分地知晓。因此，哲学人类学即第一种秩序中的人性知识为其完成(for its completion)就需要我们称之为伦理学和政治理论的实践的第三种知识。

休谟和康德的著作充分显示了他们作为原创者的洞察力。因此非常重要的是，他们对古典实在论和价值论的批判和背离在认识论上的根据是他们对领悟的否定和忽略，而经由领悟，人们能够为经验和爱好的予料增添一种关于事实或价值的理解。当这样的理解不借助于推理(而是使推理成为可能)能够且必须被获得时，它在上述情形(这些情形具有根本的重要性)中依然是真实的。拒绝把所有自明性视为专断的、令人恐惧的、可疑的，或同义反复的、形式的和空洞的，这个做法是自我挫败的，正如源于休谟和康德的认识论最终都认为的那样。

## 16. 法律和语言

因为一个人可能无法表达他所意指的东西，并且也可能努力发现语词以表达所记住的东西，而且因为在提升知识和(真实的或表面的)理解之后语言就紧跟着得到了增强，所以确定无疑的是，语言从未真正是基本的。尽管如此，如果没有对语言的坚持以及语言所负载的被分享的和可分享的洞见、信念和判断，我们的智性努力就很少会有进步。我们的智性努力当然包括我们的法律和我们的话语(*de lege lata*, and *de lege ferenda*, and *de lege reformanda*)——这些话语关涉到法律是什么、法律应当是什么以及改进我们所拥有的法律。

语言，亦即通过物质性的(可闻的、可见的、可触摸的)符号所进行的从心灵到心灵的意义转换，以其自己的方式显示了我们作为存在者——即刻并以一种根本上能形成单一个体的方式，既是精神的又是物质的——的卓越本性(remarkable nature)。这一不带二元论的二元性不但是诸如游憩、创造性艺术和婚姻等诸多机会的来源，而且也是多种限制的来源。这些限制包括不确定性(indeterminacy)(在程度上要超过 under-determinacy)与模糊性，它们既内在于我们的目的中，又内在于语言中——经由语言我们可以努力阐明并改进它们。通过立法语言和形成先例的司法论证，我们做出了无数的决定（*determinations*），这些决定在道德上被要求实施爱邻居就像爱我们自己（就像我们自己一样尊重并提高他们的福祉）这样的道德责任。但是这些具体行动从未在总体上消除模糊性或做出某些进一步之决定的需要，这些决定必须不但要寻求合宜地适合于被解释的决定（*determinatio*），而且还要适合于我们法律的相关剩余部分以及相关道德真理之持续的、或许是新的要求与蕴涵。正如上文第14节所论述的，关于决定的古典理论明白地承认，在许多情形中，不是一种正确答案，而是许多种正确（没有错误的）答案，出于立法或裁判的目的，其中的一种正确答案必须经由一个程序而被选择，这个程序的目的不但在于使其在各种备选的合理（没有错误的）答案中的选择程序成为公正的，而且在于把会采纳无数错误答案中的一种答案，这样一个风险降至最低。语义的模糊性是法律的普遍不确定性之原因中的一种（但仅仅是一种）原因。

比“词语”的含义更加基本的是语词的言说者和其他使用者的含义与意图。法律语言的解释要服务于现在是或将会是社群（这种解释就是社群的法律）成员的人们之间的协作与正义。那一协作的特定法律工具是根据法律的“社会来源”——即按照某些特定意图而行动的人们——制定并维系法律规则。因此创立者的意图即“原初意图”总是相关的。但是，语言要被可靠地理解，并且这一理解要符合任何关于解释之惯习的与职业的期望以及任何解释模式，以某种方式使用这样的语言曾经是创立者的责任。因此从立法者的观念来看，文本的语言有着某种并非绝对的或无条件的独立性。而且通过尊重权利与正当利益，法律解释的这两个方面仍旧存在于法律提升共同善的首要目的的框架内。这一论点在第27节关于宪法与法令解释的评论中继续展开讨论。

## 17. 法律和客观性

作为物质性的存在者（as bodily beings），我们不但偏爱以物质对象（bodily objects）的模式理解客观性，而且偏爱看到（seeing）（或以其他方式感知）这些对象。每一种经验主义哲学（empiricist philosophy）——不要与经验的自然科学和经验常识相混淆——都利用这种偏爱。而且经验主义曾经是当下法律实证主义的主要奠基人杰里米·边沁著作中的一个非常重要的假设和前提。在当下法理学中，以一种更成熟的形式出现的经验主义仍是一种重要的潜在倾向(under-tow)。

客观性不能根据一只猫看到或期望一碟牛奶这样一种模式而得到合宜的理解。意义的客观性以及意义的成功传递和理解(successful transmission and understanding of meaning)的客观性已经超越了经验主义的解释资源(explanatory resources)(并致使经验主义者从哲学上来考虑其自我挫败)。更确切地说,客观性是一个对予料开放的问题,是一个怀有各种相关问题之意愿的事情,而且也是一个对批判诸多更进一步之问题的每一种洞见有着服从意愿的事情。客观性是一个我们运用理智的问题,理智的运用不受所有偏见的影响,这些偏见会使得获得真理——这是研究的目标——更加不可能。我们作为主体(行动着的人)拥有这种开放性和免于模糊了真理之偏见的自由,在此意义上我们是客观的,我们的研究和判断是客观的,并非纯粹主观的,而且受制于偶尔的错误和欺骗,我们所确认的客观存在的东西(realities)以及我们判断为真正值得追求和有益的善在客观性上就是我们判断其所是的东西。

没有合理的理由认为,关于善的判断即"价值判断"仅仅被视为主观的。把这些判断看成是"太奇怪了"以至于不是客观的,(诸如 John Mackie 所做出的)这样的哲学努力失败了,因为它们忽略了关于许多其他种类之判断——比如,关于逻辑效力或自然科学理论与历史研究中的真理的判断,或关于主体间之意义(intersubjective meaning)的判断——相对于清楚地看到一个物质对象的动物行为标准(animal norm)的"奇妙之处"。[71]

## 18. 法律和理性选择

对于"理性选择"这个模糊的术语来说,至少有三种重要且不同的含义:(1)当选择是完全合理的也就是遵循实践合理性的所有要求并因此在道德上是正当的(upright)时候,选择是理性的。(2)选择的对象被实践智慧(practical intelligence)所设想并有着理性的诉求,即使在某个或某些方面,选择最终由情感或情绪(feeling or emotion)而非理性所激发,这些情感或情绪在某种程度上有着被束缚的

〔71〕 See Finnis, *Fundamentals of Ethics*, n. 57 above, at 57–66.

或被工具化的理性，当选择在这一意义上合乎理性地被激发时，在"理性的"这一词语的一种更狭窄的意义上，选择是理性的。(3)在20世纪中叶的"博弈论"或"决策论"理论家所界定的一种特定含义上选择是理性的，这一含义是根据为评估获得一个相关技术目标的最划算的(cost-effective)方式所采纳的某种艺术或技术标准而被界定的，并被用以表明在技术上或工艺上正确的决策和行动；对这样一种决策来说特有的是，在博弈中，"理性上所选择的"技术是一种"据支配地位的"理性，亦即这一决策与备选项的各种理由是相称的，并包含了这些理由所提供的所有好处以及其他更多的好处。[72]

这些含义的复杂性引起了大量误解。第三种含义仅是经济学与博弈论或决策论同样采用的用语。但是第二种含义是常识的用法。而且伟大传统的哲学家在第一种含义上使用它，认为其他两类选择更缺乏完全的甚或充分的理性。古典的论证来自柏拉图的《理想国》(*Republic*)，在这本书中，苏格拉底的年轻的对话者(interlocutors)非常强有力地挑战了他并表明，即使当一个人的正义和美德受到不道德的利己主义者(unscrupulous egoists)及其受情感驱动的支持者支配的时候，正义和其他与利己主义(egoism)截然不同的(利己主义所反对的!)美德也是有道理的。整篇对话并不意图"理想国"(ideal states)，而是要通过表明利己主义是自我挫败(self-defeating)的来满足年轻人的挑战，自我挫败是因为在利己主义者的心灵中其他力量不再受理性的内在规则(影响力)[constitutional rule (sway)]的控制，使得利己主义者——也就是专横的人(tyrants)——受内心的内驱力(inner drives)、欲望(lusts)和恐怖(terrors)的支配，他们的灵魂(psyches)就立刻膨胀并感到饥饿了。当理性不再从属于不太理智(less intelligent)的力量时，它才能把一个人与利己主义所忽略或否定的真理(truths)密切结合起来。基本人类善给予了一个人为理智选择所能获得的所有理由，这些善是为了每一个人的，而不是只为我自己。而且其中的一种基本人类善是友爱(friendship)，连贯的利己主义(consistent

〔72〕关于博弈论和社会选择理论中的"理性"参见 Finnis, 'The Authority of Law in the Predicament of Contemporary Social Theory', *Notre Dame Journal of Law, Ethics & Public Policy*, 1(1984), 115－137 at 129－133; 'Natural Law & Legal Reasoning', in Robert P. George (ed.), *Natural Law Theory: Contemporary Essays* (Oxford: Oxford University Press, 1992), 134－157.

egoism)使友爱成为不可能。

友爱的本质在于：A为了B的利益而关心B的福祉，而且B为了A的利益而关心A的福祉；并且因此A有理由不仅为他自己的利益而且为了B的利益而关心他自己的福祉；而且B也是如此。因此没有一个人的利益仅仅依赖于他自己的福祉，也不仅仅依赖于其他人的福祉。于是利益（意志、选择、行动、情感）关系是（并被指向）一种真正的共同善。这一共同善赋予它们的关系以其自足的特质。利己主义的自爱被超越了。不过更确切地说，我们可以清晰地看到，利己主义是自我毁损（self-mutilation）的一种形式，也就是对通向整全的人的自我实现的无出路（dead-end）的背离。[73]

每一个人与其他人之间有着一种天然的友谊，情感上淡如水，却真实而理智。因此，友爱和正义感知或分享了一种共同的可理解性。"囚徒困境"或霍布斯式的参与者（player）是不合理的，因为他把如下结果视为令人满意的或"在理性上更可取的"，在这种结果中，他自己逍遥法外（get off scot-free）而其他参与者终身监禁（is imprisoned for life）。相反，当参与者的偏好关注到结果的公正与合宜即关注到共同善的时候，理性选择的博弈论模式或经济主义模式就产生不了确定的策略或结果。因此，尽管这些模式在强调风险和不必要的副作用方面发挥了作用，却替代不了全面的理性选择理论——自然法理论。

## 19. 法律和性

国家法和政府在道德上是受到限制的；它们没有超出维系正义与和平的合适的司法权。当阿奎那[74]超越柏拉图—亚里士多德式的论点[75]——即国家法的作用在于去做有助于改进公民福祉（包括其良好品性）的每件事——的时候，自然法理论就得出了上面的那个看法。当强制性的国家司法权不再被构想为养育年幼孩子的模式的时候，那么显而易见的是，法律不应当因为成年人完全私下且完全同意

---

〔73〕 See *Aquinas*, 111 - 117.

〔74〕 参见《阿奎那》中的正文和分析，第222 - 254页。

〔75〕 e. g. Aristotle, *Politics*, III: 1280a31 - 1281a; VII: 1332a28 - b12; *Nicomachean Ethics*, V: 1130b23 - 6; X: 1179b23 - 1180a5.

的单独或共同的堕落的性行为而惩罚他们。

既然当下流行的某些伦理学理论和思想否认存在一种同样的性伦理学，那么有必要表明为什么参加单独的或同意的成年人之间的性行为的某些类型的选择能够是堕落的。实际上，没有这样一种解释，就不可能说明成年人与自愿的儿童之间的性行为为什么是虐待儿童而不是一种惬意的游戏形式或（正如某些古希腊人所坚持认为的）爱与教育形式。

有一种生活方式我们称之为婚姻，在这种生活形式里，均达到理性和性成熟年龄的男女双方同意永久地生活在一起，根据他们相互间的以及他们的婚姻（union）所孕育之后代的需求和真正利益来协调他们全部的生活，并通过行房（marital intercourse）去实现、体验和表达这一彼此的相互承诺。性行为就是意在使得一个人自己或另一个人获得性满足的任何行为，而行房就是这样一种性行为，这种行为据其意图和天性就易于实现、表达并允许配偶双方体验到他们的友爱、承诺以及对孕育后代的开放（openness to procreation of offspring）。既然接受和养育经由行房所受孕的孩子的意愿是婚姻之根本原因（rationale）的一个整全的方面，亦即使得婚姻对于排他性与永恒性的承诺具有意义的东西，那么，除非性行为不但表达了配偶间的友爱的承诺，而且是一种生殖类（generative kind）的承诺，否则就没有性行为能具有婚姻意义。因为唯有同意的生殖类的行为才能表达双方对生育的开放（openness to procreation）。[76] 但是，如果配偶的一方自愿地甚至是有条件地与第三者（someone outside of marriage）进行同样的行为，那么甚至这样一种生殖类的行为将会是非婚姻性质的。[77] 原因在于，如果一个人有这样一个意愿，他就不能使得——尽管，正如许多人做的一样，他能够徒然期望使得——他与其配偶的性交

---

〔76〕即使人们知道或认为他们碰巧是不能生育的，这样的性交——即这样一个性行为，它包括男人的放置（the man's depositing）和女人把他的精液放进生殖通道——也能够是生殖类的：See Aquinas, *Quodlibet*, XI q. 9, a. 2 ad 1 和其他的文本，它们被征引和解释在 Finnis, 'The Good of Marriage and the Morality of Sexual Relations: Some Philosophical and Historical Observations', *American Journal of Jurisprudence*, 42(1998), 97 - 134 at 126 - 129; *Aquinas*, 150, 181. See also Robert P. George, *In Defense of Natural Law* (Oxford: Oxford University Press, 1999), 139 - 183, especially 140 - 147, 156.

〔77〕对这句话及下段所概述的论证以及这一论证在阿奎那思想中的根源的更加充分的说明和讨论，参见 *Aquinas*, 148 - 154; Finnis, 'The Good of Marriage', 118 - 126.

表达和体验了对我们婚姻中的伴侣的交流和承诺。于是一个人的意志就分裂了，他的性行为就是一种缺乏一个真正的婚姻行为之整全性的性行为，这种整全性也就是一种婚姻的整全性，其中器官的结合是身体、情感、感觉、理智和所决意之承诺的联合。缺少整全性就是"性堕落"所意指的内容。

婚姻是人类善的一种基本形式。[78] 它是一种友爱，即这样一种关系，它不仅是生养孩子的一种手段，而某些不够格的自然法理论一直认为它只是一种手段。而且生育——如果有了孩子，生育将会是友爱关系的完成——也不仅是夫妻双方满足的一种手段，而当下的许多人就认为只是一种手段。因此婚姻这种关系是一种内在的善，这种善包含了友爱和生育这两种基本的和相互支撑的方面。每当配偶对共享生活的同意是相互的并具有合理性，这种同意就包括了一起行房；这是一个相互间的权利的问题。康德完全混淆了这一权利与对一个人的配偶的身体的支配（dominion），即一个人对一个亚人格的物（a subpersonal thing）的财产关系。（当代许多思想共享了洛克和康德的错误假定，即一个人的有生命的身体并不是他自己，而是属于自身/那个人的某种东西。）

对于婚姻之善不可或缺的是如下坚定的意愿（committed willingness）[79]：在真正婚姻行为（authentically marital acts）的可预期的快乐[80]中，共同实现并使双方相互体验我们婚姻的善。在双方的性行为并不真正是婚姻的情况下，他们婚姻的可理解性就被瓦解了：他们的性行为就脱离了他们相互承诺的束缚。这一脱离和瓦解与婚姻之复杂的基本善中的两个根本善背道而驰：不仅包括婚姻友爱的善，而且包括孩子的善，孩子整个品性的形成（formation as persons）是如此深地受益于一个好的婚姻背景，并且是如此地易受损害婚姻的每件事情的伤害。

因此，真正懂得婚姻之善的任何配偶的良心都必须在诸多其他事情之中拒绝从事非婚性行为（non-marital sex acts）的任何意愿——然而这一意愿是有条件的。

---

〔78〕 See *Aquinas*, 82, 146 n. 58.

〔79〕 这一积极的意愿连同不从事婚外性行为（通奸）的决心是传统（the tradition）通过 *fides* 所意指的内容，因此 *fides* 比现代的"忠贞"更加丰富：See *Aquinas*, 144 - 147; Finnis, 'The Good of Marriage', 106 - 111.

〔80〕 See Aquinas, *In* 1 *Cor.*, 7. 1 ad v. 5 [325]，对作为行房之动机的愉悦以及行房之好的方面的讨论参见 Finnis, 'The Good of Marriage', 102 - 111; *Aquinas*, 143 - 147.

而且既然甚至赞同(视为在道德上合理的)未婚性行为(the sex acts of the unmarried)蕴涵了一个从事非婚性行为的意愿——虽然是有条件的,那么每一个头脑清醒的配偶必须拒绝所有这样的行为。此外,既然婚姻之善要求拒绝这样的行为,并且婚姻之善真正地是一个基本的人类善和共同善的一个本质的组成部分(a basic human good and an essential component of the common good),那么尊重婚姻之善就要求,甚至未婚者以及因某个正当的理由将独身的人们要拒绝非婚姻性行为并视这些行为是一个错误的选择。

由此,我们可以得出如下结论:教育子女的一个重要方面就是使他们在情感上与理智上适合于真正的婚姻,如果他们由于职业选择,或其他生活环境的原因而不能结婚,就要教育他们尊重婚姻的善,拒绝同意或赞同非婚性行为。蓄意允许一个人所照管的孩子在性上变得堕落,即形成一种赞同会瓦解婚姻之善的性行为的性情,这对孩子们来说是一个巨大的不公正,因为这一做法妨碍了他们真正参与一个基本的人类善。父母及其他对子女负有教育义务的人们在实现他们正义的责任方面有权获得协助。一国的政府和法律的基本责任——在这一点上亚里士多德是正确的[81]——是为他们提供帮助:比如强制禁止每一种类型的恋童癖(paedophilia)、禁止出版或发行面向孩子的色情文学(pornography)、禁止公共雇员(public employees)或公共机构宣扬非婚的(如同性恋的[homosexual])[82]性是合理的,并且禁止维续为非婚性行为所安排的常去之处(places of resort arranged for non-marital sex),因为为此目的的这些场所可以公开地且蓄意地(deliberate)获得,这对孩子来说会意味着这样的行为是值得赞同的。一个政府和法律体系要是有资源承担上述责任,却故意以选择自由(choice)、多元主义或表达自由的名义规避这些

---

〔81〕 See also *NLNR*, 216-217,222-223,讨论了公共道德和家长主义(paternalism),为了孩子的利益家长主义是正当的(legitimate)。

〔82〕 关于柏拉图、亚里士多德、普卢塔克(Plutarch)以及其他古典自然法理论的大师对同性恋性行为的拒斥 See Finnis, 'Law, Morality, and "Sexual Orientation"', *Notre Dame Law Review*, 69 (1994),1049-1076;附有对某些异议之回应的一个修正的和简化的版本参见 John Corvino (ed.), *Same Sex: Debating the Ethics, Science, and Culture of Homosexuality* (Lanham, Maryland, Boulder, Colo., New York, Oxford: Rowman & Littlefield, 1997),31-43. See also '"Shameless Acts" in Colorado: Abuse of Scholarship in Constitutional Cases', *Academic Questions*, 7/4(1994),10-41 at 19-41.

责任，那么这个政府与法律体系就搞错了相关人权真正是什么，而且也是非常不正义的。

针对孩子的类似正义因素要求奋发的国家(strenuous state)支持婚姻契约，并支持这样的母亲们——她们把时间都用于维系家庭而不是从事在大多数情形中对于共同善不太具有重要性和价值的职业。婚姻之善的其他方面——即友爱，它要求配偶间存在一个真正的和广泛的平等——保证了国家反对诸如一夫多妻这样的陋习的立场。通过禁止盗用婚姻之名、禁止盗用与沉重的婚姻负担对等的一些特殊权利，亦即通过禁止诸如所谓的“同性婚姻”(same-sex marriage)这样的缺少婚姻基础之一个本质方面的诸多性爱关系，而且有些人——他们几乎普遍地[83]拒绝对于婚姻忠诚和完整(并因此对于针对孩子的正义)来说具有本质意义的持续的排他性(constant exclusivity)——就会从事这样的性爱关系，那么婚姻的可理解性和价值就深植于孩子们的并同样深植于成年人的脑海中，这对于共同善而言具有极为重要的意义。正如亚里士多德所正确指出的：“人类据其本性更多是婚姻的(conjugal)而非政治的。”[84]婚姻之善对于生活与社群的合理形式并因此对人的自我实现所具有的这一核心重要性作为原因解释了为什么提升这一善的东西(像破坏或攻击它的东西一样)的如此多的方面都处于国家法与政府的管辖范围内，尽管那一管辖要限制在和平与正义的范围内。

## 20. 侵权法的哲学

许多当代法律理论家似乎仅重视古典法律理论中最薄弱的一部分，即亚里士多德关于矫正正义(corrective justice)的论述。确实，亚里士多德正确地看到，恢复在人与人之间被错误地扰乱的平等是这样一个原则，它要求侵权人(tortfeasors)对因其错误行为而受到伤害或遭受损失的人们进行赔偿，而且他还正确地看到，尽管那一原则关注的是恢复平等状态，这一点异于关注在一群人中平等地分配某种共享的利益和负担，但它还是一个本质上正确的正义原则。[85] 比如在财富方面完全

---

〔83〕 See Finnis, ‘The Good of Marriage’, 130 – 134.

〔84〕 *Nicomachean Ethics*, VIII: 1162a17 – 18.

〔85〕 *Nicomachean Ethics*, V: 1131b25 – 1132b20.

不平等的人们在侵权之前能否马上被平等对待？怎样从一种对于损失的无责的(inculpable)或非侵权的原因中区分出一个侵权行为？当多个被告人的过错和财力(二者要独立开来看)相对于任何特定的损失额度来说存在相当大差异的时候，什么样的补偿措施能够恢复所假定的先在的平等？对于回答这些决定性的、同时也是困难的问题来说，亚里士多德所说的这些简直没有益处。

侵权法独特的赔偿方案明显依赖于一套先在的判断，这些判断关涉到人与人之间哪些形式的互动在一个特定社群中是可接受的。但是这些判断的先在性也许更是逻辑的而不仅是年代学的：在某种程度上，一个社群在侵权之主张的语境中应当并确实形成了它的可接受性判断。尽管如此，在许多语境中，优先于此类共同判断的是在个人的或其他私下的审慎考虑中所做出的判断，这些考虑关涉到什么是值得的、什么东西威胁到了这种值得做的事情，并且关涉到对于值得做的事情来说，什么层面的损失风险在不同的语境中是可接受的。侵权行为的基石是一套道德的——自然法——原则，这些原则恰恰把进行伤害或欺骗的所有行为选择都看成是错误的。但是侵权行为的本性(flesh and blood)是一套既体现在"自然法"因素中，又体现在"实在因素"中的标准。自然法因素反映了对于人类福祉之基本的或内在的方面以及对于由那一福祉所演绎出来的主要社会结构的一种或多或少的充分理解。(这些方面和结构就是侵权行为理论家通常称之为"利益"的东西。)侵权行为中的"实在的"因素或多或少反映了关于追寻基本人类善之方式的惯习性选择，反映了在针对促进福祉的社会结构和互动所做的备选设计中的惯习性选择，而且反映了在不同类型和层面的风险——即那些备选的各类结构和行为方式造成了不可欲的副作用——中的惯习性选择，这些实在的因素也能够合理地成为不同的选择。

一部合理的侵权法要把故意致人损害的每一种行为都看成是具有侵权性质的："恶意(malice)构成侵权行为"这样一个美国学说是合理的，而英国学说所持的反对观点则是不合理的(而且也是不积极的[half-hearted])。[86] 但是对意图的一

[86] See Finnis, 'Intention in Tort Law', in Devid Owen (ed.), *Philosophical Foundations of Tort Law* (Oxford: Oxford University Press, 1995), 229 - 248.

种准确理解把许多完全可预见的以及被预见的选择结果视为一种非故意的不良后果。“被预见到的就是故意的”这一学院式法律学说是一种不可欲的虚构，正如与其类似的这样一种学说：故意包括合理地可预见到的（正如确定的或高度可能的）任何东西。一个人因其行动的不良后果——被预见的或可预见的——所承担的责任于类型方面在道德上或人性上都不同于他为其故意做的事情所承担的责任，并因此这一责任应当被视为侵权责任的一类不同的基础。基本上，我们的法律确实把它看成是不同的，这通过两种方式来实现，一是把侵权行为分为故意的与疏忽的（the intentional and the negligent），二是在此基础上以关于注意义务、注意标准以及因果关系之远近（remoteness of causation）的根本上具有规范性的设置来分析后者。

于是，在对引起损失发生的事件（loss-causing incidents）进行侵权行为分析的那些用语中合宜地起作用的规范在某种程度上是永远有效的原则和正确的道德规范，而且在某种程度上也是一个社会经由其对生活方式的选择所采纳的规范。[87]自然法的原则和规范既不要求，也不排除如下选择，诸如我们社会的这样一个选择：允许重型车辆以远超过步速（walking pace）的速度沿高速路前行。再如一个假设的社会选择：机动车辆要限速在时速 4 公里。但是这样的并无理性上充足论据的诸多选择一旦被做出——当这些选择不可避免地正在根据实践和应用（即使不是经由立法或司法）来裁决关于过失或疏忽的主张——就提供了一种理性上确定的措施（至少是可推定适用的或可废止适用的措施）以确定侵权法的许多注意义务和注意标准以及侵权行为在可诉损失与微小损失（actionable and remote losses）之间的划分界限。所有这些都是道德和决定（*determinatio*）亦即“自然的”和“实在的”相互影响的一个典范，这也是古典自然法理论的核心主题（参见上文第 14 小节）。

总的看来，关于侵权行为的成熟的普通法，正像关于不法行为（delict）的成熟的市民法一样，具体体现了对人、他们的价值、他们的无论好坏的有效选择自由以

〔87〕 See Patrick Kelley, ‘Who Decides? Community Safety Conventions at the Heart of Tort Liability’, *Cleveland State Law Review*, 38(1990), 315.

及由一个人——连同其他人的利益并在某种程度上为了其他人——在社群中的进取心和事业所提升的共同善的一种真正理解。那种对原则的真正实践的理解其古典名称就是自然法。然而，这并不是得出结论说，我们侵权法的全部主要特征都完全符合合理性的要求，即符合自然法。例如，不考虑被告或原告赔偿损失或承受损失的任何经济能力，而且也不考虑双方在某些方面——这些方面在因果关系上与可引起诉讼的伤害或损失无关——的行动是否存在恶意，就以这样的措施要求被告进行赔偿怎么能够是公正的？侵权法在不放弃其核心结构的情况下难道不应当吸纳某些这类修正原则（modifying principles）——这些原则在我们法律的正如在自然法理论的别的地方被称之为公正？

## 21. 契约法哲学

侵权法所规定、制约并强制的注意和赔偿义务与契约所规定、制约并强制的履行和赔偿义务之间的区分并不是完全分开的。有某些侵权行为，比如它们以某些方式侵犯了契约关系，这完全是合理的。尽管如此，二者的区别仍是清楚合理的，而且这一区分也不应期望消失。25 年前就预示了“契约的死亡”，与契约关系最密切的那些人却肯定忽视这一预言：商人们愿意根据甚至是完全尚待执行的（完全未履行的）契约（executory contract）提起诉讼并期望以此而被提起诉讼。因为有充分的理由把某些特定类型的自愿达成的协议视为在一致同意（agreement）的那一刻起（或所同意的其他开始时刻）就创设了一系列的义务和相关的权利，这些权利从那一刻起就与权利人（right-holder）在法律上所保护的财产（财富）[holdings (wealth)]相关。

从历史上看，法律体系对于承担起规制和强制非正式协议（informal agreement）（更不用说完全尚待执行的非正式协议）的责任一直小心谨慎。这并不令人惊奇，也不意味着愚蠢或迷信。法律体系有着许多优先的、更急迫的责任，并且正如发达法律体系中的法律人容易忘记的，一个清晰地确认的道德义务的存在并不蕴涵着国家的法律机构有一个道德责任对这一义务感兴趣。肯定性责任（affirmative responsibilities）总是受制于各种条件。然而，根据一致同意所创设的道德义务是正义的义务，支持正义是国家机构本质上所赞同的东西，并且由自愿的一致同意所创设的根本的道德义务是法律义务的理性基础，这些法律义务就是我们称之为契约的东西的核心所在。受托人自愿承担的责任所创设的道德义务类似于对契约具有核心意义的道德义务，并且同样地构成了信托法的理性基础。当关于相互关系和约因(privity and consideration)的普通法的旧有学说变得宽松时，那么显而易见的是，信托和契约就比它们通常在学说、制度和教学法上的分离所蕴涵的东西更为类似和相互关联。

同样地，契约和财产在原则层面也是深深地相互联结。违反甚至一个完全尚待执行的契约所构成的"诉讼中的物权(chose in action)"是如下道德真理在实在法上的证明，即人之为人的自由、尊严和权力包含了他的如下这样一种能力：通过选择把当前的权利授予其他特定的人们而马上充实他们，而这些权利与一个人承担为他们完成某种未来的特定服务的责任有关，或由这种责任之承担所蕴涵。尽管如此，人(persons)在根本上优于所有的亚人格的存在物(subpersonal realities)，而且财产法就其典范性主旨是亚人格的存在物而言当然是独特的，它不是关于劳务的义务(obligations of service)，这些义务从不应被视为一种亚人格的物。这一洞见正确地看到了契约法的赔偿部分，极为显而易见的是，契约法反对特意履行严格意义上的劳务(*stricto sensu* personal service)。

通过承诺或同意而自愿承担责任，对其道德约束力的一种说明具有本质意义的就是对于从劳动分工和协作中可以合理预期之利益的某种说明。正是这些并非严格意义上之伙伴关系的人们之间的合作所带来的这种利益使得人们自愿承担(某些限度内的)责任具有了其意图拥有的规范性意义，并且使得自愿承担责任成为合理的行动，既不是繁文缛节，也不是自我束缚。这一至关重要的利益本质上是对未来的一种控制，也就是这样一种安全：它与其说是避开可预料的损害，不如说确实地提升所有当事人的福祉。通过诉诸外在惩罚(extrinsic sanctions)来解释允诺义务的霍布斯式的、洛克式的和康德式的努力、所假定的自我连贯的逻辑和/或人格形而上学统统走错了路。他们都因为缺乏共同善这一关键理念而失败了，在这一理念中，当事人经由服务于协作而获得个人利益，这一协作能够是不同时的，并能可靠地超越当前，尽管它并不承诺诸如严格意义上的伙伴加入其中这样的一个普遍方案。[88]同样的关键理念给我们提供理由说，霍姆斯（Oliver Wendell Holmes）关于契约只是创设要么履行、要么赔偿损失这样一个可选的法律义务的观念——尽管并非不融贯，或并非不能为一个法律体系所采纳——依然既非精确的（就其作为关于普通法、民法或国际法的一种论述而言），而作为一种备选方案又是根本不可欲的。

正如侵权法预设了关于人类行动和人类意图的某些真理（这些真理经常被理论怀疑论者所否定），契约法也预设了所有的这些真理，而且还预设了更多的相关真理——这些真理关涉到语言的可理解性以及其他人之意思、信念和意图的可获得性。一个明智的人将会根据语境判断言说者之真实的（"主观的"）意思和意图，甚至在分析要约人和承诺人时使用的所谓"客观的"检测也把上述判断的内容视为决定性的。

## 22. 刑法哲学

只有理解了（i）政治理论、（ii）道德理论、（iii）人及其行动的形而上学以及（iv）对于一个特定社会之事实审判者（法官或者陪审团）的文化和性情的常识性意识这四个方面所包含的某些主要原理，我们才能充分理解和证成关于犯罪行为的正义之法。古典自然法理论以其当下的表现形式明确提出了这些问题，并证成了刑法与民法之间的明显区别，这一区分是现代法律体系的特征，而不是古代甚或中世纪之实践与理论的特征。

（正如凯尔森所称）国家法和政府"垄断暴力"，或独自有权利批准并执行不可撤销的以及审慎的不利措施——我们称之为惩罚（阿奎那对此有更加精确的看法），这是政治理论——无论是描述性政治理论还是规范性政治理论——中的决定性要素。当法律理论寻求说明（a）刑法中的禁止性要求与肯定性要求的合适界限以及（b）违反这些要求所施加之惩罚的目的性和正义性之时，它必须被视为容纳并

〔88〕这样一个方案不必、而且一般来说也没有开始脱离慷慨的动机（*liberalitas*），但是，一旦通过允诺或契约达成了一致是一个严格正义之美德和不正义之邪恶的问题，那么这一方案也就不再是慷慨或吝啬的问题了。请对比 James Gordley, *The Philosophical Origins of Modern Contract Doctrine* (Oxford: Clarendon Press, 1991).

扩展了这一要素。刑法的第一个功能(即确定人们必须避免做什么,或者在一些情形中必须做什么)只能通过以下前提才能被证成,即没有行使合法权威(比如父母的权威或公司管理者的权威)的其他人们,而且也没有除此之外的其他合法措施,有可能在确定(并寻求防止或减少)一些人被其他人以别的方式不公正对待方面既是有效的,又是公正的。[89]

刑法的第二个功能,即批准并要求对依公正审判发现已经违反刑法之要求的那些人施加惩罚性措施,最好被理解为国家更广泛功能中的一个要素,这一功能也就是支持并在必要时实施且重新实施对利益与负担的一种公正分配。遵守法律之正义要求的负担公正地指向所有的法律服从者,实际上就是在其领土管辖范围内的所有人们。每当能够公正地得到惩罚的罪行被实施时,罪犯正在以其自己的专断意志帮助其自身获得拒绝那一负担的好处。他们因此违法地且不公正地获得的好处正是自由地去做他们喜欢做的事情,即这样一种自由:遵循他们自己的偏好和选择优先于法律为所有人所规定的做事方式。根据国家维续分配正义的功能,国家机构在强制剥夺罪犯获得的这类好处时能被证明为是正当的,因此在罪犯和遵守法律的人们之间的这种好处和不利的平衡——蓄意的犯罪行为打破了这一平衡——就得到了恢复和矫正。这一恢复平衡的剥夺针对的正是罪犯所获得的这种好处:超越正当界限的自由。正义的惩罚本质上不是一个造成痛苦的问题,而是抑制罪犯的意志(即自由)。(除了这一思考线索,没有什么东西能够弄清楚以下模糊难懂的观念,即犯罪行为或罪犯应受惩罚。)

因此,报应(*Retribution*)是惩罚的一般证成目标。[90] 使用基于报应主义而被证成的惩罚去威慑并改造(罪犯),这样的机会只是一个额外的连带后果,而且意图进行威慑和/或改造所采取的措施当然并不比基于报应因素所证成的惩罚更加损害了被宣告有罪的罪犯的利益。而且,国家的独特功能与权威就在于支持一个关于相关利益与不利的公正模式,报应与这一功能和权威的内在关联解释了为什么刑法如此地不同于民法。在民法或私法中,不正当行为(wrong-doing)的受害人从做错事的

〔89〕*Aquinas*, 239 - 252.

〔90〕See *Aquinas*, 210 - 215; *NLNR*, 262 - 264.

人那里寻求赔偿，以作为对他们之间预设为公正的先在关系的矫正。但是在刑事诉讼中，这样的受害人除了作为证人之外没有合适的身份，因为在这里，正是遵守法律的人们（通常包括受害人）的利益作为一个对他们恢复正义的问题而得到辩护。

刑法关于故意、行动（acts）和犯意（*mens rea*）的最重要的一般性学说与对罪行之规定的报应论理解——这一理解证成了惩罚——紧密相关。当然，这一理论转而也像这些学说一样依赖于一种对人之行动（*acting*）所包含之内容（而非仅是行为（behaving），比如梦游中的行为）的理解。它特别依赖于这样一种理解，即行动的典范是做出一个选择，即一个特定的意图，这一意图被用来作为达致某个所设想之目的（即某个更广泛的意图）的一个设想的手段。做选择是典型地——并且在所有属于刑法之合适范围内的情形中——通过身体运动来实现的（尽管当然有许多行动，诸如祷告或心算，在那些行动中不存在行动着的人[acting person]的运动）。刑法理论的许多复杂难题涉及到这样一个问题，即把行动与各类行为区分开来，[91]并且把行动与它所引发的东西即结果区分开来。许多犯罪，尽管绝不是全部，在法律上不但根据各种意图与身体运动，而且根据各种后果而被界定。因此刑法不仅给他自己，而且也为好理由造成了一些并不源自纯粹道德反思的问题，在这些问题中，所意图的东西——一般而言是作为目的的东西，具体而言是作为手段的东西——对于判断来说具有决定性意义，这一判断或多或少独立于作为结果的事实上已发生或无法发生的事情。

在刑法学说与实践中，大量的混淆源自执行刑法的那些人不愿意清晰地区分行为与行动（准确来说是致力于实施一个选择的行为）以及行动与后果，在如下两种情形发生时就尤其如此：一是不难预见却无意的后果非常有害，二是被告的意图和其他动机对于观察者来说模糊不清。

## 23. 财产法哲学

在法律学说的所有已知形式中，财产是人们之间的被界定好的一系列规范性

---

〔91〕 See Finnis, 'Intention and Side-Effects', in R. G. Frey and Christopher W. Morris (eds.), *Liability and Responsibility*: *Essays in Law and Morals* (Cambridge: Cambridge University Press, 1991), 32 - 64.

关系，只要人们中的一人或多人是或可能与世界的某个部分——它能被人类使用，即某种资源——有关或可能有关，这些关系就要被精确地考虑。对一种资源（a *res* or thing）的相关切当然也许是相当间接和偶然的，正如金钱、股权、期货、专利等诸如此类的东西一样。但是这些无形资产之价值的最终来源总是它们控制资源的潜在可能性，并且也总是使用这些资源来提升一个人的某种（真实的或假设的）内在善。

尽管法律学说基于充分的技术理由把人与人之间的权利和人对物的权利进行比较，但后一种权利总是被还原为人际权利的结合（combinations of rights between persons），并且作为它们的基本要旨也总是调节着人际之间的关系（比如把非所有权人从物及对其使用中排除出去）。整个财产法、每一种财产权和财产关系以及每一种财产类型都是服务于人们的，而且它们也恰恰都是人与人之间的关系。在特定的人和特定的物之间没有一种物理关系（physical relationship）——原初的和/或长期的"占有"、人在其他事物上的劳动所进行的创造，以及发明——自身构成了一种在规范性上充足的理由来承认或规定那些人对于那些事物拥有财产权，更不用说他们有权拥有诸如罗马法上的完全所有权（*dominium*）或普通法在占有上的完全的土地所有权（fee simple in possession）那样"绝对的"所有权。世界上的资源都先在于我们所有的人，并且因为我们作为人在根本上都是彼此平等的，所以唯一具有合理性的规范性底线就是所有的那些资源一直都被看成是为了每一个人的利益。

因此，所有形式的财产权（1）赋予特定的人们优先于所有其他人来使用和/或收益财产的权利（这些人在这一范围内被排除享有这个物），但是（2）同时财产权为了所有其他人的利益在道德上要从属于一种初始信托（inchoate trust）、抵押、留置权或者是用益权（usufruct）。各种各样的私法和公法规范给予财产持有上的这一道德负担以法律上的加工（*specificatio*），而且这一加工就像财产权利形式自身一样随着（法律）体系而变化，并准予所有权人优先享有和控制，加工在法律上的体现包括：妨害（nuisance）、习惯性地役权（prescriptive easements）、征税（taxation）、支配权（eminent domain）、"反托拉斯"（反垄断法）等等。

因此古典自然法传统接受了亚里士多德的显然是悖论的一个口号所阐明的观

点:财产在占有上是私人性的,但在使用上是公共的(被共享的)。[92] 这似乎是自相矛盾的,因为占有的要旨是使用,把占有私人化——即特定的人对资源以及资源权(rights to resources)具有排他的独占性——的要旨(正如亚里士多德和阿奎那的著名讨论[93]所清楚揭示的以及两代布尔什维克主义[Bolshevism]的十分糟糕的经验所极为充分地证实的)提供了小心翼翼地、审慎地但却是生机勃勃并富有前瞻性地管理和开发那些资源的动机。这样的动机来自于所有权人在使用和享有上的优先权。那么使用怎样能正当地被称为公共的?我们怎样能够说非所有权人——他们对于物的创设或培育以及管理无所贡献——有权参与物的享有呢?答案就在于上文已经论及的这一观念:所有权人的享有权尽管授予了充分的优先性和利益以激励所有权人去照看和培育财产,但它还是被一种剩余财产的准信托(a residuary quasi-trust)所限制,这一限制是为了这样一些人的利益:通过共享资源的使用和收益可以合理地满足他们的需要。再分配的税收体制是现代法律体系对私有财产上这一道德负担之认知的可能颇具特色的制度设计。倘若财产制度的要旨即人的福祉一直被考虑的话,亚里士多德式的格言就不是自相矛盾的,而且它在纯真的共产主义和残酷的资本主义之间找到了一个合宜的平衡。没有这样的平衡能够被期望完全是最佳的甚或是永久合宜的,但这一事实并不蕴涵着探求合宜的平衡是无意义的。

正如对一个法律体系的财产制度所做的各种技术性概括不是在有关财产的专题论文中而是在侵权(侵占他人之财物[conversion]、侵入他人住所或土地之行为[trespass]……)与契约(销售行为中商品主权的转移[passing of title in sale]……)的标题下进行描述的,所以在法律中许多偏僻的地方能够发现这样的规则:强迫全部所有权人的权利依次从属于穷人的利益和道德权利。许多法律体系并不赋予通过盗窃来帮助忍饥挨饿的人这样的行为以明确的法律资格,而这样一种资格却凸显在传统道德理论家的著述里(“如有必要,所有的东西都是共同的”)[94]。在根本

[92] *Politics*, II: 1263a25, a 38.

[93] *Politics*, II: 1262b36 - 1262b26; Aquinas, *Snmma Theologiae*, II - II q. 66, a. 2; *Aquinas*, 188 - 190.

[94] *Aquinas*, 190 - 196; Grotius, *De Jure Belli ac Pacis*, II. ii. 6; Pufendorf, *De Jure Naturae*, II. vi. 5 - 8 (n. 5 above, pp. 301 - 309).

上，只有通过起诉和判决的自由裁量（prosecutorial and sentencing discretion）而进行的强有力的弥补活动才能辩护这样一种缺陷。对传统的健忘似乎致使近来的法学家已经对于文森特诉伊利湖运输（*Vincent V. Lake Erie Transportation*）案感到难以应付。[95]

### 24. 国际法哲学

在英语中，无论“国际法”这个术语是不是边沁所杜撰的一个新词，它都是对于*Jus inter gentes* 这一（拉丁语）术语的翻译，这个术语出现于一元的世俗—教会基督教世界崩溃（breakdown of a unitary secular-ecclesiastical Christendom）之后的16世纪自然法理论的革新之中。在随后的几个世纪中，国际法被阐释为诸国家之间的而非诸民族或万民之间的法，与此同时，国际法既显示了人类共同体的根本的复杂性——远超过国家多样性的一种复杂性，又表明了如下思想的错误，即国家没有资格成为一个完美的共同体（a *perfecta communitas*），即一个完全的共同体，它有资格构成一个正义的人之忠诚的一种最终的和无条件的范围和视野。一个人或者一个非国家的组织是否有身份（standing）能够转变为作为国际法主体并享有源自国家法的实体和程序权利的国际机构呢？一个像联合国这样的国际组织有一个和国家人格相比的国际人格吗？并且它在国际法中的权利是被限制在建立它的成员国所授予的那些权利之上吗？诸如国际红十字会这样的非政府组织也是如此吗？如果除国家之外的“人（persons）”能够成为国际法权利的主体，那么他们也能像国家一样成为国际法规则的创立者吗？

在过去的50年中，这些问题推动了国际法中的许多发展。这些发展都来自一种不断发展的理解，即新的相互依赖——经济的、环境的、文化的相互依赖等等——正在变成一个世界性的人类共同体，这个共同体原则上可以成为一个完美的人类共同体，被用于监督管理世界各地实现正义。有时，正如在1945－1946年

---

[95] 124 N. W. 221 (Minn. 1910)：在暴风雨中把船靠在另一个人的码头来救一个人的生命不是侵权行为，即使它因此创设了一个义务以补偿救人行为给码头造成的损失。（saving one's life in a storm by attaching one's ship to another's wharf is no trespass, even if it creates an obligation to compensate for damage thereby done to the wharf.）

的纽伦堡(审判)一样,同样的这些问题已经呈现出了自然法基础(have laid bare the natural law foundations),这些基础能够独立证成如下看法,即某个行动能够成为——并且实际上也曾经是——一个应受国际审判的"反人类罪"。

为什么国家法和政府——连同它们对于在一个特定的、经济上能生存的地域内的家庭、邻居以及其他组织所具有的司法管辖权——是为人们所需要的并且是正当的?这是由于在极为根本上,人们需要一种权威,它能被期望以不偏不倚的正义和对真理的关注而实施强制性的和不可恢复的惩罚(administer coercive and irreparable punishments)。[96] 从历史上看,似乎国家及其政府一直甚为经常地由一种纯粹的权威行使(a sheer taking of authority)所构成,除了事实上(*de facto*)有可能成功地确保一定程度的协调与合作(co-ordination and co-operation)——它们足以使得正义不仅是可欲的、被安排好的,而且也被实际地执行——这样一种期望之外,任何既有的法律名称和其他道德主张都没有授权这一权威。[97] 现在并不存在国际立法、行政或者司法之权威的核心模式,这不仅因为基于上述理由没有人或群体有能力行使权力,而且因为国家默示地共同同意这样一种判断,即没有一种现有的或想象的权威能够被依赖以一种有效的司法制度——这一司法制度足以使国家的司法权全面地转移到这一权威或隶属于它——而行动。

因此,协议(条约)和一种更低程度的(尤其是国家的)习惯实践是国际法的主要渊源,国际法既在描述的意义上又在道德的意义上保留了一种相对不发达的即非核心的法律情形。尽管如此,国际法不应当被简单地称为一种原始的法律体系;就现状而言,国际法律进程既是"各文明民族所承认的一般性法律原则"[98]的复杂运用,又是稳固切实可行之想法并使之成为达致共同性(commonality)与合作的一种手段的那些技巧的复杂运用,我们把上述想法称之为法律学说,它们表现在"司法判决和各民族最有资格的国际法学家(publicists)的教义中"。[99] 在这些惯用语

〔96〕 *Aquinas*, 247 - 252.

〔97〕 Finnis, *NLNR*, 245 - 252.

〔98〕 Statute of the International Court of Justice, art. 38(1)(d).

〔99〕 ibid., art. 38(1)(e).

词中,“所承认的”和“文明的”——即使不包括“有资格的”——这样的术语指向了如下充分被证成的假设,即有着一些正确的原则,传统上称之为自然法,它们支撑了这一个或其他每一个法律秩序、法律原则与法律学说。

## 25. 普通法哲学

我们在欧里庇得斯和柏拉图那里能够发现“普通法”这个术语,而且它(作为一般法[*ius commune*])在中世纪市民法(罗马法)和教会法的法律和政治思想中是众所周知的,在英格兰的法律和政治思想中,普通法意义的某一方面实质上也是众所周知的:普通法作为王国中的一般法,它区别于地方的和个人的习惯,这些习惯属于家庭、行业和地区。但是普通法的另一个方面可能更重要:它区别于法令或者别的制定法,也就是区别于一个团体制定的法律,这个团体的权威和主要作用正是要改变王国的法律。

把普通法与罗马法或者民法区分开来,这一区分传统中的法律人近一千年来一直在反思普通法的本质。他们的反思史表明,在普通法的诸多来源——比如理性(道德原则)、古代的遗产(恒久性)(antiquity [permanence])、通行的习惯、司法先例或者职业的经验、观点与实践——构成中从未存在过一个稳定的、表达清晰的、融贯的和得到普遍接受的关于普通法之地位和作用的论述。[100] 然而,每一个人都想方设法确认了普通法的两个维度。普通法——实施它是最高法院的职责——固有地和理性相关联,实际上它在某种程度上也源自理性,而且普通法在某个方面也是一个应用的问题。

这些维度中的任何一种都是复杂的。理性表明了合理选择与合理行动的诸多原则,它们一直被称为自然法,或理性法(与自然法具有相同的意义和指涉),或道德,或人权与人的行为准则(human decency),或平等、公正与正义。但是普通法的“理性”一直以来经常被视为包括了一个博学职业的“人为理性”(artificial reason of a learned profession),而且并没有使得以下问题得到澄清,即在什么程度上这是一

---

[100] 对于1150-1630年这一时期的情况,这一点已被J. W. Tubbs充分地说明,参见J. W. Tubbs, *The Common Law Mind: Medieval and Early Modern Conceptions* (Baltimore and London: Johns Hopkins University Press, 2000).

个超越普通经验的道德明智的问题,并且在什么程度上这是一个技术性的学说、制度和实践——它们是由本能够合理地进行不同选择的职业法律人的选择所设定的——的问题。在后一种意义上,普通法的"理性"合并了第二种主要的维度即应用,但是保留了如下特殊的含义,即由法律职业的实践所设定的学说等等从属于一种内在彼此一致和融贯的要求。(另参见上文第3和第14小节。)

以前大多数普通法法律人感到困惑且不断改变的对于普通法之性质的讨论本应当为对如下托马斯主义观点的一种强有力的领会所澄清,即实践理性的原则需要由决定(*determinatio*)来扩展和适用。[101] 正如上文在第3节结尾和第14节所提到的,支撑任何正当决定的一种永恒原则就是:类似案件类似处理。这构成了普通法接受"遵循先例(*stare decisis*)"(司法先例)之规范的基础,一旦先决条件(尤其是已经出版的法律案例汇编[printed law reports])具备,这种接受几乎就是明确的。因为在面对宪法或制定法的清晰含义所无法解决的一个问题时,法官应当以处理相同时期、相同领域的案子的任何其他法官所采取的方式来努力解决它。(这就是实施普通法所包含之内容的一部分,并且为了某些目的,普通法法官经常将其领域视为像"普通法世界"一样宽广。)但是,除了制定法和法官对问题的任何特定的道德回应外,关于这些决定(decisions)的此类共时的(反事实的)一致性还要求,应当有某种决定的标准。这个标准应是显而易见的——可以为所有人确认,并且要比对争议中的问题的解答更容易确认。在过去,问题一直由处于同样的一般性法律语境中的法官以一种特定的方式来解决,这一事实是显而易见的,并因此而提供了一种标准,这一标准对于解决眼下的问题很可能并可废止地(presumptively and defeasibly)是合宜的。

## 26. 不法行为和追索权

有关不法行为(private wrongs)和补救的法律(关于它们的侵权法是其中的核心

---

[101] 首席大法官 John Fortescue 先生在他的 *De Laudibus Legum Angliae* 中(c. 1469)关于众多格言的讨论诉诸亚里士多德的自明性原则的观念,而且 Fortescue 在 *The Governance of England* (1475)中关于政治共同体的讨论诉之于阿奎那的有限政府观念(See Finnis, 'Is Natural Law Theory Compatible with Limited Government?', n. 18 above),但是他没有注意到阿奎那对亚里士多德的如下发展:法律经由决定(*determination*)而演绎自原则。

类型)当然不能被这样的理论——这些理论忽略了此类法律的作为一系列基本的以及相关的权利和义务(比如免于被诽谤[defame]并且不去诽谤别人)的基本结构——所证成或被很好地描述,侵害("违背")这些权利义务就要确保(*warrant*)认识到:如果P的基本权利(primary right)被侵害,那么他在法律上就可以要求进行赔偿的一种补救的诉权,而且违背了基本义务(primary duty)的D在P的诉讼中就相应地负有一种赔偿P的责任。违背义务就是侵犯权利并且是"诉讼理由(*cause of action*)"。

解释救济权(remedial rights)——这些权利不是作为侵害基本权利的结果,而是作为(比如通过减少在预期的权利交换中发生的不经济的预防措施和/或交易成本)最大化社会福利或某种其他价值的手段——的任何说明将无法弄明白渗透在我们侵权法中的一些规则与学说:D违背对T的义务可预见到要损害到P但没有违背对P的任何基本义务,在此情况下,这些规则和学说就否定P享有一种救济权。因此关于侵权行为的经济分析将不会成功,尽管它有助于使我们注意到法律规则和诉讼程序(proceedings)的某些副作用。但是同样地,冠以亚里士多德式"矫正正义"之名的某些理论一直无法弥补亚里士多德论述中的一些缝隙:他的论述没有充分地注意到使得可识别的错误成为错误的某些基本权利和义务,而且恰恰也忽略了去解释:违背基本权利怎样能够保证侵权行为针对完全赔偿之损害的正常司法秩序。

晚近建立在一种"民事追索权原则"(principle of civil recourse)基础之上的侵权行为论述[102]被作为一种描述性的和"概念性的"论述提了出来,并且拒绝任何"规范性的"或者正当的目的。它对与之相竞争之论述的批评强有力地表明了经济主义的、功利主义的以及(在许多不同的方面)亚里士多德式的矫正正义理论没有搞明白侵权行为的结构及其许多规则。而且这一论述对侵权行为结构的中层分析(middle-level analysis)正确地指出了社会惯习与其他公正规范赋予侵权行为之基本权利和义务以确定性的方式。[103] 但是,在其最深层上,这一民事追索权理论失

[102] Benjamin C. Zipursky, 'Rights, Wrongs and Recourse in the Law of Torts', *Vanderbilt Law Review*, 51(1998), 1-100.

[103] Benjamin C. Zipursky, 'Legal Malpractice and the Structure of Negligence Law', *Fordham Law Review*, 67(1998), 649-690 at 679-680. 更加一般性的论述参见上一个注释。

败了，因为它忽略了描述的分析或概念的分析在根本上依赖于对评价性问题的不受限制的批判性理解（unrestricted critical engagement with issues of evaluation）——也就是对规范性真理（normative truths）的理解，这些真理是证成（justifications）（或谴责（condemnations））的唯一理性来源。因为有志于任何令人感兴趣的一般性层面的理论或者论述，如果无法表明一些规则或制度性结构被一些原则——理论家不但能够“暗示”这些原则拥有“某些吸引人的规范性证成”[104]，而且能够合理地断定这些原则在证成的丰富意义（一位有良知的法官审慎考虑到，制作或拒绝关于损害赔偿的一个裁决会改变 D、P 或二者的整个生活，那么他就会寻求这一丰富的意义）上被证明为正当——来保证（warranted）（如果它们能被保证），那么就不能充分地“搞明白”这些规则与结构。由于缺乏此类纯粹的规范性证成，那些被击败的对手，通过把他们相竞争的论述所未予解释的——未表明是正当的，或已表明是不正当的（unjustifiable）——那些法律特征指责为不合时宜的事物，就能够收回战斗的地盘。

作为一种对于侵权结构的证成，追索权理论将会遭到古典自然法理论的拒绝。通过“对抗”（‘*act*[*ing*] *against*’）侵犯权利者（right-violator）（也就是对侵犯权利者享有追索权），追索权理论在其根源上把不当行为之受害者的“报复（‘*get even*’）”[105]的情感冲动视为有价值的。[106] 这种冲动在许多方面（即使不是在所有的方面）都违背了正确的原则，即不能用伤害来回应伤害（参见上文第 10 小节）。当想查封侵权者的物品的时候，而不是当想把类似 P 已经遭受的伤害或损害强加到 D 身上的时候，这种追索权理论无法解释 P 的冲动为什么应当被允许。它也不能解释为什么法律所赋予的救济诉权（它承认或者代替了 P 的情感冲动）应该扩展到——就像它在侵权中所做的那样——对所有预期损失的完全赔偿。但是同时，尽管把 P 的救济权看成是独立于 D 自愿全部赔偿的任何所谓的道德义务，这种追索权理论也不支持如下思想（参见上文第 20 小节）：D 违反对 P 的义务导致了可预

[104] Zipursky, ‘Rights and Recourse’, 97.

[105] Zipursky 所称之为报应（retribution）欲望的东西与上文第 22 小节关于犯罪与惩罚的论述所讨论的报应无关，即这样一种理论，受害人的欲望（甚至是遵守法律的欲望）并没有规范性的重要性。

[106] Zipursky, ‘Rights, Wrongs and Recourse’, 85.

期的损失，在维系对此一损失进行完全赔偿的一种准普遍规则方面，我们的法律是过分简化的、失衡的，而且在某种程度上也是不正义的并且是不正当的，然而却把违反义务以及P与D的任何相关财产看成是相对不重要的。此外，在证成惩罚性的损害赔偿金（punitive damages）制度方面，追索权理论也是成问题的，也就是有一部分侵权法——在其美国法的规定中——似乎不正当地混淆了私法和公法（尤其是但不仅仅是刑法）；在普通法世界的其他地方，甚至惩罚性的损害赔偿金制度的那些更受限制的形式也仅仅能够在如下意义上被证成：这一制度等于是（如果它确实是）因为一种明显的——尽管迄今为止是暗含的（implicit）——轻视P之人格（personality）的错误而判给赔偿金，这非常像罗马法中关于侵害（*Injuria*）的不法行为（侵权行为）。

追索权理论正确确认了我们侵权法的已经长期被误解或者被低估的核心特征以及对那些特征进行解释或证成的核心问题。但是它几乎没有解决这些问题。所需要的解决方案将不得不承认，并不是侵权行为的每一个特征都能够被证成；需要革新的某些特征是长期存在的，但是其他的特征在经济主义进路以及"政策导向"进路的影响下新近获得了其重要性。解决方案将会源自于承认这样一种认识：类似于法律的其他部分，但以它自己独特的方式，侵权法的基础在于判断人们之间有哪些关系是公正的和合理的——这既是在一般意义上而言的，又是针对特定类型的语境而言的。这些判断构成了承认基本权利和义务的主要基础。在D侵犯了P的权利的事件中，赔偿的救济权援引了关于公正和合理性——它们体现在重建由D的行为所割裂的二者之间的公平关系——的一个更深层的判断。甚为通常地（但绝非总是），救济性的公平要求恢复平等，这一"恢复"是侵权法（而且在许多案件中也只有侵权法）所规定之内容的基本原理：D要尽可能把P恢复到要是违背义务的行为不发生P所本应当享有的地位上。

### 27. 宪法和制定法解释

对于文本和其他陈述的解释有时仅仅是历史的：一位特定的作者或一些作者想在他们的文本和其他陈述中交流什么？这个问题——甚至在它涉及到包含多位作者的文本时——通常有着一个确定的答案，人们对这一答案的精确性能够合理地拥有高度的自信。(如果你认为这种主张过于乐观了,你就已经理解了它,并尽你自己的一份力量去证明它。)然而,除了我们不知道且没有办法知道作者(们)想就如此这般的一件事交流什么——他们的文本对此事似乎或多或少都是紧密相关的,上述那个问题通常并不能被给予如此确定的和可靠的解答。这一不确定性经常源自如下一些限制,这些限制使得人们不能预见所有的相关问题,甚或不能用尽全力处理那些他们确实已经预见到的问题。

在司法和法律实践中,关于宪法文本和制定法文本以及某些陈述的解释从不能合理地完全是历史的。只有当宪法和制定法的解释者意图服务于人们及其福祉即共同善(比如,作为一个法官依据法律而实行正义)时,它们才会被考量——并且才会在事实上以法律的形式存在。宪法和制定法要求尽可能地做出历史上准确的理解。否认这一点即是否认宪法与制定法解决社会生活之任何问题——它们需要由法律来解决——的权威。但是宪法和制定法——以及那些制定它们的人所写的、说的以及意图交流并意图要揭示出的东西——也需要被理解为极为复杂和广泛的一个整体的许多组成部分,它们包括:社群成员间进行的作为共同体之构成成分的和解与妥协,社群过去所进行的各种投入,社群的各种当前需要(包括克服冲突的当下来源),社群之法律机构及其他精英的智慧、技能、狭隘和偏私,以及社群共同善的许多其他方面。正是只被看成这一整体的组成部分,而且这些组成部分被认为是导向了现在或未来的共同善,宪法和制定法才有着指引任何人当下慎思的无论什么样的任何法律权威,或者是具有法律或道德的任何主张。

既然法律与法律思想获得很少的注意或者考虑——除非它们服务于或者被用以服务于它们能够助益的每一个人,那么所有的基本人权应当被视为支配了关于解释的每一个其他方面的开放问题。最高法院在 *Deed Scott V Sandford*[107] 一案中的基本错误就是在着手从事宪法条款的解释,比如,这涉及到入籍的国会权力,而法院这样做并没有基于一个很强的假定:无论宪法制定者的假定和期望是什么,如果可能的话,每一个宪法条款必须被理解为与被承认为一个法律上的人(recognition of a legal person)此类基本人权相一致。这样一些法官犯了本质上一

[107] (1857)60 U.S. 693; Finnis, 'The Priority of Persons', n. 48 above, at 7–8.

样的一个错误，比如 Scalia 法官，他们把第十四条修正案并未详细阐述的对“人”的指涉(references to ‘persons’)解释为允许各州可把未出生者不看成是人，并授权杀死或(在胚胎库)奴役未出生者，这些同样的法官知道未出生者实际上是人。[108]

当对基本人权的明确侵犯没有争议的时候，人们很少能达成共识说决定性地解决了许多解释问题，这些问题要求：第一，在对文本的忠诚、对其制定者之意图的忠诚、对历史上之法律的忠诚之间做出一个合适的权衡；第二，与法律的其他部分相一致；第三，尊重在立法机关、法院和行政机构之间所做的宪法责任的划分；第四，现在的人以及可预见的未来人的需要；以及第五，法官自己对于法律的可选择判决与可选择发展的可能后果的预感。

## 28. 责任

“责任”(responsibility)这个抽象的名词只是在接近 18 世纪末期的时候才出现；《牛津英语词典》(*Oxford English Dictionary*)中所记录的这个词首位使用者是 Hamilton，紧接着的是伯克(Burke)。但是源于启蒙运动的这个词确实承载着一系列洞见，而休谟、康德、边沁等一些开明的哲学家试图消除每一种这样的洞见，或者使其不必要地模糊不清。这些洞见熟知常识，而且现在也同样地通晓柏拉图及其诸多对话者(interlocutors)。它们都对于搞清楚义务(obligation)的思想是完全必要的，本节就从这里开始讨论。

第一种洞见是，人的确能够导致也就是造成这个世界上的某些结果，这些结果包括对他的同伴、邻居和任一或所有其他人所带来的利益与损害。要是根据所观察到的经常联结(observed constant conjunctions)*，所有的这些都不能得到很好的解释。一个人的构成因果关系的力量(causal power)，特别是其心灵对于物质的力量，就是他在每一个行动中——通过行动，他实现了他所意图做的事情，比如在课

[108] See Finnis, ‘Public reason, Abortion, and Cloning’, *Valparaiso University Law Review*, 32 (1998), 361 - 382 at 373 - 374.

* 这个说法来自休谟，在一般人的理解中，因果是前后相继的，有“因”然后有“果”。而休谟指出，依靠理性我们无法知道事物之间的必然因果关系，只能看到事物之间存在一种经常的联结(constant conjunction)。休谟提出的“经常的联结”驳斥了因果关系理论，在他看来，因果关系不是自然的本质，而是由我们的心理和想象造成的。——译者注

堂上说如下听得见的话，“休谟和密尔反驳了古典自然法理论”——既经历又理解（尽管不是以一种完全解释的方式）的一种实在（reality）。

第二种洞见是，当A的行动已经伤害到B，有时正确的是（尽管有时不正确），A对B是应负责的（answerable），亦即有责任的（*liable*），也就是说，A应该做些事去矫正他们现在的关系并恢复先前的更合宜的关系。有时，一个法律体系的某个规则蕴涵了这个“应当”，而在此一法律体系中，A能够被要求对B的控告承担责任（answer）（在拉丁文继而在现代语言中，answer也就是指 *respond*（回应），即A要回应B的控告），这一蕴涵是经由两种方式实现的，一是否认或承认他对B之伤害的因果责任，二是拒绝或接受他以某种措施赔偿B的义务（duty）。

于是，责任（liability-responsibility）的核心体现出了一个更宽泛之洞见的实例：一个人也许（并经常或者在某些方面总是）与其他人处于这样一种关系之中，以至于有职分（*role*）、职责（function）、义务（obligation）给予他们某种服务，这种服务也许只是小心不要伤害他们，也许是要确实地在某个方面照顾他们，他就像在某些或者所有方面有责任提升他们福祉的这样一个人。这与如下这个重要的实践真理相联系的，即恰当地被理解并被继续维持的政府不是对其他人称王称霸，而是要为他们提供服务，因此——从良心的内在观点看，总是论及核心情形——对其他人的权威是对其他人之责任的一个结果。权威（“权力”）就像法律自身，是达致目的的一种手段，拥有权威的那些人有责任提升这一目的，而这一目的也就是社会（或者是属于社会的所有人们）的共同善，在这一社会中或针对这一社会，拥有权威的那些人有着他们确实拥有的无论什么样的权威。

第四个洞见是，当且仅当一个人有能力在其他方面选择去做事，他所做的事（并从而他所引发的其他事）才特别地是他自己的。如果一个人在开放的备选项之间有自由选择的这种能力，亦即，如果一个人有许多机会正视各种可选择的选项，而且除了他对一种选项优于其他选项所做出的选择外，没有什么（无论是内在于他自身还是外在于他自身的）东西决定了他所做出的选择，那么他就是一个负责任的行动者。能力责任的这一地位不是在词源上而是真正地（本体论与形而上学的意义上）位于各种现实存在物之束（the cluster of realities）的核心位置，它们在关于责任的四部分类比所阐述的洞见中被理解。

当然,以上论述还需要做更多的工作来解释这一束的相互关系与含义。但是在此,本章已经到了它能够越界的边线。古典自然法理论对于在每一个维度上的发展与新的洞见都是开放的。所以,人们能够期望本书中的其他各章对于本章的内容成功地增加了许多价值,而且在许多方面改正了本章的内容而不会推翻它所一再阐述的任何主要的古典命题。

# 第 2 章　自然法：现代传统*

Brian H. Bix 著　朱　振** 译

自然法理论是人们系统地思考宇宙秩序、道德与法律之间关联的一种模式，不论以哪种形式，这一思考模式已阅历世事几千年了。不同的自然法理论能够有着根本不同的目标：例如，提供一般来说是关于正确行动与正确选择的主张（道德，道德理论）；提供关于人们怎样获得正确道德知识的主张（认识论，道德的元理论）；并且提供合宜地理解法律及法律制度的主张（法律理论）。正如下文将要讨论的，自然法理论在现代政治理论（关于政府的作用及限度以及自然权利）〔1〕和国际法的发展中也起着主导作用。

本章的重点是讨论关于自然法理论的更晚近的著作，尤其是那些集中论述实在法〔2〕（或针对实在法的自然法之含义）的著作。然而，如果对产生这些现代自然法著作的传统缺乏深刻了解，就难以理解这些现代著作的源头与方向，因此本章的

---

* 我要感谢 Matthew D. Adler, Jules L. Coleman, David Orgon Coolidge, Neil Duxbury, John M. Finnis, Robert P. George, Steven P. Goldberg, Philip A. Hamburger, Matthew H. Kramer, Nancy Levit, David J. Luban, Linda R. Meyer, Thomas H. Morawetz, Scott Shapiro, Malcolm B. E. Smith, Adam Tomkins, Robert W. Tuttle, Kenneth I. Winston 以及一位匿名读者对本文的评论和建议。

** 2011 计划司法文明协同创新中心、吉林大学理论法学研究中心副教授，主要从事当代西方法哲学研究。

〔1〕并非巧合的是，《美国独立宣言》(1776)主张来自“自然法”的权威，并提出“生命、自由和追求幸福”的“不可剥夺的权利”。类似地，《法国人权宣言》(1789)宣称“自然的、不可剥夺的和神圣的人权”。（美国文献所特有的把自然法和追求幸福相等同可能来自 Jean Jacques Burlamaqui (1694－1748)的著作。参见 Jean Jacques Burlamaqui, *The Principles of Natural and Political Law*, trans. Thomas Nugent, 5th edn. (Cambridge: Cambridge University Press, 1807)，尤其是第五章的第一部分。

〔2〕由人们为其(自我)管治而创制或“设定”的法律通常称为“实在法(*positive* law)”，以与“自然法(*natural* law)”相对，后者由源自一个“更高的”或“更基本的”来源的诸道德原则组成。

讨论以关于多种自然法理论的一个简明历史和概述为起点。

人们能够在柏拉图(c. 429－347BC)[3]、亚里士多德(384－322BC)[4]和西塞罗(106－43BC)[5]那里发现自然法进路的许多重要方面;而托马斯·阿奎那(c. 1225－1274)[6]则赋予这一进路以系统的形式。在中世纪并经由文艺复兴,随着诸如弗朗西斯科·苏亚雷斯(Francisco Suarez, 1548－1617)、胡果·格老秀斯(1583－1645)、普芬道夫(Samuel Pufendorf, 1632－1694)、约翰·洛克(1632－1704)和让-雅克·卢梭(1712－1778)等许多论者的工作,自然法和自然权利理论才成为神学、道德、法律和政治思想的完整组成部分。也许并不令人惊讶的是,自然法在更广泛的宗教、道德和政治争论中已经发挥的作用一直在相当大地变化着。[7] 有时自然法已经被等同为所确立的某种特定宗教,或者更一般地来说被等同于现状,然而在其他时候又被人们用来支持其激进变革的主张。同样,有时那些在自然法传统写作的论者似乎非常关注基于个体的问题,即人们如何过一种善的("道德的"、"有德性的")生活[8];在其他时候,它们关注的东西更为广泛——社会的或国际的:鉴于我们关于善的不同价值和观念,我们能够发现什么规范,据此我们都能融洽相处?[9]

---

[3] Plato, *laws*, book IV, 715b, in Plato, *The Collected Dialogues*, ed. E. Hamilton and H. Cairns (Princeton: Princeton University Press, 1961),1306.

[4] Aristotle, *Nicomachean Ethics*, book V, 7: 1134b18 － 1135a5, in *The Complete Works of Aristotle*, ii, 1790－1791, ed. J. Barnes (Princeton: Princeton University Press, 1984).人们能够发现古希腊戏剧也提及了类似自然法的观点。比如参见 Sophocles, *Antigone*, in *The Oedipus Plays of Sophocles*, trans. P. Roche (New York: New American Library, 1958),210.

[5] Ciceto, *Republic*, III. xxii. 33 and *Laws*, II. v. 11－12, in *De Re Publica*; *De Legibus*, trans. C. W. Keyes (Cambridge, Mass.: Harvard University Press, 1928),211,383,385.

[6] Thomas Aquinas, *Summa Theologiae*, I. II(第二部分的第一小部分), Questions 90－97, in *Thomas Aquinas*, *The Treatise on Law*, ed. R. J. Henle (Notre Dame: University of Notre Dame Press, 1993).

[7] 关于一类自然法理论,一位评论者已经这样论述道:"不同的自然法理论在各种道德的、神学的和政治的斗争中都是威力强大的武器,并且在很大程度上它们也出于这些目的而被型塑。"Knud Haakonssen, 'The Significance of Protestant Natural-Law Theory', unpublished MS, presented at the Hester Seminar, 'Natural Law Theory: Historical and Contemporary Issues', Wake Forest University, Nov. 1997, at p. 1.

[8] 用一位评论者的术语来说,许多自然法理论家被视为"在一个形而上学的框架下看待道德(morals)"。Knud Haakonssen, 'The Significance of Protestant Natural-Law Theory', 4.

[9] Jerome Schneewind 把这最后一个主题称为"格老秀斯难题",J. B. Schneewind, *The Invention of Autonomy* (Cambridge: Cambridge University Press, 1998),70－73,并且他不但在格老秀斯那里,而且在自格老秀斯以来的晚近每一个重要的自然法理论家那里发现这一难题。显而易见,它也预示了比如罗尔斯这样的当代理论家的某些观点。参见比如 John Rawls, 'The Idea of an Overlapping Consensus', in *Collected Papers* (Cambridge, Mass.: Harvard University Press, 1999),421－448.

自认为属于自然法传统的某些现代法律理论家有着某些显然不同于古典自然法的目标和进路。大多数古典理论家基本上都是道德理论家或政治理论家，他们要问的是：一个人怎样有道德地行动？或者更具体的说，作为国家的一位公民或官员，他的道德义务是什么？那么，合法的（即道德的）统治行为的界限是什么？[10] 与此相对照，从事于自然法传统的某些（但远非全部）现代理论家[11]是狭义上所理解的社会理论家或法律理论家。他们主要与解释或理解法律和社会的其他进路相竞争。事实上，很多现代自然法理论是针对法律实证主义（即从理论上说明法律的另一种可选择的路径）发展起来的。正如下文将要讨论的，我们能够把两种不同类型的自然法——作为道德/政治理论的自然法与作为法律/社会理论的自然法——在一个基本层面上看成是相互关联的，即二者都例示（exemplify）了一种（市民）法的观点，这一法律不仅仅是支配性的，而且是被支配的。[12]

## 1. 传统的自然法理论

### 1.1 定义

什么使得一种理论成为“自然法”理论？[13] 有多少个从事自然法理论研究的

---

〔10〕自然法学家经常关注一步就能解决的道德问题，即“元理论”问题：比如，人们如何去决定道德要求什么?；并且，在世界上，什么使得一个关于道德的陈述为真或为假？例如，阿奎那的 *Summa Theologiae* 和约翰·菲尼斯的《自然法与自然权利》(Oxford: Clarendon Press, 1980)在很大程度上都是致力于此类问题。

〔11〕在关于自然法理论的一篇更早的论文中，我在“传统的”vs“现代的”自然法理论的标题下区分出了法律的/社会的自然法理论家与传统上道德的/政治的自然理论家（我现在发现这些标签带来了更多的混乱而不是帮助）。参见 Brian Bix, ‘Natural Law Theory’, in *A Companion to Philosophy of Law and Legal Theory*, ed. Dennis Patterson (Oxford: Blackwell, 1996), 223 - 40. 一个类似的区分在 Philip Soper 那里也能找到，参见 Philip Soper, ‘Some Natural Confusions About Natural Law’, *Michigan Law Review*, 90(1992), 2393, 2394 - 2403.

〔12〕对于此处的相互关联，我并不意指一个逻辑衍推（logical entailment）问题，或任何其他的联系，这一联系是如此紧密以至于不赞成其他观点而坚持一种观点就会是不融贯的。正如下文将要清楚阐释的，当拒绝对社会理论和法律理论采取一种自然法的立场时，人们仍然能够连贯地赞同一种自然法的道德观，反之亦然。我只是要主张，在类属于“自然法”之名的各种理论中，存在普遍类似的看法或进路。

〔13〕人们也许想知道，某物能否被称为“自然法”为什么是至关重要的，或者说什么判准被用来根据这一范畴而包含或排除某些理论。简短的回答是，它确实（或应当）根本无关紧要。一个标签仅仅是一个标签，而且一个理论的兴衰源自其自身的价值，而非它所紧密关联的理论进路、学派或传统。这就是说：(1)依类别而非个别地处理事情是一种对生活之无比复杂性（以及几乎同样复杂的理论著作）的自然的及可理解的回应；(2)存在这样的时代，那时人们能够有用地描述关于一个特定的理论范畴的看法以及它的效能与弱点；(3)某些理论家自豪于在某个特定的传统下工作，（转下页）

理论家或者自称为“自然法的理论家”，对于这一问题就有多少种答案。对于自然法来说，所提出的某些定义是极其广泛的。在某些自认为是“自然法理论家”的评论者看来，一种理论要符合自然法这个范畴，似乎能被要求的全部东西就是，这个理论要把价值看成是客观的并可为人的理性所获得。[14] 这一观点也许只排除了非常少的东西：除了最为强硬的道德相对主义、道德怀疑主义和非认知主义（non-cognitivism），几乎每一种道德理论都能取得自然法理论的资格。[15] 当然，在约翰·菲尼斯以及其他很多自认为是自然法的理论家那里，他们主张自然法这一范畴是由其自觉地在某一特定的传统下工作所支持的[16]，即引证、讨论并阐释杰出先贤的观点。[17]

通过赋予“自然的”一词以更多的内容，许多论者更狭义地界定自然法这一范畴。[18] 然而即使这样，关于“自然的”一词的解释还是存在根本的分歧：比如，（1）道德原则被解读为“自然”或一个被规范性地控制的宇宙（a normatively charged

---

（接上页）并视其自身为接续了由过去的某些伟大的思想家所开创的事业（不论这些思想家是托马斯·阿奎那、托马斯·霍布斯、汉斯·凯尔森，还是 H. L. A·哈特）。

〔14〕参见 Finnis, *Natural Law and Natural Rights*, 23 - 25; Philip Soper, ‘Legal Theory and the Problem of Definition’ (book review), *University of Chicago Law Review*, 50(1983), 1170, 1173 -1175（讨论了菲尼斯的观点）.

〔15〕参见比如 Soper, ‘Legal Theory and the Problem of Definition’, 1174 - 1175 and n. 21；令参见 Russell Hittinger, ‘Varieties of Minimalist Natural Law Theory’, *American Journal of Jurisprudence*, 34(1989), 133 - 135. 根据这个更宽泛的界定，比如目的论理论似乎就不会被排除在外，而且甚至功利主义者和其他后果主义者能够主张，他们相信道德真理是客观的并能为理性所获得。关于自然法的某些讨论基于其他理由特意地把目的论理论以及“关于正当与公正的集合观念”从这一传统中排除出去。参见比如 John Finnis, ‘Natural Law’, in *Routledge Encyclopedia of Philosophy*, vi (London: Routledge, 1998), 685 - 690, at 687；也可参见 Robert P. George, ‘Natural Law Ethics’, in *A Companion to Philosophy of Religion*, ed. Philip L. Quinn and Charles Taliaferro (Oxford: Blackwell, 1997), 460 - 465, at 462 - 463.

〔16〕关于这一问题，人们也应当注意到：“在历史上不止存在一个自然法传统，而是存在好几个传统。” Russell Hittinger, ‘Introduction’, in Yves R. Simon, *The Tradition of Natural Law*, ed. Vukan Kuic (New York: Fordham University Press, 1965), viii-xxxii, at p. xix.

〔17〕Cf. Robert P. George, *In Defense of Natural Law* (1999), 1. 菲尼斯坚定不移地认为，他正在提出一种自然法理论，而不是已经归入到那一名称之下的其他理论的历史。Finnis, *Natural Law and Natural Rights*, 24 - 25. 同时，他的文章（以及许多其他著作）到处参照并讨论奥古斯丁、阿奎那、Gabriel Vazquez, Francisco Suarez, Francisco de Vitoria, Germain Grisez 以及一直在这一传统下工作的许多其他论者。

〔18〕根据这一基础，一位著名的自然法学家 Russel Hittinger 能够暗指，约翰·菲尼斯和 Germain Grisez 并不属于志趣相投的人。参见 Russell Hittinger, *A Critique of the New Natural Law Theory* (Notre Dame: University of Notre Dame Press, 1987), 8（他认为，Grisez-Finnis 进路并不合适，因为自然法“要求[人们]信奉一定程度上‘自然的’法律和一定程度上‘规范的’的自然”）。

universe)；[19](2)道德原则和人性(human nature)紧密相联——而且"nature"在这里或者被用来表明探寻基本的或者是共同的人类特性，或者被用来表明(就其不同于上一点来说)关于人的目的论(即我们在一个更宏大的、通常是神圣的计划中的目的或目标)的某些讨论。[20] (3)存在一类关于道德真理的知识，根据我们的人性(our nature as human beings)，我们都能掌握这种知识。[21]

在古典自然法传统之内，也就是在那些意图解释并适用阿奎那思想的人们中间，存在更加尖锐的分歧。正如参与争论的一位论者所描述的，问题在于，"合理的、善的以及正当的知识是否源自于关于人性或对人们来说是'自然的'东西的先天知识"，或者"道德领域的某个事物，就其能够被判断为合理的而言对人们来说是否就是'自然的'以及是否就与人性精确地一致；这一话语领域的某个事物，就其是不合理的而言，是否就是'非自然的'并在道德上是错误的"。[22] 这并不是说，一方主张在人性与善和正当之间存在关联，而另一方却不这样主张；这更多是一个认识

---

〔19〕 See, e. g. , Lloyd L. Weinreb, *Natural Law and Justice* (Cambridge, Mass. : Harvard University Press, 1987), 15 – 42; Ronald R. Garet, 'Natural Law and Creation Stories', in *Region, Morality and the Law*, *Nomos* XXX, ed. J. Roland Pennock and John W. Chapman (New York: New York University Press, 1988), 218 – 262, at 219 – 220("根本性的观念在于，对自然的仔细观察容许我们理解哪种政体或基本的社会结构最适于像我们自身这样的存在者")。这一观点不仅在某些形式的西方自然法理论中而且在中国新儒家传统的某些理论家那里都能被发现。See e. g. Tu Wei-Ming, *Neo-Confucian Thought in Action* (Berkeley, Calif. : University of California Press, 1976), 167 – 8(讨论了朱熹[Chu Hsi]关于格物[*ko-wu*]概念的解释，即"对事物的探究")。

〔20〕 多种视角间的比较可由如下方式例示，苏亚雷斯(Suarez)似乎把道德神学家看成是决定自然法的可能的专家，而普芬道夫认为这是一种完全世俗的研究，其中不会有道德神学家的位置。See Schneewind, *The Invention of Autonomy*, 131.

人们能够看到，不但在自然法理论家中间，而且一般来说在道德/德性理论家中间，古典目的论者(比如亚里士多德和阿奎那)与后来的大多数论者(大致自格老秀斯以来)存在一个基本的分歧。古典论者有一种很强的人类目的论意识，并由此认为理性能够且确实把人们应该做的和他们的利益所在等同起来。后来的论者以一种现在习以为常的方式来看待这个世界：这表现为一般而言与自利(甚至是开明的或深思熟虑的自利)的主张不一致的道德主张。See Stephen Darwall, 'Law and Autonomy: From Imposition to Self-Legislation', unpublished MS.

〔21〕 例如，人们能在现代法国自然法学家比如雅克·马里旦(1882 – 1973)的著作中发现这种观点。依据马里旦的观点："这种(自然)法的首要原则是先天(*connaturally*)获知的，即根据一种行动，马里旦遵循阿奎那称之为'良心(synderesis)'，而不是经由理性或者概念获知的。因此，'自然法'是'自然的'，因为它不仅反映了人性，而且能够自然地被获知。然而，马里旦承认，自然法知识的变化遍及人性，并根据个体的资质和能力(capacity and ability)产生改变，而且他论及了自然法知识在个体的或集体的道德意识中的成长。" William Sweet, 'Jacques Maritain', in *Stanford Encyclopedia of Philosophy*, fall 2001 edn. , at http://plato. standford. edu.

〔22〕 George, 'Natural Law Ethics', 462.

论的问题，即获取知识的路径。一方主张，通过研究人性，我们可逐步获知什么是正当的和善的，然而另一方声称，关于善和正当的知识可以通过另一个途径（通常是理性与经验观察的结合）来获得[23]，即使“基本的人类善和道德规范是其所是（basic human goods and moral norms *are* what they are），因为人性是其所是。”[24]不要试图从关于人性的描述性主张中得出道德真理，这样做的一个显而易见的优点是，人们不必面对从“是”不合宜地推出“应当”的异议（在下文1.5部分再进行概述）。[25]

人们可能会感受到一种宽泛的也许是比喻性的观念，这种观念把传统自然法的各种形式结合在一起，并且也许甚至把自然法的道德/政治理论和自然法的法律/社会理论结合起来。[26] 自然法理论的关注点从习惯法即民法转移到了某个更高级或（为改变形象而成为）更基本的事物，它也许以目的论的方式起到统治或指导作用。在传统自然法的唯意志论形式中[27]，自然法的关注点是创造了道德标准的神圣命令；在托马斯主义自然法的某些形式中，它的关注点是人们依其本性而为之奋斗的一种理想；在近来的自然法法律理论中，自然法在某种意义上关注的是，惯习性的法律规则要接近于法律真正所是的东西（what law really is）（罗纳德·德沃金），或者接近于法律必须要努力去成为的东西（朗·富勒）。同样，在大多数传统自然法法律理论中，自然法并不通过与实在法相类比（或者是作为实在法的一种不完善的形式）而得到理解，而是反过来：自然法正是首要的关注点，实在法正是通过与自然法相类比，或者作为自然法的一种不完善形式而得到理解。[28]

---

〔23〕更复杂的观点是要解释怎样获得此类知识。Robert George 写道：“理解的非推理性行动，在其中我们抓住了自明性真理。”Robert P. George, *In Defense of Natural Law* (Oxford: Clarendon Press, 1999), 87; See also Finnis, *Natural Law and Natural Rights*, 59–80.

〔24〕George, *In Defense of Natural Law*, 85; See also Russell Hittinger, *A Critique of the New Natural Law Theory* (1987), 10–20（概述了 Grisez-Finnis 对更加传统的托马斯主义进路的批判）.

〔25〕See Finnis, *Natural Law and Natural Rights*, 33–36.

〔26〕对于本段的基本思想，我要感谢 Robert Tuttle。近似于这一点的其他看法参见比如 Hittinger, 'Introduction', in Simon, *The Traditon of Natural Law*; Alexander Passerin d'Entreves, *Natural Law*, 1st pub. 1951 (New Brunswick: Transaction Publishers, 1994).

〔27〕“唯意志论”已经被界定为“神学立场，即所有的价值都是由上帝选取的……”Simon Blackburn, *The Oxford Dictionary of Philosophy* (1994), 396.（Blackburn 也谈到，许多相当不同的哲学与神学立场也贴上了“唯意志论”的标签。）

〔28〕See Russell Hittinger, 'natural Law as "Law": Reflections on the Occasion of "Veritatis Splendor"', *American Journal of Jurisprudence*, 39(1994), 1.

### 1.2 自然法和上帝

对于很多人来说，自然法一直与宗教信仰紧密相连，这部分是因为在很长的一段时期内，与罗马天主教教会密切相关的人们都是那一传统的主要阐释者和辩护者。〔29〕

然而，这一传统之中大多数重要的论者一直竭尽全力使自然法原则从某种特定宗教传统的信仰中脱离出来，或者从一种（或某类）神性的信仰中脱离出来。格老秀斯可能是第一个明确表述了这个观点的人："即便我们退一步承认没有上帝，或者承认人类事务与上帝无关（只有极度邪恶才会承认这些），我们一直在讲的东西也还是具有一定程度的效力。"〔30〕

自然法在 17 和 18 世纪的研究背景可以有助于解释上帝在自然法论者的理论中作用减少的原因。某些论者反对并试图逃避当时的宗教冲突与战争（尤其是——尽管并不全是——新教和罗马天主教之间的冲突与战争），并且他们正在寻求某种方式以建立一种能够避免这些冲突的道德哲学或政治哲学。同样地，某些理论家正在寻求能够建构一种国际法的诸原则，而且有着各种全然不同信仰的国家和人们都能够接受这些原则。〔31〕 最后，政治理论家正在寻求一种证成并限制政府的基础，他们却是以一种更为倾向个人自由的方式来确立这种基础，而且这些理论家担心一种宗教上的基础会导向神权主义统治即集权统治。自然法理论的上述三种发展要求了削弱上帝的作用——当然只是被削弱了，而通常不能被完全取消，因为对于确立基本义务和基本权利来说，上帝通常是一个便利的基础。〔32〕

---

〔29〕 当然，在罗马天主教教会和自然法理论之间的联系继续保持着，正如最近罗马教皇约翰·保罗二世的通谕（encyclicals）所例示的，'Veritatis Splendor'（6 Aug. 1993）and 'Fides et Ratio'（14 Sept. 1998）.

〔30〕 Hugo Grotius，*De Jure Belli Ac Pacis Libri Tres*，trans. Francis W. Kelsey（Oxford：Clarendon Press，1925）（1625）（'Prolegomena'，para. 11），13. 这一观点也许能够追溯到更早期的论者，包括 Gregor of Rimini（c. 1300 - 1358），Francisco de Vitoria（1492/94 - 1546），以及 Francisco Suarez. 参见 Finnis，*Natural Law and Natural Rights*，54. Suarez 关于 Gregor of Rimini 观点的总结被引证在 Schneewind，*The Invention of Autonomy*，60. 格老秀斯在这一争论中的作用已经被夸大了，关于这一见解参见同上，at 67 - 68，73 - 75.

〔31〕 约束所有国家之法律的观念其根基远早于 17 世纪，See e. g. J. M. Kelly，*A Short History of Western Theory*（1992），77 - 78，110 - 111，156 - 158，199 - 202，但是正如我们所知，现代国际法始于格老秀斯。Ibid.，at 241 - 243.

〔32〕 约翰·洛克也许就是一个例子：他在《政府论》（下篇）§6 认为，人们的最终义务（"保存自我[和]……剩余的人类"）源自上帝的愿望。一个理论家可以努力建立一种无需上帝而仅仅基于理性、审慎或类似东西上的道德理论，从霍布斯直至当下的诸多理论家一直致力于此，然而这一任务的困难也是众所周知的。

自然法传统的当下论者通常同样坚持认为，能够提供一种"自然法理论，而无需考虑上帝的存在、本性或意志这个问题。"[33]然而人们仍然能够发现，自然法传统的许多理论家持有相反的观点：如果不假设一个命令人们服从的超自然存在，他们就不能理解自然法的观念。[34]

根据"意志"与"理性"相对流行的分析线索，上帝在各种自然法理论中的作用也允许人们去区分这些理论。[35] 一个极端就是"意志论"(voluntarism)[36]，即自然法理论的一个亚范畴，其中上帝——尤其是上帝的意志——发挥着重要作用。对于这一点，人们能够回溯到柏拉图笔下的苏格拉底，他问游叙弗伦，"虔敬是否因其为虔敬而见喜于神，或者因其见喜于神而为虔敬？"*[37]意志论的观点是，因为

---

〔33〕 Finnis, *Natural Law and Natural Rights*, 49. See also Michael S. Moore, 'Good without God', in *Natural Law, Liberalism, and Morality*, ed. Robert P. George (Oxford: Clarendon Press, 1996), 221 - 270.

〔34〕 See e. g. Garet, 'Natural Law and Creation Stories', 236 - 237. See also John T. Noonan, Jr., 'The Natural Law Banner', in *Natural Law and Contemporary Public Policy*, ed. David F. Forte (Washington: Georgetown University Press, 1998), 380 - 383, at 382:"自然法的反对者所怀有的怨恨起因于言说'自然'的人们却去说'动物或人(creatureliness)'，并且生物需要一个造物主。法律需要一位立法者，而且谈及支配人之目的的法律的人们谈及了一位超越国家和个体欲望的立法者"。

〔35〕 "意志"(或"命令")意指个体或机构的众多选择，以及如下看法，规范性的世界因这样的选择(比如，主权者的命令或个体签订了一份契约)而与众不同，一般而言它无需考虑那些选择的内容或道德价值。与之相比较，"理性"是如下一种看法，它建立在一个行动、互动或机构的价值上，一般而言无需考虑它们是否曾经被选择或在什么条件下被选择。然而意志与理性之间的对比能够有助于分析道德、法律与政治理论中的众多论题，See e. g. Vernon J. Bourke, *Will in Western Thought: An Historico-Critical Survey* (New York: sheed and Ward, 1964); Francis Oakley, 'Medieval Theories of Natural Law: William of Ockham and the Significance of the Voluntarist Tradition', *Natural Law Forum*, 6(1961), 65; Brian Bix, *Jurisprudence: Theory and Context*, 2nd edn. (London: Sweet & Maxwell, 1999), 121 - 126; Lon L. Fuller, 'Reason and Fiat in Case Law', *Harvard Law Review*, 59(1946), 376，这种比较很少像传统自然法理论之备选进路中的比较一样强烈或明显。

〔36〕 See above n. 27.

* 这句话的翻译采用的是严群的译法，参见[古希腊]柏拉图：《游叙弗伦　苏格拉底的申辩　克力同》，严群译，商务印书馆1983年版，第25页。严译的版本是1914年版的英国娄卜经典丛书(Loeb Classical Library)希腊文英文对照本《柏拉图集》第一卷，H. N. Fowler译；严群译自希腊文，并参照英文、法文及拉丁文译本。

〔37〕 Plato, *Euthyphro* 10a, in *The Collected Dialogues*, ed. Edith Hamilton and Huntington Cairns, trans. Lane Cooper (1961), 178. 这些话被John Duns Scotus (1266 - 1308)在对阿奎那观点的一个总结中所附和："Duns Scotus说，对托马斯而言，'[《摩西十诫》中]所命令的内容不仅因为它被命令而是善的，而是因为它自身是善的而被命令'。"Schneewind, *The Invention of Autonomy*, 23, quoting John Duns Scotus, *Duns Scotus on the Will and Morality*, ed. And trans. Allan B. Wolter (1986), 273.

(且仅仅因为)上帝命令我们去做某件事,所以它才是善的或在道德上被要求的(或者说,因为上帝禁止去做它,所以它是恶的或在道德上被禁止)。各种形式的意志论在自然法理论的历史上有规律地出现。例如,17 世纪重要的自然法学家普芬道夫提出了一种意志论的观点,一位论者把这个观点概述如下:"鉴于我们拥有上帝赋予我们的本性,某些法律对我们来说一定是有效的,但只有上帝的意志决定我们的本性。由此,我们的本性显示了上帝的意志。于是,关于我们自身的可察觉到的事实(observable facts)就向我们展示了上帝要求我们去遵守的法律是什么。"〔38〕与"意志论"相反的极端就是一种基于理性的进路,它把德性与合理性等同起来,而不是把它与任何实体的"意志"或命令联系起来。〔39〕还有一种自然法理论似乎在"意志"的进路和"理性"的进路之间采取一种折衷立场:它主张,行动有着善或恶的固有属性,但是我们只有义务去追寻善,因为上帝这样命令我们;这是弗朗西斯科·苏亚雷斯的观点。〔40〕

### 1.3 自然法和自然权利

参与辩论的一些人认为,自然法和自然权利理论这两种思想路向是相互转化的,或至少是密切联系的。这种看法可能反映了一种现代视角,即把权利视为首要的,或者认为权利和义务完全是相互关联的。〔41〕然而,存在其他且更加古老的视角,在其中,关于义务的讨论与关于权利的讨论并不存在如此紧密的关联,或者义务是首要的,而且与此相关联的权利并不具有分析上的重要性,因为权利被社会、

---

〔38〕J. B. Schneewind, 'Samuel Pufendorf', in *The Cambridge Dictionary of Philosophy*, ed. Robert Audi (Cambridge: Cambridge University Press, 1995), 664.

〔39〕参见比如 Robert George 的观点,它被概述在紧随上文第 24 个注释的文本中。

〔40〕See Francisco Suarez, *On Law and God the Lawgiver*, book II, ch. VI, excerpted in J. B. Schneewind (ed.), *Moral Philosophy from Montaigne to Kant*, i (Cambridge: Cambridge University Press, 1990), 76–79; See also Schneewind, *The Invention of Autonomy*, 60–62; T. H. Irwin, 'Obligation, Rightness, and Natural Law: Suarez and Some Critics', unpublished MS, presented at the Hester Seminar, 'Natural Law Theory: Historical and Contemporary Issues', Wake Forest University, Nov. 1997(讨论了 Suarez 的观点,并且表明它怎样依赖于对"义务"的狭义理解).

〔41〕一般而言,关于权利请参见比如 Matthew H. Kramer, N. E. Simmonds, and Hillel Steiner, *A Debate Over Rights: Philosophical Enquiries* (Oxford: Clarendon Press, 1998);在法律著作中,现在关于权利最重要的论述是由霍菲尔德提出的,他认为"权利"这个概念以许多不同的方式而被使用,其中只有一种方式能被理解为与另一个人的义务相关联。See Wesley Hohfeld, 'Some Fundamental Conceptions as Applied in Judicial Reasoning', *Yale Law Journal*, 23(1913), 16; 'Fundamental Conceptions as Applied in Judicial Reasoning', *Yale Law Journal*, 26(1917), 710.

国家或上帝所持有。

在有关的著述中，一个普遍的观点是，自然法和自然权利这两种传统发展成为关于这个世界的相互竞争的观点，这并非逻辑上的不一致，而是反映了对于人在社会中之位置的不同看法。根据这一观点，自然法传统设定了一个规范的有序宇宙，而且它所描述的规范秩序通常要求社会中的所有个体都有一个固定的位置并具有相应的义务。与之相比较，除了作为诸个体及其权利之功能的社会观，自然权利理论通常否认或轻视作为整体的社会观。

这个问题一直具有高度的争议性。〔42〕人们也应当注意，不要夸大在关于社会的两种不同视角之间可能存在的无论什么差异。像阿奎那这样的一种传统的自然法理论家，尽管倾向于一种有机的社会观，仍旧谈到个体权利——例如，选择职业、选择是否结婚以及与谁结婚、是否赞同一种特定的宗教信仰等方面的权利。〔43〕此外，按理人们在阿奎那和在洛克那里一样都能够发现充足的理论资源以证成不服从和对暴政的反抗。〔44〕

然而，似乎很难否认，自然权利进路正如它所曾经详尽阐述的那样，鼓励和强化一种理解政治现实和社会现实的个人主义方式，而传统自然法的进路并不采用这种方式。〔45〕人们有时候也能发现，自然权利和自然法这两种分析模式之间如果不是完全冲突的话，也存在着张力。Michael Zuckert 已经描述了如下研究方式，即传统自然法理论倾向于讨论义务，而约翰·洛克（以及他之前的托马斯·霍布斯）

---

〔42〕在一部挑战自然法与自然权利之众多广为接受的观点的重要著作中，Brian Tierney 对于权利与自然权利话语提出了一个历史的分析，他把权利观念（欧洲论者通常称之为“主观权利”）追溯至 12 世纪，并在 13 和 14 世纪得到充分发展。Brian Tierney, *The idea of Natual Rights: Studies on Natural Rights, Natural Law, and Church Law* 1150 - 1625 (Atlanta, Georgia: Scholars Press, 1997). Brian Tierney 反对上面所概述的观点，即自然法和自然权利在历史上一直是相竞争的理论；他把二者视为一直是互补的理论。

〔43〕John Finnis, *Aquinas: Moral, Political and Legal Theory* (Oxford: Oxford University Press, 1998), 172 and nn. 179 - 181（总结了阿奎那的观点并征引在他的著作中）；See generally ibid. at 132 -80 ('Towards Human Rights').

〔44〕ibid. at 272 - 274, 287 - 291.

〔45〕See e. g. d'Entreves, *Natural law*, 51 - 62. 在某种意义上，人们能够把这一讨论看成是与下文1.5 部分（“实际的与潜在的反对者”）的内容相关，因为自然法理论的政治分支日益强调自然权利，开始反对它所源起的传统。主要的关注点变成反对统治的自由与权利，而非义务或社会的有机本性。到人们接受 Jean Jacques Burlamaqui 的“不可剥夺的追求幸福的权利”的时候（参见上文注释 1），自然法之原初的道德分支就远为过时了。

的自然权利分析倾向于讨论自由(*liberties*)。[46] 许多情形必然取决于特定的社会与政治背景,而且自然权利并不总是戏剧中的英雄;例如,人们能够发现"自然权利"侵害公民自由的历史实例。[47]

自然权利理念的产生与发展本身是一个宏大的主题,此处不能长篇大论。[48] 但是,人们至少应当注意到,在关于"自然权利"(这是某些人避免使用的一个标签,部分原因在于它与自然法理论有着明显的关联)的讨论与对于人权的更普遍或者更流行的谈论之间存在着显而易见的关联或相似性。[49]

### 1.4 (自然法理论)与法律的关联

与非专业人士的预期相反,其实自然法理论与"法律"的惯常用法几乎没有什么关联。[50] 自然法理论中的"法律"通常意指我们应当遵循的更高权力所发布的命令或原则。然而,传统的自然法理论家对于思考"人法"或者"实在法"一直有着

---

〔46〕 See Michael P. Zuckert, 'Do Natural Rights Derive From Natural Law?', *Harvard Journal of Law and Public Policy*, 20(1997),695.

〔47〕 See Richard Tuck, 'The Dangers of natural Law', *Harvard Journal of Law and Public Policy*, 20(1997),683. Tuck 引证了最近英国把公民的安全权用来证成剥夺恐怖分子嫌疑人的程序性权利,ibid. at 691,并引证了如下事实,即早期自然权利理论家格老秀斯、普芬道夫和霍布斯"都明确捍卫奴隶制度和专制主义"。Ibid. at 684 (fn. omitted).

〔48〕 一种发人深思的理路来自 Knud Haakonssen:"当下的……权利理念来自于结合了英格兰普通法观念的早期现代的新教自然法,并且必然算作是权利理念之含义的一个主要组成部分。"Knud Haakonssen, 'The significance of Protestant Natural-Law Theory', unpublished MS, presented at the Hester Seminar, 'Natural Law Theory: Historical and Contemporary Issues', Wake Forest University, Nov. 1997, at 17.

〔49〕 See e. g. Finnis, *Natural Law and Natural Rights*, 198 - 199; Soper, 'Legal Theory and the Problem of Definition', 1174.

〔50〕 然而,作为一种道德和政治理论,自然法理论经常出现在当下关于道德与政治争议的讨论中。See e. g. David F. Forte (ed.), *Natural Law and Contemporary Public Policy* (Washington, DC: Georgetown University Press, 1998); George, *In Defense of Natural Law*, 123 - 245 ('Moral and Political Questions').

在美国,自然法理论通常针对美国宪法的解释问题而被提出,同时理论家关于自然法理论与这一问题可能具有何种相关性(如果有的话)存在尖锐分歧。See e. g. Randy E. Barnett, 'Getting Normative: The Role of Natural Rights in Constitutional Adjudication', in *Natural Law, Liberalism, and Morality*, ed. Robert P. George (1996),151 - 179; Walter Berns, 'The Illegitimacy of Appeals to Natural Law in Constitutional Interpretation', in ibid. 181 - 193; Christopher Wolfe, 'Judicial Review', in *Natural Law and Contemporary Public Policy*, 157 - 189; George, *In Defense of Natural Law*, 110 - 11; 'Symposium on Natural Law', *Southern California Interdisciplinary Law Journal*, 4 (1995), 455 - 738; cf. G. Edward White, *Earl Warren* (Oxford: Oxford University Press, 1982),222 - 230,354 - 367(描述了首席大法官沃伦之宪法解释进路的"自然法"诸方面).

某些重要的影响，[51]特别是通过他们关于涉及(人)法之道德问题的观念来产生这些影响。最为著名的可能是托马斯·阿奎那关于官员义务和公民义务的讨论[52]，即已被其他论者(包括近来的约翰·菲尼斯)更进一步详尽阐述的一系列观点。[53]阿奎那把(实在)法界定为“一种以共同善为目的的理性命令，它由负责治理社会的人制定，并且是被颁布的。”[54]阿奎那认为，官员负有通过与自然法一致的立法的责任。有时实在法能够直接源于自然法原则，而在其他时候，官员将拥有某种选择权或自由裁量权从更加一般的原则中来决定某些特定的规则。[55] 与自然法一致的实在法“具有良心上的约束力”。[56] 不正义的法律不能创设道德义务，尽管人们也许有义务公开遵守这样的法律——如果这对于防止更大的恶是必要的。[57]

---

〔51〕正如前文已经提到的，这些影响中最重要的一个方面就是，自然法在国际法的发展中发挥了基础作用，因为理论家开始困惑什么原则能够适用于国家间(或分属不同国家之公民的当事人之间)的争议，尤其是当各方有着不同的政治或宗教信仰的时候。See e. g. Schneewind, *The Invention of Autonomy*, 70 - 73.

〔52〕Aquinas, *Summa Theologiae*, q. 96, art. 4; see also Finnis, *Aquinas*, 266 - 274.

〔53〕Finnis, *Natural Law and Natural Rights*, 354 - 366.

〔54〕Aquinas, *Summa Theologiae*, q. 90, art. 4, corpus.

〔55〕Aquinas, *Summa Theologiae*, q. 95, art. 2, corpus. 关于阿奎那的 *determinatio*，即经由理性的但在理性上不能被决定的选择的具体化，参见 Finnis, *Aquinas*, 267 - 271.

当约翰·洛克写道：“自然法所规定的义务并不在社会中消失，而是在许多场合下表达得更加清楚，并由人类法附以明白的刑罚来迫使人们加以遵守”(这段译文采用的是瞿菊农、叶启芳的译本，参见[英]洛克：《政府论》(下篇)，瞿菊农、叶启芳译，商务印书馆 2005 年版，第 84 页。)，他也许正在提出一种类似于阿奎那的“*determinatio*”的观点。John Locke, *Two Treatises of Government*, ii: ch. 11, § 135 (1690); cf. Jeremy Waldon, *The Dignity of Legislation* (Cambridge: Cambridge University Press, 1999), 63 - 91(他认为，洛克的著作涉及到一个选择层面以及比阿奎那的“*determinatio*”更加实质性的责任).

〔56〕Aquinas, *Summa Theologiae*, q. 96, art. 4, corpus. 更为精确的说，阿奎那认为，“正义法”具有良心上的约束力，并且他列举了一个法律丧失正义的三种情况：不属于共同善，立法者超出了自己的权限(*ultra vires*)，法律负担在社会中分配不公。Aquinas, *Summa Theologiae*, q. 96, art. 4, corpus.

〔57〕See ibid. q. 93, art. 3, reply 2. 对类似路向的一个现代处理参见 Finnis, *Natural Law and Natural Rights*, 354 - 362.

上面的讨论与“*lex iniusta non est lex*”(“一个不正义的法律根本就不是法律”)的表述相关联，它——通常不很准确地，如果不是很错误地——被归于自然法理论家。当这一表述被理解为是说，非正义的法律并不是“完全意义上的”法律，因为它们并不能像正义的法律那样创设服从它们的道德义务，这一表述就是正确的，而且确实稍微有点老套。See Norman Kretzmann, ‘Lex Iniusta Non Est Lex: Laws on Trial in Aquinas’ Court of Conscience’, *American Journal of Jurisprudence*, 33 (1988), 99; Finnis, *Natural Law and Natural Rights*, 363 - 366; Bix, *Jurisprudence: Theory and Context*, 64 - 66.

人们能够发现一些评论者(通常是一些并不认为自己属于自然法传统的论者)，他们认为不正义的法律有时能够担负规范性影响。See e. g. Soper, ‘Legal Systems, Normative Systems (转下页)

许多自然法理论的反对者把它描述为如下看法，不道德的法律必然缺乏法律效力。即，人们不但没有服从的道德义务，也没有服从的法律义务。在那些不够老练的自然法的倡导者中间，沿着上述那些思考路向（或从这样的解释中可获得的至少一种思考路向），人们有时甚至也能发现这样一个断言。威廉·布莱克斯通（1723－1780）在他的《英格兰法释义》中随口提出了如下的评论："人法如果违背［自然法］就没有任何效力。"〔58〕约翰·奥斯丁（1790－1859）把这个评论（也许并不公正地）视为对于法律效力的评价。非正义必然或总是否定一个规则的法律效力，这一主张（至少）存在两个主要问题。第一个问题是，如果一个人在常规意义上理解"法律效力"，布莱克斯通的断言在经验上就是完全错误的。考虑一下奥斯丁对布莱克斯通的回应：

> 假定一个无害的（或者确实是有益的）行为被主权者以死刑加以禁止；如果我实施了这个行为，我将会被起诉并且受到审判，而且，如果我违抗了这一判决，那么，即使这个判决违反上帝法……法院将会按照我已指责其不具有法律效力的法把我绞死以显示我的推理不具有决定性。〔59〕

尽管这一看法稍微有点夸大其词了〔60〕，但其基本要旨在于，"法律效力"这个

---

（接上页）and the Paradoxes of Positivism', *Canadian Journal of Law and Jurisprudence*, 8 (1995)363,357－6（"在按照（强制性）规范行动时……国家并没有做错，国家出于诚信而相信，这些规范对于治理社会是必要的"，尽管这一主张因某些确实邪恶的法律不再有效了）；Jeremy Waldron, 'Lex Satis Iusta', *Notre Dame Law Review*, 75(2000),1829（某些非正义的法律能够创造服从它们的义务）. 对 Soper 观点的一个批评参见 Joseph Raz, 'The Morality of Obedience' (book review), *Michigan Law Review*, 83(1985),732.

〔58〕William Blackstone, *Commentaries on the Laws of English*, I. 41(1765－9). 对布莱克斯通自然法理论进路的系统描述参见 John Finnis, 'Blackstone's Theoretical intentions', *Natural Law Forum*, 12(1967),163; see also Daniel J. Boorstin, *The Mysterious Science of the Law* (Chicago: University of Chicago Press, 1941),48－59.

〔59〕John Austin, *The Province of Jurisprudence Determined*, ed. W. E. Rumble (Cambridge: Cambridge University Press, 1995) (1832), lecture V at p. 158.

〔60〕它太匆忙地在强制和法律效力之间划等号，没有为法律错误（mistake）（不论是否由错误［error］、腐败还是由权力滥用所致）这个概念留有余地。See Brian Bix, *Law, Language, and Legal Determinacy* (Oxford: Clarendon Press, 1993),85－86; Brian Bix, 'On Description and Legal Reasoning', in *Rules and Reasoning*, ed. Linda Meyer (Oxford: Hart Publishing, 1999),7, 17－19.

概念与在一个特定的社会中被承认具有效力的以及国家所强制的东西紧密相联，而且似乎相当显而易见的是，在许多社会中，不道德的法律被承认具有约束力并能被国家强制执行。有人可能回应说，这些非道德的法律并不真正具有法律效力，而且当官员们对待这些规则好像它们具有法律效力时，他们正在犯错误。[61] 然而，这一看法只是在玩语词游戏，并且偏偏又混淆了游戏。我们把"法律效力"这个术语意指习惯上被承认为具有约束力的任何东西；所有的官员都搞错了什么东西具有法律效力，这一说法几乎是胡说八道。对话者似乎正在说，不道德的规则不应当被承认为具有约束力——但是这仅仅要么转化为改革社会法律实践的建议，要么转化为对传统自然法观点的一个重述，即不道德的法律无法创设道德义务，[62]而无论它们可能创设了什么样的法律义务。[63]

Philip Soper 明确指出了第二个问题[64]，即根据一个自然法的标准所做的诸多判断如果要被纳入一个法律体系之中，这些判断将不得不被工作在易犯错的体制中的易犯错误的人们所做出。无论决策者多么能干和有德行，这些决定都会具有它们经由选择（这是权威组织[the authorized panel]所曾经决定的东西）而非经由理性所具有的无论什么样的含义。然而，无论体制或者整个体系具有多么良好的预期，结果是一个法律实证主义的产物（即法律，因为某个权威人士这样宣告了）而不是一个自然法的产物。

最后，在一个相当不同的主题上，人们应当注意到，自然法和自然权利思想一直影响着法律学说的发展——尤其是宪法权利与公民自由的核心观念——而且那

〔61〕另一类主张会是这样的，在一个特定法律体系中，某些法律原则（也许是宪法类的法律原则）确保，在那一体系中没有不道德的法规具有（法律上的）效力。然而请注意，这是一个关于特定法律体系的偶然的主张，而非一个关于法律性质的一般的或概念的主张。

〔62〕当然，许多不属于自然法理论的人会认同：不道德的法律不能创设道德义务。至少在一般层面上，这不是一个有争议的观点，并且自然法理论家也从未主张（或假设）过别的什么。只是一些自然法的反对者把自然法关于不道德法律的立场描述为是不寻常的或者是有争议的。

〔63〕这最后的方面可确定地是布莱克斯通曾经在试图表达的东西，看一下布莱克斯通原话的上下文，这一点就可以看得更清楚了："自然法与人类同时产生并由上帝自己发布，它当然高于对其他东西的义务。它对所有国家的所有居民都有约束力，而且在所有的时代：没有人法与其相背还能有任何效力；而且这样的法律当其有效时，它们所有的效力以及所有的权威直接或间接地来自这一源头。"William Blackstone, *Commentaries on the Laws of English*, i: 41.

〔64〕Philip Soper, 'Some Natural Confusions About Natural Law', *Michigan Law Review*, 90(1992), 2393, 2412-2413.

种影响至今仍能被感觉到。[65]

### 1.5 实际的和潜在的反对者

对于自然法理论的一般方案或其一些更加重要的派别来说，一直存在多种挑战。虽然对这些挑战的全面思考和评价是许多卷著述的工作，但提及某些论者和主题至少也许是有价值的。[66]

托马斯·霍布斯(1588－1679)断言存在自然法，[67]但却宣称进入公民社会的个人(individuals)将会自愿放弃他们按照自然法(或他们自己对于自然法的解释)而行动的权利，[68]因为行使这样的权利会导致混乱，即返回到所有人反对所有人的战争，进入公民社会就是要意图避免这种战争。[69] 此外，许多论者已经注意到，

---

〔65〕比如参见 State v Joyner, 625 A. 2d 791,800－803 (Ct. 1993),(在解释一个国家宪法要求的过程中提到了关于自然法与自然权利学说的历史理解);State v Ganim, 660 A. 2d 742,762－765 (Ct. 1995)(讨论了自然法思想对于康涅狄格州法律发展的历史影响);ibid. at 801－802 (Berdon, J., dissenting) (same); see generally Philip A. Hamburger, 'Natural Rights, Natural Law, and American Constitutions', *Yale Law Journal*, 102(1993),907.

〔66〕这样一个清单应当包含众多的哲学教义，尽管它们并不特别指向自然法学说，也能够被认为促使思想家进入到一个不同于自然法的方向上：比如，(1)与威廉·奥卡姆(William Ockham)(有时拼作"Occam")(c. 1285－1347)相连的"奥卡姆剃刀原理(Ockham's Razor)"，或者简约原则，这一原理认为，在建构理论中，"如无必要，勿增实体"，Robert Audi (ed.), *The Cambridge Dictionary of Philosophy* (Cambridge: Cambridge University Press, 1995),545;以及(2)勒奈·笛卡尔(1596－1650)在他的《第一哲学沉思录(*Meditations on First Philosophy*)》(1641)中所使用的极端怀疑的方法论。一些人把奥卡姆的唯名论(nominalism)视为是"把托马斯的有序正义(ordered justice)概念化约为相竞争的个人利益和主张"的力量，因此这导致了此后数个世纪的(自然)权利分析。Charles J. Reid, Jr., 'The Medieval Origins of the Western Natural Rights Tradition: The Achievement of Brian Tierney' (book review), *Cornell Law Review*, 83(1983),437,438－439. 然而，这一关于奥卡姆作用的看法受到了尖锐的挑战，尤其是来自 Tierney 的挑战。参见 Tierney, *The Idea of Natural Rights*, 195－203.

反对者或者那些(无心地)向反对者提供论据的人们可能也包括：Charles-Louis de Secondat, 孟德斯鸠(Baron de Montesquieu)(1689－1755)，他的《论法的精神》(1748)强调不同国家之法律的诸多差异，并且把这些差异归之于每一个地方特殊的地理、贸易、历史等；还有奥古斯丁·孔德(August Comte)(1798－1857)，他提出并阐述了一种更加科学的即基于经验的研究社会的进路，并在此语境中提出了类似孟德斯鸠的主张。

〔67〕某些人会走得更远：强调霍布斯在自然法思想发展中的作用，即认为"现代自然法理论开始于霍布斯而不是格老秀斯"。Norberto Bobbio, *Thomas Hobbes and the Natural Law Tradition* (Chicago: University of Chicago Press, 1993),149.

〔68〕反对明确死亡威胁的自卫权除外，一般而言霍布斯把这一权利看成是不可剥夺的。关于霍布斯对这一主题之看法的讨论参见 Richard Tuck, *Natural Rights Theories: Their Origin and Development* (Cambridge: Cambridge University Press, 1979),119－125.

〔69〕See Thomas Hobbes, *Leviathan*, ed. Richard Tuck (Cambridge: Cambridge University Press, 1996) (1651), chs. 18, 26, 29; Thomas Hobbes, *Behemoth or the Long Parliament*, ed. Ferdinand Tonnies (Chicago: University of Chicago Press, 1990;1st pub. 1679),50 (转下页)

甚至霍布斯对于自然法的确认似乎是闪烁其词的，或者也许是充满讽刺的。[70]

大卫·休谟(1711－76)在《人性论》中对于"是"与"应当"之关系出色地评论道，似乎"完全不可想象的是，这一新的关系['应当']能够源自其他完全不同于应当的东西"。[71] 也就是说，人们不能从纯粹描述性或经验性的前提中得出一个评价性的或规定性的结论。[72] 如果这一看法是正确的，它就是对自然法理论传统的一个主要分支的釜底抽薪：从关于人性或世界本性的陈述中寻求得出道德规定。事实上通过许多论述，休谟的论证以及相类似的诸多挑战对于把自然法理论置于道德哲学的边缘地位起到了重要作用。

## 2. 现代自然法理论

### 2.1 导论

在自然法理论中，像雅克·马里旦[73]和约翰·菲尼斯这样的许多重要的晚近学者，一直持续地在回溯到阿奎那(可能还要更远)的传统下工作，他们主要关注伦理学和元伦理学。近来在"自然法理论"之名下所做的工作中，也许最具特色的东西就是如下论者，他们已经不再提出一般性的(对法律和政策产生影响的)伦理理

(接上页)("那么，如果臣民反抗国王是合法的，当他命令任何违反圣经(即违背上帝命令及关于圣经意思的判断)的事情的时候，任何国王的生命或任何基督教王国的和平都不可能长久稳固下去")；See also Richard Tuck, 'Introduction', in *Leviathan*, pp. ix, xxviii. 关于一个稍微不同的主题，即主权者命令对于使自然法变成实在法的必要性，参见 Hobbes, *Leviathan*, ch. 26, at 191(著作家的意见不管多么正确，如果没有国家的权力支持，单凭他们自己的权威不能使他们的意见成为法律……因为伦理道德虽然是天然合乎理性的，但唯有通过主权者才能成为法律[本段译文采用的是[英]霍布斯：《利维坦》，黎思复、黎廷弼译，商务印书馆1985年版，第215页。]).

[70] 在一个众所周知的 deflationary 章节中，霍布斯在收回部分论述之前仅仅把自然法视为审慎的理论。Hobbes, *Leviathan*, ch. 15, at 111(这些理性的规定人们一向称之为法，但却是不恰当的，因为它们只不过是有关哪些事物有助于人们的自我保全和自卫的结论或法则而已……但我们如果认为这些法则是以有权支配万事万物的上帝的话宣布的，那么它们也就可以恰当地被称为法[本段译文采用的是[英]霍布斯：《利维坦》，黎思复、黎廷弼译，商务印书馆1985年版，第122页。]).

[71] David Hume, *Treatise of Human Nature*, iii: 1. 1(1739).

[72] 休谟的表述是否应当做如此强的解读存在着某种分歧。许多论者所支持的第二种解释(把这一引证放在其更大的语境中)是，休谟并不关注从事实到规范的跨越，而是关注从任何真的陈述(无论是事实的还是道德的)到关于动机的陈述之间的跨越。See, e. g., Stephen Buckle, *Natural Law and the Theory of Property* (Oxford: Clarendon Press, 1991), 282－283; see also Finnis, *Natural Law and Natural Rights*, 37－48.

[73] See e. g. Jacques Maritain, *The Rights of Man and Natural Law* (New York: Charles Scribner's Sons, 1943).

论，相反而是更狭窄地关注关于（实在）法之性质的理论。这一节将会就这两类现代自然法理论做出全面评述。

现代自然法理论的一个关键时刻是 H. L. A. 哈特（1907 - 92）和朗·富勒（1902 - 78）于 1958 年在《哈佛法律评论》上进行的论战[74]。哈特把法律实证主义和自然法理论的边界界定在法律和道德在概念上的分离——即，某个事物（一个规则或整个体系）是否是"法律"这一问题与其道德优点在概念上相分离。[75] 许多学者——其中最为著名的就是朗·富勒和罗纳德·德沃金——乐于以自己的术语与法律实证主义较量：认为人们不能够从概念上分离法律与道德。

现代自然法理论家对于法律实证主义已经提出了如下回应：

1. 法律最好被理解为（至少部分被理解为）一种目的论概念[76]：只有牢记最终目标时——此处的最终目标是一个公正的社会，一个概念或者制度才能被合宜地理解。[77] 这与人们在法律实证主义者那里所看到的一般为描述性的、很大程度上是经验性的、道德上中立的理论进路有着鲜明的对比。

2. 尽管法律实证主义者也许能够提供一种看起来是更加简单的法律模型的东西（这个模型酷似实践中的法律），但是包含着更多的关于法律的道德主张[78]和道德愿望[79]的一种法律观会是一种更为完整的并因此也是更好的法律理论。[80]

---

[74] H. L. A. Hart, 'Positivism and the Separation of Law and Morals', *Harvard Law Review*, 71 (1958), 593; Lon Fuller, 'Positvism and Fidelity to Law-A Response to Professor Hart', *Harvard Law Review*, 71(1958), 630.

[75] 这一问题换个说法就是，这种主张否认，法律体系必须把法律规范通过某个道德检测标准作为其效力条件（法律体系是否能够以道德作为效力条件，关于这一点在法律实证主义论者中间存在分歧——这就是"包容性"与"排他性"法律实证主义之间的争论，本书的其他章节会讨论它们）。

[76] 关于目的论解释的应用及价值参见 Larry Wright, *Teleological Explanations* (Berkeley, Calif.: University of California Press, 1976).

[77] See e. g. Kenneth Winston, 'The Ideal Element in a Definition of Law', *Law and Philosophy*, 5 (1986), 89.

[78] See e. g. Soper, 'Searching for Positivism', 1756（"能称为标准的东西根本没有道德结果，我们对此感到困惑，这就证明道德条件不是偶然的而是法律本质的一部分。"）.

[79] 可得到辩护的是，一个法律实证主义者能够容纳关于法律的道德主张的看法，因为那能够以一种中立的方式去表述，而无需评价这些主张。实际上，法律实证主义者拉兹在其法律理论中正好包含了这一因素。See Joseph Raz, *Ethics in the Public Domain* (Oxford: Clarendon Press, 1994), 199（"每一个法律体系主张其拥有合法权威"）. 然而法律的道德渴望当被安置进一个批判性的（评价的，而不仅仅是描述的）法律理论时就越过了道德中立性的界限。

[80] 人们能够发现，菲尼斯也提出了类似的论证，参见 John Finnis, *Natural Law and Natural Rights*, 11 - 18, and Philip Soper, 'Searching for Positivism', 1753 - 1757.

上述两种情形的基本主张是，一种吸收了道德评价或道德的其他方面的关于法律的（自然法）理论将优于法律实证主义理论，因为更完备、更丰富的自然法理论包括或反映了我们关于法律实践和法律经验的诸多方面，而避开这些因素的（法律实证主义）理论则无法做到这一点。[81]

## 2.2 朗·富勒

### 2.2.1 对法律实证主义的批评

富勒对法律实证主义的批评能被概括如下：(a)法律实证主义把法律视为一种对象——一种研究的对象，就像任何其他科学或者准科学的类似研究对象一样——然而法律最好被理解为作为一种过程或功能。(b)法律实证主义似乎错误地相信或假设，法律的存在与否是一个与道德无关的问题。(c)法律实证主义把法律看成是一个"权威的单向方案"，然而法律最好被理解为包含了官员与公民之间的互惠。

**作为对象的法律 VS 作为过程的法律**

对于富勒来说，法律不仅仅是一种在显微镜下冷静地进行研究的对象或实体；法律是一种人类的设计(project)，它有一种隐含的目标（以及一种隐含的道德目标）——人们在人类社会中相互依存与合作的能力。[82] 这并不只是说法律拥一个理想，而是说，除非一个人理解法律所为之奋斗的（道德）理想，否则他不能真正理解法律（有很多人类行为，从绘画、慢跑到拳击，除非我们知道参与者所追求的目标或理想，否则我们难以理解这些行为）。法律是"使人类行为服从规则治理的事业"。[83]

---

〔81〕对这种论证的一种回应也许是，在考虑备选理论的相对价值时，细节和精确性程度不是唯一的价值；一种模式的简易性也是一个相抗衡的价值。See e. g. W. J. Waluchow, *Inclusive legal Positivism* (Oxford: Clarendon Press, 1994), 19 - 21.

语言的惯用法可以为自然法理论添加一个额外的（尽管也许是弱的）论据：我们也许拒绝把纳粹拥有的东西称为"法律"，其理由在于，法律这一术语不仅仅是描述性的——它不像是如下这种说法，这是桌子，但制作得不好。"法律"这一术语与道德或至少与正义有着深刻关联，而且给某个社会机构贴上自然法的标签必然带给它大量的道德赞誉。

〔82〕Fuller, *The Morality of Law*, 123. 类似地，富勒会坚持认为，法律理论并不仅仅是描述："关于'法律实际上是什么'的界定不仅仅是某些经验数据的映像，而是宣告运用人之力量的指令"。Fuller, 'Positivism and Fidelity to Law', 632.

〔83〕Fuller, *The Morality of Law*, 96. "不像大多数现代法律理论，这一观点把法律视为一种行动，并把一个法律体系看成是有目的的持续努力的产物。"Ibid. at 106.

尽管本文的引证确实有着关于法律的定义或概念分析的外观（而且富勒甚至稍后[ibid.]把引证的这个看法称之为"这些文字所提供的唯一可以称为关于法律定义的表述"），但应当注意的是，富勒似乎极少关注"界定法律"的工作。See Winston, 'The Ideal Element in a Definition of Law', 91.

与另一种有着细微差别的“管理性指令(*managerial direction*)”的过程相比而言，法律因此也是一种过程(管理性指令是特定的而不是一般的，它更适合实现“规则制定者”的目标——与法律相比较，其目的主要在于有助于实现公民共存、合作与兴旺——不过，甚至对管理性指令来说，制定压迫性的和混乱的规则也是不明智的)。〔84〕

给对象下定义或分类的标准方式是把握它的本质特征。比如，一种物质如果具备某个化学成分就是“黄金”，某种动物如果是恒温动物并能哺乳其幼子就是哺乳类动物。给对象下定义或分类的另一种完全不同的方式是根据其功能：“能割干草的任何东西都是一台割草机”；〔85〕能切食物的任何东西都是一把小刀，等等。富勒研究法律的进路能被视为拒绝如下这种观念，即“法律”最好在第一种意义上被理解为能够据其构成成分而被分析的一种对象。相反他认为，法律最好被理解为对于某些类型问题的官方回应——尤其是对社会中公民行动的引导和协调。〔86〕

一旦对法律采取一种“功能的”进路，那么常常被归之于自然法理论的咒语(mantra)即“一个不正义的法律根本不是法律”〔87〕就开始变得有道理了。某人说，一片细长的金属物不能切割东西(甚至是很薄的黄油)，它“几乎不是一把刀子”，我们当然会理解他说的话。与此类似，如果人们从法律就是要指引行为这一观点出发，那么对于如下一个假设的法律体系，它是如此糟糕地被制定和运行(例如，包含着许多模糊的、溯及既往的或者相互矛盾的法律规则，同时法律规则的司法应用与那些规则的内容不相一致)以至于公民们不能改变其行为以遵守法律，人们能够说

〔84〕 Fuller, *The Morality of Law*, 207 - 210.

〔85〕 See Michael S. Moore, ‘Law as a Functional Kind’, in *Natural Law Theory: Contemporary Essays*, ed. Robert P. George (Oxford: Clarendon Press, 1992), 188 - 242, at 207.

〔86〕 富勒并不明确地拒绝理解法律的制度因素，Cf. e. g. Neil MacCormick and Ota Weinberger, *An Institutional Theory of Law: New Approaches to Legal Positivism* (Dordrecht: Kluwer Academic Publishers, 1986)，而且实际上他的大部分工作也在探究制度结构以及由此导致的许多法律程序的力量与弱点。See Lon L. Fuller, *The Principles of Social Order*, ed. Kenneth I. Winston (Durham, N. C.: Duke University Press, 1981)(一本富勒的论文选). 然而，在某处他论述道：“有一些理论全神贯注地关心着科层式的结构，它们普遍认为这种结构组织和引导着被我称为法律的那种活动，不过再次，它们没有认识到这种结构本身就是它理应加以组织的那种活动的产物。”([美]富勒：《法律的道德性》，郑戈译，商务印书馆 2005 年版，第 138 页。对照原文略有改动。)Fuller, *The Morality of Law*, 118.

〔87〕 See Above n. 57.

这样一个体系并不真正地是“法律”。[88] 从这种功能观推导出“一个不正义的法律根本不是法律”的最后一步是要知道，在某种意义上富勒的程序进路触及了正义的诸多方面，尽管不是其全部。[89]

**法律的存在与否：一种道德的善**

在富勒的描述中，法律实证主义假定一个社会中法律的存在与否是一个与道德无涉的问题。[90] 富勒认为这样的假定是错的：过一种善的生活至少要求一个只有合理的法律才能提供的社会结构。[91] 法律的存在或“最充分意义上的法律”的存在能够实现某些道德善的方式将在下文评价富勒的肯定性程序（affirmative programme）时再做进一步的讨论。

**权威的单向方案**

富勒认为，法律实证主义把法律主要看成一种“权威的单向方案”：一方发布命令，而其他各方遵守命令。这在奥斯丁的著作中是非常显而易见的，法律被化约为主权者的命令[92]，而此后的法律实证主义者可被证明并非与此不同。富勒认为这种法律观是一种根本性误解：因为如此之多的法律，即如此之多的完全运转正常的法律体系，依赖于存在一种公民和立法者之间义务的互惠：“立法者与守法者之间的相对稳定的互惠预期正是运转正常的法律秩序这一概念本身的题中应有之义”。[93] 只有当公民和官员相互合作、各自履行他（她）自己的职能时，法律才能发

---

〔88〕富勒的观点建立在关于法律性质的一种程序性理解的基础上；同样的“功能论证”就会产生实质性差异：法律规则意图发布行动理由；不道德的法律规则无法发布行动理由，并且因此无法成为（最充分意义上的）法律，尽管人们可以说，无法发布信念理由的逻辑上无效的论证并不是真正的论证。John M. Finnis, ‘Problems in the Philosophy of Law’, in *The Oxford Companion to Philosophy*, ed. Ted Honderich (Oxford: Oxford University Press, 1995), at 469.

〔89〕富勒把他关于法律内在道德的讨论描述为“一种区别于实体自然法的程序自然法”。Fuller, *The Morality of Law*, 96. 人们是否能够把法律的内在道德描述为与正义或道德存在关联，这一问题将在下文第 2.2.3 部分继续讨论。

〔90〕Fuller, *The Morality of Law*, 204.

〔91〕ibid. at 204 – 207.

〔92〕See Austin, *The Province of Jurisprudence Determined*.

〔93〕Fuller, *The Morality of Law*, 209（这句译文来自郑戈的译法，参见［美］富勒：《法律的道德性》，郑戈译，商务印书馆 2005 年版，第 242 页。）；See also ibid. at 39 – 40（“关于遵守规则，政府与公民之间存在一种互惠。政府实际上对公民说，‘这些规则是我们期望你去遵守的。如果你遵守它们，你就获得了我们的保证，即这些规则将适用于你的行为。’当这一互惠的联结被打破时，公民遵守规则的义务就没有了任何基础。”［fn. omitted］）.

挥作用。例如,官员或直白或含蓄地允诺实施公开的规则,而且使得加于公民的命令是合理的并具有一致性;就官员违背这些义务而言,社会的顺畅运行就开始被打破了。

富勒讨论了灵活性与广泛的自由裁量权力(被直接授予,或隐含在应用模糊规则或不连贯适用的规则中)之间的选择,这样的自由裁量权是与一贯遵循透明的成文规则所获得的清晰指引相比较而言的——这就是大公司里的经理和邪恶法律体系中的专制统治者怎样因缺乏指引并因专断意志而发现应用自由裁量。在一个法律体系中,我们发现这一做法是错误的,但是我们的批评不是认为,专断的自由裁量是"没有效率"的——就某些目的而言,它是相当有用的,但是它违背了内在于立法的道德(the morality intrinsic to lawmaking)。[94]

### 2.2.2 富勒的选择:法的内在道德

富勒的肯定性分析发展自他对法律实证主义缺点的评价。为取代法律实证主义,他提出了一种集中关注作为过程的法律的分析,这种过程强调官员与公民之间互动的重要性,而且它使得如下方式更加显而易见,一种法律秩序以这种方式能够成为获得其他善的工具。

富勒给出了八个"合法性原则(principles of legality)"的清单,它们既被用作检测政府最小义务的判准,又设置了一个好政府要为之奋斗的卓越目标。[95] 富勒的八个判准如下:

(1) 规则必须具有一般性;

(2) 规则必须被公布;

(3) 溯及既往地制定与使用规则必须最小化;[96]

(4) 规则必须易于理解;

(5) 规则不能自相矛盾

(6) 规则要具有服从的可能性;

---

〔94〕ibid. at 212 - 214.

〔95〕See ibid. at 41 - 42.

〔96〕显而易见,要人们的行为遵循事后发布的规范是不可能的;但是富勒理解到,司法判决的制作经常会有一些溯及既往的情况。富勒的看法至少是认为,政府需要意识到这种溯及既往之行动的不正义,并使之尽可能少地发生。See ibid. at 56 - 62.

(7) 规则应随时间的推移而保持相对的稳定性；

(8) 宣布的规则与适用的规则之间应具有一致性。[97]

遵循这些原则使得立法者指引其公民的行为变得更容易(而且也使得公民能够计划他们的行为变得更容易,因为他们知道对于按照法律的规定正确地行动而言需要做些什么)。[98]

富勒八项原则[99]中的某些原则最好被视为最低要求,没有理由不去完全遵守(例如要求不可能之事的法律或相互矛盾的法律)它们。其他一些原则,比如溯及既往立法的最小化、法律的完全公布以及法律的明白易懂,最好被视为法律体系应当总是为之奋斗的理想,但是我们不应当期望法律体系完全满足这些理想。[100]

就人们把法律看成一个过程(即作为指引与协调人在社会中之行为的方式)而言,在富勒的八项原则被满足的意义上这一过程将会是更加成功的。在这个意义上,人们就能够谈及法律体系"更为合法"或者"不太合法"。在某个时候,富勒或多或少谈到规则体系成为"法律体系";在其他时候,他似乎是设想某个最低限度,一个规则体系要是低于这个界限就不再配称为"法律体系"。[101] 无论如何,基本要旨是同样的——实质上遵守八个要求的规则体系有可能成功地指引其公民的行为,在这一意义上它们是"法律体系";并没有实质地遵守八个要求的规则体系不可能指引公民行为,在这一意义上它们不是"法律体系"。(注意到富勒的分析与至少某些法律实证主义者和传统自然法理论家的分析之间的差异是有意义的:尽管某些理论家探究法律体系与单个法律规范二者可能的道德检测标准,但是富勒只集中关注作为整体的体系。)[102]

---

[97] See ibid. at 46–91. 本文所使用的措辞有时稍微不同于富勒的用法。

[98] 正如 Robert Summers 以富勒的名义所说的,"充分遵守合法性原则在那一遵守的程度上必然能够保证一种道德价值的实现……即公民将会有一个公平的机会去服从法律(不论法律是道德的还是不道德的)"。Robert S. Summers, *Lon L. Fuller* (Stanford: Stanford University Press, 1984), 37.

[99] 比较拉兹从"法治基本理念得出的诸原则"的类似清单。Joseph Raz, *The Authority of Law* (Oxford: Clarendon Press, 1979), 214–219.

[100] 关于公布和易于理解,其理想是为了使所有公民全面和精确地知道他们的所有法律义务,而无需去咨询律师。甚至(或尤其)在现代发达国家,我们似乎远离那一理想。

[101] See e.g. Fuller, *The Morality of Law*, 39.

[102] See e.g. ibid. ("在这八个指示中,任何一个指示的完全失败不仅导致一个坏的法律体系;它还导致了根本不适宜称为法律体系的一个东西……")

### 2.2.3 批评

H. L. A. 哈特在针对富勒《法律的道德性》[103]一书的一篇评论中认为，富勒已经表明法律在某种程度上是作为一种过程而运作的，它所达致的目标是指引行为。哈特对于这一看法还算没有表达异议，他也不怀疑遵守富勒的八条指导方针会使得一个法律体系更能指引公民行为。[104] 哈特所反对的是称之为“道德”——它不过仅仅是功效或效率而已，即不论对于邪恶的人民和政府还是对于善良的人民和政府都同样重要的一种道德上中立的价值(哈特说过一句有名的话，人们能够容易拥有一种“投毒的[内在]道德”)。[105] 如果一个法律体系像纳粹德国或者是实行种族隔离制度的南非那样拥有邪恶的目的，那么遵循富勒的指导原则将使得政府更有效地实现这些邪恶的目的。[106]

对于这些批评，能够提出许多答复(实际上其中有一些答复是富勒为捍卫自己观点而需要给出的)：

1. 正如其他许多人所注意到的，“按照游戏规则竞赛”或者说公平竞赛，本身是正义不可或缺的组成部分，即使还达不到全部的正义[107](类推一下：信守诺言仍旧具有某种道德价值，即使它是一个做坏事的诺言)。富勒举了一个前苏联的例子，立法者曾经非常关注某些类型的经济犯罪的增长，以至于他们就大大提高了惩

---

[103] H. L. A. Hart, ‘Lon L. Fuller: The Morality of Law’, in *Essays in Jurisprudence and Philosophy* (Oxford: Clarendon Press, 1983), 343 - 364.

[104] ibid. at 347 - 349.

[105] ibid. at 350.

[106] ibid. at 349 - 353.

Matthew Kramer 提出了一个不同的批评路向：遵循富勒的合法性原则也许在一个总是且只服务于有德性之目标的法律体系的(不可能的)情形中才只是一贯地导致最好的结果。一个法律或一系列法律在道德较少是最佳的，在此情况下，在程序上偏离法律(以及富勒的原则)似乎会要求的东西实际上可以具有道德上好的结果。Matthew Kramer, ‘Scrupulousness without Scruples: A Critique of Lon Fuller and His Defenders’, *Oxford Journal of Legal Studies*, 18(1998), 235, 239 - 243. 从信守诺言的例子我们也可看出一个类似的观点。多数人认为，信守诺言在道德上是一个好的事情。然而，当考虑到一个人做出的承诺在内容上是邪恶的或者至少是不太道德的，那么有可能的是，违背诺言比信守诺言会在道德上造成更好的结果。

对这一论证思路的一个可能的回应是去质疑它的隐含前提：富勒进路的价值依赖于(或完全依赖于)这一进路作为结果主义评价之指标的有用性。正如前文所讨论的，富勒的进路即一个功能主义的或目的论的法律观不但可以最好只是被理解为一个关于法律性质的更好或更完备的观点，而且作如此理解的这一进路也完全可以得到辩护。

[107] See Weinreb, *Natural Law and Justice*, 185 - 194. Weinreb 认为，正义最好视为一种“资格”(他用来指称遵守已经制定之规则的术语)和舍弃的常常矛盾的结合。

罚力度，并且为了表明他们犯这种罪的严重程度，立法者为那些因犯这种罪而已经坐牢的人们追加了溯及既往的判决。在苏联这个人们通常并不认为是坚持程序正义的国家，法律人对于这种不公正的行为进行了抗议。[108]

这不仅仅是一个“功效”问题——要是这个问题，人们就可能赞成额外的威慑力量，如果一个潜在的犯罪人知道，他的行动可能导致甚至比现在被告知的还要更糟糕的结果，这种额外的威慑力量就会到来。[109] 如果溯及既往的立法行为受到谴责，那也不是在功效的层面上，而是在正义和道德的层面上。

2. 在适当的程序得到遵守时，某些类型的邪恶按理可能就会减少。例如，当法官们知道他们必须为自己的判决提出公开的理由时，法庭也许就更可能做出正义的裁判（某些形式的腐败也许就难以理性化）。同样，正如一位论者所评述的，“在法治的程序性约束之下，一个邪恶政府的行动决定至少能为普通大众提供某个安全的界限。”[110]

3. 富勒曾经写道，他不能相信一个程序上正义的法律体系不会也是实质上正义的。[111] 当然，二者之间存在联系（起码在如下否定意义上是如此，即很少关注其中一个方面的国家也可能很少关注另一方面），但是也一直有一些国家，它们通过有效和精细的方式公布邪恶。富勒认为程序正义与实体正义之间存在一种强烈的关联，基于大多数理由（On most accounts），他的这一信念是其理论的一个乐观主义的、但却非重要的组成部分。[112] 然而，许多论者已经把这一点看成是具有核心的重要性，认为富勒理论的好坏就基于它的（可疑的）价值。[113]

---

[108] Fuller, *The Morality of Law*, 202 - 203.

[109] See ibid. at 203（“我认为，现在有理由假设，[持反对意见的]苏联法律人不会断然认为，权威机构的行动是打击经济犯罪的无效措施。”）.

[110] George, *In Defense of Natural Law*, 114.

[111] Fuller, ‘Positivism and Fidelity to Law’, 636.

[112] See e. g. Bix, *Jurisprudence: Theory and Context*, 76 - 77. 从富勒自己关于他对这一关联之看法的著述中，人们能够发现混合的证据。他在其作品的某个地方轻视这一关联：“完全尊重合法性的所有要求依然能够造成邪恶，至少是某些类型的邪恶，我从未主张这一观念不存在任何逻辑矛盾”。Lon Fuller, ‘A Reply to Professors Cohen and Dworkin’, *Vill. L. Rev.*, 10(1965), 660, 664. 然而在另一个地方他又否认说，对于这样的结合在历史上曾经存在许多（或者也许是一些）实际的例子。Fuller, *The Morality of Law*, 154.

[113] See Anthony J. Sebok, *Legal Positivism in American Jurisprudence* (Cambridge: Cambridge University Press, 1998), 163 - 167.

## 2.3 罗纳德·德沃金

在英语法律哲学、同时也在政治哲学和道德哲学中，罗纳德·德沃金（1931— ）一直以来都是一位非常富有影响力的人物。在法律哲学方面，德沃金的早期工作对 H. L. A. 哈特的法律实证主义观点提出了广泛的批评[114]，即这样一种批判性讨论，据此他建立了自己的法律理论。[115] 在后期著作中，那个理论的特征重新被界定为一种解释性法律理论。[116]

根据德沃金的理论进路，为决定法律要求什么即法律"是"什么，人们要发现相关法律资料（立法法案、司法判决、宪法文本等等）可获得的最好的解释。[117] 作为一种解释，这一理论必须充分符合相关资料（比如它不能把如此众多的原有司法判决作为"错误"加以忽略）；另外，为了成为一种好的解释，它也必须处理好道德价值的适用范围。[118] 德沃金也认为，这一进路（他称之为"建构性解释"）[119]不论对于法律理论家讨论法律性质，还是对于律师和法官讨论法律在某个具体问题上要求什么都一样是合适的。[120]

评论德沃金工作的著述是非常多的。[121] 此处不再广泛地重访已经被很好地旅行过的地方。相反，本部分将只以一种无甚关联的方式集中关注德沃金的工作：讨论他的工作为什么能被称为一种自然法理论，并且讨论对于这一方案的需要和成立来说，德沃金自己的工作所可能表明的东西。

---

[114] See H. L. A. Hart, *The Concept of Law*, 2nd edn. (Oxford: Oxford University Press, 1994).

[115] Ronald Dworkin, *Taking Rights Seriously* (Cambridge, Mass.: Harvard University Perss, 1977).

[116] See Ronald Dworkin, *Law's Empire* (Cambridge, Mass.: Harvard University Perss, 1986).

[117] See ibid. at 225 - 228, 245 - 258.

[118] 这里有着额外的复杂情况：(1)"合宜"和"道德价值"二者的价值在比较各种备选的合理理论时必须都被考虑到，同时这两种因素的相对分量随着不同的法律观而变化，ibid. at 228 - 58；并且(2)德沃金也论及了"整全性"的价值——法官应当更喜欢一种解释，它使得法律体系用同一种"声音"说话。Ibid. at 225.

[119] See ibid. at 52("建构性解释就是，为了把某个对象或实践理解为它所属的形式或风格之最可能的例子，就对这一对象或实践强加目的").

[120] See e.g. Ronald Dworkin, 'Legal Theory and the Problem of Sense', in *Issues in Contemporary Legal Philosophy*, ed. Ruth Gavison (Oxford: Clarendon Press, 1987), 9, 13 - 15.

[121] See e.g. Marshall Cohen (ed.), *Ronald Dworkin and Contemporary Jurisprudence* (Totowa, N.J.: Rowman & Allanheld, 1983); Andrei Marmor, *Interpretation and Legal Theory* (Oxford: Clarendon Press, 1992); Bix, *Law, Language and Legal Determinacy*, 77 - 132; Stephen Guest, *Ronald Dworkin*, 2nd edn. (Edinburgh: Edinburgh University Press, 1997).

对于他自己的工作，德沃金通常不使用“自然法”这一标签。事实上，后来以论文形式发表的[122]一篇演讲是明显的例外，他一直完全避免用“自然法”来描述他自己的工作，或者避免把“自然法”视为与他自己的工作相比照的一种进路。然而在那篇论文中，德沃金承认，他的工作也许保证了“自然法”这个标签：“如果我刚才对自然法所作的粗略描述是正确的，即，使得法律的内容有时依赖于对某个道德问题的正确解答的任何理论都是一种自然法理论，那么我承认自己的理论是自然法。”[123]

德沃金关于法律与法律理论的研究进路拒绝法律与道德之间的一种严格的(“概念的”或“必然的”)分离，在此意义上德沃金是一位自然法理论家。当然，否认存在严格分离并非主张二者等同；德沃金并不认为，一旦一个人知道道德要求什么，那么他也知道法律体系的内容(没有自然法学家——不论是传统的还是其他形式的——做出过那一主张)。概念性关联的论证认为，道德评价是决定一个法律体系内容的必要组成部分。根据德沃金的进路，在关于过去官方行动的诸多合理的解释中做出的选择也许很容易地达致一个决定，对于这一决定的解释使法律体系显得更为道德。因此在德沃金的进路中，不考虑道德问题或评价问题，人们就不能决定“法律是什么”。[124]

德沃金的进路与其他诸种自然法进路也存在关联，因为“法律真正是什么”不同于官方的决定，大多数人习惯上把这些决定与法律这个术语联系在一起。请回忆一下，对德沃金来说，所有过去的官方行动(包括颁布的法令和司法判决)只是

---

[122] Ronald Dworkin, '"Natural" Law Revisited', *University of Florida Law Review*, 34(1982), 165.

[123] ibid. at 165. 自然法的这一观点在历史上是否是精确的，或是否与法律实证主义成功地区分开来，德沃金对此没有提出他的看法。

[124] 这里重要的是要注意到，德沃金把“法律”与“法官有义务去适用的东西”等同起来。See e. g. Ronald Dworkin, 'A Reply by Ronald Dworkin', in *Ronald Dworkin and Contemporary Jurisprudence*, ed. Marshall Cohen (Totowa, N. J.: Rowman & Allanheld, 1983), 247, 262. 这是一个有争议的且重要的看法，说重要是因为有着来自法律实证主义者约瑟夫·拉兹的相反视角。拉兹会以一种法律实证主义的方式界定“法律”，而无需参照道德的或评价的术语，但是他并不反对如下看法，即法官经常被授权或有义务使得道德术语成为他们判决的一部分。See Joseph Raz, 'Legal Principles and the Nature of Law', in *Ronald Dworkin and Contemporary Jurisprudence*, 73, 84 - 85; Joseph Raz, 'Postema on Law's Autonomy and Public Practical Reasons: A Critical Comment', Legal Theory, 4(1998), 1.

"前解释资料"[125],其被用来建构法律关于某个问题之要求的最佳理论。根据这一观点,司法判决因此只是关于法律"真正是"什么即实际要求什么的易错的猜测而已。存在着某种理想,(更佳的)司法判决正在为之奋斗。[126]

比较德沃金和富勒的异同是富有教益的。[127] 他们的观点几乎只在最宽泛的层面上存在聚合:二者都相信,离开了道德——尤其是所有的法律必然都追求的道德价值,法律不能得到合宜的理解。就差异而言,富勒更关注法律的"形式"或"过程",而德沃金的工作关注解释过程,他认为解释过程不但对于确定法律(实质上)要求什么而且对于在一般意义上理解法律都具有核心重要性。

### 2.4 约翰·菲尼斯

约翰·菲尼斯也许是古典自然法传统中的最知名的现代英语语言法律理论家。[128] 他的著作(尤其是《自然法与自然权利》[129])很明显地遵循了托马斯·阿奎那的传统,[130]不但强调道德哲学和道德元理论,而且也有助于当下关于法律性质的探讨。

---

[125] See e. g. Ronald Dworkin, *Law's Empire*, 65 - 66.

[126] 因此德沃金赞同法律"趋向自身完美(works itself pure)"这一观念。*Omychund v Barker* (1744) 26 E. R. 15 at 23.

[127] 德沃金很长一段时间一直很奇怪地对富勒不置一言。德沃金在提出并阐述他关于法律的解释理路很早之前,写了一些批评富勒理路的文章。See Ronald Dworkin, 'The Elusive Morality of Law', *Villanova Law Review*, 10(1965), 631; Ronald Dworkin, 'Philosophy, Morality, and Law-Observations Prompted by Professor Fuller's Novel Claim', *University of Pennsylvania Law Review*, 113(1965), 668.(富勒在《答复批评者》一文中回应了德沃金提出的某些看法,这篇文章被收在了《法律的道德性》一书的修订版中。Fuller, *The Morality of Law*, 198 - 202, 221 - 3, 238 -40.)正如本文已经表明的,德沃金后期的即解释性的工作在某些方面与富勒的法律进路存在聚合;然而,富勒即使曾经被提到那也是极为少见的(比如,富勒的名字就没有出现在《法律帝国》的详细索引中)。

[128] 如果人们要是在以一种更宽泛的意义(这一意义会包括德沃金在内)讨论更多内容的自然法(正如本章所做的一样),那么德沃金就有可能获得当下英语语言法律理论中"最知名的自然法理论家"的称号。

[129] John Finnis, *Natural Law and Natural Rights* (Oxford: Clarendon Press, 1980).

[130] 菲尼斯也已对阿奎那做了一个详细的评注。John Finnis, *Aquinas: Moral, Political, and Legal Theory* (1998).

菲尼斯自己的工作直接根植于阿奎那,而且也间接地获益于 Germain Grisez"对于古典论证的描述与发展"。See ibid. at p. viii; see also Germain Grisez, 'The First principle of Practical Reason: A Commentary on the *Summa Theologiae*, 1 - 2, Question 94, Article 2', *Natural law Forum*, 10(1965), 168. 菲尼斯的论说与阿奎那的教义之间的一致或背离的程度是一个有争议的问题。See e. g. Russell Hittinger, *A Critique of the New Natural Law Theory* (1987)(批评了 Grisez 和菲尼斯).

### 2.4.1 道德理论

**简介**[131]

菲尼斯把其道德理论建立在“基本善(basic goods)”的基础之上,我们从其自身的价值评价这些善,即“真实的人类繁盛(human flourishing)的诸方面,……真正的(理智的)行动(诸)理由”。[132] 在《自然法与自然权利》一书中,菲尼斯列举了七种基本善:生命[133]、知识、游憩(play)、审美经历(aesthetic experience)、社交性(友爱)、实践合理性(practical reasonableness)和“宗教”。[134] 这些善是我们能够并确实鉴于其自身的价值而选择的目的与目标(ends and purposes),而不仅仅(或不总是)作为达致其他某些目的与目标的一种手段。这并不是说没有人曾经把一种基本善(比如友爱)作为达到其他目的的一种手段,而是说基本善是人们能够可理解地(intelligibly)根据其自身的价值而选择的那些(少数)目的与目标。[135]

在菲尼斯看来,基本善植根于人性,这一结论并非直接在如下意义上成立,即被解读为一种形而上学的理论,而是间接在如下意义上获得,即“实践性理解所抓住的善的某些基本形式对人们就其本性而言就是善的东西”[136]。对菲尼斯而言重

---

[131] 关注点将会是菲尼斯对自然法理论的一般性讨论,这些讨论集中在最宽泛意义上的道德哲学。关于较狭义上的道德与伦理学,菲尼斯也写过两本著作。John Finnis, *Fundamentals of Ethics* (Washington, DC: Georgetown University Press, 1983); John Finnis, *Moral Absolutes: Tradition, Revision, and Truth* (Washington, DC: Catholic University of America Press, 1991).

[132] John Finnis, *Natural Law and Natural Rights*, 64; cf. Aquinas, *Summa Theologiae*, q. 94, art. 2(经由实践理性而讨论了关于人类善的忧虑).

[133] “生命”包括“生命力的每一个方面”,诸如身体的健康和生育。John Finnis, *Natural Law and Natural Rights*, 86 - 87.

[134] ibid. at 86 - 90.“宗教”所加的引号是原文就有的,它表明其意图包括关于人性及其在宇宙中之位置的所有形式的探究,即使这些探究的结果对某些人来说也许是某种类型的无神论或存在主义。ibid. at 89 - 90.

菲尼斯指出,也许存在列举或描述基本善的其他方式,但是他不认为,在他所列的七种基本善中,还有其他的基本善不能够与之相一致。ibid. at 90 - 92. 菲尼斯事实上还提出了一个稍微不同的清单,参见 John M. Finnis, ‘Is Natural Law Compatible with Limited Government?’, in *Natural Law, Liberalism, and Morality*, ed. Robert P. George (Oxford: Clarendon Press, 1996), 1 - 26, at 4.

[135] 考虑一下某些善,其价值显而易见只是工具性的:如果一个人报告说,她正在搜集钱或药品,她这样做并不是为了在这些东西的帮助下才可以实现的善(无论从眼前来说还是从长远来说),而只是为了拥有更多的这些东西,人们就可以肯定地质疑她的理性或者神志。

[136] John Finnis, *Natural Law and Natural Rights*, 34; see Finnis, *Aquinas*, 90 - 94; see also George, *A Defense of Natural Law Theory*, 83 - 91 (‘Natural Law and Human Nature’).

要的是，在基本善中不存在“客观的层级”，[137]尽管一个人在他或她自己的生活中能够选择赋予某种或某几种善更大的重要性。[138]

于是存在九种居中的原则（菲尼斯称之为“实践合理性的基本要求”），以“引导从关于人类善的判断到关于马上要做的正当事情的判断之间的转换”：[139]

(1) 采纳一种融贯的生活计划；

(2) 在价值之中没有独断的偏好；

(3) 在人们之中没有独断的偏好；

(4) 对人们所选取的具体的以及有限的计划采取超然姿态；

(5) 一个人不要稍微放弃允诺；

(6) 一个人不要通过无效率的方式浪费机会；

(7) 不要选择去做只会损害或妨碍去实现或参与一种或多种基本善的事情；

(8) 培育社会的共同善；

(9) 一个人依照自己的良心行动。[140]

因此菲尼斯的进路是目的论的，但并不采取某些自然法理论所采取的方式，即并不存在每一个人都必须追求的单一的人类理想（或超人的理想）。[141] 更加一般的解决方案（prescription）是：“自愿地因人类的善而行动并避免与之相反的东西，在这样做的时候，人们应当选择且亦渴望那些（并且只有那些）可能性，这些可能性的愿望与整全的人的自我实现（human fulfillment）相一致。”[142]

菲尼斯认为，基本善的清单以及实践合理性诸原则应当是“自明的（self-evident）”，但是他这样说并不意味着，它们是明显的或直观的，或者所有明智的人

---

[137] John Finnis, *Natural Law and Natural Rights*, 92. 菲尼斯补充说：“每一个（基本善），当我们关注它的时候，就能够合理地被认为是最重要的。”Ibid.

[138] See ibid. at 93 - 94.

[139] Finnis, *Fundamentals of Ethics*, 70.

[140] John Finnis, *Natural Law and Natural Rights*, 100 - 126.

[141] See, e.g., Finnis, *Aquinas*, 314 - 319; John M. Finnis, 'Natural Law and the "is" — "ought" Question: An Invitation to Professor Veatch', *Catholic Lawyer*, 26(1981), 266; George, *In Defense of Natural Law*, 50 - 2. 有一个反对观点，即强调价值之中的等级性并强调人之最终目的的意义具有更强大的作用，参见 Hittnger, *A Critique of the New Natural Law Theory*, 65 - 198.

[142] Finnis, *Moral Absolutes*, 45 (fn. omitted); see George, *In Defense of Natural Law*, 51(“整全的人的自我实现的概念……并不意味着有一个至高的善优于或远离基本善。”).

们(reasonable people)都将立刻赞同。[143] "自明性"主要意味着,此处所讨论的诸多真理(truths)并不源自于任何其他更基本的真理;"对经验所呈现之予料的理智反思领悟了"它们,即思辨论证与辩证论证(speculative and dialectical arguments)间接支持了它们。[144]

**批评**

菲尼斯的道德理论已经遭致了大量的批评,这些批评代表了各种备选的观点(以及各种争论领域的数量,菲尼斯在这些领域一直都是一位积极的论辩者)。在多种批评方式中,这里将只对其中的两种取样分析。

一种批评(或至少是一种质问)方式是,菲尼斯关于"基本人类善"与"实践合理性的基本要求"的结合是否足以提供对我们所面对的重要道德问题的(正确)解答。[145] 结论也就是,菲尼斯的进路并不拥有充足的理论资源以获得关于多种道德难题的(确定)答案。

一些批评者对一般而言的自然法传统尤其是阿奎那的观点提出了不同的解读,他们关于菲尼斯进路之充分性的挑战经常与关于这一进路之注释的精确性(*exegetical accuracy*)的主张相关联。[146] 用上文所讨论的术语来说,注释的问题是:阿奎那是最好被理解为直接基于一种人性观而建立一个目的论的观点,还是最好被理解为提供了一种"美德伦理学"——存在某些对人类繁盛来说是基本的善,经由运用理性我们能够知道或发现它们,并且这些善与人性的关联是(更加)间接的。[147] 他们对菲尼斯有力的批评是:只要一旦我们对善的位序等级(an ordered

[143] John Finnis, *Natural Law and Natural Rights*, 64－69; see also George, *In Defense of Natural Law*, 43－45,61－66,85－90,262－266.

[144] George, *In Defense of Natural Law*, 61－63.

[145] 至少是那些有答案的问题。对菲尼斯以及他的许多批评者来说,通常的理由是,有许多重要的问题也许没有(作为一个道德问题的)单一的即唯一正确的答案,这或者是因为善的多元性,或者是因为(就其不同于上一点来说)善的不可通约性。

[146] See e. g. Ralph McInerny, 'The Principles of Natural Law', *American Journal of Jurisprudence*, 25(1980),1; Henry B. Veatch, 'Book Review', *American Journal of Jurisprudence*, 26(1981), 247,255－259.

[147] 关于这一争论 see e. g. Hittnger, *A Critique of the New Natural Law Theory*; George, *In Defense of Natural Law*, 59－75(回应了 Hittinger); McInerny, 'The Principles of Natural Law'; John Finnis and Germain Grisez, 'The Basic Principles of Natural Law: A Reply to Ralph McInerny', *American Journal of Jurisprudence*, 26(1981),21.

hierarchy of goods)而非菲尼斯的同样基本的善清单具有一个成熟的目的论，我们就能够发现关于各种疑难道德问题的解答。[148]

Steven Smith 提供了一种相当不同的批评路向，他认为，菲尼斯"基本善"的进路(以及菲尼斯在其关于性问题的著作中对此类概念的使用)反映了在"善"的观念与现实的人们的欲望和经历之间存在相当大的差异。[149] Smith 不仅注意到了作为一种"基本善"的"快乐"(即鉴于其自身的价值而被寻找的一种善[150])在菲尼斯理论中的缺失，而且注意到了菲尼斯某些主张的令人奇怪的非经验特质，比如："同性恋行为(以及实际上所有的婚外性满足)根本不能分享即实现友爱的共同善"。[151] 根据非经验特质的判断 Smith 是想指出，在菲尼斯著述的语境中，似乎确定无疑的是，菲尼斯不会认为他关于同性恋行为的主张能够被来自同性恋双方的如下主张驳倒，即他(她)们的亲密行为是维续、表达并加强友爱的一种方式。[152] 然而 Smith 认为，正如在"是一种善('being a good')"与"被当作一种善来体验('being experienced as a good')"之间产生了鸿沟，学究式的道德(academic morality)与我们实际的道德关注(actual moral concerns)之间也产生了潜在的分离。[153]

### 2.4.2 法律理论[154]

在菲尼斯的道德理论中，法律发挥着作用，这是因为有某些共同善，它们能够通过法律所提供的具体的社会协作而最佳地获得，[155]而且也因为在某种意义上，

---

[148] see e.g. Russell Hittnger, 'Varieties of Minimalist Natural law Theory', *American Journal of Jurisprudence*, 34(1989), 133; Hittnger, *A Critique of the New Natural Law Theory*, 74-89.

[149] Steven D. Smith, 'Natural Law and Contemporary Moral Thought: A Guide from the Perplexed' (book review), *American Journal of Jurisprudence*, 42(1997), 299, 316-21. 人们能够承认这个观点并仍旧注意到，在努力联结道德与人类福祉观(a view of human well-being)方面，菲尼斯的进路比康德义务论的理论要做的更好。See George, *In Defense of Natural Law*, 60-61.

[150] Cf. John Finnis, *Natural Law and Natural Rights*, 95-7("快乐是全部的要旨吗？('Is Pleasure the Point of It All?')").

[151] John M. Finnis, 'Is Natural Law Compatible with Limited Government?', ed. Robert P. George (1996), 12-13(忽略了强调部分).

[152] Smith, 'Natural Law and Contemporary Moral Thought', 316-319.

[153] ibid. at 319-321.

[154] 除了道德理论和法律理论，菲尼斯也已论及了政治理论。See e.g. Finnis, 'Is Natural Law Compatible with Limited Government?'.

[155] John Finnis, *Natural Law and Natural Rights*, 260-264; John M. Finnis, 'Law as Co-ordination', *Ratio Juris*, 2(1989), 97.

参与社群和建构(政治)社群的共同善是过一种善的生活的完整组成部分。[156] 菲尼斯也是在法律这个术语的更加狭窄的含义上讨论法律理论的。在分析法律的概念时,他赞同哈特的一般进路:人们应当以最丰富的或最高的形式(fullest or highest form)而非以我们可以视之为"法律的(legal)"所有法律体系的某个最小公分母(lowest common denominator)来看待"法律"(或"法律体系");[157]而且这样一个进路必须吸收参与者的视角。然而,菲尼斯压缩并强化了哈特的"内在视角":[158]它是"不仅诉诸实践合理性而且在实践上也是明智的那些人的观点"。[159] 对于菲尼斯来说,人们必须依据"核心情形"(在其最丰富意义上的概念)的观念来选择"内在观点",而且这会引导人们远离道德中立的视角:"如果有一种观点(a point of view)至少把法律义务假定为一种道德义务……,即法律秩序(区别于裁量性的或静态的习惯秩序)的确立与维续被视为一个道德理想(即使不是正义的一个强烈要求),那么这样的观点将构成法律观点的核心情形。"[160]这也许似乎是对哈特进路的一个微小修正,但是这一修正足以使一位理论家越过从法律实证主义(法律在概念上与道德相分离)到自然法(道德评价对于理解法律具有核心重要性)的边界。

菲尼斯对法律实证主义的批评是,一个合宜的法律理论需要道德评价,这一批评隐含于他关于"内在视角"的观点并表达在他的其他著作中[161]。菲尼斯的基本主张与前文所讨论的富勒的工作一样是目的论的论证:要是没有对于官方声明和法律法规给予公民一个好的行动理由所意味的东西的(道德)评价,人们就不能充分地理解像法律这样的赋予理由的行动。[162]

---

[156] See Finnis, *Natural Law and Natural Rights*, 164 - 5, 260 - 4; Veatch, 'Bool Review', 252 - 253.

[157] Finnis, *Natural Law and Natural Rights*, 3 - 11; cf. Hart, *The Concept of Law*, 3 - 4, 15 - 17.

[158] See Hart, *The Concept of Law*, 87 - 91.

[159] Finnis, *Natural Law and Natural Rights*, 15.

[160] Ibid. at 14 - 15; see also Finnis, *Aquinas*, 257 - 258.

[161] See John Finnis, 'On the Incoherence of Legal Positivism', *Notre Dame Law Review*, 75(2000), 1597; see also John M. Finnis, 'Problems of Legal Philosophy', in *Oxford Companion to Philosophy*, ed. Ted Honderich (Oxford: Oxford University Press, 1995), 468, 269.

[162] 更加详细地讨论菲尼斯对于法律实证主义与自然法理论之争的看法的文献参见 Brian Bix, 'On the Dividing Line Between Natural Law Theory and Legal Positivism', *Notre Dame Law Review*, 75(2000), 1613.

## 2.5 迈克尔·摩尔(Michael Moore)

迈克尔·摩尔(1943— )提出了一种建立在形而上学实在论(metaphysical realism)基础上的关于法律和法律实践的理论。[163] 形而上学实在论一般被认为是关于本体论的主张,这里的本体论意味着,我们的语词指称(refer to)对象,而这些对象的存在和属性(properties)独立于关于它们的惯习的信念或观察者的信念。[164] 摩尔自己关于形而上学实在论的看法强调本体论承诺,也包括关于真理、指称(reference)、道德和意义(meaning)的观点。[165] 摩尔并不仅仅主张道德问题有正确答案(虽然他确实主张这一点);[166]对于本体论问题,他既证实了"道德类('moral kinds')"(自然类(natural kinds)的道德类比)的存在,又证实了"诸如权利与义务、德性与恶性这样的道德实体与诸如善与恶这样的道德特性(quality)"的存在。[167] 关于意义,他把诸多术语(包括像"正义"这样的评价性术语)与"自然类"或

[163] See Michael S. Moore, 'Good without God', in *Natural Law, Liberalism, and Morality*, ed. Robert P. George (Oxford: Clarendon Press, 1996), 221 - 270; 'Law as a Functional Kind', in *Natural law Theories: New Essays*, ed. Robert P. George (Oxford: Clarendon Press, 1992), 188 -242; 'Moral Reality Revisited', *Michigan Law Review*, 90(1992), 2424; 'The Interpretive Turn in Modern Theory: A Turn for the Worse?', *Stanford Law Review*, 41 (1989), 871 (hereinafter Moore, 'Interpretive Turn'); 'Precedent, Induction, and Ethical Generalization', in *Precedent in Law*, ed. Laurence Goldstein (Oxford: Clarendon Press, 1987), 183 - 213 (hereinafter, Moore, 'Precedent'); 'Metaphysics, Epistemology and Legal Theory', *Southern California Law Review*, 60 (1987), 453 (book review); 'A Natural Law Theory of Interpretation', *Southern California Law Review*, 58 (1985), 277 (hereinafter, Moore, 'Interpretation'); 'Moral reality', *Wisconsin Law Review*, (1982), 1061; and 'The Semantics of Judging', *Southern California Law Review*, 54 (1982), 151. Moore's articles 'Metaphysics, Epistemology and Legal Theory'; 'Law as a Functional Kind' and 'Interpretive Turn' are reproduced in Michael Moore, *Educating Oneself in Public: Critical Essays in Jurisprudence* (Oxford: Oxford University Press, 2000), 247 - 423. For an extended critical overview of Moore's approach, see Bix, *Law, Language, and Legal Determinacy*, 133 - 177.

[164] Michael Dummett 认为,实在论最好被理解为一种关于意义和真的主张,尤其是在一个话语领域把真假值(bivalence)运用于所有的陈述。Michael Dummett, *The Seas of Language* (1993), 230 - 76. 在一个基于语义学的界定的话语领域中是实在论者的大多数人在基于本体论的界定中也将是实在论者。然而对于形而上学实在论也存在其他(不同,然而是重叠)的理解。一个简短精确的概括参见 Simon Blackburn, *The Oxford Dictionary of Philosophy* (1994), 319 - 320 ('realism/antirealism').

[165] Moore, 'Moral Reality Revisited', 2432 - 2440.

[166] See e. g. Moore, 'Interpretation', 286.

[167] Moore, 'Precedent', 208. On 'natural kinds', see Hilary Putnam, 'The Meaning of "Meaning"', in *Mind, Language and Reality* (Cambridge: Cambridge University Press, 1975), 215 - 271.

"事件的自然类"等同起来；在这样的情形中，我们对于所论及的种类(kind)"能够找寻到的最好的科学理论"被认为支持了意义。[168] 然而，摩尔并不是在所有问题上都是一个柏拉图主义者：他赞同一种认识论上的融贯论，[169]而且他不把法律看成是一种自然类，而是看成一种"功能类(functional kind)"[170]。

摩尔对那些不是形而上学实在论者提出挑战的主张是，形而上学实在论是正确的进路，[171]而且这一进路要求我们修正我们关于法律性质与法律制度应当怎样运作的诸多观点。[172] 这个问题可以被描述为：如果我们相信并认真对待关于道德问题具有唯一正解并且大多数概念(无论是道德、法律还是自然类术语)都有确定的指涉物(referents)这一观念，那么我们作为律师、法官、立法者、公民应当/会如何采取不同的行动？

在一个形而上学实在论者的意义上，对道德真理的存在和可接受性的坚定信念以多种方式促进或阻碍了法律分析。

1. 如果我们相信(或认为)存在"道德类"，那么关于先例(普通法)推理的某些声名狼藉的悖论和不确定性也许就可消除。[173] 那么(重新)描述坚持过去之判例的合适方式就像是描述一个相关道德类的适用；[174]另外，描述的不确定性(即任何司法判决能够在不同的一般性层面上被重述)就消除了，至少大体上这是因为，正

---

[168] Moore, 'Interpretation', 291－301; Moore, 'Moral Reality Revisited', 2436－2440. 即使对于某些像"蓄意"(不要与它的日常用语(everyday-speech)用法相混淆)的法律概念这样的术语，摩尔认为，这个术语"在世界中分辨出某个事物"并可以被视为一个"道德类"的例子。Moore, 'Interpretation', 333.

[169] See e. g. Moore, 'Interpretation', 312; Moore, 'Precedent', 197－198, 208－209.

[170] See Moore, 'Law as a Functional Kind'. "不像唯名类(nominal kinds)，构成一个功能类的诸要素(items)拥有一个它们所共享的本性，这个本性要比在某个语言中仅仅分享一个共同的名字的那种'本性'更加丰富。不像自然类，这些要素所共享的本性是一个功能而不是一个结构"。Ibid. at 208.

[171] 有时他认为或者暗示我们中的大多数人已经是形而上学实在论者，然而我们很多人可能否认这一点。See Moore, 'Interpretation', 322－326, 397－398. 如果人们在足够宽泛的意义上界定形而上学实在论，这一看法也许就是正确的(正如前文的论证所表明的，对"自然法理论"来说，如果界定得足够宽泛，也能够提出类似的主张)。

[172] Moore, 'Interpretative Turn', 873, 881－890; . Moore, 'Moral Reality Revisited', 2468－2491.

[173] Moore, 'Precedent'.

[174] See ibid. ; see also Moore, 'Interpretation', 358－376. 更准确地说，对于"坚持"这个概念的大多数用法已不再使用了。Moore, 'Precedent', 210－213. 我们每一步所正在做的事情——既包括判决案件，又包括描述过去的判决——都是在努力阐明"普通法的真理"。Ibid. at 210.

确的一般性层面是道德类层面。[175] 根据摩尔的进路，基于全面考虑，普通法法律推理被视为道德推理——然而同时要强调，那些所考虑因素中的一种是来自"制度的"或"法治"的论证，即这一论证也许使得某些过去的错误判决根深蒂固，因为道德确实会认真对待人们的信赖利益。[176]

2. 如果立法者"应当被视为与其他语言使用者拥有同样的语言意图，即[形而上学]实在论者的意图"，那么确定制定法律(或创制宪法语言)[177]之团体的立法意图这个同样棘手的问题就可以被消除了。[178] 立法者对其所使用之术语的意义或适用的意图(除了这些术语的实在论的意图，即语词应按照其"真实的"意思去理解)是不相关的。[179] 换句话说，法官应当依据一种形而上学实在论的意义理论指导其关于法律术语(无论是法定的、宪法的术语还是普通法来源)的解释——即依照"语词所指涉的事物的真实性质而非根据支配那些语词之日常用法的惯习。"[180] 摩尔走得更远，他认为，即使是立法中规定的定义也不必予以重视；相反，那些定义应仅仅被看作对于这些术语之"真实"意义的"惯习性注解"(并应认为，这就是立法者想让那些定义怎样被对待的方式)。[181]

3. 更一般来说，法律推理与法律解释应当源自于"道德实在"(而且从不仅仅源自于人们关于道德问题的惯习性信念)。[182]

4. 像任何其他形式的正解理论(right-answer theory)(比如罗纳德·德沃金)一样，[183]道德实在论会指引法官不断寻求对他们所面对的疑难问题的唯一正解，

---

[175] 当然，相信存在道德类(即使这一信念是普遍的)并没有提供如下保证，即，就法律推理或先例推理的一个特定路向而言道德类是什么，人们将会对此取得一致意见。

[176] Moore, 'Precedent', 210.

[177] See e. g. Dworkin, Law's Empire, 313 - 399; Moore, 'Interpretation', 338 - 358; Antonin Scalia, A Matter of Interpretation (1997).

[178] Moore, 'Interpretation', 323.

[179] Ibid. at 338 - 358.

[180] ibid. at 287. 再一次，正如先例分析，即使关于立法解释的形而上学实在论可以改变所问之问题的类型，并消除某些不可解决的问题，它也决不保证获得一致同意。

[181] Ibid. at 331 - 338, 383.

[182] Moore, 'Interpretation', 286 - 288.

[183] See e. g. Dworkin, *Taking Rights Seriously*, 123 - 30. 摩尔提出了一个有力的看法：德沃金不能在反对形而上学实在论的同时又维持其"正解论"。Moore, 'Metaphysics, Epistemology and Legal theory', 475 - 494.

而不是基于政策或个人偏好放弃这个事。[184]

正如上文所注意到的，摩尔进路的一个令人感兴趣的方面是，他偏爱知识的一种融贯论进路。这有时使他易受如下指责，即他的道德实在论(至少就其本体论方面而言)没起什么作用(doing no work)。[185] 当摩尔把他的道德实在论观点与关于融贯推理的"惯习论"形式相比较时，他赞成前者的优先性，因为它不是通过"惯习性接受"，而是"通过与存在之事(what there is)的一致"来对"犯错"留有余地并证成最终的结论。[186] 然而，如果我们决定"存在之事"的唯一方式是与惯习性信念相一致，那么二者形式上的差异似乎也许多于实质上的差异。

摩尔对这一论证线索给予了多种回应。首先，他承认他的理论关注的是本体论(存在什么(what there is))，而不是认识论(我们知道什么并怎样证成我们关于知识的主张)，但他认为这一让步远不致命。[187] 其次他认为，相对于其他各种备选进路，形而上学实在论更好地解释了我们的信念与实践；即，理论因其是真的而成为重要的，即使它不会或没有影响我的实践。[188] 第三，他认为道德实在论可以是有价值的，因为它能够证成现存实践，而在关于这个世界的其他道德的或者形而上学的观点看来这些实践似乎也许是有问题的。[189] 一个相关的看法是：如果法官把他们自己看成是以"事物的正确本性"而非仅仅以个人特殊的信念或者惯习的信念为基础而行动，那么这就将会(正当地)影响法官对其行动的合法性所持的态度。[190] 第四，他再次强调他的如下主张，即形而上学实在论和道德实在论对法官(应该)怎么行动确实产生了影响[191](这一点已在本小节的其他地方做了简要概

---

[184] Moore, 'Interpretation', 308; Moore, 'Moral Reality Revisited', 2480, 2484 - 2487.

[185] See Bix, *Law*, *Language*, *and Legal Determinacy*, 148 - 150. 摩尔对这一论证思路的回应参见 Moore, 'Moral Reality Revisited', 2470 - 2491.

[186] Moore, 'Precedent', 209.

[187] See Moore, 'Moral Reality Revisited', 2470 - 2472.

[188] See e. g. ibid. at 2452 - 2468, 2471 - 2472, 2511 - 2518.

[189] See Moore, 'Moral Reality Revisited', 2472("道德实在论能够理解诸如司法审查这样的某些裁判实践——并因此给我们一个坚持它们或修改它们[这要视情况而定]的理由——道德惯习论和道德怀疑论却做不到这一点").

[190] ibid. at 2469 - 2491. 这一论证与如下主张紧密相连，即道德实在论能够以某种方式证成对于道德的、法律的以及政治的问题所给出的非惯习性(实际上是革命性的)解答，而非实在论的进路却做不到这一点。See ibid.

[191] See e. g. ibid. at 2480 - 2491.

括）。

摩尔的工作着重提出的，然而也与自然法传统的许多其他现代论者相关的一类问题是，道德哲学或意义问题能够或应当在何种程度上优先于其他显然是政治或制度的问题。有时理论家们好像认为，一旦人们理解了有关形而上学实在论或类似的其他理论的真理，关于制度作用与法律程序的某些传统问题就很容易获得解决，或者被认为也许是无关紧要的。摩尔自己对这些问题通常是很敏锐的：例如，在多大程度上法官因先前的司法判决以其他方式获得而应当拒绝做出道德上正确的普通法判决？[192] 换句话说，鉴于“法治”（rule of law）价值或关于一致性、信赖、可预测性、平等以及其他的类似考量（concerns），法官应当坚持错误的或部分错误的判决吗？在其他地方，一个相类似的问题出现在司法推理中，尤其是宪法解释中：即便（或尤其是如果）先前的司法判决采用了相异的观点，在什么程度上（具有自然法思想的）法官应当按照自然法是国家基本法的组成部分这个观念而行动，或者是把自然法知识纳入（所有的）法律解释中？[193] 尽管在现实世界难以发现如下极端观点的提倡者，即自然法真理应当总是胜过坚持错误司法判决之制度的即法治的理由，但是人们能够发现某些著名的自然法理论家赞同另一个极端的观点：除了指示法官尊重制度规则与解释规则在所论及的那个法律体系中会成为的任何东西，自然法传统并没有提出关于做出司法判决的看法。[194]

### 2.6 其他自然法法律理论

近来，有许多其他的法律理论可以归入到自然法的范畴。在哈特的后期著作《法律的概念》中，当描述法律与道德在哪里重叠时，他引入了“自然法最低限度的内容”这一观念。[195] 哈特在概述法律与道德确实重叠的诸多方式时讨论了这个观念（这些重叠与法律实证主义的如下信条相一致，即法律与道德之间不存在“必然的”或“概念性的”关联）。哈特论述道，不能为至少是明显少数的某些人群提供至

---

[192] See e. g. Moore, ‘Precedent’, 201 - 204, 209 - 210; Moore, ‘Interpretation’, 372.

[193] Cf. Sebok, *Legal Positivism in American Jurisprudence*, 222 - 230（描述了对于宪法解释的“强认识的自然法”进路）.

[194] 关于这一观点 see e. g. George, *In Defense of Natural Law*, 102 - 112; see also Wolfe, ‘Judicial Review’.

[195] Hart, *The Concept of Law*, 193 - 200.

少是最低限度保护(比如反对暴力攻击)(正如在如下社会中所可能发生的,少数精英在统治,而大多数人群被奴役或作为二等公民对待)的任何法律或惯习道德的体系都不能长久存在下去。尽管在哈特的论述与传统自然法理论之间存在名不符实的稍微一点相似性,但是这些类似之处并不很强。[196] 哈特正在提出一种经验性的主张——然而这一主张意图涵盖人类社会,只要人类及人类社会还有着我们现在所具有的(偶然的)稀缺、需要与脆弱性,它就会意图涵盖人类社会。[197] 哈特并没有在提出一种道德理论或者概念上的论证;在法律有效性判准方面,或者在人们应当如何在法律体系内行动方面,他都没有提出进一步的主张。[198]

Randy Barnett 对传统自然法进路提出了一种煽动性的歪曲。[199] 尽管这一传统中的许多论者是根据如下路向来提出理论的,即"鉴于人性和/或宇宙的性质,某些事情(规定性地)因而产生了",Barnett 的分析遵循了如下论证结构,即"鉴于人性,如果人们要获得某些被普遍接受的社会目标(安全、繁荣、自由等),那么就应当建立某些制度和规则。"Barnett 推导其理论的东西是一个自由的自由意志论者(liberal-libertarian)方案,这个方案将不会对每个人的口味,但人们依旧可以欣赏这个关于分析与研究的类自然法方法的新奇改版。

许多其他的进路值得注意,尽管它们只能被简要地概述。Lloyd Weinreb 一直努力重建对自然法理论的本源的(也就是古希腊)理解,自然法理论被视为自然中的规范命令。[200] Ernest Weinrib 用从亚里士多德和康德那里借来的术语分析了私

---

[196] 有一个有趣的不同观点,它在一个更加实质的(并且是更加传统的)自然法进路的方向上发展了哈特的讨论,参见 Kenneth I. Winston, 'Introduction', in Lon L. Fuller, *The Principles of Social Order*, ed. Kenneth I. Winston (Durham, N. C.: Duke University Press, 1981), 11 - 41, at 24 - 26; see also Randy E. Barnett, *The Structure of Liberty* (Oxford: Clarendon Press, 1998), 10 - 12.

[197] See Hart, *The Concept of Law*, 199 - 200("对于法律以及其他许多社会制度的充分描述来说,除了定义和关于事实的日常陈述之外,还必须为第三类陈述留有余地:对于人类及人类保持其所具有的显著特征而生活的世界来说,这些陈述的真值是偶然的。").

[198] See ibid. at 193 - 200; Bix, *Jurisprudence: Theory and Context*, 43 - 44.

[199] Randy E. Barnett, *The Structure of Liberty: Justice and the Rule of law* (1998). 一个更加详细的批评参见 Lawrence B. Solum, 'The Foundations of Liberty' (book review), *Michigan Law Review*, 97(1999), 1780.

[200] Weinreb, *Natural Law and Justice*. 对于 Weinreb 进路的一个批评性分析参见 Robert P. George, 'Recent Criticism of Natural Law Theory' (book review), *University of Chicago Law Review*, 55 (1988), 1371, 1372 - 1407.

法，即私法有一个固定的形式，以此我们能够（一般而言即使不能彻底地）决定多方当事人彼此应尽的道德义务以及应当建立的合适的学说规则和制度结构。[201] Deryck Beyleveld 和 Roger Brownsword 基于 Alan Gewirth 的道德哲学著作提出了一种法律理论。[202] And Richard Dien Winfield[203] 和 Alan Brudner[204] 基于黑格尔关于社会及法律在其中之作用的观点提出了许多法律理论。

## 3. 自然法在法理学中的地位

现在让我们对上文所述进行总结。自然法怎样适应现代法律哲学更加广泛的语境？接下来的一部分考虑划界问题，即人们怎样（如果从根本上）能够从（其他）主流法律理论即法律实证主义区分出关于法律的自然法理论。分界线的混乱主要有两个来源：第一，法律实证主义内部关于道德规范在法律中作用的争论；第二，某些法律实证主义理论就思考或解释法律要发布理由之诸多方面所做出的努力，然而同时还要维持使得理论仍然是"法律实证主义"而非"自然法"的任何方面。在最后一部分，本章将更一般性地考虑自然法理论在现代分析法理学中确实发挥或应当发挥的作用。

### 3.1 （自然法）与法律实证主义的关系

#### 3.1.1 传统自然法理论与法律实证主义

现代法律实证主义的奠基人 H. L. A. 哈特提出了如下观点，如果一个传统自然法理论中的任何东西像菲尼斯所说的那样，那么极少存在一个法律实证主义者必然反对的东西。[205] 另一位著名的法律实证主义者尼尔·麦考密克也提出了一个类似于这个普遍一致之看法的主张。[206] 菲尼斯在某种意义上也赞成如下主张，

---

[201] Ernest J. Weinrib, *The Idea of Private Law* (Cambridge, Mass.: Harvard University Press, 1995).

[202] Deryck Beyleveld and Roger Brownsword, *Law as a Moral Judgment* (London: Sweet & Maxwell, 1986).

[203] Richard Dien Winfield, *Law in Civil Society* (Kansas: University Press of Kansas, 1995).

[204] Alan Brudner, *The Unity of the Common Law: Studies in Hegelian Jurisprudence* (Berkeley, Calif.: University of California Press, 1995).

[205] See H. L. A. Hart, *Essays in Jurisprudence and Philosophy* (Oxford: Clarendon Press, 1983), 10 - 11 (菲尼斯的自然法理论在"许多方面被认为是对实证主义法律理论的补充而不是它的对手"。).

[206] Neil MacCormic, 'Natural Law and the Separation of Law and Morals', in *Natural Law Theory: Contemporary Essays*, ed. Robert P. George (Oxford: Clarendon Press, 1992), 105 - 133.

传统自然理论能够接受并赞同作为法律实证主义信条而提出的大部分陈述。[207]

即使人们接受传统自然法理论可以与法律实证主义相协调,他们也应当考虑到如下看法,即传统自然法理论——以及实际上任何一种广泛的道德或伦理理论——破坏了法律实证主义的计划(project)。一般而言这一看法是,法律可以最好被视为一个更大的规范性事业的组成部分,即更大的规范性理论,它决定了什么样的规则应当被制定、法律体系应当如何运作以及公民与官员应当怎样在法律体系中行动。当描述像法律这样的发布理由的制度时,把(道德上)好的理由与坏的理由区分开来似乎是理所当然的,并且如果一个人相信他手头有一个(自然法类的或其他类的)道德理论能做出这样的区分,选择避免这样的区分与评价似乎是奇怪的。[208] 本文所讨论的所有现代自然法理论家(富勒、德沃金、菲尼斯和摩尔)无论以哪种方式都已经面对道德问题在建构一种合适的描述性法律理论时所应当或必须被考虑的程度。

最后,人们应当注意到 Roger Shiner 的观点,即正如法律实证主义理论(为弥补其弱点并回应对其更加简化之形式的批评)变得更加复杂,继之而起的理论在如下意义上也接近于自然法理论,这些理论倾向于把道德因素和道德评价纳入描述性法律理论。[209] 在法律实证主义论者近来以不偏不倚的(detached)和描述性的方式讨论法律的规范性方面所做的诸多努力中,Shiner 的观点是一致公认的。最突出的例子也许就是哈特在其法律理论中关于法律与规则的内在方面的运用,这使得法律理论考虑到了如下事实,即参与实践的人们把法律规范"接受为"行动理由,无需转而赞同那一判断。[210] 请也考虑一下拉兹,他认为"每个法律体系主张其拥有合法权威",从这一断言出发他在其法律理论中进行了大量的分

---

[207] See John Finnis, 'The Truth in Legal Positivism', in *The Autonomy of Law: Essays in Legal Positivism*, ed. Robert P. George (Oxford: Clarendon Press, 1996), 195 - 214, at 203 - 205.

[208] See e. g. Winfield, Law in Civil Society, 2("只有通过采取一个在规范性上中立的立场,人们才能把法律作为保证分离研究的一个各别的研究对象(a discrete object of investigation warranting separate study)");一个类似的观参见 John M. Finnis, 'problems in the Philosophy of Law';另参见本文在 2.4.2 部分对菲尼斯观点的讨论。

[209] Roger A. Shiner, *Norm and Nature: The Movements of Legal Thought* (Oxford: Clarendon Press, 1992).

[210] Hart, *The Concept of Law*, 55 - 58, 91 - 99; see Brian Bix, 'H. L. A. Hart and the Hermeneutic Turn in Legal Theory', *SMU L. Rev.*, 52(1999), 167.

析。[211]（在这个引文的语境中，重要的是要强调其中的"主张"，因为拉兹当然并不认为所有的法律体系实际上"具有合法权威"。）[212]依据拉兹的看法，关于法律体系的这一真理必然能够进行大量的分析，因为甚至为了有能力成为权威性的，法律必须提供能被遵循的指引，而无需参照这一指引本欲代替的一般性（道德的及审慎的）理由。[213] 关键不在于要去评价拉兹论证的价值或真实性（truth），[214]而只是指出拉兹怎样以某种方式去实现一种抱负（它很容易被描述为是一种道德的抱负，即主张拥有合法权威），这一方式似乎并不"腐蚀"其分析的道德中立性。

与上文的讨论相关的是，人们应当在法律理论中注意到一个经常被忽视或至少不被强调的问题：关于法律所提出的主张在何种程度上是法律所特有的，或者仅仅只是更加一般性真理（例如，关于所有社会制度或所有规范体系的真理）的一个特例。[215] 例如，考虑一下法律实证主义批评者的论证：把对法律体系的描述从其评价中分离出来是不明智的或不重要的。如果这一论证是有效的，似乎可能的是（尽管决不是必然），它也正好同样适用于意图分离关于惯习道德的描述与评价。[216] 人们应当怀疑提出了如下主张的诸多理论，即这些主张标榜仅仅适用于法律。人们应当在其他社会制度与规范性体系的语境中检测这些主张；这些主张在那些其他的或更广泛的语境中似乎并不有效，在此意义上就有理由怀疑它们在法律语境中的有效性。[217]

---

[211] Raz, *Ethics in the Public Domain*, 199.

[212] 拉兹在别的地方已经雄辩地批驳了如下命题，即甚至正义的法律体系创设了一个服从的一般性义务。See e. g. ibid. at 325 - 338; Raz, *The Authority of Law*, 233 - 249.

[213] See Raz, *Ethics in the Public Domain*, 199 - 204.

[214] 关于拉兹论证的多种视角，see e. g. Brian Leiter, 'Realism, Hard Positivism, and Conceptual Analysis', *Legal Theory*, 4(1998), 533, 540 - 544; Waluchow, *Inclusive Legal Positivism*, 123 - 40; Jules L. Coleman, 'Incorporationism, Conventionality, and the practical Difference Thesis', *Legal Theory*, 4(1998), 381, 413 - 420.

[215] See e. g. Bix, *Jurisprudence: Theory and Context*, 7 - 8; Philip Soper, 'Legal Systems, Normative Systems, and the Paradoxes of Positivism', *Canadian Journal of Law and Jurisprudence*, 8(1995), 363, 373; William Lucy, *Understanding and Explaining Adjudication* (Oxford: Oxford Unoversity Press, 1999), 17 - 38.

[216] Soper, 'Legal Systems, Normative Systems, and the Paradoxes of Positivism', 373.

[217] Cf. Raz, *Ethics in the Public Domain*, 238 - 243.（分析了权利的一般性质：强调了基于就法律权利所发生的事情而建立一个理论的某些问题，并且讨论这样一个问题，即法律权利要么最好被理解为基于制度之权利的一个下位概念，要么被理解为道德权利的的一个下位概念。）

### 3.1.2 现代自然法理论和包容性法律实证主义

许多国家都存在关于立法效力的司法审查，那一审查基于一部成文宪法或更高原则的某个其他来源。法律实证主义的某些批评者，尤其是罗纳德·德沃金，一直认为法律实证主义不能充分说明这样的实践，并且需要代之以一种并不主张法律与道德强分离的理论。[218]

评价这一批评的价值在某种程度上依赖于解释法律实证主义的如下主张：法律与道德之间不存在必然的或概念性的关联。这只是意味着道德评价不必成为法律有效性检测标准的组成部分（在特定的法律体系中却可以成为这一检测的组成部分）吗？[219] 或者它意味着道德评价从来就不能成为法律有效性检测标准的组成部分吗？[220] 前者是“包容性”实证主义的视角；[221]后者是“排他性”法律实证主义。本书的其他部分会详尽地讨论这两种观点，但是两种观点都视其自身为法律实证主义的不同形式并与自然法理论区分开来，现在注意到这一点是有价值的。在法律有效性判准的层面上，包容性法律实证主义与某些形式的自然法理论之间的差异是一种模态差异：包容性实证主义认为，道德判准能够但不必成为检测一个规范是否具有法律效力之标准的组成部分，而某些自然法理论家则会认为，道德判准总是且必然成为法律有效性检测标准的组成部分。在理论的层面上，包容性法律实证主义宣称一种道德中立的描述或关于法律的概念分析，然而某些自然法理论家认为，在一个更广泛的道德分析的语境中，法律最好以目的论的方式得到理解。尽管包容性实证主义与某些现代的、关注法律的自然法版本之间的差异也许似乎是微小的，但是这些差异具有理论意义。

## 3.2 自然法理论的作用

正如本文第一部分所评论的，自然法在其发展史上就是一种道德进路，它主要

---

[218] See Dworkin, *Taking Rights Seriously*, 1 - 130.

[219] 同样的包容性法律实证主义观点的一个稍微不同的视角是，道德原则能够成为法律有效性之检测标准的组成部分，当且仅当这是被某个社会惯习所授权的（比如一部成文宪法或一个更早的权威司法判决）。

[220] 当然，对于所主张的法律与道德的分离，法律实证主义论者并不否认道德确实且应当在法律规则与法律判决的制定与评价方面发挥作用。See e. g. Hart, *The Concept of Law*, 203 - 206.

[221] 也被称为“安置主义”、“柔性法律实证主义”以及“柔性惯习主义”。

基于一种形而上学和/或认识论的观点,但仍是一种道德理论。[222] 想知道下述现象的原因似乎也许是公平的,即为什么这一形式的道德理论在法理学中受到了特别关注,将其视为一个主要的法理学流派,所有的其他思想流派都必须对之做出回应,而其他的道德进路没有获得类似的对待。人们很少见过(即使曾经见过)提及“功利主义法律理论”或“目的论法律理论”,而且提及“康德式法律理论”[223]与“黑格尔式法律理论”[224]只是稍微更为普遍一点。

然而正如前文 2.1 中所讨论的,在法理学共同体中,“自然法”一直意指一种理论,在其中,道德评价不但对于确定法律规则的内容即评价特定规则或规则体系的法律身份,而且对于分析法律的性质来说,都被视为是核心的或必要的。人们应当注意到,这包含着多么具有分歧的一批主张:(1)古老的素朴的自然法理论家对于裁判或对应的理论(theory-for-mation)没有提出特别的观点,但是他们相信,除非且直到一个规则或规则体系满足某些道德判准,它们将不会获得“法律”这个名称(appellation);(2)像富勒和法律程序学派这样的强调制度能力(institutional competence)的理论家,[225]相比于道德判准,他们更多地把“法律”这个标签与制度设计的判准和所遵循的程序等同起来;并且(3)罗纳德·德沃金和其他看法相同的理论家认为裁判是负载道德的过程,当称某物为法律时,他们的解决办法原则上能够与关于理论建构或相关主张的一些原则相分离。[226] 所有这些理论已经汇聚在许多讨论中,因为并且仅仅因为法律实证主义已经为现代英语世界的法理学争议设定了议程,而且它对于许多法理学问题都采用了一种与道德无涉的研究进路。

当评价本文所概述的诸多论者与争议时,应当要问的两个基本问题是:(1)能

---

[222] 正如本文第一部分所讨论的,对于许多传统的自然法理论来说,独特的或重要的是他们的元理论因素(即他们关于人们怎样着手发现道德真理的看法),而非他们所提出的某些道德结论。

[223] See ‘Symposium on Kantian Legal Theory’, *Columbia Law Review*, 87(1987),419.

[224] See Brudner, *The Unity of the Common Law: Studies in Hegelian Jurisprudence*, Drucilla Cornell, Michel Rosenfeld, and David Gray Carlson (eds.), Hegel and Legal Theory (New York: Routledge, 1991).

[225] See e.g. Henry M. Hart, Jr. and Albert M. Sacks, *The Legal Process: Basic Problems in the Making and Application of the Law*, ed. William N. Eskridge, Jr. and Philip P. Frickey (Westbury, N.Y.: Foundation Press, 1994).

[226] 先暂时撇开这一事实,即德沃金自己并不视其理论为单纯的解决方案,而是一种解释,它在尽可能好的方面考虑当前的实践。许多持有类似德沃金之裁判观的理论家并不把他们的解决方案描述为对当前实践的解释。

被用来判断这些争议的标准是什么？并且(2)在这些争议中，得失攸关的是什么？在赞成和反对更加古老的和更加传统的自然法理论的论证中，这些主张的性质相对易于辨清。那些自然法理论家正在提出(a)一种道德主张，即人们应当怎样行动；(b)一种元伦理的主张，即人们怎么着手解决道德难题；(c)一种关于法律哲学的元理论主张，即人们应当通过一种实践推理的视角或者某种形式的目的论分析来着手法律研究。贴着自然法标签的许多现代理论家中间存在诸多争议，在这些争议中提出的许多主张的性质有时并没有得到很好的阐述并缺乏明晰性。

自然法理论在现代法理学中所处的尴尬位置可以归因于在专攻法律理论的学者与可以对道德理论或形而上学应对自如的那些(狭义上所理解的)自然法理论家之间存在的相互混淆。[227] 许多法律哲学家不会花时间去理解许多自然法法律理论所源出的丰富的道德哲学背景；相似地，一些自然法学家在没有对分析法理学传统有一个全面理解的情况下就加入了关于法律性质的争论。

## 结论

许多自然法传统基于道德哲学，这一点在自然法理论被引入其他领域的讨论时太易于被忽略，而且正是这种忽略已经导致了对法学著作中自然法学说的许多误解。自然法理论在其所有的组合中都确实对法律理论有话要说并且不满。也许现代自然法学家已带给法理学最重要的观念就是，重视法律之道德愿望的法律观点——相比于忽略或边缘化此类考虑因素——为那一社会制度提供了一个更完备的并因此是更好的理解。

[227] Cf. Finnis, ‘On the Incoherence of Legal Positivism’, 1607 - 1608.(经由两位著名的法律理论家批判了自然法理论特征。) with ibid. at 1605(以一种误解基本观点的方式讨论了“包容性法律实证主义”。)

# 第3章 排他性法律实证主义*

Andrei Marmor 著 焦宝乾** 译

当前,多数法律实证主义者都持这样一种观点:存在惯习性的承认规则,即决定某种事实或事件的习惯,而这些事实或事件是用于作为固定的方式,来创制、修改和废除法律标准。在任何现代法律制度中,这些事实习惯上被认为是"法律渊源"。本章旨在考察那些习惯上被认为的法律渊源跟法律的有效性观念之间在某些概念上的联系。尤其是,我将努力为那种"强式的"或者说"排他性版本的"法律实证主义进行辩护。该版本主要反对它的对手:"包容性的"或"安置主义的"法律实证主义。

我所理解的排他性法律实证主义大体上认为,法律的有效性,通过求助于惯习性确定的法律渊源,便为已足:任何法律都有其渊源基础,没有渊源基础的便不是法律。这个公式当然太过粗糙,我们还需要对其予以进一步提炼。然而,它暂且足以界定关于法律有效性的主要争论,而且这些争论基本上是关于法律和道德的关系的。排他性法律实证主义否认,而包容性法律实证主义则承认源于道德考虑来确定"法律是什么"这种情形的存在。当前的反实证主义者,如德沃金认为,要决定法律是什么总是需要那些关于法律应该如何的道德考量。因此,他们反对这种渊源命题,认为它不连贯。

---

* 我要感谢 Jules Coleman, Joseph Raz, and Scott Shapiro,他们和我研讨了本章的诸多问题。

** 浙江大学光华法学院教授,主要从事法律方法论研究。

德沃金和包容性实证主义者虽然都认为，道德跟法律的有效性之间具有密切联系。但他们在这种联系的缘由问题上分道扬镳了。德沃金主张，法律有效性对道德考量的依赖是法律的必要特征，这基本上源于法律深刻的解释性质。相反，包容性实证主义者则主张，法律有效性对道德考量的依赖是偶然的；这种依赖不是来自于法律（或“法律推理”）的性质。包容性法律实证主义认为，道德考量仅仅在特定的情形中影响法律的有效性，这种情形源于那种在某一法律制度下偶然盛行的承认规则。换言之，这种道德相关性在任何法律制度中，都是由该社会承认规则的偶然内容所决定。跟这两种观点相反，排他性法律实证主义主张，一个规范从未使其有效性仅只仰赖它的道德内容。根据我将在此辩护的观点，法律的有效性完全依赖于惯习性承认的法律渊源。

## 初识渊源命题

我们为何认为法律的有效性通过求助于惯习性确定的法律渊源就够了？何以说如果不是从惯习性确定的渊源中获得其有效性，某个规范就不会合法有效？有两个基本论据支持我将在此防守的渊源命题。第一个论据来自于法律的惯习性基础，关于这一点我已经在别处详细地谈到过。[1] 第二个论据由拉兹提出，所关注的是法律的权威性。

然而，在我们继续探讨之前，需要对法律有效性这一概念予以些许澄清。不应认为，法律有效性跟每个规范在某法律制度中的成员资格那样广泛相系。后者更受限制：规范即使在不属于其所适用的法律制度之情况下，也可能合法有效。国际公法规范在一个既定的法律制度下可能是有效的，即使它们不属于这个法律制度。类似地，依国际私法的规定，常见的情形是：一个外国的法律规范对特定的纠纷合法有效，而且会对其法律后果产生影响。然而，这些外国规范，并没有获得适于它们的法律制度的成员资格。

那么，是否可以说，合法有效的规范是那些法官（或者其他官员）有义务依法适用的规范？这似乎是个错误。法官本人可能有义务依法适用这些规范和其他并非

〔1〕参见 my ‘Legal Conventionalism’, *Legal Theory*, 4(1998), 509。

合法有效的考量因素，反之亦然；也可能存在法官没有义务去适用的那些合法有效规范（例如，因为争端不具有可司法性等）。

看起来对法律有效性最好是通过它和真理的相似性来进行界定。这部分是由于有效性是个阶段类型的（phase-sortal）概念这一事实所昭示：规范可能合法有效，或者无效。法律有效性如同真理，不容许有程度之分（当然我既不否认，也不是在暗示说，法律有效性是逻辑二值的，或者说它排除了不确定的可能。我在此只是说法律有效性不容许有程度之分）。因此我相信，我们可以无可置疑地说，当且仅当“N依据法律制度S在时间T”这一命题为真时，制度S中的某规范N在时间T内合法有效。法律的惯习性基础所涉及的部分内容是，这种命题的真值条件被化约为社会惯习连同特定事实或事件的真。

这就把我们带到渊源命题的第一个观点，该观点建立在法律的惯习性基础和所承认习惯的必要构成性之上。在别处我已详细争辩过，这构成了像法律那样的社会实践的必要要素，并且它立足于构成性习惯，即确定该实践是什么以及人们如何依此行事的一些习惯。现代法律制度的承认规则界定了法律创制的方式，这种界定是通过将法律的创制系于某些惯习性确立的渊源。[2] 那么这种习惯何以不可能同时作为那种仅仅通过道德论据或政治论据来承认法律的构成方式呢？这基本上不可能，理由是，在此习惯不可能构成任何东西。构成性习惯无助于确定人们应当依道德理由进行行为。政治、道德、伦理及类似考虑影响我们的实践推理，而不顾习惯。只有经由确定某些具体的方式（通过这些方式，那些道德、政治及其他考虑即成为法律的一部分，成为惯习性确定的社会实践的一部分），构成性习惯才能有意义。而这正好是承认习惯所做的：它们构成了制定、修改法律并将其适于新型案件等实践。

实际上，这并非如此简单。习惯确实在影响我们某些道德观念，尤其是对所谓“明显的”道德概念方面有重要作用。这种概念如“羞耻”、“贞洁”、“礼貌”等的内容部分上即取决于各种社会习惯。我并不想否定这一点，在此要强调的是另一点，即构成性习惯无助于用于确定我们应当依道德理由行事。在那里，道德及其他实践

---

〔2〕参见 my ‘Legal Conventionalism’, *Legal Theory*, 4(1998), 509。

理由在不顾习惯的情况下被予以遵从。习惯可能构成那种在此或彼情形下合乎道德行事的所有含义的一部分(但也仅仅是一部分),但它们不可能构成依理由行事的理由。

这种承认习惯的构成性功能很容易被人误解。如果认为这种功能实质上是由对法律确定性的认知性关注所引发,即会产生这种误解。实证主义被赋予的一种广为流传的观点是,除非法律是被习惯性地认定的,否则它将是不确定的,并进而导致:或者由于道德和智虑留下困惑与争议,使得法律不再那么确定,并丧失其自身的合理性;或者法律在实现其公认的社会、道德、政治功能时,将面临各种难题。〔3〕 这些对法律确定性的关注都不着边际。构成性习惯的功能或意义不在于使我们的生活确定无疑、明明白白(实际上往往是充满不确定与困惑);其意义在于,构成一种有价值的,并因而值得让人参与的一种社会领域。比如,剧院的构成性习惯就不是一种确定的,具体的某种既定存在(恰如这种习惯事先就已经存在的那样),而是对剧院的含糊的观念。没有这种构成性承认习惯的话,就没有剧院(也不会有剧院的概念)。而且,如果没有构成性承认习惯的话,就没有法律实践。因而,法律的构成性习惯的理性,即决定了道德推理或政治推理成为法律一部分的方式。通过这种主张,我们就不必认为,这些习惯的功能乃是将各种含糊与困惑之物转化为确定而具体的存在。在此关键的不是对确定性的挂念,而是由习惯所构成的社会实践观念。习惯决定了这种实践为何物,其功能是构成性的而非认知性的。

我敢推测,有些批评论者已经犯了这种错误,因为他们趋于将承认规则之功能(它构成那些被视为法律的东西),跟法律自身的各种社会政治功能(这完全是另一个问题)相混淆。诚然,我们社会中法律的各种功能及意图当中,有不少适合那种认知性特征。确定性及可预测性是法律能在诸多领域增进的价值,且其合法性部分地来自于其适于的认知性功能(当然这是就法律是合法的而言)。但是,所有这

---

〔3〕应当承认哈特本人在1994年第二版 *The Concept of Law* (Oxford: Oxford University Press, 1961; 2nd edn. 1994)第5章对承认规则的描述,强调其在解决法律承认中的不确定性问题上的作用,当然会产生这种解释。然而哈特所论有些含糊。依据我印象中可能比较有说服力的一种解释,我们可以将哈特对承认规则的认知性一面的观点解读为,一种历史考量,即这种规则的出现很大程度上出于在鉴别法律过程中对确定性的需要。依另一种较不具有说服力的解释,增进确定性体现了这种规则的功能或理性,另可参见哈特该书第二版“后记”,第251页。

些并不影响承认规则的特定作用，它还同样是构成性而非认知性的。

因此我们现在可以转到本文的主题上。我认为，习惯无法确定仅通过道德论据或政治论据来创制法律的方式，因为它们在此不可能具有构成性功能。习惯无法构成依道德理由行事的理由；它们只能影响那种由人的行为（或观点等）构成健全结构的社会实践的特定方式。〔4〕也许我应当补充说，在此不存在习惯所能实现的协调功能。道德推理或政治推理领域那种协调性的习惯仅能确定，在我们必须就如何行动达成一项协议时，我们是该听谁的。并且我们也无法依自己的名义去达成。相反，这还使得它取决于机构（或其他决定程序）的决定，该机构是由那种决定这些案件结论的习惯来确定。

然而，其要义在于：习惯无法构成一种实践，而这种实践就存在于参与该实践的人们的预期，而他们将有理由不顾这种实践。现在无可置疑的是，构成性习惯本身被证明受到了内在于由其所构成的实践价值的影响。但这是一个涉及逐步改变习惯本身的历史过程。从历史角度看，构成性习惯趋于处在不断的解释压力之下。而这一部分源于外在需要和变动世界的价值，一部分源于对内在于该实践的那些相同价值的全新解释。但在岁月长河中，这总是一个缓慢的、逐渐的，几乎看不到的过程，并且这导致了习惯自身也发生改变。〔5〕评价性观点，不管是好还是新奇，本身都不构成习惯，即使它们通常被认可为好的论据。即使人们认识到"这是个习惯P，即应当如此"，也并不会简单地得出"这是个习惯P"（尽管在适当的期间，习惯P会出现）。换言之，诸如法律以及技艺等惯习构成的实践，其动态的一面并不削弱其习惯基础。一旦我们承认了法律的习惯基础，那么法律可仅仅根据道德或政治考虑而予以认定的说法即没有意义。

下面探讨渊源命题的第二个观点，它由拉兹根据其"权威"之概念而提出。〔6〕拉兹的大体看法是，法律是一种权威性的社会制度。拉兹主张法律是一种事实权威。然而对法律同样重要的是，它必然是一种"宣称合法性"的权威。当然，任何特

---

〔4〕当然，我不想否认存在那些由某种法律制度的存在所生成的特定道德与政治考虑。

〔5〕有一种主要例外：革命。革命对法律制度的改变之论说，是对惯习主义的一种重要的挑战，但我不希望在此面对它。

〔6〕参见 J. Raz, *Ethics in the Public Domain* (Oxford: Oxford University Press, 1994), ch. 9。

定法律制度在实现这种宣称的过程中可能都会失败，但法律这种类型的制度必然会主张其作为一种合法权威。[7] 至此，权威合法性的一个必要条件是，它能规定其对象的行动理由，以使其对象能最好加以遵从；而在没有权威性指令加以规整的情况下，其对象则试图径直依此理由行事。这就是拉兹所称的权威必要的规整作用。由此得出，那种能够主张合法权威的事物，必定是能够作出宣称，即能够达成这种规整作用的那种事物。

何种事物可宣称合法权威？对权威的资格来说，至少需要两个特征，并且每个都足以支持权威命题：第一，对那种能够宣称合法权威的事物来说，其指令定然可以认定为权威指令，而不必依赖于权威指令在那里所取代的那种相同理由。如果这种条件未能满足，亦即，如果在这种权威意图依赖而未能依赖这些相同理由，而不可能鉴别出这种权威指令的话，那么该权威也就无法实现其重要的规整作用；至此所欲实现的实践影响也就不能达到。应注意，这种观点并不涉及到权威的效能。其要义不在于，除非权威指令能如此鉴别出来，否则权威无法有效发挥作用。该观点乃立足于我们实践推理范围内权威的理性。权威在此具有实际意义。除非该权威指令可被作为不求助于作出决定所依据的那种理由，否则它们不具有这种实际意义。

第二，但是这个观点我在这里不拟证实，对某些能够宣称合法权威的事物来说，该权威必定能够就其对象应当如何行为，形成某种看法，而这不同于对象自身就其行动理由所做的推理。[8] 换言之，像法律这样的实践权威，从没有一个作者(author)就没有权威这种意义来说，它必然基本上是一个人格权威。

目前不难看出，这种法律权威概念就涉及到渊源命题，因为它要求法律经由一种权威决定的办法，来确定自身。也就是说，无需依赖在此确定法律时的那种相同考虑。因此，某规范只有当其有效性并不源于道德考虑或其他要解决的评价因素时，它才合法有效(也就是有权威)。

当然，对渊源命题这两个观点，要说的还有很多。然而迄今已经足以表明，拉

---

〔7〕拙著 *Positive Law and Objective Values* (Oxford: Oxford University Press, 2001)第2章，我认为，法律的合法性宣称必然源自于其权威性。

〔8〕参见拙著 Authorities and Persons, Legal Theory, 1(1995), 337。

兹关于权威性的观点及法律的惯习性基础，二者都至少已经初步支持了渊源命题。现在是该考虑另一种观点，即包容性实证主义的时候了。

## 包容性法律实证主义

包容性法律实证主义并非一种学说，而是若干密切关联的学说。我不久将对此进行区分。然而，对包容性实证主义的描述有两种：第一种包容性实证主义跟德沃金的学说不同，它持这种基本观点，即法律被当作是建立在社会习惯的基础上。换言之，包容性实证主义赞同法律的惯习性基础这一命题；[9]第二种区分了柔性实证主义和强性实证主义两个版本。它们似乎都认为，至少德沃金反对渊源命题的某些观点是合理的。包容性实证主义赞同德沃金这样的观点，即除了源于惯习确定的法律渊源以外，法律还有更多的内容。一些道德原则或政治原则，仅仅由于其作为适当的道德原则，而成为具有效力的法律。然而，在转向区分那些源于这种一般信条的各种学说之前，我要概略考察一下：这一信念背后的各种主要动机，以及许多实证主义者就渊源命题的强式解释深感不安的理由所在。

为什么法哲学家们趋于认为，仅仅根据适于其情形的正确道德原则，即认为那种道德原则就能是法律规范？简言之，我认为主张这一观点的目的有二：一是因为法官这么讲；二是由于法律本身如此规定。我将对这两点进行说明。

对渊源命题的批评意见的认同大多源于司法修辞。在英美法律制度（还有很多别的国家）中，人们经常会发现司法修辞似乎支持这种观点，即法律除了来自那些惯习确定的渊源之外，还有更多属于法律的东西。法官们感到要依赖于大量的道德原则或政治原则，并将其适于判决，而这些判决的有效性无法追溯到惯习性法律渊源。诚然，这些原则有的已经通过先例，即惯习性法律渊源，被吸收为法律的一部分。但至少司法修辞似乎意味着，法官通常不是由于其渊源，而是由于其内容，而将某些原则当作具有法律拘束力。

---

〔9〕如可参见 J. Coleman, 'Second Thoughts and Other First Impressions', in B. Bix (ed.), *Analyzing Law: New Essays in Legal Theory* (Oxford: Oxford University Press, 1998), 257; H. L. A. Hart, *The Concept of Law*, postscript, 2nd edn., ed. J. Raz and P. Bulloch (Oxford: Oxford University Press, 1994), 234.

但这种观点并未终止于司法修辞，而是更为复杂。它认为从实证主义者本身的名义来说，这种修辞应该予以认真对待。毕竟，是惯习主义者(而非自然法律家)在主张，法律不过就是法官或律师所认为的是什么。[10] 既然这是一种事实，即法官们认为除了源于惯习性确定的渊源之外，法律还有更多的内容，那么，基于惯习主义理由的渊源命题就受到削弱。

第二种观点提出了一种类似的推理链条。它并不依赖司法修辞，而依赖于法律的内容自身。对渊源命题的诸多批评意见认为，我们只是无法放弃在大多场合，法律自身使其规范的有效性取决于道德原则或政治原则(尤其是在宪法领域，尽管并非完全如此)。毕竟这是现代宪法性文件的一个明显特征，而这些文件规定了旨在确定规范的法律效力的道德推理或政治推理。并且，宪法裁判将此转化为实践(即根据道德原则或政治原则，使这些规范生效或失效)是个常见的做法。[11] 对由于教条式坚守渊源命题而被去除的现代法律制度的功能来说，这一切难道不是太熟悉、太重要了吗？因此从一定意义上说，正是那种试图将理论与实践相契合的愿望启发了包容性实证主义。法律实践使得许多惯习主义者比渊源命题更多地受到道德推理的影响。然而主要问题在于，我们能否弄懂这种包容性实证主义理论。如我已经指出的，它不是一种学说，而是几种。现在是对其进行区分的时候了。

大体上，我将逐次提出三种版本的包容性实证主义。第一种认为，承认规则无需专门容纳那些对法律有效性的渊源限定；它们同样可以在这种法律渊源以外，将道德原则作为合法性标准。第二和第三种版本确实承认这种渊源限定不可避免，但它们意图通过如下方式将道德吸纳在内：或者主张受到限定的法也是法律，或者如那个更为流行版本所主张的，法律本身基于其自身渊源即能明确将道德吸纳为一个有效性条件。

第一个极强版本的包容性实证主义主张，承认规则无须将法律规范有效性完

---

〔10〕这并不很准确：惯习主义认为，法律的内容乃是法官与律师所认为的是什么，但它并不认为，法官就其行为实质的观点无所不包。如我在别处所论，人们即使在没有意识到其所遵循规则的惯习性，他们也会遵循这种习惯，参见前注 1.

〔11〕如参见 W. J. Waluchow, *Inclusive Legal Positivism* (Oxford: Oxford University Press, 1994), 113－117。

全取决于惯习认定的渊源(虽然它们会典型地那么做)。[12] 由此看来,某个承认规则可以采取这种形式:法律就是任何来自渊源 $S_{i\cdots\cdots n}$,及任何来自于正确道德理由(或者这种理由的某些具体亚类型)的东西。[13]

我们已经注意到持此观点的原初目的,即它看起来更多地符合当今司法修辞,或许更符合当今(尤其是西方主要民主政制的)宪法(修辞)。但问题在于,是否有论据支持这种观点,并一直忠实于包容性实证主义所坚持的法律的惯习性基础。实际上,我们已经指出了答案为何必然是否定的一个主要理由。体现于承认规则中的渊源限定并非特定法律制度乃至这种法律的特质。它源于那种习惯承认的构成性:习惯构成某种实践,而这种实践部分存在于那种人们去做他们有理由那样做而罔顾对这种实践的预期,这种说法只是毫无意义的。

作为对这种推理线条的可能反驳,需要考虑如下观点:承认规则是惯习规则。和其他规则一样,其在具体情形的适用可能是道德或政治上(或者其他方面)有争议的。因此这种观点的结论是,是道德或政治观点决定了某个承认规则在某具体情形中实际如何规定,这样说会更好。因此,至少有时候的确是依赖于道德考虑应当如何,来决定法律是什么。[14]

这种观点几乎是说服性的。毕竟,规则与习惯可能总是有争议的,并且这种争议有些定然依赖于道德考虑。但眼下所考虑之观点的主要缺陷在于,它假定在这种习惯(它是个规则)及其适用之间有一种潜在的断裂,这种断裂可通过道德或政治观点来架通。对此的主要回应是:不存在这种断裂。习惯是由其适用于特定个案的实践所构成。事实并非如此,即我们先有了规则表述,即习惯"R"如此规定,然后我们试图决定,如何将规则 R 适用于特定个案(于是如这个故事那般,我们有时知道答案,有时会对此进行争辩)。由于存在将此规则适用于某个案的实践,习惯就是这些;正是该规则的适用构成其存在。只要对规范主体来说,该习惯是否适

---

〔12〕 Hart, postsript, p. 250;最近 Jules Coleman 对此的观点,参见前注 9。

〔13〕 科尔曼做了明确表述,尽管他并不认为,包容性实证主义构成法律的一个必要特征。他主张有可能存在这种法律制度:其承认规则规定了基于渊源的法律是专门的有效条件。他将承认这种可能的命题戏称为"否定的实证主义"(negative positivism)。然而他在渊源限定是否必要这个问题上,立场还不甚明朗。换言之,他是否认为存在这种情况:无论如何该承认规则并不体现任何渊源限定。承认规则仅能规定法律就是任何道德上正确之事,或类似之物吗?

〔14〕 如果我的理解没错的话,这至少部分是科尔曼的观点。

用于某个案还不清楚，那么就此事项即没有习惯性解决办法，并且至少就习惯而言，这就是它的终结。人们可能对在那种情形中想要的习惯具有不同的看法(或者他们会解决其所面临的问题)，但他们不会对这种争议情形中真正所要求的习惯有个明智观点。对某个习惯唯一真实的是对它适用的真实实践：一种社会实践。在惯习性规则情形中，规则及其适用之间不存在断裂，断裂会通过一种解释推理优选一种进行适用而得以架通。只要习惯的适用不明确，在那种情形下即不存在习惯。

我们可以考察自然语言习惯为例来说明。英语语言的一种习惯是，白天 9 点大体上被称为“上午”，而从习惯的角度看，人们可否将“上午”这个概念适用于 11:30，则不太清楚。就后一种情形而言，这个标记性习惯“上午”的真正所指是什么？对此进行追问有意义吗？几乎没有。我们只能说，人们不会犯错误。如果出于某种理由，11:30 究竟是不是“上午”这个问题很重要(并且人们会容易设想可能有这种情形，如在某种法律语境下)，如果这种标记性习惯在变，也会引起相应改变的话，那么人们必须根据适用于一定情形的适当考虑来作决定。[15]

法律中类似的例子有很多，例如，有关先例原则的承认规则。有此习惯的所有司法辖区范围内，它们通常会包括对先例生命加以预期的某些看法：查寻一个有拘束力的先例，人们能追溯多久的历史。不同的司法辖区对此有不同的习惯。可是，当然这种习惯不会非常准确。一旦我们遇到一个边界案件，对此只能说它是个边界案件，即就此事项不存在习惯，对其回答只能依照其是非曲直。

也许在此要提出一个更好的观点。假定所认可的习惯莫名其妙地预设了对法律效力的某种一般限定，这种限定坚守某些共同的社会价值，或某种社会公平观念等。比如真正需要哪种公平观念？这难道不是很有争议吗？果真如此的话，求助于道德论据来适当适用承认规则不就会成为事实吗？

当然，习惯能决定其适用，条件是要视其他非习惯性考虑因素而定。比如一个普遍的共同习惯是，在跟朋友与熟人相遇时，人们应当(以习惯认可的方式)打招

---

[15] “上午”可能是个模糊的概念，所谓模糊认识论认为，只有当它是不可知的，边界情形(或案件)问题才有真理性(如参见 T. Williamson, *Vagueness*, Routledge, 1994)。我认为模糊认识论并不具说服力，但它并非我在此观点的一部分。习惯规则的边界情形不一定因为源于其模糊，并且此处的论点无需采取关于模糊概念的性质的任何哲学争论。这种论点依赖于习惯的性质。

呼。当然，这种打招呼习惯的适用取决于我们能够确定谁是或者不是熟人。这部分上是个习惯问题，但也不全是。出于打招呼习惯，如何足以认定是熟人？人们对此会有不同看法，并且他们会特别基于评价性考虑来形成这种看法。因此现在假如有两个人就适用打招呼的习惯产生分歧，并且这种分歧源于他们就“老熟人”有不同看法。一方认为，以前相遇一次就足以是熟人，而对方反对。当然从一定意义上，说他们在这种打招呼习惯的适用上有分歧并不为错。事实上，他们会在某些情况下进行不同适用。但实际上，这里的情形无异于前文碰到的标记性习惯。就打招呼习惯而言，双方都不会出错。他们都不能宣称他或者她的观点就是习惯。某个习惯的内容都被适用此习惯的社会实践所穷尽。我们不能说：因为应当那样 P，因此“P 就是一种习惯”。所以，这不是在此有争议的真正打招呼习惯的适用，尽管完全可能存在这种事实：人们会在某些情形下截然不同地去适用这种习惯。如果到了对这种适用中的分歧存在真正分歧的地步，那是就习惯“应当”如何，而非“是”如何的分歧。这种分歧关系到如何将该习惯适用于新情况，这种分歧基本上是有关如何改变或扩展该习惯的问题。

但事实上有可能人们以不同的方式理解某个习惯，并且这种理解较其他更好吗？这当然可能发生。比如，人们可能就该习惯的意义何在的问题，有真正重要的分歧，并且对此问题很可能有更好或者更糟的答案。对某件事意义的更好把握也是对该事本质的更好把握。类似的考虑同样适用于对习惯的说明，包括其历史、功能、理由等。换言之，我不否认对习惯的性质可能有争议。任何有意义的事物都可能是有争议的。我不否认争议的可能性。待决观点中唯一错误的假定是，在习惯及其适用之间有个潜在的断裂。这个断裂可经由正确、真实的道德考虑予以架通。某个习惯在于，人们当作一种遵循规则的事项的所作所为。这就留下这种可能，即我们可能会就人们如何行为及这种行为的意义有不同解释，因而留下争议的余地。但这个说法是没有意义的：存在一个做某事情 A 的习惯，即使人们就做某事情 A 是否由该习惯所规定存在实质分歧。〔16〕

〔16〕分歧和误解之间有一种明显区分。当然，人们可能误解某习惯，然而要注意不会存在这种情况，即大多数人都误解了某习惯。习惯实际上乃人们认其所是。

因此，法官和律师可能就争议案件中的承认规则的真正所求有真实观点，并且这一现象表明，道德能够怎样决定法律是什么。上述看法包含了对习惯的概念的一个误解。这跟包容性实证主义所坚持的法律的惯习基础不相协调。〔17〕

在德沃金与强式实证主义之间探求居中立场的结果是，进一步形成了两个版本的包容性实证主义。我先是关注那个较为流行的版本。这种版本承认法律的有效性大体上基于渊源，但同时主张，该习惯渊源本身通常包括了那种承载规范之有效性的特定道德考虑。基于渊源的法律通常以自己名义将道德包容在内。〔18〕 这里是一个简单的思维链条模式：假设在法律制度 $S_i$ 中承认的习惯规定了 Rex 所告知的你要做的就是法律，进一步假设 Rex 事实上规定，在 X 情形中，人们应当做正确之事，或者应当以公平公正的方式进行行为。或者另外假设 Rex 规定说，它自己的法律除非合乎某种道德限定（如公平、平等），否则即应无效。在这两种情形下，这种包容性论者会认为，法律有效性的条件明显受道德考虑影响。法律规范在 $S_i$ 中的有效性至少有时取决于其道德性，因此强式实证主义必定错。

这个版本的包容性实证主义展现出两点优势：第一，如果其为正确，则它构成对德沃金反驳法律实证主义的一种很好的回应，即不必屈服于他对法律实证主义的反驳。我们所要表明的是，在这种我们熟悉且为德沃金所关注的法律制度中，明确参照道德渊源的做法并不少见。如果这种观点正确，那么比如在美国法情形中当然显示的那样，基于司法修辞及法律自身，德沃金对法律实证主义的反例是容易借实证主义立场得以解释的。诚然我们会说，道德确如德沃金所述那样跟法律的有效性有关，但这来自于渊源命题本身，并不必然与之相悖。其次，这个版本的包容性实证主义跟强式实证主义不同，确实跟法律的惯习基础相一致。它没有做出不连贯的主张说，习惯能确立那种不顾习惯的实践。习惯在此确立了法的渊源。

---

〔17〕 这里实际上是，包容性实证主义者已经错误地试图拿着德沃金最重要的观点之一，来反对法律的惯习基础作为其牌号。正是德沃金主张，在此争议情况中存在法律，因而认为法律规范的效力源于惯习性承认规则毫无意义。这种习惯的适用存有争议时，此问题即无习惯可言。然而，既然法官与律师认为在此情形下存在法律，由此得出法律无法从习惯中形成其效力。我的论证表明，当下的包容性实证主义观点并非对德沃金的一种连贯回应。或者德沃金是对的，即在此争议情形下（惯习主义在此是错的）存在法律，或者强式实证主义是对的，其认为适当的结论是在争议情形下虽有法官的修辞，但并不存在法律。在此不存在中间立场，至少就此观点而言如此。

〔18〕 如参见 Waluchow, *Inclusive Legal Positivism*, n. 11 above。

并以此达成其构成性理论基础。这似乎并不排除法的渊源造成这一点的可能性。实际上,无论是强行性还是许可性的,其他法律规范的有效性都依赖于道德。

## 基于权威的观点

包容性实证主义有两种主要方式来宣称道德关系到“法律是什么”这个问题。他们比较典型地理解的现象之一可称作“条件有效性”:这种典型的法律情形是,如公平、平等等道德或政治限定施加于规范整体(亦即,或关于规范体系,或某些具体的亚规范,如州立法之于联邦立法、行政立法之于联邦立法等)的法律效力。在此情形,法律使得其他基于渊源的法律的有效性取决于符合某种道德限定。这是公认的典型情形:根据是否合乎某些规定的道德或政治限定,一些人们熟知的宪法规定以此来调控所有立法的有效性。第二种情况我用个更好的称呼即“内容有效性”。这包括了这些情形:即认为法律只是对道德、正义或其他相关价值的表述。如立法者可能规定在 x 类型案件中,法律就是道德所要求的任何内容。例如,假如法律仅仅规定在 x 类型案件中,一方应当给另一方“适当的赔偿”,“适当”意思指的是根据相关道德考虑的任何公正之事。因此可以断定说,一方应支付对方何种赔偿的问题的回答,即取决于适当的道德理由。

条件有效性与内容有效性这两种现象均是现代法律制度中的熟知内容。毕竟,没有什么能阻止立法者或法官在其表述法律规定的内容时,使用道德或政治价值的语言,并且他们经常那么做。问题是如何解释这种现象。包容性实证主义要求我们从表面价值对待之:法律所说的即所做的,亦即,它要求我们基于道德或政治考虑来决定法律是什么。因而法律就是道德或政治考虑真正所要求的东西。但是,即使从表面价值上看,这也未必很准确。若是这样法律将道德纳入自身,也委派了某些人,如法官,以官方的权威去决定那些道德考虑所要求的内容。毕竟,这不是简单地由我们作为法律的主体,来自己决定何为适当的赔偿,或者当某法律违犯了宪法所规定的公平等,我们是否要遵守它。经常是由法官来决定这些事情,并且只有他们的判决才能带来所有的权威性力量。

这最后一点不是作为反驳包容性实证主义的终局性观点。其意仅在表明情况要复杂得多。我们能从这种情形的表面价值解释所获甚少,更谈不上结论了。最终，我认为多数法哲学家也同样承认，该观点取决于我们对法的权威本质含义的理解。如果要求规范主体据此规范所要解决内容的考虑，来决定这种规范是什么，那么，这种规范能有权威的吗？至少从拉兹的权威理论角度，答案显然是否定的。

布赖恩·莱特正确地认定出作为回应拉兹基于权威的观点的三个主要观点。[19] 第一种观点认为，拉兹混合了两种可能的方式，即为了确定该权威所做的规定是什么，可能会要求一个权威主体依赖道德推理，只是他们中的一个削弱了权威自身的理论根基。如科尔曼写道："不是每个关于合法性的道德条件给我们引向法律背后的正当条件。因而，假定该权威通过诉诸其正当理由或独立理由而排除认定，那么不是每个安置主义者的承认规则都将跟合法权威之可能不相容。"[20]比如某规则规定，对所有其他规则有效性的一般公正条件要求该权威主体依赖道德考虑来决定法律是什么，但它"并未将我们引向那些正当化任何特定法律规则的独立理由"。[21]

实质上，不清楚相关区别是什么。法律权威无疑是可予以限定的。法官、官员乃至立法者是典型的受到限定的权威。他们可在特定领域内，或在特定立场上，或依据某种特定程序来施展其权威。眼下这一观点还认为，这种对施展法律权威的限制也会包括道德限定，这是通过相关法律制度的习惯法源得到确立和承认。它还主张，这种道德限定并不削弱法律的权威性质。但是这一切如何表明，某规范仅仅根据其道德内容即为一个法律规范？拉兹的权威观点并不试图从法律话语中排除任何类型的评价因素或道德因素。它仅仅意在表明，道德不能决定法律是什么。

按照排他性实证主义，法律规范是权威决定的产物。每个法律规范都包括一种权威指令。这并不必然使法律权威规定的任何事情都成为法律；权威会逾越其合法权力。当前考察的观点认为，这种权力有时可以评价性的道德用语予以说明。权威的合法权力可以由道德考虑予以限制。其前提是，当且仅当这种考虑源自承

---

〔19〕'Realism, Hard Positivism, and Conceptual Analysis', *Legal Theory*, 4(1998), 533.

〔20〕参见 Coleman, 'Incorporationism, Conventionality, and the Practical Difference Thesis', *Legal Theory*, 4 (1998), 381, at 414。类似的观点是 Waluchow 提出的，参见 *Inclusive Legal Positivism*, n. 11 above, at 129 - 140。

〔21〕Coleman, 'Incorporationism'.

认规则。如下这一点真确无误:合法权力可由道德标准加以限制。但对于法律的出现来说,必得行使该权力。这跟渊源命题相当:法律只能源于权威渊源。道德限制或任何别的限制本身并不决定法律;它们仅仅规定了能让法律改变的方式。因此即便真的是,决定权威的合法权力的某些限制属于评价性或道德性的,这也不能削弱渊源命题。因为它并不担纲让某规范仅据其道德内容即成为一个法律规范。

也许科尔曼会争辩说,尽管道德考虑本身不能确定某规范的法律效力,然而它们能确定,某规范因其逾越了道德限制而在法律上无效,由此科尔曼可能将其结论限定在否定法律有效性上。但是这种观点的主要问题是,它要求引入一种表面有效性(prima-facie validity)的概念。只有在我们认为那种适当的规范至少是表面有效,那么基于道德理由否定法律有效性才有意义。而且,鉴于多数而非全部法律规范可能因为这种道德限制而被废止。这意味着,某法律制度中,多数规范都只是表面有效。然而,这种观点会招致较其希望回答的更多的问题。首先,它将使法律效力的观念较其实际更不确定,因为它将总是得出结论:某规范的法律效力取决于道德的真实性。〔22〕然而这种观点跟法律的权威性不相协调,并且出于上文我们提及的相同理由,法律权威在那里具有实践意义。如果权威指令只是表面有效,它也不会有这种实践意义。出于某些理由(这些理由是由公认的权威主体为它们弄清楚),证实其有效性总是要等待。就像该权威所说:“依我所说的去做,除非我说的跟道德理由相背。”法律效力不是一个表面的建构。正是如此需要法律权威,因为正是由此得出了一个至少从法律角度终局性的,适于公认主体的表面理由。

为说明这个问题,应考虑一种标准情形。在此情形中,某规范的法律效力基于某些道德理由(循着正在考察的观点所给出的线索)而受到质疑。比方说,最高法院给出了一种权威的解决办法,决定该规范合法有效。现在假定最高法院的道德推理有误,并且该相应道德理由将会事实上要求让该规范失效。为说明的方便,且让我们假定出现了该宪法反对美国死刑。换言之,让我们假定,从道德观点看,死刑真够残忍,因此应该无效。然而很不幸,最高法院做出相反裁判。我们必须主张说,今日美国规定死刑的法律实际上都在法律上无效的吗?(果真如此的话,作出

〔22〕这个问题太过相似,我在此不欲进一步展开。

相反裁判的最高法院之权威的实际意义何在?)自然法那套神话为这种观点付出了高昂代价。更为自然的一个说法是,在此情形中,最高法院已经根据道德考虑给出合法权力来改变该法律,并且引入法律的这种改变并非道德上期望的。有关这种权力受道德指令的观点,后文我还会给予详述。

科尔曼根据他所区分的人们赋予承认规则的两种可能作用,提出另一种观点,来反驳拉兹关于权威的论点。一个基本上是认识论上的;另一个涉及法律效力(有效性)的概念。认识论的作用在于,使公民及司法机关能鉴别出适用于他们的有关法律规范。科尔曼认为,这至多只有次重要性。无论如何,只有很少人知晓他们国家的承认规则,并且即使是知道,也无甚重要意义。承认规则的哲学意义,即它们所欲实现的作用,不是个认识论问题,而是个有效性(效力)问题。该承认规则决定了规范在法律上有效与否,及人们如何认识到这一点。[23] 科尔曼主张,关于权威的论点"实际上施加了认识论限制,它必须解决人们鉴别法律是什么的问题,及这种法律对他们有何要求的方式。关于权威的论点并不关涉何为法律的问题"。[24] 但科尔曼认为,这种认识论限制并不相干。该承认规则无须关乎这一问题:即一般公民如何确定法律对其所规定的内容;它不是个服务于这个目的的工具。既然拉兹的观点仅仅涉及到最后这个认识论问题,那他就未对规范的法律效力给予分析性概念上的限制,因而,它作为一种反对包容性实证主义的观点站不住脚。

然而,在此真正站不住脚的是这种观点:因为它未认识到,认识论观点可能具有非认识论的概念性问题。拉兹基于权威的观点就是这样。对于我们的目的重要的是,法律能够具有实践意义,并且这是个概念性问题。更准确地说,这种事物源于法律的实质权威性。除非假定某种认识论限制,否则任何事情都不能有这种意义。换言之,这种权威指令必须是人们不必诉诸那些权威性指令所要解决的相同理由,即能鉴别出它。上述事实并不必然使该论点结论是认识论的。该结论是概

---

〔23〕 S. Shapiro 认为,对法官而言,承认规则的这两种潜在功能实际上是重合了。因此,这种观点自身并不成功。参见 S. Shapiro, 'The Difference that Rule Make', in B. Bix (ed.), *Analyzing Law: New Essays in Legal Theory* (Oxford: Oxford University Press, 1998),60。然而我并不完全信服这种观点。如我上文所论,构成性承认规则的功能并非认识论的,而且我并不认为就法官而言这有什么变化。比如,在游戏中的裁判员这方面,构成性棋类规则对棋手具有同样的功能。这些规则构成了这种游戏,无论下棋还是法律中,这种构成性习惯只是界定了这种游戏规则。

〔24〕 Coleman, 'Second Thoughts and Other First Impressions',前注 9。

念性的。它对那种可被视为权威性规定的东西施予了概念性限制。

这种观点不存在哲学上的困惑或独特性。实际上,某种极为类似的推理链条也适于构成性习惯。就构成性习惯而言,它同样可被这么认为。比如设想这么一种构成游戏的习惯,像下棋或足球。假如这种构成性游戏部分意味着游戏者遵循某些规则。这就要求这些规则或习惯可被如此承认,即作为规则被遵循。这就不仅是个人们如何从事学习玩此游戏,或鉴别这种规则的问题,而且是一个实质上是何种游戏的问题。〔25〕

最后第三种观点是作为对拉兹基于权威的观点的反驳。这种反驳乃基于对拉兹这一命题的反对:权威指令产生了行为的排他性理由。这种观点还认为,如果权威指令不是排他性理由的话,那么法律实质上是权威性的这种事实,并不必然使得我们不必依赖法律所要解决的那些相同因素,就能鉴别出该法律。〔26〕

在别处,我已经主张这种观点错失了目标。〔27〕拉兹结论认为,根据法律所要解决的那些相同因素,鉴别出该法律并没有什么意义。这个结论源于这个事实:实践权威的理论基础必定考虑权威创设那些部分独立于内容的行动理由的各种方式。对公认的某个权威主体而言,必然具有实践意义的是,该指令事实上已由某权威发出,并且其行动理由必定将考虑在内。这使得该公认的权威主体必定能够认出这种权威指令,即作为一种权威指令,而不管这种指令本身的具体品质好坏。诚然,拉兹认为,对这种权威特性的最好说明,是他对排他性理由的描述。但即使他就这一特定方面的说明有误,该结论依然成立,即那种权威指令必然可如此认定,而不必求助于所依赖的那些理由,因为这一结论源于这个事实:权威指令必被用于承担部分独立于内容的行动理由。这种独立于内容的理由是否被说成是一种排他性理由,跟另一个不同的问题有关,即权威指令形成了何种义务?但这并不相干。

即使我们否定对拉兹关于权威论点的评判之论,如何最佳地解释那种包容性实证主义所指向的现象(即在法律中有说服性地参照道德),这仍是个悬而未决的

〔25〕科尔曼谨慎地不去混淆问题:何为实践权威跟另一个相关但又不同的问题:有何要求才能使某权威成为一个有效权威。如科尔曼正确承认的,拉兹观点并不依赖于这种对效率的考虑。

〔26〕如参见 Ronald Dworkin, *Law's Empire* (Cambridge, Mass.: Harvard University Press, 1986), 429; Waluchow, *Inclusive Legal Positivism*, at e.g. 136。

〔27〕Interpretation and Legal Theory (Oxford: Oxford University Press), 118.

问题。毕竟不大可能的是，法律实践中流行的对法律效力的道德限制或政治限制的所有讨论，都是毫无意义的。我想要表明这确实有用，但不是如包容性实证主义所设想的那种方式。我将主要关注我所称的“条件有效性”，但我对此又做了适当修改，并且这同样适于内容有效性。

约瑟夫·拉兹早就提出过如下解决办法：规定了其他法律规则之有效性取决于某些道德因素或政治因素的法律规则，事实上是起到了授权规则（给予司法机关受限定的、指导性的立法权）的功能。实质上，这种授权条款规定法官应当就既有标准制定新的法律标准，而且通常甚至可以修改或废除既有规范。目前，体现于这种授权规则中的道德规条的主要功能将限于：或者是法官应当在其立法功能中予以考虑的各种目标；或者是在正当化过程中他们应依赖的各种理由，或者典型地二者兼有。如美国宪法第 8 修正案禁止残忍与非常处罚。何种处罚是残忍的这一问题很可能就是个道德问题。此宪法规定的目的是要法官宣告那些具有残忍形式的处罚的法律制度无效。但法官修正、改变或废除既有规范之权力受制于某些目标及某种可被许可的正当化。比如，他们未被赋予基于经济效率的理由，来修改既有处罚实践的权力，即便这种考虑是正当的。法官权力由此受到限制，并通过规定其所能依赖的某种因素，来引导这种权力。

这种受引导的受限定的授权规则，拉兹将其称为“受指导的权力”。〔28〕在此，权力受到两个方面的指导：一是，它受制于对其合法规定的目标及理由；二是，它是一种规范主体（如法官或别的官员）有义务行使的一种权力。跟那种典型的授权规则情形（完全听任规范主体愿意行使此权力与否）不同，这种受引导权力使得它有义务去行使之。如拉兹详细指出的，这种受引导的授权规则在法律上无处不在，并且其经常不仅适于法官，而且还适于立法者及各种官员。然而关键在于，即使当授权规则以我们提及的两种方式受引导，其行使也会改变法律。无论何时有人运用某种合法权力，都会在法律中以创设新的权利义务（法律中迄今尚无）的形式引起法律的改变。这仅是源于合法权力概念的逻辑，并且无论在私法还是公法中，都能真正行使这种权力。授权规范的全部理念就是，给规范主体和法律官员提供一种

---

〔28〕Raz, *Ethics in the Public Domain*, n. 6 above, ch. 10.

引起法律改变的工具。当然，这对司法权同样如此。当法官被赋予了某种指导性权力，依据某种道德考虑来解释法律时，他们就被授予了以受限定的、受指引的方式来改变法律的权力。

一个明显的区别在此出现：如果如此简单的话，那么为什么没有能够如此被普遍接受？为什么要掩饰呢？答案不难推测：理由跟制度上的便利，或许还跟历史的偶然有关。存在一个典型的事实是，法官的立法权必须溯及既往地行使，也就是不但涉及当前案件当事人，而且经常会涉及其他一些主体。这些主体可能依据在很久以前提起的诉讼中已然被废止或修改的规范。有个典型的事实比如说，作为一个法律原则，当法官宣布某立法案违宪时，其判决使得该法案自始无效。作为一种立法权，这种回溯性立法的确有问题。首先因为它形成这么一种印象，即我们必定在此前理解法律的方式上出错了。然而它主要是个政治问题：政治上极不便于承认司法机关有此庞大的、具有回溯效果的立法权。因此，就有了那种掩饰。

体现于法律中的道德规条的授权功能并非其唯一功能，尽管这是其中最重要的功能（尤其是在条件有效性语境下）。另一种在法律中典型运用道德术语的情形，涉及那种旨在达到某种社群道德习惯。换言之，道德术语的法律关联通常不只体现在跟实证道德的关联。因此，当某法律涉及那种如“粗鄙”、“淫秽”等概念时，它将不过是要求参照偶然流行于一个社会并被广泛接受的某种价值。在此情形中，假定（有时是错误地）其主体完全知道这种习惯是什么，对实证道德的法律关联，实质上无异于那些无数涉及社会习惯的法律关联。〔29〕然而有趣的是，这种对道德习惯的立法关联技术过于不可靠。它常常面临这样的“危险”：法官将事实上以我前面提及的方式来解释跟道德概念的关联，即作为一个授权规则，使他们根据其所认定的适于本案的道德价值来改变法律。并且这经常发生。

## 被蕴涵的法律？

我们将简要考察最后一个版本的包容性实证主义。这个版本认为，法律基本

〔29〕这种对性道德问题的涉及，直到最近已经广泛用于刑法中。它是这种依赖社群道德习惯的一个绝好例证。

上是基于渊源的，但它也包括那些基于渊源的法律所牵涉的规范。我拿不准这个版本的包容性实证主义是否真的是包容性实证主义者所主张的观点，抑或仅仅是拉兹的创造。[30] 在任何案件中，无论如何，因为它似乎具有某种似真性，我们应花时间探讨它。其基本观点非常简单，并且看起来跟法律的惯习基础相协调：假定法律制度 $S_i$ 包含了规范 $N_{i\cdots\cdots n}$，进一步假定规范 $N_{i\cdots\cdots n}$ 蕴涵着更进一步地规范 $N_x$。那么我们不能得出结论说，规范 $N_x$ 同样在 $S_i$ 中也合法有效吗？但是说 $N_{i\cdots\cdots n}$ 蕴涵 $N_x$，意思指的是什么？在此有几种可能性：从最受限定的蕴涵的观念看，人们将仅根据逻辑蕴涵来思考（我想还伴随着某种关于事实的真）；从最不受限定的观念看，人们也会将其设想为道德评价的蕴涵。比如如果事实是：规范 $N_{i\cdots\cdots n}$ 体现或展示了某道德原则 M，且 M 从道德上要求 $N_x$，那么 $N_x$ 也成为 $S_i$ 的一部分。当然，这后一种观点更接近于我们前文考察过的德沃金以及包容性实证主义的观点。

虽然在这两种蕴涵观点以及这两个极端之间的其他可能观点之间有很大差别，但它们共有一个关键的假定：法律必然是融贯的。绝对有必要说明，在此的问题不是融贯性的价值；对于确定被蕴涵的法律也是法律这个结论来说，假定融贯性是一种重要（甚至是过度重要的）价值是不够的，法律解释必受此引导。在此正在考察的假定更为有力：假定法律必须是融贯的，而不会是别的。否则，如果仅仅主张融贯性是一种价值，那么某规范由其他法律规范所蕴涵的事实不会导致这个结论：根据这种蕴涵，它是个法律规范；它仅应是如此。

因此，我们在此应提出的唯一问题是，说法律必然是在逻辑或其他方面融贯的，那么这个说法有意义吗？对此的否定回答几乎是不可回绝。融贯性是我们赋予这种理论的一种必要要件。某理论的非融贯性一般意指它部分是错的。但法律不是个理论领域，而是个实践领域。我们生活的极度复杂性在此受到规范、判决及强力的规制。（从某种意义上）极为可欲的是，这种规制具有融贯的形式，但它当然不能这样必然地认为。毕竟，法律不必首先是融贯的。

这不是很准确。某些融贯措施为实践所必需。如果法律通常普遍地规定了冲突规范和判决。这会造成如此多的混乱，并将使得实际上不可能遵守其规则。当

---

〔30〕 Raz, *Ethics in the Public Domain*, n. 6 above, at 210 – 214.

然这是个程度问题。完全协调或全部混乱皆不可取。总是存在某种程度的服从，否则法律就不可能；同时存在某种程度上的融贯性，否则，那种服从也不可能了。但在此的问题不是由哲学家来回答。决定容忍法律的不服从及混乱的真实程度的问题是由社会学家插手的问题。对我们的目的而言，认识到这一点就够了，即存在某种这样的容忍，以及法律作为逻辑上的融贯性也并非必然。如果接受这一点的话，立即就会说，没有理由主张，仅仅根据这种蕴涵关系，无论其确切本意是什么，被蕴涵的法律就是法律。

在本章结尾处，我要说说迄今能从我们的讨论中得出何种结论，以及哪些是尚不成熟无法定论的东西。我已经在此试图提出，关于某种版本的法律实证主义至少初步是言之成理的，渊源命题的观点最好地捕捉到了这一点。我已试图表明，这种版本的实证主义源于两种主要考虑：首先也是最重要的是，它源于法律的惯习基础及社会习惯的本质。其次，拉兹洞见到法律实质上是一种权威社会习惯，更增强了这一点。它必然被认为能够具有那方面的实践意义。我已主张，这两点足以表明，包容性版本的法律实证主义意图在排他性实证主义和德沃金反驳实证主义的学说之间形成第三种立场是站不住脚的。不存在那种中间立场。然而德沃金反驳实证主义的学说尚无回应。我已经表明，源自德沃金洞见的对渊源命题的至少部分反驳立论都有问题。但是，当然有许多别的观点仍有待详细探讨。

# 第 4 章　包容性法律实证主义

Kenneth Einar Himma 著　焦宝乾* 译

法律实证主义的概念基础在于三种承诺:社会事实命题、惯习命题和分离命题。社会事实命题主张,法律的存在基于某种社会事实才有可能。惯习命题主张有效性的标准具有惯习性。分离命题从最一般层面上否认法律跟道德之间存在必然的重合。

因此,分离命题意味着法律效力不存在必然的道德标准。与此同时,它也留下这么一个待决问题:是否存在有效性的可能的道德标准。包容性法律实证主义者也被称为柔性实证主义者或安置主义者,他们认为,存在这种标准,即他们认为存在概念上可能的法律制度。在这种法律制度中,法律有效性标准包括了(或吸纳了)道德原则。著名的包容性实证主义者有哈特、科尔曼、瓦路乔、克拉默。排他性实证主义者(也被称作刚性实证主义者)认为,不存在有效性的道德标准。排他性实证主义者如拉兹、夏皮罗、马默。他们认为法律的存在及内容总能取决于社会渊源。

## 1. 实证主义的概念基础

### 1.1　社会事实命题

实证主义的核心承诺中,最基本的是社会事实命题。该命题主张法律本质上是一种社会创制或人工制品。据此命题,将法律规范跟非法律规范相区分的是,前

* 浙江大学光华法学院教授,主要从事法律方法论研究。

者例示了社会事实的某种特征。于是，相关社会事实的发生最终说明了法律制度的存在，并将其建构为一种人工制品。

所有实证主义这都秉持社会事实命题，但他们对社会事实在说明法律效力是否重要这个问题上却有不同看法。沿用边沁的看法，奥斯丁认为，法律制度的独有特征是主权者的在场。主权者习惯于受社会中大多数人的服从，而不习惯于服从任何其他人。依奥斯丁之见，当且仅当(1) R是社会S中的主权者命令；和(2) R是以制裁威胁作为后盾，规则R在某社会中才合法有效(即作为法律)。所以在奥斯丁看来，说明任何法律制度之存在的社会事实乃是主权者意志的在场，以及能够对不服从其命令施予制裁。

哈特反对奥斯丁版本的社会事实命题的理由有多个，〔1〕但其中首要的是，它忽视了元规则的存在，该规则是作为初级规则本身的主题问题：

(元规则)可以说都处于跟初级规则不同的另一个层次上，因为它们都是关于这种规则的，亦即，(初级)规则涉及个人必为或者不得为的行为，而(元)规则都涉及初级规则本身。它们具体规定了(初级)规则得以决定性地确定、废止或变更的方式，及其违反的事实得以最终确定的方式。〔2〕

哈特区分了三种类型的元规则，来标示从法律的原初形式到成熟的法律制度之间的转换：(1)承认规则，它指明了某一或某些特征，有了这种特征，建议的某规则即可终局性地认定为是某个社群规则(哈特书，第92页)；(2)改变规则，即能够使社会创制、废止或修改有效规范；及(3)裁判规则，即提供了某一有效规范是否已被违反的机制。依哈特之见，任何有着成熟法律制度的社会，都有一种元承认规则，用来提供创制、改变和裁判合法有效规范的标准。

---

〔1〕哈特同样认为奥斯丁理论只说明了那些规定或禁止某种行为方式的初级规则的存在。依哈特，奥斯丁忽略了另一种初级规则的存在。这种规则赋予创设、修改的权力，并使权利和义务无效，例如那些调整合同订立的规则。

〔2〕H. L. A. Hart, The *Concept of Law*, 2nd edn. (Oxford: Clarendon Press, 1994)(后文用CL来表示)哈特做了初级规则和次级规则的区分，但他似乎以两种不同方式使用“次级规则”一语。首先，他用“次级规则”来指“授予权力的规则”，由此使个人改变既有法律关系。相反，“初级规则”是规定或禁止公民的某些行为。依此用法，合同规则是次级规则。在别处他使用“次级规则”来指那些关于规则的规则。依此用法，合同规则不是次级规则。我发现后一种用法更为易变，因为把握它将采用“初级”或“元”这样的用语。

于是,奥斯丁版本的系谱命题最终的错误就是,因为奥斯丁将初级刑法当作任何法律内容的范例,他认为,具有强制性的主权者的在场,对说明法律之存在至关重要。因此,既然奥斯丁把任何法律说成是源自主权者,他未能看到这种观点,即源自主权者的初级法律内容,界定了某种合法的元规范,并由此忽视了仅使强制性主权者命令以外的其他元承认规则的可能性。而这也许是一种可能的承认规则。而哈特相信,还有许多别的可能性;这就由每个社会依其有效性标准的内容来决定。

于是,依哈特之见,正是有具有拘束力的承认规则,而非能够让强制服从的主权者在场,才使得某法律制度得以存在。对哈特而言,如以下两个条件得以满足的话,社会 S 中即有一种承认规则 RoR:(1) RoR 中包含的有效性标准,由 S 中官员认可为官方行为的标准;(2) S 中公民普遍服从由 RoR 生效的初级规则。因此,依哈特版本的社会事实命题,满足(1)和(2)条件的某承认规则的存在,乃是产生法律的社会事实。

由此建构,社会事实命题根据某种社会事实及由此将法律概念化为一种人工制品,从而说明了有效性标准的权威性。[3] 依哈特版本的这一命题,相关社会事实乃是官员们的接受,而依奥斯丁的版本,相关社会事实是主权者强制服从的能力。但无论如何,既然有效性标准根据其例示的某种社会特征是有权威的,其所形成的法律制度就是一种人工制品。于是依社会事实命题,法律是一种社会人工制品,具有概念上的真实性。

尽管社会事实命题最有用地被解释成为对有效性标准之权威性的说明。依奥斯丁版本对该命题的建构,初级法律规范的有效是因为,它是由制裁为后盾的主权者命令。它是初级规范的有效性,而非这种元规范的权威性,而这是根据相关社会事实予以解释的:这种规范之所以有效,是因为它们具体说明了涉及主权者,意图与臣民的复杂社会属性。[4]

---

〔3〕拉兹将"权威"一语解释为具有道德内容。依此用法,某权威在道德上合法,参见下文第 6 节对拉兹观点的讨论。我在此用的"权威"一语不应被解释为包含道德合法性。

〔4〕因为哈特容许有效性的道德标准的可能性,所以他反对这种版本的命题。故如科尔曼指出:社会事实命题之两面——法律必由社会事实予以鉴别,以及阐明合法标准的规则是一种社会规则——是相互独立的。J. Coleman, 'Second Thoughts and Other First Impressions', in B. Bix (ed.), *Analyzing Law: New Essays in Legal Theory* (Oxford: Oxford University Press, 1998), 257-322,264(后文用 ST 来表示)。

这第二个版本的社会事实命题在所谓系谱命题相同层次上起作用。依照系谱命题，承认规则所提供的标准，仅仅使那些依据某种程序要件制定的规范有效。据此观点，某规范之合法有效是因为其具有正确的渊源或系谱。奥斯丁赞同系谱命题。在他看来，产生法律有效性的适当渊源是主权者。拉兹的渊源命题似乎也是系谱命题的一种版本。由于系谱命题依据社会事实解释了初级规范的有效性。它隐含着这种版本的社会事实命题。

然而，这种版本的社会事实命题，并不隐含着系谱命题。比如，可能会有这样一种承认规则，它使具有一种适当系谱的规范，连同那些跟具有适当系谱的规范有逻辑或道德关联的规范（派生规范）有效。实际上，每个法律规范的有效性都可根据社会事实予以说明，因为派生规范的有效性取决于其与那些依据某种社会事实而有效的规范之间的适当关系。因此之故，如果基础系谱规范的法律地位发生改变，那么派生规范的法律地位亦然。我们可以说，这种派生规范的有效性直接决定于其内容跟系谱规范内容的关系，但最终决定于由相关社会事实系谱规范的个例化。因此，虽然这种版本的社会事实命题跟系谱命题在同一层次上起作用，但这两个命题并不相同。

任何实证主义者都接受这种社会事实命题，该命题坚持元规则的权威性。这是将法律实证主义跟其他法律概念理论相区分的共同理由中的一部分。许多实证主义者承认那种坚持初级规则有效性的社会事实命题，但不是所有实证主义者都如此。实际上，包容性实证主义与排他性实证主义之间的区分，即能根据这个版本的社会事实命题予以表达。排他性实证主义者接受而包容性实证主义者反对第二种版本的社会事实命题。如我们将看到的，某些包容性实证主义者认为，可能存在依其道德内容合法有效的规范，无论这种规范跟那种具有适当系谱的规范之间是否具有一种逻辑关系。

即使如此，重要的是要认识到，哈特式的实证主义者依然承认，在每个概念都可能的法律制度中，都会有容许初级规范存在的制度，而这种初级规范至少部分上因为某种社会事实而有效。只是不存在这种法律制度：该法律制度中的元承认规则被基于内容的有效性标准所穷尽。比如从哈特的观点看，“所有并且只有道德规则才合法有效”这个简单规则就不可能成为一个承认规则。理由是，因为它未提供用于改变法律或者裁判法律的任何机制。依哈特之见，这种规则体系至多是一种初步的或原始的法律形式；但它不会成为一种法律制度，因为它缺乏适当的制度机制来对法律进行创制、改变和裁判。[5]

相应地，哈特的法律理论正确地主张某种制度的在场。由此，法律即可得以塑造、修改与裁判。如我们将看到的，这不能解释为，排除了哈特理论中完全依据其内容即可使某些规范有效地承认规则的存在。但这并不意味着，承认规则必须至少部分依据社会系谱来界定某些制度机构，如立法机关和法院，而这种机构使得有效初级规范的存在成为可能。出于这种理由，不可能存在完全依“所有且只有道德规则才合法有效”的元规则进行界定的法律制度。

于是，哈特接受一种修正版的社会事实命题，因为它对初级规范的有效性进行了解释：在任何概念上可能的法律制度中，至少部分由于某种社会条件得到满足，存在着一些使得有效法律规范的存在成为可能的制度。而且，假如该命题具有似真性，它必须同样大体归于包容性实证主义。

### 1.2 惯习命题

#### 1.2.1 弱式惯习命题

弱式惯习命题通过对社会事实进行一种更深刻详尽的阐述（它解释了有效性标准的权威性），补充了哈特版本的社会事实命题。依此命题，任何概念上可能的法律制度中，对有效性标准的权威性予以说明的是，这种标准构成了作为官员的人之间的社会习惯的条件。如科尔曼对该命题的描述：“通过一种存在于个体在社会规则或者习惯规则中所表达的……行为与态度的相互聚合，法律方为可能。”[6]

社会习惯的存在决定于行为与态度的聚合，[7]比如，许多人会在穿鞋之前，先穿上两只袜子。但若将此行为描绘为构成一种习惯将会不正确，因为没有人会趋

---

[5] 哈特承认“有可能设想一个没有任何立法机关、法院或官员的社会”(CL, 91)。然而问题在于，这种制度恰恰包含了法律制度旨在纠正的那种缺陷。如哈特指出，这一简单的规则体系过于“静态”，因为没有变更规则的正式机制(CL, 92)。同样这一简单制度“缺乏效率”，因为没有正式机制，来对不服从行为加予社会压力(CL, 93)。

[6] Jules Coleman, ‘Incorporationism, Conventionality, and the Practical Difference Thesis’, *Legal Theory*, 4(1998),381 - 426,383.(后文用 ICP 来表示)

[7] 因此，奥斯丁并不接受弱式惯习命题。因为依他之见，仅仅行为重合（比如服从的习惯）即足以支持某法律制度。

向于批评那些在穿另一只脚之前，将鞋子袜子穿在一只脚上的人。但如果有人突然将违背穿鞋袜次序的行为当作指责人的一种理由，这将足以把穿鞋袜的某种方式构成为一种习惯。于是，一种社会习惯是由行为与态度的聚合而形成的；除了行为符合外，还必须有一种共同的观念认为，不服从将会招致批评的一种合法理由。

于是，法律之存在是由行为与态度相聚合而成为可能。如哈特之见："依据该制度的最终效力标准为有效的那些行为规则必须普遍予以遵守，并且……阐明法律效力标准的承认规则及其改变规则和裁判规则，必须被官员们接受为公务行为的共同标准。"(CL，113)由此，那个弱式惯习命题解释了法律的存在。其根据是，存在这样一种惯习性承认规则，它使在规制公民行为方面有最低实效性的那些规范生效。

几乎所有实证主义者(无论是包容性实证主义还是排他性实证主义)都赞同有效性标准由于某种习惯而具有权威性，[8]但他们对这种习惯的性质看法不一。正是这种习惯授予有效性标准以权威性。从一定意义上，科尔曼持这种观点，即有效性标准最好可描述为协调性习惯：

"承认规则解决了这种协调性问题：该问题处理的是一套特定的有效性标准，如果完全具有法律是个好的想法，那么某些标准受到人们的赞同，也明显要好于人们对此没有一致意见，即使每个人在其选择的次序上互有分歧。"(ICP，398)

因此，一旦出于某种原因某一可欲的法律制度得到确立(这可能涉及协调性问题的解决，也可能不)，人们必然赞同一系列标准，由此来决定某一规范必须具有何种资质才能成为法律。当然，不同的人会采取不同的标准，但每个人都可能会更强烈地选择这种，即任何官员皆认可相同标准，而非另一种事态，即每个官员认可他自己喜欢的标准。

相应地，马默反对这种观点，即惯习性承认规则可被塑造为对协调性问题的一种解决办法：

---

〔8〕勒斯列·格林是个明显的例外，如可参见 Leslie Green, 'Positivism and Conventionalism', *Canadian Journal of Law and Jurisprudence*, 12/1 (Jan, 1999)35－52。

"构成下棋游戏的规则,是对反复出现的协调性问题的解决办法,持此观点似乎让人很难堪。在此种下棋游戏之前,简直没有什么问题要解决……'让我们做个富于挑战性的智力游戏'或诸如此类的事情不是个协调性问题……假若它是的话,'让我们有个公正的宪法'也将是个协调性问题。而且当然,它不是。"[9]

依马默之见,问题在于,某协调性习惯的存在,假定了各方强烈选择的是对解决办法的一致意见,而非任何特定的实质解决办法。但如他所指出的,人们并不是对有效性标准的内容漠不关心:"谁制定法律,又是如何颁布,这对我们每个人都至关重要。"(CL, 517)

然而,马默把承认规则描述为一种构成性习惯。构成性习惯区别于协调性习惯之处在于,前者"构成了行动自身的意义或价值,并且从此意义上我们方可谈论自主性实践"(CL, 521)。依马默,正如习惯性下棋规则创设或构成了那种自主的下棋游戏,这种习惯性有效标准也创设或构成了自主的社会法律实践。

出于不同理由,科尔曼否弃了他早期的看法,即承认规则必然是一种协调性习惯。依他之见:"如果说对承认规则之存在所需要的官员社会实践,必须总能说成是局部冲突的游戏,这将会对我们的法律概念施予一种专断而毫无根据的限制。"[10]这里的观点是,某承认规则部分由态度之聚合而构成,同时,相应的态度不必由那种使某协调性问题的解决成为可能的偏好选择所支持。[11] 如科尔曼指出的:"(我们社会习惯实践或者习惯实践的)绝大部分,不能被塑造成为局部冲突游戏的解决办法。"(POP, 94)

科尔曼相信,对法律的习惯特性的某种解释必须在一种更高的抽象层次上寻求。依循着斯格特·夏皮罗,科尔曼主张说,习惯性的元承认规则最可信地被当作

---

〔9〕Andri Marmor, 'Legal Conventionalism', *Legal Theory*, 4/4 (Dec, 1998)509–532,521.(后文用LC来表示)

〔10〕Jules Coleman, *The Practice of Principle: in Defence of A Pragmatism Approach to Legal Theory*, (Oxford: Oxford University Press), 94.(后文用POP来表示)

〔11〕科尔曼将这种偏好选择的结构描述为:"虽然每个人的第一偏好是,都适用他赞同的那组(有效性标准),但每个人都宁愿选择(其次),任何人都适用相同的标准——而不管它是哪一种,而不愿适用他本人的第一选择的替代标准(第三位阶),而别人适用他们自己的(即根本没有任何法律制度那种选择)。"(POP, 92)

是一种共同的合作活动(SCA)。[12] 科尔曼明确了 SCA 的三种独有特征:(1) SCA 的每个参与者都试图将其行为跟其他参与者相一致;(2)每个参与者都从事共同的活动;(3)每个参与者都支持其他参与者在这种共同活动中努力发挥其适当作用。于是,一个 SCA 能使参与者协调其行为,并提供了"参与者之间就该共同活动如何进行所作的'型构有关讨价还价的背景框架'"。(POP, 97)

于是,就社会实践构成一种惯习性承认规则而言,概念上至关重要的是其具有 SCA 的规范结构。对法律而言,概念上真实的是,官员们必须以各种方式(作为对另一方意图与行为的回应)相互协调其行为。比如,一个法官在一个具体案件中的做法即取决于另一个法官在类似案件中的做法。同样在概念上真实的是,官员们从事共同的活动,并相互支持。负责颁布法律的官员要求那些负责实施与施行这些法律的官员们保证给予持续的支持。依科尔曼之见,如果没有构成 SCA 的这些规范性特征,法律实践在概念上即无可能。[13]

### 1.2.2 强式惯习命题

依循哈特,科尔曼主张就法律而言,这是一种概念真实:即承认规则施加于官员们一种法定义务,要他们服从其有效性标准。因此,科尔曼和哈特都赞同:

强式惯习命题:惯习性承认规则是一种施加义务的规则。

强式惯习命题主张,官员们有义务在履行其职责中,适用承认规则的要求,并且正是这种承认规则自动产生了这种义务。当然,官员们同样可以在道德上有义务去适用承认规则,但是否有取决于其内容的这种义务,则属偶然。反之,依强式惯习命题,承认规则自动地强迫官员们服从其有效性标准,这恰是法律性质的一部分。

拉兹与马默都接受惯习性的有效性标准,并且由此接受了弱式惯习命题,而都反对强式惯习命题。如拉兹即反对哈特式的这一观点:有效性标准构成法律的一

---

〔12〕参见 Scott Shapiro, 'Law as a Shared Cooperative Activity', forthcoming in *Legal Theory*。SCA 的概念要感谢密歇尔·布拉曼。参见 Bratman, 'Shared Cooperative Activity', *Philosophy Review*, 101/2 (Apr. 1992)。

〔13〕科尔曼承认存在如下这种概念上可能的法律制度:其中的承认规则是一种构成性习惯,但他发现这在理论上没有什么帮助。依他之见,构成性习惯的概念未能说明,何以官员们会共同对此规则予以承诺。相反,服从性习惯的概念有助于说明这种承诺:对共享的一组有效性标准的承诺必然要解决一种重要的服从问题。就此而言,官员们有理由做此承诺。

部分：

"在我看来，为了回答某法律能否作为某法律制度组成部分的问题，人们必须最终追及到法理学的标准而不是法律的标准。最终，人们必须思考这样一个普遍的陈述，它不是对于法律的描述，而是关于法律的一个普遍真理。"[14]

当然，哈特和科尔曼反对承认规则的有效(有效性标准本身即为有效，这种观点不连贯)，但主张它是法律的一部分。反之，拉兹认为有效性标准既非有效，亦非法律的一部分。有效性标准可以用命题式的承认规则予以表达，但它们并不对官员行为进行规制。因此，依拉兹之见，承认规则根本不是真正的规则：它既不施加义务，也不(从相关意义上)引导官员行为。

马默更坚决反对强式惯习命题，认为某一社会习惯本身并不能产生某种义务：

"从道德或政治观点看，承认规则本身不能被当作义务的来源。法官或者任何其他人是否应当尊重某法律制度的承认规则，这纯粹是个道德问题(只能通过道德论辩予以解决)……并且更普遍的是，社会实践的存在本身，并不给任何人提供一种参与此实践的义务。"(LC，530)[15]

依马默，构成性习惯能形成一种具有其自身价值与目标的制度，但不会形成一种参加那种制度的自足理由："(正如)足球的构成性规则不会为我解决我是否应踢足球的问题。承认规则也不能为法官或任何其他人解决人是否应依法律规则行事这个问题。"(LC，530)

具有讽刺意味的是，马默对某个习惯自动产生义务的能力的质疑，最终可追溯到哈特本人反对奥斯丁对法律义务所论述的那些理由。哈特对奥斯丁观点的著名反驳乃基于以下理由：强制力的制度适用与其说产生的是义务，不如说是某持枪强

---

〔14〕Joseph Raz, *The Concept of a Legal System*, 2nd edn (Oxford: Clarendon Press, 1980), 200.

〔15〕注意，拉兹并不赞同马默对形成义务的社会习惯的可能性所持的怀疑论。比如拉兹对其所称尊重法律的态度的观点："某些人对法律的实际尊重本身即是守法的一种理由。这种尊重不具有日常外在根据，这一事实也得到下述观点的认可：不存在守法的义务，即使是个好的法律制度。在这种社会中对法律的尊重只是可允许的。然而，尊重这种法律的那些人的确依遵守的义务有理由去遵守。其遵守的态度即其理由——其义务的渊源。这种观点不只是说他们承认这种义务，也不只是他们认为他们受某义务的拘束，而是说他们真正处于某种义务之下。"Joseph Raz, *The Authority of Law* (Oxford: Clarendon Press, 1979), 253。就某社会习惯由这种适当的尊重态度所支持而言，在拉兹看来，这种习惯能形成义务。

盗强制力的适用。用哈特的话说，持枪强盗的命令能强制服从，但不能使人有义务服从。

不幸的是，哈特未能提供理论资源来将其观点免于他本人对奥斯丁的批判。很显然的是，持枪强盗对其做出此威胁的权威性采取一种内在观点，情形就不会两样。尽管持枪强盗认为他有权利做出此威胁，受害者是受强迫，而非有义务去服从持枪强盗的命令。持枪强盗只是因为他相信，他有权利做此威胁，其行为才不过是强制。同样地，某法律制度不过是一种强制，只是因为官员们对承认规则采取了一种内在观点。

而科尔曼将承认规则分析为一种 SCA 的观点，将支持社会实践的规范结构明晰化。同时，它也在拯救哈特免于自身对奥斯丁的批判方面孜孜以求。哈特的部分问题在于，对内在观点的分析似乎无法解释清楚承认规则怎样才能产生自足的义务。[16] 对规则采取内在观点仅能涉及将其视为批判偏离行动的标准。哈特的确认为，某官员能出于任何理由而接受承认规则，包括完全慎重的理由。但是依承认规则本身，一个人单方面将某规则接受为标准，这无法让他产生遵守该规则的义务。比如，某官员对承认规则的态度发生了变化，这无法由此解除他对该规则的义务。因此，仅仅官员们之间相互独立地接受发生的聚合，并不能使他们任何一个人有义务去服从该规则。[17]

正是在此，SCA 概念能有助于解释某种实践如何才能产生义务。SCA 概念涉及的不只是单方面接受承认规则的某种聚合，它涉及各方参与人对由承认规则调控的行为的共同承诺。如科尔曼就法官所提出的观点："能够彼此共鸣的'对法官的最好解释'是，他们对如下目标的承诺：即使持久的法律实践的存在成为可能。"(POP，97)就共同承诺怎样能产生义务，这没有什么神秘(至少不是个法律理论家有义务要解决的秘密)，就这种承诺产生了信赖及一组正当预期(不管是否明确)而

---

〔16〕然而，它能提供一种对承认规则规范性的更为有限的说明，因为显然某人 A 的行为能给另一个人 B 一种行为理由。B 依循 A 的行为来选择其行为。在此范围内，A 做 φ 的行为明显能成为 B 也做 φ 的理由。进一步，如果 A 承诺将 B 行为视为批判偏离的标准，较之如果 A 承诺去做 B 所做只不过是 A 与 B 行为的复合的选择，B 做 φ 即能为 A 去做 φ 提供更强有力的理由。所以对别人行为所持内在观点能提供如别人那样去做的理由。

〔17〕注意，科尔曼争论说，哈特未曾试图将其对内在观点的分析，用于说明社会规则怎样形成义务。参见 ICP，400。

言，它们能产生义务。因此，每个承认规则具有一个 SCA 的结构，如果说这在概念上是真实的话，那么同样在概念上真实的是，每个承认规则对官员们施加了一种制度义务。

然而，科尔曼的分析表明哈特式的承认规则怎样能产生官员们的义务，它只是部分为哈特自己对奥斯丁的批评作了辩护。官员们本身从事法律活动的简单事实无法产生公民一方遵守法律的义务，而这些法律是官员们制定并作为其承诺的一部分。如 SCA 甚至可能使宗教共同体成员有义务根据宗教法去评价非共同体成员的行为。但它无法使这些成员去遵守这种法律。因此，如果哈特的持枪强盗例子是对奥斯丁的有效批判，在某个最低限度的法律制度中，公民没有承诺去事从某种法律制度，这不会对公民产生遵守其法律的义务。法律到了由国家警察权力来实施这种程度，即使由 SCA 的概念予以补充，哈特最低限度的法律制度在强制性方面也不亚于奥斯丁式的法律制度。[18]

### 1.3 可分离命题

构成实证主义基础的最后一种命题是可分离命题。以其最普遍的形式，可分离命题主张法律与道德在概念上是分离的。这个抽象方式可以多种方式进行解释。如克劳斯·福柏将其解释为做出一种元层次的主张(meta-level claim)：法律的概念须完全独立于道德观念。[19] 这种解释意味着，在界定跟法律、法律效力、法律制度等相关概念之际，任何关于道德的考虑都跟可分离命题不相一致。

更为普遍的是，可分离命题被解释为就法律效力的存在条件做出某种对象层次的主张(object-level claim)。据可分离命题的对象层次解释，有效性标准包括道

〔18〕解决这个问题可能最终需要否定哈特如下观点：某法律制度无法纯粹是强制的——一个让我认为是正确的步骤。主张说法律义务不必然是强制的是一回事，说法律义务无法纯粹是强制的是另一回事。哈特似乎夸大了奥斯丁理论的缺陷。对此的探讨，参见 Kenneth Einar Himma, 'Law's Claim of Legitimate Authority', in *Hart's Postscript: Essays on Postscript to the Concept of law*, ed. Jules Coleman (Oxford: Oxford University Press, forthcoming); and Matthew H. Kramer, 'Requirements, Reasons, and Raz: Legal Positivism and Legal Duties', Ethics, 109/1 (Jan. 1999).

〔19〕Klaus Füβer, Farewell to "Legal Positivism": The Separation Thesis Unravelling', in Robert P. George, *The Autonomy of Law: Essays on Legal Positivism* (Oxford: Clarendon Press, 1986), 119-162.

德原则，而这在概念上并不是真实的。[20] 因而这种对象层次的解释断言，概念上可能存在规范的法律效力不取决于其道德是非曲直的法律制度。换言之，这种可分离命题断定至少存在一种概念上可能的法律制度。在这种法律制度中，有效性标准完全是基于渊源或系谱的。

## 2. 安置命题的历史透视

实证主义的可分离命题否定，某规范的合法性必然决定于实质性的道德是非。如哈特所论："法律复制或满足某种道德主张，这并不必然为真。尽管事实上它们总是如此。"(CL, 185 - 6)因此，可分离命题意味着，逻辑上有可能让构成法律制度的那种东西，将道德规范从那种决定是否合法有效的标准当中排除在外。在此法律制度中，某规范服从(或相一致于)一组道德规范，并不是让其合法有效的充分必要条件。

然而，不存在有效性的道德标准的话，也会有法律制度的存在。这一点并未告知我们关于具有道德有效标准的法律制度是否可能存在。包容性实证主义者赞同安置命题。据此，存在概念上可能的法律制度，其有效性标准包括了实质道德规范。在这种法律制度中，某规范是否合法有效，至少部分取决于其内容跟相关道德规范内容之间的逻辑关联。

有两种方式使某规范的有效性可取决于其内容的道德是非。相应地，安置命题有两个组成部分。依据其中充分要件说(sufficiency component)，存在这样一种概念上可能的法律制度，其中，某规范合法有效的充分条件是，它复制了某种道德原则内容。由此，这个充分要件说容许某颁布规范可以据其道德内容而合法有效。据必要要件说(sufficiency component)，存在这样一种概念上可能的法律制度，其中某规范之合法有效的必要条件是，其内容要跟某些道德规范相一致。[21]

---

〔20〕注意，可分离命题这样解释就是弱式惯习命题的直接逻辑结果。

〔21〕注意这两种学说在相应逻辑关系上的区别。必要要件说中的相应关系是一致性关系，而充分要件说中的则是依从关系。充分要件说无法运用一致性关系，因为会使不一致的规范生效。有许多这种命题P：P与～P皆与道德相一致。规定车手路上右行的法律，和规定车手路上左行的的法律一样都跟道德相一致。同样，必要要件说无法运用依从关系。因为它将造成太少的规范——至少在现代法律制度中如此。许多法律旨在作为对协调问题的解决办法，并因而不复制某些道德规范的内容。

因此，必要要件说容许道德作为对已公布法律的限制。某规范的内容跟某种道德规范的内容处于一种适当的逻辑关系，这还不足以使之有效。

安置命题的必要要件说首次表述于哈特和富勒的论战。在《法律的道德性》一书中，富勒主张，法律的概念功能是引导行为。[22] 依富勒之见，为实现法律的概念功能，某规则体系必须满足如下原则：(P1)规则必须以普遍的形式予以表达；(P2)规则必须公开颁布；(P3)多数规则必须实际上面向未来；(P4)规则的表达必须可让人理解；(P5)规则之间必须相一致；(P6)规则不得规定超出有关当事人能力的行为；(P7)规则不得频繁变动，以至于让主体无法服从；(P8)规则必须以依其字面规定的形式予以执行(ML, 39)。依富勒之见，任何未能最低限度上符合此"法治原则"的法律制度，皆不能达到通过规则引导行为，实现社会秩序的法律目的。

富勒相信，较之哈特的理论，其法律功能理论具有重要优势：这种法治原则对立法者行为进行道德限制。由此表明，跟奥斯丁相反，立法者并不必然具有不受限制的造法裁量权。依富勒之见，哈特的承认规则概念跟对颁布立法的任何限制都不相一致："哈特(似乎将承认规则)的特征解读为：该规则不能包含任何能使所授予权力得以收回的明示或默示条款。"(ML, 137)就哈特理论中没有限制立法者权力的方式而言，他采取了不受限制的造法裁量权——一个难以跟许多法律制度中对制定法予以限制的那些东西相调和的主张。

作为回应，哈特反对富勒假定承认规则无法包含对立法行为的实质限制："某宪法可对立法权，甚至最高立法机关进行限制时，不仅应合乎正当程序，而且应合乎纯粹一般条款，亦即，如果其立法跟道德原则或正义相悖，其合法权力即应无效。"[23]哈特在此区分了两个不同主张：(1)立法内容可通过诸如正当程序的道德原则来加以限制；(2)未能使立法跟道德相一致，则立法机关的权力应当予以撤销。这两个主张是否最终相当，还不清楚。但第一个刚好是安置命题的必要部分。

相反，后来在回应德沃金对"里格斯案"(原始问题)的分析中，安置命题的充分

---

[22] Lon L. Fuller, *The Morality of Law*, rev. edn. (New Haven: Yale University Press, 1963).(后文用 ML 来表示)

[23] H. L. A. Hart, 'Book Review of *The Morality of Law*', *Harvard Law Review*, 78(1965)1281, reprinted in H. L. A. Hart, Essays in Jurisprudence and Philosophy (Oxford: Clarendon Press, 1983), 361.

要件说得以发展。[24] 在“里格斯案”中，法院考虑的问题是，是否允许谋杀者依受害人遗嘱获利。在本案判决之际，无论是调控遗嘱的制定法还是判例法，都未明确禁止这种获利。尽管如此，法院否决了被告人依照此遗嘱获赠。理由是，这么做将跟任何不得从其错误行为中获利的原则（里格斯原则）相悖。既然法官会因未考虑此原则而“正当地”受到批判，那么依德沃金之见，里格斯原则必须描述为社会中法律的一部分。

德沃金主张，里格斯原则作为法律的这种地位跟实证主义不相一致，因为原则的有效性无法出自于系谱或者渊源标准：“即使原则从法律制度的官方行为中获得支持，它们同这些行为之间并没有一种简单或直接的关系，从而根据某种最终承认规则明确限定的标准来构成那种关系。”（TRS, 41）依德沃金，对里格斯原则之有效性予以说明的，并非其系谱或渊源，而毋宁是其内容：人不得从其错误行为中获利之原则的合法有效，是因为它是公平的道德要求。

实证主义者有一系列可行的步骤来进行回应。[25] 比如实证主义者可以争辩说，“里格斯案”的法官越出了法律领域，而基于道德原则（任何人皆不得从其错误行为中获利）来决定该案。依此推理链条，里格斯原则既非合法有效，也不具有拘束力（以这种方式：另一国法律可能在涉及那国法律的案件中对法官有合法拘束力）。“里格斯案”中法官在行使强式司法裁量权时，自由适用或者忽略了此原则。但这当然不是一个容易让人接受的回应。这个原则在司法裁判制作中的全面盛行，以及公众就此实践的公众预期表明，法官在裁决疑难案件时一定会考虑此原则——即使德沃金认为其是法律的一部分被证明是错的。戴维·莱恩斯采取一种不同策略，依他之见，德沃金的批判依赖于对哈特的实证主义的一种漫画讽刺：

“德沃金的批判……求助于对法律实证主义的一种基本错觉，即实证主义者运用‘系谱’作为对合法标准的检验，而排除了对‘内容’的检验……哈特认为，我们可以将任何法律制度设想为具有‘承认规则’（如果其得以表述），将会表达官员事实上运用于使法律标准有效的那种最终标准。……哈特似乎对官员们采取的那种检

[24] Ronald Dworkin, *Taking Rights Seriously*. (Cambridge, Mass.: Harvard University Press, 1977)（后文用 TRS 来表示）

[25] 如下探讨明显受惠于科尔曼对 ICP 中的问题的讨论。

测未予限制，理由很简单，和别的规则不同，承认规则可以说只是因为官员们的实践而存在。任何别的东西都不决定此规则的内容。制度内对法律的检验是官员们做出的——而哈特就此可能性未予限定。”〔26〕

由于对承认规则内容没有限制，承认规则能够合并这种有效性标准：其使道德是非作为法律有效性的一个充分条件，因此如索普所指出的，假如从逻辑上排除了规定任何争议将依正义规定予以解决的承认规则的话，那么哈特也就没啥东西了。〔27〕

哈特一般被当作是接受充分要件说，但他从未明确毫不含糊地采纳它。他最近在他的“后记”中的评论中，开始采纳了那种充分要件说。在那里，他对安置命题予以赞同的“简明事实”(plain fact)实证主义观点予以反对：

“德沃金加予我的‘简明事实实证主义’理论，将我的理论误解为，要求规则提供的有效性标准应当完全包括那种具体的简明事实(他称之为‘系谱’的东西)……这忽略了我所明确认可的承认规则可以包容跟道德原则或实质价值相符的法律有效性标准。”(CL，250)

因此，在哈特看来，德沃金认为实证主义的观点完全基于渊源的有效性标准，误解了哈特的理论：“在我(理论及其表明的)承认规则所提供的标准必须完全是个系谱问题，根本就没有这回事。他们反而可以作为对诸如美国宪法第16、19修正案这种立法内容的实质限制。”(CL，250)

从本段话看，很显然哈特支持必要要件说。而他是否采纳充分要件说则不清楚。〔28〕然而，最可信的是将哈特说成采纳了这两种学说。首先，如莱恩斯所指出的，哈特反对这一观点：不存在对形成承认规则的社会实践内容的任何限制。诚

〔26〕David Lyons，‘Principles，Positivism，and Legal Theory’，*Yale Law Journal*，87(1977)415，423－424。也参见 Jules Coleman，‘Negative and Positive Positivism’，*Journal of Legal Studies*，11(1982)，139，reprinted in Marshall Cohen，*Ronald Dworkin and Contemporary Jurisprudence* (Rowman & Allanheld，1983)(后文用 NAPP 来表示)。科尔曼不是头一个将充分要件说表述为对原始问题的解决办法，但和别的任何人相比，他担负起对此观点的后来发展，并在法哲学上更为重要。

〔27〕Philip Soper，‘Legal Theory and the Obligation of a Judge：The Hart/Dworkin Dispute’，Michigan Law Review，75 (Jan. 1977)，473.

〔28〕某些包容性实证主义者，如瓦路乔和克拉默，仅仅赞同安置命题中的必要要件说。

然，哈特本人断定："不存在对承认规则内容的逻辑限制。"〔29〕其二，如科尔曼争辩说，哈特重申安置命题来回应德沃金，其旨在表明实证主义能够调和他的观点，即里格斯原则因为它是一种公平的道德要求而合法有效。〔30〕既然只有充分要件说能跟德沃金对里格斯案件的分析相调和，那么哈特最可能被解释为采纳了安置命题的两个学说。

排他性实证主义对原始问题采取一种截然不同的策略。他们反对德沃金对里格斯案件的分析，而主张里格斯原则之权威性应根据其具有一种权威渊源予以解释。因此，排他性实证主义反对安置命题而赞同渊源命题。由此，法律之存在及其内容总是可以通过求助其渊源而非道德论据予以确定。

然而，否弃安置命题并不使排他性实证主义者否认这个明显事实：法律制度总是包含了运用道德语言进行描述的有效性标准。排他性实证主义承认（他们必然如此），那种有效性标准通常包括了道德语言；而法官总是就司法行为与立法行为的效力进行决策时，介入到道德论辩。

排他性实证主义者所反对的是，承认规则中的道德语言的出现，成功地在法律中做出道德主张。换言之，他们否认承认规则中表面上的道德条款成功地将道德内容纳入有效性标准。〔31〕然而，他们认为这种条款如果是法律的一部分的话，那么必然可以解释为法院在某些情况下考虑的道德规范指令。比如排他性实证主义将美国第 8 修正案解释为，要求法官在决定是否容许执行某种惩罚时，要考虑禁止酷刑的道德准则。这种道德准则有约束力但不是法律。当然，遵循这种指令将要求法官准确进行那种道德论证。而这似乎在宪法案件中习以为常。但排他性实证主义者认为，对此类问题的司法裁定必然涉及行使司法裁量权创造新法律。故就此而

---

〔29〕Hart, 'Book Review of *The Morality of Law*', 361.

〔30〕一般参见 POP，第八章。

〔31〕但重要的是要注意，渊源命题并不使排他性实证主义者认为，法律不可能包含道德。渊源命题与安置命题主张的是关于承认规则可包含的东西。渊源命题本身只是主张，有效性标准完全包括那些和程序条件（基于此条件法律得以颁布）相关的基于渊源的标准。渊源命题排除将道德内容融入承认规则。渊源命题本身没有什么能使排他性实证主义者否定法律能在初级规则中包含道德原则。

某些排他性实证主义者公开容许道德原则能融入法律的可能性，只要它们具有一种权威渊源——并不作为有效性标准而起作用。如夏皮罗描述的观点："如遵守诺言规则只有当某些权威机构适当颁布并予以实践时，才能成为某种法律。如果遵守诺言规则缺乏直接的社会系谱，它不会被作为法律规范。

言，包含道德语言的承认规则条款，至多成功将司法对道德的规定纳入法律中。[32]

包容性实证主义者可能有更强的观点：因为他们对相关法律实践的解释似乎更容易将包括道德术语及律师法官相关实践的这两种指令语言予以调和。[33] 毕竟第 8 修正案规定的是“禁止科以残忍而异常的惩罚”，而不是“法官在决定是否支持某一惩罚时，应当参考人们对酷刑的观念”。但对包容性实证主义的批判意见已经提出一些论据，旨在表明包容性实证主义在概念上不连贯。这种批判论者从反对实证主义的（如德沃金），到排他性实证主义者（如拉兹和夏皮罗）。依此批判，包容性实证主义站不住脚是因为，其安置命题跟其他实证主义的基本承诺不一致。

### 3. 安置命题与社会事实命题

德沃金在“规则模式（1）”中，预见到对原始问题的哈特式解决办法并对之予以反驳。在他看来，法律原则有效性无法经由那种界定有效性的纯粹社会标准的承认规则予以说明：

“我们无法设计出任何公式，来检验使某个原则成为法律原则需要多少及何种制度支持。也不能用来确定其具体量度。我们对某原则进行争辩是通过抓住一系列关于制度责任的变化的、发展的及相互交错的标准、制定法解释、各种先例的说服力、所有这些跟当今道德实践的关系，以及其他大量这种标准。我们无法将所有这些融为一个单独的‘规则’，即便是个复杂的规则。假使我们能的话，其结局也将跟哈特对承认规则的描述并无关联。”（TSR，40 - 41）[34]

---

〔32〕出于这种理由，排他性实证主义无法被这种明显事实所曲解：成文宪法通常包括用道德语言表达的条款。

〔33〕许多理论家（比如瓦路乔）由于其描述准确，而接受必要要件说。和别的实证主义理论相比，必要要件说更紧密凝结了如下经验事实：宪法条款经常包括对立法造法进行限定的道德语言。对这些理论家而言，安置命题具有一种特殊的认识论地位：关于法律实践的某种主张跟安置命题相冲突，就此而言，它构成一种反对 C 的表面理由。科尔曼否定这种观点：“排他性与包容性实证主义之间的争执无法基于描述性理由予以解决。理由很简单，因为该争执不是描述性的（POP，109）。科尔曼的问题是，是否存在一种包括安置命题的连贯的概念框架。

〔34〕严格说来，德沃金此处的批判适于任何意图根据承认规则来说明道德原则的法律效力，包括排他性实证主义者意图根据形式颁布来说明此类原则的拘束性权威。参见 Joseph Raz, Legal Principles and the Limits of Law', *Yale Law Journal*, 81（1972），823。但在这里包括了对此批判的一个简短讨论，这一是因为其历史重要性，二是因为柔性安置主义者主张，道德原则可以根据其渊源（而不是内容）而合法有效。

于是，哈特解决办法的问题在于，承认规则无法阐明某原则会获得多大的份量，因为对其权衡只能通过复杂的道德推理策略来决定，而这就无法在承认规则中予以表述。

这种批判思路假定，承认规则的概念功能是提供一种决定任何法律问题的检验。诚然，如德沃金频频对哈特观点的描述，“任何法律制度中，对法律而言，某些普遍接受的检验确实存在（以社会规则的形式）。而这足以将法律规则与原则跟道德规则与原则相区分。”（TRS，60）但依德沃金，对涉及权衡向度标准的法律问题，即无法进行检验：法律推理中这种标准所起的作用太复杂，以至于不能由简单如一次检验即可获得。

德沃金的这种论证不能成立，因为在承认规则概念中，没有什么可供实证主义者来宣称它提供了一种检验，来消除关于合法有效规范和原则所要求的确定性。所以哈特写道：

“（德沃金的许多批判）建立在对该规则功能的一种误解基础上。它认为该规则在特定案件中是一种完全决定法律结果的手段，以至于在任何案件中任何法律问题仅能通过诉诸该规则所提供标准或检验予以解决。但这是一种误见。”（CL，258）

哈特确实认为跟法律规定相关的不确定性乃不可避免：“无论是哪一种工具被用来传递行为标准，无论它们怎样顺利地适用于大量普通案件，都会在某一点上出现适用的问题，而表明具有不确定性。它们可被称为‘开放结构’。”（CL，127－128）当某法律争议涉及关于规则开放结构的法律问题时，“它们所规定的行为方式的不确定性会在具体案件中出现”（CL，126）。

更有甚者，如科尔曼指出的，承认规则根本无须但当任何鉴别功能：“承认规则提出了有效性或者成员资格的条件，它可以但无需起到认识论作用，它可以但无需提供给个人鉴别法律及其内容的工具。”（ICP，416）作为一种经验事实而言，大多数普通公民及律师并不直接将承认规则用作一种鉴别规则。他们转而求助于官方或非官方报道，来鉴别那些根据承认规则所做出的判决。这些个人相信这些报道准确再现了满足该规则有效条件的判决，由此间接依赖于承认规则，但他们并不直接运用承认规则来鉴别形成有效法律的那些判决。当然，这不排除承认规则作为一种鉴别规则的运用,但这确实表明承认规则无需达至于此。

承认规则概念之要义在于,它提供了某规范之合法有效所必须满足的条件。所以,承认规则提出了有效条件:某规范当且仅当其满足了承认规则所包含的标准,才具备有效性的特征。比如,当且仅当它是由立法机关根据承认规则描述的程序颁布的,“禁止在华盛顿故意杀人”的规则才有效。于是,德沃金的批判不仅在承认规则必须提供一种检测来鉴别法律问题,而且在承认规则必须提出鉴别条件这些观点上都不成立。

## 4. 安置命题与弱惯习命题

排他性实证主义与包容性实证主义者以不同的方式充实了弱式惯习命题。但其基本观点是:法律有效性标准的确立是通过承认规则的形式出现的社会习惯。如果说法律标准跟非法律标准的区别在于前者满足而后者未能满足惯习性承认规则所确立的标准,那么可以得出说,有效性标准在下述意义上被惯习性承认规则所穷尽:关于任何命题 P,当且仅当其满足了惯习性承认规则所表述的标准时,P 才合法有效。

德沃金相信,对法律的某种分歧,跟哈特将承认规则描述为一种“社会规则”并不一致。作为一种社会(或习惯)规则,承认规则具有外在方面与内在方面。外在方面包括对满足其有效性标准的规范的服从。而内在方面在于,官员们将其认同为官方行为标准。依德沃金之见,这种哈特理论要素承诺了人们不会就承认规则内容有任何分歧:

“哈特的限定……即承认规则可能在一些具体方面不确定……削弱了(他的理论)……如某个后来的议会试图取消某个范围明确的规则,而此时法官必须就怎样去做事实上产生分歧,那么就不是是否有任何社会(承认)规则约束那个判决的问题不确定。相反,没有任何规则约束判决是确定的。(TRS, 61 - 62)

如德沃金对哈特的解读,社会规则之要件只是无法具有争议性:“对于各自规则不同的两个人,……他们无法诉诸相同的社会规则,至少其中一个根本无法诉诸任何社会规则。”(TRS, 55)

由于承认规则的内在方面,问题由此产生。公民之间就承认规则的内容产生分歧，这没有什么问题。因为哈特理论并未假定他们理解或接受此规则。但官员们之间的分歧则不一样。该规则的内在方面由批判性反思态度予以界定。就此而言，它似乎使对该规则内容的理解成为必需。由于哈特要求官员们对同样的规则采取一种批判性反思态度，似乎可以认为，他们分享了对该承认规则内容的理解。但如果承认规则穷尽了法律有效性标准，并由官员们的共同理解所构成，不清楚的是，官员们之间就该规则内容是怎样产生分歧的。

排他性实证主义有一种直接回应：德沃金所涉及的分歧不是就承认规则是什么的分歧，毋宁是关于它应当是什么的分歧。这种回应隐含承认了德沃金的如下观点：如果就惯习规则规定什么产生分歧，就不会有习惯。并且由此不会有在此问题上的规则。由此来看，就习惯的内容出现争议，表明了该习惯内容上的漏洞。职是之故，就承认规则在某种情形下规定的是什么产生争议，表明了承认规则内容上的漏洞。该规则只不过终止了官员们之间的这种分歧，于是即成了就承认规则的内容应当是什么的争议了。

但包容性实证主义无法依赖上述回应。道德规范通常不被认为具有惯习性。根据对批判性道德的传统理解，即使当人们就该规范规定的是什么有争议时，道德规范的要件亦能予以确定。包容性实证主义主张，承认规则从下述意义上融入了某道德规范的内容：它使那个规范成为元规则的一部分。就此而言，它不会只是主张说：对元规则的那种争议意味着在其内容上有漏洞。因为如果相关规定只是某些道德规范，在给定案件中，就会对该条款规定要求的是什么产生争议。否则即意味着该条款是不确定的。因此，包容性实证主义者需要说明就那种包容了道德内容的承认规则所生争议是如何可能的。

科尔曼提供了这么一种解释。如他指出的，如果承认规则是一种规则，那么哈特的观点即意味着，某法律制度的官员们之间就何种标准构成承认规则一定具有普遍的一致看法。但这并不意味着，就这种标准在任何给定情形规定什么不会有分歧。

“就承认规则内容本身，不会产生法官们之间的争议。争议产生于就何种规范满足了其中所提出的标准。官员们在将不同标准鉴别为法律标准中所展现的行为的多元性，并不能证明他们不能接受相同的承认规则，相反，法官们赞同法律命题

的相同的真条件……他们对何种命题满足此条件有分歧。”(NAPP，156)

于是，科尔曼区分了实践者可能就承认规则所具有的两种分歧：(1)就何种标准构成承认规则的分歧；和(2)就何种命题满足这些标准的分歧。依科尔曼之见，哈特对社会规则的分析只是意味着(1)不可能。

## 5. 安置命题与可分离命题

如我们所看到，哈特对富勒与德沃金所提出批判的回应是，采取了安置命题，但哈特并不完全满足于此种策略。在数页之后，哈特对他所采取的安置命题进行了限定："道德原则和价值是否具有客观立场，如果这是个未决问题，那么这也必然是个未决问题：在对既有法律进行的各种检验中，'柔性实证主义'旨在与上述道德原则相一致的条款能否有效，或者仅仅只是构成对法院依道德进行造法的指令。"(CL，254)

哈特于此关心的是，该安置命题预设了道德规范的客观性(即，道德原则具有客观立场或客观价值)。哈特认为，只有当那种法律规范具有客观内容(即只有当对该规范规定了有一种客观正确答案)，该规范才能约束司法判决制作。如果某法律规范缺乏此内容，法官不可能对此内容出错。因此，它要留由法官根据超法律的考虑来确定其内容。于是，确定这个规范的内容必然涉及立法而不仅仅是裁判。因此，依哈特之见，如道德规范缺乏客观立场，那么使法律规范达到包含道德语言的唯一方式是，将其作为指导法官依据其对道德的最佳理解来行使造法裁量权(CL，253)。既然道德客观主义是否为真是个未决问题，那么承认规则能否包容有效性的道德标准就是个未决问题。

然而，德沃金主张说道德客观主义的承诺对实证主义来说有问题。因为它跟可分离命题的观点不相一致，后者认为，法律命题的客观立场独立于任何有争议的道德理论(无论是元伦理学还是道德本体论)(TRS，349)。如德沃金看到的，可分离命题"承诺了一种法律跟道德在本体论上的分离"(TRS，348－349)。从这种可分离命题观点看，任何与法律相关的标准或制度的存在的问题，跟关于道德的问题二者之间不会有交叉。法律有效性与道德有效性(即使在偶然描述的层次上)之间的任何交错都将违反可分离命题。可以这么说，因为某个标准是否合法有效的问题是就那个标准是否作为法律存在的本体论问题。

这个批评思路误解了哈特版本的可分离命题。如哈特对此命题的表述:“法律复制或满足了某种道德要求,这并不必然为真。即使它们事实上经常如此。”(CL, 185-186)哈特对可分离命题的表述在一个重要方面弱于德沃金版本:德沃金将可分离命题解释为,不会有对法律有效性的任何道德限制。而哈特将其解释为,无需有对法律有效性的任何道德限制。

于是,德沃金的批判预设了对可分离命题的一种不可接受的广义解释。只是没有理由去设想,自身允诺法律跟道德之间完全在本体论上的分离。诚然,许多实证主义者和哈特一样认为,法律有效性标准作为一个概念问题,必须包括创制、改变和裁判法律的规则。但除了那种概念限制外,就留由每个社会来决定何种标准会组成其有效性标准。可分离命题的意义在于,强调了某个社会在其有效性标准中,能够包括何种准则。对此不存在任何必然的实质性道德限制。因此,可分离命题意味着,没有道德标准作为其有效性标准,也有可能存在概念上的法律制度。但具有其有效性的道德标准的话,是否存在一种概念上可能的法律制度,这个问题则尚未解决。[35]

## 6. 安置命题与权威的性质

### 6.1 权威的性质

拉兹对包容性实证主义的批判的根据在于认为,法律必然宣称合法权威(权威命题)。[36] 拉兹承认法律的权威宣称通常是虚假的,但他坚持认为这个宣称构成“法律性质的一部分”:“虽然某法律制度不会具有合法权威,或者虽其合法权威不会有它所主张的那么广泛,但每个法律制度都宣称它拥有合法权威”(ALM, 215)。于是,权威命题旨在表达关于法律的概念真实:法律对合法权威的宣称,构成每个

---

〔35〕当然,排他性实证主义者否认这种可能性,若非跟如下情形无关的理由:(1)法律的存在是一回事,其是非曲直是一回事;(2)促使了法律与道德观念上的区分之可分离命题。如我们将在下节看到,由于拉兹认为安置命题与权威的性质不一致,所以他赞同渊源命题。德沃金与拉兹都反对包容性实证主义但所持理由不同。

〔36〕Joseph Raz, ‘Authority, Law, and Morality’, *The Monist*, 68/3(1985), in Raz, *Ethics in the Pubic Domain* (Oxford: Clarendon Press, 1994).(后文用 ALM 来表示)

法律概念的一部分。

依拉兹之见，权威命题意味着，作为一个概念问题，法律必须能够具有合法权威，“如果对权威的宣称构成这种法律性质的一部分，那么不管法律是别的什么东西，它都必须能够具有权威”(ALM, 215)。某规范体系如果不是那种能够具有权威的东西，那么它即未具有概念上成为法律制度的资格。

为了能够具有权威，法律必须能在人们及适用于他们的正当理由之间进行调和(ALM, 214)。依拉兹的“服务权威概念”，权威的要旨或功能是站在主体及适用于主体的理由之间，提供体现这种理由的指令。不能履行此调和功能的某规范体系，即无法具有权威，因而概念上不具有成为法律制度的资格。

拉兹服务权威概念的关键于，权威在实践考虑中，所要具有的特殊地位。和第三人建议(提供一种理由，并和别的理由相权衡)不同，权威指令取代——或先占——那些别的理由：

“(权威的)决定是给(主体)一个行动理由。他们应当依其所说的去做，因为他这么说……(但)它并不只是加予他人的别的理由(当人们推测何种方式从理由得到更好支持时，和他人相伴的理由)。……(权威)决定同样旨在取代其所依赖的理由。在赞同服从其判决时，(主体)同意遵从其对理由权衡的判断，而非他们自己的判断。因此其决定将为他们解决要做什么的问题。”(ALM, 212－213)

于是，依拉兹之见，权威的概念功能意味着，权威指令在实践反思中起到(或应当起到)这种特殊作用。故依此先占命题(preemption thesis)，“某权威要求从事某行为的事实就是行为的理由，这种理由并非是在判断要做什么时加入所有其他理由，而应是取代其中的一些理由”(ALM, 214)。

拉兹认为，权威的这些概念特征决定了某权威在道德上合法的条件。如果权威是要“服务”其主体，那么除非满足如下两个条件，否则没有理由来接受某权威：首先，依规范证立命题(NJT)，这必然是事实：如果争议一方接受了宣称权威的指令为具有权威约束力，并试图服从之，要比假如他意图服从那些直接适用他的理由，可能会更好地遵守适于他的理由(而非宣称的权威指令)。第二，依据依存命题(Dependence thesis)，权威指令应当依据已然适于主体的那些理由。

当然，就建议的意义在于服务对建议对象而言，NJT 和依存命题同样适于建议。这看起来是合理的。就此而言,仅仅这两个命题的任何意涵同样适于建议。比如,NJT与依存命题意指须提出某服务指令,来作为对人们如何及应当如何行为的看法——当然,这对权威和建议同样为真。但当NJT与依存命题跟先占命题(将建议跟权威相区分)混合起来时,它们意味着权威指令具有一种将其与仅仅的建议指令相区分的特征:

鉴别命题(Identification thesis):人们必然总是可能鉴别出权威指令的存在及内容,而不必求助于那种证立其指令的依存理由。

不求助于证立其建议的理由,就无法鉴别出建议性陈述的存在及内容,这可能削弱这种作为建议的陈述的效用,不过它并未从概念上使这种陈述丧失其作为建议的资格。但是,不求助于其所依存的证立,即不能鉴别出某指令的存在及内容。这将从概念上使这种指令丧失作为权威的资格。

这种多少让人觉得奇怪的结果的理由在于,权威的概念意义是通过提供各种指令来受益于主体。而这种指令体现了各种可适用理由之间的权衡,并且优先于各种主体对那种权衡所做的判断。不求助于各种理由的权衡,主体即无法鉴别出指令。这种指令就不能优先于主体的反思权衡。因此如拉兹指出的,权威的主体能够受益于权威的决定,只有当他们不依赖于刚好提出该权威在那里意欲解决的同样问题,以此方式才能确立其存在及内容。(ALM, 219)

拉兹认为,鉴别命题与权威命题都跟安置命题相抵触,因为法律必然宣称权威,法律必须能够具有合法权威。由此在鉴别命题看来,不求助于证立该法律的依存理由,即可鉴别出来。但是道德规范的内容却无法不求助于证立其规范的理由而予以鉴别。比如,为确定法律是什么,根据那种仅使跟正义要求相一致的立法规范有效的承认规则,我们必须鉴别最终证立那种法律的正义的道德要求。如果不求助于关于谋杀的正义要求,我们就无法决定禁止杀害无辜的立法规范的有效性。这意味着,道德规则的内容无法融入到承认规则中,因为作为权威的法律所要解决的是有关法律规定的争议。如果鉴别命题与权威命题为真,那么安置命题必为假。

拉兹的观点大体可以概括如下:

1. 某权威指令的概念的意义是,优先于其所体现的各种理由之间的权衡。
2. 权威要合法的必要条件是:(1)满足依存命题;(2) NJT得以满足。

3. 如果前面两个前提为真，那么权威要合法的一个必要条件是，某权威指令的存在及内容，总能在不求助于证立此指令的依存理由的情况下予以鉴别。

4. 因此，权威要合法的一个必要条件是，某权威指令的存在及内容总能在不求助于证立此指令的依存理由的情况下予以鉴别。（据上面 1、2、3）

5. 法律宣称合法权威是一种概念上的真实。

6. 如果法律宣称合法权威是一种概念上的真实，那么法律就是一种总能成为合法权威的事物。

7. 如果法律是一种总能成为合法权威的事物，那么法律必能满足权威合法的那种必要条件。

8. 因此，如果法律是一种总能成为合法权威的事物，那么某合法权威指令的存在及内容，总能在不求助于证立此指令的依存理由的情况下予以鉴别。（据 4、7）

9. 因此，如果法律宣称合法权威是一种概念真实，那么合法权威指令的存在及内容总能在不求助于证立此指令的依存理由的情况下予以鉴别。（据 6、8）

10. 因此，某合法权威指令的存在及内容，总能在不求助于证立此指令的依存理由的情况下予以鉴别。（据 5、9）

11. 依有效性的道德标准而有效的某法律规范之存在及内容，无法在不求助于证立此规范的依存理由的情况下予以鉴别。

12. 如果前提 10、11 为真，那么安置命题为假。

13. 因此，安置命题为假。（据 10、11、12）

### 6.2 科尔曼的可相容论证

科尔曼反对拉兹的观点，即安置命题跟构成服务权威概念的那些命题不一致。依科尔曼之见，据其道德是非的法律规范仅在求助于证立其规范的依存理由的情况下，即能鉴别其权威，这并不必然为真。比如设想具有这样承认规则的某法律制度：“只有对每个个体公平对待的立法规范才是合法有效”，以及某合法有效的禁止故意谋杀。依科尔曼：

某种公平与平等的理由（如法律给提供公平控诉的机会了吗？它得到公平执行了吗？）并非将那种禁止谋杀进行证立的一部分。禁止谋杀将会得到证立或防守，只是因为它违反了密尔的伤害原则，或因为谋杀有违绝对命令，或因为它无效率……或别的。另一方面，完全可以理解，任何具体的禁令都不能被视为法律，除非它在执行中合乎公平或平等对待的某些要求。这只是对下述观点换个说法：达致规则合法性的价值考虑，无须跟达致规则背后是非曲直的东西相一致（ST，271）。

诉诸对公平的考虑对于将禁止谋杀鉴别为法律规范可能是必要的，但人们依然能在不求助于其所依赖的证立的情况下鉴别谋杀规范，因为对公平的考虑跟规范之证立不相关。因此，即使拉兹关于权威的核心观点全都对，“这种合法性的价值标准并不使法律的权威宣称无效”。（ST，271）

作为回应，布赖恩·莱特认为，仅仅指出可鉴别出来的包容性有效规范的一个例子，而不求助于对采取某规则予以证立的依存理由，这无法驳倒拉兹式的反驳。依莱特之见，“如果存在这种情形，即这种依存理由跟道德理由一样，都是鉴别法律是什么所需求，那么它足以驳倒跟法律的权威相协调的柔性实证主义理论。总有某些情形‘可能’有不同理由，这就没什么关联”[37]。因此，莱特得出结论说科尔曼让它退步了：一个反面情形表明了“柔性实证主义跟（原则上）法律权威不相协调”。[38]

### 6.3 先占命题

瓦路乔通过挑战权威指令必然给出先占理由，试图将安置命题与权威命题相协调。瓦路乔认为加拿大宪章是个能在不给出先占（排他）理由情况下即能行使权威的包容性承认规则。因此如他所指出，加拿大最高法院在 Regina v. Oakes 案件中裁定：宪章权利可能是受限定的，只要这么做的目的“足够重要”，并且没有其他途径达此目的。基于此例子，瓦路乔结论认为，“宪章权利……并非完全排他，但它们确实具有一种对其有利的强烈预设”。[39]

但瓦路乔关于宪法权利范围由于别的价值可能受限的看法本身无法驳倒拉兹

---

〔37〕 Brain Leiter, ‘Realism, Positivism, and Conceptual Analysis’, *Legal Theory*, 4/4 (Dec, 1998), 541.

〔38〕 Leiter, ‘Realism, Positivism, and Conceptual Analysis’, 542.

〔39〕 Wilfrid Waluchow, ‘Authority and the Practical Difference Thesis: A Defence of Inclusive Legal Positivism’, *Legal Theory*, 6/1 (Mar, 2000), 45 - 82, at 58.

的批判。因为拉兹承认，排他性指令有时可能会以这种简明方式起作用：

“某排他性理由可能排除了所有或只有某类的初级理由。排他理由的范围是它排除的那组理由。正如任何理由具有一种内在力量，从而能受到影响力量的理由的作用，每个次级理由同样具有一种内在范围，能受到影响范围的理由的作用。”〔40〕

相应地，拉兹可能回应说，加拿大宪章提供的理由是排他性的，但仍然具有限范围，而排除了那种可能将限定宪章权利进行证立的更重要价值。正如一个中士的命令必须要服从更高军人命令一样，对加拿大宪章的保护也必须服从于对更为重要的价值的保护。

海迪·赫德对先占命题采取一种更具挑战性的策略。而瓦路乔希望表明存在并不给予先占理由的权威形式。赫德则主张正是拉兹理论中起作用的先占理由观念在概念上不连贯。赫德相信如果拉兹是对的话，那么对权威的服从是不理性的。因为它跟如下原则相抵触：某机构应当依据对各种理由的平衡而行为。〔41〕拉兹对权威的描述要求有个机构来遵从权威指令，而不管该指令是否合乎对各种理由的权衡。就此而言，它要求该机构只顾那些否则会适于它的那些理由，由此违反了这个重要的理性原则。

依赫德之见，这种含义不必引起理论上的焦虑，因为拉兹独立于内容的先占理由概念是不连贯的。赫德认为拉兹的权威理论意味着，如果某行为是理性的，完全是因为它是由一个合法实践权威在此权限范围内做出的命令，那么该合法实践权威在此权限范围内做出的命令的任何行为都是理性的。但这意味着，“为评估某权威是否真的是在合法进行行为，人们必须在每个适用法律的案件中对行动的理由做出平衡，以便控制该宣称权威根据那种平衡来对行为进行命令的能力”(CA，1633)。为确定该权威是否合法，及是否在其权力范围内活动，该机构必须确定NJT的条件是否得到满足。而这就要求该机构对所适用理由进行平衡。

依赫德之见，这一结果对拉兹来说是有问题的，因为它与先占命题不一致：

---

〔40〕Joseph Raz, *Practical Reason and Norms* (Princeton: Princeton University Press, 1990), 46.

〔41〕Heidi M. Hurd, 'Challenging Authority', *Yale Law Journal*, 100(1991), 1611.(后文用CA来表示)

如果(1)遵从某实践权威的理性取决于其权威之合法性,(2)实践权威的合法性的确立,仅仅通过平衡依赖于内容的初级行动理由,(3)实践权威禁止人们平衡那些依赖于内容的初级理由,那么实践权威无法是理性的。(CA, 1633)

观点如下:在每个由权威指令决定 NJT 条件是否适用的案件中,机构必须平衡初级理由,但先占命题禁止此机构对那些初级理由进行平衡。

然而,赫德的推理将拉兹的先占理由概念跟哈特独断行动理由的概念相等同。如赫德对此的描述:

命令者的意志表达……并不试图在听者作为如此行为的理由(甚至不作为最强的支配理由)反思的范围内起作用,因为那将预设独立的反思在进行,但命令者则试图消除或排除之。我认为这正是将命令称作"规定"行为及将命令称作"独断"发言形式的意图所在。确实,"独断"一词事实上只是意味着反思、辩论或论辩。[42]

因此,如哈特界定的用语"独断理由 P"在运行中排除、禁止或消除了对 P 旨在取代的理由进行平衡的反思。

但哈特式的独断理由观念更强于拉兹式的先占理由观念。因为在拉兹式的先占理由观念中,并没有排除机构对各种理由予以平衡的考虑。先占理由排除该机构做的,也就是要依他对各种理由予以平衡的看法来行动。某机构如果它想对各种理由进行平衡,可能会反思,但不可依此反思的结果来行动。[43] 用拉兹的话说,一个先占理由替代了机构自身在其反思要做什么当中的各种理由予以平衡的判断。但这只是最终排除了该机构依其对各种理由予以平衡的看法来行动。不像哈特所述,它未禁止其对理由平衡的反思。如果拉兹的服务权威概念最终站不住脚,不是因为他自身陷入到赫德指出的自相矛盾的前提之中。

### 6.4 规范证立命题

赫德对拉兹的批判最终基于假定 NJT 是一个实践理性原则。她的确将拉兹视为意图回答这个问题,即对一个人,何时接受权威是理性的:"于是,必须(由拉兹的理论)来回答的问题是:为什么仅仅因为一个人被告知如此去做,这样做就是理

〔42〕 H. L. A. Hart, 'Commands and Authoritative Legal Reasons', in Hart, *Essays in Bentham* (Oxford: Clarendon Press, 1982), 253.

〔43〕 更具体地说,它排除该机构就其基于对各种理由平衡的判断作出要做什么(以及由此做)的决定。

性的呢?”(CA, 1627)依她之见,仅仅因此理由而行为不会是理性的。因为“如果某行为是理性的,完全因为它是被命令的,那么任何命令的行为都是理性的了”。(CA, 1628)——而且她足够合理地相信,这种条件式的结论明显是错的。

但拉兹并不意图将 NJT 作为一种实践命题,而毋宁是将其作为“有关被用于确定权威合法性的论证类型的道德命题”。[44] 如拉兹所正确理解的,合法性观念是一种道德观念:“任何制度,除非它包括了合法性(或道德权威)宣称,否则即不是法律制度。这意味着它认为法律要件具有约束力,亦即法律义务是出自于法律的真正(道德)义务。”[45]他类似地主张:“如果某(法律制度)缺乏赋予其合法权威的道德属性,则它就没有什么……要宣称权威,它必须是……这样一种制度:即原则上能够具有权威所应有的道德性质。”(ALM, 215)

依拉兹之见,道德合法性观念以如下方式跟独断理由观念相关联。人们普遍认为,说某权威合法的意思是,存在服从该权威指令的一种普遍道德义务,因为该指令出自于权威。[46] 相应地,服从该合法权威指令的道德义务,跟指令的渊源,而非其内容相关。法律的内容同样可以产生关于服从的道德义务。正如禁止谋杀的法律之情形一样。但这跟发出指令的法律制度的道德权威无关。于是,作为一种道德命题,NJT 陈述了权威指令产生所需要服从的独立于内容的道德义务条件。

拉兹相信在道德机构的心目中,道德义务是作为行为的先占理由而起作用(或应起作用)。就某机构有道德义务去做 A 而言,让他不去做 A 从道德上是不被允许的。可进一步得出,就某机构有道德义务去做 A 而言,让他不去做 A 从道德上是不被允许的,而不管他是怎样看待对各种理由的平衡。因此,要做 A 的道德义务在运行中禁止该机构按照其对各种理由进行平衡的理解而行为。因此之故,如果成功陈述了何种事实权威的合法条件,NJT 也会成功陈述何种权威指令作为行为的先占理由而起作用(或应起作用)的条件。

---

[44] Joseph Raz, ‘Authority and Justification’, *Philosophy & Pubic Affairs*, 14/1 (winter, 1985), 18。强调部分是添加的。

[45] Joseph Raz, ‘Hart on Moral Rights and Legal Duties’, *Oxford Journal of Legal Studies*, 4/1 (spring, 1984),131。强调部分是添加的。

[46] 反对观点可参见 William A. Edmundson, ‘Legitimate Authority without Political Obligation’, *Law and Philosophy*, 17/1 (Jan, 1998),43 - 60。依埃德蒙森之见,如果说权威 A 对某人 P 具有合法性,就是说 P 具有不干预 A 来“执行”其指令的道德义务。

而且，某机构服从道德义务，即使这跟它对平衡各种理由（减去该义务提供的理由）的理解相冲突。如果这是理性的，那么 NJT 同样表明了，某机构服从合法权威指令如何能够是理性的。就道德合法权威指令产生道德义务而言，该机构服从此指令是理性的——即使当它们跟该机构对平衡各种理由的理解相冲突。因此，NJT 提供了条件，由此将这种权威指令视为提供了一种先占行动理由是理性的。

然而，人们可争论说，NJT 未能作为对道德合法权威的一种描述，因为满足 NJT 既不必要也不可能产生所要服从的独立于内容的道德义务。服从某权威指令比不服从更可能有助于正当理由要求，这个简单事实也许能使某人服从权威，但它无法从道德上让他这么做。它也无法给运用强制手段来对那人实施此指令，提供道德证立。

为简明起见，假定那种正当理由要求我们总能遵从道德标准，还要假定 X 在决定道德要求是什么方面从不出错。我在道德上有义务服从道德标准。即便这为真，也不意味着我在道德上有义务服从 X。当然，如果 X 在道德上不出错，我在道德上有义务出于 X 的指令的内容而非因为是指令的原因，而遵从 X 的指令。在此，重要的是要记住，拉兹对合法权威的描述涉及到独立于内容的遵从权威指令的义务。我被迫将我行为合乎 X 所指令的内容，因为此内容合乎道德，但仅仅 X 在道德上不出错，还无法在我这方面产生服从 X 的独立于内容的道德义务。因此，满足 NJT 对道德合法权威并不充分。

同时，也不必要。如果你我同意服从某权威的指令，并放弃否则可适于我们的那些选择，我们道德上的相互合意迫使我们服从此权威决定。在我们各方服从此指令方面，这是如何产生道德义务具有不同的方式来进行解释。比如，人们可以采取一种严格的合同观点，并将我们彼此间的合意概念化为一种形成义务的合同。或者人们会争辩说，如果允许人出于不服从而从别人放弃的利益中获利，这不公平。但不论怎样做，权威合法性的关键要素在于典型地被认为基于那些认为该权威是合法的任何人明示或默示的赞同。

当然，存在对赞同产生道德义务之限度的限制——即使那种赞同经过议价或为别人所依赖。如拉兹指出，赞同将某指令作为权威，预设了对某权威决定要做出何种指令的思考的限制。比如在日常情形下，赞同某权威预设了它不可基于投币来决定问题。同样,如果对其中一方明显不公的话,那么,相互合意与信任不足以挽救一场交易。但就合意与权威的关系而言,存在例外情形而非一般规则。如果各方能够有效赞同权威并获致相当的合意,那么 NJT 表达的条件并不必然赞同权威产生一种服从该权威指令的义务。

### 6.5 权威命题

针对拉兹的批判,许多包容性实证主义者意图挑战权威命题,来防守安置命题。[47] 如菲利普·索普主张,"如果国家信服这种观点,即没有义务遵守作为法律的法律,并公开宣布它在放弃任何此类观点,那么目前如我们所知,法律实践中什么也不会发生改变。"[48]索普提出四点理由来支持此主张:(1)守法义务经常表现于法律规范中;(2)国家宣称公民有守法之道德义务;(3)国家可就其规则公开采取一种坏人观点;(4)某法律制度依强制力予以维系,因而无需主张道德权威。

然而,索普对包容性实证主义的防守,误解了权威命题的特性。抛弃对道德权威的宣称将不会导致任何实践变化,索普这一看法将权威命题解释为这种观点:某法律制度为了有效必须做出何种宣称。因为索普的观点是,如果国家公开否定了权威宣称,那么我们就不会注意到法律制度在日常运作中的任何改变。但权威命题既不主张也不意味着宣称权威的法律制度比不宣称权威的法律制度可能更有效,这是因为,权威命题是一种概念主张,而非经验主张。依拉兹之见,法律宣称合法权威乃"法律性质的一部分"。因此,拉兹能够认可,我们不会注意到某法律制度 S 日常功能中的任何差异,条件是,如果它放弃了任何权威宣称。但拉兹主张,放弃那种宣称意味着放弃了 S 之作为法律制度的地位。

有必要对权威命题予以反驳的是这个例子:未作任何道德权威宣称的规则体系,却合理地被描述为一种法律制度。换言之,所需的是对权威命题的一个反例。马瑟·克拉默试图作此反驳:

---

〔47〕参见 Kenneth Einar Himma, 'Law's Claim of Legitimate Authority', in *Hart's Postscript: Essays on Postscript to the Concept of law*, ed. Jules Coleman (Oxford: Oxford University Press, 2001)。本文对权威命题做了探讨。

〔48〕Philip Soper, 'Law's Normative Claims', in Robert P. George, *The Autonomy of Law: Essays on Legal Positivism* (Oxford: Clarendon Press, 1996), 215–247.(后文用 LNC 来表示)

“当然，像黑手党这种有组织犯罪的辛迪加，在某一地区，运用那些如真正的法律制度的命令一样的广泛而持久适用的指示，对生命的诸多方面施加很大的控制。……如果这种施加广泛控制的黑手党体制的确实际上分担了这些重要特征（持久性、普遍性），并且如果它同样符合某些相关有效性检验（无论此检验是什么），那么它都应被归为法律制度；或者无论如何，这种归类的适当性，不能仅仅因为黑手党官员未主张道德许可性而予以否定。”〔49〕

然而，这并非对权威命题的一个成功回应，因为它并非一个清晰的反例。换言之，黑手党体制应否被作为一种法律制度，这并不清楚。结果拉兹可以很合理地回应说，上引那段话的末句只是个乞题（begging the question）。

一个更有希望的例子如下，假定有这么一个和我们的制度有诸多相似的社会具有如下特征：社会 S 中哲学上已然成熟的立法者和法律主体，已经理解了宣称法律为合法的任何论据与反论据。结果，社会中的居民与官员都怀疑，法律能产生一种独立于内容的守法的道德义务。因此，该社会中的居民与官员都避免使用可能是误人的术语如“权威”、“义务”、“责任”、“权利”，而是依靠这种术语如“官方的”、“规定的”、“委任的”、“非选择的”、“被许可的”（与“可许可的”相反）。

在社会 S 中，哈特之法律制度存在的最低条件得以满足。社会中的官员们出于（作为一个实践问题）必须做一些事情来规制行为这样一种认识，对承认规则采取一种内在观点。的确，社会中的任何法律主体都认为，围绕官员们所采取的习惯来建构一套规则体系，是每个人利益所在——因而同样对有效性标准采取一种内在观点。而且，认识到具有一套规则体系来调控行为的优越性，法律主体通常会遵从由承认规则所生效的指令。

有什么合理的非乞题理由会否定说，这种规则体系是一种法律制度呢？这两种规则体系的唯一差异是，一个体系中的官员们认为其社会是合法的，而社会 S 中的官员缺乏此信念——一个显得跟后者的归类不相关的差异。所有主要制度都在此：创设制度的承认规则使得法律的创制、修改与裁判成为可能。社会 S 的所有公民将官员们的决定接受为强式行动理由。跟其在这个社会一样，S 中的规则也得

〔49〕 Kramer, ‘Requirements, Reasons, and Raz’, 394.

到简明的服从。根据这些评论，将社会描述为具有法律制度是有意义的，因为它具有创设有效规制行为所必需的任何部分——即使没有任何东西可解释为对合法权威的一种制度宣称。若此为对，则权威命题即为错。

## 7. 安置命题与实践影响命题

### 7.1 反对哈特功能论的个案

夏皮罗认为安置命题跟哈特的基本承诺（即法律的概念功能是引导行为）相冲突。如哈特所论："寻求如下这样任何具体的目标都是徒劳：这种法律超出对人类行为的引导及批判此行为的标准而起作用。"于是，依哈特的功能论，任何不能引导行为的规则体系从概念上没有作为法律制度的资格。

夏皮罗鉴别出规范引导行为的两种方式。首先，当且仅当 P 对 R 的服从是由 R 对待决行为进行规定的事实引起的，规范 R 旨在引导某人 P。于是，只有在 P 服从 R 的情况下，P 被 R 在动机上引导。因为它认可了 R 作为行为标准——而不是因为他害怕制裁。第二，当且仅当"P 从（R）……并且服从（R）……知晓其法律义务。"R 从认识论上引导 P。[50] 于是，就 R 在认识论上引导 P 而言，R 无需引发服从：只要 P 从 R 中知晓其义务，P 是否出于害怕制裁而服从 R，这不要紧。夏皮罗认为，哈特关于法律制度之最低存在条件使他承担对官员如何受规则引导进行说明。我们看到，哈特认为某法律制度存在于：(1)官员们对惯习性承认规则采取内在观点；(2)公民普遍服从根据承认规则而有效之法律。但这似乎意味着，法律依某人是官员还是公民，而具有不同的引导行为的概念功能。既然哈特的最低条件规定了公民在没有要求任何具体目的的情况下普遍服从法律，那么初级法律规范须能从认识论上引导公民。相反，既然哈特的最低条件规定了官员们将承认规则认可为官方的行为标准，那么承认规则必能从动机上引导官员。

在夏皮罗看来，这就得出，哈特采取了实践影响命题。依此命题，任何法律规范通过提供目的性或认识论的引导，必能对某机构的反思具有实践影响。由于哈

[50] Scott Shapiro, Hart's Way Out', *Legal Theory*, 4/4 (Dec, 1998), 469 - 508, at 490.（后文用 HWO 来表示）

特的法律制度存在的最低条件意味着任何法律规范必能在司法思考中，通过提供目的性引导而具有实践影响。由此得出，不能从目的上引导法官的任何规范，都在概念上没有资格成为法律。

夏皮罗认为，此含义与对安置命题的承诺不相一致，因为法官不可能同时由包容性承认规则及其生效的规则来进行目的引导。如我们将看到的，夏皮罗为必要规则及充分规则提供了分离的观点。但其基本策略如下，假定 ROR 是包含了有效性的道德标准的承认规则，并且 R 据其道德是非而有效，如果法官受 ROR 的目的性引导，那么他将被引发从道德上值得称赞的方式来决定案件。但如果他以道德上值得称赞的方式来决定案件时，R 即无法提供任何进一步的目的。因为根据假设，法官将去做道德上值得称赞之事，而不管他是否求助于 R（又因其道德是非而有效）。鉴于由 R 提供的理由已经包含在 ROR 之中，故求助于 R 无法具有实践影响，因而安置命题跟实践影响命题不相一致。

夏皮罗的观点大体可归纳如下：

1. 法律的概念功能是引导行为（功能命题）。

2. 如果功能命题为真，那么无法在反思结构中具有实践影响的某规范，在概念上不具有作为法律的资格。

3. 因此，无法在反思结构中具有实践影响的某规范，在概念上不具有作为法律的资格（据 1、2）。

4. 哈特关于法律制度存在的最低条件意味着，承认规则通过动机引导官员而具有实践影响，有效的初级规范通过认识论上引导公民而具有实践影响。

5. 因此，能从动机引导官员的某规范，从概念上不具有作为承认规则的资格（据 3、4）。

6. 法官无法由包含有效性之道德标准的承认规则和依那种承认规则而有效的规范，同时进行动机引导（不可能命题）。

7. 因此，包含有效性之道德标准的承认规则，在概念上不具有作为承认规则的资格（据 5、6）。

8. 安置命题容许包含有效性之道德标准的承认规则的存在。

9. 因此，如果实践影响命题为真，那么安置命题为假（据 3、7、8）。

10. 因此,如果功能命题为真,那么安置命题为假(据 2、9)。

夏皮罗结论认为,“排他性法律实证主义……是强加于那些持法律功能主义观点的法律实证主义者。”(HWO, 507)

### 7.2 科尔曼对夏皮罗的回应

科尔曼提出一种对夏皮罗观点的保守回应。科尔曼承认夏皮罗观点所确立的实践影响跟安置命题不一致,但否认包容性实证主义者会弃安置命题而支持实践影响命题:

持续性与连续性构成法律的必要特征之观点,及其具有的实践影响的能力观点之间似乎有一种差异。无法想象,法律不具有持续性、连续性,及其制度性、次级规则、内在方面。不太清楚的是,规则仅仅因其不能引导行为而无法合法有效或有约束力。于是可以说,法律是一种规范性社会实践的观点意味着,大多数法律在大多数时间里具有实践影响。(ICP, 424 - 425)

依科尔曼,法律具有实践影响的主张至多是一种有关法律典型为何物的经验主张:“能够具有实践影响是合法性的一个条件,而不是我们法律概念的一部分。尽管具有实践影响的普遍能力是一般法律的一种特征。(ICP, 425)

当然,夏皮罗前提 2 若为正确,并且实践影响命题是如下观点的逻辑结论:法律之概念功能是引导行为,那么科尔曼必然同时放弃功能主义。[51] 虽然,看起来法律(作为一种人工制品)必具有一种独有功能,并且引导行为乃此功能的最佳候选。但科尔曼反对这种观点,即法律具有一种概念功能,理由是,它相当于一种不可接受的形而上学本质论(POP, 145)。所以,科尔曼承认夏皮罗观点的合理性,但认为包容性实证主义应拒绝功能主义与实践影响命题。

### 7.3 必要要件说

在安置命题的两个组成部分当中,必要要件说相对于排他性实证主义来说是个较弱的理论,因为不同于充分要件说,它仅对有适当社会渊源的规范起作用。但

---

〔51〕但要注意“法律的概念功能是来引导行为”这一语句在如下二者之间是含糊的:作为制度的法律功能(或法律制度的功能)与作为个别规范的法律功能。前者并没有对实践影响命题予以承诺的意思。参见 Kenneth Einar Himma, ‘H. L. A. Hart and the Practical Difference Thesis’, *Legal Theory*, 6/1 (Mar. 2000), 1 - 43。

不管其与排他性实证主义理论有多近，夏皮罗还是认为必要要件说跟实践影响命题不一致。

论证如下，假定“必要承认规则”（NRoR）使所有并且只有如下规则有效：（1）由立法机关依某种程序进行制定；（2）总体上并非不公平。假定立法机关制定$R_{mw}$，规定说雇主应支付6美元/小时的工资。假如$R_{mw}$并非总体上不公平，并且由此依NRoR而有效。依夏皮罗之见，如果法官动机上受NRoR引导，那么他无法同时受$R_{mw}$动机引导：

“这个最低工资规则至少在动机上引导法官吗？对此答案是……‘不’。注意，当某规则被作为一种独断行为理由时，其才在动机上引导行为。由此而来的是，如果规定某机构对所适用规则的是非曲直予以反思，那么某规则无法进行动机引导。因为这种最低工资规则的适用（遵循包容性承认规则）依赖于（法官）最初对该规则是否总体上公平的评估，他无法将此规则作为一种独断的行动理由，并由此无法在动机上受其引导。”（HWO，501）

通过提供一种排除对$R_{mw}$之是非曲直予以反思的独断理由，$R_{mw}$旨在动机上引导司法行为。就此而言，可以得出说，$R_{mw}$无法动机上引导行为，因为NRoR规定说，法官适用Rmw的前提是要对$R_{mw}$之是非曲直进行反思。

在此问题出现了。因为如我们所见，哈特对独断理由的描述禁止法官对$R_{mw}$之道德是非进行反思。[52] 某承认规则规定将对某法律之道德是非予以反思作为适用它的先决条件。就此而言，即使要提供独断理由也不可能，因为独断理由排除这种反思。既然对哈特来说，法律通过提供独断理由而从动机上引导行为，那么作为适用的先决条件而须予以道德评估的任何法律，无法在哈特意义上从动机上引导行为。

但要注意，在惯习命题、社会事实命题、可分离命题中，没什么可供哈特得出这种观点，即法律可提供动机引导的唯一方式是，排除对某规则是非的反思。哈特关于承认规则之具有一种内在观点的一般看法，也未使他依据对决定性权威的官方接受来界定这种重要观点。哈特理论中可能还有其他特征给他强加这种动

〔52〕参见前引注释48－50。

机引导，[53]但这些特征都与包容性实证主义的核心承诺无关。如果这是对的话，那么包容性实证主义者会反对哈特的独断理由理论作为解释法律如何动机引导行为，以此来回应夏皮罗。

确实，只要我们反对哈特关于独断理由作为对引导行为的解释，我们即可理解，某法官怎样能够同时受 NroR 和 $R_{mw}$ 的引导。假定允许雇主支付少于 4 美元/小时，总体上这对雇员会不公平；如果要求雇主支付多于 9 美元/小时，总体上这对雇主不公平。假设某雇员根据 $R_{mw}$ 起诉雇主，法官要求雇主支付给雇员其实际所得跟假定每小时 6 美元的应当所得之间的差额——并这么做了，因为 $R_{mw}$ 规定他这么做。

在此假设下，似乎还有让 $R_{mw}$ 在法官反思中具有实践影响的空间。依夏皮罗之见，为了确定某规则是否具有实践影响，我们必须考虑如果不诉诸该规则，那么机构会做什么。如果不求助于这种规则它刚好能做同样的事情，该规则即不具有实践影响。但要注意，没有理由认为如果不求助于 $R_{mw}$，法官的判决也会相同。$R_{mw}$ 规定雇主支付 6 美元/小时，但假如他们支付了 5.5 美元/小时，也不会总体上不公正。无法保证动机上受必要承认规则指使的法官，在不求助于 $R_{mw}$ 的情况下，会做出同样的判决。确实，假如 $R_{mw}$ 规定的是 7 美元/小时（这是假设，并非总体上不公），法官判决本来会有不同。因此，有可能让法官动机上受 NRoR 与 $R_{mw}$ 的引导。

在此值得指出的是，因为排他性有效标准留给了法官夏皮罗所称的那种“活动余地”，依排他性承认规则而有效的规范即能具有某种实践影响。某法官动机上能够同时受排他性承认规则和由此生效的规则的引导，理由是，“它总留由（法官）来设想该规范不再存在”（HWO，498）. 如果该规范不再存在或被别的规范所取代，那么法官有理由去做不同的事情。依夏皮罗之见，“正是由动态承认规则刻画出的‘活动余地’，使得原初法律规则具有实践影响”（HWO，498）。

但如上例子所示，必要规则刚好留下同种类的活动余地。必要规则要求立法

---

〔53〕夏皮罗认为，哈特无法在不必重新反思其理论别的方面的情况下，重新反思其独断理由理论。参见 Scott Shapiro，‘Law，Morality and the Guidance of Conduct’，*Legal Theory*，6/2 (june. 2000) 62－63。（后文用 LMG 来表示）

规定要与某些道德原则相一致。它们是动态的，因为在大多情形下，有不止一个行为规则跟相应的道德原则相一致。比如，某州可采取多种跟宪法修正案一致的方式来规制州际高速公路上的车流。因此，受必要规则启发的法官可同时受依此规则生效的规则的引导，因为该法官总能设想该规则不再存在或被别的规则所取代。只要实证主义者否定法律提供独断理由的观点，他就可将必要要件说接受为一种说明如第八修正案这种宪法条款运作的方式。

### 7.4 充分要件说

一如夏皮罗反对必要要件说的观点是针对哈特的独断理由理论，夏皮罗对充分要件说的反对意见是指向其他可能存在的动机引导理论，并且由此更为有力。假设 SRoR 是一个断定“法官要在疑难案件中适用道德规范”的充分规则，而 $R_{com}$ 是这么个道德规范：如果某人 A 的行为错误导致对 B 的伤害，那么 A 应赔偿 B。$R_{com}$ 根据 SRoR 的道德内容而有效。现在假定汤姆在约翰门前结冰的道上滑倒受伤，并且 $R_{com}$ 是唯一相关规则，该法官须决定约翰是否应赔偿汤姆。进一步假定该法官动机上由 SRoR 引导。

依夏皮罗之见，法官无法同时动机上由 $R_{com}$ 引导，“因为不管法官本人是否参考道德原则，他都将以同样方式行为”(HWO, 496)。因为动机上受 SRoR 引导的法官将会被诱使按照道德来决定案件——并且道德要求约翰应赔偿汤姆，因此如果法官动机上受 SRoR 引导，那么 $R_{com}$ 无法具有实践影响：“包容性承认规则本身的指引，总是足以给法官以正确答案”(HWO, 496)。

有人可能反驳说，如果道德来规定约翰应赔偿汤姆，那么法官会以不同方式来行为。换言之，有人反对说，如果 $R_{com}$ 还不是个规则，那么法官本应以不同的方式决定该案。但夏皮罗回应说，恰恰是不可能让 $R_{com}$ 不成为充分规则(这种规则使所有并且只有道德原则生效)条件下的规则，排他性承认规则给 $R_{com}$ 留下活动余地。这是因为，$R_{com}$ 是否完全依它是否是个适当的社会渊源而有效——这是个要紧问题。虽然 $R_{com}$ 是矫正正义的道德要求，立法机关仍然可能拒绝颁布 $R_{com}$。于是，根据使 $R_{com}$ 生效的排他性承认规则，法官就 $R_{com}$ 具有必要的活动余地。因为“它总留由我们来设想该规范($R_{com}$)不再存在”。由此，排他性承认规则在下述意义上是“动态的”：何种规则由排他性规则生效，这纯粹是个偶然问题。

依夏皮罗之见，这将排他性承认规则与包容性承认规则区分开：

“相对于排他性承认规则，包容性承认规则是静态的。可能受引导的那些行为自始固定且从不变易。对此理由很简单：道德是一种静态体系——它没有‘改变规则’，在这方面，道德跟法律大异其趣。法律规则定期随时间而变动，而道德规则不然。比如，如果诺言不必遵守，这是不连贯的。如果说今日诺言必须予以遵守，明日亦然。”（HWO，498）

于是，将充分规则跟排他性承认规则相区分的是，何种规则依排他性承认规则而有效是个偶然问题，但何种规则依充分承认规则而有效则不是个偶然问题。

然而，夏皮罗此处的论证有疑问地假定了规范伦理学相对主义的虚假性。依规范伦理学相对主义，从下述意义上，文化生成道德：在任何给定文化中何为对错，完全取决于其中大多数人的文化信仰。因此，比如当且仅当大多数人在时间 t 内相信堕胎是错的。在时间 t 内的某文化中，堕胎是一种道德错误。但如果规范伦理学相对主义是正确，由此得出与夏皮罗相反的观点，即道德是个动态体系，道德规则可以改变，且给法官留下充分活动余地。由法官“去设想规范 $R_{com}$不再存在”。

作为回应，夏皮罗认为规范伦理学相对主义不会拯救包容性实证主义，因为如果它是正确的话，“包容性实证主义将瓦解为排他性实证主义。由于二者都会主张，法律规范具有社会渊源，并且因为这种渊源而有效”（LMG，25）。然而，这夸大了规范伦理学相对主义对法律实证主义的影响。排他性实证主义者认为，法律具有作为法律系谱的制度渊源，这是一种概念真实。根据排他性实证主义，需要将某规范生效的是：（1）某种故意行为；（2）符合有效性的习惯标准，表达于制度语境中。根据在此文化中人们普遍认为而有效的那些规范都不合乎这些条件。规范伦理学相对主义的正确将要求反思包容性实证主义与排他性实证主义的区分，而不是因为此区分会瓦解。[54]

---

〔54〕为理解这一点，请注意人们可争论说，拉兹式的权威概念仍然与安置命题不一致，因为依据包容性承认规则，对法律的鉴别要求人们对其“是非曲直”进行反思——虽然其是非曲直将依经验论（即该文化中人们的信仰）来鉴定。这仍与权威的概念意义不一致，后者是要解决正当理由所要求的事项。

无论如何，夏皮罗对此反驳做出了强有力的回应：即使 $R_{com}$ 可能是个道德规则，$R_{com}$ 也无法动机上引导一个受 SRoR 引导的法官。依夏皮罗，当且仅当某法官如果求助于 $R_{com}$ 而未能做 a，$R_{com}$ 才才动机上引导该法官。但如果该法官动机上受 SRoR 引导，即使他不求助于 $R_{com}$，他也将做道德要求之事，无论其是由客观确定还是由主体间确定的。因此，不管规范伦理学相对主义是否正确，该法官无法动机上同时由 SRoR 和 $R_{com}$ 予以引导。

### 7.5 动机引导与司法判决

夏皮罗的观点严重依赖于这种看法：即实践影响命题意味着法官必得动机上受初级法律规范引导。如我们所见，夏皮罗反对存在包容性承认规则的可能性，因为受此规则动机引导的法官，无法同时受其所生效的任何初级规范的功能引导。在夏皮罗看来，只要该法官受包容性承认规则的启发，即没有初级规范来动机引导法官的余地，因为承认规则决定了该法官将如何去做。

但是人们会合理质疑，为什么实践影响命题的合理版本都会要求法官受初级规范的动机引导。依哈特之见，在此重要的是指出，承认规则仅仅是针对官员，并由此界定了官员作为官员的义务。反之，初级规范并不对适于官员作为官员的法律义务进行一般界定，因此，当某法官依据初级法律规范去评价公民行为时，其行为合乎承认规则所界定之义务。它并不合乎有相关初级法律规范界定之义务。该初级法律规范本身界定了被告的义务——此即该规范何以相关的原因。

如夏皮罗指出，哈特采取的内在观点及强式惯习命题似乎意味着，法官必受承认规则之动机引导。对界定其义务的承认规则持内在观点的法官，必然将此规则作为他做要求于他之事的理由。

然而还不清楚的是，法官怎样能受不指向他们的规则（由此无法界定其法律义务）的动机引导。依夏皮罗之见，要受某规则动机引导就是“服从”此规则，这是因为其作为规则的地位使然。但根据初级规则来评价被告行为的法官，并不服从这种初级规则。他服从的毋宁是承认规则。这要求他决定被告行为是否合乎那种初级规则。严格地说，该法官无法作为法官服从那种初级规则。就此而言，不清楚的是，何以实践影响命题应被解释为要求那位法官受此规则的动机引导。[55]

当然，如夏皮罗指出，某些初级规范是指向法官(LMG，30)。再次考虑“里格斯诉帕尔玛案”的著名原则：没有人应从其错误行为中获利。里格斯原则本身似乎是指引导法官采取行为阻止一个人从其错误行为中获利，因此明显是针对法官而非公民。

但是这里的评论尽管正确，却无法证明夏皮罗对包容性实证主义的反对意见。要证伪安置命题的是这种论证：证明法官须总受初级规范的动机引导。某些初级规范是针对法官的，并因此须能动机引导其行为。这并不意味着任何初级规范必能动机引导司法行为。如果这是正确的，那么夏皮罗的观点至多表明针对法官的初级规范，无法根据其道德内容而合法有效。这种规范根据其渊源有效或者无效，或者必可解释为针对主体。[56] 这意味着对包容性承认规则内容的概念限制，但它在逻辑上不排除有效性的道德标准之可能。

---

〔55〕参见 Himma，‘H. L. A. Hart and the Practical Difference Thesis’，34－39，本文仔细研讨了这方面的批判。夏皮罗认为哈特持此观点，及初级规范对行为进行动机引导。因而比如夏皮罗指出，哈特认为“一个明显的例子是，正如棋手所走的每步棋一样，大多数判决或者是真正努力遵从某些规则，有意识将其作为判决的指导标准而做出，或者如果判决依直觉得出的话，是由法官将其作为前提而要遵从的规则来进行证立，并且这些规则跟手头案件的相关性普遍得到承认”。载 CL，141，转引自 LMG，27。

我怀疑哈特关于各种引导形式的观点得到充分发展，来使这些相互分离的评论以各种形式成为可靠的论据，使得夏皮罗就此问题的作品如此重要。部分在于，他表述了此前作品未予做出的一个区分。我推测夏皮罗作品中会有很多这种甚至会令哈特视为新奇的东西。无论如何，在此我不欲主张哈特相信或不相信的那些东西。我在此主张的只不过是，哈特理论的核心允许他否认法官必定受夏皮罗意义上的初级规范的引导，并且他将否认这种强式观点。

〔56〕“里格斯案”的原则可如此表述：某人从其本人应受谴责的行为中获利是错误的。

# 第5章　形式主义

马丁·斯通 著　杜宴林* 译　张民全** 校

一般命题不能裁断具体案件。

——霍姆斯

## 1　导言

自从霍姆斯写出他那批判性的格言、庞德嘲笑“机械法理学”之后，“形式主义”和“形式主义的”便成了对法律思想和实践之批评中使用最多的术语了。有人说霍姆斯发动了一场“对形式主义的大规模反叛”[1]。不管这种说法是否准确，这种反叛的观念一直让美国法理学界执迷着魔，这一点可见于下述事实，即尽管“形式主义”被广泛地认为已经为现实主义者完全颠覆和瓦解，但它仍为历代理论家所攻击。就如同对于神经病(neurosis)或上帝之死的批评一样，对于形式主义的批判似乎是无止境的。[2]

尽管形式主义如此声名狼藉，但很难找到对形式主义者所犯错误的准确陈述。

---

* 吉林大学法学院、吉林大学理论法学研究中心教授，主要从事法理学、法哲学研究。

** 国家2011计划司法文明协同创新中心、中国政法大学2015级司法文明方向博士研究生。

[1] Morton White, *Social Thought in America: The Revolt Against Formalism* (Oxford: Oxford University Press, 1947), 11；另请参见 Grant Gilmore, *The Ages of American Law* (New Haven: Yale University Press, 1977), 12。

[2] “形式主义已经被彻底瓦解”的观点经常出现在对其批评的开篇中。参见 Michael S. Moore, ‘The Semantics of Judging’, *Southern California Law Review*, 54 (1981), 151, 153。

霍姆斯的格言经常被认为抓住了该错误的核心，并通过否定该核心而纠正了该错误，但很难说清霍姆斯的话到底是针对谁、揭示了什么。大量的反形式主义的文献也一样没有把问题说清楚。首先，种种关于形式主义的命题显然不过是一些类似于稻草人的东西。这些命题怎么会值得人们持续不断地努力以反对它呢？其次，它们也没呈现出所谓的“大规模反叛”评述所隐喻的某种高度的一致性或整体性。

这里所关注的“形式主义”是作为传统思想（开始于霍姆斯和现实主义者）中批判主义的术语之一而出现的〔3〕。导言的后面两部分首先介绍了要把握这种传统（稻草人）的首要困难的两个例子；接下来简要地概括了第二个困难（即形式主义的多样性）。这两种困难决定了我们文章的结构。第一部分批判性考察了自霍姆斯以来各著者对“形式主义”的理解，并按其彼此之间的关系摆正了各种类型的形式主义的位置。第二部分（看起来比较分散）更加深入地进行了探讨：它通过提出两个更宽泛的问题，为穿过目前形式主义表层的重重帏帐进而把握形式主义实质提供了方向，即(1)按照规则判决的可欲性和(2)按照规则判决的切实可行性。在文章的两部分中都凸显出一个关于形式主义的目标概念（target notion）的建议——所谓形式主义的目标概念是指如果我们希望把“形式主义”这一名称赋予一个值得讨论的独特教义（doctrine）的话，我们将会称之为“形式主义”的那个东西。我们暂且说，形式主义的目标概念就是指私法无须还原（non-reductive）就可以从道德上加以理解和把握。这里的要旨就是不要超出其本身的范围来使用形式主义这一词语〔4〕。如果这一建议有助于发展或提炼出后霍姆斯主义思想的某些特征，否则这些思想便是费解的，那么这一建议就达到了其目的。这种提议是怎样有助于形成后霍姆斯主义思想的某些确定的特征，这并不难理解（is something to be seen），但是，它也为推动我们的研究预设了各种困惑的命题（statement）或提议。

---

〔3〕正如非常多的批评者所指出的，形式主义差不多就是一个被责骂的术语。所以其自身的原理，如果有的话，必须从对它的批评中发现。两个明显的例外是，Frederick Schauer, ‘Formalism’, *Yale Law Journal*, 97 (1988), 509, 和 Ernest J. Weinrib, ‘Legal Formalism: On the Immanent Rationality of Law’, *Yale Law Journal*, 97 (1988), 949。

〔4〕这个关于形式主义目的的观点自然没有试图把握法理学家所谓“形式主义”的所有内容。然而，这只是在下述可疑假设之上对形式主义的批评，该假设是，有这样一个统一体供批评者们把握。

### 1.1 稻草人：演绎与机械主义

(a)在有关形式主义的文献中，"演绎"(deduction)和"逻辑"(logic)是被频繁提到的术语。人们一般认为，形式主义者需要这两个术语以使其在司法裁判中扮演一定的角色；但结果却证明，它们事实上并没这么重要。由此，根据一个著名历史学家的表述，"(约翰·杜威所主张的)这一论证，即演绎逻辑无法提供一条从一般到特殊的自动生效(self-executing)的推理道路"对于后霍姆斯主义者发起的对形式主义的反叛来说是"最为重要的贡献"之一。[5]

这里的自动生效的含义并不是很清晰，但这有什么关系呢？因为形式主义者的主张——个别具体的判断(比如，琼斯疏忽中把草堆在一起了)可以从普遍的规则(疏忽就是没有尽到合理的注意)中演绎出来——这本身就足够荒唐，即使没有这个"自动生效的"来加以限制。杜威的确断言——但并未"论证"——这一主张的谬误(negation)[6]。可以理解的是，没有什么必要用其他主张也没有什么必要用相关的法律知识来攻击他的观点。因为这就好比说"这是红色的"，这一判断本身并不能从没有涉及红色的一般命题中逻辑推导而来一样。所以正如H. L. A 哈特所指出的那样，"逻辑在怎样对个殊进行分类的问题上无能为力"；[7]它仅能把我们从一个规则引向进一步的规则，而非可以适用的关于个殊的裁判。康德(按照霍姆斯的看法，他是一个典型的形式主义者)也给出了同样的结论：

> 一般的逻辑中不包括也不可能包括用以裁判的规则……如果它试图为我们寻求出一种我们如何在这些规则下进行案件分类以做出具体裁判的一般指

---

[5] Morton J Horowitz, *The Transformation of American Law* 1870 - 1960 (Oxford: Oxford University Press, 1992), 200. Horowitz也将该发现归功于Felix Cohen。在同书的第16页中认为形式主义是一种错误的演绎主义；Robert Unger, *Knowledge and Politics* (New York: The Free Press, 1975), 92; Margaret Jane Radin, 'Reconsidering the Rule of law', *Boston University Law Review*, 69 (1989), 781, 793.

[6] 见John Dewey, 'Logical Method and Law', *Cornell Law Quarterly*, 10 (1924), 17, 22. 杜威的主要观点是法官应当将法律规则作为一种社会政策的工具；他似乎认为，法律规则具有演绎可适用性是一种错觉，这种错觉暗示了其观点。

[7] H. L. A Hart, 'Positivism and the Separation of Law and Morals', *Harvard Law Review*, 71 (1958), 583, 630.

示，亦即区分出某事是否由这些规则规范，那么这只有诉诸另一规则。相应地，正是由于另一规则也是一个规则，它反过来就需要裁判的引导。因而，尽管人的理解力是可以被规则指引的，也是可以由规则调整的，但是裁判却是一种非常特别的能力(talent)，是只能被实践而无法被教授的东西[8]。

即使我们尽力为杜威的观点找到了合适的论证理由，那么在这里，这种论证理由，也只能存在于这样一种想法中，即能够对具体的案件做出裁决的"逻辑"规则将毫无疑问地使我们陷入一个令人失望的理论倒退之中——因为适用这些规则时依然需要进行判断。这种倒退使得人们不必费神于哪些规则才是与待决案件更贴近更合适的裁决规则：任何一种对概念和规则的解释或诠释都可以作为适当的裁决规则。(例如，疏忽即没有尽到合理的注意)。但是这些解释无论如何必须有一个最终的限度，我们无法去解释一个具体裁决的正确与否，或者告诉人们如何很好地总体把握规则的宗旨，以便妥当适用规则或规则概念而作出正确的判决[9]。于是正如康德所认为的，"一般的逻辑不可能包括用以裁决的规则"。这种观点并非仅仅是说"逻辑对于如何将特殊案件分类是无能为力的"，而是说我们并不知道那些具有一般性"逻辑"的规则究竟会对该案件说些什么，或者也因为同样的原因，这种规则无法对此案件说出任何东西。

(b)如果在排除了这些考虑之后，那种认为法官不能从法律规则中"推导"出他们的裁决的想法依然作为一个实质性主张打动着某些人的话，那么在他们试图这样阐明时，我们也许就不会感到惊讶："法律并非一台机器，法官也不是机器的操纵者。"[10]"法律原则的使用条件(并未)已被事先设定好，以至于我们只需要将案情放

---

[8] Immanuel Kant, *Critique of Pure Reason*, trans. Norman Kemp Smith (New York: St Martin's Press, 1929) A133/B172. 试比较，Kant, 'On the Common Saying: "This May be True in Theory, but it does not Apply in Practice"' in Kant, *Political Writings*, ed. Hans Reiss (Cambridge: Cambridge University Press, 1970), 61. 有人可能把康德所关注的这种回溯(regress)称作(不可能通过逻辑从普遍规范走向具体判断的)"证明"；但是，更为准确地说，康德所证明的是，根本不存在有关逻辑的明智主张，无论是支持逻辑的，还是反对逻辑的。

[9] 这也同时是维特根斯坦在"同规则保持一致"的讨论中的观点。In Wittenstein, *Philosophical Investigations*, trans. G. E. M. Anscombe (Oxford: Blackwell, 1958), §§ 138－202.

[10] Jerome Frank, *Law and the Modern Mind* (Glouster, Mass.: Peter Smith, 1970), 129.

到机器里然后就可以自动得到适当的判决。”[11]正如这些引文所示，形式主义者经常被人指责为认为法官“机械地”适用法律规则。[12] 或许这就是“自动生效”所指的。

但是，设想有人、这里也即所谓的“形式主义者”会承认这就是对其所思所想（“是的，一台机器，正如我脑中的那个！”）的评论，那么这看起来即便不是滑稽的，也是令人难以置信的。因为如果有哪一规则的适用可以被称为是机械适用的话，那么它或许就是那种几乎不用思考和努力的规则适用。在这个意义上，‘$y = x + 2$’，我们可以说是机械适用的规则，而‘$y = x^2 + 3x - 7$’则不是（这至少取决于 x、y 的某些取值）。这显然与一个规则是否决定了一个单一的答案或者规则是否事先制定好了没有任何显著的关系。[13] 另外，如果有人想说，法律总是提供一个答案，或者法律规则有时会迫使法官作出某种确定的判决，那么很显然，诉诸这样一种机械主义对她的目的而言就不是合适的。因为，机械主义不时地会发生故障或停滞；当在规则和其他标准化的因素不能适时适应事物的自然发展变化时，机械主义所展现出来的重要性就远不如它看起来那样大。人们对于机械主义的讨论也许仅仅唤起人们应当对于这种规范性约束进行重新描述（re-describing）而已。但如果超出这种意义来讨论它，那么其潜在的意喻就在于，对于形式主义者来讲，一个司法判决就从来都不是证成的（justified），而至多可以说是一个通常来讲比较确定的结果。显然，这并不是形式主义者（或是批评家们竭力要捕捉到的形式主义者的观点）的真实（in mind）主张。因为，如果法律规则在某些时候被用来证成一个判决的正当性，那么它们所呈现出来的也会是某种形式的推论性关联（rational necessitation），而非因果性关联（causal necessitation）——尽管在那种情况下，其适用也不可能是一种逻辑推导。

---

〔11〕 Haines, ‘General Observations on the Effects of Personal, Political, and Economic Influences in the Decisions of Judges’, *Illinois Law Review*, 17 (1922), 96.

〔12〕 试比较，Duncan Kennedy, ‘Legal Formality’, *Journal of Legal Studies*, 2 (1973), 351, 359; Roscoe Pound, ‘Mechanical Jurisprudence’, *Columbia Law Review*, 8 (1908), 605. 为了解这一指责的一个非常生动的版本，可参见 Burt Neuborne, ‘Of Sausage Factories and Syllogism Machines: Formalism, Realism, and Exclusionary Selection Techniques’, *New York University Law Review*, 67 (1992), 419, 421。

〔13〕 上述两种规则对于有关 x 的案件来说都是确定的；但是有关“$y^2 = x$”的案件则不是如此，尽管在某些时候也可以机械地对这些案件作出裁判。

可以说，对于形式主义者的这些攻击其要旨在于纠正这样一种错误的印象，即法律可以被不假思索、不费周折地加以适用。但是，究竟是谁的印象需要被修正？一个为规则证成的正当性判决，并不意味着所有按此规则行事的人都会意见一致，每个填写过退税申报单的人都会知道，在填写过程中需要思考和努力，这是十分明显的，即使是在所有人都认可的案件判决中也一样，思考和努力都是必不可少的。〔14〕 进一步而言，正如我们将在下文看到的，形式主义通常与这样一种观点相连，即法律推理是一种特殊的艺术，需要特殊的训练和经历，而不只是一般的认定案件事实、得出有效结论的能力的训练。〔15〕 这看起来与那种认为形式主义是机械的和自动生效(self-executing)的观点不是很一致。

### 1.2 形式主义的种类

这样，部分反对形式主义的运动看来就像一场在不设防的条件下(on undefended position)所作出的毫不费力的突击〔16〕。但即便情况并非如此，形式主义者看来仍将分化为各种错综复杂的阵营。根据既有文献，只要一个人满足下述条件之一，他就是一个形式主义者：〔17〕

(1)保护所有人的平等的财产所有权和通过合同来交换其财产和劳动的权利，或更确切地说，用一种非还原(non-reductive)的方式保护这些或其他关涉财产所有者的私法原则(比如，“合理注意的义务”、“使用自己的财产以不损害他人的为限”[*sic utere tuo*]等等)；〔18〕

(2)注重法律的“形式”而非注重其(因历史和地理的差异而必然发生变化的)

〔14〕 见 Joseph Raz, *The Authority of Law* (Oxford: Clarendon Press, 1979), 182。

〔15〕 要了解一种对该观点的经典表述，见 Edward Coke, *Coke's Rep.*, 12; 4th edn., 1738, 63, 64-5.

〔16〕 试比较，德沃金论对机械主义法理学的批评：“他们的困难在于找到嘲笑的对象。至今，他们都没有能够网罗住并展示出机械主义法理学。(在仔细阅读了其作品之后，他们所捕捉到的所有范本——即便是布莱克斯通和 Joseph Beale——都必须予以释放。)”‘The Model of Rules I’, in *Taking Rights Seriously* (Cambridge, Mass.: Harvard University Press, 1978), 15-16. 我只知道两种讨论了一般法律规则的推理能力的例子：John M. Zane, ‘German Legal Philosophy’, *Michigan Law Review*, 16 (1916), 288, 338;和 Friedrich A. Hayek, *The Constitution of Liberty* (Chicago: University of Chicago Press, 1960), 213-14. 但是我认为，二者的讨论最好被视作仅仅是在说，司法裁判经常以三段论形式予以展开。这种区分在下文 4.3 部分中得以详述。

〔17〕 这并非是一个完全的列举。也当然不是能够代替作为最合适、最清晰的条款。

〔18〕 见 Ernest J. Weinrib, *The Idea of Private Law* (Cambridge, Mass., Harvard University Press, 1995)。

内容,以获得关于法律的理论知识以及/或者实践指导,不去详细研究考证历史学、社会学、人类学上等等的细节差异;[19]

(3)不能用社会政策来裁决案件,或者不考虑其背景原因而简单遵循法律规则,或否认法院有依照立法目的来为规则创设例外的权力;[20]

(4)坚持存在这样一些案件,于其中法律规则无需解释即可得以清晰适用,或者主张法律为解决某些案件提供了基础,而无需诉诸"政策"或"道德";[21]

(5)坚信所有的案件都已经被法律规定好了(法律是完备的且意义明确的),或者法官勿需法外司法以行使一种事实上的造法权力;[22]

(6)声称法律的效力独立于其内容,或者法律之为法律,可以在清楚的渊源基础上得以辨识,勿需溯源于道德证立或政策证立;[23]

---

〔19〕见 Judith N. Shklar, *Legalism: Law, Morals, and Political Trials* (Cambridge, Mass.: Harvard University Press, 1964), 33-4:"将法律看成是一种特定的,同任何内容和目的以及规则之发展都没有关系,这对于形式主义来说非常必要,因为形式主义并不仅仅包括将法律机械地视作从已知前提得到逻辑结论……"

〔20〕见 H. L. A Hart, The Concept of Law (Oxford: Clarendon Press, 1961) 129; Larry Alexander, Formalism in Law and Morality, *University of Chicago Law Review*, 66 (1999), 530, 531; Frederick Schauer, 'Formalism'; Roberto Unger, *Law in Modern Society: Toward a Criticism of Social Theory* (New York: Free Press, 1976), 204; Robert Summers, *Instrumentalism and American Legal Theory* (Ithaca, NY: Cornell University Press, 1982), 136-74.

〔21〕见 Stanley E. Fish, *Doing What Comes Naturally: Change, Rhetoric and the Practice of Theory in Literary and Legal Studies* (Durham: Duke University Press, 1989), 153, 2-32; Roberto Unger, *Knowledge and Politics*, 93; Hart, *Concept of Law*, 124-30; Mark Tushnet, 'Anti-Formalism in Recent Constitutional Theory', *Michigan Law Review*, 83 (1985), 1502, 1506-7; Duncan Kennedy, *A Critique of Adjudication, Fin de Siecle* (Cambridge, Mass.: Harvard University Press, 1997), 105, 109; Roberto Unger, *The Critical Legal Studies Movement* (Cambridge, Mass.: Harvard University Press, 1986), 1; Roberto Unger, *What Should Legal Analysis Become* (London: Verso, 1996), 41-2; Gary Peller, 'The Metaphysics of American Law', *California Law Review*, 73 (1985), 1152; Thomas C. Grey, 'Langdell's Orthodoxy', *University of Pittsburgh Law Review*, 45 (1983), 1.

〔22〕见 Hart, *Concept of Law*, ch. 7; Grey, 'Langdell's Orthodoxy'; Morton J. Horowitz, *The Transformation of American Law* 1870-1960 (Oxford: Oxford University Press, 1992), 199; Brian Leiter, 'Review Essay: Positivism, Formalism, Realism', *Columbia Law Review*, 99 (1999), 1145-6; David Lyons, 'Legal Formalism and Instrumentalism-A Pathological Study', in *Moral Aspects of Legal Theory* (Cambridge: Cambridge University Press, 1993), 41; Summers, *Instrumentalism and American Legal Theory*, 137-74.

〔23〕见 Anthony J. Sebok, *Legal Positivism in American Jurisprudence* (Cambridge: Cambridge University Press, 1998); Shklar, *Legalism*, 33-4; Horowitz, *The Transformation of American Law*, 9, 16.

(7)否认把法律或其中的组成部分理解为社会政策的工具。(“形式主义”常常被公认为是反“工具主义”的。)[24]

后霍姆斯主义者的批评刻画了这样一个令人不快的形象,统称为“形式主义者”,其系谱包括,比如说演绎主义、形式平等、法律的非历史性(ahistorical)分析、对社会反应迟钝乃至无动于衷的裁决、法律和法律推理的自治,等等。有人说形式主义涵盖了“现代西方法治史上”所有重大问题,它的“毁灭……致使其唤醒了所有其他沉寂的自由主义司法理论”。[25] 形式主义被如此胡乱地使用,以至于一种强有力的反制措施(counter-measure)似乎只能是一种奢望。“形式主义”很容易被认为是一个滥用、乱用的宽泛术语,[26]人们可以用它来形容、指代任一自己不认同的司法裁决、法律思维方式或者法学理论。[27] 而实际上,这些过于宽泛和过于紧缩的主张是基于彼此对形式主义的想像而作出的。二者的共同之处在于,它们都持有这样一种不可思议的设想,即我们必须从形式主义各种用法的共同之处中寻找其确切的含义。我们能否一边不认为“形式主义”一词可以在每个实例中都得以恰当适用(而且每个实例又可以与其他实例相联系),而一边又仍旧坚持认为“形式主义者”只是一个在法律的神话中才能存在而现实中根本不存在的角色或字符?一旦我们意识到那些认同某些标准的形式主义的主要法学理论家会明确地反对其他的标准的形式主义,一旦我们意识到至少在某一种标准的形式主义的意义上讲,法律实证主义者、托马斯主义者、康德主义者以及马克思主义者都是形式主义者,我们就会认为形式主义者只存在于法律神话之中。[28]

---

〔24〕见 Ernest J. Weinrib, 'Legal Formalism: On the Immanent Rationality of Law', *Yale Law Journal*, 97 (1988), 949; Weinrib, *The Idea of Private Law*; Horowitz, *The Transformation of American Law*, 254; Oliver Wendell Holmes, 'Law in Science and Science in Law', *Harvard Law Review*, 12 (1889), 443, 460; Summers, *Instrumentalism in American Legal Thought*, 137–75。

〔25〕Unger, *Law in Modern Society*, 203; Unger, *Knowledge and Politics*, 92.

〔26〕A. W. Brian Simpson, 'Legal Iconoclasts and Legal Ideals', *University of Cincinnati Law Review*, 58 (1990), 819, 834.

〔27〕Schauer, 'Formalism', 510. 他考虑了但并未亲自作出这一结论。

〔28〕于是,便会有人指出,康德和黑格尔同意(1)和(2)而反对(6);帕舒卡尼斯(Pashukanis)支持(2)但反对(6)和(1);奥斯丁、凯尔森、哈特和拉兹同意(2)和(6)而在(1)的问题上没有确定的观点;德沃金支持(5)却反对(6),也许还反对(2);阿奎那同样反对(6),同亚里士多德一样接受(2)而反对(5);凯尔森和哈特反对(5)同样也反对(3)中所批判的那种实践,等等。人们可以继续如此构图,但是这样做无助于我们超越对发现他们之间的差异的需要这一消极想法。

我提醒法学理论要反对这种在某些法学理论家中兴起的趋势，这一提醒在下述进一步的考虑中得到了加强，即认为根本没有完全符合上述标准的“法律形式主义者”，即使作为一种较为理想的类型也没有，同时，也没有那种可能全面反对这些标准的反形式主义者存在。事实上，甚至是上述有限的观点清单也没有使形式主义呈现出一整套持久一致的态度和模式。所以下面要考察的形式主义并非不为人所熟知，但是在对它们做整体批判中所表现出来的前后不一致或矛盾却经常为人所忽略。我们的考察就围绕这样三对矛盾展开。

## 2 理论还是实践？

### 2.1 “盲从”规则的可欲性和可能性

有时，法官作出判决的方式会被人批评为“形式主义的”。批评者们认为，法官裁决案件时不应该过度地为规则所束缚，而应当以种种敏于立法目的和满足社会需要的方式进行裁决。（当然，我们在此也不十分明确：法官超越规则之外行事是否仍会招致超越法律权限的批评。）〔29〕显然，这里的“形式主义”意指一种不受欢迎的不可欲的法律实践形式，相应地，批评的目的自然就在于改革。这可能意味着实践中法院应当改变其裁判案件的方式，或是那种必须在整个法律体系内得以实施的裁判规则应当被改变。〔30〕无论是哪种情况，我们都将这种意义上的形式主义称为“过分受限于规则的裁判”(overly rule-bounded decision making，简称 ORBD)。

在另一些文献中(elsewhere in literature)，形式主义指的则不是一种法律实践的形式，而是指一套错误的理论——当然，这一理论是否真地错误是有疑问的——是一种教义或学说，它关涉这样一个问题，即一种类型的法律实践——即规则的适用——应当坚持什么。依照这种教义和学说，一个法官有时可以毋需解释规则而直接（正如此种形式主义的批评者所倾向的那样）适用规则，我们暂且将这种情况理解为一个法官可以直接适用规则进行裁决，毋需任何时候都要考虑他们所应服务的目的或政策。〔31〕众所周知，哈特就坚持这一教义。他声称任何法律规则都有

〔29〕这种两难与“形式主义的”裁判的优点这一问题相关。我计划在下一章讨论这一问题。

〔30〕这种系统化和内部系统化的形式主义的细节问题在 Schauer，‘Formalism’一文中得以展开。

〔31〕事实上，很难理解作为一种普遍要求的“解释一项规则”究竟是指什么，或者除了名称不 （转下页）

一个意义“核心”，当一个案件的事实正好落在该核心之内时(即一个“简单案件”)，规则本身就决定了应当如何做出裁决，因此该规则可以被法官直接适用，而不必溯源于任何可欲的社会目标。[32] 哈特本人绝不会将这一教义描述为“形式主义者”。但那些反对者却经常这样称呼它。[33] 我们可称之为“简单案件的形式主义”(easy case formalism，简称 ECF)。

霍姆斯的格言(“一般命题不能裁断具体案件”)似乎在批判这两种“形式主义”教义时都能派上用场。针对 ORBD，这一格言断言，一般规则并非(总是)能够恰当地裁断具体案件；毋宁是，规则在某些时候需要参照与案件直接相关的理由而作修正。针对 ECF，这一格言断言，法律规则无论如何都不能决定法官应该如何裁决，除非通过某种进一步的解释性选择。(霍姆斯本人比较倾向于认为这样一种选择的根据是“政策”。)但是这一格言真地能够扮演这样双重角色？人们真地能够既反对 ORBD 又反对 ECF 吗？

前者(ORBD)意指一种不可欲的法律规则适用实践——当然，这种实践是否真地不可欲是有疑问的——而后者(ECF)则意指一种错误的观念，它关涉着规则适用所应当坚守的是什么这一问题——当然，这种观念是否真地错误是有疑问的。这并不会自动表明二者之间存在矛盾。人们有时候在实践中犯错误，正是由于他们误解了他们正在做什么。但考究真实的实例，两者却存在着冲突。因为对 ORBD 进行批评的关键和核心就在于法官对规则(盲目地)遵从，即便是当立法目的迫切需要创造一个规则例外或对规则进行“解释”以致使它不再适用于特定案件可能更为可取的情况下，仍然盲从规则。显然，这种批评是没有意义的，除非是在一个规则所要求的内容在某些时候与从其目的来看那个最佳的内容相冲突的情况

---

(接上页)同之外，它与“适用一项规则”究竟有何不同。暂时的阐明使我们不至于一开始就身陷泥淖。我将“解释”问题作为一个出现在下述文献中的普遍要求加以讨论，这些文献有：Stone，'Focusing the Law; What Legal Interpretation is Not'，in A. Marmor，*Law and Interpretation: Essays in Legal Philosophy* (Oxford: Clarendon Press，1992)，and 'Wittgenstein on Deconstruction'，in A. Gary and R. Read，*The New Wittgenstein* (London: Routledge，2000)。

〔32〕 Hart，'Positivism and the Separation of Law and Morals'，esp. 614-15；Hart，*The Concept of Law*，Ch. 7.

〔33〕 例如，见 Lon Fuller，'Positivism and Fidelity to Law-A Reply to Professor Hart'，*Harvard Law Review*，71 (1958)，630，638；Michael Moore，'The Semantics of Judging'，esp. 273-81。

下，因而也即除非是在这个规则的内涵可以被独立地确定的情况下，批评才是有意义的。简言之，对 ORBD 进行批评，其所预设的就是，遵从规则在某些时候是不能令人满意的。但对 ECF 的批评却质疑这一预设。他们说，"法律规则具有自治的权力从而导致我们的立法目的落空，这种设想是一种错觉；法律规则似乎仅仅是要求我们在下述情况下作出一个确定的裁判，这种情况是，人们普遍认同以这种或那种方式对这些规则进行解释是可欲的"。既然反对 ORBD 就意味着对 ECF 的支持，人们自然无法同时反对二者。〔34〕

**2.2　一种模棱两可的对 ECF 的批评**

但是这里有一种将两者混在一起的倾向。特别是有这么一种倾向，就是 ECF 的反对者在批评 ECF 时，采取的是一种对两种"形式主义"目标不加区分的方式。因而反对 ECF 的事例似乎从对 ORBD 的担忧中获得力量——至少那些没有注意到其中分歧的人会这样做。举例来说，让我们回忆一下富勒——一个卓越的 ECF 批评者——向哈特提出的那个著名难题：

> 如果当地的爱国者想在公园里找一个地方作为支座来安置一辆二战中使用的卡车以作纪念，然而另一些公民认为看到它会引起不快而以"禁止车辆入内"规则支持其立场，那么，哈特教授会如何回答？这辆性能完好的卡车是落在了"车辆"一词的意义核心呢还是处于边缘暗区？〔35〕

这个问题本身的含义并非如富勒当初设想的那样清晰。有人可能如此回答："如果卡车属于'禁止车辆入内'这一规则的意义核心，那么就会出现这样一种情形，严格地忠实于规则但却催生出了一个不可欲的结果。如果这样理解，这种情形可能促使我们反对 ORBD，但这一主张并不会反对——毋宁说它预设了——ECF。然而，卡车也可能处于规则含义的边缘暗区，在这样的情形下，要做出一个明智的

〔34〕当然，这两种原理可能同时成立。在这种情况下，法律规则会使得适用该规则的法官犹豫不决，而且，使用这些规则的实践之中经常会出现犹豫不决的情况而非通过"解释"或其他方式来克服这种情况，这未尝不是一件好事。

〔35〕Fuller，'Positivism and Fidelity to Law'，663.

裁决就可能需要法官根据规则的目的是什么来对规则加以解释。但这是否意味着所有的规则都常常必须如此解释？当然不是。所以这一问题无论怎样回答——是落在了核心区域还是处于边缘暗区——ECF 都将丝毫无损，不受影响。”

自然地，这可能会让人感觉到我们的讨论已经忽略或偏离了富勒问题的(修辞学)实质，即怎样对具体案件进行分类是不确定的。有人可能会说，ECF 的问题就在于这种分类上的不确定性，而非对这种不确定性或这样或那样的解决。但是如果富勒问题本来就是要引出这种不确定性，这不就会使得这一问题(在逻辑上)看起来很奇怪吗？毕竟这种区分的不确定性正是哈特边缘暗区理论的基本主张。如果“禁止车辆入内”规则是否可以适用于本案是有争议的，那么该案自然就一定没有处于这一规则的意义核心(如果该案完全由该规则来调整的话)。

这种观点为以下的考虑所证明。显然，同样的案件不同的裁决(即不确定性)必然需要我们对构成一条规则的语义“核心”有某种把握或见解，这种语义上的“核心”当然不是那种因其适用于不同案件之中而或清晰或含混的东西。在给定这样一种独立性把握的情况下，我们在判断规则的含义时就会有两种标准，而且只要这两种标准相冲突，我们就会处于富勒所想象的那种疑惑之中。但这第二种标准能意指什么，到底该怎样理解，哪一种理解才可能让我们断言，尽管一条规则是否适用于一个具体案件是含混的，但案件的事实仍然处于规则含义的核心区域？有人可能会这样认为，正是规则术语的标准解释——比如“车辆是指任何一台用来运输货物的或是用来运输乘客的电动车或卡车，是……”——引发了潜在的冲突。根据这些标准解释，我们自然就会觉得纪念卡车应当处在该规则含义的核心区域。但是这些解释或者是不相关的(毕竟对于法官来说，这里的“车辆”的用法和它在其他语境中的含义是不同的)，或者它们事实上给规则附加了一个解释性的但书，并因而重现了前述的问题：我们要把握该附但书规则的“核心”是什么，看来必须通过该附但书规则在每个案件中都得到清晰适用的方式来实现。[36] 所以正如富勒所指出的，如果无论怎样予以表述，“车辆不得入内”规则是否规制了这一提议中的纪念

---

〔36〕这并不意味着法律规则的意义问题与规则中的术语在其他场合中如何适用的问题没有关系。正如哈特教授所强调的，法律规则的术语并不能代表其在其他特定的场合被使用的意思。见 *Concept of Law*, Ch. 7。

物这一问题都是不清楚的，那么我们难道不应当说该案件落在了该规则的边缘暗区了吗？[37]

看来富勒需要两者兼顾才行。他的例子属于这样一类法理学问题，它们特别能够引发相互冲突的诱惑。[38] 一方面，人们可能会说，规则所要求的并不明朗；另一方面，人们又易于倾向认为，规则的规定、要求根本而言是完全清楚的，只不过忠实于法律可能会带来不可欲甚至是荒唐的判决结果。总之，这样的例子在似乎提供了一条不确定的规则的同时，也支持了我们对 ORBD 的不满。

不难理解，为何这个例子对富勒而言是很有用的。请记住这个例子所要证明的：除非通过对其目的的考察，否则任何一条规则都将没有什么意义核心。（"禁止车辆入内"规则到底是为了保持公园安静，还是为了防止公园里出现大型障碍物，还是为了行人的安全？）[39]问题在于这是一个普遍性命题。按照社会目标对当前案件中的这一规则进行解释的需要，如何才能够强烈到这种程度呢，即提供了在一般意义上遵循一条规则的可能条件？[40] 答案是：两者都要兼顾才行。通过引出对一个不同的普遍性命题——即，任何法律规则的严格适用都可能在某些时候导致不受欢迎的结果——的承认，该事例似乎可以表明一个非常一般性的要求，即进行目的性解释（例如，避免潜在的不可欲后果），而同时例证了对不确定的规则进行解释的需要。

---

〔37〕有些人会说："一个机动车就是一个机动车。"而我们在这一案件中之所以对不许机动车入内的规则有些疑问，正是因为我们在根据这个规则的目的考虑问题。这看起来是正确的，但也暗示出这里的"目标"的词语对于我们要解决的问题而言太过粗糙。为什么哈特教授并不认为法律规则应当照其目的背景来适用？对于简单的案件和复杂的案件的区分可以由这个背景来完成；这并不意味着这种区分必须被理解为需要背景解释的规则和不需要背景解释的规则之间的区别。或许，正如马默（Andrei Marmor）所认为的，富勒自己的意思也仅此而已。见 Marmor, *Interpretation and Legal Theory* (Oxford: Clarendon Press, 1992), 130 n. 13. 但是，在有些文章中，他主张某种更为有力的观点（见 Fuller, 'Positivism and Fidelity to Law', 665 - 666）。要知道，在制定一项规则时，人们所抱有的一个通常目的是，事先确定如何裁判特定案件，以便在每个案件中都对他们所应促进的目的进行推理。如果语言使用的目的性背景——富勒认为哈特忽略了这一点——阻止人们以实现这些目的的方式使用语言，那将是奇怪的。

〔38〕*Riggers v Palmer*, 22 N. E. 188 (N. Y. 1889)（一案中谋杀了被继承人的继承人）和（该案中讨论的）普芬道夫的外科医生都属于此类问题。

〔39〕这些规则能推动什么？能够防止哪些罪恶的发生？其促进了那些善？我们必须在这些应当的背景下来考虑规则究竟是什么。Fuller, 'Positivism and Fidelity to Law', 655 - 6.

〔40〕当然，除了对任何不够全面的解释性主张进行反对之外，这才是哈特在中心和阴影中做出区分所要说明的。见 *Concept of Law*, ch. 7。

为了论述得更加清晰，假设一个人没有完全意识到可能存在的不一致，他面对着富勒描述的下述情形：(a)一个规则——它要求某个不受欢迎的结果——的核心事例，以及(b)一个除非根据该规则的立法目的来对其进行解释，否则就无法知道该规则所要求的到底是什么的案件。由此，对ECF的反对现在看来就很容易被理解和接受了。首先让我们先看情形(a)：有人总结道，在这种情形下，如果法官不想冒可能会做出一项不受欢迎的裁决结果的风险，那么他必须就根据其立法目的对每条规则进行解读。接下来让我们看看情形(b)，在一个法律规则确实不确定的案件之中，人们会得出明显相同的结论：在本案中，法官同样必须对规则进行解释(否则，其判决就只能靠运气来避免荒谬了)。最后，人们把后一种结论当成前一种结论的一个例子。这一论证没有表明这一点吗，即，如果没有为了避免出现荒谬的结果而根据立法目的对其进行考量，那么没有哪项规则可以确定怎样做？答案是：(1)这个结论在一个规范性主张——法官应当如何裁判案件(比如，他们是否应当适用这些规则、修订这些规则或者创设一个例外，等等)与一个概念性主张——理解和适用法律规则到底意味着什么——之间模棱两可；(2)正是因为如前所述，该结论在这两种主张上模棱两可，才使得人们没有注意到从(a)这一想法——规则背后的目的会因为规则的严格适用而受挫——到(b)这一结论——根本不存在什么规则可以严格适用——的转换中存在着逻辑上的混乱。

诚然，富勒自己从来没有认为法官严格遵守法律是不可欲的。更为准确地说，他寻求通过反对严格遵守法律在概念上的可行性以达到反对ORBD的目的。现在的问题是，如果他的例子当初没有引发人们对下述两种不同论点的质疑的话，那么人们就绝不会感觉他的例子是以一种合适的方式得以普遍化的，这两种不同的观点是：首先，法官总是应当严格遵守法律；其次，严格适用法律也总是可能的，甚至在没有考虑规则的目的可能是什么的情况下也是如此。[41] 在后富勒主义者对于ECF的批评中，严格遵守规则的不可欲性有时被更为明确地予以引证以支持如下这种主张，即对目的性解释的需求无处不在。如下观点并不罕见：

1. 任何法律规则，无论起草得多么仔细，如果严格适用，都会带来不可欲的

[41] 这些观点中任何一个都是很有争议的，当然，其中任何一个都不是哈特提出来的。

结果。

2. 在适用法律规则时，法官应当经常努力避免不可欲的结果。

3. 于是，在适用一条法律规则时，法官必须经常考虑该规则之目的，并考虑如果这一规则被严格适用，该规则之目的是会实现还是会落空。

4. 因而，任何法律规则的适用都需要依其目的对其进行解释。

5. 所以，如果不对其进行目的性解释，我们就无法把握一条法律规则的含义。

6. 所以，ECF 是错误的。

通过澄清纪念卡车这类事例所意欲表明的东西，通过揭示其中模棱两可的情形，上述概要使得(选取这类事例来反驳 ECF 时可能面临的)困难一览无遗。简言之，第(4)点只有当其是作为一项法官应当如何裁判案件的主张时，它才会得到前几点的支持。但是只有当第(4)点被作为一项关于适用法律规则的真谛到底是什么的主张时，第(5)点才能由第(4)点推理而来。严格遵从规则对于法官而言是不可欲的，这一点并不意味着他们没有这样做的可能。但是(4)(如同我们先前的那个格言，"没有法律规则能够决定怎么做")能够被用来表达两种主张(即规范性主张和概念性主张——译者注)中的任何一种，所以它掩饰了这一事实：前述论证[即情形(b)中的结论是情形(a)中结论的一个例子——译者注]实际上仅仅提供了这样一个没有什么说服力的模棱两可，除此之外，它没有提供任何东西。〔42〕

### 2.3 造成含混的两种动机 (motives)

为何有这种含混？仅仅说由于 ORBD 和 ECF 都被叫做"形式主义"，所以它们

---

〔42〕试比较，Summers, *Instrumentalism in American Legal Theory*, 169："当法官引用一个规则时，一个人可以有限地看懂其内容。但是这个层次上的理解显然是不够的。如果对规则的理由不理解，一个人往往无法找到其适合的范围。"萨默斯(Summers)的意思可能仅仅是说，对于做出一个适当的司法裁判来讲，仅仅理解可以适用的规则是不够的，因为还存在这样一个问题需要解答，即如果法律规则会导致不可欲的后果，那么法官是否应当适用这些规则，即便它们是可以被清晰地予以适用的。但是如果的确如此，那么他对"一种不完全的理解"的参考便恰恰混淆了(指向法律实践的)规范性主张与(关注如何理解一项规则这一)概念性主张。尽管米歇尔·摩尔(Micheal Moore)将富勒的主张理解为一种规范性主张——"促使法官在规范不适合他们的法律目的观时便抛弃(规则的含义)"('The Semantics of Judging', 277)——但我认为，他反对"形式主义"的主张并没有完全避免前述混淆，因为他认为该规范性主张与哈特(事实上，哈特几乎没有讨论法官应当如何裁判)相对。

发生了混淆，这显然是不够的。如果没有其他某种造成含混的动机，那么人们对于在观念中区分那些在言辞中不加区分之事物的要求就不可能如此强烈。[43] 而且，这一解释可能使得问题得以回溯(get matters backward)：要不是和 ORBD 相混淆，关于简单案件的理论就绝不会同“形式主义”相联系——所以正是因为两者总被混淆，它们才都被叫做形式主义。[44] 这就又回到了这一问题，即造成含混的动机是什么。

(a)智识潮流。或许一种众所周知的潮流在这里发挥了作用，这种作用的发挥是藉由下述这一点得以实现的，即某人所反对的实践最终必然源于一些理论错误，这些理论错误事关更为“基础性的”问题，例如，关于究竟是什么把握了规则的真正含义。有人指出，人们不能反对 ECF 并继而将司法上对规则的严格遵守斥为“形式主义”。但是，为了跟上这个潮流，有些人可能很希望主张，司法上的 ORBD 倾向源于人们对 ECF 的接受；若果真如此，那么一种对于 ORBD 的新的批评进路就可能会是这样：证明“简单案件”、“确切含义”这样的概念不具有法官倾向于赋予它们的实质；证明关于这些概念的司法观念是幼稚的，因为它并未将这些概念的(解释性)可能性条件考虑在内。

现在，对于基础论者(foundationalist)对 ORBD 的批评的回应应当是清楚的了。人们有时候当然会认为，一项规则要求他们得出某些特定结论；而事实上他们是在作出一项解释性选择。但如果我们想要向他们指出这个真相(即他们事实上是在进行解释性选择——译者注)，我们就不能简单地把这种情形说成是他们在严格遵守该规则的情形。他们就是这样理解的，但他们的理解是错误的。如果这种错觉是普遍的，正如 ECF 的批评者们所坚持的那样，那么就绝对不会有“严格遵守规则”这种事，如果有，那也只是人们认为有。(的确，如果这真地意味着什么的话，那也不过是指法官以一种不受欢迎的方式，实施了行使其解释权的强制性活动)。而且，即使一个法官错误地认为他可以严格地遵守一项规则，他也并非必须以一种

〔43〕例如，没有人会设想，一个贝克莱意义上的理想主义者会是这样一个人，他对于未来会带来有着过于美好的期待。

〔44〕哈特毕竟也将简单案件的概念看作是对形式主义批评的一个部分——是对形式主义合理性范围的一种限制。

他所认为的“严格遵守规则”的方式进行裁决。尽管法官相信该规则做出了这样那样的规定，但是他是否应当遵从该规则这一问题仍然会作为一个关于特定情境、法律体系的裁判规范以及裁判的道德性的问题向他呈现出来。如果法律只能通过解释性选择才能裁决案件是千真万确的，那么某人对这一点的无知就解释了为何他会把这样或那样的选择视作仅仅是规则的要求。但这既不能使得将法官(从我们已知的观点来看)描述为严格遵守规则的做法是正确的，也并不必然要求法官一定要照他解释或蛊惑的那样去做。

(b)审判理论。当前混乱的一个更为实质的原因可以从对“简单案件”观念的不同法律理论需求中找到。哈特引入这一观念并非是为了提供一种法官应当如何裁判案件的主张，而是为了捍卫一种关于法律概念的命题——即，法律的关键在于不同类型规则的结合——以反驳一种可能破坏它的“规则怀疑论”。对于这个有限的目的而言，将“简单案件”界定为处于法律规则语义核心的案件，而疑难案件则相反，是没有处于法律规则语义核心的案件，这就已经足够。然而审判理论则必须关注至少两种使得某个案件成为疑难案件的方式。第一，存在对于规则所要求的到底是什么的合理怀疑。第二，存在对于法官应当如何裁判的怀疑，即使规则的要求是清楚的。当法庭必须适用一条不明确或容易引起歧义的规则时，第一种类型的案件就出现了；而第二种类型的案件则出现在如下场合，根据一个法律体系中的裁判规范，当规则所要求的是一个不可欲的结果时，法院有修改规则或是超越该规则而创制规则例外的选择权。区别这两种类型的疑难案件就相当于区分了 ECF 和 ORBD。但是一种容易引起混乱的潜在诱因就存在于如下事实中：就一个审判理论的目的而言，将“简单”案件界定为一个在上述两种方式中都不会“疑难”的案件，这种做法可能是有用的。而这一点——连同下述事实，即正如我们看到的，某些疑难案件诱导人们认为，有理由将法律所要求的结果弃之不顾，以及法律规则是不确定的——会导致这样一种印象，每当法理学者将某个案件视作“简单案件”时，他就必定意味着将与上述两种类型的疑难情形相关联的疑虑都排除了；或者更糟，这两种类型的疑难是一回事儿或者是相同的，都是对在简单案件中所发现的特征的简单否认。

这当然是一种错误。并非每一个在是否遵从规则上的不确定性都是一个有关规则“意义”的不确定性，因而需要“解释性”解决。如果它真是这样——如果这种实践上的不确定性普遍地损害了我们对规则之要求的把握——那么这将使我们为什么乐于拥有“规则”（即我们为什么要有“一条规则”这个我们确实拥有的概念）变得费解，尤其是当我们只要在每个案件中追问一下我们最好应当怎样做就能够得出（与根据规则得出的结论——译者注）同样好的结论的时候。为了避免消解规则可能带来的这种区别，对于审判理论而言，这一点是需要得以强调的，即“简单案件”是个衍生的想法，它是通过替代并取消任何使得一个案件变得疑难的事物而衍生形成的。然而与之相对，却没有这样一种疑难案件存在，它是通过否定任何使得一个案件成为简单案件的事物而形成的——例如这样一个案件，在该案中，规则在不确定的同时又确立了一个不可欲的结果——尽管这一概念性混乱正是将我们前文考察过的批判“形式主义”的两种主张相统合而引发的结果。

### 2.4 再谈逻辑

在本部分中我证明了，对“形式主义”的批判不能同时以下面两者为对象，即关于简单案件的学说和严格遵守规则的实践。

奇怪的是，无论是上述学说还是实践都被指责为蕴含着对逻辑的“过度使用”或者“过高估计”。这无疑会增加我们一开始就遇到的那个困惑（即把“形式主义”等同于对“逻辑”的错误依赖）。因为很明显，逻辑仅仅告诉了人们怎样对案件进行分类，而没有告诉人们是否要忠实于规则。即使这是事实，即当法律规则不确定时，法官往往会利用这一点来推进各项社会政策；但是这并不意味着，在任何说得通的意义上讲，一个没有这样做的法官在其判决中就没有或多或少的“逻辑性”可言。〔45〕至于对“形式主义”的攻击中一个更为一般的对比，即规则的“解释”（或“政策”）与规则的演绎适用之间的对比，我将在后面（第四部分）进行更为详细的讨论。

〔45〕见 H. L. A Hart, ‘Problems of the Philosophy of Law’, in *Essays in Jurisprudence and Philosophy* (Oxford: Clarendon Press, 1983), 104。抱怨司法滥用了“逻辑”的人可能仅仅是说司法裁判应当是灵活的而不应受到规则的限制。在这种抱怨中，“逻辑”成为了“不灵活”的代名词。但是毫无疑问，对于那些想说法官应当准备着去改变法律的人来说，认为“法律逻辑”是“不灵活的”——即，没有与之相对的想法——这种观点是与其目的相悖的。

## 3 法律实证主义抑或法律的确定性问题?

到目前为止,我们所考察的形式主义的类型主要涉及的是以规则为基础的裁决(rule-based adjudication)的理论和实践方面的问题。然而有的时候,那些吸引着"形式主义"这一标签的观点却属于法律理论中一个更为一般的部分,即试图解释法律之概念的部分。本部分要考察的就是"形式主义"同法律实证主义者对法律概念的解释之间悠久联系的根源。

### 3.1 初步考察:形式的研究/形式的渊源

这种联系的一个基础已经被触及了。哈特(他捍卫一种类型的实证主义)由于他的简单案件理论而在有些时候被当做"形式主义者"。无须赘述,这种观点看上去是有偏见的,也是可能造成困惑的,因为从至少两种其他的标准来看,哈特应当被看作形式主义的反对者。首先,他反对 ORBD。其次,他认为在任何司法制度中,必然存在这样一些案件因为规则本身的不确定性,而要求法官作出事先未被规定的裁决。事实上,哈特理论中有其他两方面的内容吸引着"形式主义者"这一标签;而在讨论实证主义者对法律的说明所具有的最显著特征之前,将这两方面的内容辨别出来是有益的。它们致力于两方面研究:(1)法律的形式(文化无涉)研究和(2)法律的形式(内容无涉)有效性。如果法律研究集中关注法律的基本特征或结构性特征,而不是关注那些可能因文化和时间的不同而不同的法律特征,那么这种法律研究就是形式的研究。[46] 如果它承认存在识别有效法律的标准,且这种标准不会因法律实质内容——比如说法律是否在政治上是可欲的、是否合符道德、是否是正义的,等等——的不同而改变,那么这样的法律有效性理论就是一种形式理论。[47]

人们很容易认为二者是一回事儿,但其实不然。对于任何如哈特和凯尔森那样致力于区别法律秩序(legal order)的形式有效性与特定实在法条文中的政治和

---

〔46〕试比较,Weinrib, 'Legal Formalism', 957 - 966; Hart, *Concept of Law*, 'Postscript', 239 - 240。

〔47〕试比较,Hans Kelsen, *Introduction to the Problems of Legal Theory*, trans. Bonnie Paulson and Stanley Paulson (Oxford: Oxford University Press, 1992), 25; Hegel, *Prefatory Lectures on the Philosophy of Law*, Clio, 8: 49, 62 (trans. A. Brudner, 1978) (quoted in Weinrib, 'Legal Formalism', 954)。

道德内容的人来说，他们也一定如哈特和凯尔森一样，确信至少有一个东西（即法律有效性的条件）是要从法律的形式研究中获悉的，纵然他们认为这种法律的形式研究很少能让人们把握法律的内容。反之，就没法这样确信了。因为存在一些著名的理论家，他们宣称正在研究法律的必要特征，但却不从事对合法性的纯形式研究。例如，康德曾经说过，法理论（Rechtslehre）必须描述出“一切可能存在之实在法的基础”进而需要超越对“法律说的是什么或者在某个时间和地点说过什么”的经验-历史性研究。〔48〕 这一关于法理论任务的描述同样适用于哈特和凯尔森。但康德同时发现法的概念内在地关联着理性人的自由或自决权，而这对于他来说就意味着，财产权和其他权利与私法联系密切。类似地，帕舒卡尼斯（Pashukanis）在要求马克思主义者去研究“法律形式的（普遍性和）基本要素”（而不是简单地研究“不同历史阶段法律规定的实质内容”）的同时，也批评了（作为“形式主义者”的）凯尔森的如下观点，即法律秩序能够包含几乎任何内容。他（大致追随康德）认为，商品所有者之间的契约关系是所有法律关系的“细胞形式”。〔49〕

要不是存在这样一种源于现实主义者的倾向——它笼统地指责说“形式主义者”的法律概念忽略了对历史和社会因素的考量——的话，上述两种类型形式主义间的区别可能就并不需要加以阐述。按照当代某个学者的理解，“形式主义”就是“一种坚信法律的形式可以脱离于其所处的社会环境来理解的信条”。〔50〕 这听起来似乎是对法律的形式研究的反对，但它真能发挥这样的作用么？毫无疑问，法律在不同文化和时代中千变万化，这本身非常值得研究。但这与所有的法律类型都共享一个一般形式的想法并不冲突。这正如存在着不同风格的音乐和不同种类的社会道德，难道就不可以共享一个关于音乐或道德的共同的观念么？事实上，可以说，法律的千变万化要求形成一个更为形式性、更加一般的法律样式供大家交流表述，因为它表明我们准备把法律的概念看作是一种抽象的统一体，

---

〔48〕 Immanuel Kant, *The Metaphysical Elements of Justice* (*Part 1 of The Metaphysics of Morals*), trans. John Ladd (Indianapolis: Bobbs-Merrill, 1965), 34.

〔49〕 见 E. Pashukanis, *Law and Marxism: A General Theory*, trans. Barbara Einhorn (London: Pluto Press, 1978), 49–54. 欲了解凯尔森对康德这一观点的反驳，见 Kelsen, *Introduction to the Problems of Legal Theory*, 39–53。

〔50〕 Robert Gordon, 'Critical Legal Histories', *Stanford Law Review*, 36 (1984), 57, 68.

该统一体可以适用于或这样或那样的事例。所以看起来,真正千变万化的是关于形式的观点。[51] 那些反对对"法律形式"进行一般性研究的人很有可能设想这会使得人们承认合法性独立于道德和政治内容问题。[52] 但是这还表明了,一直忠于这种分离的实证主义本身就是学者没有把法律研究的着眼点放在构成法律形式的基本性质上的后果。[53] 既然这两种主张不可能同时成立,看来最好是承认无论是实证主义还是其反对者都无法独享法律形式的研究,而且两者之间的关键问题,确切地说就是从这种形式研究能够得出什么样有关法律内容的结论,如果能够得出这样的结论的话。无论如何,实证主义都不能仅仅因为包含了一种对法律的形式研究和一般性研究就被贴上"形式主义"的标签。如果真要说些什么的话,那么将"形式主义"这个术语留给那些声称也对法律内容之必然特性进行研究的更为雄心勃勃的形式研究,可能更为合适。

### 3.2 作为形式主义者基本信条的渊源命题

我们应当这样认为,即这样一个命题——每一个有效的法律主张都有其社会渊源(或者说,法律是什么这一问题是一个社会事实问题,其辨识与道德证成和政治证成无涉)——是实证主义者对法律的说明中最显著的特点。[54] 有人已经(以高度的历史敏锐感)论证说,这一命题也应当被看作是美国法理学所称谓的"形式主义"的核心。[55] 其论证包含了这样两个步骤。首先,据说形式主义者接受简单案件理论。其次,据说这种理论在将权威的法律规范从更为广泛的道德、政治或其他规范性因素中分离出来的尝试中获得其研究旨趣。该理论认为,如果没有这种分离的尝试,那么法官裁决案件是否常常需要求助政策或立法目的就无关紧要了。但既然有了这样一种分离的尝试,人们肯定就需要否认上述求助是一种经常性的需要——否则就没有什么法律结果能够回溯到一个合法的权威性渊源。由此,"渊源理论"支持并激发了形式主义者对"简单案件"的信奉,形式主义的精髓就在于法

[51] 试比较,Giorgio Del Vecchio, *The Formal Bases of Law*, trans. John Lisle (Boston: The Boston Book Company, 1914)。

[52] 见 Shklar, *Legalism*, 33-34。

[53] 试比较,Weinrib, 'Legal Formalism', 955-956。

[54] 见 Raz, *The Authority of Law*, 38。

[55] 见 Sebok, *Legal Positivism in American Jurisprudence*。

律体系独立于道德和政治，有些时候称“法律的自治性”。

(a)富勒的论证。富勒最先将(作为一种法律推理理论的)形式主义与(作为一种对法律概念的解释的)实证主义联系起来进行分析。哈特捍卫存在于法律所是与法律(在道德上)所应是之间的区分(“分离命题”)，富勒说，这种捍卫“必然会导致形式主义倾向”[56]。我们已经接触到了富勒的前提之一，即他对 ECF 的反对。将这一前提置入论证语境，富勒观点就是：(1)哈特的分离命题必然要求 ECF(即，它必然要求法官可以在不考虑法律规则“应当是什么”的情况下识别并适用法律规则)，但是(2)ECF 是站不住脚的，所以(3)分离命题是站不住脚的。简言之，实证主义蕴涵了形式主义，所以形式主义的不成立必然要求反对实证主义。

许多著者已经攻击了这一论证的第二个前提。[57] 该前提无法从 ORBD 可能存在的不合理性中得到支持，有些时候，它能否得到支持是说不清楚的(见第 2 部分)。但是由于哈特已经指出的缘由，这一论证是不可靠的，即使这第二个前提已为人接受。首先，ECF 可能存在的错误似乎只是在下述假定的基础上削弱了分离命题，该假定是，法官本来会适用的目的和政策(如果 ECF 是错误的)本身就被视作法律的一部分。其次，即使法律规则的含义只能通过目的解释才能把握这一陈述是正确的，那也只能表明法官必须根据某些目的来适用法律，而没有表明这些目的必定是道德上的目的。[58] 在 1934 年，卡尔·施密特(Carl Schmitt)这样写道，“所有的(法律)解释都必须是遵照国家社会主义的解释。”这似乎就足以说明，法律规范在适用时总是与目的和政策不可避免地交织在一起这一事实，既能服务于善，亦可服务于恶。[59]

(b)富勒之论证的一个新方向。尽管如此，仍然可能有人想知道，在富勒将形式主义和法律实证主义联系起来进行分析的论述中是否存在好的方面有待我们挽救。富勒的着眼点在于实证主义者的“分离命题”。假设哈特的如下主张是正确

---

〔56〕 Fuller, ‘Positivism and Fidelity to Law’, 638.

〔57〕 见 Andrei Marmor, *Interpretation and Legal Theory*, 124－154。

〔58〕 见 Hart, ‘Positivism and the Separation of Law and Morals’。

〔59〕 施密特的观点引自 I. Muller, *Hitler's Justice*: *The Courts of Third Reich* (Cambridge, Mass.: Harvard University Press, 1991), 70. 毫无疑问，“严格遵守法律规则”意义上的形式主义在某些语境下成为了反抗法西斯主义的司法武器。见 Guido Calabresi, ‘Two Functions of Formalism’, *University of Chicago Law Review*, 67 (2000), 479。

的:只有当法官必须依赖的目的和政策本身被人们奉为法律的时候,分离命题才会被("反形式主义者的")目的解释要求所笼罩。对于一个已接受了渊源命题的实证主义者来说,这种目的、政策并不必然被视作法律。但反形式主义者的要求(即目的解释的要求——译者注)可以不是针对这种更为根本的实证主义命题的么?[60] 根据渊源命题,法律推理过程中考量的道德和政策因素应当仅在特定的情况下才会被奉为法律。法律必然由某种社会事实划定边界,而且这种社会事实的出现能够被独立地认定,所以当法官需要考虑道德因素以解决案件时,他实际上经常在改变或发展法律。对于这一命题,一个受富勒启发的反形式主义者可能会提出这样的问题:"如果事实是,在每一个案件中法官仅仅根据他自己理解的法律'应当'是什么样子就能够确定法律所作的要求是什么,那么我们仍以这种方式严格限定法律的概念还会有意义吗?"如果答案是否定的,那么这至少说明实证主义,的确如富勒所认为的那样,依赖于 ECF,以至于如果 ECF 站不脚,那么实证主义同样如此。

但是这个转向后的富勒式难题的答案并不如此清晰。它首先取决于渊源命题是基于什么样的动机,取决于为什么我们可能会希望将道德评价之需要作为对法律之范围进行检验的关键因素。可能某些支持渊源命题的论点经受不住富勒式的对"简单案件"的批评(假设这种批评能够站得住脚)。例如,有人说,渊源命题澄清了我们心目中的这一点,即法律的核心功能就是提供权威的公共标准,而人们受这些标准约束,即使在对这些标准本身的证成中存在争议时依然如此。[61] 或许,如果真地存在这样一种普遍性的需要,即诉诸对目的或政策的证成以裁断法律是这样要求的还是那样要求的,那么如此让人感兴趣的渊源命题的理论魅力也会大打折扣。但是这里需要进一步讨论那些使得渊源命题具有吸引力的因素。

然而,任何以需要道德和政策来解决法律适用过程中的不确定性问题为基础质疑渊源命题合理性的主张,都的确存在某些怪异之处。这些主张看上去似乎在事实上已经预设了那一命题。因为,谈及法律的不确定性难道不正是预设了这样一种法律的概念吗?这种法律的概念划定了法律的范围,该范围较之于法官裁判

---

〔60〕见 Raz, *Authority of Law*, 38。
〔61〕Ibid. 52.

案件时充分考虑的各方面因素更为狭窄，如果没有对那些范围予以表述，那么人们很自然地倾向于认为，那些强调法官造法功能或法官应超越于法律而根据道德和政策来裁决的人，最先是法律现实主义者，全部都应当是渊源理论所阐释意义上的实证主义者（无论他们自己怎样认为）。

### 3.3 实证主义和不确定性

有人可能会觉得以这种方式分析富勒的论证（把它分析成引发了法律的不确定性）并不合适。他们可能会这样说，富勒的要点并不是说在诉求目的和政策时，法律推理必须超越于法律，而是说它必须超越于实证主义者所误解的那样的法律。因而，富勒的理论可以被看作是一种法律推理无边际理论。既然“我们从一种‘应然’角度决定（法律）规则的具体含义”，[62]那么法律就应当包括了法官在裁决时可能会借助的所有规范性因素。这使得法律有了确定性——或者至少不亚于通常所说的实践理性的确定性。

富勒的许多观点都与上述理解不一致，但这里把它看作是一种可能的立场无疑是有启发意义的，因为它包含了裁判上形式主义的一个变种，这一变种比富勒归之于哈特的那种判决上的形式主义要更有说服力。哈特认为，在某些案件中，司法裁决可以被看作是严格遵循法律的，即使没有依靠目的和政策对规则进行解释。在我们看来，富勒对这种观点的反对只有在下述情况下才会影响到分离命题，即法官必须有目的地遵循的目的或政策其自身就是法律的一个部分。这导致了这样一种提议，即认为争论的矛头必须重新指向渊源命题，这一观点使得政策只有在特殊情况下才可被视作法律。但现在如果有人反对渊源命题，而支持这样一个法律概念，它包含了为得出确定的裁判结论而必须考虑的所有因素——如果某项因素仅因其可以解决案件便足以进入法律——那么某人就当然会超越哈特的著名的“简单案件”理论而认为法律确定了（至少同其自身的推理一样）每个案件中应当怎样做。当然，这种攻击理论本身就被视作典型的“形式主义”。

在这个角度看，实证主义和形式主义的联系看起来就是一个定义问题。有人会说，虽然哈特关于简单案件的原理是“形式主义的”，但是那种没有法律不能规制

---

〔62〕 Fuller, ‘Positivism and Fidelity to Law’, 665 - 666.

的案件的观点则不是(形式主义的),因为后者并没有将法律从更具普遍性的道德和政治规范中独立出来。但是这个标签并不重要——它仅仅表明了某人意欲称之为"形式主义"的东西。在这里,抛弃这个标签并以其自身的术语来讨论实证主义,这样似乎更能澄清问题。标签毕竟只是标签而已,但是当它承载着(不正确的——译者注)联系时,其不必要性就是我们放弃它的理由。

现在,我们可以将我们的发现总结如下。很难说"形式主义"可以被作为(a)实证主义关于法律限度的理论,同时又被视作(b)观点:法官在任何案件中都可以不必超越于法律进行思考而作出一个裁判。这些观点并不必然直接相互排斥。但认为法律是不确定的——反形式主义者所推崇的——这种观点为法律的范围预设了实证主义所提供的那种类型的检验。相反地,如果关于法律的概念就是将法律限制在权威的渊源之中,那么考虑到影响法律规范的不确定性理论,认为法律推理从来不必超越法律,看起来就是有问题的。总之,法律的不确定性预设了一定的东西,这个东西即便不是实证主义,也是某种其他的划定法律界限的方式,这种方式不考虑任何相关的司法裁判因素;而实证主义这种对法律界限作了最为详尽讨论的理论,使得法律的不确定性在实践中不可避免。

### 3.4 形式主义:法律的自治还是法律推理的自治?

为了总结第二部分,我们有必要简要评论一下实证主义者所赞许的法律不确定性的观点。为了反对将实证主义和形式主义做以区分,当代一名学者认为"如果实证主义是一个人对于法律理论的立场,那么其关于审判的理论就没有什么是实质性的",因为作为实证主义核心的渊源命题"对法律推理缄默不语"。〔63〕如果这被视作是对实证主义和形式主义之间错误区分的回应,那么这是可以理解的;甚至,把它视作某种类似于断言的东西,这也是无可指责的;然而,它本身是具有误导性的。因为在既定的两个假设之下,("形式主义者"的)一个裁判理论——即,司法推理永远不会超越法律——的错误确实来源于渊源命题,即便它并没有造成直接的干扰。〔64〕

---

〔63〕Leiter, 'Review Essay: Positivism, Formalism, Realism', 1150, 1152.

〔64〕见 Joseph Raz, 'On the Autonomy of Legal Reasoning', in *Ethics in the Public Domain: Essays in the Morality of Law and Politics* (Oxford: Clarendon Press, 1994),我将在下一部分予以讨论。

第一种假设是法律的确定性并未给法院作出裁判的责任设定界限。若非如此——如果只要法律是不确定的或有缺陷的，法院就可以自由地拒绝裁判——那么，他们可能确实把自己限定在仅仅去讲法律要求了什么，即便是当其答案仅是"法律对此缄默不语"时。在这个时候，实证主义的法律的有限性和形式主义者认为的法官只能局限在法律文本中的想法恰巧重合了。但这并非我们熟悉的任何法律体系，这违背了我们讨论这一问题时的前提，即一个法庭应当使用一种并不武断的方法做出支持一方当事人的裁判。〔65〕 第二种假设，它现在被广为接受，即任何有渊源(source)的法律都会导致不确定性和间隙，〔66〕它得自下述想法，即法律推理无法将其自身限制在以渊源为基础的(source-based)材料中，于是，在既定的渊源命题的前提下，法律推理必须超越法律而诉诸道德或政策。有人试图通过说明法律推理往往是对法律要求什么作出的推理而没有什么其他的，进而来否定这个结论。这就使形式主义的观点(即法律推理从未超越法律)在这种限定上是正确的。但这样的话，会有人或者这么说，当法律不确定时，法官就会在法律渊源之外裁判案件，因而超越于"法律"推理之外(看起来有些古怪)；或者，同大众的观点保持一致，(认为法律推理就是法官在裁判案件时应该做什么)会用那种内容过度膨胀了的被当作法律的各种形式的考虑因素来填平中间的鸿沟。无论在何种情形之下，实证主义者以渊源为基础的法律有限性理论同形式主义者认为的法官仅仅是在阐释法律的观点之间都存在很大的差别，同样，在所谓的"法律的自治"(其规范的独立，其自身缺陷的规制)和所谓的"法律推理的自治"之间也同样存在着差异。

## 4 演绎主义还是反工具主义

### 4.1 背景:现实主义者们对通过司法得以解释之私法的关注

上一部分表明了后霍姆斯主义思想中一种奇怪的张力，而不是一种直截了当的矛盾龃龉。对于这种紧张的解决有助于理解我们在开始提到的难题:从霍姆斯

〔65〕 见 Raz, 'On the Autonomy of Legal Reasoning', 334。因此，不确定性不是法院拒绝裁判的合适理由。这应当与下述情形区分开来，即高位阶的法律规范要求法院解决不确定性以支持当事人一方；在这种情况下，法律不是不确定的。

〔66〕 见 Hart, *Concept of Law*, ch. 7。

开始，法官不从法律规则中推导其判决，没有什么比这更为明显，并被更加坚持不懈地予以揭露了。考虑到下述事实非常显见，即逻辑对法律推理的首要工作（即对特定事物的归类）讳莫如深，该难题将激励人们，使其感到有必要对此予以揭露。

请考虑以下观点：

> 法律是"政治性的"，这已是老生常谈。自从现实主义者揭示了法律推理中的"形式主义"，为大家所接受的通说就一直是法律分析不可能是中立的和确定的，并且，关于法律的一般性主张并不能解决具体的案件。某种政策判断或价值选择必定会牵涉其间。相信会有任何其他可能都是"超验的胡说"。〔67〕

在对形式主义的批评中，一个核心支脉发现法律具有普遍的不确定性，这种不确定性以一种必须通过诉诸"政治性"方可应对的方式呈现出来。一般而言，(a)该支脉将特定案件中判决的可推定性作为关于法律规范"具有确定性"意味着什么的特权范式（privileged paradigm）——一种金科玉律——来呈现，(b)该支脉发现，在大部分或全部案件中，这种金科玉律式的标准不能被达致，(c)其结论是，某种"政策判断"——诉诸所欲求的社会目标——必须在法律规范与其在特定案件中的适用之间进行权衡。〔68〕下述两种一般性观点可能有助于我们更为准确地定位这种思路。

(1)首先，在一开始，其首要着眼点在于私法——侵权、合同以及财产〔69〕——

〔67〕Peller, "The Metaphysics of American Law', 1152.

〔68〕见 Allan C. Hutchinson, 'Democracy and Determinacy: An Essay on Legal Interpretation', *University of Miami Law Review*, 43 (1988), 541, 558：在法律产出和原则性原材料之间并不存在一种必要的和充分的联系……没有解释就没有法律，没有法官就没有解释，没有政治就没有法官。

〔69〕第二个着眼点是宪法性准则，它规制着公法与私法之间的边界。见 William Fisher, Morton Horowitz and Thomas Reed (eds.), *American Legal Realism* (New York: Oxford University Press, 1993), 76–129. 在一场争论（其内容大致是，因违反合同而判决赔偿的规则本身就是不确定的，并且因此该规则必须作为"社会政策"的一种工具来理解和适用）中，富勒首先主张，"只有诉诸法律规则所服务的目的才能理解法律规则"，这似乎是值得注意的。L. Fuller and W. R. Perdue, "The Reliance Interest in Contract Damages", *Yale Law Journal*, 46 (1936), 52.

或是在于现实主义者所描述的一种私法的典型图景，该图景有以下两个限定：（ⅰ）私法独立于（有关实现社会共同目的之手段的）谨慎推理，这种谨慎推理被视作公法规则（public rule）的任务，（ⅱ）相信对国家权力的道德限制因此并非只是一种关于政治上的审慎或一般的善的问题，而是一种关于先在于政治目的而给定的法律问题。现实主义者认为将理解和适用法律作为一种社会政策之工具的普遍需要，这种想法包含对该图景的一种还原论者（reductionist）的回应。这里的要点是，视私法为公法或行政法（追求共同目的时对共同手段的使用）的一种形式，并且因此将国家从据称是虚构的司法约束中解放出来，同时重塑私法，使其成为社会福利的一种功能性的理性的工具。[70]［法律现实主义似乎没有意识到对私法优先性这一经典主张进行非还原的（non-reductive）回应的可能性——例如，质疑（ⅰ）是否真正引发了对（ⅱ）的承诺。同一些"古典"法学家一样，现实主义者似乎认为这是理所当然的。］

（2）其次，由于私法主要是一种通过司法予以解释的（judicially elaborated）普通法，那种认为私法的具体化需要"政策判断"的主张不仅仅指向法律的学术上的捍卫者，而且也指向了法官的自我理解。例如，在霍姆斯看来，过失原则（negligence principle）（需要证明被告没有采取"合理注意"）同严格责任（并不需要作如是证明）之间的选择"是在立法政策问题上进行的一场隐而不显的、半有意半无意的战争，如果有人认为其可以通过演绎的方法来解决……我只能说我认为他在理论上是错

〔70〕这些观点可以令我们更好地理解为什么洛克纳一案［*Lochner v New York*，198 US 45 (1905)］（该案发现《宪法第十四条修正案》牢固确立了私法中的契约自由原则）在现实主义者看来是一种"形式主义"的范式。当然，Peckham 法官的观点并不是要通过在文本方面诉诸"自由"而推导出那种原则，他对该原则的发现也没有任何"机械"的东西。但如果契约权利和义务被正确地理解为社会目的的功能性工具，（或者它们只是对公共权力之发生频率的预测），那么当作为社会之代理人的国家宣布它们不再为其目的服务时，《宪法第十四条修正案》仍保护它们，这一点肯定就令人生疑了。因此，洛克纳一案中所谓的"形式主义"也许恰恰存在于关于私法的典型图景之中。见 Cass Sunstein，"Lochner's Legacy"，*Columbia Law Review*，87 (1987)，873. 洛克纳一案判决四年以后，庞德将其描述为反映了法律思考的一种形式，该种形式的思考"以牺牲公共权利为代价夸大私权"，并且其中包含"机械的法理学，即法理思考和司法行为的一个条件，在其中，从诸观念中进行的推理产生了铺天盖地的规则，这些规则模糊了作为其源头的原则，并且在该条件中，诸观念以牺牲实际结果为代价而使其自身被合符逻辑地发展……"Pound，"Liberty of Contract"，*Yale Law Journal*，18 (1909)，454. 庞德将关于私法优先性的抱怨同对机械主义、逻辑和演绎的诉诸联合起来，这令人感到困惑。没有什么比洛克纳一案将正当程序条款运用于关于最小工时的法律更加机械的了！

误的，而且我可以肯定的是，他的结论在实践中是不能被接受的。”[71]这些司法批评的术语持续至今。不称职的（“形式主义的”）法官假装认为私法中一般的、结构性的私法概念（如使用自己的财产以不损害他人财产为限）决定着适用于特定（类型）案件的结果（或规则）。至多，他是被蒙蔽了，否则，他就是“半有意半无意的”，“隐藏了”自己所知道的东西，并且做事奸诈狡猾。[72] 称职的（“现实主义的”）法官会揭示由政策所驱动的法律解释，不管人们愿意与否，这是为了作出一个明智的判决或对规则的明智选择而必须作出的解释。以下是判决中两个自觉的现实主义的例子。

> 我们所谓“最接近的”这个词的意思是，为了便利或公共政策抑或一种大致的正义感，法律任意地拒绝追溯一系列事件到某一限度之外。这无关逻辑，它是现实的政治。[安德鲁斯法官（Andrews）在 *Palsgraf* 一案中所言][73]
>
> 每当法院作出一系列对责任限度的规定，他们都是基于政策因素而作出的……每当法院给可恢复的损害设定一个时限时——认为它们是或者不是太过久远——他们都是基于政策因素而这样做的……[丹宁勋爵（Denning）在 *Spartan Steel* 一案中所言][74]

使用诸如“近因”（proximate cause）或“义务”这样的概念，法律需要根据个案，在过失行为的合理后果与偶然后果之间作出区分。对这些法官来说，这些概念的不确定性要求在对它们加以适用时，必须视其为一种指向政治目的的审慎推理。

---

[71] Oliver Wendell Holmes, ‘The Path of the Law’, in *Collected Legal Papers* (New York: Harcourt, Brace and Company, 1920), 182 - 183.

[72] 欲了解现代对这些术语的重新适用，可参见 E. H. Levi, *An Introduction to Legal Reasoning*, (Chicago: University of Chicago Press, 1949), 1 - 4; Kennedy, *A Critique of Adjudication*. 当然，有些理论家对通过法律“修辞”秘密追求政策目标的做法持欢迎而非批判态度。见 Guido Calebresi, ‘Concerning Cause and the Law of Torts: An Essay for Harry Kalven, Jr. ’, *University of Chicago Law Review*, 69 (1975), 69, 107.

[73] *Palsgraf v Long Island Railroad Co*, 248 NY 399,162 NE 99 (1928).

[74] *Spartan Steel & Alloys Ltd. v Martin & Co.*, 1QB at 27, 37 (1973).

于是丹宁勋爵解决了有过失的订约人保护原告不受经济损失之义务的问题，其根据是，这种损失被广泛分摊对社会而言是可欲的。继安德鲁斯法官之后有很多相似的判决。[75] 在每一个案件中，若要某项一般性法律概念不被武断地加以适用，就需要在解释方面求助于“政策”因素。

因此，这里考察的这一反形式主义的思路就不仅仅是对天真的“演绎主义”的攻击。它将特定判断可由演绎得出这一想法与对私法的传统理解联系起来，并且将这种传统理解同作为社会政策之工具的法律的适用进行比较。这些联系和比较是人们所熟知的。但稍加反思，人们就会对它们颇感疑惑。我们将会依次思考两种疑惑。首先，从“不确定性”到根据政策使法律规范具体化，这一推论是令人怀疑的。其次，“演绎性”判决与“基于政策的”判决之间的对比既不是彻底的(难道没有其他选择吗?)，甚至也不是排他的：我们主张，最好将对解决实用性判决难题之“政策”的需求本身理解为对一种演绎性程序的需求。

### 4.2 从不确定性到政策的可疑推论

在日常生活场景中，认为情景性判决难题即是根据某种独立的目标予以解决的“政策”难题的观念——退一步说——不会自然地成为常识。假设理查德决定是否帮助朋友，而这意味着丧失某种职业晋升的机会。这个问题关涉友情方面的义务。这里，我们习惯上认为，理查德的决定程序不外乎如此：他必须尝试根据该情形所引发的一般性关注(友谊、别人的需要、他自己的工作，等等)来解读该情形之诸事实的突出特征。类比可能是有帮助的，但不应认为这些类比会确立一个使其不必根据该情形之具体要求思考相关因素的规则(例如，在情形甲、乙、丙中即如是如是行为)。尽管对于实践中的人们来说，这在某些时候是颇为复杂的，但所有这些都是平常之事。

这些为人们所熟悉的判断难题是因为相关关注对象不确定而产生的吗? 如果这意味着它们在任何地方都无法用一种得以对判决进行演绎的方法被教授或解释，那么我们可以承认它们是“不确定的”。但是，由此得出结论认为需要辅助性地求助于“政策”，那就奇怪了。那使得似乎现存的所有对于“友谊”的解释都是不完

---

[75] 参见如 *Petitions of the Kinsman Transit Co.*, 383 F 2d 708(1964), esp. 725－726。

整的。假使理查德使用了政策解释,偶然发现了如下辅助性观念,即友谊的目的就是为了"提升个体使其欲望的满足最大化的能力"。[76] 人们被鼓励去培养友情,因为以某种更为基本的标准衡量,这会使人们快乐。理查德可能认为这种观点更好,因为(不管人们认为其他观点是支持还是反对它)它至少将他的难题从一种判断转变为一种计算:只要有充分的信息(如帮助朋友的机会成本,等等),他就能够阐明友谊究竟要求什么。也许理查德一直在读西季威克(Sidgwick)的书。书中将以计算取代判断的前景作为论据,以证明功利主义优于"常识性道德":

> 这里,(常识性道德的)现有公式对于指导行为而言不够精确,同时,为了使其更加准确,困难和困惑随之而来,而功利主义方法解决了这些困难和困惑……
>
> 功利主义者……试图向直觉主义者们表明,关于真理、正义等的原则,只有一种依附性的和从属性的有效性:他们或者争论认为原则其实只是被常识所确认的一般规则,该一般规则承认例外和对该一般规则的限定……并且我们需要某种更进一步的原则来使这些一般规则的例外和限定系统化;或者他们又争论认为,基本概念是模糊的,需要进一步规定或限定,如正义就属于这种情形;并且他们还进一步争论认为,诸规则间容易发生冲突,我们需要某种更高的原则来决断因此而引发的问题……此处一如他处,功利主义同时支持一般被作为绝对理由而呈现的诸不同理由,并且还在理论上将其放在一个共同的高度上,其目的是,我们都有一个在相互冲突的政治论争之间做出决断的原则(着重号为笔者所加)。[77]

西季威克认为,"常识"需要"某种更高原则"(这是功利主义可以提供的),这会产生一种对特定案件的裁判程序。[78] 但这是否回避了我们期望常识诸原则所首

[76] Richard Posner, *Economic Analysis of Law*, 2nd edn. (Boston: Little, Brown and Co., 1977), 185 - 186.

[77] Henry Sidgwick, *Methods of Ethics* (Chicago: University of Chicago Press, 1962), 421, 444, 425.

[78] 那种寻找的程序是一种隐讳的演绎的程序。因为很难看出一个不为判断提供演绎的更高原则如何会是对常识之各项规定的一种改进或提高。或是为什么(假定"常识"需要一个"更高原则")这种"更高原则"本身不需要一个"更高原则"来使其自身具有确定性,如此等等。

先应当具有的那种准确性这一问题呢？如果一个人已经是一位功利主义者，并牢牢确立了这样的看法，即常识的诸规定无论如何只是功利的直白标识，只是给予那些致力于一生追求其福利最大化者的一点好的（但却是不完整的）建议，那么，诉诸"某种更高原则"可能就是必要的。很难看出，这样一种要求怎样能够靠自身的力量来使功利主义的化约或还原（utilitarian reduction）受到欢迎。假如理查德真的会根据友谊的"满足—最大化"来决定如何去做，那么，常识就有权认为，他没有考虑相关的关注——友谊。[79] 如果在理查德考虑这种关注的程度上对"政策"的求助被排除，承袭而来的对政策的解释不会提供通过演绎推论达致判断的机会这一事实并不表明，相关解释中缺失了什么。如果那就是它们"具有不确定性"的意思所在，那么它们就不是不确定的。它们实现了最大限度的精确而没有终止其所是——即，对友谊的解释，而不是使更为基本的满足感最大化的概测法（rules-of-thumb）。[80]

这些考虑自身并不间接表明私法原理不是工具性的。它们也并非认为在解释法律时，法官不是在立法。这里所讨论的是这样一种观点，由于这种观点"司法性立法"问题已经发生了致命的困惑（从霍姆斯开始即如此），该问题的内容是，当不确定一项法律规范的要求时，法官是否无可避免地会面临"政策"问题。"司法性立法"问题是一个关于法律之概念性限度的问题（第3.2—3.3部分）。即便该问题被以一种支持下述观点（即除非为法院所颁布，否则司法判决就"不是法律"）的方式解决，从这里也得不出任何关于判决之恰当基础的结论。[81] 霍姆斯和现实主义者

---

〔79〕对友谊之理论比较敏感的人不会例行公事般地愿意以友谊来换取其他类型的满足。见 Joseph Raz, *The Morality of Freedom* (Oxford: Oxford University Press, 1986), 352-353。

〔80〕西季威克回避问题之论争（question-begging argument）的一种版本是 Shavell 和 Kaplow 如下主张的一个关键支点，该主张是，法律除了促进以感应性术语界定的社会福利外，没有任何其他用处。参见 Louis Kaplow and Steven Shavell, *Principles of Fairness versus Human Welfare: On the Evaluation of Legal Policy*, Harvard Law School, Law-Econ Discussion Paper No. 277, SSRN Electronic Paper Collection (2000). 他们提出的支持该主张的唯一理由是，任何其他可选择的善在法律规则的选择方面都是"不确定的"，并且因此将一切都留给了"直觉"。我认为完全是科学主义（scientism）（一种带偏见的要求，它要求现实事务具有自然科学中所发现的那种可理解性）使这看似一个好的论证，但该要点需要更长的讨论，我们在这里不可能进行。见 Sidgwick, *Methods of Ethics*, 425："功利主义者被号召来表明从常识的道德向功利主义的自然转变，这种转变与实践分支中从受训练的本能向表征和适用科学结论的技术性方法的转变有些类似：其目的是，将功利主义呈现为科学完备的、具有系统性反思性的规制行为的方式"。

〔81〕亦可以这样说：如果法官必须诉诸政策，那么他们必须立法；但从法官造法这一事实，并不能推论出他们必须诉诸政策。

们都非常清楚地认识到，传统的法官在面对一个不确定的规范时并不是简单地使用制定政策的(policy-making)手段，即便他们的观点是这些法官必须制定新法。他们试图根据形势的要求去理解相关的法律规范，他们通过类比支持某些事实的突出特征，并且他们试图找到在现有的法律之中有立锥之地的原则。所有这些都很平常，同样地，可能存在相互竞争的类比和原则以及其他现实的困惑这一事实也是如此。[82] 但是这种传统程序是否被曲解为“形式主义”的问题，也就是一项法律规范在观念上的“非确定性”是否意味着明智的判决必须为其自身提供某种独立的判决基础(即西季威克所谓的“某种更高原则”)的问题。对日常实际思考的反思表明，情况一般不是这样的。它意味着从一个规范的不确定性推论出对于“政策”之前提的需要，这种推论一般来说是无效的。法律不也是如此吗?

### 4.3　演绎性判决程序与以政策为基础的判决程序间令人生疑的对比

现实主义的法官倾向于认为，在适用一般的法律规范时，以政策为基础的判决是不可避免的，因为唯一的另一种可能是假装可以经由演绎推理来作出判决。(安德鲁斯法官:“这不是逻辑，它是现实的政治。”)但这似乎难以置信。如果理查德在解决其作为一个朋友应尽何种义务这一问题时不考虑任何“政策”，我们就会认为他是从友谊的概念出发演绎推理得出答案的么?

一直以来，这一问题被自霍姆斯起的在演绎性判决程序观念同“法律上的三段论”观念之间的混淆搞乱了。在传统的实践三段论中，大前提(major premise)指的是要达到的某些善，小前提指的是那些能显示如何增进这些善的情势的某种特点。(例如，在朋友需要帮助的时候应予以帮助/通过做事情 X 我可以帮助有需要的朋友/所以我应当做事情 X)。的确，法官有时用这种形式来考虑问题，并且他们因此(有时)表明他们的判决可以通过一项法律规则加上一些其他的事实前提推论得出。但这是毫不相干的，它本不应使任何人相信法官是通过演绎的方式得出其判决的。因为很明显的，对于同情况有关的特定事实的选择，以及根据相关的法律规则对事实进行的分类，往往需要一种辨认，这远高于进行逻辑推理的能力或是辨识

---

[82] 见 Roberto Unger, *The Critical Legal Studies Movement* (Cambridge, Mass.: Harvard University Press, 1983), 8-9。

出某些事实为人们所公认的能力。当规则中确立的条件具有诸如“合理注意”或“合理的预见性”等私法原则的无明显特征的一般性时，情形注定会是如此。由于小前提——它会与这些法律原则合作产生演绎证成以得出最终的法律结论——的形成必须对与该情势相关的事项进行选择（而并不仅仅是对事实是什么的一种认知），我们可以认为传统的法律推理明显是“实践性”的而非“理论性”的：它要求去思考何者重要，而并非仅仅是何者正确。这一区分在澄清“演绎性判决程序”思想时暂时是有用的。演绎推理有时是实践的（它可能关注需要做什么），但它并不完全归实践所独有。因此，如果说法官（假装）推论出其判决，即是说，他（假装）法律推理不具有多少突出的实践性。

法官将其权衡塑造成三段论的形式并且不诉诸“政策”，这并不（如果尊敬的霍姆斯能够同意的话）涉及法官是否主张能够以演绎的方式得出其判决的问题，因为三段论结构本身在演绎推理和特殊的实践推理之间是中立的（后者包含对何者重要而非仅仅是何者正确的思考）。另外，三段论结构在描述传统法律判决和安德鲁斯法官及丹宁勋爵等基于政策的推理时是平等适用的。这些思考表明，演绎的和以政策为基础的程序并不能穷尽所有的法律可能性。但它们同样表明，我们不应假定这些程序描述了排他的和专有的可能性。也就是说，我们不应单纯地假定而应当去追问，是否现实主义者的要求（即私法原理作为社会政策的工具被适用）被很好地理解为，要求法官抛弃演绎的伪装，并承认一项无法化约的实践性任务。难道这种要求的含义不是恰恰相反吗？它是对如下主张的攻击（在传统程序中这种攻击从来没有伪装），即法律推理必须面对实践性任务，同时它支持通过纯粹的理论—演绎理性（theoretical-deductive rationality）的运作证明其结果的要求。

再考虑一点当代的关于私法的现实主义，也即将“合理注意”解释为在事故避免上从社会成本角度考虑是正当的支出。当然，这种对于法律的解释没有消除陪审团（或者在上诉审案件中的法官）判断何谓“合理”的必要性。但是，在工具主义者看来，对合理性的传统判断只是因为偶然的原因才得以继续存在。诚如波斯纳法官所解释的：

> 各方没有给予陪审团所需的足够信息以确定汉德公式认为相关的变量。

> 这就是为什么该公式分析上比操作上具有更大重要性的原因。在将人身伤害换算成金钱时，概念上的和实践中的困难会继续挫败以这样的精准度测算预期事故之成本的努力，该精准度在测算等式的另一方，即预防措施的成本或负担时是可能的，至少原则上讲是如此。在将来的很多年，陪审团可能被迫作出关于合理性的大致判断，这是在凭直觉应对这些因素，而非测量之。[83]

这使得对于合理性的判断作为一种"次优"的方法来达到那个在原则上通过纯粹理论的方法可以更加准确定位的目标；它认为这些判断只有当它们是根据可靠信息而达致时，它们才是正确的，其前提是法律的目的就是"在事故预防方面带来有成本效益的支出"。如果可以得到相关信息，那么法官就可能将这个前提付诸实践。结果并非仅仅是被型塑成三段论形式的一点法律推理，它同时也是那种我们应当称其为"推理性判决程序"的一个例证。给定这个前提，一个特定法律裁决的正确与否便可以仅通过关于什么可能导致什么的事实性信息的累加来表明。实际上，这种对于法律之理解的好处并非真正基于运行法律所需要的信息在某种现实的未来中是否可以获得。（若果真如此，人们就会觉得法律与经济不那么有意思了。）很明显，发展这样一种对法律之理解的另一驱动力（波斯纳所言的它的"分析上的重要性"）就是通过表明下述情况来为正确的法律判决这一概念辩护，即原则上，可以通过不包含任何具有突出实践性思考的论证来确认法律之基于直觉的裁决。在对我们能否拥有包含规范之情景性分类的实践思考的正确性观念持怀疑态度（怀疑主义本身在现实主义中就很突出）这一背景下，这样一种驱动力似乎是可理解的。

### 4.4 主要的张力：一方面是工具主义，另一方面是对司法"演绎"的攻击

所有这些都指向了在反对形式主义时为大家所熟悉的相互联结的两个要素之间的张力。形式主义被认为存在于对法律规范进行适用的演绎过程中，并且它与把法律作为一种社会政策工具来理解和适用的想法形成对照。已有研究甚至对此作了同样的表述："形式主义……是一种关于所有的法律问题都是可以通过演绎来

---

〔83〕*McCarty v Pheasant Run*, *Inc.*, 826F 2d 1554 (7 Cir. 1987).

解决(即不需要诉诸政策)的理论……”[84]但这样难道不是使问题倒退了么?一方面,在传统图景中,私法围绕一系列相对抽象的原则(例如,“合理性”、“使用自己的财产以不损害他人的财产为限”等)被组织起来,这些原则,即便与它们的普通法注释一起来看,也无法合理地通过演绎推理来达致法律判决。当这些原则被适用时,实践中的难题在本质上是如何作出区分(即是说,在这种或类似情形中实现它们会带来何种后果),正是由于这个原因,才需要较古老意义上的法理学,它是基于类比和判断的一种思考形式,其指向是根据具体情形的要求来阐释原则的内容。[85] 另一方面,通过诉诸“政策”来决定这些普通法原则之具体内容的要求,的确使人们有望看到一种可以完全被称作“演绎推理的”法律判决程序。因为与原则(如近因或合理性)相比,“政策”(损失分担或有效威慑)的界定性特征是,在特定情形中实现该政策不会带来什么特殊的难题。[86] 当这些政策目标开始起作用时,现实的难题就主要是可能被适用的实现这些目标之多种手段的预期效力问题;这意味着一旦这些目标被认为是自明的公理,那么在原则上,任何法律裁决的正确性都能够通过一种推理过程予以确立,该过程只需要适用关于因果的经验性知识。

那么,认为在二十世纪的某个时候人们发现的诉诸“政策”的需求打断了之前(“古典的”或“形式主义的”)以演绎推理解决所有法律问题的幻想,这种观点就似乎是一个错误。[87] 因为如下说法似乎更为准确:诉诸政策才首先使这样一种幻想的出现成为可能。只有当法律被看作是一种政策的工具时,那种演绎式法律判决

---

〔84〕 Kennedy, *Critique of Adjudication*, 105. 肯尼迪后来认为,他使用“政策”这个词来指代所有非演绎性因素(109)。我想这意味着,他在用“政策”一词来指称判决的非法律的所有渊源(在法律理论中道德一词有时也作如是使用)。但仍有疑问,即他为什么将法律的诸渊源称作“演绎的因素”。演绎是推理的一种形式,并非判断的一个特殊来源,一些非法律的渊源比法律自身更容易达到演绎的判决。见 Roberto Unger, *Law in Modern Society*, 194:昂格尔认为,“当仅适用规则和其演绎的结论被认为对于所有的权威性法律选择已然足够时,法律推理就是形式主义的。当关于如何使用规则的判断以如何更有效地达致规则中所规定之目的为基础时,它便是目的性的。”这看起来很奇怪,因为“纯粹适用(法律)规则”常常“对于结论的演绎”显然毫无助益;而正如我在本文中举的例子所表明的,将法律推理重新指向一个或另一个判决达致归属于一项法律规则之目的的效力问题,这有时能够产生人们所期望的推理程序。

〔85〕 阿奎那用 Prudentia 这一术语来指称亚里士多德所谓的 phronesis,它经常被译作“实践智慧”(practical wisdom)。

〔86〕 这当然不是“公共政策”一词仅有的含义,但是在现实主义者从不确定性到政策的论辩中,它是“政策”的本质所在。

〔87〕 参见 Unger, *What Should Legal Analysis Become*, 42-43。

的可能性才为人们所看到。

这种后霍姆斯主义思想中存在的张力在霍姆斯的思想中已经隐约可见了，尽管霍姆斯声称法律推理的问题并非只是从对原则和事实的陈述向结论的逻辑过渡问题(这已是陈词滥调)，但他还主张，普通法原则或多或少是社会政策的隐而不显的表现，这一点，好的法官应当谨记在心。〔88〕那些追随霍姆斯攻击演绎主义而拥护工具主义的人(都以反对"形式主义"的名义)可能会惊讶地发现，将"社会的善"解释为卡尔多—希克斯效率(Kaldor-Hicks efficiency)以及将普通法的"内在本质"或"真正依据"〔89〕与对这种善的追求相等同，这正是回应了那种一般被归于形式主义者观点的法律思想史所意味着的唯一的东西，该观点即是：将法律推理视为对无缺陷的规则体系的演绎适用。只是对法律现实主义之工具主义分支的当代经济学上的完善才更加接近于那种被认为使得逻辑成为"法律的生命"的东西。〔90〕

### 4.5 该张力的化解

这到底是怎么回事呢？为什么那些批评法律推理可以是演绎推理的形式主义观点的人，也非常有代表性地要求法官将法律作为政策之工具来理解和适用呢？这些批评者是如何能够强调因演绎性判决程序的不可能性而需要诉诸政策的解释性前提，而同时这些前提本身似乎就是使法律判决可以由演绎推理来实现的一种方式的呢？这似乎是一个悖论，形式主义的批评者似乎先是肯定继而否定了这种可能性。事实上，要理解这一批评是可能的。这需要回答两个问题：

1　为什么有人会认为那些致力于传统法律判决的人一定会意图能够从一般的法律规则中演绎出对特定案件的判决呢？

---

〔88〕见 Holmes，"The Path of Law"，180，181，184；以及 Holmes，"Law in Science and Science in Law"，*Harvard Law Review*，12 (1899)，443，460。

〔89〕Richard Posner，*The Problems of Jurisprudence*，(Cambridge，Mass.：Harvard University Press)，361.

〔90〕波斯纳已经指出了这一点："如果普通法的实证经济理论是正确的，那么普通法就是一个逻辑体系，演绎逻辑(形式推理)就可以被法官用来在具体案件中达致可证明的正确结论或被学者用来表明特定案件之判决结果的正确性。"因此，法律的经济分析是"形式主义的当代样本"。"Legal Formalism，Legal Realism and the Interpretation of Statutes and the Constitution"，*Case Western Reserve Law Review*，37 (1986)，179，181，185.

2　为什么有人认为任何对一般性规范的明智适用必须诉诸某些能独立于这些规范而被掌握的被欲求的目标呢?

对第一个问题的回答能解释人们一再感到的如下需求,即否认演绎推理是法律推理的核心,当然几乎没有人明确主张该观点;对第二个问题的回答能解释如下一再出现的观点,即法律规范的不确定性必须通过诉诸政策来解决。上述两种想法都是非直觉性的,因此一定有其理论动机。而两者的动机都是这样一种被称作"演绎主义"的假定:

> (D)在对一个规范的适用出现异议时,我们无权认为一种或者另一种判断在客观上是正确的(也就是说,认为其是该规范及实际情势所真正要求的),除非我们能够表明该判断是演绎论证的结论,而这需要两个前提:(a)对相关规范存在意见一致的解释,(b)需要某种对事实的描述,这种描述不预设一个或另一个有争论之判断的正确性。

从直觉上讲,(D)表明只有当我们能够证明一种或另一种判断时,也就是说,只有当我们能够从相关异议之外的某个立场出发作出有说服力的论证时,我们才有对判断之异议的正确解决。[91]

若(D)是给定的,则上述问题1和问题2中蕴含的主张自然会不证自明。只要传统法官至少是默示主张作出了关于法律之要求的正确判断,我们就可以从(D)中得出第一个主张。假设一个传统法官判决认为,原告所受的伤害是"不可预见的"或"不够直接",并且因此超出了被告注意义务的范围。尽管该法官可能以三段论的形式呈现其推理,并通过类比其他案件来支持该推理,这里仍然不存在演绎推理的问题——除非人们根据(D)来看待其判决。如果人们真的根据(D)来看待该判决,他们必须或者认为法官(a)在什么构成"直接"或"可预见的"伤害方面作出了创造性的选择(与该法官的主张正好相反),或者(b)认为法官主张持有一种对这些

〔91〕关于针对"形式主义"的讨论中这种假定的类似发现,见 Lyons,"Legal Formalism and Instrumentalism",51。

概念之内容的理解，如果该理解被完全展开，当事两造会接受该理解，并且鉴于相关事实，该理解会理性地迫使两造达致相同的判断。[92] 假设法官将自己的观点表述为这是法律的要求（而不是作出选择），(D)就使人们不可避免地认为法官在主张持有对法律的一种理解，而原则上其判决可以通过该理解演绎得出。

第二个主张以同样的方式追随(D)，该主张要求，当一个法律规则无法被演绎适用时，司法上需要诉诸政策的诸前提。这些前提足以将法律规则提升到演绎适用的水准上，或者将包含这些前提的三段论转变成证据。在(D)已知的条件下，如果我们认为规则的适用不仅仅是某种未加解释的选择，上述前提就是必要的。因此，在(D)已知的条件下，下述情形非常自然，即认为法律判决的难题不是根据一般性规范（如"合理的可预见性"）解读特定情形的要求，而是使（至少是在这些规范的修辞性掩护下秘密地进行）恰当的政策发挥作用；并因此将关于这些规范要求什么的争论看作是关于法律应当遵循何种政策的争论（将这些争论视作能够被理性地解决，并且因此只有用理性的语言才能将其理解为真正的争论）。

### 4.6 例证：经济功能主义和批判法学(CLS)，两种对形式主义之批评的继承方式

有人可能会对这些考虑因素所作出的下述暗示犹豫不决，即从霍姆斯主义/现实主义的反形式主义到对私法的功能主义解释（如波斯纳所作的解释），它们之间是一脉相承的，它们都认为在将法律的内容理解为在每个案件中得出一个正确答案的一组可演绎适用的规则方面，除了经验上的障碍外，不存在其他障碍。这些人可能会主张说："难道这不是形式主义的本质所在吗？难道后霍姆斯主义思想的真正继承者不是那些批判法学家吗，他们拒绝法律的确定性图景，偏爱这样一种观点，即对'法律上的正确答案'这一概念的每次适用实际上都是一种对意志的政治性或意识形态性主张？"

但是也没有必要在这两种相互对立观点中做取舍，二者都可以被认为是继承了相同的霍姆斯主义框架。[93] 二者都有这样的前提，即**如果**使抽象的法律规范具

---

〔92〕如果法官对于近因的概念不能为两造所接受，这将表明，在适用方面不存在真正的争议——双方运用了不同的概念。

〔93〕Edmund Kitch 正确地认为"法律与经济是从法律现实主义的议程中发展出来的"。Kitch, "The Intellectual Foundations of Law and Economics", *Journal of Legal Education*, 33 (1983), 184.

体化的难题能够得到理性地解决，那么它们必须被看作是关于法律应当追求何种政策的问题，并在此意义上加以解决。两者之间的不同在于，波斯纳坚持，而批判法学家否认法律具体化难题能够在此意义上解决。波斯纳对此满怀希望（并因此对作为政策的一种功能性理性工具的私法满怀希望），因为他认为这就是法律应当追求的唯一目标，即“财富最大化”。〔94〕 与此相反，在批判法学家看来，一旦法律规范的具体化被认为需要诉诸政策，关于法律之益处的太多相互冲突的想象就会相互竞争，以求获得人们的承认，以致原理性推理都不会好于现实主义者所说的那样——一种伪装起来的政治角逐。〔95〕 当然，波斯纳希望基于诉诸每个社会都可以被假定欲求的基本的善来使具体法律原理合法化。但要想使这样一个论点获得成功，对该目标一心一意的追求应该至少比需要被合法化的法律原理（作为实现前者的手段）在规范性方面更少具有争议性；批判法学家通过指出法律可能追求的很多值得追求的目标而不无道理地对这一点提出了质疑。

任何不赞同波斯纳关于法律价值（或者似乎是价值本身）一元论的人都会很容易消除该争论，并倾向于批判法学家。然而，我们目前的任务只是呈现双方共同赞成的观点的框架。对二者而言，如何将私法中的抽象原理应用于具体案件这一问题，不能被视为通过说明在偶然情形中它们要求什么而表明这些原理的内容（对于传统法律思维来讲，它貌似如此）的问题，而是应当被视为确定究竟何者完整地理解了法律所应试图推进的目标的问题（当然还包括估计特定法律判决在推进这些目标时的效力的问题）。正是（D）使得法律推理问题必须被以这种方式加以考虑。

### 4.7 结论：演绎适用之规则的观念

总的说来，评价并证明“演绎性适用”（deductive applicability）这一概念可能是

〔94〕 与此类似，很多现实主义者主张，法律推理可以成为一门应用“政策科学”。当然，如果一个人乐于认为国家“最终”只有一个目标，该期望将变得更加触手可及。参见 Richard Posner, “The Concept of Corrective Justice in Recent Theories of Tort Law”, *Journal of Legal Studies*, 10 (1981), 187, 206。

〔95〕 关于“政策科学”对批判法学运动和现实主义者之吸引力方面的差异，见 Peller, ‘Metaphysics of American Law’, Guyora Binder, ‘Critical Legal Studies’, in Dennis Patterson (ed.), *A Companion to Philosophy of Law and Legal Theory* (Cambridge, Mass.: Blackwell Publishers, 1996). 这种差异不应被夸大。它产生于共同的假设之内，即法律原理的阐释必须存在于对社会政策的选择和落实中。

有用的，因为该概念在我们整个论证的过程中起到了核心作用。回想长期以来的抱怨：形式主义者认为仅仅逻辑自身就能够使法官在具体案件中决定一个法律规则要求什么。这令人不解（参见本文 1.1 部分）。逻辑在如何将具体情形归类分级方面明显无能为力，那么人们怎么能在实际上作上述思考呢？无疑，可能存在适用规则的规则，但这种规则（说明或解释）必须有其终点，在某一点上，需要有可适用的判断，而非逻辑上的推论。为了澄清反对形式主义者的理由，我们的讨论运用了一个多少有些不同的概念——"演绎适用"之规则的概念。尽管不存在仅通过逻辑推论与特定判决相联系的规则，但区分通过演绎推理达致判决的规则和与此相反的规则却是有意义的。我们的目标就是在如下规则：

(1a) 在事故预防中，只要被告没有为能够带来更高预期回报的安全措施花光所有钱财，他就是有过失的；

(2a) 只要被告是比原告更佳的分担损失的渠道，他就是原告所受之伤害的近因；

(3a) 开车行驶时不得超过 60 英里/时；

(4a) 红灯时停车

与下述规则之间作出区分：

(1b) 只要被告没有在特定情形下尽到有理智的人应该尽到的注意，他就是有过失的；

(2b) 只要被告对原告的伤害是被告之行为的合理的可预期的结果，被告就是该伤害的近因；

(3b) 不要以不合理的速度开车；

(4b) 在开车时合理注意他人安全。

前者而非后者是"可演绎适用的"。在该概念的这种用法中，去问这些法律规则本身是否是可演绎适用的是没有意义的——一些可以而一些不可以。(a)组规则同(b)组规则的区别到底是什么呢？

上述所有规则均是"一般性建议"——它们都为不可计数的特定情形提供了正确性的一种标准——因此，除了可适用的判决外，不能合理地认为它们与其特定实例相联系。因此，"可演绎适用"之规则的标志并不在于它在决定特定案件时所需要的是“逻辑”，或者这种决定方式是“自动生效的”(self-executing)(如果这意味着规则可以以某种方式自行发挥作用的话)。规则的“演绎的适用性”是判决中的社会学共识吗？人们确实倾向于同意进行演绎推理操作，但他们的同意并不能使一个规则变得可演绎适用。[96] 在我们的讨论过程中，我们否认了另一种主张，即认为只要一个司法判决代表的是三段论的结论，在该三段论中大前提陈述一个法律规则而小前提描述事实，该司法判决就是演绎性的。这未免使得演绎性过于简单了。因为任何法律规则的适用都可以用这种形式来进行概括，并因此表明法律判决都是从规则演绎出的结论(一个人如果做了某事就要负责任；x 做了，于是 x 要负责任)。

那么，(a)类规则与(b)类规则之间到底有何不同，以至于我们说其中一个是演绎适用的而另一个不是呢？千万不要忘记我们是在证明反形式主义的核心观点的背景下提到这些的；其他目的可能要求“演绎的适用性”这一概念具有不同的或更受限制的用法。我们认为两者之间的不同在于选择一个适当的小前提时所需要的那种思考。(b)类规则需要一种具有突出实践性的思考，这种思考试图根据对相关规则的正确的、但(似乎)又是没有完全成文的理解来找出一个案件之事实的突出重要之处。

为了证明这一点，让我们来看看规则(2b)中包含了什么，即那个将民事责任限定在“可预见的”侵害之上的规则。正如经常被指出的，法官对于可预见性的理解因对不同情形之特点或概括或具体描述的不同而各异(如哪种人处在了危险之中，危险的类型以及危险出现的方式)。这些是任何实践情形的特征——任何行为均可以用这些术语来表述。作足够一般性的描述——如对某些人以某种方式造成了某种伤害的风险——该情形将会允诺对被告之行动自由的关注。对作如是描述的伤害的预期，我们会说，它总是可预见的。如果被告制造这样一种一般性风险是错误的，那么他这样行为必定也是错误的(因为所有行为均包含这样一种一般性风险)。作更为具体的描述——如创制了以某种方式对 X 先生造成轻微伤害的风险——该情形将会允诺对原告之安全的关注。对作如是描述的侵害的预期，我们

[96] 实际上，在规则(1a)或(2a)下究竟哪种行为是“有过失的”或是“近因”，还可能存在大量异议。

会说，它决不是可预见的。[97] 如果一种行为仅在该预期是可预见时才是错误的，那么被告行为的权利就是没有边际的。认为“可预见性”以此种方式对行为一描述敏感的主张经常伴有如下进一步的暗示，即作为责任之“判准”的“可预见性”观念（因此）就是无能力的或空洞的。[98] 然而，如果规则对将这两种关注（此人的自由和彼人的安全）激发起来的情形的特征不敏感，则很难明了规则怎样能够成为对正义或公平的表达。有人可能会说，“可预见性”规则要求法官通过从作为这些关注对象的情形中选择其突出特征来形成一个小前提。法官必须根据正义观或公平观的要求（“可预见性”本身就是对这些观点的部分具体化）来解读该情形中哪些是重要的。[99]

在适用(a)类规则时，这种明显的实践难题不会出现。这些规则的条文本身就已经要么直接描述了合适的小前提，只要事实上已知(3a、4a)，要么只是要求适用关于什么样的法律干预将导致什么结果的经验性信息(1a、2a)。例如，在特定情形中“分担损失”会导致什么结果不存在特别的难题，只存在怎样实现这一点的技术性难题。于是这里关于法律判决问题的争论便倾向于或是关于手段之效力的技术性争论，或是关于“损失分担”是否是我们要实现的正确目标的争论（完全不是关于法律之适用的争论）。

当法官自觉地以“现实主义”的方法处理一项疑难案件（如涉及被告注意义务之范围的案件）时，这两种规则的不同就会引发极大的关注。拿(2b)这种规则来讲，具有“形式主义”观念的法官会从各个角度来审视事实，尝试对它们进行不同的描述，并且根据类比清晰的或已解决的案件来检验这些描述。最终，法官会说（“在其看来”）该情形要求作出对一方或另一方有利的裁决。（该限定性短语表达了一种适当的谦虚；这表明其判决不是源自其确信，而是源自规则的要求。）正如我们所看到的，现实主义者认为规则的不确定程度已无可救药了，因此，他们以这样一种方式“解释”规则，该解释方式将难题转化为适用如(2a)之规则的难题。这似乎让

〔97〕除非行为者是在进行外科手术。

〔98〕该问题的一个例外是 Clarence Morris。见“Duty, Negligence, and Causation”, *University of Pennsylvania Law Review*, 101 (1952), 189。

〔99〕我在“The Significance of Doing and Suffering”, in Gerald Postema (ed.), *Philosophy and Tort Law* (Cambridge: Cambridge University Press, 2001)中描述了这些判决的结构。

形式主义者感到困惑。法律并没有给偶然成为分担损失之良好渠道的诉讼当事人提供长久的吸引。那么，一方作为更好的损失分担者这一事实怎么能使其成为责任的恰当承担者呢？形式主义者推论认为，这种偶然性明显与引发“近因”概念（作为对公平之关注的一种具体化）发挥作用之情形的特征没有关系。但对现实主义者而言，如我们所知，认为在案件中公平观念要求这种或那种判决的主张似乎虚伪狡猾或过于天真。为什么用这种方式跨越“可预见性”的一般性与判决的个殊性之间的鸿沟呢？如果没有有说服力的论证表明一个不同的判决是不正确的或不可欲的，难道判决的理由不是就已经用尽了吗？因此就出现了为我们所熟悉的两难，这是现实主义的标志：或者形式主义的法官肯定有未言明的裁判理由，或者他只是错误地相信法律规则自愿助其越过了一条鸿沟（即规则的一般性与判决的个殊性之间的鸿沟）。

在（D）给定的条件下，这些在事实上是唯一可能的选择。实际上，（D）表明，除非法官判决的依据可以被明确地表述为（a）类型的规则，否则其所适用的判决就仅仅是一个判断（而非是对推理的运用）。“这是情势所要求的”这一判断有时可能是表达判决之理由的一种形式，这种可能性被排除在外了。对（D）一无所知的形式主义者可能会问：如果相关理由是关于正义或公平的理由，而非其他理由，这难道不是我们有时应该期望的对理由的那种表述吗？根据该观点，对于情势性判决的需要并不是法律规则的缺乏或缺陷，似乎该规则仍以某种方式留下了未被计算在内的判决的恰当根据。相反，它构成了规则的法律恰当性，因为它表明了该规则对情势之各方面的可理解的敏感性，而这引发了对交互性公平（transactional fairness）的关注。难道“可预见性”规则不是拥有与该关注相适应之程度的准确性（正确性）吗？毕竟，普通法中充满了下述发现，即期望在需要判决的偶然情形之前订立更为准确的规则有时是错误的。法律教导我们，要求这样的准确性有时意味着不去抓住对这些情形而言重要的东西（即判决的目的），而不是去更加确定地抓住它。[100]

---

[100] 这种教导明显违反了霍姆斯的一种观点。见 Oliver Wendell Holmes, *The Common Law*, ed. Mark DeWolfe Howe (Cambridge, Mass.: Harvard University Press, 1963), 98－99. 但在例如逐步消除特殊义务规则（如关涉情感伤害或为占有土地而进入者的规则），并支持更为抽象的“合理注意”规则时，该教导就是在场的。

应该强调，该争论的双方都承认，诸如“可预见性”等概念不会为责任提供一种演绎性判准。[101] 也就是说，他们都认为，即便拥有其他案件所提供的具体化注释，也没有理由认为，在不诉诸“政策”的条件下，这些概念的内容（或它们所表达的正义观念的内容）会以能演绎性地达致判决的规则的形式被法典化或被表达出来。但在形式主义者看来，这仅仅意味着诸如“可预见性”这类概念为良好的法律三段论提供了素材，而非演绎性证据。正如现实主义者所主张的，根据偶然的事实使这些概念具体化的难题，实际上[102]必定是判断社会应当追求哪种或多或少已经被完全具体化之目标的问题，而这是否也是上述形式主义者之观点的义涵的问题，引出了(D)的可接受性问题以及它赋予(a)类规则之特权的问题。

正如上文已经表明的，我们这里的目的是解释后霍姆斯主义对形式主义之攻击的一个核心困境。请再次思考霍姆斯的格言，“一般命题不能裁断具体案件”，这是反形式主义的战斗口号，如果真有这样一个口号的话。为什么这句话让人感到深奥难懂呢？[103] 一种可能是这种观点是对一种老生常谈的重述——杜威、哈特和康德都赞同该观点——即在任何案件中都需要一个可适用的判决（一种康德主义的“直觉的综合”）。作如是理解，霍姆斯就是在对“案件”是什么和“一般命题”是什么作“语法性”评价（维特根斯坦意义上的），并且其观点将会毫无区分地涵括我们的(a)类和(b)类规则。这是一种很自然的解读，并且其可能性也是使霍姆斯的话具有不可否认之气象的部分原因。但是，只要霍姆斯的上述主张被认为对反形式主义的大业有用，其主张当然就不是以这样方式被理解的。对其主张的标准解读认为，具体判决无法从一般性法律主张中被演绎出来；两者之间存在一个永恒的鸿沟，必须通过解释或预设“政策”才能将其填平。[104] 作如是解释后，该观点在两类“法律主张”之间作出了区分——那些确实可以裁判具体案件的主张和那些没有进一步的前提就不能裁判具体案件的更为一般性的主张。这就是我们给大家展现出来的区别。在将其观点以这种方式解释得清楚明了之后，也许霍姆斯之观点对某

[101] 当然，还存在关于近因的其他权威性注解（如直接性），但与“可预见性”类似，它们对行为的描述有可理解的敏感性，因此不能提供一种演绎性判决程序。

[102] Holmes, *The Common Law*, 32.

[103] 杰罗姆·弗兰克(Jerome Frank) 将它作为了其著作 *Law and the Modern Mind* 的题记。

[104] 参见如 Horowitz, *The Transformation of American Law*, 202。

些人的吸引力就消失了。所以,也许人们所认为的该观点之有用性的前提是,人们对其含义不甚了了:乍一看,它具有关于可适用之判决的老生常谈的显见性,并且它在法律判决的或多或少具体的根据之间作出了实质性区分——在可以通过演绎达致判决的规则和不能如此的规则之间作出了实质性区分。即便如此,一旦支持这种标准解读的思想框架变得清晰了,本来令人困惑的两点就得到了解释:第一,为什么人们认为传统法官幻想“他们在进行演绎推理”;以及第二,根据同样的批评方式,为什么法官必须诉诸“政策”以为人所理解地得出确定的结论。简言之,答案是,那些对“法律形式主义”作如是批评的人都是演绎主义者(deductivists)。

根据我们的论述,当“形式主义”以一个批评术语的身份出现时,人们提出下面的一个或更多问题是很好的。批评的对象是关于规则之适用的错误理论,还是一种适用规则时不可欲的实践?批评的矛头是指向对于法律的形式化研究,还是仅仅指向法律体系的形式性独立?该批评涉及法律理由的自洽(实证主义者在将法律限定在其社会来源时所支持的一种原则),还是涉及法律推理的自洽(出于同样的理由,实证主义者注定会否认的一种原则)?批评者其实是想揭露关于法律推理之演绎性质的一个错误吗?抑或批评者的目的是支持对法律的功能主义理解(其根据是,只有这样一种理解能够满足批评者所认为的演绎可适应性的黄金法则)?

很明显,“形式主义”容易具有模糊性。但正如我们所建议的,将形式主义与实证主义的联系放在一边,并且承认不需要过分拘泥于形式来对待关于法律的形式研究,那么,一个松散的侧重点将会清晰可见。可以说,“形式主义”所遇到的困难是我们在思考下述事实时遇到的困难,即在有法律的地方,同样有关于在偶然情形中遵循法律意味着什么的权威性(也即司法)决定。司法对规则之坚持的可欲性和可能性都面临质疑,后一种质疑有两种典型的形式。在一些理论家看来,所有的法律规则都是不确定的(在任何一个案件中都需要有目的解释),而在另一些理论家看来,该观点仅适用于法律规则的一个特定子集,即那些没有完全与特定情形相对,从而不能被“演绎适用”的法律规则。这些问题(关于司法部门遵守规则的可欲性和可能性)在对霍姆斯之箴言的三种可能的解释中有所体现。(1)法律规则不是在所有案件中都裁断一个“正确”的结果(从背景性原因的视角来看)。(2)在一个规则同其适用之间有一个非常一般化的鸿沟，该鸿沟需要对规则的解释来填补。(3)不存在这种一般性鸿沟，但在一般性规则——即那些没有完全与特定情形相对的规则——同特定案件之间存在一个鸿沟。

如果如形式主义的反对者所言，这些主张代表了为人们所接受的后现实主义教导，[105]那么该教导就需要被批评，因为即便将所有这些主张所具有的矛盾性（如在本文中所强调的）撇开不谈，它们还是有问题的。但对此的一种批判性讨论要留待其他场合了。

---

[105] 见 Peller, *The Metaphysics of American Law*, 1152。

# 第6章 审判* 206

威廉·露茜 著 于立深** 译

在 *Bakke* 案件中，最高法院如同审理其他案件一样，通过寻求打破冲突僵局的协商妥协的途径，发挥了调解或平息争端的作用，它并没有援引我们所共享的道德首要原则。因为概括说来，我们的社会不存在任何道德首要原则。

——麦金太尔：《追求美德》，1981，第236页。

法律是一种超越了纯粹权力表现行为的东西。

——Hurtado v California(1884)110 U.S. 516，pp，535－536[1]

法律是理性的指令，促使每个理性人按其本质去做与理性意志一致的、有利的事情。

——Viscount Stair 子爵，Institutions of the Law of Scotland，1893，I. i. 1.

## §1 强烈的期待

我们对审判有何期待呢？我们希望法官如何决断案件呢？众多答案纷至沓

---

* 感谢 Steven Brown and Kenneth Himma 对本文的评论和关心。本文更早期的版本得益于 John Gardner 和 Matthew Kramer 的思想。本文讨论内容之大部分扩展和修订版本反映在我的著作《理解和解释审判》(*Understanding and Explaining Adjudication*，Oxford：Clarendon Press，1999)之中。

** 于立深，法学博士，吉林大学法学院，吉林大学理论法学研究中心教授、博士生导师，主要从事宪法、行政法哲学和法律规制研究。

〔1〕引自 T. R. S. Allan，'The Rule of Law as the Rule of Reason：Consent and Constitutionalism'，Law Quarterly Review，115(1999)，221－244。

来，引人注意：不偏不倚、一致、可预见、公正、正义、理性与合法性。如果我们期待审判包含所有这些假想的美德——并且这个清单实际上只是一份偏颇的清单——法官决断案件面临着令人苛求的任务。所以，人们也应该对审判（这个分类当然包括做出“判决”的人）进行反思和理论化，理由至少有二。首先，我们最初问题的多个答案之间存在内在的联系，其复杂性令人吃惊；其次，每个答案本身都潜藏着难题，即使表面肤浅的分析也会触及古代和当代法律及政治哲学的核心问题。

下文只考虑过两个答案，它们实际上构成了本章的全部内容。这样看似吝啬的做法并非都是篇幅压力造成的结果，而是因为某种意义上所提出的这两个答案——审判是而且应该是既理性又合法——蕴含了其余答案。让我们首先考虑将审判作为一个理性过程的主张吧。这意味着要在下文中进行大范围的详细验证，但在这里要说明的是，当注入了理性的光芒之后，审判中包含的其他期待是唯一的美德。一致性既可能是对一些原则、观念、行为方针的盲目而固执的坚守，也可能是对思想、情感以及行为的极好的完善。而造成善与恶之间不同的，常常正是我们所谈论的观念或行为的合理性。可预见性也是如此。科尼斯堡（Konigsherg）的居民能够准确地预见当地哲人康德每天会分秒不差地在同一时间在小镇中出现，这既可以证明他是他律倾向的受害者，也可以证明他是一个在生活中也如工作中一样完全运用理性进行安排的人。不偏不倚只有以某种方式与合理性联系起来时才有价值，这是很显然的，因为它确实解释清楚了我们的反对——在事物脉络中更甚于在游戏中——通过抛硬币来解决问题。[2] 如果不偏不倚是我们在这里唯一有价值的东西，对抛硬币或掷骰子又可能有什么反对意见呢？

合法性（legitimacy）将我们带入权威观念及其同类概念的核心区域。无论何种关于“审判必须是合法的”这种主张的准确特征，显然都要求司法判决和其他决断都应该是公正的、正当的、无偏私的，然而这仍然不能创设出服从的合法义务。这实际上不过像是某些决断或行为在脑海中出现时一样。我的邻居对我训斥自己闹心小孩的劝告性建议，在对待孩子上可能是无偏私的，而在对他们的处罚建议上

〔2〕在最近的肯塔基（Kentucky）谋杀审判中，陪审员没有这样的保留，参见 the Guardian，26 Apr. 2000：16。

也可能是公平公正的。但是这并不能确切表明我有义务去顺从他。与此对照,无论何种可期待的审判,都有一个假设几乎是不容撼动的,即政治压力(监禁、罚金、禁令、支付赔偿的命令)的运用几乎总能成功地做出司法审判,并能从司法判决中得出合法性。因此,司法判决最可能成为服从义务的渊源。

如果说合理性犹如北极星点亮我们对审判的众多期待的话,那么合法性就经常被想象成合理性的最夺目的卫星。合理性与合理性两者之间的紧密联系被予以承认:认为从"审判是解决纠纷的首要合理方式"的主张到"审判因此是最佳的合法程序"的转变过程是非常容易的。这个"因此(therefore)"的力量来自于以专门知识的形式出现的合理性,似乎产生了权威:一个专家或者"权威"的判断可能总是错误的吗?合理性与权威性之间一定存在紧密联系的其他情形的假设,可能是危险性的,我们的部分任务是去思考审判的这两种期待彼此相隔得有多远。[3] 与其说它们之间的关系是恒星与卫星,不如说是两颗不同的行星。

## §2 当前的争论

### 2.1 简单案件、疑难案件和裁量

这两种期待(下文称之为合理性与合法性条件/the rationality and legitimacy conditions)已经揭示了更多的当代英美法律和政治哲学。合理性条件是法哲学中的一个普遍且经常隐匿的主题,合法性条件则是政治哲学的中心议题。审判的合理性已经成为两位闻名遐迩且最富影响力的当代法学家德沃金和麦考密克((Ronald Dworkin and Neil MacCormick))的首要关心所在,同时也是另外一位重要人物拉兹(Joseph Raz)的著述的主要内容,拉兹同时对合法性问题予以极大关注。正如我们将要看到的那样,尽管这些法理学家们在某些问题上存在分歧,但他们都确信审判可以满足合理性和合法性条件,因而他们也都认为判决是相对确定的、可预测的,并且某种程度上是解决纠纷的公正手段。这个共同信念足以描述德

---

〔3〕哈贝马斯特别指出了这两种期待。他说,"合法性的主张[等同于哈贝马斯的合法性期待]要求决断具有理性的根基[其等值物是理性期待]…以至于所有的参与者都可以将其作为理性决断予以接受。"参见 J. Habermas, Between Facts and Norms (Cambridge: Polity Press, 1996),198。K. Kress 也是这种主张,他假设学说的不确定性(那种破坏了理性期待的学说)中缺乏合法性,参见 Legal Indeterminacy, *California Law Review*, 77(1989),283 - 337,285 - 295。

沃金、麦考密克和拉兹关于审判的各自不同且偶尔妥协的主张，他们的主张是“非怀疑论的”(non-sceptical)，并被作为“非怀疑论者”(non-sceptics)。在法学研究中，他们并不是唯一的非怀疑论者，而是其中最著名的。他们关于审判的非怀疑论立场也不是唯一的立场——怀疑论立场将按照适当程序接受检验。

非怀疑论者就合理性和合法性条件至少提出了三个一般性主题：简单案件、疑难案件以及司法裁量。〔4〕疑难案件这个主题首当其冲，它或许就是当代法哲学的标记，最初的注意力一定被集中在了与疑难案件假想对照物上了，即简单案件。在第二个讨论中将仅仅扣住第三个主题，司法裁量在疑难案件中的角色通常是假设性质的。

非怀疑论者一致认为简单案件是存在的，但却很少有人持续关注简单案件的应然性和实然性的识别或判定方法。德沃金(Dworkin)对此的关注具有鲜明个性：在《法律帝国》(Law's Empire)中简单案件仅出现了几次，而且这些例子是相当简单的。对德沃金来说，此类案件仅提出了非常简单的法律问题——诸如康涅狄格州和加利福尼亚州各自的时速限制——这些问题的答案非常明了。〔5〕如果此类性质的问题能够必要且充分地判定一个案件是简单的话，那么这些以法律报告和法律实践为基础的案件，的确是非常罕见的。必须承认的是，德沃金关于简单案件评议的关注点是与更普遍的问题紧密相连的，特别是为了维护他的“整体性法律(law as integrity)”的论述，所以对他的看法的批评并非完全恰当。然而，他对简单案件缺乏关注，这恰恰是多数非怀疑论法哲学的特性。在非怀疑论法哲学中，复杂的、易引起争议的以及更为可取的宪法性案件主导着关于审判的讨论。

在此背景下，麦考密克(MacCormick)对简单案件的分析则是令人耳目一新地不同，也是所能见到的最为详细和富有启迪性的叙述。〔6〕与德沃金不同，麦考密克持续地关注简单案件的识别，并与拉兹和德沃金相区别，麦考密克对于可证立

---

〔4〕当然，如果时间和篇幅允许的话，也可以探讨其他的主题。然而，本文中所思考的这三个主题，受到了更大的关注，并且在本卷中的其他章节中也未深入。

〔5〕R. Dworkin, *Law's Empire* (London: Fontana 1986), 266, 353 - 354，以及第 449 页脚注 14。后面在正文和注释中简称 *LE*。

〔6〕参见 N. MacCormick, Legal Reasoning and Legal Theory (Oxford: Clarendon Press, 1978，修订版，1993), chsII 和 III. 后面在正文和注释中简称 *LRLT*。

(justified)的案件的判决方法提出了谨慎的分析。麦考密克提出并维护两个主张。第一,简单案件只在相关事实或法律适用(案件中的明确性、确定性)没有争议时存在。第二,简单案件的判断寓于演绎证立原则之中。麦考密克的第一个主张,至少部分地与德沃金所举的简单案件的例子相一致,或者说根本如其所指。难以为简单案件设想出比确定无疑的法律和事实更重要的先决条件。但是,德沃金仅仅满足于认为简单案件的判决几乎不用加以考虑便可达成,并且在与整体性法律的要求相一致时就是可证立的,(*KE*, 266and 353 - 354)。麦考密克却努力表明简单案件的判决在于演绎证立性。

这一努力要求将法律命题(propositions of law)转化成开放的假设性形式(如果 p 则 q,在这里,p 是事实陈述或者某些情境的描述,q 则是一个法律结论),事实情境的确认或描述(p)和结论的导出(因而 q)的形式。这种结构提供了一个演绎的有效的逻辑三段论方法,以至于麦考密克说,简单案件中的司法判断可以被转化进入这种三段论方法的脉络中,使法庭的命令(例如,原告在£X 的总量中的损失)遵循演绎的有效的结论而得出。如果简单案件仅仅是提出了时速限制管辖权限这样的简单问题,那么麦考密克将它们转化成演绎式三段论脉络中的努力就没意义了。然而,就像麦考密克在 Daniels 案件所分析说明的那样(*LRLT*, ch. II),简单案件是既复杂又不像德沃金所断言的那样有趣的案件。(拉兹与麦考密克一样,认为简单案件——他们的术语是"规范案件(regulated cases)"——也可能是复杂的。)[7]

麦考密克认为,简单案件的判决是可证立的,即所得出的判决是演绎有效的。当法官审判简单案件时,如果:(1)可适用的法律和相关事实是明确的;(2)那些法律命题和相关事实恰好能符合演绎式三段论(deductive syllogism)推论的前提;(3)在演绎式三段论方法中,那些前提是真实的,其步骤也是有效的,那么判决就具有有力的可证立性(powerful justification)。因为,据已经做出判决的理由不仅阐述清楚可靠,而且审判中的结构步骤也促成审判结论必然或不容置疑地得出。这种判决的理性力量在于其前提未经质疑不被接受,其结论未经反驳可被推翻。因此,

---

〔7〕J. Raz, *The Authority of Law*(Oxford: Clarendon Press, 1979),182.后面在正文和注释简称 *AL*。

在某种意义上，法官“别无选择”或者只好“不得不”得出那样的结论，而有时给出令人遗憾的理由(参见 *LRLT*，37)。

简单案件中的演绎证立意味着三件事情，认清这一点很重要。第一，法律命题可以被转化成演绎证立所需求的逻辑形式。关于这个问题的说明已遭到批驳，但批驳的重压不足以否决演绎证立的可能性。更确切地说，麦考密克所奉行的这种转化的适用性已遭到质疑，而他现在承认定言(predicate)而非命题的逻辑，认为定言才是达到自己目的的最好工具(*LRLT*，*p. xv*，麦考密克关于这一点的批判出现在 *LRLT*，*p. xvii*)。值得注意的是，麦考密克只是意图表明演绎证立在原则上是可能的，除了它的影响确有发生外，他自己并不受制于其影响的任何观点的限制。麦考密克的解释也不会被简单案件判决罕有直接地采取逻辑(命题的或定言的)形式这样的相关事实所驳倒。既然他们能够采取这种形式，没有歪曲或附加的表述，那么只需稍加重构或重组，就足于为麦考密克的案例提供支持。

第二个预设(presupposition)是法官判案时有义务适用相关的、清晰的、明确的法律命题。因此，尽管 Lewis 法官认为自己在 Daniels 案中的判决对被告而言有些苛刻——因为她没有任何过错，但是那是法律实效的要求，而他有义务去适用这一法律。如果没有这样的义务，Lewis 法官很可能会得出不同的结论。而且事实上，他无疑与其他人一样会将越权审判视为非公正性的观点。虽然我们的非法律的判决做出并非完全不顾我们前设的(pre-established)忠诚义务规则，这个义务毫无疑问已降低了要求，并且不受适用相关的、清晰的、明确的法律命题的审判义务之政治重要性这个原则的限制。从非怀疑论的角度看，适用法律的审判义务的争议既不存在也不可能；尽管当司法裁量的话题被提出讨论时，关于义务的确切轮廓和范围的矛盾就出现了。

这就导出第三个预设，即，法律命题确实是相关的、清晰的和明确的。以至于一些怀疑论者通常在不确定性这一题目下，否认了存在简单案件，他们同时也否认法律命题可能是相关的(相对于行进中的案件)、清晰的和明确的。[8] 对简单案件

---

〔8〕至少有一个怀疑论者主张所有的案件都是疑难案件，参见 M. Kelman，*A Guide to Critical Legal Studies* (Cambridge，Mass.：Harvard University Press，1987)，4. 对照 D. Kennedy，A Critique of Adjudication (Cambridge，Mass.：Harvard University Press，1997)，60。

可能性的否定理解的这个观点是站不住脚的：麦考密克对 Daniels 的处理是一个足以驳倒这个观点的例子。然而，持一种更温和的观念来看，这一主张并不是非怀疑论者群体一致否认的观点。这种温和的观念坚持认为下面的命题是假的：一旦成为简单案件，就永远是简单案件。也就是说，它承认了这种可能性，即简单案件可以变成复杂案件，复杂案件也可以变成简单案件。

这何以是可能的呢？对法律命题性质的思索表明，赖以表述的语言并非孤立的，允许将这些语言视为清晰而明确的。在绝大多数法律体系中，这些法律命题被认为具有一个目的或者目的范围，法律命题之网或之体系的一部分也负有一些目的或者一系列目的。这就为理解特定的法律命题提供了背景，从中也会得出更多样的含义。更符合法律命题的东西也就是更符合朴素的、非法律规则的东西。我们很清楚，“狗必须用电梯载运”这一禁令，如果适用于阻止那些无狗的人使用电梯时就是错误的。这并不只是词语使用的结果。事实上，所使用的词语并非在于规则解释与它的正确含义之间的表面意思的区别，如果使用电梯的人与狗在一起，那么这只狗必须被载运。然而，规则的初始解释看起来显然是不正确，因此一个简单案件(这一规则与人们带着狗乘坐电梯的例子是相关的，它之所以清晰、明确，除了其它因素外，是因为我们都知道“狗”、“载运”、“电梯”等词的意思)之所以能简单，很大程度上是因为对其目的的假定。在这个特定的历史接合点上，在我们有关人类尊严和动物福利的一系列价值观和传统范围内，这个规则的显然目的是保护狗及乘客免受伤害。在我们目前的社会文化和政治背景下，这个规则一点也不会被认为是可争论的或可引起争论的。

情境可以改变。所以，法律命题赖以解释的情境也可以改变。即使被认为是相关的、清晰的和明确的，一个法律命题也必须或者被毫无异议地接受，或者至少不值得被法律共同体委员所挑战(最小程度上的)。对于毫无疑义或不被挑战的东西，法律命题必须被看作在某种意义上是一般地可被接受的或者能够被法律共同体以及可能的更广泛的共同体的各部分在最小程度上不加考虑地或习惯性地予以坚持。当这个命题被挑战时，或者是对其影响效果增加了注意，或者是当法律共同体内外更加注意到其规范性缺陷时，它就不再被认为是当然相关的、明确的了。一旦被认为是简单案件，此后便不受争论。例如，英国刑法中的丈夫不得强奸妻子，这样的就命题变得复杂了，更加矛盾了，甚至可能最终被推翻。因此，简单案件和复杂案件的区别并不是绝对的，而是有一定限度的。这就是我们的非怀疑论者所坚信的（*LRLT*，198，228；*LE*，354；*AL*，182），非怀疑论者也的确是正确的。某种程度上，怀疑论者对简单案件和复杂案件的二分法采取的是温和的方法。

对拉兹来说，一个简单案件更像是一个"规范案件"（AL，181），"更像"是因为他避免使用简单和复杂案件的语言，而使用规范和不规范案件语言。拉兹的术语是否可能被转化成诸如麦考密克的、不被扭曲的术语，这是存在疑问的。无论怎样，拉兹关于规范案件的某些评论，表明规范案件与简单案件在某些重要方面是相似的。他坚持认为，"如果'在这一案件中法庭应当判决为 p 吗？'这类的问题具有一个正确的法律答案的话（注释同上），那么这一纠纷就是被规制的"，那么就当然地将拉兹归于与德沃金的例子完全相同的方式承认规范案件就是简单案件之列了。但是，德沃金认为在大多数复杂案件中也存在一个唯一正确的答案，大多数疑难案件被归入拉兹的非规范案件的归类之中，就此而言，德沃金和拉兹两者之间是不一致的。

拉兹关于规范案件的论述与德沃金和麦考密克对简单案件的分析之间可能存在另一种分歧，这涉及到区分和推翻先例的司法权力的范围。对拉兹而言，这些司法权力既在规范案件也在不规范案件中存在（AL，183）。然而，德沃金和麦考密克对简单案件的讨论，则认为这种司法权力在简单案件中要么是非常有限的，要么是根本不存在的。我们试想一下，对德沃金来说，简单案件提出的问题，每一位能干的律师都知道并接受这个答案。对麦考密克而言，在简单案件中可适用的法律是相关的、清晰的、明确的。在这些环境下，主张区分或者推翻先例似乎不会获得任何支持。这一纠纷的核心在于对重述和改变法律的司法权力存在何处，有着两种不同的论述。对德沃金和麦考密克而言，这种司法权力限定在复杂案件的审判领域，而对于拉兹来说，这些司法权力不仅在复杂案件中存在，也在规范案件（一定程度上是简单的）中发挥作用。表面上看，拉兹的看法似乎是更加激进，以至于暗示着：在法官手中，法律总是具有可塑性的。尽管这或许具有欺骗性，既然复杂案件的范畴像在麦考密克和德沃金所作的分析中那样是广泛的，那么其可塑性的总体程度可能也是相同的。

麦考密克对简单案件的分析，是我们所能获知的非怀疑论的论述中最好的。他认为在简单案件中存在着适用于案件的法律命题是相关的、清晰的和明确的（在下文中，我们将忽略关于事实问题的争论）。这是令人鼓舞的，因为这样可以事半功倍。这不仅为简单案件看起来是什么提供了令人满意的描述，也为复杂案件提供了一个简约的定性。这一定性认为，疑难案件不是简单的：因为简单案件缺乏一个或某个条件。对麦考密克而言，这当然是正确的。在麦考密克的论述中，当法庭面对三个问题中的一个或者其他条件时，就产生了关于适用法律的疑问。第一个是相关性的问题，即在疑难案例中存在可适用的法律命题吗？第二个是解释问题，即在一系列表面看来都可适用的法律命题中，或者从一系列看似可适用的法律命题的相冲突的解释中，疑难案件可以适用什么呢？第三个问题看似第二个问题的变种，它是一个归类问题（problem of classification），即，看似可适用的法律命题真的适用于疑难案件的事实吗？（*LRLT*，68—69，95，203）

虽然疑难案件中的这种定性几乎不存在，与德沃金的论述相比，麦考密克的论述更加精确，但是其他非怀疑论者对复杂案件是不赞成的。麦考密克的论述是更精确的，他对疑难案件的定性与拉兹对未规范纠纷的描述中存在相当的相似性和重合之处，尽管它们有着某些区别，这些区别并非完全由他们的不同术语造成的。

德沃金对复杂案件的定性几乎与麦考密克的定性相同，这已经很清楚了。这不只是对德沃金给出的概念的持续性分析的结果，总体而言也是对他所引证的例子反复思考的结果。这是因为德沃金的著作中几乎没有关于复杂案件条件的清晰分析。在德沃金早期著作中，他满足于简单地断言疑难案件就是那些“理性的律师……存有分歧”和“没有确定的规则指示司法判决以何种方法得出”[9]的案件。德沃金在其后的著作中（LE，353）也说过极其类似的话，但他补充了一点——当法官以“适合”（fit）这一测试标准作为参照区分相互冲突的法律主张时，疑难案件就会出现。这一测试标准要求任何法律主张必须符合“法律史上的残酷事实（the brute facts of legal history）”（LE，255），可是，当不只一种主张满足这个测试标准时，这个案件就是疑难的。通过这些评论，似乎德沃金认为疑难案件至少产生于三种理由：

---

[9] R. Dworkin，Taking Rights Seriously（London：Duckworth，1978），pp. XIV，83.

律师的歧义；缺少清晰的、可适用的法律命题；缺少确定的法律记录的指引。

直到歧义的理由被挖掘出来时止，第一个问题本身并不是判断某个案件是否是疑难案件的一个好指示。当第一个问题出现后，一旦质辩律师拥有良好信念和精通相关法律的话，那么他们的歧义就很可能是疑难案件其他理由中的一个或者两个功能之一。那么，为什么理性的律师会在一个已具有某个明显可适用的明确的法律命题的案件中或(看起来几乎是同一回事的)法律记录对此案件仅有一个意义时还会产生歧义呢？这两个理由并不完全相同，因为案件中缺乏固定且明显可适用的法律命题，并不总是因为法律记录之中存有一系列相互冲突的法律命题。缺乏固定和明显可适用的法律命题，可能是这一事实的后果，即这样的一个命题目前尚未被发展；它非常新颖而且尚未被看成是法律记录的一部分。这是麦考密克所谓相关性问题的极端例子，也是德沃金倾向于忽略的极端例子，除了作为疑难案件的例子加以引用的一些案件毫无疑问地兑现了这一点(LE，23－29)。德沃金的疑难案件的第三个理由——法律记录没有区分法律命题的两个或两个以上的解释，或者区分两个相互冲突的法律命题——几乎与麦考密克提出的解释和归类问题相同。一旦德沃金提出实际的案例加以验证的话，这个结论更显而易见了。(LE，15－20)。

拉兹也接受了未规范案件与疑难案件产生于相同理由基础之上这个结论。为了辨别其目的，这两者不妨被看成一致的。从此，未规范案件同疑难案件一样，产生于“法律适用于……[它们]……有漏洞”(AL，181)，或者相关法律因为“语言与含义(intention)具有目的性或者非目的性的不确定性”而令人费解之时。(AL，193)第一种情形显然与麦考密克的相关性问题的范畴相同，而第二种情形则与归类问题和解释问题都有重合之处。第三种情形产生于未规范案件，如拉兹所说，与其他两种情形“稍有不同”，第三种情形是“两种相互冲突的规则之下的案件的……不确定性”。(AL，193)尽管这不同于漏洞的情形，并且稍微不同于语言和含义的不确定性，但它与麦考密克的解释问题却完全相同。拉兹的疑难案件的第二个与第三个理由的之间差异是非常微小的，这从第二个理由所提出的问题与第三个理由所提出的结构上相同这一事实中就能看清楚。在这两种情形下，法庭所面临的问题都是“如何解释法律？”公认的问题是，在某种情形下，解释法律是因为法律中存在模糊之处，而在另一种情形下，解释法律的需要源于法律命题间的表面冲突，但是这并不会影响到问题的本质。唯一例证是法律体系中具有抑制模糊之处的特别规则（例如，在法律解释的规则之中），但它没有处理冲突的规则的情形下，这种情况才会出现。即便如此，实质问题也不需改变；另外的一层规则（处理模糊性的规则）可能被简单地加入解释之中，但法庭所面对的仍然是“法律应该如何被解释?”的问题。

司法裁量的主题经常出现在对疑难案件性质的讨论中，包括拉兹在内的一些人似乎将司法裁量作为疑难案件的界定条件。这并不是说司法裁量仅仅在疑难案件中存在，因为很明显，裁量能够通过法律等方式授予法官并且不难被实际应用。也就是说，法院在简单案件中拥有某些裁量。例如，因为在某些事情上法院被明确地授予了裁量，那么可适用的法律命题所要求或者允许的事情就是无疑的了。但是，这也提出了如下显而易见的问题：在法律语境中，裁量意味着什么？德沃金对此进行了精细的分析，他区分了三个相关的含义。裁量适用于法院拥有非复审权（non-reviewable power）时而做出判决的情形；做出判决时的判断力的运用；或者没有可适用的标准规范时做出判决的情形。[10] 这三种含义中，前两个含义被德沃金称作不同类型的“弱”裁量，而第三种含义被他称为“强”裁量，它们可以共存。狗的例子表明法官不仅需要在最好种类上运用判断力，也意味着判决不能自动或者不需加以考虑而生成的，判决需要思考和衡量各种不同的而且经常是相互冲突的标准（弱含义 1/weak sense 1）。在做出判决时，她可能也是最终的仲裁者（弱含义 2/weak sense 2）。另外，她可能不得不做出某些判决，诸如首先判断是否是硬毛杂种狗还是卷毛狗，可能完全被某一标准或规则原则所推翻，在这种情况下，她具有强意义上的裁量。

因为拉兹所界定的规范案件中有一部分提到了裁量的缺失——它们“遵循普通法或者法律规则，没有为了纠纷决定要求司法裁量（关于什么是合理的或公正的等规则，需要这样的裁量）（AL，181）的影响——这就倾向于坚持认为未规范案件（疑难案件）中存在着裁量。尽管这可能是正确的，但也很难确定拉兹所说的裁量

〔10〕R. Dworkin，*Taking Rights Seriously*（London：Duckworth，1978），31－34，68－71，327－330.

权的含义。拉兹认为在规范和未规范案件中(AL,182)都会运用判断(裁量弱意义1)。因此裁量权的存在并不能区分这两种案件。拉兹也可能不认同这样的观点:第二种意义上的裁量(一种不必被复审做出判决的情形)区别于规范与未规范案件,因为法官在法律命题或决定或不决定一项判决时都有做出判决而不必被复审的权力。如果裁量的缺失是规范案件的条件之一,而且它是为一个未规范案件的条件而存在的话,那么拉兹的脑海中必然有强裁量。尽管这与拉兹对规范和未规范案件的定性相一致——在前者,法律提供了解决问题的方式,在后者,未提供解决问题的方法——与其他的方法不一致,例如,“未规范纠纷……,受制于适用它们并且引导法庭做出解决的法律”(AL,181)。

拉兹说得最多的,就是他认为强裁量的存在是作为疑难案件或者未被规范案件存在的一个条件(我们无法确定他的确如此),就此而言,拉兹的观点与德沃金和麦考密克的观点相冲突。尽管他们都承认判断(judgment)无疑是疑难案件的一个特征,但他们都否认法官在任何种类的案件中都有强裁量,除非被一些法律条款明确地授权。[11] 这一否认最可能激发三个相联系的顾虑。一个与适用法律的司法义务相关,一个引发了关于在没有这种司法义务时法院判决做出的合法性问题,第三个问题是德沃金的权衡(weighing)问题,探询疑难案件中的一方当事人是否有胜诉权(a right to win)。如果审判在强裁量范围内发生的话,那么法院看起来就不是在适用法律而是在法律之内行动了,除非是被一些法律规定授予裁量,否则法院这样做的权力就是可疑的。无论怎样,如果这些顾虑在此摇曳不定的话,它们在相关性问题面前也一样令人信服的。德沃金和麦考密克之间需要指出的唯一差别是:尽管并没有某个命题可以显而易见地、终局地处理案件,相关性问题凭借限定法律命题的方法(和理由)也可以解决。或许在强裁量存在的地方,这样的命题并不适合。而对德沃金来说,在没有这样的命题与之相称的案件中,不好的结果就是不能说案件的一方当事人具有胜诉的权利。他们仅有的获胜的机会取决于法官如何行使他们的(强)裁量。按照这种观点,司法变得类似于博彩了。

德沃金和麦考密克关于裁量的观点并非完全一致。这是因为麦考密克主张另

〔11〕 R. Dworkin, *Taking Rights Seriously* (London: Duckworth, 1978); *LRLT*, 249.

外一种意义上的裁量，在疑难案件审判中摇曳(*LRLT*, 249)，在已区别过的三种裁量之外。难点在于，麦考密克提出了第四种意义上的裁量，这种裁量几乎没有指导意义，暗示着它存于强裁量和弱裁量之间(*LRLT*, 25)。这是令人遗憾的，因为这第四种意义上的裁量的存在及其架构建立起了德沃金及其反对者之间关于裁量的争议的核心。这样的阐释将有助于摆脱对裁量讨论的模糊话题：裁量无疑是绝大多数法律体系的一部分，不是只有审判领域才出现这个问题。这个问题更在它们自己的权利之中缠绕着。[12]

从目前的讨论中不难看出，尽管非怀疑论者有些微的用语不同，尽管在疑难案件中对裁量权的作用还存在分歧但是，他们一致认为有一种东西造成了疑难案件。非怀疑论者也一致认为简单案件似乎像什么，拉兹认为在简单案件中可能有比德沃金或麦考密克所认为的更多的司法创新空间。既然非怀疑论者的论述中有如此多的重合之处，那么是否有理由承认或者否决其中的一二呢？所有的理由似乎都很好地植根于他们声称所描述的实践之中，所有的非怀疑论者都对他们所分析的法律体系具有令人击赏和细致的把握。没有哪个非怀疑论者的论述看上去特别抽象，也没有哪一种论述与经验事实冲突。用德沃金的话说，它们都满足了那个“符合”要求的条件，即它们在某种程度上都符合他们所声称定性描述的真实事实。然而，他们的区别之处在于他们主张疑难案件应该如何判决的主张理由上。这个问题很吸引人。另外，这只是我们两个非怀疑论者的两个相当不一致看法中的一个。

德沃金和麦考密克著作的主要任务是相同的。他们发展了理由的三段论格(schemata of reasons)，认为法官按照三段论格来判决疑难案件、批驳甚至有时重构特定判决。然而，所有的非怀疑论者一致认为，法官判决复杂案件受到法律命题的相对限制，这些法律命题在判案之前就在一定程度上被决定了，而德沃金和麦考密克却对如何最好地理解使法官对一些要素从相对确定到完全确定的理由这一点上意见不同。麦考密克将法官用以及应当用以弥合这一漏洞的理由归纳为协调、一致和结果性考虑(consequentialist considerations)。法官们扩展了这样的考虑，

---

〔12〕这个任务已经开始了。参见 K. Hawkins 编辑的 The Uses of Discretion (Oxford: Clarendon Press, 1992)，以及 D. Galligan, Discretionary Powers(Oxford: Clarendon Press, 1986)。

目的是为了解决如何界定疑难案件中的关联性、解释以及分类等问题。结果性(consequentialist)、协调、一致等考虑构成了“第二序列的可证立性”的领域(LRLT, 100),法官在这个领域里不得不选择一个相关联的法律命题以适用于亟待解决的疑难案件之中。这是一个“因而必然包含可证立选择,在可能有冲突的规则中进行选择”的领域。(LRLT, 100)

具体化在体系之内的考虑方面,一致性和协调性的主张是相似的。也就是说,它们涉及到疑难案件中的相互冲突的法律主张的评价问题,疑难案件涉及到在法律体系中的影响效果。它们的不同表现在协调性的主张范围要比一致性的主张范围更广泛。后者的主张包括“一个基本的司法戒律,即‘不得违反已确立并具有约束力的法律规则’。”(*LRLT*, 195)这个戒律的效果是,涉及主张法律体系之确立的和有约束力规则的主张的疑难案件,其中的任何主张更可能面临着着极大的困境。这并不是说这样的主张从来不会被法院接受,而是诚如麦考密克所言,只有在得到一贯性和协调性论点支持时,它们才可能被接受。后者比一致性的论点范围更广,因为协调性验证、反驳或评价复杂案件中的一方论点,并不是仅仅参照复杂案件所引起的、在特定法律领域中起作用的原则和价值与它的和谐,还通过参照(或者缺乏)它与更广泛的法律体系的原则和价值之共鸣性。麦考密克说这种主张有赖于如下假设——“一个发达的法律体系中的大量多元法律规则聚合在一起时应该‘具有意义’。”(*LRLT*, 152)

对比而言,结果主义者(consequentialist)的主张是超越法律体系,观察疑难案件的效果以种种途径对社会产生整体性影响。他们并不过度地关注在法律体系内部具有什么意义,而是“在整个世界中具有什么意义”(*LRLT*, 103)。按照麦考密克的观点,这种思考是至关重要的,因为在诸多疑难案件中的一致性和协调性的考虑并不能完全决定司法判决(*LRLT*, 110)。但是,法官如何决断疑难案件判决是否以一种或另外一种方式使“整个世界具有意义呢?”意义的标准,是在评估那些冲突性的可能判决结果中产生的,即对案件中相冲突的可能的法律规则之间的取舍,就是对社会中将有的人类行为模式的种种设想的取舍。(*LRLT*, 104)至少这种衡量过程的部分内容涵盖了对判决的影响,是一种功利主义原则的计算,这种判决影响对整个共同体或其实质部分的福利或偏好满足产生了影响。这种看法是危险的，不仅因为它有引入功利主义的“最佳证明”问题的可能，而且它还假定了“结果”是容易证明的。[13]

麦考密克对疑难件中结果性主张的重要性的评断，揭示了他与德沃金的不同之处。按照德沃金的观点，疑难案件中，“法官必须根据原则而非政策做出判决”(LE, 244)。原则的主张具有以下结构：它们“通过说明其尊重或满足一些个人的或集体的权利来证明一个政治决策具有可证立性”。[14] 这些主张源自于对法律的一种解释，即符合“法律史的残酷事实”以及“展示制度和判决的共同结构——作为整体的公共标准——确切地说是政治道德的观点”。(LE, 255 - 256)与原则论相反的是政策论(arguments of policy)，德沃金认为政策论不是也不应该是司法判决的基础。政策论“通过说明某一判决促进或保护了作为整体的群体的集体目标来证明政治决策的可证立性”。[15] 按此理解，它们在结构上就与麦考密克所认为的疑难案件的决定的核心即结果主义者的观点非常接近了。所以，尽管麦考密克和德沃金不同意疑难案件中的那些最重要的理由形态，他们在后来仍然提出了部分的重叠形态(overlapping typologies)，例如，一致性和协调性的考虑，远远超过“符合”的要求。

对疑难案件的审判，德沃金还提出了另外两个重要主张。其一，允许多种答案并存；其二，在此类案件中仍有正确的答案。第一个主张是必然的，因为疑难案件所要求的判决本质是应该被理解的。在此类案件中，与法律记录相符合的初始测试不能决定答案是什么，法官不得不选择那些他们认为最能展示道德和政治意见中的法律记录的答案。就此而言，法官自己的道德和政治信仰……被直接应用。但是，……[他们]所必须做出的政治性判断是……复杂的，而且有时还会使[他们

---

〔13〕麦考密克并非一概接受功利主义或者哪一种功利主义，他不过援用了它。参见 LRLT, 15—16，第 105 页脚注 1(也可以看第 xv 页)。对令人难以理解的功利主义(与结果主义紧密相关)的更好的介绍，参见 J. C. Smart and B. Williams, Utilitarianism: For and Against (Cambridge: Cambridge University Press, 19731)；S. Scheffler 编辑 Consequentialism and its Critics (Oxford: Clarendon Press, 1988). 关于结果主义法学方面的浏览，可以参见 B. Rudden, ‘Consequences’, Juridical Review, 24(1979), 193 - 205。

〔14〕R. Dworkin, Taking Rights Seriously, n. 9，同上，p. 82(也可参见 p. 90). 表明德沃金对刑法疑难案件中的相关权利取向的主张是不清晰的。参见他的 A Matter of Principle (Oxford: Clarendon Press, 1985), ch. 3。

〔15〕*Taking Rights Seriously*, n. 9，同上，p. 82.

的]一部分政治道德观与其他的矛盾:[他们]的判决不仅反映出他们的正义和公平的观念,而且也反映了[他们]关于如何协调冲突理念的更高层次的信念。这个阶段产生了符合问题……,因为即使当一个解释符合了初始要求,那么任何一个与"符合"相抵触的事物就又可能出现了……不同的法官对这些问题看法不同,紧接着就会采取不同的立场来观察所谓共同体的法律是什么,对其最合适理解又到底是什么。(LE, 256)

正确答案的主张不易适合于最后的评论,因为对这个主张的直接回应是:何以有单一的正确答案,不同的法官对法律实际是什么样采取了不同的观点。当然,认为这种分歧正是没有正确答案这一事实的结论性证明,也是错误的。歧义的事实恰恰是正确答案存在的证明,如果承认真的存在着争论者们真正有分歧的话题或主张的话。或许,那个引发了我们所探讨的论题或主张的分歧,是真的或假的,是正确的或错误。但是,当德沃金急于表明在疑难案件中没有正确答案这一主张是假的同时,他仍然竭力探寻在这种案件中存有一系列的正确答案的可能性。[16] 以上文所引用的那些评论为基础,那些立场似乎都是德沃金的立场,尽管德沃金尚未认识到。德沃金的正确答案的主张无非是:对每个法官而言,在疑难案件中存在一个单一的正确答案,尽管某个法官的正确答案不需要与另一个法官的正确答案相同。

与德沃金和麦考密克不同,拉兹并没有提出某个法官在裁决未规范案件时应该运用的理由三段论和主张类型。他主要关注两个其他的问题。其一是对法官可能运用的理由的衡量以及它们是如何与道德理由相联系的。焦点问题当然是拉兹对强渊源命题(strong sources thesis)的捍卫,这个命题反对法律实证主义承认"合并主义"(incorporationism)。[17] 拉兹的这种捍卫,要求说明道德价值渗透于法律

〔16〕迄今,德沃金正确答案的主张因其一系列关于疑难案件应当如何判决的著述而引起更大的争论。其立场可参见:A Matter of Principle, n. 14,同上, ch. 5; pp. 275—278 of 'A Reply by Ronald Dworkin',载 M. Cohen 编辑的 Ronald Dworkin and Contemporary Jurisprudence (London: Duckworth, 19841);以及 LE, 412—413. 批判德沃金的论述,参见 LRLT, 246 - 255; A. D. Woozles, 'No Right Answer', ch. 8 of Cohen, Ronald Dworkin; J. Finnis, 'On Reason and Authority in Law's Empire', Law and Philosophy, 6(1987),357—380, at 370—380; and B. Bix, Law, Language and Legal Determinacy (Oxford: Clarendon Press, 1993), ch. 4.

〔17〕J. Raz, Ethics in the Public Domain (Oxford: Clarendon Press, 1994), ch. 13. "合并主义"(Incorporationism)已经被 J. Coleman 详细地解释了,参见 J. Coleman,'Authority and Reason', ch. 10,载 R. George 编辑的 The Autonomy of Law (Oxford, Clarendon Press, 1996)。

之中的某些方式。

第二个问题是法官在未规范案件中所拥有的权力的性质。拉兹坚持认为，立法权力是毋庸置疑的，尽管司法权在某些方面与立法者的法律制订权相似，但是立法权是更为受限的权力。因此，在疑难案件中，“法院是也应该是像立法者那样行事，也就是，法官应该采纳他们认为最好的规则。”(AL，197))可是，在这样做时，法院并非完全自由，因为“未规范的纠纷是部分地规范的，因而法院不得不适用旧法以及制定新法”。(AL，182)再者，“法院将创制的新法适用于每个案件，也适用那些限制和引导其法律创制行为的法律”；区别和推翻的权力差不多是“被法律界限限定的”。(AL，195)无论怎样，对拉兹而言，这些限制和阻碍并非经常在法律学说中存在，而是主要存在于法院的既存制度架构中。在未规范案件中对法院的立法限制，法院并不能进行大幅度地革新：在某项判决中，法院不能被冀望去实现立法机关的法律改革计划。因此，法院面对着“部分改革和保守主义之间的”利用立法权力的选择，(AL，201)，而立法机关总是有畅通的激进改革的优先权。

拉兹表面上认为，不是法律学说而是制度结构特征，通过类推而与论证惯例相结合，构成了对在未规范案件中向法院开放的一系列判决的首要限制。一旦拉兹关于法院在规范和未规范案件中的区别和推翻法律的权力的论述被接受的话，法律学说就几乎没有约束力了。只有在学说为出现的案件提供一个精确地适合于案件的明确的法律命题时，以及法院既不能也未曾去区别或推翻法律时，法律学说才能限制法院的判决。这是对拉兹法律学说何以具有可塑性的另一个说明，甚至在未规范案件中，这无疑使它区别于麦考密克和德沃金两人。尽管他们承认在疑难案件的判决做出的过程中法律得到发展，他们在将这种发展定性为法律创制上远比拉兹慎重，这可能是他们对强裁量的否决的结果。至于德沃金和麦考密克承认在疑难案件中具有立法形式(德沃金总是对此种想法甚感不安)而言，他们仍急于强调它是如何的严格。(*LRLT*，79－80，101－108；*LE*，401－403)这一点可以得到详细说明，就是德沃金比拉兹更纠缠于溯及既往(retroactivity)和民主，这两者经常在司法立法中具有指引作用。(*AL*. 198；*LE*，258－260，398－399)。[18]

---

〔18〕参见 *Taking Rights Seriously*，n. 9 above，pp. 82－90 and 123－130；A Matter of Princivicple，n. 14 above，Ch. 1；and R. Dworkin，Freedom's Law (Oxford：Clarendon Press，1996)的介绍。

除了纠纷解决中的个人权利优先性与整体福利的不同立场以外，其他问题则因为思考法律和审判而陷入道德和政治雄心目标竞争的痛苦之中。当试图对法官在判决疑难案件时所采取的和应采取的方法进行不同考虑选择时，这种雄心目标就向前一步。因此，尽管非怀疑论者认同此类案例证明中的许多问题，但对其中裁量的角色、案件的影响程度、审判的雄心目标，却区别对待。这些不同的雄心目标只有从关于国家及其法律角色说明的更广阔的道德和政治视角才能予以评估。

现在是转换焦点的时候了。非怀疑论者之间关于简单案件、疑难案件以及司法裁量的讨论，是迷人的，而且沉湎于细节，将导致淹没核心主题的风险。为什么要花这么多时间和笔墨来讨论这些问题呢？对这一问题的回答将使我们回到合理性和合法性条件上来。

### 2.2 可证立性、合理性和合法性

简单和疑难案件的审判几乎总是导致强制力的运用：罚金的强制缴纳、刑罚、命令赔偿或补偿，以及许多其他的干涉。可证立性（justification）必须具备实践和制度上的成熟性，而且至少必须要考虑法令或强制法实施的理由。主体之间的行为的可证立性毋需理由，但绝非晦涩难懂，它类似于不需要某种语言就能进行的主体之间的交往。强迫行为的主体之间的可证立性缺乏理由，一点也不难理解。行为的可证立性至少包括对行为理由的一些说明，当然，这一要求并未扩展到行为的可理解性方面。没有使行为获得可证立性的理由的阐述行为，也能够得以解释，因为行为原因的阐释并不必包含使它获得可证立性的理由，因为可能根本没有理由。例如，诸如我对一个好管闲事的邻居进行人身攻击的行为，可能是因素 Z，Y 和 X 的产物（由其引发），以及因此也是最好的解释，尽管因为这一行为毫无疑问是错误的因而超出了可以接受的正常范围。但是，在不对作为原因的理由和作为可证立性的理由进行区分的情况下来讲行为的理由，是既一庸俗的又令人迷惑不解的。[19] 尽管作为原因的理由和作为可证立性的理由可能重合，但是它们之间并无必然的联系。既然审判是强制力的一种运用，或者至少引起了这种强制力，那么审

---

〔19〕这不应当被理解为否认得出理由。（关于这个问题，参见 D. Davidson, Essays on Actions and Events(Oxford: Clarendon Press, 1980), essays 1,3,and 6）。

判所需的理由首先就是可证立性。

从这一角度来看，简单案件和疑难案件的审判是极其相似的，两者都有可证立性存在的必要性，因为两者都不受国家强制权力的束缚。麦考密克所提出的使简单案件的判决可证立的方法的论述，构成了对这一考虑的回应的开端。如果简单案件的判决可被证明是用来为它们提供合理的理由，并且以演绎有效三段论法之网的形式(a web of deductively valid syllogisms)来证立的话，那么其过程就会沿着可证立性的轨道前进了。比起完全缺乏理性支持的判决而言，那个目标当然更接近了。疑难案件的判决及其在强裁量领域内的判决，都有可证立性存在的必要性。这并不是因为此类判决不受强制力的束缚，不是因为疑难案件比简单案件受到更严酷或有更多的道德困扰，而是因为另外的不受束缚的强制力，法院表明在这些案例中将如何适用法律。特别是在疑难案件中，那里无疑是关于是否存在着可适用的法律命题，或者不清楚适用一系列相冲突的法律命题中的哪一个，或有一致认可的法律命题但不知适用一系列不同解释中的哪一个的复杂案件中，所作的判决就构成了一种选择，而这种选择对可证立性而言已经成熟。进一步而言，因为在疑难案件中如何做出选择存在矛盾，所以法官毫无疑问地循着争论问题前进。期望为这一前进的路径寻找某种根据(理由)，这是理所当然的。

至于事实问题，英美的审判实践是有组织的，以至于满足了这个期待，因为上诉法院的法官阐明了他们做出判决的理由就是按照相当不清楚的成文文本做出的。事实上，这一法律文本通常更能达到听证的结果，然后权衡了双方当事人所提出的理由。这个法律文本罕有统一性，因为每个法官通常为他的判决提出他自己的理由。法官们可能对判决相当分歧，因此也不认同支撑判决的理由，法官们或者一致同意某个判决但是判决理由各不相同，法官们极其罕见地既同意判决又认同判决的理由。与此对照的其他地区的司法管辖权中，司法审判更多地是明文规定的，几乎没有什么不明确性，上诉法院法官只是被期望为可适用的法律及其在特定案件中结果提供一个明确而简要的宣告。[20]

---

〔20〕法国法院的案例判决是相当典型的。尽管法院判决必须按照民事诉讼法典(the Code of Civil Practice the Code of Civil Practice)第455条是可证立的，但是，其判决通常是扼要的。法院并未引证或者讨论先例。参见ch. 4 of N. MacCormick and R. S. Summers, *Interpreting Precedents: A Comparative Study*(Ashgate: Dartmouth, 1997)。

如果可证立性与理由之间存在紧密联系，那么把可证立性看作关于审判的合理性问题的支点就当然是正确的了。因此不足为奇的是，对简单案件和疑难案件审判的非怀疑论阐释将花费大量时间去修补此类案件中提出的论证结构，判断法官赖以判决案件时的理由的类型和权衡(weight)。法官们关心的主要问题是说明这种判决是如何以及怎样被证立的，既依据一般的术语，也依据特别案件的背景，当然，要求考虑对判决所引证的理由进行考虑。因此，表明审判满足了前文所谓的合理性条件的企图激励了几乎所有的非怀疑论者在这一领域中进行工作。然而，我们将会看到合理性条件常常被非怀疑论者加以附带分析。

如果为一个行为或决定提供理由，在大多数情况下，最重要的步骤是证立该行为或决定，那么前文所称的案件合法性条件岂非是多余的了？当我们仅按照合理的可证立性考虑时，这似乎是正确的。想想那些未经选择的普通行为或决定：甄别并阐述我要去电影院而不是歌剧院的理由，做出这个决定的合法性问题是多余的。合法性问题所引发的是关于我做什么以及我如何去做的权利问题。在这种情况下，了解我的理由(我尤其喜欢X导演的电影，而其中的一部正在放映；我蔑视剧作家Y的剧作，而其中的一部正在上演)和了解我的处境(例如我不是一个随时候召的医生，也不是一个有照顾孩子责任的父母)，对我的行为和决定的合法性进行质疑是多余的。然而，并不是说获取和表达我的行为和决定的理由总是使合法性问题多余。很显然，如果我去影院而不是歌剧院的理由是去杀害电影放映员的话，事实就远非如此。在此，可证立性观念是在权利的伪装下进行的，而不仅仅是假借行为理由的名义而发生作用了。按照资格观念——我有权利或者职权杀死电影放映员吗？——合法性条件的整合就表现为可证立性。

所以，尽管在许多场合下，为我的行为或决定提供理由与证明我的行为和决定是我有权利做的事情，这两者之间存在重叠，但是这种重叠不是必然的。因此，非怀疑论者努力阐明和评价法庭做出判决的理由，努力证明审判满足了合理性条件的某些成分——而其本身并不能证明一般审判或特定司法判决是合法的。进一步而言，合法性问题被压制在国家权力运用的背景之下。既然国家权力运用被看作是特别令人忧虑的东西(除了特殊情境，这种权力即使不剥夺一个人的生命，也会剥夺一个人的自由)，那么合法性问题就尤为重要。下面说法更合适：证明法官有理由为疑难和简单案件的判决提供恰当的理由，远远缺乏对决定做出的可证立性的证明，例如，强制被告赔偿或将她监禁的权力的运用。这种行为可能永远没有政治或道德的可证立性，可能总是非法的，尽管他们赖以做出的判决是合理正当的。更难的是这样一种情形——合法行为或判决完全未得到理由支持。这看起来简直难以置信，例如，一些政治行为可能是合法的，因为我们至少意味着某人有资格这样做，然而却不具有合理的可证立性。

疑难案件和司法裁量的主题通常被认为极有可能引起合法性条件的问题。这些话题以一种显现的方式引起合法性的恐惧(spectre)：当法官判决疑难案件时，当他们具有(强)裁量权时，他们看上去草率地摆脱法律的限制而进行操作。如果法官如此操作，就会有一个很明显的问题，即在一个以对权力分立的传统理解为支撑的民主体制内，他们这样做的资格的问题。这一草率行为所涉及的问题是将法律约束看作一种要么全有要么全无的东西。法官或者是完全受制于法律而以一种方式判决案件，或者是完全以他们喜好的任意方式来判决。尽管非怀疑论者承认疑难案件是一种关于可适用的法律存有一系列疑问的案件，但他们急于证明这正是他们所发展的关于法官如何以及应当如何判决疑难案件的三段论法的首要观点，也就是，法律毫无疑问地制约着(虽然不是全部地)法官所能做出的判决。这对德沃金和麦考密克而言及对拉兹而言，都是正确的。特别令人吃惊的是，某种程度上，拉兹把未规范案件的判决过程看作是受到法律限制，因为拉兹清楚地认为立法过程也涉及到强裁量。需要记住的是，德沃金和麦考密克认为强裁量在审判中根本没有地位。疑难或未规范案件的审判过程受到法律的一定限制，而法官缺少强裁量，这个审判过程并没有使审判合法性问题不相关。相反，使这样的问题更容易驾驭了。就像上文已经阐释的那样，不管审判合理性问题如何，这样的问题都会出现。

合理性和合法性条件是两个明显区别的要求，也是审判被期待满足的两个要求，虽然在有些情形下合理性和合法性条件明显地重合。它们之间的区别很重要，本章其他章节对此进行了解释，被划入两个重要的部分。首先在第三节(Sect. 3)提出了比前文所提到的合理性条件更为深入的分析。区别合理性条件的三种形式，并探讨了非怀疑主义的论述是否能够证明审判满足了它们。这部分的结论是：

按照他们的强价值多元主义(strong value pluralism)的品质,这三种论述中的两个不能提供合理性条件的严格形式。

价值多元主义的主题被视为非怀疑论者对审判加以验证的两个理由。其一是,价值多元主义观念是非怀疑论者所认同的观念之一,这种观念现在几乎是当代法律、道德和政治哲学的一个口头禅(shibboleth)。然而,对价值多元主义的承认对理论家们关于审判的论述具有特别重要的启迪,这些理论家们似乎不赞成价值多元主义。其二,非怀疑论对审判阐释的一般的主题,如疑难案件、简单案件、裁量等,在过去三十年历程中已经被相当透彻地分析过了。有争议和意见一致的领域是,就像这一节的前部分所渴求论证的那样,是清楚的。这里不再赘述。

本章的第二部分(第四节)考察了合法性条件的性质。特别是试图探寻确定当合理性条件的严格形式(当价值多元论成立时这一条件不能被满足)不能被满足时,合法性条件是否能被满足。如果对理性匮乏的司法判决问题有影响的话,这必然要考虑到一系列政治合法性(或权威)性质以及分析影响。无论怎样,在转向关于审判的当下英美讨论的陈述前,我们必须完成它。怀疑论者的挑战及其某些内容一定要被介绍。

### 2.3 确定性、不确定性和怀疑论的挑战

当代法理学家群体的著作中都包含着怀疑论的挑战,怀疑论者否认普遍的法律和具体的审判能够满足合理性和合法性条件。总体说来,怀疑论者一致认为法律是一个不受欢迎的,或者更谨慎的,而非相当可欲的(desirable),“使人类行为服从规则统治”[21]的工具,并且,审判是一个不可欲的或者不是相当可欲的解决关于规则争议的手段。这一挑战千万不能被误解,它不是对专断权力的一曲赞歌,而是对挑战问题的大多数支持者都会接受富勒(Lon Fuller)对专断权力体系中的法律的可欲性(desirability)的责难。[22] 置于法理程序中的挑战问题是:法律和审判是使人类行为服从于规则统治和解决关于那些规则争端的最可欲手段吗?是从使人类行为服从和解决纠纷的一组非专断方式吗?当思考这个问题时,人们经常感受

〔21〕本段落属于 L. Fuller,参见其 The Morality of Law(New Haven: Yale University Press,修订版,1969),96。

〔22〕同上,ch. Ⅱ。

到法律崇拜观念的控制，因为有人发现不可能考虑使人类行为服从于规则统治的非法律方式。[23] 但是，尽管更加依赖于“法律”这把标尺，很显然还有组织社会生活和解决纠纷的方式，例如，调解、公民论坛或陪审团、民众选举、社区参与，这些方式与法律和审判不同，也非必然地等同于专断权力制度。

出于对组织社会生活和解决纠纷的其他手段的尊重，怀疑论挑战的支持者们对可以满足的合法性条件表现出了疑虑。在指出了宪法性审判的假想性反民主本质之后，将法律从政治权力的词典中祛除，用调解者替代了法官，他们暗示目前的法律制度正遭遇合法性危机[24]怀疑论的挑战通过一系列关于法律学说的确定性和由其导致的审判的不确定性的手段，危及了合理性条件。概言之，这一系列主张否认了存在“关于社会生活基本内容的不尽争议以及人们所谓意识形态、哲学或空想上的争议的法律证立方法”。[25] 在这个背景下，讨论确定性和不确定性，显然是相当混乱的，值得进一步分析如何更好地理解这种观念。

需要着重指出的是司法判决做出的可证立性与司法决断的合理性及确定性和非确定性之间的关系。这种关系很简单，即“确定性”经常被等同于司法判决的合理性或可证立性。这已经在上文的 2.1 小节叙述了，也就是，麦考密克提出了使法官在疑难案件的相对性确定到完全确定的理由类型学。在麦考密克的阐述中，确定性概念是意欲使判决成为可证立之理由力量的产物，反之，不确定性观念意味着

---

〔23〕参见 I. Balbus, ‘Commodity Form and Legal Form: An Essay on the “Relative Autonomy” of the Law’, ch. 3 of C. Reasons and R. Rich (eds.), *The Sociology of Law: A Conflict Perspective* (Toronto: Butterworths, 1978)，特别是第 83—85 页。

〔24〕“当人民感受到兄弟情谊时，国家及其法官就注定消失了……。仲裁人是一种进步；调解者甚至更好。参见 D. Kennedy, ‘Form and Substance in Private Law Adjudication’, *Harvard Law Review*, 89(1976)，1685 - 1778，1771.“大众权力的习惯用语可以被发展，沿着容易理解的公众授权词典到替代法律精华词典……。为了达到事件的状态，我们必须提高和扩展而且也为了平静某种声音。例如，如果必要，律师不得不采用更卑微的声调以及低声谈吐。”参见 A. Hutchinson, Dwelling on the Threshold: *Critical Essays on Modern Legal Thought* (Toronto: Carswell, 1988). 也可参见 M. Tushnet, *Taking the Constitution Away from the Courts* (Princeton, Princeton University Press, 1999)。

〔25〕R. M. Unger, The Critical Legal Studies Movement (Cambridge, Mass.: Harvard University Press, 1986)，第 1 页。这种讨论的综述，参见 J. Singer, ‘The Player and the Cards: Nihilism and Legal Theory’, *Yale Law Journal*, 94 (1984). 1 - 70; G. Peller, ‘The Metaphysics of American Law’, *California Law Review*, 73 (1985), 1152 - 1290; 以及 D. Kennedy, A Critique of Adjudication，脚注 8，同上，第 2—8 章。

理由软弱。确定性和非确定性因此强化了司法判决的这种特性，即被引以证立判决正当的理由的相对权重。当然，司法判决的这种特性也是法律学说的特性，因为判决是在法律学说的媒介下做出的。法律学说能够给一个判决（如，Y违背了合同条款）提供最后的理由，然而，同一案件中的司法判决却不是建立在这种排他性理由基础之上的，这是令人难以置信的。几乎是而不全是，因为法院可能误解了有关法律学说的要求。当谈及审判是确定的或非确定的特例时，怀疑论者头脑中经常出现的观念是学说的非确定性（学说并没有为判决提供一种或数种成功的理由）造成了判决中的非确定性（法官未成功地为其做出判决提供好的理由）的情形。就审判制度和法律学说而言，确定性与非确定性取决于这个体系的决定数量，这个制度已经或者应当获得好的理由的支持；这个体系因此或多或少地是确定的或非确定的。

这并不是确定性和非确定性在此情境下所具有的唯一含义。这个观念似乎真正地触及了所谓的审判结果或过程的可预测性。例如，如果假设一个特定的法官总是为了讨好漂亮的女人才做出疑难案件的判决，那么他的判决是确定性的，这也就意味着是“可预测的”。同样，如果一个法官有时从“犯罪控制的角度”裁决刑事案件，有时从“个案正义的角度”裁决，那么她在这一领域的未来判决可能被认为非确定的，这才更合适，即不可预测的。[26] 当然，可预测性也是意义本身的产物。既然我们目前都或多或少地确知“狗必须用电梯载运”禁令的含义，那么我们适用这个规则所做出的判决就无疑是相当具有可预测性的。无论怎样，那些最常使用非确定性语言的人们，如怀疑论挑战的支持者，他们在缺乏预测性含义的情境下，不是也不能使用它的。这是因为他们同时断言审判既是可预测的又是不确定的。在对怀疑论者假定必定存有矛盾的分析中，既存在过分草率又有些苛刻的成分。[27] 误解的原因在于将非确定性等于缺乏可预测性了。当非确定性被狭义界定时，当提到合法性或者合理性缺失时，我们仍能够看到怀疑论者在这两个方面间并不存

〔26〕我在偷用 A. Norrie 的术语，参见其著作，*Crime, Reason and Punishment* (London Weidenfeld and NiColson, 1993)，ch. 1 和 ch. 2. 我所使用他的术语是旧的，他的主张不是旧的。

〔27〕草率的例子，参见 Kress，脚注 3，同上，pp. 296 – 297，以及 L. Solum，'On the Indeterminacy Crisis: Critiquing Legal Dogma'，*University of Chicago Law Review*，54(1987)，462 – 503，at 471 – 472。

在矛盾。一方面，是关于法律和审判中普遍的不确定性的主张，另一方面是他们对审判结果的可预测性的确信。因此，简单地指出这一点是容易的，也就是，完全可预测性——在试图反驳怀疑论者的非确定性主张中的假设性案件结果（如本章第一段并未诽谤 Gore Vidal）。[28]

怀疑论者和非怀疑论者都断言，审判是一个相对的可预测的过程。两派都认为，如果能对法律给出足够的了解和理解的话，学者、实践者和观察者都能对绝大部分案件的结果形成相当稳定的预期。然而，尽管承认了疑难案件的结果是相当可预测的，怀疑论者和非怀疑论者所提出的解释理由是极其不同的。对非怀疑论者来说，为什么审判是合理预期的和确定的，理由之一是因为法官所做出的选择具有相当的理由根据，这就在理由类型和论证上勘定了限制性界限。与这种观点相反，怀疑论者坚持认为，尽管法官可以相信他们的选择是可证立的，这种信念——通过可能的社会化的反复灌输，某种程度上就是职业的和理论的法律训练的开放——是一个错误。因为语言或价值（或其他类别的什么）的真实性是不确定的，法官所做出的选择不能被证明是可预期的，不能得到理由的支持，因为法官作为一个阶层，他们赖以做出选择的价值范围和断言，其范围都具用共通性。[29]

怀疑论者的各种挑战内容在后来并没有进一步的分析。这种挑战遍及在各个章节，因为它所承载的部分任务是考虑那些初次印象者对其办法是否有反感，在他们关于审判和权威的论述中是否阻止了其进程。该任务需要对非怀疑论的著作进行分析，而不是对怀疑论挑战的理由的苛求。证明审判确实是解决纠纷的合理和合法的不寻常工具，以至于将这些特性视为优点，构成了对非怀疑论挑战的不容置疑的反驳（compelling rejoinder）。

---

〔28〕本例属于 Solum，'On the Indeterminacy Crisis'，471。

〔29〕对于一些怀疑论者而言，这些价值和断言是意识形态化的，因此是由社会性决定的；他们不是理性清晰和没有争议的，他们也没有给出价值不确定的事实。参见 D. Kairys 编辑：*The Politics of Law: A Progressive Critique* (New York: Pantheon, 1982)，15. Singer，'The Player and the Cards'. 脚注 25，同上，pp. 19 – 25。Kelman，A Guide to Critical Legal Studies，脚注 8，同上，p. 4 和 pp. 46 – 47。M. Tushnet，'Defending the Indeterminacy Thesis'，ch. 11，载 B. Bix 编辑 *Analyzing Law* (Oxford: Clarendon Press, 1998)。

## §3 合理性条件

### 3.1 概要

对审判的具体情境下的合理性的不加区分的探讨,会使众多问题及其可能性模糊不清。因此,在开始时必须采取两个步骤。其一是,讨论合理性的某些方式在此种情境下能够起到解释的功能。其功能至少体现在三个种途径之中。首先是概念性的,此处所探讨的审判合理性与使它能够成为一个合理的过程的方式有关,当然,这要求对此情境中的合理性的含义进行某些说明,合理性说明的主要任务是方式的评估,面对价值多元主义时,疑难案件的决断可以是理性的。按照另外的方式来谈论审判的合理性的显著功能,这被称为经验性的途径。这里的主要问题关系到那些审判实例的合理性。这牵扯到了按照合理性本质的某种考虑对特定司法判决的衡量。关于审判合理性的经验性探讨,因而预先假定了对合理性本质的概念性阐释(对特定判决的合理性还可以做其他的评估吗?)。探讨合理性功能运作的第三种方式是规范性的。在这里,审判合理性的存在及其程度被认为值得称道,以至于合理性本身被视为人类生活、制度和实践的可欲特征。从这个角度看,我们生活、制度和实践中的合理性缺失都是有害的。以审判为主题,规范性合理性的讨论通常被作为一种对照和批判。审判或者被与解决纠纷的其他手段相比较,审判被发现欠缺合理性维度,或者,审判的实际经验被与审判合理性的普遍认知和逻辑判断相比较。这两个规范的合理性讨论的例子引发了怀疑论者挑战的第二个分支问题。它们被放在下文中讨论,但只是以与挑战本身相同的方式:一种普遍存在的而非完全清晰的论证。

第二,必须注意所谓审判是理性决策过程的内涵。审判做出的理性过程至少指称三件不同的事情,我们可以将它们按照理性阶梯的递进步骤进行分类和标识。这个梯子的最低一阶是行为和决定所具有的理由。在这种情形下,只有假定行为人(agent)A相信行为X有一个或一些理由,而这个或这些理由同时又与之相矛盾理由的存在协调一致,只有如此,行为X才是合理的。在回答"为什么是X行为"时,A还可得到一种可证明她正在做X的理由的回答。既然我们的关注点是审判的可证立性,而审判可证立性只能在理由的领域内发生,那么这就是它所应当的样子了。当然,行为 X 可能有非证立层面上的理由——X 可能是众多可详细说明原因的产物——而这理由却是 A 所未知的。进一步而言,行为 X 无疑可以有 A 所未知的其他证立理由。理由的全部要件是 A 具有所知的 X 的理由,A 可以清楚地以此作为对"为什么是 X 行为"的问题做出答复。

作为合理性的指示器,持有理由的要求若是太宽泛就可以忽略了,因为那几乎排除掉一切了。可是它的确排除了一些东西。因为,为了 X 行为的所持理由,A 不能不假思索地做 X,至少在第一种情形下是如此。在做 X 行为之前或之时,A 必须了解做 X 的理由。随后 A 可以未加思索地做 X,因为她过去有做 X 的理由,那么在以后相似的情境下,也有做 X 的理由。在合理性意义上说,X 行为不是纯粹直觉、偏见、成见或完全粗俗习惯的产物。如果是那样的话,那么 A 不具有她所知 X 行为的理由,除非她的理由是"别人在这种情境下都做了 X 行为。"当然,这是 A 的理由,某种程度上也是反省的产物,而不是纯粹的偏见、成见或机械顺从习惯的产物。因此这算作是有做 X 行为的理由。

所适用的司法判决的要求似乎太宽泛了。尽管它将大量地排除我们预期从审判中去除的东西,即法官公开践行他们的偏见,仅通过法令(fiat)而非理由做出判决,没有充足的理由就允许审判,不论是在学术上还是在更宽广的世界里,差不多都在公开地进行。如果法院是原则的论坛,如果法学院确实鼓吹"理由力量的信仰",那么必定会找到一种关于合理性的更加严格的说明。[30] 合理性之梯的第二个阶梯是理由的分类。它合并了构成第一梯阶的两个条件,即(1)A 一定相信 X 行为有一个或多个理由;(2)A 一定能够以一个或多个理由清楚地回答"为什么做 X 行为"的问题。此外,理由的分类要求(3)A 或者采取步骤来确定 X 行为的 R(那个理由)或 Ra - Rz(那些理由)是真的,或者被告知了这些步骤。以及(4)A 因此知道或被告知,X 行为的许多、大部分或全部理由是推定的和是真实的(putative and genuine)。对 X 行为的推定理由的真实性分类的第三点要求暗含了第四个要求,即了解支持 X 行为的一系列理由。但是没有必要因为 A 行为而将理由分类多元

〔30〕德沃金主义者(The Dworkinian)的比喻在其关于审判的著述中随处可以找到,这个引证是耶鲁大学法学院院长 Anthony Kronman 的阐述,引自 P. Schlag, *The Enchantment of Reason* (Durham, NC: Duke University Press, 1998),第 19 页。

化。当X行为只有一个理由(R1)时,可以采用分类程序的变体,以使A行为采取步骤以证明R1是X行为的唯一的真正理由。既然X行为只有一个理由,那么讨论理由的分类就有些牵强,因为在理由的层面上并没有将稻谷从谷壳中脱出的工序。然而,仍有一种类似的程序,也就是,从可能导致X行为的一组因素中(偏见、成见等)剥离出真正的理由,并非是全部的理由。

尽管表面上更需要持有理由,但是理由分类并不是审判合理性中最有说服力的主张。虽然我们坚持认为法官基于真正理由达成判决,而这需要对可能支持其判决的理由进行分类和衡量,我们仍可能探讨得更为深入。合理性之梯的第三个阶梯是对理由的权衡。它合并了理由分类的四个要求并增加了第五个要求,也就是,衡量做出X行为的真正理由。关于这个论述,只有在A所做的X行为是以X的一组真理由中最有力、最有分量的理由为基础,或是以结合起来最有分量的理由的集合为基础时,它才是有理由的。只有在有众多的真理由去做X行为时,衡量做X行为的理由才有意义。这种多元化也使那些情形具有了意义,无论审判内外,某一选择似乎以任何方式来看都是令人赞成的、有理由支持的并因而决无明显的错误的。在这种情形下,似乎颇可以说行为人有足够的理由做X,也就是说存在着做X行为的理由,这些理由并不构成节制X行为的非理性。如果理由的分类将行为人置于充分理由的领域,那么理由的衡量则将其带入不可辩驳理由(compelling reasons)的领域,不可辩驳理由使X行为如果不合理就会受到惩戒。[31] X行为的不可辩驳理由不仅合理地要求做X行为,它们也为X行为提供最好的——最有分量的、最有力的——理由。当X行为有不可辩驳理由支持时,对X行为而言,虽然可能有其余的解释但不可能有更大的可证立性了。如果审判在这一意义上是合理的,那么判决将会由不可辩驳理由所支撑。在复杂案件中发现法官为以种种方式对支持或反对一项判决的理由进行分类和衡量是很平常的,这一努力由试图找到判决的最佳的一个或多个理由的意图所规定。建立在不可辩驳理由的基础上的判决,将被很好地用以消除复杂案件所引起的法律矛盾。

---

〔31〕充分的和不可反驳的理由这个术语以及它们之间差异的说明,来自J. Raz, *Engaging Reason* (Oxford: Clarendon Press, 1999),9,47-49,63-66,94-105,以及第116—117页。

当审判被说成是合理的时候，这三个步骤就引发了不同的意义。继而构成了合理性条件的三种不同的形式。在他们之间做出选择并不是我们的工作，但这至少说明了它们是似是而非的和独立的。关于第一个问题，审判合理性这三个主张被坚持认为是难以置信的，因为它们既没有说明一般逻辑的规则，也没有说明合理选择理论的公理(axioms)。这确实是正确的。但是，这并非是因为这些规则与公理是不相关的，而是因为它们被合理性条件的不同形式所预设了。这个一般逻辑的规则是合理审判(所有其它的)肌体赖以依附的骨骼，这对许多关于合理选择理论的公理来说也是这样。第二种情形中的限定条件是那些公理中的一些是相竞争的事实的结果，因为那些公理似乎也曲解了实际审判或其他选择情形的主要特征。对此有两种回应，每一种都不是特别的有用，基于合理选择公理与一些事实上的选择情形之间的表面上的差距，第一个回应断定“对实际选择来说非常糟糕”，而第二个则断言“对合理选择理论来说非常糟糕。”〔32〕为了当下的目的，我们将假定合理选择公理(rational choice axioms)和关于反省和完全性的假想，以及关于偏好和理由的一致性和稳定性，它们一起构成了合理性条件的三种形式。

但是，有人可能会问，合理性条件真的有三种不同的形式吗？有人可能会认为它们之间相互吞噬。例如，如果有理由意味着就是具有真理由的话，那么，持有理由和理由排序之间的区别是相当虚幻的。在某种意义上，这是颇能理解的，因为持有理由常常被假定为意味着具有有力的(如真的)理由。虽然我们有时会做这样的联系，但是我们也经常认识到它们之间的差距也是真的，因为认为理由 N、O 和 P 支持 X 行为，但进一步反思后却得出只有 P 是支持 X 行为的结论的，这个过程我们十分熟悉。我们对推定理由和真理由做出区分，这通常标志着一个合理的和反思深度的过程。理由排序和权衡之间的区分，可能被以下列方式质疑：如果 A 具有做 X 行为的真理由，而那些理由又都重要且无争议，那么，真的理由可以具有不同的权衡。

---

〔32〕关于合理选择原理的某些有益讨论及其难点的某些讨论，参见 S. Hargreaves Heap, M. Hollis, B. Lyons, R. Sugden，以及 A. Weale, *The Theory of Choice* (Oxford: Blackwell, 1992); B. Chapman, ‘The Rational and the Reasonable: Social Choice Theory and Adjudication’, University of Chicago Law Review, 61 (1994), 41 - 122; 以及 R. Nozick, *The Nature of Rationality* (Princeton: Princeton University Press, 1993)。

这里的问题就是弄清楚支持反对者主张的含义，也就是，为进行详细权衡的理由。应该正视真的理由所构成的很有权重的一组理由，并可能与其他“组”理由考虑的权衡相比较。因而，需要对组类之内的衡量何以可能做一些解释。另外，当说某一组真理由中的每一分子都有权重的同时，也就假定了这些理由的权重（the weighing reasons）是不能够被比较和排序的。权衡理由轻重的观念当然地暗含了某种程度的比较、评断分量之轻重的观念，而这正是相反意见的支持者所可能否决的。总体而言，关于所有情境下的全部理由，这一否决当然太过彻底了，我们的实践推理（practical reasoning）以及语言的结构使理由的衡量成为可能。尽管这几乎并不是权衡理由是否明智的证据，但它确实要求我们认真对待这种可能性，直到它彻底地丧失信用（discredited）。这一点并非依赖于某个单一的断言，衡量一直是而且是永远可能的，无论是在什么样的情境下。

现在可以进行下一步骤的讨论了。需要清晰回应的四个问题共有四个步骤。第一步是扼要地论证该主张的可信性（plausibility）——非怀疑论法理学家的口头禅——价值在法律和审判中居于重要位置。第二步是揭开强价值多元主义概念的[面纱]，而第三步是论证在关于审判问题的当代法理学家中谁是强价值多元主义者。第四步则是以价值在审判中实际的所起作用和强价值多元论是正确的假设为前提，阐述强价值多元主义相反结果所具有的非怀疑性审判论述。这个主张就是，审判中的强价值多元主义的断言使合理性条件的严格形式的断言成为不可能。因此，强价值多元主义保证包容怀疑论挑战的第二部分内容，是难以苟同的。

## 3.2　价值多元主义和合理性条件

### 3.2.1　审判负载价值吗？

寓于审判实践中的那些价值，可以被某些实例所证明，也可以通过援引那些古老而几乎不存在争议的法律教训（jurisprudential lesson）来证明，这些法律教训是关于规范适用和解释的性质的。

有两类例子阐释了这一点。第一个例子由这样的法律命题构成，就是援引并要求对道德概念和构成道德概念的价值的解释。含有诸如善的信念、不忠诚、合理、公正及其他观念的法律命题，就是明显的例子。第二，即使涉及那些未清晰含有任何道德概念或其他种类的规范性价值的法律命题时，法官也经常按照法律价值的一般规则来解释和适用那些命题。这些价值采取的形式是相当抽象的观念，如一致性(同其他的法律命题和判决相一致，以使相同的案件得到相同的对待)，或者更特别的原则，如刑事法律将被严格解释。

现在的情形是，既有的法律制度并未依照两种方式中的任何一种来合并价值——最熟悉的莫过于英美法系——恰恰最著名的。一个引人注目的法理教训认为，不论价值是否以我们的例子所给出的方式被纳入法律命题，价值看起来都不可避免地被并入规范适用和解释的过程之中。这一教训始于某些规范适用和解释都相当简易的实例。常用的实例类似如下规则："狗必须用电梯载运""机动车不得进入公园"，以及"不得在街道上流血"。[33] 搁置核心意义和边缘意义的问题，就特别案件中的那些规则的解释和适用而言，它们不可避免地包含某种价值。这是因为将这些规则适用于特别的情境，意味着对它们的意义、目的或价值的理解。只有借助这些理解，我们才能判断公园管理员的拾垃圾车、退伍老兵的纪念吉普车、孩子们的滑轮以及邮递员的自行车，是否也被禁止进入公园。这一法理教训尽管是这类规则解释和适用的初级例子，但是也依赖于对规则的要点、目的或价值的说明，这似乎是无法否认的。此外，这个教训坚持认为，当被适用于更错综复杂的和紧密联系的规则和标准时，我们发现这一教训在法律制度中实际存在，同样，如果受到质疑的规则和标准引起疑难案件的构成问题，那么这个教训更加成立。显然，这一教训没有对所谓的疑难案件或价值在其中扮演的重要地位，予以指引。

### 3.2.2 什么是价值多元主义?

对这个问题的最有力和最有趣的回答由多元论、冲突论和不可比较论(incomparability)的主张所构成的。一个较弱但并非最弱的回答仅由多元化和冲突论构成。而最弱的回答只是多元论主张(必须这样做，这被视为多元主义的一种情形)。单独去看，多元论的主张是三个当中最少趣味的，因为在道德、政治和其它价值思考范围内，它是几乎每个人都能同意的一个。多元论坚持认为，我们的世界

---

〔33〕最后两个较旧的实例出现在，L. Fuller, 'Positivism and Fidelity to Law—A Reply to Professor Hart, Harvard Law Review, 71(1958), 630 - 674. 661 - 669; H. L. A. Hart, The Concept of Law, 第二版(Oxford: Clarendon Press, 1994). 62 - 72; R. M. Unger, *Knowledge and Politics* (New York: The Free Press, 1975), 92。

显然包含着多样化的价值。那些——姑且让我们称之为价值一元论者(value monist)以及包含在他们中的同样的功利主义者,这些人坚持认为道德和政治观念包含着唯一终极的和基本的价值,他们非常容易接受下面告诫的主张。那就是,我们的思想和语言里就存在多样化的价值,很少是根本性的,特别是某些单一根本价值的体现。类似的,那些有理由抵制人类世界单一价值观点的人们——我们给他们贴上价值多元论的标签——接受价值多元论的主张。然而,与价值一元论者相反,强价值多元主义者(strong value pluralists)却将价值多元论同冲突论和不可比较论整合起来,他们用这种观念来构成有关价值性质的竞争性和推定性的真理。

冲突论的主张坚信,我们的重要价值是部分或者全部相冲突的。这通常有两个维度。其一是对人类世界的观察,其基础在于有些价值冲突是世界并不以我们的意志为转移这一事实的结果,“毫无疑问,正如我们所知的那样,即使我们做应该做的事,世界也会给我们留下遗憾和冲突的根据。……当下的世界,我们所认为的我们能够带来的那些世界,是冲突的世界。”〔34〕如果一个世界能够被设计成不能引起冲突事物的世界,例如,没有资源匮乏的世界,那么按此观点,冲突将会减少。因为这是世界的特性而非我们的价值引发了大量价值冲突。然而,冲突论主张的第二个维度,是将价值冲突的渊源归诸于诸如世界资源匮乏等特征上,也归诸于价值本身的性质上。冲突论的第二个主张坚持认为有好的理由来接受实质上非常不同并可能好像真的相互冲突的种种价值,坚持认为在某种意义上可以要求特殊情境下的行为的不可妥协过程。

不可比较论的主张认为,某些价值冲突是无法解决的,因为价值的功能在某种意义上是不能比较或超出比较范围的。所采纳的用以证明不可比性这一事实(语言的不可通约性/incommensurability 被经常使用)的常用策略是这样的:这种主张要求结合冲突论和某些冲突现象的实例或假想例子。〔35〕 这一策略具有明显的弱

---

〔34〕 M. Stocker, Plural and Conflicting Values (Oxford: Clarendon Press, 1990), 125. 同样论点些微不同的阐述观点,参见 B. Williams, *Problems of the Self* (Cambridge: Cambridge University Press, 1973),166,170-171,181,以及他的著作 *Moral Luck* (Cambridge: Cambridge University Press, 1981),74-75。可是,Williams 似乎认为这是价值冲突唯一有趣的渊源。

〔35〕 参见 J. O. Urmson, 'A Defence of intuitionism', *Aristotelian Society Proceedings*, 75 (1975), 111-119.。在第 111 页(不可比较论主张:存在“不清晰的方法,没有在先的规则,为了权衡……,反对另一个原则的原则”);第 116—117 页(冲突论主张的两个维度);以及第 118—119 页 (转下页)

点，即几乎没有分析所谓的不可比较论的准确性质，在某些情境下，它只是简单地被假想为从道德价值实质的更广泛领域中引申出来。[36] 既然不可比论主张（当与其它两种结合时）是如此意义重大——它意味着并没有明显的解决某些价值冲突实例的合理方式——其准确的内涵需要详尽地解释。拉兹是少数支持这个主张的人物之一，他试图阐述不可比较的价值间的关系的实质（拉兹并不满足于仅仅主张不可比较论和指出它的一些例子）。确切地说，拉兹想判断是否存在探讨不可比性或不可通约性价值讨论（像拉兹一样，我把这两个词看成同义词）的概念性空间。[37] 为了做一些概念区别性的工作，我们在相冲突的价值选择中有时有困难，价值的不可通约性观念必定还会涉及一些东西，因为对我们而言，那一过程并不需要标签才变得重要。类似地，如果仅仅说相冲突的价值有时可能有准确的同等权重，那么不可通约的概念就是多余的。因为在这一意义上所使用的不可通约概念所传达的东西，何以比“同等权重间的冲突”的讨论更多呢？

拉兹认为，“如果没有一个比一个更真，如果没有同等价值，A 与 B 价值就是矛盾的。”（*MF*，322）[38] 显然，这种主张限制了如下主张：没有中立性的米单位（neutral metric），用它来衡量选择中的价值评估。既然矛盾的价值本身无法度量，这种建立在高级评估的基础上的选择也无法进行，那么，它们之间的价值选择似乎不能凭借令人信服的理由来做出。拉兹在这一点上是颇为模糊的：“支持或者反对这两个选择都是矛盾的，理由是不确定的。它并未给择中选优提供一个更好的实例……。不可通约未谈及逃避的理由是什么，而谈及了必须规避它。”（*MF*，333 -

---

（接上页）（实例）。Urmson 显然接受了冲突论的两个维度，尽管他所使用的某些冲突实例（参见第 116—117 页）认为，他所思考的价值冲突是某种偶然发生的产物。然而，Urmson 也似乎谈到冲突是我们道德思想间系统性紧张和矛盾的结果（“我倾向于认为在道德要求中一定存在某种我想知道的紧张和不协调，一定只有在一系列和谐道德理念中才存在的决策程序。”第 119 页。）对于不可比较论的另一个阐述，参见 C. Sunstein, ‘Incommensurability and Valuation in Law’, *Michigan Law Review*, 92(1994)779 - 861。

〔36〕Urmson，同上，他认为它来自源自于道德制度主义（moral intuitionism），一种学说——不可比较论主张的一些支持者没有接受，参见 Stocker and Williams，脚注 34，同上，以及 T. Nagel, *Mortal Questions* (Cambridge: Cambridge University Press, 1979), ch. 9。

〔37〕这样做存在风险，可以通过解释不可比性和不可通约性使用中的张力来避免。参见 R. Clang, ‘Introduction’, 载 R. Chang 编辑：*Incommensurability, Incomparability, and Practical Reason* (Cambridge, Mass.: Harvard University Press, 1997)。

〔38〕参见 J. Raz, *The Morality of Freedom* (Oxford: Clarendon Press, 1986)。

4)这并不是说这个选择是完全没有理由支持的，因而是专断的和任性的。相反，何种理由选择并非完全取决于如下选择：一个人有理由择优选择。[39]

已经大致地概述了价值多元主义是什么，为了避免混乱，有些事情就不值得提了。至少是不必要的，关于价值的基础和可证立性论题(thesis)就是如此。也就是说，并不需要某人附和任何一种关于我们如何能够获得关于道德、政治或其他价值的知识和信念的特定观点。而是，以其最有力的形式，它仅认为存在着一种价值的多元形态，其中的一些可以是冲突的，其冲突在某种意义上是无法解决的，并不必然导出价值认识的基础和可能性这些东西。例如，在道德价值的限度内，宣扬价值多元主义并未承载着那些建立起来的价值认识的元道德(meta-ethical)承诺义务。一个人只有站在道德现实主义者的立场上(认为世界上存在着这样的事实——它们能够确定某种关于道德价值的陈述事实或真或假)，才容易主张与道德价值实质的非认识论立场相结合的价值多元主义(它将沿着这些线索得出主张：道德价值不能被合理地确立，因为它们的基础并不在于理由而是在于我们的设想或敏锐)。这并非否认某些元道德理论或多或少地赞同强价值多元主义。有人可能会说，基于纯偶然的理由，一个人越是一个持有元道德的理性主义者，他所具有的道德价值间的不可消解的冲突空间就越少。[40] 情形并非必然如此：联系仅仅是偶然的。

### 3.2.3 谁肯定价值多元主义?

价值多元主义的最强形式(the strongest version)给出了三种主张，恰恰是概括性的，那么究竟是谁主张了这个学说呢？是麦考密克和拉兹，但是，德沃金没有主张(他主张价值多元主义的弱形式)。

文本证据表明，麦考密克是一个强价值多元主义者，既丰富又模糊。麦考密克忠诚于多元论和冲突论主张，他是这样阐述得：

我不妨追随休谟(Hume)的观点，我们赞同某些或者另外的“规范性原则”的

---

[39] 这表明拉兹的阐述之间总是存在显而易见的矛盾(同上注释)，以及该著作(第338、339和352页)，不可通约择优选择可以被“推理”。认为不可通约之间的选择是武断的这种主张，是错误的，但并非罕见。

[40] B. Williams, *Problems of the Self*，脚注34，同上，详细说明，pp. 204 - 205.

决定性因素寓于我们的情感特质之中，寓于我们的情绪、意志弱点之中……既然人们有不同的情感特质和感情差异，那么就可在对基本道德歧义的解释中引入情感。

进一步而言，“诚实和理智的人们即使在原则的根本性问题上意见不同，但是，彼此都坚持对他方有利理由的立场。”但是，“他们所给出的理由并非按其性质得出的”（同上注释）。麦考密克在解释审判过程中多元论和冲突论的主张时，也是相当模糊不清的。因而麦考密克的价值多元主义不能被适用于价值探讨的一般领域，而只能适用于诸如审判上的价值探讨等的一些具体实例中。例如，麦考密克说法官援引判决疑难案件的结果主义者的论证，就“至少部分是主观的”。（*LRLT*，105；原著中强调）为什么呢？因为法官在衡量可能对抗冲突的裁决结果时，可能会权衡不同的评估标准，在采纳或拒斥做出裁决时，有关的偏见认知或者麻烦的预知程度也不一样。这毫不奇怪，法官们在处理详尽审查的规则的可接受性与不可接受性的最终判断上，有时尖锐地甚至剧烈地彼此相异。在这个价值偏好的基点上，我们进行推理，但是不能通过它获得证明。在这个层面上，在人们的良好意志和良好理由之间，只是存在着不能被解决的意见分歧。（*LRLT*，105－106；强调补充）

麦考密克对多元化和冲突论主张的唯一模糊之处，是因为他后来对休谟主义者关于道德和其他价值基础的抛弃。（*LRLT*，p. xvi）。[41] 既然休谟主义者的观点只是潜藏于麦考密克所有主张中的一个理由，那么对它部分摒弃就危及了那些主张。此外，危害还部分表现在另一层意义上。既然麦考密克仅仅表述了他对休谟主义者观点的不满，但他并没有提出相应的替代物。麦考密克对休谟主义者观点的摒弃影响了他对不可比较论主张的信奉，从根本上说，这也是相当模糊的。正如以下所论述的——仍是关于法官的结果主义的主张——需要澄清。麦考密克说，这些主张是“固有的可衡量性/intrinsically evaluative”。（*LRLT*，105）也就是

〔41〕这些内容包含在 *LRLT* 一书 1993 年重印时的新序言中。后来，麦考密克去大马士革（Damascus）旅游途中，对审判的思考开始清楚了，这可以从 *LRLT* 一书第一版之后几年内他所发表的论文中看出来，他仍然一个死脑筋的休谟主义者。参见他的 Contemporary Legal Philosophy: The Rediscovery of Practical Reason, Journal of Law and Society, 10(1983)，1－18，13－14，以及与 O. Weinberger 合著的 An Institutional Theory of Law(Dordrecht: D. Reidel, 1986)，193－196，以及 204－205。

说，“它们讨论……关于……后果……的可接受性或不可接受性。无论如何没有理由去假定……按照单一的尺度……（它们）包括……评估”，例如边沁主义者的快乐和痛苦总量上的衡量。为支持或反对既定规则，法官在权衡案件中特别提出了很多标准，如“正义”、“常识”、“公共政策”和“有益”或者“权宜”等。不应没有根据就去假想将这些都浓缩成同一个东西。（*LRLT*，同上；强调补充）

麦考密克在疑难案件是否能有唯一正确答案的讨论中，很少有模棱两可的时候。他说，结果主义“不用单一尺度来衡量可测量的价值……这是涉及到多个标准……”（*LRLT*，252－3，特别补充，也可参见第 112—5 页）正因如此，在疑难案件中“我们发现自己面对着这样的歧义：通过给出正确答案而求得具体的解决办法，而交给任何理论上的‘巨人（Hercules）’，这在原则上是不可能的。”（第 245 页）或许，一个判决的种种后果的衡量尺度的存在，意味着不存在唯一正确的判决，因为在一种尺度上是正确的，在另一种尺度上可能是错误的。将这个衡量尺度的多元化的探讨看作是对不可比较论的一种承认的表示，这当然既不是不公平的也不是不正当的。因为，就像从麦考密克著作中明显看出的那样，他没有简单地指出价值判断有时会相当困难或者是“死结的（tied）”，那么就不可比较论主张的某些形式而言，他还有什么可想的呢？

如此，便可以稳妥地得出两个结论，即麦考密克是一个强价值多元主义者，他相信价值多元主义源自于审判的具体情境。有什么证据支持拉兹也具有此种观点呢？在拉兹政治哲学著述中，我们发现拉兹确实赞同多元化、冲突论和（像是我们已知的）不可比较论。（*MF*，chs. 13 和 14）。[42] 对拉兹价值多元主义的唯一疑问是：拉兹承认价值多元主义源于审判的具体情境吗？这个问题并非多余，因为它很可能断言价值多元主义并认为某些价值探讨的片段超出了它的范围。例如，在一般价值多元主义的情境中，有唯一一种公认的价值起支配作用的某些领域，那些领域由特别团体或制度所创制或仅仅是多数同意的产物。司法价值探讨（Judicial value-talk）可能就是这样一个领域。上述两点证明拉兹认为价值探讨并不是这样

---

〔42〕多元论和冲突主张也出现在拉兹著作中，参见 J. Raz, *Practical Reason and Norms* (Princeton: Princeton University Press, 1990)，159。

一个领域。

第一个注解是拉兹的评论,拉兹认为价值尤其是道德判断在审判过程中发挥着作用。拉兹在谈到未规范案件时说,“法官们依赖而且应当依赖于他们自己的道德判断。”(*AL*, 199)拉兹坚持认为,“当发展法律时,法官采用道德主张……是我们的普通观点。”(*AL*, 199)在是否“权威”应该被推翻问题出现时,那些道德论述构成了新裁决优点与缺点评估的内容。(*AL*, 190 和 114)[43]因此拉兹下面的话并不令人惊讶,拉兹说“法律推理是道德推理的一种形式。”(*EPD*, 324)[44]法官运用法律标准的特质保证了价值在审判中能发挥作用。诚如我们前面提到的,这是因为某些法律标准包含着道德或其他价值。拉兹承认这点,但是又加上他的一个告诫。(*EPD*, 227–228)因为,为了维护建立在“强社会命题/strong social thesis”(*AL*, 45–47)之上的法律实证主义观点,拉兹不得不坚称“尽管这个规则(或法律标准)涉及道德,是真正的法律……它所涉及的道德并不因此被并入法律之中。”(*AL*, 46)当然,这并不与审判是一个价值承载过程的主张相抵触。拉兹强调对法律的识别并不是一个道德判断问题,而是创制法律的过程,道德判断问题是法官在决定未规范案件时伴生的形式。第二点突显了拉兹所说的不可比论在审判具体情境中产生的时机。例如,拉兹说在某些情境下法官对判决一个未规范案件所持有的理由不只是一种,而是另一种,即“关于力度是不相称的……,既非力度很强也非力度相等。”(*AL*, 75)如果这些理由产生于没有可通约价值的话,那么这是可以预期的。拉兹的确认为法官将面临着不可通约价值(incommensurable values)的选择。(*EPD*, 322–323)

因此,以下两者是相当清楚的,拉兹是一个强价值多元论者,以上文的阐述为基础,他认为价值多元主义在审判的具体情境中产生。我们同样可以确定德沃金不是一个强价值多元论者,那是因为尽管德沃金提出了多元化和冲突论两种主张,但是他否认了不可比较论的主张,尽管有时有点模棱两可。德沃金坚持认为存在一个多元的道德前提,诸如同性恋、色情文学以及堕胎等问题存在着相互冲突的道

〔43〕拉兹在这个问题上有一点特殊性,参见 J. Raz, Facing Up: A Reply, *Southern California Law Reviews*, 62(1989),1153–1235,1208–1209。

〔44〕参见 J. Raz, *Ethics in the Public Domain*,脚注 17,同上,正文和注释中简称 EPD。

德观念的多元化。[45] 德沃金也认为，善的生活概念(conceptions of the good life)凝聚了道德和其他价值的精华，它在同样的政治共同体成员中是不同的，其真正的原因在于自由主义的形式依赖于平等关怀和尊重的权利，这两个权利观念要比任何其他观念都优先。[46] 此外，德沃金的法律解释论包含了诸多"新教的/Protestant"痕迹。[47] 这意味着在审判和理论化两种过程中所提到的法律论证取决于审判者或理论家的价值观，而这些价值在同样的共同体成员间的确是相当不同的。因此，"对于赫拉克利斯(Hercules)所采取的从……一般概念到一个特定结论的每一个路径，任何采取同样概念的律师或者法官都将会在不同的地方发现不同的路线和终点。"(*LE*, 412，也可参见 411、413 页)

新教的解释论似乎既赞同多元化又赞同冲突论。然而，德沃金的著作并没有认可不可比较论，而是或多或少地对不可比较论进行了一定的否认。当德沃金对正确答案命题的承认，是与对疑难案件的审判是一个价值承载过程的赞同相结合的，这并非令人特别惊讶。因为，如果德沃金承认不可比较论，那么显然在审判中起作用的种种价值将可能变成不可比较的。如果这样的话，在拉兹对不可比较论的某些界定上，主张在不可相互比较的种种价值起作用的复杂案件中，存在着唯一正确的答案，如果不是不可能的话也是非常困难的。那么，无疑地，在对 John Mackie 的批评的回应中，德沃金说："我的理论(关于正确答案和疑难案件中极少有死结的假想)……以一个道德概念而不是某些概念，按照不同的、经常是不可通约的道德理论。"[48]德沃金在某些地方走得更远，表达了这样的立场：在道德和政治理论中，关于普遍的不可通约论的主张还未建立。[49] 德沃金稍带地抛弃了关于审判不可通约的相关性的疑问。[50] 因此，不可能认为德沃金是一个强价值多元主

---

[45] 参见 *Taking Rights seriously*，脚注 9，同上，pp. 248—249，以及 *A Matter of Principle*，脚注 14，同上，p. 203。

[46] *A Matter of Principle*. 脚注 14，同上 p. 191，以及 pp. 193 - 194。

[47] 这个术语源自于 G. Postema，'"Protestant" Interpretation and Social Practices'，*Law and Philosophy*，6(1987)，283 - 319，以下。pp. 300 - 319。

[48] 参见 M. Cohen，A Reply by Ronald Dworkin，脚注 16，同上，p. 272。可以进一步参见，A Matter of Principle，脚注 14，同上，pp. 143 - 145。

[49] Dworkin，*A Matter of Principle*，脚注 14，同上，pp. 144 - 145。

[50] 参见 P. Amselek 和 N. MacCormick 编辑：*Controversies about Law's Ontology* (Edinburgh: Edinburgh University Press，1991)，38 - 90. 也可参见 B. Bix，脚注 16，同上，p. 97。在 (转下页)

义者。确认强价值多元论形式所引发的问题,下面一节的任务就是对它进行阐释(the elucidation),这并没有困扰住他。

### 3.2.4 为什么忧虑价值多元主义?

在其他的非怀疑论的审判理论家中,麦考密克和拉兹主张强价值多元主义,这个事实意味着什么呢?[51] 既然价值和价值选择在部分疑难案件审判中不可避免,既然那些价值是部分或全部冲突并且不可比较的,那么某些审判选择就可能是合理证立的了。某些司法选择意味着方式的选择不能建立在不可反驳理由基础之上:在面对不可通约时,理由是不明确的。就这些审判选择而言,存在着合理性或可证立性的缺失。这并不是说这样的选择要么是随意的,要么是武断的。建立在不可通约理由之上或在不可通约的价值间的选择,仍然是通过理由得出的,仍然是建立在理由基础之上的。无论怎样,面对不可通约时,显然不能因为理由的品质而得出某个单一选择:没有合理的强制力迫使[我们]选择 X 而不是 Y。然而,选择 X 而不是 Y,并不能表明支持 Y 就是错误的。

然而,也可能坚持认为 X 和 Y 之间的选择在某种意义上是任性的(arbitrary),因为不能凭借理由就得出这一选择。所谓"在某种意义上",是因为这个选择在另外意义上或通常意义上根本不是任性的:存在同时支持 X 和 Y 的理由,选择哪一个因此取决于理由。其引申意义则认为,因为 X 与 Y 之间的选择并非凭借理由有所强制才得出的,因此它是任性的。这一引申用法的危险性在于:任性的重要情形将继续被忽略或被看作同其引申情形相同的。这令人忧虑,因为其重要情形是对理由的疏忽或漠视,而从尊重合理性这一立场上看,这比引申情形更糟糕得多。在后者而言,理由的限制已经达到了,这意味着理由已经被增加了,但是最后发现没有了。无需任何理由关涉的判决是相当不同的,它们是真正的任性。因而放弃"任性"一词的引申意义,支持使用像"没有理由/reason has run out"这样的某些特别表达方式或许更好一些。

---

(接上页)其中,德沃金在演讲中对不可通约(incommensurability)作了巨大保留。

[51] 两个其他例子是,J. Levin, *How Judges Reason* (New York: Peter Lang, 1992),以及 J. Finnis, *Natural Law and Legal Reasoning*, ch. 6,载 R. P. George 编辑的 *Natural Law Theory: Contemporary Essays* (Oxford: Clarendon Press. 1992)。

当疑难案件中没有理由时，在不可通约性选择中会出现什么样的结果呢？换句话说，从对强价值多元主义在审判的一些情形中起支配作用的赞同中能得出什么呢？简单地说，是麦考密克、拉兹和其他强价值多元主义者都不能轻易和直接地回应怀疑论挑战的第二个部分。强价值多元主义认为，应该牢记，没有法律可证立性方法不同于那些关于在社会生活基本问题的无尽的、意识形态化的及空想的纠纷之中起支配作用的方法。用“不同于”，挑战的支持者的意思是“……这样更合理”。由于普遍的不可通约性和那些表面上与之大体类似的事物，[52]如果疑难案件审判并不是通过不可反驳理由做出的，那么它就不能符合最严格的合理性条件。那样的情境就是权衡理由的问题：它认为合理性的指示器是，决定和行为做出只有通过不可反驳理由得出时，才是合理的。权衡理由要求某人在做出 X 行为时要从一组相关理由中找到最强的理由，对 X 而言，最强的理由就是没有做 X 行为是不合理的。

既然在面对不可通约性时，审判既不是任性的又非不合理的，那么它就被界定为一个合理过程，但是这只是在具有理由或理由分类的意义上而言的。关于合理性条件的理由的首要和最弱形式，可以借助审判很容易满足：我们在疑难案件中几乎看到的所有判决都有理由支持。根据制度性惯例和市民的期待，法官几乎不能凭一时冲动或者偏见，就径直判决案件。事实上，对普通法管辖之内的疑难案件审判的详细考察表明，在理由分类的更具决定性意义上，这是合理的。合理性条件的这个形式不仅要求判决和行为建立在理由而非偏见或直觉之上，还要求它们是基于真实理由做出的。判断 X 行为的哪个理由是真正的理由，这产生了一系列 X 行为的充足理由，即一系列支持 X 的理由，但不能说一个或更多的理由要求 X 行为。既然不能说一个或更多的理由要求 X 行为，那么当 X 行为有足够多的理由时还抑制 X 行为就不是不合理的。这确实如同法官（或其他任何人）在不可通约的种种可能间取舍时所面临的情形一样。

审判中不可通约的存在，要求审判过程在持有理由和理由分类意义（having

---

〔52〕“司法判决可能发挥其决策（*determinations*）而非理由条件的功能”，这个事实是更具特色的。参见 Finnis，同上，以及 R. George，*In Defense of Natural Law*（Oxford：Clarendon，1999），108－109。

reasons and sorting reasons)上具有合理性,并不是在衡量理由意义上具有合理性。因此审判不可能比某些阐释和解决纠纷的非法律和非任性方式更合理。在政治争端和论战中,或者在谈判和调解中,或者在选举投票中,所采取的立场在具有理由和理由分类意义上更可能是合理的。事实上,在论坛和公共场合中,这些争端阐释和解决的其他手段更多,它们看上去越像是事先设计好的,标志着从根据持有理由做出判决转向基于理由分类而做出判决。命令和参与的规则支点(point)当然并非仅仅是保证审判决定做出过程中的参与者的声音,而且也创造了一种环境以使参与者的理由在讨论中被关注和考察。

有些非怀疑论法理学家认为期待疑难案件审判能够满足比理由分类还要高的合理性标准,这是错误的。对怀疑论挑战的温和回应通常依赖于相当弱的主张。[53] 然而,实践理性、行为人和表象意志的实质,的确有雄心勃勃的哲学阐释,但是最终它并不能更好地支持温和的回应。拉兹是这种主张,拉兹维护行为人和意志的传统概念,这种概念认为"作为范式的人类行为之所以能进行,是因为在所有的选择中,行为人考虑周全后,行为人才选择去履行它。"(ER, 47)[54]相反,理性主义的概念则认为"作为范式的人类行为之所以能进行,是因为行为人是开放选择的,按照行为人的立场,最强理由受到支持。"(同上注释)后一概念,"将理由看作是要求某一行为的,而[前者]将理由视为描述选择的合格条件的。"(同上注释)以传统概念看来,从任何符合理由条件的选择范围内的任何选择,都可以进行,而正是行为人的意志决定着怎样选择:这一概念"将典型选择和行为看成是由理由决定的,并受理由支配和限制的,因而在行为中扮演着自主的角色"(ER, 48)。按照理性主义的讨论,意志没有或者很少是自主的。按照此种观点,意志可能是与此传统观点上的意志概念更趋一致了,也就是,意志变成了社会化、根深蒂固的特性和"深度衡量"的一个混合物,可是,意志实质上是理由的产物或者完全受到理由束缚。[55] 传

---

〔53〕两个例子,参见 Levin,脚注 51,同上。以及 S. Burton, *Judging in Good Faith* (Cambridge: Cambridge University Press, 1992)我在自己的著作 Understanding and Explaining Adjudication (Oxford: Clarendon Press, 1999),第 153—163 页,已经讨论了。

〔54〕参考 *Engaging Reason*,脚注 31,同上。

〔55〕"深度衡量",我注意到了二级意志(second-order volitions)的概述,参见 H. Frankfurt, *The Importance of What We Care About* (Cambridge: Cambridge University Press, 1988),第 2 章。

统观点更愿意将意志看作是天气的风向标，在充足理由的范围内为行为人指明方向。然而按照这种观点，理由的风向也并非完全取决于风向标的指向。按照理性主义的观点，没有其他力量可能或者应该能够驱动这个意志的风向标。既然传统概念承认适宜的选择理由在某种意义上是无用的，那么通过赋予行为人意志以权力，就可以顺利地使一个不可通约的理由优越于另一个理由的特点。（*ER*, 48 - 49）按照理性主义的论述，不可通约在实践推理中是唯一令人烦恼和罕有出现的可能物。

很显然，理由的传统概念、行为人和意志与作为理由分类要素理解的合理性条件之间，存在着显而易见的相互关系；理性主义概念和被要求衡量理由的合理性条件之间，也存在着一些明显的重合。将合理性条件的两种形式置于不同的理由、行为人和意志的广阔背景之中，能够增加它们的可信度（plausibility）。它们从这些概念上获得了一定程度的支持，因为它们被证明与一些其他的相关信念具有共鸣性。此外，合理性条件的其他看法某种程度上是由这个程序决定的。尤其是，如果拉兹对理由、行为人和意志的概念传统论述是强有力的，如果拉兹对理性主义论的反对是令人信服的，那么对合理性条件严格形式的辩护就似乎不大可能了。事实上，如果勉强承认传统概念是强有力的（powerful），因为它比我们在最通常情境下所体验的选择和行为的替代物更能引起共鸣，那么承担这种辩护（defence）的职责开始看起来像克努特（Canute 是 11 世纪西欧一些国家的国王，统治之初残暴，后来因其睿智和宽容而出名——译者注）这样的劳动。不管怎样，这里仍将试图对它们进行部分的辩护，辩护有两个步骤。

首先解释为什么这种辩护是部分的。我们已经注意到理性主义概念坚持认为理由要求或强迫性行为，而在传统概念中，理由通常仅仅强调符合条件的行为。但是把合格性条件看成是构成了两种概念之间坚实的界限则是错误的。拉兹正确地指出，即使在传统概念中理由有时也可以要求或强迫采取某种行为：

当我们认同我们必须进行行为的理由决断时，不管自愿的、勉强的或者抱怨这一要求，我们就在运用我们的意志。然而，按照传统概念，意志的最典型运用或者表现是在起码符合条件的理由中的选择。

既然有时理由是按照传统概念的方式来起作用的，那么对合理性条件严格形式的辩护就能够从概念自身之中得出。这正是下面所要说的。拉兹在更深层次的事实层面上暗示他可以接受传统概念，理性主义者的概念被发现回荡在传统概念之中，或者说是可以被传统概念融合的。这一事实可能是两种概念在某种程度上都是我们的实践推理结构的一部分，尽管每个概念都有自己更适合的情境，每个概念经常被错误地扩展到这一情境之外。拉兹对理性主义概念的反对，可以被解读为对这种概念的不完全驳斥，尽管看起来实际上并不像，而是对其外延相当抱怨。无论思考的这条线索是否有用或值得赞同，都不能阻止我们更进一步，因为对紧随其后的合理性条件严格形式的辩护并不依赖于这些。

辩护的第二个步骤由对一些具体情境的强调所构成，在这些情境中认为通过理由是可以不可反驳地得出判决和行为的。因此它表明在这些情形中，传统概念采取了对合理性的一种非一般的严格阐述（衡量理由），或者是实践理性、行为人和意志的理性主义概念作用于其中。然而"情形"和"情境"（situations and contexts）的说法在此有一点误导性，因为决定我们偏好决策和行为的重要因素是通过不可反驳理由，而非理由根据的，理由是决策或行为后果严重程度的（表现）。在对由其影响的生活机会和生活品质有立刻的和负面的影响的意义上，这种决策和行为对其他的决策和行为有巨大的显著的影响，在此意义上，就要求比"一般"决策和行为更高的合理性标准。附带产生这些后果的行为和决策，至少是在两种常见的情形下产生的。

首先涉及的是决定做出过程导致了一种或其他严肃和攻击性的医疗程序被采纳。医生 A 有理由采取 X 行为，因为 X 行为的目的是挽救 B 的生命，而 B 的生命受到 Z 的威胁。设想一下，Z 的借口是 c 或 d，如果 Z 借口 c，做出 X 行为的方式就是 P，而如果以 d 为借口，做 X 行为的方式就是 q。如果说 A 有充足的理由去做 p 或 q，那么能否接受这样的观点：A 的意志——"受理由所指示和限定，但在行动中扮演着自主的角色"（ER，48）——决定了哪种治疗会被采取吗？这看似不能接受。当决定是度过一个滑雪的还是徒步旅行的假期、是去看电影还是留在家里读书的时候，或者决定诸如是否要孩子或追求何种事业这样更重要的选择时，A 的意志决定着上述行为的理由，这种看法似乎是相当正确的。尽管无疑在某种程度上是涉他性的，但是这些决定都属于私人范畴（the personal sphere），而此时要求遵循合理性的严格标准，似乎就很古怪了，因为这样做实质上将剥夺A的决定的“确实性(authenticity)”，并剥夺她的本性标记。[56] 使这些决定变得明智和可证立的所有要求，就是A的本性知识中原本就有的理由知识。

当A做出自己所设想的那种医疗决定时，事情似乎就相当不同了。首先，因为她与B的角色关系是清晰的，她是一个授予B重要权力和施加(知识)权威于B的人。第二，因为由A作用于B的决定和行为的效果不是很重要的。至少因为这些原因，比起私人领域内而言，A的决定的做出可能被归结于更高的理性标准。我们可以要求p与q之间的决定做出不是建立在A的意志基础之上的，而是建立在A努力寻找p或q的不可反驳理由的基础之上的。当然，这一要求不能保证在p或q的选择中确实存在不可反驳理由：p或q的理由或许根本是不可通约的。但是坚持寻找不可反驳的理由，排除了对A的意志的略显草率的求助，在这里A的意志是决定和行为的驱动力。决定的庄重和严肃性，它的显著的涉他(other-regarding)性质，在做出决定时，A对B扮演着具有重大意义的权力角色，似乎至少要求如此。

在这个决定的情境下，A仅仅负责将条件性理由(conditional reasons)转变成非条件的理由(non-conditional reasons)这一任务，这个主张并不会削弱这一论断的力量。可以说A条件理由去做p和q行为，而进一步的反思表明她实际上并没有条件理由去做p。即如果承认条件理由和非条件理由间的区别是与充分理由和不可辩驳理由间的区别一样的话，那么这在此情境下合理预期决定是由理由强迫得出的而不是根据理由的这一点，就丝毫没有影响。需要记住的是，后者是一个要求做出行为的理由，如果不能做出行为，就寻找出不合理性的理由和借口。前者对某些择优选择赋予了适格性(eligibility)，但是并不要求它；没有把择优选择作为非理性支配性的根据。如果一个条件理由以某种方式转换成充足理由，那么直到所附条件被满足或者意志被实现了，就并不导致行为产生，这样的类比部分地被坚持了。如果一个非条件理由要求行为，那么，类比就实现了。

---

〔56〕关于这种确实性(authenticity)，参见C. Taylor, *the Ethics of Authenticity* (Cambridge, Mass.: Harvard University Press, 1991)，第25—80页。

第二种情形是，决定和行为可能被要求去满足最严格的合理性标准，它享有第一种情形的所有特征：决定做出者(J)的决定是涉他性的(other-regarding)；J 通常对那些受到决定(P 和 D)影响的人具有知识上的权威；而 J 的决定和行为对 P 和 D 的生命具有极其重大的后果。然而，还有如下不同：人们经常认为，J 与 A 不同，J 对受其决定影响的人具有政治上的权威。通常假定 P 和 D 有义务接受 J 的决定，这种义务不能阻挠由 J 产生的种种行为。当然，J 是一个法官，而行为连同决定是一个司法判决。既然“法律解释(经常)徘徊在痛苦和死亡领域”，既然“法律解释意味着他人偶尔需强制接受，那么允许由判决做出者凭借自己的意志或个性在医疗案例中择优选择并非更合适。[57] 如果 J 有支持 P 和 q 的理由而做出决定，那么似乎可以合理地期待 J 或者去选择那些最值得权衡的理由(这个主张是分析案件在涉及不可通约之间的冲突时是否是真实的)，或者完全避免做出判决。为什么呢？

因为对这两种可能的选择就是按 J 的意志或性格在选项之间进行抉择。另外，与法治的公认困难观念具有内在联系的特定预期和假设支持着这一点。例如，人们渴望依法治理而非人治。尽管可能产生的字面解释观念是相当谬误的，但是，法律的解释和适用并不以法官的意志和品格为转移(或者我们可以加上偏见和偏好)，这似乎是非常受到赞扬的。当然，某种个人意志决定了国家强制力的运用，这似乎是不恰当的。这种很少令人道德不安的情形是这样的决定——它通过理由来释放强制力。

拉兹意识到了按照法官意志做出判决的困难：

> ……事实是……(司法判决)由官僚制度来运作的，人民本身不能采取行动，人民只是扮演了信赖角色，司法判决产生于某种例外的考虑。难以令人接受的观点是，当像法官一样采取行动时，人民可以简单地表达他们支持某种选择的意志、倾向或者好恶……。令人难以接受的还有，个人的好恶可以决定格式合同的信息披露规则，或者决定过错注意的标准。如果是这样，我们就需要一个推理

[57] 这个引证来自于 R. Cover, ‘Violence and the Word’, *Yale Law Journal*, 95(1986), 1601－1629, 1601。

的人为制度了，这种推理制度可以帮助决断没有自然理由(natural reason)的案件，这样就可向公众保证其判决绝不仅仅是部分法官的个人偏好的表达。

这些评论引发两个挑剔：其一，按照上述评论，他们是相当犹豫的。其二，求助于法律的人为理由(artificial reason)是令人迷惑并且不必要的。令人迷惑是因为其构成要素——"教条的理由、系统的理由、局部的无知与协调"(*EPD*，同上注释)——在疑难案件中更可能是最小助益的，因为有关法律的人为理由的主张常常令人迷惑的而非明晰的。拉兹被激励去寻找这样一种法律的人为理由，因为他认为"自然理由消失了"。(EPD，同上注释)如果拉兹以为自然理由是沿着实践理性、行为人和意志的传统模式的进路的话，这也毫不为奇，因为按照广义的不可通约的观念，是不可能在不可通约性之间强制进行选择。拉兹求助于实践理性、行为人和意愿的理性主义模式，而不是一些奇怪的、祈求获助法律的人为理由(artificial reason)。拉兹认为前者在这一具体情境中起支配作用，那么在其他具体情境中也可以起支配作用。因此，对某些法律的"人为理由"的诉诸就是不必要的了。无论如何，对这点的赞同完全取决于这样的假设，即理性主义概念和传统概念都植根于我们的实践理性之中，它们中没有一个是全然错误的，每一个都在不同情境中具有优势。当然，既然我们已然注意到拉兹看上去赞同即便是传统概念要求某些行为和决定根据理由强迫性做出，那么对这一节的总体论述就不必将这一观点推翻。这一论证仅仅在要求被证立的某些情境下，才会强调。

是扼要重述的时候了！本节开始分析合理性条件，继而表明疑难案件审判中不可通约性的存在，以保证司法审判在强意义上是合理的：它没有满足最严格形式的合理性条件。一个结论是，部分怀疑论挑战不能被迅速地、轻易地平息。之后所考虑的一个论证支持了对怀疑论挑战的温和回应。这一回应认为在严格意义上期待审判是合理的，这是错误的。它将证明，支持这个回应的论述仅能以有限方式做到这一点，而这就承认要求决定和行为应由理由强迫性得出有时是恰当的这一论断而言，它恰恰破坏了温和回应。接下来的怪异之处也被发现了。这一论断的作者似乎是拉兹，拉兹并不支持温和回应，拉兹论证了审判满足最严格合理性条件的必要性，拉兹也断言不可通约是审判中一个意义重大的要素。拉兹因而似乎破坏了审判满足这样一种最严格合理性条件的可能性基础。这是一个难以维系的立场,无疑需要更多的阐述和支撑。

## §4 合法性条件

### 4.1 问题

可以继续主张的是:即使依赖于不可通约的司法判决不能满足最严格的合理性条件,它们毫无疑问地是合法的并能创设了与其内容一致的行为义务吗?这么做可以将在第3节中揭示出的合理性的不足所导致的不便最小化,同时也对怀疑论挑战的第一部分做出回应。这一策略的成功取决于:(1)对合法性权威这一说法的概念性和规范性的轮廓的似是而非的阐释。(2)这种阐释对合理的不确定司法判决论述的可适用性。我们的结论是:支持这一策略的论述缺乏可信度。在转向下一节的论证之前,有两点必须澄清。

首先,我们必须清晰合法性条件的轮廓。这种论述认为法律命题在某些情形能够产生符合其行为内容的服从义务。(注意,在此阐述或者后面阐述中,"权威"和"合法性"被交换使用;我们主要地考虑合法性而不是权威,尽管任何人或者组织很可能因为前者而需要后者。)相反,怀疑论者似乎赞同非合法性条件:它直接否认了法律命题——审判的或立法的——可以具有权威性。这无疑构成怀疑论者对纠纷阐释和解决的其他方式的支持。

一般认为,主张合理性条件的人常常也主张合法性条件。因为后者坚持认为,司法判决和法律命题的其他渊源在某些环境下可以变成权威性的,也就是说,产生出一种服从义务,并按其内容给出采取行为的好的理由,这取决于合理性条件的真实性。既然法律命题能具有权威的情形将随着政治权威所拥护的价值而变化,我们能获得很多这样的论述,它们或多或少地有些道理。然而,假定给出了知识权威的和政治权威(政治权威只是其中的一种)之间的紧密关系,那么认为后者的一个条件是"作为权威而提出的规则或命令在原则上和实践中是可获得可证立性的",看起来就似乎可以赞同了。按照这种方式,我们可能转而认为合理性条件需要合法性条件。这将是错误的。因为合理性的实现对于使一个规则或指导方针具有合法性权威仅是一个可能的条件,甚至不是一个必要条件。至少,如果我们承认错误的命令(mistaken directives)、规则或判决有时能够具有权威,因而产生应服从义务的话,那么情况正是如此。在对这一可能性进行更彻底的讨论之前,在合理性和合法性条件之间划一条显著的界限看来很有必要。

第二点是,尽管这个问题很缠手——合理地做出司法决定(依赖于在不可通约价值间的选择)是合法的吗?——似乎相当简单,答案却不容易获得。这是因为这个问题在启迪意义上至少带来了两个兴问题:在概念上,权威的观念需要什么?在规范性上,如何准确地证立权威?[58] 如果法理学家和哲学家对合法性权威的概念的轮廓和其最佳可证立性意见不同,那么回答这些概念性和规范性问题将被证实更加困难了。

与非怀疑论对法律和审判的论述相对,的确对合法性有许多论述,时间和空间的限定不能被考虑在内。另外,其他的考虑也缩小了考虑的候选名单。[59] 例如,德沃金关于权威的论述就是相当不完整的。德沃金的目的是将亲权或连带义务(fraternal or associative obligation)的观念搬到政治和法律哲学的议程上,目的是表明这种想法能够支持守法义务。这是值得称道的,因为它"要求让那些向政治合法的可能性挑战的人背负了他们的抨击,而且既否认了所有的连带义务,也表明了为什么政治义务不可能是连带的。它要求那些为合法性辩护的人在一个新的更广泛的论域里检讨自己的主张"。(LE,207)就精确性而言,这个论述的不完全性是不言自明的,因为连带义务和遵法义务之间的联系暴露出了很多问题。

论证这一点并不需要否认连带义务的存在或其重要性,例如那些因为家庭、宗教或者地缘维系的品质所产生的那些连带义务,以及那些角色行为人所产生的连带义务。事实无疑如此,这些义务中的任何一种即便存在也几乎很少是完全经由双方同意的。因此它们的约束力不可能来自行为人的选择。然而,这些义务看起来与那些涉及遵守现行国家法律的义务是相当不同的:成人之间的亲权义务即使有也极少伴随着强大的强迫能力。尽管它当然可能会引发履行其义务的群体或者

---

[58] 拉兹对这两个问题之间关系的看法,参见 *MF*,62-66。

[59] 哈贝马斯关于合法性的阐述是雄心勃勃的。当然,雄心勃勃本身不是缺点,只是哈贝马斯在其社会性、政治性和哲学著作中的有关合法性的阐述,在本文中无法充分地加以处理。事实上,哈贝马斯的论述产生了一些批评阻碍,诸如他与德沃金著述的相似真实程度,以及努力重构或者简单地找到自己拒绝区分合理性和合法性条件的理由。参见脚注 3,同上,ch. 5、ch. 6。

共同体的一些非正式制裁，但是并未明确规定，未能遵守亲权义务就会引发国家强制工具的介入。然而，一个人的守法义务在原则上是一种可以强制执行的义务。但是，这不是说一个人无论何时都不能免除(discharge)这种总是遵守的强制义务：在当代社会中，没有什么比这更脱离实际。但是，它只是说，在原则上这种强制通过限制后，总应遵守。因为在我们的实践推理中，法律及其所宣告的义务是区别开来的，区别在于其先在的需要——受到强制力支持——为了服从。法律很少满足我们的条件要求——“如果你不介意，可以每小时30公里的速度驾驶。”

关键点是，服从义务在其余波中比在兄弟般的情境下带来了更多的危险并威胁了亲权背景下存在的强制权力的范围。没有必要假设在兄弟般的情境中不存在强制力和压制：我们知道家庭中经常以子女义务的名义或者以亲戚义务的名义，产生可怕的事情。然而，总体而言，国家所能够获得的权力似乎更加普遍而且具有威胁性，而摆脱国家权力的抉择就更加困难了。尽管我们经常说一个人可以择友但不能选择家庭，我们也应注意到，脱离甚至改变一个家庭甚至要比摆脱国家强制权容易得多。因此，尽管亲权义务显然是我们生活中的一个重要特征并且也有强制的方面，但是试图借此证明甚至解释政治义务的正当性，但是它们之间有非常重要的差异。

对权威而言，Philip Soper 的案例是不完整的，因为它对守法义务的性质的论述没有得出令人信服的结论。他认为“足以确立政治义务的特征……是(1)法律事业一般包括特定的制度，尽管它可能有缺陷，对个人而言，有缺陷也比根本没有法律要好；(2)受制于整个共同体的利益的人们努力致力于诚实信用，包括不同意的个人”。〔60〕至于第二个特征，“那是对正义的诉求，而不是现实的正义”，这是意义重大的。〔61〕Soper 的问题是将这些主张由一种转化成另一种实际上具有守法义务的主张。似乎两种主张都可以被接受，然而是否有服从义务的问题没有得到肯定性的回答。有些人认为 Soper 所建立的最大问题是法律命令(legal directive)的存在是影响实

〔60〕P. Soper. *A Theory of Law* (Cambridge, Mass.: Harvard University Press, 1984), 80. Soper 已经发展了自己论述，对自己的批评进行了辩护。参见其论文，‘Legal Theory and the Claim of Authority’, Philosophy and Public Affairs, 18(1989), 209 - 237 and ‘The Moral Value of Law’, Michigan Law Review, 84(1986), 63 - 86。

〔61〕Soper, A Theory, p. 55.

践推理过程的众多因素中的一个。它能影响我们是否以一种特定的方式去行动的决定，但是并不能给提供我们一个保护性或者排他性的行为理由。〔62〕并且，如果法律命令并不产生后一种类型的理由的话，那么，能说他们产生了一种义务了吗?

除了这个困难，对 Soper 立场的进一步分析揭示出，两种论述可能都会产生假定的服从义务。其一是义务源自于工作必须被完成这样的事实，即权威性的协作工作必须被完成，而且，既然法律命令的制定者正在依其良好信念在做这项工作，那么我们就应该服从它们。其二是不得阻挠和搅乱那些竭尽全力的人民的义务。如果法律命令的制定者竭尽全力，按照良好观念，那么我们就应当服从它们。这个论述本身看起来既不是不可反驳的，也不是显而易见可以协调结合的。最后，需要关注的是，在 Soper 的论述中，支持服从义务的每个论述已经被权衡了，如果在总体上"法律事业比没有法律更好"这一点是事实上真实的。Soper 如此假设，但他看上去并不喜欢这个假设问题的性质。Soper 将甲板建立在一个合理的且消极无政府主义的假设之上，那么该选择就或者是法律的，或者是最孤独的、最恶劣的、最野蛮的自然状态，这似乎更合理些。这个对比难以成立。就像我们从法律人类学家那里知道的一样，按照"正式"法律规则和保护与按照"非正式"的社会习惯和规范所做出的区分，更好一些。这两种可能之间的选择不可能轻而易举，并且总是受到前者的支持才能做出。

### 4.2 改良习俗主义

合法性的其他论述是什么呢？我们的焦点被限制在由拉兹和麦考密克所提出的权威性论述上，理由是他们关于审判的著作对合法性条件的必要性做了分析。拉兹和麦考密克在权威的性质和权威可证立性的每一个方面并不一致。尤其是麦考密克并不赞同拉兹关于由权威产生的行为理由之性质的论述，尽管分歧理由还没有彻底展开。〔63〕然而，两人都对权威的可证立性视为最重要的、解决协作与合作问题的能力方面提出了相似的论述。然而需要注意的是，麦考密克关于权威法

---

〔62〕这个主张被拉兹发展了，参见 J. Raz, 'The Morality of Obedience', Michigan Law Review, 83 (1985), 732 - 749，以及 S. Burton, 'Law, Obligation, and a Good Faith Claim of Justice', California Law Review, 73(1985), 1956 - 1983. 本段其余部分的要点，都来自于拉兹的论文。

〔63〕麦考密克的反对意见体现在 MF 一书的评论中，参见，Access to the Goods. *Times Literary Supplement*, 5 June 1987, 599。

院的评论恰恰是拉兹所回避的一个问题。正是解决协作或合作问题能力的论述，让我们遵循标准的实践，把这种关于权威的性质和可证立性的论述称为“习俗主义者(conventionalist)”——引起了一些麦考密克无法消解(quell)的反对意见。[64]

相反，拉兹对权威的论述因为修正了它们核心特征而避免了使论述陷入严肃习俗主义(standard conventionalist)窠臼的障碍。拉兹的论述因而应被贴上改良习俗主义的标签。所谓“习俗主义”，因为它具备严肃习俗主义者关于权威论述的两个特征，也就是，其一是强调在解决协作问题中实践权威的角色。其二是宣称这个问题解决办法的内容——它们实质上的对与错——并不总能决定它们的解决方法的成功。说它是“修正的”，是因为协作问题的概念在此以一种非严肃方式(non-standard way)被理解。

改良习俗主义是一种关于实践的而非理论性权威的论述。也就是说，它集中于论述权威的性质和可证立性，即行为或不行为的产生理由，或者非排他性的，因为信念而产生的理由，这并没有否定性为理由和信念理由可以紧密相连，也没有否认理论性和实践性权威之间的重叠程度。[65] 例如，“做出 X 行为”的权威命令当然是相信某一权威有已经发出了这一命令的理由，就像一个气象专家关于天将下雨是人们带伞的理由的论述。但是，很可能是，确信的某些理由不会影响行为人所拥有的理由。相信在银河系中存在第九颗行星的理由对行为人的实践推理很少或者没有影响，这些行为人对天文学毫无兴趣。按照拉兹的观点，实践权威以一种戏剧性方式影响着行为人的实践推理：对一个人或一个组织来说，让实践性权威凌驾于另一个权威织之上，意味着具有“一种支配性权利，这种权利被理解为与权威的屈从者的服从义务是紧密关联的。”(*MF*，23)这一支配性权利独立于人们对行为的

〔64〕严肃习俗主义者对权威性质和可证立性的论述，促进了协作问题的博弈理论概念，即囚徒困境(Prisoner's Dilemmas)及其解。它们被专业地讨论和批判了，参见 L. Green，'Authority and Convention'，Philosophical Quarterly，351985)，329－46. 既非严肃又非修正的习俗主义者关于权威的论述，将使德沃金所谓的习俗主义的法律解释更困惑了。参见 Dworkin：LE，ch. 4. 麦考密克关于权威论述的支持，可以发现在：*Legal Right and Social Democracy* (Oxford：Clarendon Press，1982)，76－80；'Contemporary Legal Philosophy'，脚注 41，同上，第 10 页；以及'Legal Reasoning and Practical Reason'，*Midwest Studies in Philosophy*，7(1982)；271－286，285－282。

〔65〕拉兹关于这个关系的思想，参见 pp. 2—3，4—5，9—10 页的介绍，J. Raz 编辑 *Authority* (Oxford：Basil Blackwell，1990)。

优缺点计算的义务。对于屈从于它们的行为人而言，权威的言论是排他性理由：也就是"不按照他们所认为的理由的平衡而去行动的理由，即使他们是正确的时候。"[66]当然，这并不能取消行为人决断什么是他们在理由权衡基础上所认为应该要求的东西。而是，它消除了行为人对权威命令的顺从，该权威命令是有条件地，有赖于正反两方面理由的衡量。

而且，一个权威采取的行为理由，就其重大意义而言，就是屈从于权威的行为所适用的理由。所以，尽管屈从权威的行为人应当按照权威所说的去做，仅仅因为权威这样说了，但是这一命令也正是权威的理由权衡的结果，这些理由可适用于行为人本身。当一个权威说"做 X"时，那"并不是……当一个人计算何种方式(做 X 或不做)更好地有理由支撑时，施加于他人的其他理由。权威的决定意味以其他理由为基础，意味着将它们统合起来并反映出它们的结果。"(*ME*, 41)因此，权威命令所产生的理由也是"从属理由"(同上注释)，其含义是：那些命令是权威基于支持或反对某行为的理由判断做出的，那些理由适用于行为人和权威。此外，权威的决定和命令在如下意义上是"无需理由的(pre-emptive reasons)"，即它们"取代那些他们所依从的理由，……关键在于：一旦做出决定，先前被赖以证立行为的理由就不能被依赖了。(*ME*, 42)在行为人的实践推理中，权威的决定替代了那些理由。因此，某一行为不仅仅是一个理由与其他行为的其他理由合并在一起。

按照拉兹的论述，权威可以通过"一般证立理论"的方式得到证明。[67] 这种理论坚持认为：

确认某人对他人具有权威的一般方式包括：证明所谓的主体可能更好地服从于适用于他的理由(而不是所谓的权威命令)，如果他已接受了束缚和约束他的权威命令，而不是试图遵循直接适用于他的理由。(*ME*, 53)

很显然，这一证立的方式只有在它是真实的情况下才起作用。首先，权威援引从属性理由。其次，权威实际上比起受制于他们的行为人能更好地认识行为人所

〔66〕 Raz, *Practical Reason and Norms*，脚注 42，同上，p. 64。拉兹在后记中对排他性理由(exclusionary reasons)提出了更进一步的思想，参见 pp. 178—199。

〔67〕 按照拉兹的观点，还有其他"次级"主张，这些主张是拉兹在某些情况下增加的，很罕见，是对证立权威的一般证立命题的补充。参见拉兹：ME，80－99. 这些主张——相互循环，同意的观念——在这里未经检验，因为在决断司法判决关系时，它们的功能并非显而易见的。

采取行为的理由。为了得到证立，权威并不必要总是要比行为人更好地决定行为的理由。相反，

一个权威将被证立……如果它可能采取比行为主体更正确合适的理由……。如果一项命令每次都是错误的，如果每次它都不能正确地反映理由，那么它就会被视为错误的而公开受到挑战，而通过将此权威接受为一个更值得信赖和成功的正确理由指引的话，所获得的有利条件将会消失。(*ME*, 61，特别强调)只要合法，权威并非必须一贯正确。

在何种情形下权威被认为能够比行为人本身更好地确定行为人有理由采取行为呢？最明显的例证就是权威不仅是一个实践性的而且也是理论性的权威的情形。在这种情况下，所界定的权威的专长将保证权威比行为人决断哪种理由更合适的更佳的位置上。再次，一个权威可能被认为比行为人本身更能决断适用于行为人的理由的更为复杂的情形是，为了确保能够获得某一特定利益，行为人之间的协作问题就是必需的。〔68〕 这个情形下，在决断协作问题何时存在以及它们如何被解决的时候，权威都必定好于行为人。在这里，协作不是指技术上或博弈理论上的术语而是要在一般意义上被理解的。〔69〕 协作"意味着促使人们按照其他人可以受到敏感指引方式去为行为，或者可能去行为，这样利益可以被预期，如果他们的行为没有协作努力时，如果他们自己的行为不考虑其他人将要或者可能如何行为，这样的话，预期利益可能就会更少了。"〔70〕在这个意义上，协作至少因两个理由而值得期许。第一，协作能够确保这样一种好处，即行为人在没有协作努力时试图带来但将会被错失的利益。第二，尽管协作可能与不协作所导致的成果所差无几，或者

---

〔68〕这些例子和下两段的大部分内容，可以从拉兹的讨论中了解。参见 Raz, '*Facing Up*'，脚注 43，同上，pp. 1179 - 1194。

〔69〕协作问题及其解的博弈理论概念，这是严肃习俗主义的支点，被拉兹和其他作者避免使用的概念，例如 John Finnis，因为这个问题及其解的特性就是关于产生权威是不必要的。权威的证立以博弈论的协作论述为前提，这被详细讨论过了，协作问题不能说明绝大多数法律制度的某些特性。参见 L. Green, n. *64* above and his 'Law, Co-ordination and the Common Good', *Oxford Journal of Legal Studies*, 3(1983), 299 - 324. 也可参见 J. Finnis, 'Law as Co-ordination', *Ratio Juris*, 2 (1989), 97 - 104，特别是 p. 99 - 101. Kenneth Himma 已经对拉兹的改良习俗主义的修正性提出了严肃的怀疑，这恰恰被视为对权威的习俗主义的论述。我沿用了这些术语，只是为了避免创造另一套标签和对既存术语的重构(或者重释)。

〔70〕'Facing Up'，脚注 43，同上，p. 1189。

不能产生特别的收益(例如,因为少数人可以带来利益),但是显然值得期待的是,所有的行为人都因为正义或道德的理由而协作并获得了利益(例如,即使少数人能够做到,但让他们去承担利益实现的责任也是不公平的)。

应该注意的是,在第二种情形中,权威可以比行为人更能知道何时需要协作出现以及这一需要应该如何被实现,这种需要既以权威的专门技术(或理论上的权威)为基础,也以行为人在专业技术上的不足或者缺失为基础。拉兹假设行为人如此推理:

知道自己的知识和理解的有限性,意识得到我的判断会受到偏见影响、我的履行能力会受我解决能力的弱点影响的危险性,我也意识到存在这样的可能性,当由强烈的或者重组的理由进行我所参与的社会协作时,其他人或者组织可能做出更好的判断。[71]

如果其他人或组织能避免偏见,比行为人有更强的意志,那么我们就有好的理由来遵守它的命令:

在这种情形下,我应当采取遵从这个人或组织的命令原则,并且在特定范围内将他们视为权威。而这一原则将会被接下来的事实证立的,这个事实就是:促使我参与证立协作的社会行为比我自己试图做出决定,是更可靠的,当存在协作问题时、当我应该遵守某种行为程序以作为参与证立协作实践的方式时。[72]

现在,假设许多人处于这个参与行为人的位置,那么他们就有理由采取普遍的协作实践,接纳某个实体在特定范围内的命令。为了做到这点,允许所有人建立并维护协作实践,否则将侵入…[它们]的要害。其理由是,因为知识共享…所有人都赋予这个实体以决定权…当协作问题…存在以及概括出它的拟议解决办法的责任,…[他们]解决了保证[协作问题被认识并解决]的这个问题。[73]

当一个人或实体具有权威地决定是否存在着协作问题以及如果存在这一问题应该如何应对它时,拉兹呼吁建立原则——"第二序列的协作实践(second order co-ordinative practices)"。这种"按照一般证立命题,这个原则证立了权威的合法

〔71〕 ibid. 1192.

〔72〕 ibid.

〔73〕 ibid.

性……。”当我们试图为自己判断是否存在着协作问题以及这个解决办法是否符合条件时，它们能使我们更好地解决问题。[74]

改良习俗主义能够证明国家及其政府、法律制度能够是或者有时、或者总是合法的吗？具体而言，它能够有助于赋予无法满足严格合理性的司法判决以合法性吗？第一个问题也就是普遍问题的肯定回答，将为第二个具体的问题提供一个肯定回答，使这个特定问题成为一个容易的任务。然而，如果认为对第一个问题的肯定回答正是对第二个问题的肯定回答，这或许是错误的。那是因为它与下面的断言相一致，即断言某一特定国家的法律制度（除了法官造法的部分之外）在总体上说是合法的。（这一断言的荒谬性当然取决于司法管辖范围内的“法官造法（judge-made-law）”的定义和数量）。然而，如果能够提出一个一般论述来说明在何种情况下法律制度可能合法或者有时合法的话，那么试图展示特定法律制度内的那些合理且不确定的司法判决的合法性，其任务的部分重要内容已经实现了。

不幸的是，改良习俗主义并未给这个普遍问题提供一个肯定的答案。改良习俗主义“否认普遍守法义务即使在合理健全社会里也是存在的。”（*ME*，70，强调补充）首要方面是，这样社会的法律缺乏合法性。这一点不应该被夸大。在一些情境下，改良习俗主义的确会得出守法的义务，即便不能得出一个“一揽子的（blanket）”义务。这是因为一般证立性理论首先是回应性的，首先是回应主体和权威揭示他们所采取行动的理由的能力，其次是回应这些能力存在的情境。为了确定国家及其法律制度或者任何其他组织或个人是否合法地具有权威性，

这个检验就是……：遵从权威的命令促进了与理由的一致性吗？对每个人而言，这个问题不得不被再度提出，对每个人来说，这个问题不得不被按照一种承认各种限制的方式提出。一个药理学专家在药物安全问题上可能不受制于政府权威，河边小村庄中的一户居民在航行和河流保护问题（他已在岸边度过了一生）上，可能不会受制于权威。（MF，74）

所以，尽管没有普遍守法的义务，但是特定行为人也可以有在特定情境中遵守特别法律的义务。另外，如果有影响许多行为人的特定情形，例如当集体行为服从

〔74〕ibid. 1193.

于协作问题时，其中：(1)在认识行为人的行为理由方面，国家比行为人本身是更好的；(2)通过一个特别法或一组法律，既能告知行为人那个协作问题，也能够宣告解决问题的解(solution)，那么在这样的情境下国家及其法律就是合法的。

尽管我们将此看作是对一般问题的一个虽然受限但肯定的回答，但是在不确定司法判决可以被继续称之为合法之前，还有其他一些问题必须要肯定回答。这些其他问题是：不确定司法判决可以得出行为的排他性理由吗？它们所产生的理由是从属的和无理由的吗？最后，它们能够满足一般证立性理论吗？接下来的是，后面的问题是焦点，但其他两个问题被忽略了。这并不是因为它们不重要。相反，既然三个问题有所重叠，那么对第三个问题的阐释回答就辐射到其他两个问题上。另外，接下来需要证明的主张是，如果对是否能够肯定回答第三个问题存有疑虑，那么对其他问题的回答可能就变得多余了。

不确定司法判决可以通过三种方式满足一般证立性理论。前两种——直接的和间接的论证——它们是相当明显和相关联的，而第三种则是独立于它们并相当模糊的。虽然第三种(不可靠)论证并非成功，但是它要求比其余两个进行更多的阐述。直接的论证将证明不确定司法判决的总体或特定事例以及源自它们的命令(因理由 e、f 和 g 而有利于 A 的判决；因而由 B 以总计£x 的损失付给 A)这样发挥着功能，使服从于他们的行为人将比假使他们试图自己确定那些理由更为有效地遵奉他们所具有的行为理由。间接的论证试图证明：或者一个特定司法判决和命令(decisions and the directives，在本章中 directives 被译成“命令”——译者注)，或者其总体，有助于说明当事人以及受纠纷影响的人：(1)正处于他们未能意识到的协作性问题的支配之下；(2)他们有理由合作，他们对此或者尚未意识到或者无力认知。另外，因为纠纷当事人及受其影响者之间的实际合作得以实际保障，那么司法判决和命令就解决协作问题了，那么一般证立性理论就一定被满足了。那个不可靠的论证认为改良习俗主义用以表明错误的命令具有权威性，它可以被用来表明不确定司法判决和命令也同样具有权威性。为了公正起见，我们将把这些论证区别对待。

### 4.2.1　直接论证

这一论证主张不确定司法判决可以通过迅捷的方式来满足合法性条件，即指引纠纷当事人找到他们自身就有的、可适用于他们的原因，而因为种种原因他们又没能察觉到这些理由。为了令人信服，这一论证必须假设当事人或者不知道他们有理由采取行为，或者未意识到他们有理由采取行为，未意识到寓于其中的价值是不可通约的。如果没有这个假设，那么一个不确定司法判决就不可能满足一般证立性理论。要记住的是，就当下目的而言，不确定司法判决有赖于两个以上的不可通约的选择。当面临着不可通约的选择——“理由是不确定性的。它没有从选择找到更好的理由”(*ME*, 333)，如果纠纷当事人现在了解这一点的话，那么与如果他们没有接受司法决定相比，不确定司法判决又何以能够使他们“更好地遵循适用于(他们)的理由”呢？(*ME*, 333)。

回答是，那是不可能的。这仅仅重复了当事人已经知道的东西，也就是，适用于他们的理由和价值是不可通约的。相反，当事人没有意识到适用于他们的理由和价值的存在或其性质时，强调这些事实中的一个或其他的不确定司法判决，才使当事人更好地遵循适用于他们的理由和价值。然而，有人可能这样认为：当判决通过展现适用于当事人的种种理由是相互不可通约的，来强调说明这些理由的性质时，一般证立性理论将不会被满足。因为在此情形下，判决不能被说成是促使当事人更能遵守理由，因为在强调理由的不可通约时，判决并未促使遵守它们。而是，在正确理解所适用的理由性质上，反对意见具有误导性，理由是采取行为的首要条件，然后遵守这些理由。

结论是，为了使不确定司法判决满足一般证立理论，纠纷当事人在已提到的两种意义上必须是无知的，当事人可以反对另一个当事人，这似乎是更不可反驳的，有根据的。例如，可能继续集中讨论司法判决及其命令的排他性问题。[75] 当然，这是相当模糊的，尽管这个决定源自于未辩驳的理由。另外，可以说，即使判决不

---

〔75〕W. Edmundson 按照相似的线索已经找到了一处差异，可是结果完全不同。他认为没有服从法律的义务(这里的法律包括司法判决)，而是有义务限制行政特权行为(按照法律，这些行为者有警察、法院代表等，执行法律。)这里的核心障碍是行为、冗长和重复之间的差异，这是 Edmundson 立论的基础。既然行为可以被重复表述是经常的，那么，这种差异就没有超出因果观念，而是一般立场(normative positions)的结果，他认为这似乎有问题。参见 W. Edmundson, Three Anarchical Fallacies: An Essay on Political Authority (Cambridge: Cambridge University Press, 1998), chs. 1–3. 尽管偶尔知道略过了行为/重复的差别，W. Edmundson 看起来不知道自己的论证造成的困难。参见 pp. 50–56。

符合一般证立性理论,即使当事人知道他们的纠纷是建立在不可通约的理由或价值的冲突之上的话,这个命令也能够满足一般证立性理论。何以为此呢？看起来只有两种可能。第一种认为这个命令径直将纠纷终结,而这样做满足了一般证立性理论,因为存在着适用于当事人的、解决纠纷的合适的理由。即使在纠纷当事人知道适用于他们的理由和价值是不可通约的、知道他们被完全有理由避免的问题所困扰时,这个命令仍能发挥这样的作用。因为在这种情形下,当事人仍然在解决问题的最优方法上有争议,而这个命令正是简化了这一争议。然而,对这个回答尚有困扰障碍。按照问题的形式,可以扼要地阐述如下:如果有好的理由使纠纷终结并且因而做出选择,就会产生一种方法比另一种更优的命令,纠纷真的存于不可通约性之间吗？既然这个障碍也困扰着间接论证的形式,那么接下来的一节就将审视这个问题。

因为坚称当事人在协作问题束缚下是不情愿的,所以第二种可能性修正了第一种可能性。随后坚持认为,源自不确定的司法判决的命令满足了一般证立性理论,因为它解决了当事人未曾察觉或无力解决的协作问题,他们有好的理由去克服(对合作问题有好的理由)协作性问题。既然这个回应调动了权威的更大能力得以准确地定位和解决协作纠纷,所以随后的问题就只是间接证立性论述及其对待问题。我们将要看到那些困扰间接论证的所有形式的蹩脚问题。在不确定司法决定问题的直接命令中,有何其他方式能满足一般证立性理论吗？如果我们假定纠纷当事人知道适用于他们并在纠纷中起到作用的理由的实质的话,那么构想一个肯定回答就有困难的。

4.2.2　间接论证

这一论证坚持认为,不确定司法判决及其命令因为鉴别和解决了协作问题而满足了一般证立性理论。这种决定和命令鉴别了当事人产生纠纷的理由——即他们具有的合作的理由——并指示当事人如何促进合作。为了使这一论证令人信服,至少要清除两个障碍。我概括了这种理由,认为这些障碍可以被克服,并且我得出结论认为即使这些障碍被克服了,如果不能否认不可通约的存在,这一论证也不能证明不确定司法判决满足了一般证立性理论。在寻求利用这一间接论证时,强价值多元主义因而面临一种令人窘迫的困境。其症结如下:或者不确定司法判决因为认可和解决了协作问题而在表面上满足了一般证立性理论，但是这样做就等于否认了不可通约；或者它们不能满足一般证立性理论，若如此它们也就缺乏合法性了。

第一个障碍是必须将当事人的纠纷——这个纠纷植根于理由和价值的不可通约——适当作为一个协作问题。在一般意义上（不是博弈伦），无论当事人是否知道，纠纷是当事人为了获得在缺乏协作时就不会实现的利益而应当协调行为的种种方式。难以想象植根于不可通约的纠纷是如何产生了协作问题的。当适用于当事人的理由和价值是不可通约时，他们就不会有偏好一种理由或价值的不可反驳的理由。当事人因而缺乏采取某种方式的（如以至于产生合作）或他种方式（以至于反对合作）的不可反驳的理由。现在，不能说先于根植于不可通约的特别纠纷的结构审查，它们将全部满足这一条件。但是，如果其条件不是所要求的，那么假定它经常被满足就不是令人满意的。确实如此时，其主张就是：不确定性司法决定植根于不可通约，或者源于他们的命令，这样就解决了不可通约所引起的协作性问题。

然而，这种判决和命令必须能比这些做得更少一点。他们必须克服第二个障碍并切实地满足一般证立性理论。这就要求判决和命令摒弃当事人对如下事实中的无知：(1)在他们的纠纷中起作用的理由和价值是不可通约的事实；(2)他们被协作问题所困扰的事实；(3)他们有超越协作问题的好的理由的事实。如果当事人对纠纷的这些事实中的一个或几个是无知的，那么他们就更可能也对其他事实中的一个或几个是无知的。类似地，如果当事人意识到某人——例如，他们的纠纷依赖于不可通约——那么他们必定会意识到一个或多个其他的事实：在这个例子中，不可通约是阻止他们合作并因而使他们陷入纠纷的一个重要考量因素。当事人能够意识到不可通约而未意识到他们受到协作问题的困扰，这看似不能令人信服，反之亦然。假如纠纷当事人知道这些事实的一部或全部，那么一个不确定司法判决仅仅是重申了这一点。需要告诉当事人的是他们已经知道的东西，因而是不能满足一般证立性理论。一个有赖于不可通约及其产生的协作性问题，当事人已经知道这两点，一个不确定司法判决何以允许当事人更好地遵循理由呢？

一种并不排斥一般证立性理论的反对意见可以被得出，其针对的是第二个障碍的讨论。它始于解释源自于不确定司法判决的命令已经被忽略了。它主张这个命令甚至在判决不能满足一般证立性理论时，在当事人知道可适用的理由是不可通约以及它们被协作问题所困扰时，也能满足一般证立性理论。因为这个命令解决了如下问题：迫使当事人进行合作，因为它们有好的理由促使它们这样做。因为源自司法判决的命令很少会说："做 X 或 Y 或 Z"，而通常是毫不模糊地阐明：某种行为必须被进行或者限制，它们看起来极合宜地解决了协作问题。它们毫不含糊地引导当事人如何行为。如果这种行为方式解决了协作问题，又有好的理由期待的话——这些理由被发现源自于合作的好处或者利益——那么一般证立性理论就毫无疑问地被满足了。

这一反对意见是指导性的，但其提议者却当然地把它作为错误的理由。因为它有助于说明间接论证并不起作用，相反，无论其是否与司法判决或命令有关，它在这一语境中必定会失败。为什么呢？我们回忆一下，纠纷问题的基础是理由和价值的不可通约。进一步而言，就是为什么纠纷当事人面临着协作问题。我们也应该记住，当理由和价值之间的选择是不可通约时，也就是选择未受到理由的强迫时，"不可通约谈及的并不是逃避理由而是必须规避理由"。(*ME*, 334)间接论证当然否认这一点。为了满足一般证立性理论，间接论证必须证立纠纷当事人有好的理由去合作，或者证明他们已经失去了这样的事实，即它们受到协作问题的困扰以及有好的理由去合作的事实。那些理由寓于合作的利益或好处之中。这些合作的好的理由也是依据不可通约的选择的一个方面而不是另一方面的价值或理由，所选取的一种价值或依据一种理由行动的好的理由吗？

我们正在设想的情形是如下一种情形，在其中：(1)当事人因为适用于他们的理由和价值是不可通约的而产生纠纷；(2)当事人因受到不可通约所产生的协作问题而被困扰。如果有好的理由可以避免(2)中的协作问题，这些理由寓于合作自身或源于合作的理由以及或被司法判决或命令所强调的理由，那么必定会有好的理由来促使以(1)中的一种方式做出选择。在(1)中的选择，被宣称是在不可通约的理由和价值之间的选择——不可通约被假定为当事人分歧的基础。

但是，如果理由的存在是为了解决(2)中的协作问题，这些协作问题是建立在(1)中的假设性不可通约之上的话，那么它们当然也构成解决(1)中的选择的理由。

因此看起来(1)的选择终究不是在不可通约的选择而是通过理由得出的强迫性选择。这一选择只是暂时规避了理由，它们或许是疏忽的后果。对此的可能回应是：解决(2)中的协作性纠纷的理由独立于在(1)中发挥作用的不可通约的理由和价值。因此，当事人不得不合作的理由不能以任何方式影响在(1)中的选择。可是，即便如此，似乎不可通约的实际影响在此情形下就几乎是不存在了，因为(2)中的合作理由将继续。如果当事人总是有理由合作，那么，不可通约在(1)中发生影响的事实将颇为紧要。另外，在(2)中的合作理由和(1)中的不可比的选择之间划分出明确界线的努力以及所谓在(1)中的不可通约选择，似乎只是人为的固执，无法予以实践，这些理由通常具有广泛的影响力。

这里的结论就是：间接论证形式失败了。这是因为选择条件的核心特征是纠纷和判决都是以不可通约为前提的。间接论证无法进行是因为它们或是以否认这一特征而终止，或是引起对理由角色的人为的和区分性说明。而且，间接论证失败的原因还在于它们的支持者是否考虑到了不确定司法判决及其命令。

### 4.2.3 不可靠的论证

在期望答案同样适用于不确定司法决定及其命令时，这一论证提出了下列问题：为什么错误命令具有权威性？我们已经注意到改良习俗主义为错误而非假设性的权威命令留下了概念性空间。我们需要审视这何以可能。如果这是可能的，如果使错误命令具有权威性的同样理由也值得做出不确定司法判决及其命令，那么强价值多元主义和合法性条件就都能毫无困难地被确证了。

首要任务是弄清除假设性权威命令犯错误的途径。就拉兹的讨论中可以看到三种途径。其一是这样的错误保证了命令根本没有权威性，“导致权威做出错误的因素取决于司法管辖的限制，归结于其对命令的逃避。它们不受权威命令的约束……。”(ME，62)这种错误自此被忽略。另外两种错误是拉兹没有直接加以区分和标示出来的，但是拉兹的有关评论已经表明他确实含蓄地做出了区分，而且他被认为(尽管他可能没认识到)是以不同寻常的方式来对待这两种错误的。拉兹关于权威论述的一种反对意见认为，建立在有关证立命令的理由错误基础上的命令，被剥夺了权威性。

拉兹回应如下：“权威性命令应当但未能反映的理由依然处于使信守命令的约

束成为可证立理由之中。”(ME, 61)在这里,拉兹记住的错误类型可被称为“伊林错误”(Ealing mistake,命令正确而理由错误——译者注):在好的这个意义上说,存在着以使其可证立的理由的错误断言为基础的好的命令。即,权威在因为理由Q而证立的信念下发出的一个命令,而事实上只有理由U能使这个命令可证立。因此,让我们假设理由U已经获得,我们面临的情形可被大致地描述成:我们用错误理由证明正确命令是可证立的,那么我们具有可利用的好的理由。拉兹认为在这种情形中,命令可以是权威性的,如果它是这样,它就必须满足一般证立性理论。第二种错误可称为“温斯伯里错误”(Wednesbury mistake,命令和理由都错误——译者注)。在这里,一个权威在根本没有好的理由这一意义上所发出的命令是错误的:这种情形尽管可以被大致地概括,作为错误命令和错误理由的构成部分组成。[76] 拉兹认为似乎有这样一种假设,当想象一个“合法的权威……因为它的命令不受显而易见的错误的束缚时,在此情形下,合法的权威应该受到限制。”(ME,第62页,强调补充)有点令人奇怪的是,拉兹用如下告诫完成了这种评论——“我不希望对权威是否如此受到限制的问题上发表意见”(同上注释)。拉兹并没有考虑这种命令能否满足一般证立性理论。

拉兹有什么理由去支持“伊林命令”满足了一般证立性理论的这种说法呢?理由有两个,拉兹的论证始于对这一理论的阐述,止于对失去其好处的警告:

一个权威被证立……如果它自己的服从者因为正确理由更可能正确地行为。这正是服从者的理由之所以在证立中出现,当它们被正确地反映在特定命令中的时候,当它们未被正确反映在特定命令中的时候,都是如此。如果某个命令每次都是错误的,例如每次它都未能正确地反映理由,那么它就会因为错误而公开受到挑战,通过接受权威而获得的好处,当一个更令人信赖和成功指引的理由出现时,将会消失。(MF, 61)

现在,对一般证立性理论的重申,意图是说明权威不必总是一个更好的正确理

---

〔76〕这个标签来自于两个英国的行政法案例:Associated Provincial Picture House Ltd. v Wednesbury Corporation [1948] ‘K. B. 223(在这个案例中,一个“错误”的命令建立在错误的理由之上,当然将是非常不幸的。)以及R. v Ealing LBC exp. *Times Newspapers Ltd*. (1986)85 LGR 316(在这个案例中,一个其他的可证立性决定是根据“错误”理由做出的。)然而,认为本文和那些引发行政行为司法审查的案例中存在的错误类型之间有直接的重叠关系,这是错误的想法。

由的判断者，这些理由适用于行为人本身。因此，在诸多情形中，权威将是错误的。那么，如何确定错误命令是权威性的呢？这个论证仅仅表明，如果我们满足于一个权威在绝大多数情形中遵循了正确理由，那么，我们就应当在绝大多数情形中接受它的权威性。除此之外，它所能确定的绝大多数是支持所有权威命令的一个相当弱的界定。这一论证将采取如下形式：既然在大多数案件中，权威者都遵循正确的理由，绝大多数命令因此都具有权威性，因此所有的命令都应当被假定为具有权威性。为什么只用弱的推论支持这个权威呢？显而易见的理由是如下事实——在过去，在绝大多数情形中权威都遵循了正确理由，但这并不能保证它现在或将来继续如此。所以，某些“伊林命令”可能因为这种推论而具有了权威性，但是这只是某些而且是必须的假定而已，只有一个有限的次数。如果权威连续不断地发出错误命令，那么它的命令当然无法满足一般证立性理论了。这一论证远远不能确定所有的“伊林命令”都是权威性，这个事实不应令我们惊奇。[77] 因为这种限制性主张更适合于拉兹的观点，拉兹认为人们没有普遍的守法义务。相反，任何义务的存在（除了别的事情以外）都有赖于服从者和权威的具体情况。（参见 MF，第 70、74 页）

拉兹的第二个理由用以证明“伊林命令”是权威的，这个理由也有点不可靠。它由真实性所构成，当命令错误时，我们将丧失根据权威采取行动所获得的好处。但是，一旦权威发出越权（*ultra vires*）命令，那么权威的优势就真的丧失了。所有概括起来就是，当权威者逆一般证立性理论而行为时，他们的命令就丧失权威。在那种情形下，我们的确会丧失权威的益处，但是避免这一丧失，在一般证立性理论下，当然不能使无条件服从错误或越权命令获得证立。所以拉兹所确定的最多的是：一些“伊林命令”因为被弱推论所涵摄而可能具有权威。这并没有为“所有这样的命令都是权威性”的主张，提供一个牢靠的基础。

如果我们考虑到一个特别的“伊林命令”处于弱推论（the weak presumption）

---

〔77〕所有的错误命令不能获得权威性的，类似的论证，参见 S. Perry，‘Second-Order Reasons，Uncertainty and Legal Theory’，Southern California Law Review，62(1989)，913－994，933－936. D. Regan 也提出了错误命令的问题情形（problematic status），参见他的论文，pp. 1030－1031，‘Authority and Value’，在同卷。Raz 的回复（脚注 43，同上），几乎根本未提到错误命令。

假设之下，为了令人信服地满足一般证立性理论，所呈现出来的模样，那么我们就不得不转向不确定司法判决所必须满足的两个选择条件。既然这些是任何命令所必须满足的条件，那么它们中的一个或另一个就需要通过“伊林命令”来满足。其条件是：或者(1)这个命令必须如此发挥作用，以便使受制于它们的行为人能够更有效地服从这些促使其采取行为的理由，这些理由比他们试图自己确定的那些理由更有效。或者(2)命令必须表明行为正处于他们未曾意识到协作问题的控制之下，表明他们未意识到或无法认识到的合作理由。现在，既然“伊林命令”是建立在理由证立命令的错误阐述基础上的，它们就不能完全满足第一个条件。依赖于错误的一个命令何以能允许受制于它的行为人遵守这个理由呢？这个理由是适用于它们比它们试图为自己确定那些理由时更有效。只有在这一情形中才能通过揭示未真正适用于行为人的理由，命令多少暗示或者指出那些真正适用于行为人的理由已经在对行为人的指引命令之中了。看起来“伊林命令”与“温斯伯里命令”(Wednesbury directives)相反，因为前者指引行为人按照正确的理由采取行为，尽管这个命令是以对那个或那些理由的误解为基础的。尽管因为为何值得协作是错误的，但是“伊林命令”在仍然能够解决协作问题这一点上能够部分地满足第二个条件。(如果命令解决了这一问题，并因而准确地描述了协作何以值得的理由，据推测(*ex hypothesi*，它将不会错误的。)因此，即使处于弱推论之中，“伊林命令”仅仅能够部分地满足一般证立性理论。

相反，“温斯伯里命令”根本不可能满足一般证立性理论。尽管有某些好的理由可以证立“伊林命令”，但是没有理由支持“温斯伯里命令”。为了确定后一类型的错误命令不能满足一般证立性理论，我们再次考虑任何命令欲具有合法性必须满足的两个选择性条件。第一个条件不需花费我们太多时间。既然“伊林命令”不可能或仅可能部分满足它，那么“温斯伯里命令”就将没有什么希望了。如果命令不具有好的理由，那么它何以帮助行为人比其他人更好地遵循正确理由呢？并且，鉴于“伊林命令”可以部分地满足第二个条件——它们解决了协作问题并确保合作，尽管它们建立在对合作理由的误解基础之上——“温斯伯里命令”不能满足第二个条件。要记住的是，这些命令在合作理由及其所产生合作要求命令的性质上都是错误的。证立“温斯伯里命令”满足一般证立性理论的任何企图似乎都有不可逾越的困难,这使拉兹所告诫的"明显错误"命令极其令人困惑。如果它们在"温斯伯里命令"意义上看上去明显地错误,那么它们一定不能是合法的,除非被弱推论的假定所涵摄。当然,关于"温斯伯里命令"弱推论的生命,将比"伊林命令"的弱推论生命更短暂。

因此,表明错误命令是合法的论证就相当受限了。运用这一论证来表明不确定司法命令也是合法的,也并不因此是一个有希望的策略。特定的错误(伊林错误)只能部分地满足一般证立性理论,而这也仅在它们或是处于弱推论假定的领域之内,或是无意识地向行为人指出适用于他们的理由时才有可能。就此而言,尽管作为决定不确定司法判决和命令的合法性的一种手段是弱的,但这一论证不比直接论证更弱。因此,可以这样认为,不可靠的论证表明了不确定司法判决和命令是合法的。因为下列理由,那却是错误的。它由强调"伊林命令"能够部分地满足一般证立性理论的方式构成。它们这样做,是通过解决协作性纠纷,基础在于为什么纠纷应被解决(记住,我们面对的是正确命令,而理由是错误的)的理由的错误描述。在此,关键之点是,即使权威导致它们做错了,但是仍有多种形式的解决纠纷的好理由。正如我们在间接论证的讨论中所注意的那样,如果有以此种而非他种方式解决建立在不可通约基础上的纠纷的好理由的话,那么我们就须面对着如下事实——我们实际上正在处理不可通约理由之间的冲突。推翻间接论证的困难在此也出现了,并使不可靠的论证丧失功能。

从直接、间接和不可靠论证中得到的成果并不是巨大的。直接论证只能证明当纠纷当事人因为适用于他们的理由和价值的存在或性质被误导时,不确定司法判决及其命令才是合法的。因此,这是一个非常有限的成功,如同一般证立性理论在大体上一样,判决和命令的权威性就完全取决于它们所适用对象的当事人的知识、能力和具体情境。相反,间接和不可靠论证最后甚至不能有部分成功:如果不否认那些判决是不确定的,两者就都不能表明不确定司法判决是合法的。

现在出现的明显的问题是:为什么会担心这个贫瘠的成果呢?回答的内容是不同的,而全部重叠则是最熟悉的:怀疑论的部分挑战不可期遇,或者更确切地说只能以非常有限的方式期遇。怀疑论挑战的相关部分当然是质疑法律和审判的合法性。对于怀疑论者而言,虽然在法律内外的机制有助于产生合法性的表象,但是，司法判决仍缺乏真正的合法性。[78] 在这个脉络(vein)中，David Kairys 观察到“法官做出选择，而法律推理提供了使法律和社会秩序之内的那个选择合法化的“程式性合理主义(a *stylised rationalisation*)”；司法审判是“我们生活中的许多……[它]实质上是社会性和政治性判断从专业的概念和被设定为客观的、中立的和准科学的分析之中获得合法性的领域之中一个。[79] 类似地，Unger 坚持认为，如果司法判决要有权威性，那么谎言(deceit)是必然的：“……假定……隐瞒，对于占统治地位的法律思想之令人信服的权威是极其重要的；看起来无可争议的技术概念普遍地仰赖于高度争议的、非技术性前提。”这些假设的合法性在光天化日下无法立足：它们是“有争议的，因为在曝光的每个程序中无法令人置信”。[80]

正如我们所见到的那样，非怀疑论者能够表明合法性条件只有在非常有限的环境中才能被满足。这当然是对怀疑论的一个回答，但是它并不像我们所希望的那样有力。既然在不确定司法判决中存在的法律制度即使在那些特定判决无法做出的时候也能够很好地满足一般证立性理论，那就可以认为并没有忧虑的真正原因。就像拉兹自己有时所做的那样，这一策略坚持认为，并不是个别命令(individual directives)应当经受合法性的检验，而是部分法律制度之整体应当经受检验。有人可能会说，法律体系作为一个整体能更好地促使公民找到能比让他们自己去做更好地遵循正确理由的要求。这可能非常正确，但是它似乎夹在两种可能之间处于中立地位。其中的一个可能性已被提到过——如果一个法律制度作为一个整体是合法的，那么为什么还要担心那些它并不合法的特定情形呢？另一个可能性更可能战胜怀疑论者：整个法律制度缺乏合法性的那些实例特别令人担忧。[81]

## §5 结论

本节的讨论是相当概括的。第 1 节和第 2 节介绍了合理性和合法性条件以及

---

[78] 参见 Kelman，脚注 8，同上，262 - 268 and ch. 9。

[79] 这两个阐述来自于 D. Kairys，‘Law and Politics’，*George Washington Law Review*，52(1984)，243 - 262，246，及其 The Politics of Law，脚注 29，同上，p. 17。

[80] 这两个引证来自于 Unger，脚注 25，同上，pp. 88—89。

[81] 这里的根本问题是拉兹的规范证立理论应该如何被解释。对我而言，Kenneth Himma 的阐释是准确的。

它们在当代怀疑论和非怀疑的审判论述中的所处的位置。剩下的两节是关于审判的非怀疑论主张的全部要点。第 3 节讨论了非怀疑论者并不能断言审判在严格意义上是合理性的,因为非怀疑论者主张不可通约在审判中占有重要地位。第 4 节认为,难以展现合理的确定司法判决是合法的。为什么呢? 未能表明疑难案件审判是一个严肃合理的和合法的过程,这意味着对怀疑论者挑战的是难以答复的。对最后权力和挑战的矛盾性而言,产生了一系列的问题,可是我们不一定能俯瞰它的特定目标。法律和审判是使人类行为服从于规则统治和解决关于这些规则纠纷的不同寻常的不同选择的理想方式。在这里,人们的主张朝着下面的结论迈进了,这个结论就是:法律和审判不可以像经常假设的那样是预设性可欲的,因为它们比起组织我们集体生活和解决纠纷的其他的非裁决方式来说,不是显然更具理性的,也不是更合法的。就合法性而言,这个结论有赖于对组织生活和解决纠纷的其他方式的合理性和合法性的分析。在此,不再赘述这个问题了。在某种程度上,审判并非比其他解决纠纷的手段更好,这个结论本身既非自由性的,也非烦扰性的。无论是否被认为是一种方式,或者是其他有赖于我们对法律和审判的预期范围,同等重要的是,我们对它们抱以信任的程度一样。

# 第7章　宪法和法律解释

Kent Greenawalt 著　于立深[*] 译

## §1　导论

宪法和法律宣告了法定权利和法定义务。法官和行政官员必须解释宪法和法律规定了什么。争论的问题是官员们如何解释，应该如何完成解释任务，如何使实践得以法律化。本章将探讨法律和宪法解释的相关问题以及真正分歧的制约因素。

在自由民主政治（以及政府的其他形式）中，成文宪法和法律为官员和公民们确立了权威性的指示。这些指示不仅仅是劝导性质的，而且有些是必须合法地遵守的。当法院解释法律和宪法时，他们通常是构建了一个新条款，这个新条款看似直接适用于其他相关规定、相关的法律学说和支配解释的法律原则。

在普通法国家，非常重要的一条法律原则是：法院应该遵循先例（courts should follow precedents），这些判例是他们自己或者上级法院在先前审判中确立下来的。尽管还有另外的可能，但是法院都遵循有关宪法和法律的先例，并且依照司法判例来发展普通法。先例理论——裁决间的差异在于有约束力和无约束力的法官附带意见，以及推翻的条件——是法律和宪法解释的至关重要所在。尽管我

---

* 于立深，法学博士，吉林大学法学院，吉林大学理论法学研究中心教授、博士生导师，主要从事宪法、行政法哲学和法律规制研究。

曾经谈过法律和宪法判例中的先例问题，但是，我没有说明先例的实践问题，它被按照其他问题来对待了。

讨论法律解释的人们必须面对这样一个初步问题——关于如何构建"解释"。我采取了包容方法（inclusive approach），一种适合传统法律使用的方法。可是我并没有注解某些狭义可能性。一种方法是当文本清楚而且判断简单时，不要求"解释"；只有判断是难的时候，才发生解释。

另一种方法是，"解释"涉及到辨别法律或者宪法条款的原初意图（original meaning）。其他相关的标准有：聪明的法官应该决断案件，可是他们牵涉的问题超出了解释本身。按照这种理解，言论自由裁判如何适应于目前实践的这个问题，是法院可以处理的有关问题，可是这与第一修正案的所指无关。[1]

第三种方法是区分习俗实践和语言使用方法之间的差别，例如，判断律师对反对自我归罪特权的认识以及"解释"文本或者实践的广泛含义，判断反对自我归罪特权与犯罪过程中的公正基本观念和自由社会中的个人自治观念之间的紧密联系。一些作者主张法官在这种相当重要的意义层面，几乎是不能解释的；[2]其他人则主张，解释的基础就看法官在做什么。[3] 关于这个争论，有人可能说，许多案例包括某些疑难案例中存在的司法行为表象的东西，是文本性注解或者是固定实践的有限变化（textual exegesis or the parameters of a settled practice），从深层意义上看，就是不存在解释。在其他案例中，司法意见揭示出法官在评估文本和实践中的潜在的合理性。

最后的方法是从概念应用中划分出概念性解释。按此观点，判断一个法律概念适用或者不适用于边缘案例（a borderline case），这个问题的本身并不是一个解释问题。

在讨论司法判决的根据时，为了探寻原初意图，或者为了文本或者实践的深层要意的评估，我没有严格限定疑难案件的标签性"解释"。而且，因为一个概念的实

〔1〕参见 Gary Lawson，'On Reading Recipes…and the Constitution'，*Georgetown Law Journa*，*85* (1997)，1823－1824。

〔2〕Dennis Patterson，*Law and Truth* (New York：Oxford University Press，1996).

〔3〕Ronald Dworkin *Law's Empire* (Cambridge，Mass.：Belknap Press，1986).

践意义经常依赖于它所适用的情境，我把适用问题视为“解释”的侧面。因此，断定汽车表板上的小柜的搜查是否是“不合理的”，就涉及到关于不合理搜查和查封的宪法禁令的解释。

然而，我不排除这种概念自由适用的解释，它为法官或者行政机关留下了广泛的选择空间。因此，如果法律要求有权公司能控制住“公正率(fair rate)”来，那么行政机关或者法院在这个环境下就可设定出一个“公平”的数率来。准确的费率选择并不是解释法律的主要内容之一(尽管某些费率将依法律本意排除)。

法律和宪法解释具有共同属性。它们都涉及到法律权威文本的构建问题。对它们而言，人们一定迷惑的是关于理论和实践的关系。法官、其他行政官员、律师和学者解释法律和宪法条款，尽管他们必须决定是否某些素材(如立法历史)与解释相关，但是他们在没有完全成熟的自我意识理论(适合于他们所说明的每件事情的理论)情况下就进行了解释。多数学者以及某些法官已经发展了或多或少的广泛的关于法律或者宪法解释的观点。这些理论说明为什么各种判断标准应该权衡。这些理论又与重要的实践存在怎样的关系呢?

此类最受怀疑的理论方式是粗野的、无助的——法官和批评者可能更集中他们遇到的实践问题的细微差别，摒弃了对包容理论(comprehensive theories)的迷信。最雄心勃勃的理论主张是:所有法官都应该仔细考虑他们的实践在理论上的可证立性(theoretical justifications)，这对健全的审判来说是必要的。在中间层次上，可能最简洁的是如下理论:从长时间看，理论是有价值的和有影响的，可是它主要局限于学者和法律杂志。绝大多数法官的实践是缺乏更多的理论训练，如果他们试图通过较深的有关实践问题来工作，他们就无法提高自己了。在法官的实际判决中，他们经常暗中搁置一种理论而反对另一种理论，但是至少因为理论中的某些问题，法官们不必试图解决他们的自我意识问题。

仔细思考理论和实践的人们将展示出这些观点的细微差别。法官比他人能更好地整理和思考某些理论问题。某些竞争理论(competing theories)已经具有了尖锐的、不同的实践含义;其他有关法官解释或者应该如何解释的概念化的竞争理论，并没有与实践相反的含义。我避开法官和律师应该如何运用自我意识解释理论质疑这个问题。我设想建立综合理论的努力是有价值的，许多理论的不同观点具有实践的意义，随着时间的推移，理论的接受将影响实践。可是，我也假设许多能干的法官沉湎于实践，没有自觉地领会那些他们做出选择的深刻理论含义，就自作聪明地进行判决。

关于法律和宪法解释理论的一个普遍观点，值得谈及。一个理论家可能对法官在任何法律制度内如何解释法律的描述性说明与法官如何解释的评价，做出区分。例如，他可以说，在美国法官着重于权衡实际立法者关于法律涵摄的主观意图是什么，可是他们没有这样做。然而，在批判意义上，描述的和规范的理论它们都彼此相联系。在法律制度中，人们依赖于对既存实践的延展的信任程度；合理的信赖为维持占主流地位的解释性实践进行了激烈的辩论。描述性和规范性说明的第二个联系是，当实践本身是不确定性的或者不同的法官从事了不同的实践，那么理论家可能将目前的实践概念化——按照他所思考的、应当的实践，模糊了描述性和规范性的要素。如果解释实践的这个侧面是不可避免的，那它就是普通的。最后，当法官或法律学者们建议从特别法律实践上转移出来，他们主张在法律和政治制度的更广义特征上进行支持。几乎每个人都说，如果理解了制度的根本特征，人们就会发现他们所挑战的实践超出了界线。因此，他们依赖于这种制度本身——一种“是”——为了支持“应当”——实践中的可能变化。因此，在大多数法律和宪法解释中，“是”和“应当”的思路是交织在一起的。

尽管法律和宪法解释在许多方面都彼此相似，但是，解释的两种形式的典型例子是有重要区别的。区别涉及到宪法和法律条款的权威性，颁布它们的实体的政治合法性，文本语言的普遍性，条款的年限，以及政治实体不顾法院决定的逍遥性(the ease)。对两种解释形式的任何分析必须考虑到这些不同。在美国，宪法解释吸引了更大的公众注意，与政治制度的核心更加贴近。可是，法律解释也是相当重要的。就我们目的而言，更重要的是法律解释所涉及的东西没有宪法解释那么复杂。因为相对于法律解释的背景而言，宪法解释的细微之处并不容易理解。我从法律解释开始，可是我提出的法律解释的理论问题的绝大部分已经更接近于宪法解释了。

## §2 法律解释

### 2.1 一般因素

法律解释涉及被立法者采纳的条款的建构和适用。在多数情形下，法律语言在其制定时是清晰的。借助简单指示或者数字表的帮助，公民们能够知道他们的法律义务。例如，房东发现如果他们希望收回房屋自己使用的话，他们就应该知道何时通知房客离开。填写纳税申报表、计算收入的人们知道多少收入应该纳税。当法律义务清晰时，法院一般不需要宣告它们，尽管法院在法律义务方面会指导陪审团，甚至当案件中涉及事实性争议时。

当法律上的权利和义务不清晰时，法院通常不是初始的解释者。作为私方当事人的个人和公司及其律师，他们决定应该做什么，决定从起诉中可能获得什么好处。行政机关颁布更细致的规章执行更一般性的法律条款规定。这些行政机关也从事准裁判性质的决定（quasi-adjudicative decisions，），在提请法院之前，由行政机关来解决争议问题。可是在普通法国家，法院是进行法律条款解释的最后机关。（在某些大陆法系里，由独立的法院来处理行政法问题，可是在普通法系里，却很少见。）

在法律解释中，最根本的理论问题有三个：意图是涵摄在立法中的还是随时变化的？由读者理解判断的意图究竟有多大？由其他因素决定的立法意图有多大？特别是狭义的主体和宽泛的立法目标的比较重要性是什么？伴随着这些理论的相关问题是法院赖以判断法律意图的渊源问题。关于渊源的相似理论问题和疑问出现在宪法解释中。

关于解释法律和宪法的理论问题，认为更一般的问题是关于人类交往的意图，以及语言哲学、文学理论、宗教释义学、讨论相似问题的其他领域的学者们。一些人也在问，交往意图是否可以随时变化，原初意图是否由说话者的意图或者听者的理解来决定，或者由特别主体来决定，例如允许死刑制裁，超过了广义的目标，再比如废除酷刑。为这最一般的哲学问题或者为了法律之外的特别领域提出的各种答案，并没有解决法律解释的至关重要的问题。我们需要明白为什么。

许多日常交往有直接的实践目标。说话者想传递自己的思想或情感，或者要求某些行为。交往和回应是即时短暂的。其他交往是持续的。一些诗歌写了什么,几个世纪后才能读懂。在政治机构里的人们发布的指示,也具有持续性。

在一般话语里,说话者试图按照听者理解的方式交流;听者领会和理解说者所说的,按照说者所说的目标来思考。说话者的意图和听者的理解,是结合在一起的。可是,事情可能弄错了,或者交流可能是充分的。当说者的意图与听者对其的理解之间出现了不同,某些事情就会弄错。如果未能指示主体如何解决问题,那么交流是不充分的。不充分的简单例子是:父母们出去参加晚会,当 9 点钟的电影结束时,命令他们未成年的女儿在 11 点钟上床休息。父母没有认识到那个夜晚电视上的 9 点钟电影会持续到 12 点钟。女儿不得不判断她的父母是否主要关心 11 点钟的上床时间或者愿意让她看完电影。假设父母实际上想让她在 11 点钟上床,可是女儿合理地做出了下面的结论:因为是周末,父母已经允许她在某些周末一直呆到午夜,她可以看到 12 点钟。父母的指示本身对意味着什么呢?

关于不成功、不充分和长时间持续问题的一种方式是,说话者、作者的意图是受到控制的。他进行交流,可能交流意味着他的意图。一个可以选择的方式是,交往意味着听者将理解其所指。为了这个目的,一个人可能询问词语的含义,特别是在背景中被典型表达或者集中于理性听者的语言。按照另一种方式,如果听者说"关上门",当他想关上窗户时,说话人的意图是"关上窗户",可是他交流的意图是"关上门"(至少门可能是关闭的)。一旦我们试图理解听者或者读者时,就产生了交流的含义是否会随时改变,当多年以后的读者解释早年书写的词语时,就是如此。而且,如果读者的理解是至关重要的,那么不同读者有不同的理解吗?分析变得更复杂了,以至于作者想要并且希望各位读者能以不同的方式理解他的交往。交流意味着什么呢?

理论家可以通过发展出关于交流含义的一般理论来处理这些问题。他需要说明封上私人的信件——因为他可能试图发现信中的涵摄的含义——以及为大众而作的诗歌——因为他将因为不同读者的随时变化的不同含义理解而受到青睐。一旦我们的理论家理解了关于含义的一般理论,他就会将法律转化成理论。

我们可以迅速地认识到,按照这些哲学理论构建关于"法院应该控制国家使用警察权力强迫守法的法律制度"的实际后果的"意图",可能是不严密的。例如,某人找出作者意图的方式，他认识到了旧的法律语言未能给现代公民公正的警告，恰恰因为行为是禁止的。他可能得出结论：某人不应现在被作为一个罪犯对待，她没有认识到这样做是受语言限制的，尽管语言的原始理解中已包含了这种行为。

如果理论家希望维持意图的永恒方式，她需要区分开一个法律的“意图”和法官决定法律实际效果的其他事情的关系。他应该区分开作为质询意图的法律解释与法律案件最后决断问题的评估。

以这种方式展现的过程，提出了两个有力的目标。第一个目标寓于一般哲学的思考中。为什么我们假设这个意图是一直在交流的广义范围上使用呢？为什么字母的含义可能不同于诗歌的含义呢？或许最具说服力的一般哲学解释是：交流的含义依赖于所涉及的交流的性质——许多对意图的重要探询必须是领域特定的吗？

第二个反对寓于我已提及的法律传统之中。律师谈到法律意图时，是与法律应当如何被适用是一致的。他们没有说，“法律的意图支持原告案件，可是由于其他考量，被告赢了。”（当一个仁慈的信用人无法按照条款履行时，法院使用了信用法上的语言，它包含着特别原则。）法官和律师谈及的意图和实践应用与法律是一致的。法理学家们区分了一个条款应该如何被适用问题中“意图”，法理学家他们将使用律师和法官们不熟悉的两分法。其本身并不是一个决定性的反对（a crushing objection），可是它是一个严重的不利。

如果按照法律意图，法律中的传统值得履行和适用的话，那么将意图的解释作为涉及法官决定如何理解某一法律条款的全部解释，也是很方便的。因此，法律传统以及对任何普遍理论可能类似于交流的怀疑，都支持这种法律解释和法律“意图”的观点，包括促使法官在法律适用时发展了法律条款的理解的所有考量。

我们会看到，关于法官应该如何解释法律的理论，关于他们应该如何判断法律意图的理论，并没有完全依赖于语言应用的某些一般哲学。这样的一种哲学可能点亮了各种目标，例如人们希望不同的权威规则如何被理解；可是，法律解释理论的主要成分依赖于法律制度的分析，更准确地说，依赖于法院和立法者应该在特定政治秩序中彼此关联的分析。独立的司法倾向于自由民主，它不可能倾向于专政，在专政之下，解释官员直接效忠于统治者。不仅仅解释方法在两种制度中可能不同，而且不同的解释方法将更适合于每个体系中的规范性命题。更重要的是，倾向于英国政府的内阁制度和谨慎立法草案的做法，可能并不倾向于美国的政治机构分立和多变的立法草案的做法。关于法律解释的问题主要是按照政治和法律理论而不是一般的语言哲学来加以解决。

### 2.2 进化的意图与固化的意图

法律意图应该被视为固定的还是受制于变化的？法律颁布之后，法官不久就解释法律，可是，环境还未变化到对意图的可能进化足以提出更多的疑问，这些疑问伴随着旧法的颁布而产生。为了理解相反的立场，我们需要弄清楚什么东西不在争议之列。

如果有人问是否法官确立的某些法律条款的意图已经随着时间变化了，答案是"是"。争论的问题是法官是否应该使用包含着进化意图的解释方法。法官会含蓄地说"我们现在认为这个条款意思是 x，可是它可能在颁布不久后就会被给出不同的含义"吗？一个进化论者(evolutionist)说，"是的，法律是复杂法律制度中的片段，它们的意图按照普通法原则的意图适时变化。"一个原旨主义者(originalist)说，"不，法律应该按其原初的理解意图，它们应该被正常地适用。立法者可以改变法律，而不是法院。"

与那些虚幻的评论建议相比，典型的"进化论者"和典型的"原旨主义者"之间的隔阂是很窄的。立法机关青睐于某些具有兜底措辞(open-ended phrases)的条款——适用法律的那些人的无尽想象将使判决做出一直因应不断变化的环境；原旨主义者认为，这些条款的范围将适时改变。

尽管没有固有的柔性条款，权威性的司法先例也可以建立出一个不同于法官现在判决案件的意图，而且相信这种意图可能就是原初意图。无论如何，原旨主义者认为，现代法官应当(普遍地)遵循先例而不是人为地坚持自己对原初意图的理解。类似的是，当行政机关已经为不清晰的法律条款建立了一个合理意图，那么法院可以坚持这种意图，而不是为了平衡，去采用他们将要找到的最可能的原初意图。尊重行政解释可能被部分地获得授权，因为行政机关对原初意图具有好感，或者愿意贯彻弹性语言，可是这种偏好也是建立在行政机关在解释法律和发展法律时是法院的伙伴这个基础之上的。因此，法院可以尊重行政机关的解释，而不仅是当他们认为行政机关有裁量权自由解释方式的时候，而且有时是在法院认为行政机关解释可能是错误的时候。（确切地说，当法院应当服从（defer to）行政机关的结论是有争议的；原旨主义者把偏好环境视为更严格的，而进化论者不是如此。）

最后，原旨主义者认为公正警告问题和不清晰法律条款应该符合那些既存的法律。特别是在刑事案件中，如果现在未能给予充分的警告，那么法官不应该使用原初意图。法律随着周围事物的重要变化可能影响法官应该如何理解不清晰的法律条款。

无论从哪个方面看，绝大多数原旨主义者同意在意图上的进化形式。他们知道不仅仅意图上的这种变化发生了，而且他们应该发生。进化论者必定对原旨主义者让步的是：法官几乎不讨论变化的意图。

那么，什么东西将“原旨主义者”与“进化论者”分别开来的哪？他们可能在法官应该接受的意图方面不一致，而不是那些他们作为原始意图要认清的问题；他们在法官所要解释的因素方面也不一致；在支持变化的理由权衡方面也不一致。他们在非原初意图的司法受理如何概念化方面也不一致。

在概念化这一点上，一个原旨主义者可能认为一个法律条款中的法律“意图”并没有实际变化，现代法官所做的是遵从由别人做出的错误意图解释（如果它们遵循先例或者行政支配时），或者对其他意图的考量赋予效果（如果当它们倾向于适用那些未能给出公正警告的语言时）。

如果我们认识到作者的本意不必然要去决定意图，那么作者的理解对语言的含义来说至关重要，我们没有理由去排除现代读者的理解可能不同的这种可能性，同样没有理由排除法律意图可能适时变化的这种可能性。并且，一旦我们认为法官恰恰把条款本身视为具有各种原初的意图，那么，我们就将在一般哲学意义上找不到理由怀疑这个意图可能是实际变化的。从法律和政治理论的立场上看，首要的意义是法官如何实际对待法律条款，首要的问题不是是否他们认为自己（或者理论家认为他们）接受了变化的意图，或者在实际意图之外决定考量的基础。

原旨主义者与进化主义者的本质差别在于，他们认为只有当条款范围在一开始时就是不确定时，才可能承认意图的变化。除了在可能遵循先例之时以外，一个原旨主义法官将不会决定反对他认为是明显清楚的意图。也就是说，一个行政决定或者法律周围事物的变化将不能促使他偏离清楚的意图。一个进化论者将比原旨主义者找到更多的在范围上更不确定的、在意图上容易变化的条款。一个进化论者有时也愿意接受意图上的变化，尽管原初意图是不确定的。

原旨主义者可能拒绝承认变化的社会因素（不是法律上的变化）能够导致变化的法律意图。他们将拒绝承认法官漂移的规范性评价恰恰是一个新解释的合适基础，除非法律条款为这个评估留下清晰的空间。

最后，甚至当原旨主义者勉强承认法官可能说明没有原初意图的主张，但是，他将比进化论者更多地考虑原初意图的指示性，进化论者只将原初意图视为立法阶段微不足道的东西。

所有的原旨主义者和绝大多数进化论者都有一个重要的共同点。他们反对有关适合于诗歌和其他文学作品的现代版本的意图的说明。如果意图依赖于读者的理解，那么为什么不说意图实际上是随着每个读者的理解而变化的哪？如果你和我发现了诗歌中的不同意图，可能所有的人也会说，诗歌有不同的意图。不仅仅诗歌有不同的意图，而且个别读者也没有好的理由来试图发现其他读者不满意的意图。

一个关于法律推理的怀疑论者可能认为，法律文本的意图大体是个别读者的主观反应。按照这种观点，法官确定采纳一种意图而不是其他意图的理由就是一件斗蓬，隐蔽了主观的反应。在最极端的形式上，这种立场是显然错误的。按照既有的自然语言惯例和法律惯例，许多法律条款都没有相当精确的术语，它们要求在情境下进行理解而且排他理解。可是这一事实也为如下可能性留下了空白——在某些范围内，可以做出关于意图的合理的、竞争性的主张，解释和意图由个人主观反应来决定。尽管文学作品的语言，甚至诗歌，也极力限制人们从中合理地发现意图，但是怀疑论者可能得出“法律确实是不同于诗歌”的结论。

然而，少数理论家强烈地要求把诗歌的相似性作为内在的倾向——给那些为法律意图做出权威决定的人们作向导。或许法官应该试图发现法律中的个人情感，就像读者获得了诗歌中的个人情感一样；可是法官不能依赖这些。与其同事相比，他的决策决定了国家将强迫谁；他的决策为未来的案例建立了意图。法官必须考虑他的反应是否是特殊的，或者改变他的理由是否将要或者应该改变其他法官。

一个法官的意图目标，其他法官也应该大体地发现。是否意图是“原初的”或者部分地有赖于非原初事实，法官寻求一种在他们自己看来很健全的解释。

## 2.3 读者的理解和立法者意图

在法律解释中，讨论的最广泛的一个问题是立法目的（legislative intent）的性质和身份。细细考究，这个问题很大程度上转化为立法者观念的相关重要性上来了，这种观念是关于立法者已经颁布的立法和读者对制定法的理解。这个问题的至关重要性涉及到法官应该如何找到本源的问题。为了简化这个广泛问题的要素，按照一般交流的启示，说话者（作者）的目的和听者（读者）的理解将充分地结合。听者所理解的就是说话人想要交流的。如果一个局外人想知道某个交流和它的社会背景，说话者想要的最好证据就是典型的听者将通过说话人的词语所理解的。一个局外人可能对特殊的说话者和听者有特别的知识，这个知识将促使她得出他们的理解是分歧的结论，可是这很不寻常。局外人可能对说话者的目的和听者的理解得出不同的判断，如果只有他有关于说话者目的的信息，而听者不能获得这个信息。一般而言，信息包括说话者在交流的前后所使用的评论，这些信息都是她试图想说的东西。再次回顾我们关于父母让未成年女儿 11 钟上床睡觉而 9 点钟电影结束的例子吧，父母或许对朋友说，“‘我们’真的关心女儿是否疲倦了。我们认为她不会超过 11 点钟就会躺在床上。”朋友们也确信这对父母不可能想到他们的女儿在 12 点钟之后还会看电影数小时，尽管女儿按照父母的指示，颇有疑虑地留下来看了电影。

这个分析何以适用于法律解释呢？如果法官按照读者众所周知的社会背景，完全信任法律文本的理解，那么他们将几乎没有根据地得出“立法者打算的事情不同于读者所理解的”这个结论。任何关于立法者目的和读者理解的比较重要性的理论性争议，都将缺乏实践的重要意义。如果法官用普通读者不能运用的资源来辨清立法者的目的，那么这个理论性争论就具有实践性刺激作用。

### 2.3.1 立法目的的证据

个别立法者可能宣称他们的目的（intent）是在他们颁布立法之前或者之后。每个人对后立法陈述都是怀疑的，因为它不受制于法案通过之前的其他立法者的评论和反对意见的束缚。结果就是，立法目的（文本和背景之外）的主要证据渊源是所谓的立法历史、来自法律制定过程的素材，这些素材表明法案是如何被理解的。首要的渊源是讨论和修订法案的委员会的报告、立法发起议员关于法案意图(bill mean)的阐述，以及法案文本在各个程序环节所经历的实际变化。在某种意义上，这些素材是读者可以利用的；可是探寻这些素材是耗时的，而且难以准确找到特别法律问题的相关材料。

如果法官参照这些素材，但是假设他们也没有作为一般读者对法律背景理解的基础，那么她可能断定立法者试图做的某些事情与典型读者将要得出的结论是不一样的。关于立法者目的和读者理解在法律解释中的角色的争论，因此实质上是立法历史用途的争论。

那些假定读者的理解就是法律意图的问题的人们，可能不按照立法历史，或者不认为立法历史具有功能，那些相信立法目的具有独立意义的人们，可能支持立法历史的运用。

然而，我们必须小心，不要把立法历史等同于有关立法目的的理论性问题。一些理论家认为立法者关于他们所颁布法律的范围的实际目的是不相关的，但是这些理论家仍然在立法历史的司法应用中发现了价值。那段历史可能揭示出予以完全解释的独立事实，也可能对广泛的公众看法予以说明。再者，立法历史片段在解释上更可能具有一个习惯性力量，这种解释并不依赖于立法意思的阐述(the states of mind of legislators)。

与立法历史应用相对的某些主张，并没有直接挑战立法者目的的可能重要性。关于立法历史的司法应用的最普遍主张是：它的探索是即时消耗的，通常并无收益性，而且提到现代立法历史的更少，没有考虑到重要立法者的立场，而是考虑到了游说者的利益，这些游说者劝说立法助理们(legislative assistants)将他们支持的利益嵌入法律条款结构之中。

我认为立法目的这个问题将不能构成读者理解的一部分，立法目的是建立在所获得的某些素材能辨别其这一假设基础上的。按照这个假设，立法者目的应该受到控制吗？读者的理解应该受到控制吗？或者他们彼此独立相关吗？

### 2.3.2 读者理解的显要性

我们开始讨论读者理解问题，这个问题的重要性毫无疑问。法律严格限制行为，立法机关不通过法律就没有权力严格限制行为。如果立法者必须采用法律来限制行为，如果公民缺乏理解法律严格限制的基础，那么立法者也不一定成功。更需要指出的是疑难案件，如果法律语言具有不确定性，行为被禁止或被允许，读者关于语言的判断就事关法官对条款的最好理解的问题。至少现代读者的理解不容易区别于法律通过时读者对语言的理解，法律的原初意图不应该专赖于立法者的目的，它应该包括读者的理解。（有人相信，对于每个旧的法律而言，重要的问题是现代读者的理解与立法者的原初目的一致，原始的读者理解应该几乎没有什么独立的意义。）

依赖于法律通过的种类，相关"读者"可能是普通人，或者是诸如原子能领域的专家，或者是一个律师。一条指引普通人的刑法不同于律师的程序规则，也不同于调整高科技事项的立法。现在，考虑到普通人几乎不阅读法律，有些人就怀疑是否他们的理解曾经很重要，这种理解正好与律师的理解相反。但是，人们能够理解他们自己为什么犯罪了或者触犯了某人的权利，尽管他们以前没有读过法条。为了更大的目的，律师的理解将更不同于受过一般良好英语教育的说话者的理解。

法官应该如何思忖立法语言中的读者呢？因为条款是复杂的，其意图需要仔细分析，她应该假定读者是聪明的，而且能够努力解开语言的复杂困惑。可是在日常语言和词语的含义方面没有所谓的专家（除了他们的领会方式优越于其他人——例如词典编撰者）。法官的基本任务是试图理解正在困扰读者的文本。（一个人可以规范地构建一个读者的构思，这些读者对法律语言给出了更好的阅读理解，可是这将偏离了一个天才读者的理解路径，朝向法官构建了最好的规范性阅读理解的路径。）

探询读者将如何理解文本的法官必须适当注意社会背景和立法目的。某个读者将观察到反社会背景的文本。他将感知到法律意味着说话的技巧以及某些立法目的观念等问题，而且他将照此解释语言。因此，采用读者方法的法官需要判断什么资源可以用来辨别法律的社会背景，辨别某个读者归诸于法律的目的。例如，法官可以依赖于新闻报纸、杂志或者联办总统演讲中的社会问题分析。

对于现代立法和对古老立法的现代回应，法官可能大致地假设她充分地复制了读者可能理解的东西。他的理解可能是读者的理解。可是这不能作为对旧的立法的原初理解。一个法官不能凭直觉就抓住读者长时间才理解的东西;她需要有意识地试图再次体会旧的理解。可是,什么是她恰恰要做的呢?她应该排查出(posit)那个阶段的单个读者(single reader)吗?或者认识到不同读者可以对重要的词汇或段落有不同的理解吗?她应该构思出一个受过良好教育的读者或者只受过初级教育的读者的理解吗?她的读者代表了标准的渴望态度还是一般的态度?作为一个极端的理解,如果1830年的读者假设"白种人"是优越于其他人是一个不确定范围的条款,这个条款1830年通过了,现在可以阅读理解吗?无论目前还是过去,法官应该对读者意思的确切状态做相反的理解吗?在概览了有关立法意图的更一般相似性的问题之后,我又回到了这些问题上。

### 2.3.3 偏离文本语言

关于文本理解的另一个重要解释性问题是证明论述的正当性。法官应该在何时构建不同于法条中词汇在表面上所说的意思呢?普遍的结论是:法官应该填补疏漏的词语,直到没有人怀疑诸词语(诸如"不")已经被错误地疏漏了。更富争议的是,法官们也试图采用与法律基本政策和正义基本原则相一致各种方式来解释语言。在一个著名案例中,最高法院创制了(construed)一条法律,禁止雇主们与外国人签订"在美国进行任何种类的劳动或者服务"的合同。[4] 尽管特别的立法语言是足够宽泛以至于涵摄了与英国牧师签订的宗教契约,法院认为这个法律针对的是体力劳动者,不是脑力劳动者,更不是传教士。法官 Antonia Scalia,一个著名的文本主义者(textualist,也就是原旨主义者,信赖文本的含义而不是立法目的),已经表达了对这个案件方法的强烈反对:[5]当特别的词语是相对清晰时,法院应该遵循它们,让立法者去纠正他们自己的错误。

### 2.3.4 立法者目的的可能相关性

各个普通法国家的法官们已经对立法者的目的和立法历史渊源采取了不同的态度。对20世纪来说,英国法院淡于关注国内的立法素材;美国最高法院综合地辨别国会的目标。在新世纪伊始,最高法院的大多数法官仍然信赖法律,可是受

[4] Church of the Holy Trinity v United States, 143 US 457 (1892).

[5] Antonin Scalia, A Matter of Interpretation: Federal Courts and the Law: An Essay (Princeton, NJ: Princeton University Press, 1996), 18-23.

Scalia法官引导的其他大法官就不这样。反对采用这些素材的理由是:(1)法律史的素材是立法机构态度的一种不可靠的显示;(2)立法者只能受到投票法律的调整;他们无法控制住自己的目的被嵌入立法历史之中;(3)法官信赖立法历史违反了立法必须通过两院和总统才能通过的必要性;(4)立法目的概念本身是误导性的。

第一个反对的理由有更实际的重要意义,可是几乎没有产生令人棘手的理论问题。立法历史素材可以是一面好的或者坏的折射立法者信念的镜子。素材的司法调查可能(或者不可能)经常会澄明对特别条款的详细理解,澄明作为法律基础的广泛目的。法官和学者们不得不评估反对法官考虑立法的成本的立法历史的价值,不得不评估律师梳理相关信息的成本和价值。这个评估的某些部分涉及到委员会报告是否需要反思立法者本人立场的论断,因为它们反映了积极立法职员的(active staff members)立场。所以立法者的立场是重要的,应当被予以适当地权衡。

其他三个反对理由是主张:立法者的目的在原则上不应该有差异。这些反对理由对命令和规则带来了一个普遍性的问题,窄化了政治生活和法律制度问题。

关于命令和规则的普遍性问题,就是假定一个人对另一个人有权威关系。如果服从者的工作将是试图实现与权威有关者的所有愿望,那么后者的口头命令将主要是一种显示其意愿的方式。当这个服从者认识到他的权威命令是不清楚的,或者不知如何探查她没有清晰地领会这个命令所传递的目的,那么,这个服从者将受到这个权威目的的指引。只有当服从者的工作是遵循命令,不是实施权威者的每一个感觉希望的话,命令含义本身应该受到控制的这个论断很有力量。

立法机关应当只按照法律语言来制定法律;如果立法者未能采用法律语言,公民就不必要做立法者希望做的事情。因此,只有法律语言是可以计算的这个论断,迈过了指示仅仅是愿望表现的这第一关。

然而,即使人们自由地做他们希望做或者想他们最想望的事情的时候,也要受到命令、关联关系改变的限制。服从者可能对自己所反对管理自己的人没有相关的利益,那个管理权威可能拥有更大的能力或者更具有合法性,因为他已经被其他人指派了责任。一个患者已经将自己的医疗健康委托给一位医生。医生对护士发出了治疗的命令，并且也向助手医生发出了命令。这个护士就是少数专家；第二个医生，尽管向第一个医生一样业务熟练且富有经验，但是他对患者的治疗几乎没有什么责任。护士和第二个医生应该遵循第一个医生的命令，按其目的行事，如果他们希望发现这个目的的话。

在其他场合，一个人有权威去限制服从者按照发布命令的所作所为，可是服从者拥有自身的利益，又有追求这些利益的自由，除非按照命令相反的目的行事了。例如，雇员可以自由地穿着自己想穿的衣服，不顾老板对他们的限制。除非老板的命令要求这样做，否则一个工人可以适当地说他不能被有效地限制，如果这个的意图与他们自己发出的命令的效力更相冲突的话，工人不必按照老板的目的去做。工人可能声称自己有自由的范围，只是受到自己对自己命令的限制。这些非正式类比的教训就是：某人发出命令的目的的重要性依赖这些理由——为什么那个人有权威，以及那个人与服从她的人们的关系。

法律在立法机关和受法律约束的人们之间摇摆。某些法律是立法机关（一个具有较大政治权威的实体）对行政部门发出的命令，目的是实施更大的公共政策。其他法律以个人不赞成或者不喜欢的方式限制了个人自由。如果关于彼此关系的探询将要决定是否法律语言本身应该被控制或者立法目的应该可以计算，正确答案有赖于有关的法律。进而得出结论：目的是不相关的，因为立法机关只可以按照颁布的语言来调整，法官将考虑受法律直接影响的所有的人，在决定他们是否超越了对引导性文本语言的理解之前，有赖于从文本之外发现目的。

在美国，信赖法律历史绕过了正式批准程序的烦恼，这部分仰赖于如下假设——要求两个立法部门和总统接受的宪法，被设计用来制造立法困难。采用立法历史的法官们注重那些按照要求方式不被认可的意图的命令。这个烦恼的部分答案是：法官通常运用立法历史从法律条款本身得出的结论是不清楚的。运用这些素材解释法律被通过，与允许某院议员们借助立法历史进行立法，这两者是相当不一样的。与两院和总统通过立法的思想相反，司法机关运用法律历史来推断立法目的的做法可能存在缺陷，可是这个缺陷不足以拒绝将立法历史作为理由。

### 2.3.5 如何理解立法目的

立法目的（legislative intent）是完全臆造的，立法目的这个概念实际上缺乏逻辑，这样的论断是对法院依赖立法历史揭示目的的另一个反对理由。对这个反对理由的评价，我们必须检查立法目的是如何被理解的。它可以反映出立法者的实际心理状态(mental states)，是一个理性立法者的反对观念的具体化，或者这个功能被作为构建计算素材的习惯性基础。许多意见似乎表明立法目的反映出了立法者的实际心理状态，可是这个观念受到了有力的挑战。

我认为在探索是否一个反对的或者习惯方法的采纳将避免心理状态的这个认知性困难之前，我们可以更好地发展立法目的的心理状态形式，并且提出某些限定条件。

人们可以将立法目的概念作为阐释广义理论问题的一个样本，这个理论问题是关于群体目的(group intent)构成的。人们也试图概括出这个"群体目的"的参数，然后判断是否立法者对某件立法的态度发生了改变。然而，这个程序方法将是误导性的。

关于一个群体是否曾经拥有一个"目的"，答案是"是"。不是所有的群体都有一个心理状态；而是群体的成员拥有同样的心理状态。如果所有(或者几乎所有)的群体成员心照不宣地拥有一个目的，这个目的能使群体功能发生相互作用，那么这个群体(在这个意义上)就有这个目的。我们的父母对他们未成年女儿的就寝时间有一个共同的目的，球队的所有队员按照某种方式比赛也可能有共同的一个目的。

按照这些严格条件，立法者对特别法律条款罕有一个共同的目的。我们可继续追问群体在立法者更满意而又较少严厉限制的条件下是否有目的。但是，解释的至关重要问题并不是立法机构是否具有群体目的，而是法官在解释法律时是否考虑到了立法者的态度。

这样的训练可能是合适的，或许因为少数个别立法者(individual legislators)的目的应该是重要的，即使具有群体目的的条件不是令人满意的。(这个训练可能是不合适的，即使这个条件是令人满意的。)一旦我们集中于法院可能积极考虑的东西，那么我们就可以认为不仅"群体目的"是一条红鲱鱼，而且我们可能把握住这样的思想：法官可能受到某些更复杂因素的影响，这些因素比某些立法者具有的简单的独立的心理状态更复杂。

我们按如下顺序进行澄清:(1)相关的心理状态应该涉及到法律的广泛目的以及关于特别条款涵摄的信念;(2)如果法官就实际心理状态得出结论的话,那么这些结论一定是建立在可能性而非确定性基础之上的;(3)法官将实际心理状态的判断主要建立在某类表述和证明的基础之上。如果给定立法的性质,那么这些证明必须先于立法通过发生,就是一个合理的要求。

也有人考虑把心理状态的可计算作为一个目的,这就产生了两个显而易见的选项,即“希望”和“期待”。可是每个选项都被证明是不确切的。一个立法者可能同意她所了解的语言被设计用来禁止特别的行为,但是她不支持这样的禁止,可是为了获得对她认可的法律的某些方面的支持,她一直附和赞同。她希望法院以她理解的相反方式来解释条款。她的希望并不反映她的相关目的。假定另一个立法者期待法院不赞同立法目标,期待法院构建的条款与他的希望和他对法律希望实现的理解相反。他的期待也没有反映出他的有关目的。

意思状态(the state if mind)比立法者对法律理解的希望和预期更为相关,他的意见是立法者对法律规定的理解,是关于法院如何解释法律语言的意见的理解。这种方法所建立的一种恶性循环将遭到反对。立法者的理解是建立在他怎样认为法庭如何解释的基础上的,建立在法院应该考虑的每件事情基础上的。法院在立法者对法院如何解释的理解的基础上进行解释。

如果到处都有一个循环圈的话,那它不是恶性的,因为司法功能一定包含了更多的关于立法者认为法官应该如何解释的猜测。立法者的目的仅仅是司法解释的一个基点。受到影响的法官没有被他们自己所认为的立法者相信他们应该怎样解释的想法所控制。进一步说,法官可以决定如何权衡立法者关于法律语言显而易见的重要性,这比权衡立法者关于司法解释的细微差别的观点更重要。

如果立法者相信法院应该以某一种方式进行解释,但是他接受一种法庭建立的却与之相反的方式将会怎样?法官应该受到立法者关于特别语言或广泛目的如何理解的观点的指引,给出解释性的实践安排。(如果其他也是相近的话,立法者的希望也一定程度上表现出来。)

谁的观点应该被考虑?法官应该给予多大程度的考虑?与有时的设想矛盾的是,投票反对法案的人的观点可能更重要。立法机关是一个合作主体,不是单纯的多数投票者的集合。一个立法者可能参与起草立法并且签署支持特别条款，可是却会投票反对最后的法案，因为该法案中有其他可反对的特征。立法者关于条款内容的观点应该是相关的。即使她反对那个特别条款，如果她已经努力地进行了语言阐释的话，那么她的理解仍有重要性。

立法者积极考虑某个条款的观点要比消极参与者的观点重要得多(即使有人可能准确的猜测出消极参与者在想什么)。如果有人顺从群体的情感，那么一个人通常会权衡那些最积极和见多识广人士的观点。并且，立法者本身就会支持(或者如果他们这么考虑，就会支持)这样的制度，对他们积极参与的法律来说，立法者的观点是更重要的。

如果给定了现代立法条件，立法者观点以外的其他观点是否要考虑？多数成员选择依赖他们的职员或者提出立法案的行政机构的判断，法院也应该考虑这些观点。实际上，如果法官把立法看作一个牵扯到立法者自身以外诸多角色参与的复杂过程，她就可能认识到参与立法起草的职员和行政官员的观点的重要性，尽管排除了立法者默示授权的某些观点。

考虑立法者实际观点的法官们也是在强大压力之下去考虑他们假定的观点的。依据假定观点，我认为如果立法者已经质疑了所进行的问题，那么立法者将会有实质观点。法官可能提出假定态度的原因之一涉及到消极的和沉默的立法者。法官们经常毫无根基地想了解立法者们是否实际上持有一种观点，但是法官可能会说，如果议会成员和其他具有统治地位的立法者有特殊意见，它也是被其他的立法者共有(一个实际上的理解)或者将被共有(一个假定的理解)。或许少数者所洞见的观点也是与之相关的。但是如果事实上所有的人都表示了同意，那么考虑假定理解的法官(常常能够)会假定大部分的立法者具有相似的观点。

公共选择理论家反对法官信赖假设投票(hypothetical votes)。因为可能被考虑的选择方案中存在武断命令，同时因为战略投票，人们无法确信任何立法者如何对一个问题进行投票，除非他知道投票的背景。关于某种假定理解的信赖，我认为很大程度上应该(尽管不可能是完全的)避免这些问题。引发的问题是立法者将如何考虑某个条款，当法律通过时，某个条款(以及背景法)就给定了。回答这个问题是很难的，可是它很少受到假定投票难题的影响。

就像前面所展示的那样，立法目的的心理状态的表述是切实可行的，而不是杂乱无章的。如果法官企图以一种些微差异的方式去辨识和整合这些至关重要的理解，那么他们显然将不能清晰准确地表述他们正在做的事情，但是这种无能为力(inability)具有更多的实践推理特色。法官可能依然能够对于所有的立法者的理解和如何权衡这些因素与其他解释因素做出敏锐的评价。

对立法历史片断进行习俗力量权衡可能是心理状态方式的一种选择物。习俗力量的观念就是某种资源，经常累月，已经对解释产生了重要意义。因此，法院给予议会记录和其他的表达以解释的重要性，并不是因为他们以一种独特的方式与心理状态相联，而是因为早期的司法解释者就是如此对待的。与将其作为心理状态相似替代物的理由相伴随的严重问题是与自身重要性相符的立法历史片断仅仅是关键立法者态度的最好反映。进一步讲，给予立法历史片断比过去较少重视的有力观点就是：他们不再较好地反映立法者的态度了。在习俗力量与心理状态之间找到某些联系的说明，要比构思整体分离的观点更具有吸引力。这里就是这样的说明。

法院予以权衡的素材是那些最能表明核心立法者态度的资料。在典型案件中，法官具有如何权衡议会报告、提案者陈述和其他目的指示的大致观念，而且他们并不太关心这些材料如何在个案中准确地反映出心理状态。然而，当标准材料无法反映心理状态而其他材料富有启迪时，法官就有某些有力的指示的权力，法官将会考虑那些富有启迪意义的其他材料。因此，习俗力量与心理状态之间存在大致的相关性。当法官敏锐察觉剧烈变化关系时，习俗力量也会改变。

对于心理状态说明的一个不同选择是理性立法者的构建。立法目的就是理性立法者所具有的目的。这种构建在多大程度上避免了探询心理状态有赖于理性立法者是如何构思的。如果这个理性的立法者被认为是一个普通立法者，那么法官就会断定(主要是经验判断)立法者所想的只是通过考虑大多数实际立法者的可能态度，或者大部分处在立法者位置上的人们将持有的态度。质疑谁和什么样的心理状态的问题将会被抛弃，尽管它们将会在某种程度上被转换。如果这个理性立法者被认为是优越于其他普通立法者——见多识广、更谨慎、更富有公共价值，那么法官关于这个理性立法者会想什么的结论将较少依赖关于普通立法者的假定。

然后司法探询将主要是规范性的。即使如果是那样，这个理性立法者大概将会回应人们实际感知的社会问题。在构建理性立法者如何立法的这个目的中，法官不得不评断何种问题是被公民和立法者感知到的。司法询问的另一方面将是经验性的，并且涉及到本身的心理状态。

### 2.3.6 读者的理解和相关心理状态

我们暂时回到读者理解方式上，考察一下心理状态的某些问题，这些问题现在比较清楚，因为我们已经探讨了立法目的的各种方式。

读者在背景中理解法律条款。为了理解立法目的，读者需要抓住立法的社会背景。如果立法目的具有争议性，读者就必须按照立法者的最可能态度去评估他们，这种评估应该建立读者所使用的资源的基础上，或者根据一个理性立法者如何反映的某些迹象来评估。就像我所指出的那样，后面的构建并未完全逃避对相似心理状态的考察。

构建相关读者的法官正面临着更严重的困难。法律文本的读者对与立法者观点相左的正确解释可能存有希望、期待和见解。运用读者理解方式的法官必须坚持准备以一些例证来表明什么样的心理状态是重要的。如果有人问生活在法律通过之际的法律读者们是如何理解法律条款的，回答可能是：不同的读者可能会有不同的理解。

这里有个例子。1964 年民权法第七条规定雇主和工会不能基于种族、性别等理由进行歧视。“歧视”的一种含义牵扯到任何不被允许的分类，但是有些人认为一个人不能“歧视”优势群体的成员，并且支持那些以前遭受压迫的人的分类不能歧视那些从压迫中获益的人们。对于“歧视”含义的不同理解显然涉及到重要法律条文是否允许雇主和工会对先前被利益牺牲的团体采取积极福利措施（affirmative action）。盯住法律的目的并不能解决这个问题，因为某些读者会辨别出造成受到歧视的先前受害者的首要目的，而其他读者会认为主要的目的就是排除按照种族和性别进行的所有分类。

采纳“读者理解”方式的法官必须含蓄地决定如何去衡量不同读者的观点或者如何把这些读者整合为具有代表性的有理性的读者。在不同情况下，心理状态及其整合问题依然会呈现在读者的方式中，以及立法目的的探询之中。解决这个问题的困难不能被作为考虑读者理解而排除立法目的的决定性理由。

### 2.4 目的的相关性

当与特别法律条款的语言和特殊目的的指示相对照时,法律意图方法的核心问题是如何权衡目的。大多数立法是妥协的产物,某些条款超出法律的广义目的的轮廓,这并不是令人惊奇的事情。如果法律条款的语言可以清楚地指明结果,那么即使与法律的更为一般目的之间存在紧张关系,法院也将赋予其效果。

更麻烦的解释问题有:(1)法律条款的语言可能以一种或者两种方式被解读;第一种符合立法历史中对条款意图结果的指示,第二种更好地贯彻执行被立法历史所揭示的法案宽泛目的。(2)法律语言可能承载多元意图,其中的一个意图似乎是对特殊条款的最本质理解,但是另外的意图却更适合隐匿的目的。

第一个问题可以用如下方式表达清楚。当法官在文本之外洞悉立法机关的目的时,他们应该特别注意目的或者特殊意图吗?支持特殊目的的观点就是:会议记录和其他的立法资料所论及的特殊争议解决办法比他们对目的的解说更具焦点性。强调目的的观点认为,关于目的的阐释要比对特殊解决办法的主张更少地受到具有利益关联的立法者的控制。另外的观点认为理性法律的发展更期望法官集中于立法目的。这在立法时代和条件变化时,尤其正确。在法律解释的有影响著作中,Henry Hart 和 Albert Sacks 极力主张立法历史的首要用途就是确定立法目的。[6] 批评者表示反对这种方法不相信立法妥协,这种方法极力鼓动法官在寻找难以确定的目的的伪装下遵守他们自己的政治观点。

当法官们并不依赖立法历史的时候,关于目的地位的问题就会出现。法官应该偏好于狭义条款的理解吗?即使当那种理解难以和目的相符时,这些狭义条款也是最自然的,立法目的可能被规定在序言中,也可能含蓄体现在法律整体中。强调文本优先性的法官和学者们趋向于关注对司法裁量的限制。他们坚信法官应该普遍地坚持相关文本直接表达而不是严重依赖于模糊不清的目的阐述的那些东西。

---

〔6〕 Henry M. Hart, Jr. and Albert M. Sacks, The Legal Process: Basic Problems in the Making and Application of Law. (Cambridge, Mass.:试用版,1958)

## §3 宪法解释

### 3.1 问题与可能性

实际上,法律解释中出现的每个问题也出现在宪法解释中,但是大部分法律条款和大部分宪法条款之间的核心区别影响了主要的问题和具有说服力的立场。美国宪法具有三个典型特征:宪法比绝大数法律更古老;宪法中有很多开放性的(open-ended)和模糊的条款;最后就是宪法难以修改。

作为这些特征的部分结果,人们担心法官解释宪法条款的政治合法性以及法官把他们的解释强加在政府其他部门。这些特征和关系是与下列对法律无效司法审查的频繁攻击联系在一起的,这个攻击就是:"为什么非民选的法院应该阻止立法机关通过人民的意志,为什么要仰赖一个语言不清晰而且是被不具有代表性的政治家所通过的那份古老文件呢?"

在本章中,我把美国宪政的核心特征作为框架来考虑宪法解释问题。可是我要强调的是,在其他的宪法体制下,问题是不同的。美国宪法1789年通过,权利法案两年后通过。联邦权与州权之间的平衡被美国内战之后1868年通过的第14条修正案作了重大修正。结果是,美国宪法的大部分内容在200年前就被通过了,即使后来的绝大多数重要的修正案也有130年历史了。当宪法和权利法案施行的时候,在大多数州,仅仅是男性的土地所有者享有投票权,大多数的黑人处于奴隶状态。到了1868年,代表被扩大了,但是妇女依然是没有选举权。

美国宪法的修改是很困难的,最基本的方式是要求国会每院三分之二的票数和州立法机关四分之三的同意。正式修正的困难成为早期宪法条款保证权力持久稳定的原因之一。

宪法中很多关键条款的语言是很简略的。国会有权"管理与外国的贸易,州与州之间的贸易以及与印地安部落的贸易……",[7]"国会不得制定法律确立国教或禁止宗教活动自由……",[8]这些语言对如何解决这些问题并没有提供详细的

---

〔7〕US Constitution, Art. I, §8, cl. 3.

〔8〕US Constitution, Amendment I.

模板。

许多国家的宪法以及美国许多州的宪法，都是更现代更详细和更易修改的。这些差异可能会很容易影响它们的宪法条款怎样被解释。

在我转向宪法解释这个棘手问题之前，我先补注一下那些“宪法”与美国宪法有很大的区别的某些制度，然后我谈及一些有关非司法官员的宪法责任问题。

一些法律制度，例如英国，就缺乏一个综合性的成文宪法。当法官解释法律时，他们会援引固有的宪法实践，但是他们并不说议会通过的法律是无效的。被英王或王后签署同意的议会立法是至高无上的。一些国家有成文宪法，被用来限制立法者和其他官员的，但是，法院不能执行成文宪法条款来反对立法机关的法律，而是必须接受这些法律是有效的。

在美国，主流的预设是宪法被采纳的部分是有效的，直到被后来的修正所废止。与美国相反，印度宪法条款被宣布无效，因为它们与宪法的更重要部分的原则相违背。〔9〕

布鲁斯·阿克曼(Bruce Ackerman)指出，美国宪法可以通过正式方式之外的途径修改，即通过一种立法行为和公众同意的联合方式来修正。〔10〕最高法院从来不承认这样的职权，而且当非正式的修正发生时，司法描述就困难了，看起来是不能这么做的。但是，某个理论家依然可以主张那些给予古老宪法条款以现代解释的成文司法意见无意于掩盖非正式修改的实质性。在随后的论述中，我集中于成文宪法的解释，忽略那些已被颁布而未被废止的宪法条款可能无效的可能性，忽略在某些场合法院所作的解释实际上是一个不被承认的非正式修正的可能性。

我的讨论集中在制度层面的宪法解释，即在其中，法院解释成文宪法并且有权宣布法律和行政行为(诸如非法搜查)是违宪的。但是这种集中讨论不应该模糊这

〔9〕*Gopalan, A. K. v state of mad*, AIR 1950 SC 27, 97; *Moinuddin v Uttar Pradesh*, AIR 1960 All. 484; *Venkataramara v Mysore*, AIR 1958 SC 255. 参见 M Jain, *Indian Constitutional Cases*, 4th edn. (Bombay: N. M. Tripathi private Ltd, 1987), 853。

〔10〕*We the People: Vol. I, Foundations*(Cambridge, Mass: Belknap Press, 1991); *We the People: Volume II Transformations*(Cambridge, Mass: Belknap Press, 1998). 参见 Akhil Reed Amar, *The Bill of Rights: Creation and Reconstruction*(New Haven: Yale University Press, 1998). 与阿克曼司法认识理论不同的著作，参见 Greenawalt, ‘Dualism and its Status’, *Ethics*, 104(3)(1994), 480 - 499。

样的事实，也就是说，即便在该制度中，其他官员也在解释宪法。立法者决定他们所颁布的法案是否可以通过合宪审查，高级警察官员决定何种调查技术是宪法允许的。

在美国，宪法性法律的全部领域是留给非司法机关。宪法规定总统可以因为"叛国，受贿或者其他的重罪和轻罪"〔11〕而被弹劾，控告有罪和撤职。决定如何对政府官员不当行为的形式分类，涉及到宪法解释问题，但是根据传统的理解，法院不会审查参众两院关于弹劾行为所做出的决定。因此，按照这样的制度尽管法院执行成文宪法的绝大多数条款，但是法院无法施行宪法的所有方面。

在法院可以积极作为的领域里，产生的两个有趣问题是关于其他官员应该如何对待他们的宪法责任。第一个问题是立法者和行政官员应该在多大程度上承认他们应受到法院的宪法决定的限制。毫无疑问的是，他们应该遵守法官在任何个案中所做出的决定，但是，他们也应该普遍地把法院宣告的法律规则作为控制他们行为吗？

在所有普通法国家，其他官员很大程度上是受司法解释指引的，但是假定国会议员认为最高法院把一个法律宣布无效是错误的又怎样呢？他们可以适当地再次通过相似的立法吗？当 Dred Scott 判决坚持密苏里妥协是无效时，因为它意味着解放被其主人买来带到自由地区的奴隶，亚伯拉罕·林肯回应道，他并没有认为最高院所宣告的原则必须为国会所遵守。〔12〕 法院在判决中适用宪法，是一件事；法院的意见约束其他政府部门，是另一件事。在最近十年里，最高法院已经说他们的判决不是被政府所有部门遵守的权威性规则。〔13〕

第二个问题是关于非司法官员态度的问题，即他们该怎样运用宪法来调整其行为。〔14〕 在美国宪法性法律的一些领域，法律有效性依赖于立法者通过它的理由。例如，一部旨在促进宗教目标的法律违反了宗教条款（the Establishment

---

〔11〕 US Constitution，Art. II，§ 4

〔12〕 参见 the Seventh Joint Debate at Alton，15 Oct . 1858。引自 Harold Holzer 编辑的 The Lincoln-Douglas Debates (New York：Harper Collins，1993)，360－362。

〔13〕 参见案例 *Cooper v Aaron* 358。

〔14〕 一般参见 Paul Brest，" The Conscientious Legislator's Guide to Constitutional Interpretation"，Stanford Law Review，27(1975)，585。

Clause)。但是,法官们犹豫不决地判决宗教目标隐含在能被非宗教理由证立的法律背后,并且无论在何种情况下,少数立法者的宗教目标并不会致使整个法律无效。假设一个单独立法者不会投票支持一部对私立宗教学校提供援助的法律,除非他确信这项援助会促进宗教真理。他知道其他立法者有世俗理由来支持这个法案——为孩子提供更好的教育——而且法院不会宣布法律无效,因为它是建立在一个不被允许的目的之上的。至少,如果他接受宪法禁止宗教目标的立法,他可能有不去投票赞成这个法案的宪法义务,即使他知道他对法案的支持投票不会导致司法无效。我没有进一步追问非司法官员如何构思他们对宪法忠诚这个问题。

### 3.2 政治合法性的根本问题

联邦宪法之下的立法行为的合法性司法审查产生了两个相关的合法性问题。其中的一个问题与司法解释更直接相关。宪法是一种高级法,是一部所有政府成员都应该遵守的法。如果立法者和总统忠诚于他们的职责角色和誓言,他们将会尽力遵守宪法。在很多方面,宪法的准确要求是很不清楚的。如果国会通过了一部法律并且总统签署了它,政府的两大部门就已经判定这部法律是符合宪法的。为什么司法机关——一个非民选的第三部门就能说这个法律是无效的呢?并且尽管修改很难,司法机关何以阻止一部法律贯彻实施呢?为什么法官们不把类似机构对他们自身行为的合宪性的判决作为最后的结论呢?当立法者通过法律时,难道最高民选机构的深思熟虑决定还不如九个大法官的多数意见更为重要吗?

一个更相近的分析是必须区分开不同类型的宪法性问题。我们的政体是联邦制的,它的国家行政部分是独立于国会的。某些联邦机构能够说:当州超越它们的权力时,或者与中央政府发生矛盾时,或者联邦政府之间,需要一个司法机构去解决立法者和行政部门之间的纠纷。联邦最高法院和其他的联邦法院是履行这种职能的最合适机构。

更值得怀疑的审查案例产生在有人宣布国会超越自身权力而侵犯各州的权力之时,产生在国会侵犯个人权利或者某州侵犯个人权利之时。如果法院接受这些立法权力的运用,政府体制并不会崩溃。

有人抱怨反对审查建立在政治权威基础上的主张,误导了这个观点。无论我们是否喜欢一个国家颁布一个新宪法,美国确实拥有了一部赋予法院权力去审查所有的宪法问题的宪法了。如果这部宪法赋予了这种权力，法院就必须运用这种权力。

反对审查的令人信服的争论曾经是和是否宪法规定了对国会立法司法审查这个问题相关的，司法审查权力并没有清楚地体现在宪法文本中。但是这个问题是在很久以前在著名“马伯里诉麦迪逊/*Marbury v Madison*”〔15〕判例中产生的，或许是依据宪法创制者（the framers）的设立而产生的。假定审查制度现在没有被确立，司法审查的智慧和政治合法性可能与现代法官如何履行其职责并没有多大的关系了。

下面就是对政治合法性问题如何与解释理论联系在一起的探讨。如果对法律司法审查本身是令人怀疑的，那么运用这种权力的法官就应该非常小心谨慎。在合理怀疑的情况下，他们应该接受立法机构的所作所为。

在最著名的和最具有影响的法律审查论文中，James Bradley Thayer 主张国会具有首要的（尽管不是排除性的）权力去解释他自身行为的合宪性。国会决定应该得到尊重。〔16〕法院只有当有权制定法律之人不仅仅犯错误而且错误如此明显以至于它违背理性问题时，〔17〕才可以无视这个法律。法院不应该对合宪性做出他们自己直接的判断，但是可以得出“推论，即对于被宪法赋予义务制订法律的其他部门来说什么决定是被允许的”。〔18〕上个世纪的很长时间里，法院限制国会权力侵犯各州以及国会支持经济的和个人的（非经济的）权利司法判决的各种批评意见，已经宣称法官应该限制自身并且服从立法机关的决定。〔19〕

政治合法性的相关问题，经常被作为反对法官自由施加自身意志于立法者而提出来，这个相关问题一直可以追溯到关于宪法限制的基本观念。为什么一个现代民主政府应该被死去多年而不具有代表性的那些人的判决的决定所限制呢？我们需要一分为三地看待这个批评：宪法限制的不适当性；一代人约束后代人的不公

---

〔15〕*Marbury v Madison*, 5 US 137, 1 Cranch 137(1803).

〔16〕Thayer, 'The Origin and Scope of the American Doctrine of Constitutional Law', Harvard Law Review, 7 (1893), 129, 136.

〔17〕ibid. 144.

〔18〕ibid.

〔19〕反对司法审查的最近主张，参见 Mark Tushnet, *Taking the Constitution Away From the Courts* (Princeton, NJ: Princeton University Press, 1999)。

平性；以及建国之父们的非代表性。

现代政府曾经受到成文宪法限制吗？从原则上说，为什么社会不应该宣布某些限制超出了立法机关暂时多数的限制，这没有什么好的理由。对于大多数社会来说，这可能是个聪明的决策。在冷静反思的时候，社会的成员或者他们代表的绝大多数可能决定从立法机会的选择列表中取消政治性问题，由此阻止立法屈从于激情或者狭隘利益。如此保留对保持政治过程本身的公正性和对所有的公民利益的平等考虑是特别重要的。

一代人应该约束其另一代人吗？这个棘手问题不会有简单的答案。实际上，较为次要的一个问题是，一个社会没有隔离代际而是有紧密相扣的各代。宪法制订者(constitution-makers)那一代也没有片刻独立的时间给下一代人让路，但是，我们生活在一个被死去的人所通过的宪法之下(宪法的绝大部分被通过)的问题依然存在。

回答我们为什么应该受到约束这个问题的最好答案就是，宪法必须通过时间来证明其自身对后代人的生活是有价值的。一部旧宪法为什么现在还有价值并因此受其约束，理由之一就是它规定了回答基本政治问题的共有的一系列答案。一个是社会必须具有某些基本的原则，而且难以获得新一代人的同意的。并且，像美国历史所展现的那样，一部宪法的历史共同体意义对共同体情感而言具有重要的价值。宪法的合法性部分源自于它在空间上的存在，部分源自于它古老的渊源，但是它可以合法地限制我们时代的人们，因为它对我们的社会生活贡献很多。

不具代表性的这个问题也有相似的答案。过去所考虑的问题就是宪法规定了什么以及如何规定的更好，更加符合后代正义的观念。如果某些重要的利益没有被体现，那就有理由去怀疑那些利益是否曾经被公平地对待及相似的利益现在是否受到适当的宪法保护。但是，现在对我们的考验是宪法的内容，而不是宪法在起源上的代表公平性问题。

我们很容易看到对一部支柱宪法(overarching constitution)的合法性的关注是如何影响解释的。如果有人怀疑民主选举机构的多数约束的智慧，那他就应该让这种存在的限制适当地被理解。因此，成文宪法限制当前的绝大多数人的这个事实，可以融合具有反多数特征的司法审查，这种司法审查就是建议由法院进行限制，建议对立法机关做出的选择予以广泛地接受。为了推进司法限制的松散观点，对一部古老宪法的关注可以采取相似的工作。或许法官应该运用司法限制，这部宪法不是设计用来阻止所有立法无效的，一定程度上也不是企及使原旨主义者真正接受的其他立法无效的。

为了提出解释的变通方法，对不具代表性的担心可能采取不同工作进路。或许法官应该询问是否任何特别条款都来自于不公平的代表，是否这个条款继续不公平地冲击着那些未有代表者的利益。如果两个问题的回答都是“是”，那么法官们就可以因此缩小或者扩张条款的意思了。这里有一个未雕琢的例子(a crude example)。原始宪法规定“任何州都不允许制定损害契约义务的法律”[20]这种表述可能就是财产和商业利益的不公平代表的结果。这可能是解释严格限制的理由，而不是阻止现代立法救济贫穷债务人的一个原因。

对代表性失败的信念将会导致法官扩张模糊宪法保护条款，以保护在条款通过时没有被充分代表的利益。因此，当代的最高法院已经解释了第 14 条修正案的平等保护条款，目的是平等保护妇女，尽管这种保护远远偏离了该修正案通过时的人们的思想。

### 3.3 反多数主义的难题

在 20 世纪关于宪法性法律的绝大多数讨论中都提到了“反多数主义的难题”。主要的焦点是司法审查的非民主特征，但是我们也看到一部恒久成文宪法的自身性质就产生了多数民主的问题。在 20 世纪的三分之一时间里，政治保守的最高法院正在撞击联邦和州促进经济正义的立法，很多自由主义者和法律学者支持 Thayer 的观点：法官应该服从立法机关的决定。在 20 世纪 50、60 年代出版的大量阅读物中，Alexander Bickel 极力主张在有些事情上最高法院面对政治部门时应该谨慎，它应该运用“消极的美德”来避免决定一些问题，因为这些原则性解决办法是大众立法创制所拒绝的。[21]

---

〔20〕 US Constitution, Art. I, § 10.

〔21〕 特别是参见 Alexander Bickel, The Least Dangerous Branch: The Supreme Court at the Bar of Politics, 2nd edn. (New Haven: Yale University Press, 1986); Alexander Bickel, The Morality of Consent (New Haven: Yale University Press, 1975)。

在20世纪的30、40年代，当国会对州的权力施加影响时和当州调控经济利益时，联邦最高法院开始认为宪法很少对其进行限制。同时，在言论自由和出版自由的条款下、在权利法案中的刑事程序条款下，以及为了黑人和其他少数族裔的第十四条修正案中的平等保护条款下，联邦最高法院逐渐增加了保护活动。在最高法院的内外，有人提出最高法院对一些权利的宽泛理解是正确的，而其他人则认为狭义理解是正确的。尽管表述不同，可是基本理念是：法院需要保护政治过程的完整性，需要确保强有力的多数不要绑架处于不利地位的少数。这种进路首先反映在最高法院在 United States v Carolone Products 案〔22〕的著名脚注4中；这个脚注的完全学术发展是由 John Hart Ely 进行的，他写道，宪法的开放性诉求应该被理解为"加强代表性"。〔23〕

在20世纪最后几年里，一些学者如著名的罗纳德·德沃金教授挑战"反多数难题(countermajoritarian difficulty)"的根本前提。德沃金认为，民主的根本特征不是立法中由多数投票做出决策，而是对公民负担平等的关怀和尊重。〔24〕按照德沃金的观点，如果法院采取的措施促进了平等关怀和尊重，那么就没有牺牲民主的价值。

如果有人假定立法机构要比法院更具公正的人口代表性，这种表述是有些夸张的。当在一个社会中关于什么是公平与什么是效用存在分歧的时候，在政治责任机构中对此分歧的讨论和解决就存在某些利益和差异。Jeremy Waldron 认为，既然没有人在道德上是绝对可靠的，对于民主选举的立法者贯彻执行宽泛的宪法性语言的道德观念要比一些非选举的法官的做法更为适当。〔25〕民主处理谁如何做出决策的事情，决策的最民主形式是由人民自己或他们选举的代表来做出决策。如果我们一直相信我们能够从立法机构和法院做出的平等的善和正义(equally good and just)以及产生出平等清晰的宪法原则中设计出宪法结果的话，那么我们

---

〔22〕304 US 144, 152 n. 4(1938).

〔23〕Ely, Democracy and Distrust: A Theory of Judicial Review (Cambridge, Mass.: Harvard University Press, 1980).

〔24〕Dworkin, Freedoms Law: *The Moral Reading of the American Constitution* (Cambridge, Mass.: Harvard University Press, 1996). 这种观点的不同表述应该是：只有民主最低限度地包含了平等关怀和尊重，民主才是道德合法的。

〔25〕Jeremy Waldron, *Law and Disagreement* (Oxford: Oxford University Press, 1999).

就应该选择立法机构的决策。所以,按照民主价值,立法的司法无效(judicial invalidation)将会产生一定的损害。

然而,在民主社会中补偿所得使这样的实践变得合理而且可欲。更简单地说,在某些重要问题上,人们更有理由相信法院而不是立法者。很多宪法性保障措施是特意设计来反多数主义者的。如果以令人憎恨的少数者利益为代价寻求获得政治利益,那么暂时多数或者立法者很可能屈从于压制不受欢迎演讲的激情之中,这些不受欢迎的演讲是法院决定言论自由的宪法边界的坚实基础。

更为微妙的一点涉及到立法和司法决定的内在相互影响。司法无效可以促进一些价值,即使立法机构和法院对于这些价值都是平等保护的。言论自由提供了一个合适的例证。如果国会选择允许言论自由,法院将不会宣布那个选择是无效的。那些偏爱言论压制的人很少有言论被压制的宪法主张。因此,无论什么国会何时选择支持自由,这个选择都是被支持的。当国会选择压制言论的时候,立法无效的问题才会出现。如果法院屈从国会,压制的选择将很少被推翻。不听话的法院将会使更多的压制言论的法律无效。因此,积极的司法无效要比其替代物能更促进言论自由,即使国会像法院那样关系言论自由。

然而我应该提出两种告诫。如果司法无效的实践导致国会很少关注言论自由,把言论自由保护留给法院,那么这个结论不会得出来。更进一步,我的分析不适用于对双方当事人宪法权利的竞争性主张的政治性或法律性争议,对特殊对待的自由的行使主张符合特殊对待将违反宗教条款(the Establishment Clause)的主张。

在实际政治体制中的司法审查分析,应该现实地关系到立法机构在这种体制中是何种角色的问题。没有人相信立法机构能接近完美地代表委托人。如果立法机构对于少数人经常缺乏感觉,屈服于既定的利益以及被腐败侵蚀(没有人会认为司法审查结束后这种情况会改变多少),有的人会得出结论:法院并不比立法机构缺乏代表性(当然,人们必须看到法院实际上是什么样的,不是他们理想的样子)。支持什么样的机构和什么样的权威能最好地实现民主价值,需要说明实际现状和理念。

最后,司法解决办法的可能美德是它的原则方式。社会成员可以从做出的司法意见的持续和训练有素的分析中学习到根本价值。另一个方面，这些司法意见的争论形式倾向于压制那些持反对观点的人们，可能会阻碍和解与妥协。

总之，按照民主价值标准，尽管充满活力的司法审查可以包含一些成本，但是，这些因分担审查而持续增长的成本可以促进民主。二战以后的自由民主政治中，国家政府（德国、加拿大和南非共和国是著名的例子）和跨国组织例如欧共体的运动，已经走向司法审查而不是远离它，这是有指导意义的例子。

对合法性的疑问表明我们对法律解释检讨的问题在宪法性背景下是如何变化的。宪法解释应该是进化主义还是原旨主义的呢？我们可以比较进化主义的解释和严格的原旨主义与温和原旨主义。我在下文廓清这些语汇。我认为严格的原旨主义是不用辩护的，温和原旨主义的似是而非的形式与温和的进化主义进路在实践上并没有太大的不同。

### 3.4 宪法解释的无可争辩特征

以宪法解释的某些无可争辩特征开始，是有益的。比起法律来说，宪法解释具有更经常的真实性，案例中至关重要的宪法语言可归结为一般形式，诸如我所引用的那两个宗教条款。关于宪法中的大多数关键词，大量的重要诉讼已经发展出比宪法语言规定得还多的更专门学说。比起原始条款的最初检查（fresh examination of the original clauses），许多宪法判决转而更关注紧密关联案件的结果和学说。[26]研习言论自由法律的学生会遇到诸如观点歧视、公共论坛和竞争利益等概念，这些概念是重要的现代学说，但是言论自由条款本身、在先于它的历史或者在制宪者的同时代著作里，并没有它们的位置。我并不是说这些是不适当的原则，而只是说它们并不容易在文本条款中找到。

宪法解释的另一个无可争辩的特征是：保护必须被理解为是处理创制宪法的那一代人没有预见的某些情况。在最为极端的例子中，一项新的技术创造了当时人们没有构思过的现实。因此，第一修条正案保证出版的自由；1789年的人们不会有收音机和电视的想法，更不要说因特网。第四条修正案保护反对不合理的搜查，那时没有人会想到电子监视。宪法原则必须适用于超越宪法创制者那一代人

〔26〕参见 Charles Fried，‘Constitutional Doctrine’，*Harvard Law Review*，107（1994），140。

视野的技术现实。

宪法的某些条款为那些变化的价值故意留下了空白。大量的最高法院判决就是以这种方式清楚地对待残酷的和不同寻常的惩罚条款的。

就像很多案例所反映的那样,原初理解是(或者在一定程度上是)相关的,争议的问题是原初理解是否(或者在一定程度上)应该受到控制。

宪法本身也存在问题。一个原旨主义者认为现代法官的目标是贯彻执行原初理解,最高法院大法官们从来没有背离原初理解的自我意识。然而为了弥补留下的空白,现代法官应该为坚固不变的宪法性法律本身做些什么,他们相信这已经背离了原初理解。如果他们现在宣布言论自由和出版自由条款可以预先限制,是否他们认为那就是原初的理解?如果他们认为当时的人们假定种族隔离学校是符合第十四条修正案的平等保护条款,那么他们可以推翻布 *Brown v Board of Education* 案件吗?很少有学者认为现代最高法院应该抛弃超出原初理解范围的那些法律本身,但是大多数的原旨主义学者和所有的原旨主义大法官都假定法官要在先例背景下和过去建立的学说范围内工作。尽管法官不应该确立和扩大错误的指示,但是他们也不应该抛弃所有已经确立而较少符合原初理解的标准。[27] 因此,实质上任何人都认为某些遵循的先例和固定学说应该限制宪法解释的原旨主义者进路。

最后,至少在法官和大多数学者中,都认为宪法判例中的判决应该是原则性的。由于对最高法院关于 *Brown v Board of Education* 案[28]的推理提出挑战而倍受争议的一篇被广泛阅读的演讲中,Herbert Wechsler 认为司法推理的首要条件是:它必须是真正原则性的。[29] 尽管维斯勒的措辞"中立原则"导致一些人相信他认为法官在没有做出对价值有争议的评价时能够决定案件。那并不是他的论点。相反,他指出一个司法意见应该诚实地表述判决的理由,判决应该停留在能够

---

〔27〕参见 Henry P. Monaghan, 'Stare Decisis and Constitutional Adjudication', *Columbia Law Review*, 88(1988), 723. 我不知道还有谁比 Raoul Berger 更不愿意接受"错误"先例的概念了。参见 Raoul Berger, 'Original Intent and Boris Bittker', *Indiana Law Journal*, 66(1991), 723。

〔28〕347 US 483(1954)

〔29〕Herbert Wechsler, 'Toward neutral Principles of Constitutional Law', Harvard Law Review, 73 (1959), 1

适用于其他案例的原则上，法官能够愿意按照原则指导来决断案件。[30] 因此，如果在一个涉及公民权利的激进主张者的言论导致他的部分听众去袭击警察局的案例中，法院说一个人不应该因为言论获罪，除非其实际上鼓动其他人去犯罪。法院应该宣布这个原则也是同样适用于三 K 党(the Ku Klux Klan)和共产党员。

当我说法官和大多数的学者认为宪法判决就像其他的一般判决一样在这方面应该是原则性的时候，我指的是他们同意这是法官应该追求的一般标准。人们在公正忠告应该如何做出上意见不一致，[31]在判决情境方面也意见不一致，如果如此，那么公正就将给获得多数意见的利益和隐藏在法院创新背后的利益让路。[32]

对于司法原则更激进的批判是他们隐匿了(conceal)政治性宪法判决的何以是正当的。由于这种批评是由批判法学学者、批判女权主义者和批判种族理论家提出的，因此这种主张是：中立性原则显然是为占统治地位的阶级(性别或种族)服务的，而以牺牲被压迫者利益为代价。[33] 这种批判可能成为转移法院责任的建议的基础，[34]它可能是将更清晰的政治评价或者“叙述”方法转入司法意见的一个根据。[35] 但是，只要源自于直接政治争论中的原则阐述主张在司法意见的长期传统中存在，那么就没有人希望依赖于原则的司法意见有一个根本性的转变。而且大多数观察家继续认为按照原则做出判决的想法是值得的。

---

〔30〕Kent Greenawalt，‘The Enduring Significance of Neutral principles’，Columbia Law Review，78(1978)，982；Martin Golding，“Principled Decision making and the Supreme Court’，Columbia Law Review，63(1963)，35。

〔31〕参见 David Shapiro，‘In Defense of Judicial Candor’，Harvard Law Review，100(1987)，731；Henry Monaghan，‘Taking Supreme Court Descions Seriously’，Maryland Law Review，39(1979)，1，22 - 26；Scott C. Idleman，‘A prudential Theory of Judicial candor’. Texas Law Review，73(1995)，1307。

〔32〕参见 Eugene V . Rostow，The Sovereign Prerogative：The Supreme Court and for Law (New Haven：Yale University Press，1962)。

〔33〕参见 Charle R Lawrence III，‘Race，multiculturalism and the Jurisprudence of Transformation’，Stanford Law Review，47(1995)，819. Catherine Mackinnon，Toward a Feminist Theory of the State (Cambridge，Mass：Harvard University Press，1989)；and，‘Feminism，Method，and the State：Toward Feminist Jurisprudence’，Sign，8(1983)，635。

〔34〕参见 Tushnet，n 19 above。

〔35〕关于一般描述，参见 Richard Delgado，‘Storytelling for Oppositionists and Otters：A Plea foe Narrative’，Michigan Law Review，87(1989)2411；Kim Lane Scheppele，‘Foreword：Telling Stories’，Michigan Law Review，87(1989)2073；Julius G Getman，‘Voice’，Texas Law Review，66(1988)，577；Lynne N Henderson，‘Legality and Empathy’，Michigan Law Review，86(1987)1574。

掌握宪法判决的这些特征，我们就可以知道什么可以区分开原旨主义者和进化论者谁相信“活的宪法”了。

### 3.5 原初理解

如果有人谈论原初理解(original understanding)，那就是哪一种理解类型更重要呢？不但原旨主义者(originalist)必须考虑这个问题，而且认为原初理解影响解释的人都必须如此，尽管它不是必然决定性的。当我们面对这个普遍问题时，一系列更离散的问题就会出现了：谁的理解，理解的内容是什么，何种态度，理解的程度，接受这些理解的原因是什么？这些问题中的一些与我们在法律解释中的考察极其相似。在宪法背景中其他问题也在发生相当重要的变化。

#### 3.5.1 为什么遵循原初目的？

法官为什么遵守原初目的(original intent)这个问题涉及到其他问题应如何回答。在此，我将搁置原初理解为什么应该被考虑的问题，而集中针对是否原初理解应该提供决定性意义这个问题。

法官为什么应该关注原初理解问题的回答之一是，这种解释的策略限制了法官，而不受限制的司法裁量是一种令人恐怖的恶。另一个回答是这种解释方式允许给政治部门留下可欲的范围。第三个回答是官员必须忠诚于宪法，而原旨主义者就代表忠诚。下面我将以相反顺序来论述这些问题。

忠诚的可能性与我们已经检讨过的合法性问题紧密相联。就像我在前面所指出的那样，我们遵守宪法的义务源自于宪法在我们生活这一代和后代的价值。我们没有义务去服从很久以前生活过的人们；我们的义务在于我们当代人以及继承者，但是，也可以这么说，我们当代人已经接受宪法所确立的政府结构，因此我们感激其他当代社会成员对宪法的忠诚。这个结论不足使我们变成原旨主义。

我们必须首先要问当代人是如何接受这部宪法的。如果法官们做出反原旨主义者的判决，说保护堕胎的权利和禁止歧视妇女的分类，大部分公民会对此判决表示支持，所以我们几乎不能说原旨主义是现在同意的宪政主义的核心方面。[36]

---

〔36〕如果有人认为法院一贯采用原旨主义者的花言巧语劝说公民，而公民们并不知道他们不喜欢的一系列判决是按照原旨主义者的标准做出的，那么问题就变得有点更复杂了。

原旨主义必须为实现可欲的价值而辩护，理由不是宪法对原初理解创造的某些显而易见的忠诚义务的现代接受。

就其自身而言，原旨主义未必导致法院顺从政治部门。然而，在两种似是而非前提下，原旨主义确实很好地适用了立法机构具有宽泛范围的这种观念。最简单的前提是 Thayer 提出的。宪法的设计是让国会成为他自己权威的首要法官。对立法机构的顺从符合这种设计。

第二个前提更复杂的。在大多数重要领域，原初理解对国会和州立法机构的限制要小于对现代最高法院所作所为的限制。例如，言论自由条款与平等保护条款的范围要比现代最高法院所赋予的范围窄。如果最高法院遵循原旨主义者的哲学，立法机构要比他们在竞争方式下拥有更大的自由。

在跨界时这个结论并不是真的。在商业条款(the Commerce Clause)的原初理解下，国会将比现在限制得更严格，并且，与现代最高法院所做的解释比较，原旨主义者对“合同条款”(Contracts Clause)的分析进路更加限制州立法机构。

即使在原旨主义者的解释没有现代司法判决更严格限制立法机关的领域里，它也是比其他的替代措施更严格。最为明显的，与法官给予所有立法决定最大顺从的解释方式相比较，它对立法机构决定的限制更严格。

不论原旨主义者是否赞成顺从，其都在限制法官或者像大法官 Antonin Scalia 这样支持者的主张。[37] 按照他们的立场，法官必须寻求一种客观的原初理解而不是把他们自己的道德和政治倾向加入宪法。

人们选择何种原旨主义部分取决于他们信奉的原旨主义是什么。与之类似，对于不是原旨主义者的人来说，给予原初理解一定重视的原因将会有助于决定何种原初理解是重要的。因为这种观念，我们在狭义上把握了原初理解的特殊问题。

#### 3.5.2 颁布者和读者

“谁的理解”的问题与法律解释这个同样问题是类似的，但是这种类比更少有实际意义。我们可以先区分开读者和“作者”。最高法院的绝大多数案例都提出了当时宪法被通过时的观点，这些观点集中于宪法创制者的立场上(特别是在著名的

---

〔37〕 Antonin Scalia, A Matter of Interpretation.

宗教-州案件中，托马斯·杰斐逊，他并没有参加起草权利法案，但是参与起草了此前最有影响的弗吉尼亚宗教自由法案）。宪法被起草和费城制宪大会上的准备，以及州会议批准通过。既然批准对于宪法的生效是至关重要的，因此没有理由忽视那些优先于费城制宪大会参加人员的批准者的观点。因此，如果我们寻求那些颁布这部宪法的人们的目的，我们必须包括所有的颁布者（提议者和批准者）。与之相似，对于宪法修正案，我们不仅包括那些在国会中投票的议员还有那些批准宪法修正案的州立法机构。

除了颁布者（adopters），我们还有大量的"读者"。我们可能会问，特殊宪法语言的读者们是如何理解宪法语言的。与大多数普通的法律语言不同，读者对宪法部分的最为广泛解释的理解并不是首先通过对于普通英语的字面含义分析进行的（这种评论对于一些法律语言也是正确的）。例如，为了理解"在任何刑事案件中都不能被强迫自证其罪"的权利〔38〕的含义是什么，人们需要参照语言的实践意义。〔39〕与之相似，对言论自由条款、出版自由条款与煽动、诽谤性法律之间的联系，是一个比理解普通英语更重要的历史理解问题。

对于原始宪法中的某些问题，人们实际的观点已经被《联邦党人文集》这样著作的文献语言所定格了。这并不是说词语的一般理解从来不发挥一点作用——在马卡洛诉马里兰州（*McCullch v Maryland*）案〔40〕中，"必要（necessary）"一词的一般理解在"必要和适当条款"（the Necessary and Proper Clause）的构建中扮演着重要角色——但是它比在法律的文本性解释中的作用更少。

我们很少有关于宪法提议者对条款的观点与批准者和公众不同的证据，也没有关于批准者的观点与绝大多数公民的观点相左的证据。当然，我们不知道所有这些群体具有相似的观点，但是法官必须依赖于那些已被表达的观点。因此，既然司法结论并不是仰赖于一两个著名制宪者的意见，那么法官就无需担忧谁的准确理解对法律解释更重要。

---

〔38〕US Constitution, Amendment V.

〔39〕例如，语言似乎清晰地规定一个犯罪被告不必证明有罪，而民事诉讼案件中的证人被强迫地承认犯罪吗？这个语言本身没有揭示出来。

〔40〕17 US(4 Wheat.)316(1819).

宪法修正案在国会逐条讨论之前，州立法机构难以做到逐条讨论，解释者可以有更多根据去评价没有被批准者和公众等提议者分享的特殊理解。

如果谁的理解更有价值的问题只有有限的实践意义的话，那么它就更无理论上的重要性了。对过去很久以前的读者的正确认知了的问题，现在似乎是不相关的了。当然，有人会坚持认为法律是公共的，原初的读者理解到现在也是重要的；但是如果宪法以及大多数宪法修正案代表了对政府的一贯设计，那么那些负责设计宪法的人的理解比起200多年前公众中的典型读者对条款的理解就更为重要。

这种考察可以提出一个更为普遍性的观点：当文件变得发黄了，相对于原初读者的理解，制订者的理解的重要性将会增长。如果这个观点可靠的话，那么至关重要的"原初理解"本身可能就是随着时间变化而变化，就像制订者的观点比原初读者的理解更能增加重要性一样。

一个重要的问题是制宪者在宪法批准后的观点是否具有重要性。一个重要的例子是在权利法案通过之后在杰斐逊所写的关于宗教-州案件的信件中所用到的词语"隔离墙(wall of separation)"。[41] 有人可能会说对于制宪者在立宪时不可能的含义表述，法官都是不应该考虑的，因为如此表述对于制宪者没有指示意义，因此当时也不可能被具有不同理解的人反驳。然而，这些后来的一些表述却对修正案通过时的理解产生启迪。

偶尔，法院会参考宪法通过不久之后制订的立法，以此作为某个宪法条款如何被理解的证据。这种用法较少受到个人提议者特质的束缚，因为它屈从于两院立法的多数。

### 3.5.3 何种态度?

关于"何种态度"，我指出了一个条款应如何理解中的希望、期待和确信之间的区别。我假定就像法律解释一样，最重要的心理状态是某人，宪法颁布者或者公民何以相信一个条款将被理解。

### 3.5.4 涵摄的态度和解释

这带给我们两个最棘手的问题：理解的内容是什么和理解的标准是什么？关

---

[41] *Everson v Board of Education*, 330 US 1,16(1947). 这种表述早期出现在 *Reynolds v United States*, 98 US 145(1878)。

于理解的内容，我试图大略地区分开解释的态度和范围的态度之间的不同。大多数宪法制定者以及某些公共律师，他们接受了法官应该如何解释权威法律语言的观念，以及宪法本身所要求的观念。当然，尽管没有人具有把宪法作为联邦政府结构的经验，但是他们都熟悉法律和殖民地宪章。一些学者主张在宪法被通过之前，法官已经灵活地解释法律语言，几乎很少或者没有注意过制定立法的立法者的，也没有予以严格或狭义方式理解过法律语言。[42] 如果是这样的话，就可以合理的假定制订和阅读宪法条款的人因此认为宪法可以被解释和构思，也就是说，宪法条款的内容就是以进化的方式被构建的。

如果这个假设是正确的话，那些严格坚持宪法制定那代人对宪法条款理解观点的法官，就不再忠于他们的全面理解。因此，如果宪法之父们撰写宪法条款旨在鼓励后来的法官进行他们自己的道德评估——德沃金称之为"宪法的道德解读(the moral reading)"[43]——那么自由贯彻狡黠道德的法官们就是在遵循原初理解。那些主张原旨主义者就是忠于宪法之父的人们，关于他们解释思想的这个历史问题负载着更重要的意义。

但是，一个原旨主义者如果认为大法官应该坚持对范围原初理解，那么他可能会以入下列方式偏离这个历史主张。宪法之父那代人所确信的东西是：我们对可欲的司法执行和限制的有根有据的观念，让我们得出这样的结论，法官解释权威文本应该坚持制订者和原初读者所确信的语言范围。因此，原旨主义法官应该遵循宪法内容的原初观点而不是司法权威性质的原初观点(original views)。这种立场的貌似合理性寓于我们已经审视过而被原旨主义所主张的价值之中。

#### 3.5.5 理解的标准

关于理解标准的相关问题或许是更核心的问题。这个问题与法律解释中的目的与特别意图的区别相平行。宪法创制者那代人对宪法禁止的特别实践有自己的立场；他们保有宪法条款目的的观念以及他们制定宪法的理由。假定现代法官确信禁令背后的原因与目的涵摄了宪法创制那代人认为可接受的实践，那么法官们

---

〔42〕参见 H. Jefferson Powell, 'The Original Understanding of Original Intent', *Harvard Law Review*, 98(1985), 885。

〔43〕Dworkin, Freedom's Low, 脚注 24, 同上。

不需要将实际文本语言大大地扩张，以至于涵摄这些实践。法官应该宣布这些行为是违宪的吗？按照我们所谓的狭义或者严格的原旨主义，现代法官应该把宪法创制者认为禁止的实践作为至关重要的问题。[44] 按照温和原旨主义的观点，现代法官应该主要地受宪法目的和理由的指引。一个温和的原旨主义者可能会强调判断的非常一般的标准——保护一切促进自由民主和真理传播的言论——或者某些中间的标准——保护那些禁止它就会导致制宪者所担心的煽动诽谤性犯罪危险的言论。

参考标准越深奥，就越难以区分温和原旨主义者法官和接受"活的宪法"的进化论法官在实践中的差别。"道德解读"方法就是其中的一个例子。如果法官在宪法中发现某种非常普遍性价值的话，诸如公民平等，并且根据她自己的道德评价把这些原则适用于当代环境，那么她是一个温和原旨主义者还是一种进化主义者呢？这是否有赖于她自己的自我理解呢？她是否认为自己是在从事一种原旨主义者的解释还是其他呢？

这个例子可能使人狐疑地认为温和原旨主义者和进化主义者之间的这个范畴本身是非常有用的。或许对宪法解释而不是运用这些一般的标签而言，我们将会更好地将问题准确集中在法官应该从制宪者那里获取什么以及应该从当代道德和政治标准中得出什么样的评价，或者建立他们自己的道德和政治判断的基础。

在这个方向的一个努力是 Laurence Lessig 的转译思想(idea of translation)，也就是，现代法官应该尽力按照制宪者那代人的脉络去理解宪法判决，然后把这些判决适用于现代生活中的不同背景中。[45] 在劳伦斯·莱森格(Laurence Lessig)的著作里，转译的观念赋予现代法官更大的范围，但是人们会设想一个样本来指示法官坚持逼近宪法创制者的价值观，留给法官较少的空间来回应有关价值的变化假设。

把自己视为原旨主义者的法官们倾向于强调制宪者所思考的宪法禁止那种特

---

〔44〕各种方法中的一种富有启迪的范畴是，Paul Brest，'The Misconceived Quest for the Original Understanding'，*Boston University Last Review*，60(1980)，204. 也可以参见 Daniel A. Farber，'The Originalism Debate：A Guide for the Perplexed'，Ohio State Law Journal，49(1989)，1085。

〔45〕Lawrence Lessig，'Fidelity in Translation'，*Texas Law Review*，71(1993)，1165；'Understanding Changed Readings：Fidelity and Theory'，*Stanford Law Review*，47(1995)，395.

殊实践。就像我已经说过的那样，所有的原旨主义者实际上都承认宪法原则可以适应于新技术，但是一个狭义的或者严格的原旨主义者会坚持认为适用于宪法原则的新技术（至少可能是）应该是制宪者所接受的。这样的方式被忠实地遵守，比起温和原旨主义者允许新原则随着社会条件和价值变化而更大地发展来说，它促进了对现代法官更多的限制。与狭义或者特殊实践的原旨主义者相伴的主要问题是：或许限制的太紧，以至于成文宪法难以修改。

根据某些特别的例子，我可以使这些抽象观点阐述得更好。第十四条修正案的通过者和当时的人们并没有考虑到平等保护条款会禁止公立学校的种族隔离（他们并不认为该条款是禁止支持从前奴隶的特别措施）。根据狭义的原旨主义，*Brown v Board of Education* 案件的判决很难被辩护。然而，一个温和原旨主义者会把平等条款作为具有代表性的判决，即黑人不应该被国家视为劣等人而且应该与白人一样具有平等的机会接受重要的国家服务；平等条款也认为已经认识到了公立学校的现代地位，关于种族奴役的普遍动机假设还隐藏在种族隔离的背后，等级耻辱对儿童引起伤害，人们会很容易发现这样的结论：学校种族隔离现在是违反宪法的。

在第一条修正案通过的时候，没有人会想到它严格限制一般诽谤（侮辱和诽谤）的赔偿。在20世纪60年代，南方诸州中官员诽谤的巨大赔偿数额损害了对民权运动的自由讨论以及官方对游行示威的回应。在 *New York Times v Sullivan* 一案中〔46〕，最高法院判决：第一条修正案意在禁止诽谤犯罪，一种惩罚对政府荒诞不经批评的犯罪。如果政府官员为了尊重政府行为清白无错的事实，可以成功地起诉报纸的话，那么对于政府的批评将会急剧地减少。因此，法院保护在公共场合对政府官员的诽谤，除非表述是故意地虚假或者对事实漠然地无所顾忌。再者，这种结果是一个狭义的原旨主义者很难为之辩护的结果，这个结果与温和原旨主义者更相吻合。

根据狭义的原旨主义者的理解，创制堕胎宪法权利的争议性判决是明显错误的，甚至温和原旨主义者难以证立它。〔47〕 在极其重要的 *Roe v Wade* 案件

---

〔46〕 *New York Times v Sullivan*, 376 US 254(1964).

〔47〕 如果第九条修正案或者第十四条修正案的特权和豁免条款被设计用来保护个人生活某些纵深领域的话，一个温和原旨主义者或许认为现在堕胎更适合那个领域。

中[48]，最高法院主要依靠第十四条修正案的正当程序条款。尽管在第十四条修正案之前，少数法院先于修正案就已经宣布“正当程序”包括某些实质性限制以及程序性要求，这个条款的主要推力是程序性的，而且一个人不能超越对个人事情的自我决定的任何普遍保护。只要人们把相关宪法价值投射到高度抽象标准上，那么这个判决就是与温和原旨主义是相一致的。

平等保护条款适用于妇女，在一定程度上提出了相似的问题。第十四条修正案通过的那个时代的人们否认妇女的投票权，禁止妇女从事职业工作，严厉地限制妇女的财产权，平等条款并没有假定要取消男女区别对待的分类。人们需要把原初宪法价值提升到高度抽象标准，这样才能使妇女获得平等(还有其他的不利群体，他们的保护已经被扩大了)。然而，至少在这个例子里，宪法语言更适合于这种扩张，因为这个条款本身并没有被明确加以限制。

对任何人的理论的有趣检验就是他们是如何对待死刑惩罚可能是“残忍的和不同寻常的”的这个观点。宪法创制时代的人们以及第十四条修正案通过的那个时代的人们明确地接受了死刑惩罚，宪法本身也明确地考虑了这种强迫接受。例如，第五条和第十四条修正案规定“未经正当法律程序剥夺生命，自由和财产”(因此隐含着在正当程序下可以剥夺生命)。有人可能主张宪法创制者本身对“残酷惩罚”有一个弹性的理解，而且可能预想到了在其他惩罚中的某些光天化日的死刑惩罚会受到相当重视。但是有人怀疑是否一个温和原旨主义者应该允许宪法被解释成拒绝宪法本身明确预料到的那些被容许的实践。

3.5.6 结构性推论

我已经写得更远了，如果法官们一直针对单个宪法条款(或者两个相近的宪法条款，例如自由表达和国教条款/the Free Exercise and Establishment Clauses)，但是宪法观点的可接受形式依赖于宪法的基本结构。[49] 就像法律条款需要按照其周围条款和整个法律目的进行解释一样，所以某条宪法条款也更应该按照其他条款和宪法基本结构来合理地解释。但是，有时最高法院走得更远，不依赖任何特定

[48] 410 US 113(1973).

[49] 参见 Charles Black, Structure and Relationship in Constitutional Law(Baton Rouge: Louisiana State University Press, 1969)。

条款就宣布了宪法权利。在第十四修正案通过之前，联邦最高法院宣布州不能干涉公民到政府所在地自由旅行，在 Griswold v Connecticut 案[50]的多数意见中，Douglas 大法官在权利法案“阴影”部分发现了已婚夫妇使用避孕工具的权利。

有关合法性宪法解释的众多理论中任何一个，都可以在结构中找到自己观点的位置，但是比起温和原旨主义者和进化主义者来说，严格原旨主义者（a strict originalist）的理论范围较小。只要宪法原初理解所创造的权利和义务是说服性的，那么严格原旨主义者从结构中发现的主张也将是说服性的。[51] 一个温和原旨主义者可能宣布只要新权利是源自于原初宪法的价值和实践的话，那么权利就超出了原初的构想。一个进化主义理论家可能断定新权利更适合于整部宪法，就像现在所理解的那样。

鉴于宪法修正的困难性，宪法的重要象征性和连贯持续的可欲性，在社会关系和主导价值产生大范围波动的时间内，严格的狭义原旨主义者对宪法解释的方法具有误导性。似乎合理的原旨主义必须集中于宽泛的宪法原则，以及如何将其适用于变化的环境。如果一部宪法幸存几个世纪而修正甚少，那么法官们或者必须实践一种温和原旨主义——有时（至少）把原始宪法价值作为一种相当高度的抽象，或者法官们必须实践进化主义的方式——着重于宪法背后的价值连贯性。最后，这两种实践方式变得几乎无法分辨。

### 3.6 现代读者

这里还有宪法解释两个问题的评论，我在前面触及过但是很简略。一个是现代读者（the modern reader）的角色，另一个是大多数宪法判决中的普通法品质。

当人们考虑大多数宪法问题时，现代读者对文本的理解问题远没有对典型法律解释更重要。这有两个原因。宪法条款主要是限制政府行为的。公民通常并不信赖这些宪法条款，这些宪法条款有赖于法律的禁止、允许及赋权。我并不是想说这种信赖从来没有发生过。一家报纸出版商可能违反法律禁止出版了关于如何制

---

〔50〕 381 US 479(1985). 需要说明的是，只有一个大法官联署了道格拉斯（Douglas），其他人都未附议。有关近期案例的讨论，参见 Brannon P. Denning and Glenn Harlan Reynolds, ‘Comfortably Penumbral’, *Boston University Law Review*, 77(1997), 1089。

〔51〕 更确切地说，人们将不得不考虑被通过的大多数最近相关条款在当时的理解。

造炮弹的信息，他却认为这部法律是在侵犯出版自由。出版商的宪法判断智慧可能取决于他确信自己不会被处罚的准确程度。但是公民并不是经常以这种方式回应免于自证其罪的特权和权利法案的条款。他们的个人行为并不受宪法解释的引导。大多数宪法主张中的公平告知，比大多数法律主张中的更少重要性。

现代读者对文本问题的理解的重要性很少出现宪法案例中，其原因的第二理由是，不管现代读者还是他们的律师都无法触及对宪法文本自身的立场。如果他们这么做，大多数关键条款的一般词语不会有更多指导意义。无论何种情况下，现代的理解都深深地受多年解释决定的影响。大法官可以适度地担心撤回对先前判决已经做出的保护，比如堕胎的宪法权利，但是问题并不是现代读者应该如何孤立地把握宪法文本的立场，这个问题涉及到公民对现代法院所宣示意见的信赖。

### 3.7 宪法解释中的普通法因素

对于法官和公民而言，宪法判决在增加。实践中的宪法权利更多地是处理法院经年累月已经决定的东西，这比原始文件所说的东西以及宪法创制者那代人所确信的东西都要多。就像前面阐释的那样，这一点与原旨主义者的解释是极其一致的。如果宪法(或者法律)条款是高度概括性的，那么试图贯彻执行原初理解的法院就需要发展出一系列辅助学说(ancillary doctrines)和宪法文本中无法找到的差别。在很多案件被判决之后，在没有回溯参考原初理解的情况下，法院的新判决可以适用和凝练这些学说。

但是，多数宪法判决的普通法品质也提出一个不同于原旨主义的限制模式。发展普通法的法官被先例判决原则和立场所限制。或许诚如 David Strauss 所极力主张的[52]，宪法判决中对法官的最重要限制就是这种相同的情况。即便判决以原旨主义者难以证立的理由方式发展了法律，但是这种限制还是存在的。

因此，具有自我意识的进化主义者对于抛弃司法限制的指责有一些回答。进化主义者可能指出原旨主义者法官要比原旨主义理论的假定受到更少的限制，这都是因为固定原初理解是很困难的，因为原旨主义似是而非的观点和温和原旨主

---

〔52〕David A. Strauss, 'Common Law Constitutional Interpretation', University of Chicago Law Review, 63(1996),877.

义的某些观点给现代法官留下了太大的空间来选择这种原则标准并把其适用于现代生活了。原旨主义者的方法提供了较少的限制，因为法官必须决定多大程度上接受既存的判例法内容，判例法并不认为可以证立原旨主义者的理由。

进化主义者认为法官应该承认一种“活宪法”，他们认为应该更直接地承认在很多领域里法律已经从那些纯粹限制性的原旨主义所证立的结论中走了出来，也应该更直接地认识到限制存在于法官与前辈的所作所为保持合理的连贯性(continuity)中。照此观点，宪法的确超出了原始宪法，但是某些方面的持续发展是很难与宪法词语和宪法创制者那代人的理解相联系的。此种模式不会因为法官现在无法校正连贯性所造成的一系列错误而遗憾，而是因为延续数世纪以来的宪法所要考虑的法律健康发展而遗憾。

# 第8章 方法论

朱尔斯·L.科尔曼 著 刘红臻* 译

可以说，哲学增进我们对法律实践的理解，最知名的进路就是提供对其核心概念——当然，也包括法自身的概念——的分析。[1] 在《法律的概念》的《后记》中，哈特(Hart)为他所命名的“描述性法理学”(descriptive jurisprudence)进行了著名的辩护，这是他为法律的概念分析所张贴的一个(正如结果表明的那样)饱受非议的方法论标签。同样著名的是，罗纳德·德沃金(Ronald Dworkin)否认存在描述性法理学的可能性，并相反争辩说法的哲学理论必然是一种一阶(first-order)道德/政治哲学的活动。法理学是规范性的，而非描述性的。[2] 这不是——至少在表面上不是——一场关于法或其概念的实质理论的辩论，而是关于法哲学，甚至在

---

* 吉林大学法学院、吉林大学理论法学研究中心副教授，主要从事人权法研究。

〔1〕大体上，我试图按照核心研究者(例如德沃金、佩里和已故的哈特)对它的阐述方式来提出和探讨法理学的方法论问题。但这些并不是我对其进行概念化的方式。我认为，如果不先将“法”的元语义学和语义学问题从法理学的问题中清厘出来，我们就不能完全理解法理学的首要关切。尽管我确信这一进路比常见的理论程式所提供的方法要重要和有价值得多，但由于两方面的原因，我若在本文中从自己的视角提出这些问题，就会显得不合适宜。首先，提出一个新的替代性框架要做很多的分析性铺陈，这会使本文变得过于冗长。其次，这些问题在现有的框架中也基本能够得到有效的研究和解决。在不沿用现有程式而提出替代性框架的地方，我用实质性脚注来标示。对法理学的替代性进路有兴趣的读者，我推荐其参阅我与 Ori Simchen 合作的“Law”(作者存档论文)，以及 Jules Coleman and Ori Simchen, *The Language of Law* (forthcoming, Harvard University Press, 2002)。

〔2〕难以确定谁是始作俑者，引入了“规范性”和“描述性”这两个语词来标识不同的法哲学分析进路所具有的区别性特征。虽然这一点很清楚，即对于法理学的方案存在两种显然不同的观点；但是，如何有意义地阐述此种不同及其为何重要，却并不那么清楚。本章的目的之一即是将该问题阐明到一个足以与这场辩论所激发的热情程度相匹配的清晰程度。

更一般的意义上是关于哲学中理论构建的方法论之争。尽管这场描述性法理学论者和规范法理学论者之间的争论可能构成了近期文献中最为显要的主题，但要以一种能够证成其所受关注或者争议双方所付热情的方式来建构一个辩论的框架，却非常困难。

哈特在将自己的方案界定为“描述性”时，意在提出一个限缩的，并且在他看来无可反驳的主张——即，法理学的理论无需担保从合法律性(legality)到道德合法性(moral legitimacy)的推论(inference)。按照哈特的看法，法律概念分析的任何其他进路(approach)都有对法律的合法性进行循环论证(beg the question)的危险。在把自己的方案称作“描述性”时，哈特认为他只是在作为避免此等循环论证所必需之事。哈特并不排除这种可能性，即某些或所有涵括于“法律”外延之中的治理形式具有道德上的合法性、值得赞同或者能够产生应予遵守的道德义务；他意欲排除的仅是从合法律性到合法性的推论。准确或不准确地，哈特认为德沃金在强加这一限制，即恰当的法律概念理论是那种其法律实例至少乍看起来具有道德正当性或者值得赞同的理论；当哈特将自己的方案称作“描述性”时，他只是想要与此等方案划清界限。

和德沃金一样，斯蒂芬・佩里(Stephen Perry)也争论说哈特的法理学是规范性的，而非描述性的。佩里的批评从哈特在《法律的概念》前言中挑起争议的论点入手，该论点声称他的分析法理学的方案也可以被界定为“描述性社会学”(descriptive sociology)。正如佩里对他的解读，几乎没有证据表明哈特从事了任何形式的社会科学研究活动：他既没有寻求揭示能够支持适当的反设事实(counterfactuals)的类律规则(law-like regularities)，也没有采用指导此类研究活动的标准(norms)——例如预测准确度——来估测他的方案。[3] 如果哈特没有从事此类社会科学研究活动，那么他是在别的什么意义上将自己的方案称作“描述性社会学”的呢？

一个可能的答案是，和J. L. 奥斯丁(J. L. Austin)一样，哈特认为关于世界的知

---

〔3〕相反，斯科特・夏皮罗(Scott Shapiro)分辩说有足够证据证明哈特确实有某种社会科学的志向。特别是，夏皮罗认为哈特致力于一种对法律的功能主义的叙述，而这在其目标和方法上都是非常社会科学的。夏皮罗论辩说哈特的功能主义为《法律的概念》(Oxford: Clarendon Press)第五章的论点——所有成熟形态的法律体系都由初级规则和次级规则(primary and secondary rules)结合而成——提供了最好的说明。参阅 S. Shariro, “On Hart's Way Out”, *Legal Theory*, 4/4(1998), 和“Law, Morality and The Guidance of Conduct”, *Legal Theory*, 6/2(2000)。也可参阅 Jules L. Coleman, “*The Practice of Principle*” (Oxford University Press, 2001), ch. 10。

识可以通过探究我们谈论它的方式来获得。于是，在此语境中，一种描述性的社会学就成为一种关于语言运用的社会学研究——具体来说，成为关于“法律”这一术语各种可理解的用法的社会学研究。描述论者——或者，在此意义上是概念分析家——的工作就是调查用法和报告调查结果。照此理解，描述性法理学的目标就在于确认将“法律”这一名词冠之于某些治理机制（schemes of governance）的共通性标准（shared criteria）。

一个术语或者概念所表达的意义（meaning）固然与它的应用息息相关，但是这种微妙的关系绝不能被一种旨在列举共通用法共同性（commonalities of shared usage）的简单的报告方案（reporting project）所捕获。这样的方案在多数情况下只能产生模糊含混的观念（notion）。哈特的目标不在于报告用法，而是分析法律的概念。其中，对法律的概念进行分析就是通过阐明那些最能使我们精确地使用“法律”这一术语的应用标准来对概念进行合理化。这一方案在其建构和志向上都是规范性的。它符合理论建构的规范，并且旨在规训（discipline）用法、构造（structure）思想。如果我们是在这种意义上理解法理学必须是“规范性”的这一主张，那么任何关于法律概念的解释或理论就都是规范性的，但这几乎不是什么新的发现，当然也不是哈特或者其他任何人所要辩驳的。简而言之，哈特能够，并且肯定愿意接受法律概念分析的规范性，尽管他非常正确地坚持自己的方案是描述性的法理学——借此他只是表示他的方案并不追求证成从合法律性到合法性的推论。这样的推论如果被证成，将是基于实质的而非概念的或逻辑的基础。

如果规范法理学只是宣称法律概念的分析是一项受到标准（norm）支配的活动，其目的在于规范（regulate）用法和规训思想，那么它将是一种相当无辜的主张，没有人——尤其是哈特——会拒斥它。另一面，如果我们接受哈特的提法，那就当且仅当其证成从合法律性到合法性的推论——或者将证成这一推论当作适当性条件（adequacy condition）时，法理学才是规范性的。任何其他方法论都是描述性的。按照第一种提法，法理学不可能不是规范性的，然而按照第二种提法，法理学又极不可能是规范性的。很难说这个问题已被讨论得很充分了，让我们看看我们是否能做得更好。

对于被归咎于哈特等人的描述性概念分析方法，我们可以区分出两种非常不同的质疑。一类批评者反对概念分析，另一类批评者则指向其所谓的描述主义。那些反对该方法的概念主义维度的批评者将概念分析视作哲学中“语言学转向”的残余。哈特实施概念分析——鉴于他写作时所处的时期——是一个可以谅解的错误。至于我们其余的人，从事概念的事业则是一种不可原谅的罪过。这些批评者，其中最著名的是布莱恩·莱特(Brian Leiter)，声称概念分析很可能徒劳无益、毫无启发意义，因而概念分析最好走语言分析之路。既然语言哲学已经让位于自然主义，概念法理学(conceptual jurisprudence)也应如此；它必须让位于自然化法理学(naturalized jurisprudence)。[4]

另一类批评者，像罗纳德·德沃金和斯蒂芬·佩里，似乎并不否认哲学分析潜在的教益性；相反，他们只是否认它的描述主义主张。对他们而言，法律的哲学分析之所以富于成效，部分原因在于它不可避免地援引了政治道德的可争性预设(contestable premises)。

这两种反对意见都不具有说服力。即使存在充分的理由来表达对哈特的方法论的怀疑——这样的理由很可能存在——那也不是由那些倡导自然化法理学或规范法理学(normative jurisprudence)的人所提出的理由。本章依次讨论以下问题：在第一部分，我对规范法理学理论进行了考察。其间，我阐发和评估了其最为热忱和称职的倡导者所提出的很多论据。这些和我构想的其他许多有价值的论据，都没有说服力。然而，很多(论据)还是极富洞察力的，对其进行详尽探讨会使我们有所获益。在第二部分，我评议了莱特代表自然主义所提出的主张。我们先从德沃金对规范法理学的论证开始。

## 1. 规范法理学

### 1.1 语义学之刺(The Semantic Sting)

德沃金是规范法理学最重要的倡导者，他为法理学是规范性的这一主张所做

---

〔4〕自然主义者，像莱特，倾向于把关于法律的哲学理论化的所有不同形式通约为先验的“直觉泵送”(intuition pumping)。这样做时，自然主义者依赖一个过于窄义的自然主义概念，提供了一个被缩小的哲学方案(project)的概念。在此我不能对这一问题进行详细讨论，但在后面我将有机会更多地论及分析哲学的方案。

的最著名的论证是语义学之刺。按照德沃金的看法，实证主义不仅是一种关于法律之所是的实质性观点，它还由某种概念语义学（semantics of concepts）以及关于概念意义（meaning）的理解（understand）和概念内容（content）的检索（retrieve）是什么的关联解释（related accounts）所承保（underwritten）。他将那个承保网络（web of commitments）标注为“判准的语义学”（criterial semantics）。根据他对“判准的语义学”的表述，“在使用任何语词时……我们都遵循共通的规则，这些规则设定了为语词提供意义的标准”。[5] 概念意义的获知由某种理解来证明。由于概念的意义是由其共通的适用标准所给定的，因此，要理解意义就要知道那些标准是什么。照此理解，法理学的要义在于识别正确适用“法律”这一概念的共通标准。

然而，法律是一个在根本上具有争议性的概念，因为合格的语言使用者不仅对这种或那种治理机制——例如，纳粹德国——是否构成法律的一个实例，以及法律概念的适用标准**应该**是什么存有歧议；而且对法律概念的适用标准是什么也持不同意见。如果合格的语言使用者能清楚地对他们所共同使用的一个概念的适用标准持有不同见解，那么这个概念的意义就不能由其共通的适用标准来确定；从而法理学的方案也不在于辨识那些共通的标准是什么。

这样，语义学之刺就在总体上破坏了概念——具体来说包括法律的概念——的“判准的语义学”，瓦解了它所承保的实质性法律实证主义。以这种方式，语义学之刺的论证（the Semantic Sting Argument）为法律是一个解释性的概念这一观点铺平了道路。在确定法律是什么时，我们并不是在辨识这一术语共通的适用标准。相反，我们是在为某种实质的规范性预设进行辩护，并以其为导向来分析法律是什么。

在建构性解释中，我们是从对实践的前理论性说明或理解开始入手的。此种理解限定了我们可以合理地赋予它的整套价值或用途。一旦某种价值或功能被归赋给实践（practice），它也就设定了实践的内容。在此意义上，实践将我们引向最适合于解释它的功能或用途，而该用途又反过来设定了指称这一实践的名词的外延。这就是适合（fit）和价值参与到建构性解释中的方式。就法律而言，德沃金坚

〔5〕 *Law's Empire* (Cambridge, Mass.: Belknap Press of Harvard University Press), 31.

称最能说明我们法律实践之本性的用途或功能是证成、指导和约束国家的强制力。在解释法律是什么时，我们以从最佳角度揭示它为目标来定位对它的解释——即，将其解释为它所是之物类中的最佳之物——在此语境中，就是能很好地实现其功能或表达其给定价值的东西。既然我们强加给法律的意义或用途是证成和限制国家对强制力的运用，那么为了检索法律概念的内容我们所必须从事的实质性论证就必然地诉诸政治道德的规范。于是，法理学就是并且必须是规范性的。

规范法理学的这一论证包含两个要素。第一个是语义学之刺；第二个是建构性解释的性质。这两个要素之间的联系如下所析。对实践——这里是指法律——的哲学分析所采取的形式不是判准的语义学就是建构性解释。“判准的语义学”的失败衍推(entail)出解释主义。法律的建构性解释进而要求一种规范性的法理学。尽管语义学之刺的论证并不足以证立规范法理学，但德沃金认为它是确立规范法理学所必需的。在评估他为规范法理学所做的论证时，我们应当从语义学之刺的论证本身开始着手。

语义学之刺的论证所存在的首要问题是它的显然无效性。只有在概念语义学必定不是判准性的就是解释性的这一假定正确时，它才可能是有效的。唯有如此，“判准的语义学”的失败才能衍推出解释主义。无疑，这并不是仅有的两个选项，因而“判准的语义学”的失败也就不能衍推出解释主义。[6]

更成问题的是，如果说判准的语义学是错误的，可德沃金却没有给出作此论断的理由，更未说明为什么将这样一种语义学按在哈特身上。按照德沃金的界定，“判准的语义学”认为概念的意义由共通标准的存在所设定。“共通的适用标准”这一措辞在个人主义的解释和共同体范围的解释之间是有歧义的。按照个人主义的解释，标准的共通，是在每个合格的语言使用者都知道概念或概念——语词的适用规则的意义上而言的。按照共同体范围的解释，说标准是共通的，只是指该共同体具有一个概念或概念——语词的适用规则，但是不必每个合格的语言使用者都知道该规则是什么。正如从维特根斯坦(Wittgenstein)到普特南(Putnam)和拉兹

〔6〕这是为什么我们能够沿着 Mark Greenberg 启发我的进路来解释语义学之刺的一个原因。在这一解读中，语义学之刺的要义就是要排除解释主义的自然竞争。如果判准的语义学是正确的，将会使寻求解释主义的策略变得毫无意义。语义学之刺并没有证立解释主义，只是帮助激发了它。

(Raz)每个人都已指出的，个人主义的判准论(criterialism)观念是没有出路的。意义是社会性的，在这一点上个人主义判准论对它的界定有失恰当。〔7〕然而，德沃金却必须将判准语义学的这种个人解释归赋给实证主义，因为若非如此，人们对概念的适用标准是什么持不同意见这一事实，对于判准论者来说就是无关痛痒的。〔8〕

同样不能被公平地按上哈特身上的，还有这一要求，即那些共同使用相同概念并理解其意义的人以能够阐明概念适用规则的形式分享某种理论知识。这种意义观对后期维特根斯坦做了逻辑实证主义的理解，对哈特和维特根斯坦都没有给出令人信服的阐释。〔9〕当然，德沃金可以按照自己的意愿随意界定“判准的语义学”并使其承担无法承载的重负。然而如此一来，他却使任何论证，包括语义学之刺，变得相对无趣了——其结论弱了很多。

由于未能充分注意到(某一特定社会的)*法律*的内容与法律*概念*(或法律，一种社会实践)的内容之间的区别，语义学之刺的论证被进一步消解了，因为其结果导致德沃金在论述中张冠李戴，虽意在证立一个结论而实际上却在为另一个结论争辩。按照德沃金对“判准的语义学”的界定，“在使用任何语词时……我们都遵循共通的规则，这些规则设定了为语词提供意义的标准”〔10〕因此，“‘法律’这一语词的意义使*法律*取决于某种特定的标准，而任何拒斥或质疑那些标准的法律人都在说着自相矛盾的胡话”。〔11〕当然，“法律”这一语词的意义也许取决于特定的共通标准，尽管一个特定社会的法律并不依赖于任何种类的共通标准。因而，质疑在其所属社会中合法律性的判别标准是什么的法律人不能被(即使是被判准语义论者)指责为在说“自相矛盾的胡话”。

从一开始，德沃金就混同了两个相异的概念：一个是，“法律”这一术语的适用条件(或者法律概念的语义学内容或法律的本质)；另一个是，特定社会中合法律性

〔7〕Joseph Raz, “Two Views of the Nature of Law: A Partial Comparison”, in Jules Coleman (ed.), *Hart's Postscript* (Oxford: Oxford University Press, 2001).

〔8〕这一论证的详尽展开见 Coleman 和 Simchen 的 *The Language of Law*。在该书中，我们还阐释了为什么即使是共同体范围的判准论观念也不能给出像“法律”这样的名词的意义。

〔9〕参阅 Coleman and Simchen, *Content and the Language of Law*。

〔10〕*Law's Empire*, 31.

〔11〕Ibid. 31.

的判别标准。下述论断本欲辩倒判准语义学论者，却反而暴露了其混淆的程度。“如果法律争论主要是或退一步说部分是有关重大案件的”，他写道，“那么法律人不可能都用同一事实标准来判定法律命题何时为真何时为假。他们的争论将主要或部分地是关于他们应该使用哪些标准”。〔12〕他断言，“如果两个法律人确实是遵循不同的规则来使用‘法律’这一语词，使用不同的事实标准来判定一个法律命题何时为真何时为假，那么当他们说法律是什么时肯定是意指与对方不同的事物”。〔13〕

德沃金把前两个分句——“如果两个法律人确实是遵循不同的规则来使用‘法律’这一语词”，和“使用不同的事实标准来判定一个法律命题何时为真何时为假”——当成是一回事，因为二者都被认为能衍推出这一结论，即“当他们说法律是什么时肯定是意指与对方不同的事物”。然而，尽管说两个遵循不同规则来适用“法律”这一语词或概念的人肯定为其赋予了不同的意义这一点在“判准的语义学”上可能是正确的，但这并不意味着两个使用不同事实标准来判定法律命题真假的人肯定为“法律”这一术语赋予了不同的意义，或者采用了不同的法律概念。

两个人可能用不同的事实标准来判定某个命题是否具有法律效力，而对（法律）概念的意义却并无歧异；两个人可能对事实标准意见一致，而对（法律）概念也没有意见分歧。一旦人们认识到判定法律命题真假的事实标准与特定的法律体系挂钩，而判别法律概念语义学内容的标准却非如此时，这一点就显而易见了。因此，你和我可能共用相同的法律概念，但由于我们在不同的社会中实践法律，我们可能对判定特定法律命题真假的事实标准（在一种无趣的意义上）持有异议。

同样地，你和我可能在同一社会中实践法律并对在我们的社会中事实标准是什么持有共识，但对法律的一般概念却意见相左。因此，我们可能一致认为一项违背第十四修正案平等保护条款的规则不是有效的法律，但却对法律的概念存有争议。你认为对这一事实的最佳解释是实质性道德构成合法律性的判别标准，而无论此种限制是否被实施（你是一位自然法论者）；我认为对这一事实的最佳解释是

---

〔12〕Ibid. 41.
〔13〕Ibid. 41.

存在一种惯习性的实践否认不符合实质平等标准的规则具有法律效力。对于法律的概念，我是惯习主义者，而你不是。我们的分歧在于如何最好地解释这种实践；我们无需争论——尽管我们很可能会这样——在我们的社会中判别合法律性的标准是什么。

你和我是否可能对我们（共同的）社会中合法律性的判别标准持有异议，但对法律的意义却没有不同意见？换言之，一种“判准的语义学”是否能与法律人（以及其他合格的语言使用者）之间就其所属社会中合法律性判准所持的分歧相并存？我认为，这是德沃金最关切的问题。对于德沃金来说，很遗憾，答案是：当然，你和我可能对我们社会中的合法律性判准意见不一，而无须对“法律”这一术语的适用标准存有争议。这里有一个显而易见的例子。你和我对于在我们的社会中判断法律效力的标准是什么意见不一致，但是我们共用相同的标准来适用“法律”这一术语。我们所共有的是这一观点，即法律是一个可争论的概念——因为无论何地只要有法律，法律是什么就永远是一个具有潜在争议的问题——从而要求一种解释的实践。的确，我们对在我们的社会中合法律性的判准是什么持有歧见，这一点完全可以说得通，因为这种歧见构成我们关于法律是什么的共同理解的一部分。

由此看来，德沃金似乎误诊了我们关于合法律性判准的争执。我们的争执并没有告诉我们哪种法律概念的语义学理论是正确的。如果实证主义作为一种法律概念的实质理论声称合法律性的条件已被判别法律效力的共通标准所穷尽，那么我们之间的争执则在某种程度上证明在一些法律共同体中合法律性的判准并没有被共通标准所穷尽，或者说标准并不是按照惯习主义或实证主义图像（picture）所要求的方式被“共通”的。因此，关于一个社会中合法律性判准的争议——正确理解之——可能对实质的实证主义（substantive positivism）不利，然而对一个社会中法律的判准是什么的争议却和语义学理论或方法论主张没有关系。[14]

规范法理学据以立论的支命题“语义学之刺”是站不住脚的。整个论证因之归于无效。而且，只有对哈特的逻辑实证主义解读才将“判准的语义学”强加给他。

---

〔14〕 Kenneth Himma 提出了非常相同的观点。参阅 Kenneth Himma，“Ambiguously Sting”，*Legal Theory*，7/1(2001)。

这样一种解读，无论对于哈特还是对于维特根斯坦和J. L. 奥斯丁这两位对哈特影响最大的哲学家来说，都是不公平的。[15] 另外，该论证还把*法律*（*law*）（指称一种实践或概念）内容的性质和特定社会中*具体法律*（*the law*）的内容混为了一谈。[16]

德沃金从未否定过语义学之刺；很显然，它的正确无疵是他论证规范法理学的关键。不过，如果我们要以其应得的审慎态度对待德沃金对规范法理学的论证，则我们需要将其与语义学之刺相剥离。换言之，判准语义学的失败不能用作断言法律是一个解释的概念的理由。面对语义学之刺的崩溃，什么为解释主义的论点提供基础，这仍是一个需向德沃金提出的合理问题。让我们先将这个问题搁置一边，简单地假定法律就是一个解释的概念。

即便如此，也不能根据法律是一个解释的概念这一事实，而断定对它的任何解释都要求涉足实质的道德/政治哲学。我们需要更多的论证。所需要的论证从这一无可指责和无所争议的主张开始，即适合于解释某物的规范取决于被解释的对象是什么东西。这意味着我们需要某种足以锚定（anchor）对其做如是解释的、关于法律是什么的前解释性描述。主张法律的功能就是证成和限制国家强制力的观点，情况大抵如此。法律证成功能的归结，成为将我们对法律概念的分析导向实质性政治论证的前提。[17] 即使是这种对法律特有功能的归结，也不足以确保规范法理学的成立。要提出法理学必需投身某种实质性道德/政治理论的主张，我们还需运用宽容原则（the principle of charity）。

让我们更仔细地看看这两个前提——法律的证成功能和宽容原则——在该论

---

〔15〕关于这一点，参阅 Coleman and Simchen, *The Language of Law*。

〔16〕我们有两条诠释德沃金的进路。我们可以把他解读为只是没有认识到在*法律*是什么和*具体法律*是什么之间所存在的区别。这种阐释在本文中已得到充分证明。或者，我们也可以把他解释为反对二者之间存在需要予以分辨的重大区别的观点。关于该后一种诠释进路，德沃金应被理解为争辩说，只有在阿基米德的哲学立场中，法律是什么与这里的具体法律是什么之间的区别才有意义，而阿基米德的哲学立场是应该被摈弃的。在德沃金发表于《法律帝国》之后的论文中有大量支持这种诠释的文本性佐证（在《法律帝国》中也有这样的线索）。认为德沃金忽视了一个常见的哲学上的区别，或是推断其反对根据一种特别有趣的哲学立场来证立此种区别的重要性，如果要在这两者之间做出选择，我倾向于后者。但不仅仅是作为一个宽容的问题（a matter of charity）。这是一个在各方面都较好的解释，但要求我们修正对《法律帝国》中所述论点的通常理解。这是 *The Language of Law* 和"Law"中详细探讨的问题之一。

〔17〕将主张法律具有一种必要的证成功能的观点归因于德沃金，关于其恰当性的讨论见下面第 321－323 页。

证中必须如何运作。当断言法律的功能在于证成强制时，也定是在声称这是法律的一个基本或核心的属性——而不仅仅是法律能够发挥的一种作用，或者一些、许多、甚或大多数社会碰巧指派给法律的一项功能。如果对强制的证成不是我们如是理解的法律概念的一部分，那么概念分析为何应被定向于根据那项功能来解释法律？一把锤子，比如说，能胜任很多功能——用作谋杀武器或镇纸——但是锤子能充作此用，即胜任这些功能的性能，却几乎不构成我们关于锤子的概念的一部分，我们也不会期望把对锤子是什么的说明定向于为这些性能提供解释。如果德沃金赋给法律的功能为定向概念分析所必需，那么我们就不得不假定这种功能构成如是理解的法律的基本属性。但这不是一项无需论证的假定；一个被缺漏的论证是：概念的这一本质特征是在对其进行建构性解释的过程中得以揭示的。因为这种功能是在我们开始适用该方法之前就必须预先假定的，而不可能是适用该方法的结果。

现在让我们转向宽容原则。建构性解释的方法要求我们从最佳角度展现被解释的对象。对法律的解释被定向于证成功能（justificatory function）这一目标——即被导向道德证成的状态。从最佳角度理解法律，鉴于其被赋予的功能，就是将其解释为能大体上胜任其证成功能。而若其“必须解释它所认作的法律如何为国家强制性权威的实施提供一个总体上的证成”，则任何关于法律是什么的陈述都要求我们诉诸政治道德的实质性规范。[18]

当我们把法理学是解释性的这一前提和上述两个补充性的前提——法律的本质功能是证成和限制国家强制力，以及根据该功能解释法律是什么所遵循的宽容原则——结合起来时，我们就形成了对规范法理学的论证——一种主张法律概念的分析必须援引政治道德的实质性和可争性前提的学说。

但是我们能在多大程度上把这一论证当真呢？在每个关键点上，所有的推论都其来无自。首先，我们从一项功能——对国家强制力的证成——开始，是它把分析导向道德前提的。但是没有任何论证向我们表明这项功能构成法律概念的本质要素——而对法律的分析如果要导向道德/政治理论，它就必须

〔18〕 Law's Empire, 218.

是。[19] 接着我们从概念分析是一项解释活动这一事实走向结论,说为了理解法律是什么,我们必须把它看作能高度成功地证成国家的警察权力(police power)。这步推论要求一种关于如何在这样的语境中适用宽容原则的特定的,并且非常不靠谱的认识。毕竟,在戴维森那里,宽容原则是作为将行为理解为语言——即,表达或具有意义——的前提而被提出和辩护的。我们没有理由认为戴维森的论点应该担保宽容原则被用作断言实现其功能是法律的本质属性的依据。

规范法理学提出两个不同但相关的主张。其中第一个是,为了解释法律是什么我们不得不诉诸一种实质的道德/政治理论——从而能为法律命题提供真值条件。第二个主张是,这种方法论立场应当大体上和关于法律是什么的各种实质性理论——包括最为重要的法律实证主义以及德沃金自己的解释主义——相兼容。

我对德沃金理论特性的概括,核心就是认为他持"法律具有一种基本的证成功能"的观点。已经有人对我的解读提出异议。事实上,对于德沃金"法律的功能是引导和约束政府权力"的主张,我们可以区分出至少三种看似有理的解释。一些人,像杰里米·沃尔德伦(Jeremy Waldron),向我提出,当其把法律的功能界定为引导和约束政府权力时,德沃金只是在指明我们的法律实践所具有的一个重要且普遍的特征,即:法律坚决要求,只有从过去关于集体强制力(collective power)何时是正当的政治讨论中产生的个人权利和责任所许可或要求时,强制力才能够被使用或保有。[20] 法律实践具有一种证成性的要素,而非证成性的功能——并且,这种证成性的要素又是历史性的。向后看的证成结构是法律的一个重要特征,任何法律分析都必须能够对它做出解释。照此理解,德沃金关于法律的功能是引导和约束警察权力这一主张,表达的就是法律的任何实质性理论都应满足的*适当性条件*(adequacy condition),而非对法律是什么进行理论概括的方法论限制。

实际上,对德沃金的这一解读方式把他理解为在表述与哈特用以批评奥斯丁

---

[19] 德沃金没有明确宣称法律的本质功能就是证成强制力。诚然,像人们应该做的那样,他拒绝法的本质主义。但另一方面,如果不作此论断,他对规范法理学的辩护将注定失败。因此,我不是说德沃金明确地把一种本质的证成功能强加给法律:我只是提出对 Law's Empire 中规范法理学理论的最佳阐释必须预先假定这一论断。更为全面的讨论,见下文。

[20] Law's Empire, 93.

的相同的观点。哈特提出，任何关于法律的陈述在把法律的权利和义务话语阐释清楚的同时，还必须阐明法律权威的历史维度。在对奥斯丁的批评中，哈特坚持把法律权威的主张所具有的这些特征当做关于法律的实质性陈述所应满足的适当性条件，而不是吁求某种特定的法学方法论的原因。正如哈特所争论的，奥斯丁关于法律的陈述中可资利用的资源，虽足以解释法律能如何强迫行为，但却不足以解释法律何以有资格强加服从其指令的义务。此外，由于把法律等同于命令，奥斯丁的陈述中没有资源能够解释我们的法律授权实践的相关历史维度。

哈特所诟病的是奥斯丁的实质法律理论，而不是他的方法论。按照沃尔德伦所提示的解读思路，德沃金是在强调关于法律的陈述所须满足的类似的适当性条件。任一司法决定的证成都在某种程度上取决于它与过去的政治行为的关系。任何法律理论都必须说明它的这一特征。德沃金坚持认为这是法的实质理论所须满足的适当性条件，也许他是对的，但如此一来，他把负担抛给了理论资源，而非确定这些资源是什么的方式。

如果我们像沃尔德伦提示的那样来解读德沃金关于法律证成功能的主张，那么它们就不能算进对规范法理学的辩护。它们未对方法论施以限定，因而，也未强加某种吁求规范法理学的特定方法论。而且，若无这般限定，如此解读德沃金关于法律证成“功能”的主张将使“法律帝国”第一和第二部分之间的关系变得无法解释。如果没有确立方法论主张，为何法律实证主义和实用主义非要被重述为解释性理论？德沃金声称它们必须被重述为解释性埋论，这一主张依赖于他对规范法理学的建立。而要建立规范法理学，仅仅按照该解读方式对其意涵的界定来理解关于法律功能的主张是不够的。它要求我们把德沃金关于法律证成功能的主张看作是限定法理学的方法，而非其实质。

我们不把法律具有证成功能的主张解释成对法律实质理论所需满足适当性条件的表达，而将其视为一项解释性的“提案”。这一观点认为，要理解法律，我们需赋予其某种价值、功能或目的。不存在本质的、最佳的或最适宜的功能和价值来赋给法律。不同的貌似合理的功能属性产生不同的解释，它们基本上全都能结出理论“果实”。至少按照该解读思路，德沃金关于法律功能的主张关系到法理学的解释方法。

我将在下文接着对这一提案做更详尽的评述。[21] 现在，我们足以注意到，照此理解，解释论并不导致规范法理学。解释法律是否要求我们诉诸实质的道德/政治理论，取决于我们赋予法律的价值/功能/目的。按照对德沃金的这种解读，任何富于成果的解释都是有道理和洞察力的。尽管在其对解释性法理学的追求中德沃金的思想里可能存有多种兴味，但他却被诸如尼克斯·斯达夫罗伯落斯(Nicos Stavropoulos)这样最为热情的支持者们标本性地解读为致力于提供法律命题的真值条件。如此解读德沃金关于法律功能的主张，与他基于明显的原因、明确地致力其中的两个方案(project)不相符合。

这样就只剩我在上文中提出的那种解释了。在对德沃金关于法律功能之主张的三种解读中，它是唯一支持规范法理学论说的。同时，它也是唯一与本书的语义学方案相符合的，亦最能说明本书各部分之间的关联。正是单单因为法理学必须是德沃金所指之规范性的，所有的法学理论——包括实证主义——才非要被重述为解释性的理论。[22]

到此为止，我们没有理由认为法律的功能就是证成国家的强制力，也没有理由认为我们须要把法律提出的要求当做正确的。如果我们能以其他方式证明法律必定具有某种道德属性，而该道德属性又强烈到足以被一般地证成和归结为法律的一项特征，我们就可以解决这些问题。如果法律具有某种堪称其基本特征的道德

---

〔21〕 见第 333－335 页。

〔22〕 对德沃金的这种解释似乎也不乏来自原文本身的支持。他写道："[一种]法律观必须说明它所认为的法律是如何为国家强制力的实施提供一般证成的。"(Law's Empire, 218)

我不得不承认在评估德沃金的规范法理学说时所遭遇的两难困境。*法律帝国*中的论证存在两个基本的问题：一个是方法论的，另一个是实质性的。本书以德沃金设问如何理解法学理论开篇。他一经立论说所有法学理论都是解释性的，就将"整全法"(law-as-integrity)的敌手理论(即实证主义和实用主义)重述为解释性理论。这两个问题是，首先，他为法理学的解释性品质所提供的论证是虚弱无力的，并且似乎是以混淆"法"和法律为依托的；其次，在德沃金后来的文章中所突显的反阿基米德主义(anti-Archimedeanism)与其在*法律帝国*中建构规范法理学说的方式完全不一致。规范法理学的论证依赖于方法论问题与实质性问题的区分，而反阿基米德主义的核心主张却认为脱离了对某种特定的法理学的实质性辩护我们便无法就法理学的正确方法问题提问。因此，如果我们按照其自身的行文来解读*法律帝国*，则会得到一个立不住脚的规范法理学的论证，它实际上与德沃金潜持的基本哲学立场相矛盾。另一方面，如果我们透过他反阿基米德主义的视角来解读*法律帝国*，就不得不修正对其实质内容的理解。在本文和《原则的实践》(Practice of Principle)中，我选择法律帝国的常规解读方式对其做了相应的批判。跳出常规程式的束缚，我捍卫那种更好的解释——它使德沃金更为自洽、在哲学上更为精妙——更加激进，但否弃了对*法律帝国*的通常理解。参阅 Coleman and Simchen, "Law" and *The Language of Law*。

属性这一点并不包含在我们的法律概念中，我们又凭什么把它解释成那样？另一方面，如果我们开始就假定这样的法律具有那种根本的道德属性——它以某种支持规范法理学核心主张的方式来定向法律概念的分析——结果可能证明法理学的规范性与诸多关于法律概念的实质理论不相兼容。那就意味着这种方法论可能会对其下诸实质理论的真值性进行循环论证。这将违背规范法理学的第二个信条，即，它与各种不同的法律实质理论的兼容性。

看来要寻求对规范法理学的辩护，我们似乎有两条路可走，但二者都存在明显的障碍难以通行。第一条路是指认法律所必然具有的某种道德属性，该道德属性将法律概念的分析引向政治道德原则。这里的担忧是规范法理学最终被证明与多数似乎合理的法律实质理论不相兼容，从而追求这种论证策略的代价——从理论的角度来看——会过于高昂。另一条路是看看我们能否为法理学的规范性建构一种压根不以法律必然具有某种道德属性为依托的论证。这里的担忧是这样的论证并不存在，因为如果法律不是那种必然具有道德属性之物，为何分析法律是什么时必须援引道德前提。我们对桌子、椅子、知识等物的描述需要道德前提吗？没人会认为需要，因为在我们的概念中这些事物都不是具有基本道德属性之物。对于我们没有理由认为其具有基本道德属性的事物，为什么要在我们对它的解释中援引道德前提？

除非法律包含某种必然的道德属性如此定位我们对它的分析，否则我们关于法律是什么的分析怎会必定要求道德论证？另一方面，如果规范法理学以法律具有必然的道德属性为依托，那么它作为一个方法论的命题可能与诸多似有道理的关于法律本性的实质观点相抵牾。尽管这些已经构成怀疑其成功可能性的充足理由，但我们还是再看看能否运用这两种策略建构出还算说得通的论证。我们先来看不赋予法律必然道德属性的规范法理学之辩。

一种有望成功的方法开头就主张对法律是什么的分析应被导向法律体系参与者的自我观念(self-conception)。毕竟，法律要存在就必须有相关官员的内在观点(internal point of view)所接受的辨认(我更喜欢用“确认”)、立法、裁判等实践，这一点即使对于法律实证主义也是一个核心主张。基于内在观点接受这些规则就是忠于它们，把它们当做行动的理由、行为的合法性标准。也许影响相关官员行为——他们对其行为意义的理解，以及对其正在做的是什么的理解——的法律观念正是我们能从中最好地透视法律为何物的观测镜。

我们能用多种不同的方式来描述法律参与者的自我观念，但任何称得上恰当的描述似乎都被认为应该着重主张法律由其实践者理解为一种特殊的以证成为中心(justification-centred)的活动——寻求证成某种强制性的警察权力。我们正在关注其自我观念的那些人将法律视作一种追踪政治合法性要求的真诚努力。如果他们不把自己看作正在从事一项旨在为警察权力的实施提供真正证成的活动，他们将难以理解自己在做什么。然而，这项目标在实践中只可不完整地得到实现，因为法律实践还受到那些构成特定法律体系独特认同、历史和文化的权威来源(authoritative sources)的约束。相关的法律参与者(legal actors)不仅把法律理解为以证成为中心，而且认为其受到某种制度——他们的法律——(至少在极其重要的程度上)连续的历史的限定。

我们能基于这种自我理解得出规范法理学吗？这里有一个提议。[23] 如果不是因为任何特定社会中独特的法律制度史(institutional history)，法律体系的每位参与者都将认为其行使权力的方式确实是追踪被广泛持有[24]的政治道德或正义的要求。当法律问题发生时，参与者们会简单地直奔可适用的道德/政治规范。制度史在道德上的要求(或者若没有任何制度史就会是道德上的要求)与法律实际上的要求之间制造了一个潜在的罅隙，因为法律的要求必须"适合"制度史：新的法律宣告(pronouncement)和旧的法律宣告必须被视为在时间上连续不断的同一制度——法律体系——的宣告。在这种意义上，法律必须表现出某种统一性。现在宽容原则以下述方式登场了。为了调和其实践具有某种证成性目标的必然信念与该实践具有时间上之连续性的必然信念，参与者*必须*相信先前的宣告大体而言在道德上是正当的。否则他们将不得不在大多数先前的宣告和证成性目标之间放弃其中的一个——而两者同样都是其作为某个法律体系参与者所秉持自我理解的必然组成部分。因此法律的概念，从法律制度参与者的视镜观之，就是某种大体上具

〔23〕这章只考察了我所谓之自我观念说的一个版本。我在其他地方讨论了另外两个更复杂的相关版本。参阅 Coleman and Simchen, "*The Language of Law*"。

〔24〕在其认知能力的范围内。

有道德正当性之物的概念。[25] 因而，在有法律的任何地方，那个社会中的法律都必定至少大体上是合法的(legitimate)——因为其实践者必然这么认为。那是所有相关参与者的资用假说(working hypothesis)，如果我们把法律理解为他们行动的结果，就必须按照他们的方式来看待它。从而要确定一个社会是否具有此种意义上的法律，我们就必须进行道德论证。法理学必是规范性的。

如果我们对前述论证的担忧之一是它需要但却不能担保法律的证成功能抑或宽容原则，那么自我观念论(Self-Conception Argument)要做的一点辩解就是二者都被证成为法律体系参与者(至少是一些或者最关键的参与者)自我理解的观念性成分。而且，自我观念论还有另外一个优点，就是帮我们从并不假定法律具有任何必然道德属性的前提中得出规范法理学的结论。

然而，无论它乍看起来是多么诱人，自我观念论仍然不堪此项重任。诚然，我们可以把具有足以解释参与者自我观念的资源规定为法律概念的分析需要满足的适当性条件；[26]但这并不意味着在试图解释实践是什么的语境中我们必须信任(credit)那些自我理解。的确，在此语境中有提出质疑的充分理由，因为我们可能担心该实践的参与者和它的距离太近了——当把它当做自己生活和行为的合法化方式时，他们过多地夹带了私货。通过以这种方式信任官员的内在观点，我们事实上排除了虚假意识或不诚实的可能性。这就忽视了某种因素，而在把某人参与涉及使用强制力解决纠纷、执行社会负担和利益的特定分配的实践活动视为正当时，这种因素似乎可以形成一种自然的心理压力。若没有这种自然的心理压力，参与者将把自己化作暴徒、勒索者和敲诈者。但是，要看清信任参与者自我理解的弊病，我们无须假定不诚实或虚假意识的可能性。我们只需要承认他们的可错性，即他们发生严重误解，并且尽管做出善意的努力，却采取了无法在道德上得到证成的行为方式的可能性。

认为法律体系的参与者可能会系统性地错误理解他们在实践中所要(确实，必须)做的断语(assertions)的性质，这一思想可以被戴维森式的理据反驳为不合逻

〔25〕“大体上”(by and large)是刻意含糊其词的。在此这一点无关紧要。(Nothing here turns on this)

〔26〕正如我们可以要求它解释判决中证成性论证的历史维度。

辑。戴维森已经为该观点提出了强有力的论证，即要把个人的行为理解为语言——也就是，表达具有意义的命题(propositions)——我们就必须把她的多数主张都看作是正确的。[27] 认为合格的语言使用者会系统性地犯错的思想是不合逻辑的。对于法律体系的实践者所做的主张，也许能给予相似的辩护。如果我们想继续认为他们在实施法律，就必须信任他们的多数断语。

但这无疑是对宽容原则的误用。让我们假定存在某些先验的理由，它们表明受到一个文化或语言共同体成员认可的整套断语必须被看成是基本正确的，如果我们首先还将其当做断语的话。不能因此断定植根于*特定*文化体制(cultural institutions)和实践中的主张必须被当成是基本正确的——要不然，我们似乎都能通过适用宽容原则而为那些宗教实践中的主张提供上帝确实存在的先验证据了。[28] 要理解"他们在实施法律"的主张，我们就必须信任法律实践者的自我理解，这一论断简直毫无道理。[29] 如果我们在寻求某种论证，它力图不通过把随便哪种必然的道德属性按在法律头上而证明对法律是什么的分析必须援引实质的政治道德前提，那么我们刚才阐述的自我观念论就正属此类，但它无法胜任这一任务。[30]

---

〔27〕我在 Coleman and Simchen, *op. cit.*, *The Language of Law* 中讨论了如何最好地理解宽容原则。

〔28〕可能会有人争辩说，作为一个经验(empirical)的问题，人们在追求特定的目的时不会采用和保持某种实践，除非它大致是可靠的——就是说，通常能够实现其目的。但是当然，法律，和宗教一样，可能有许多不同的目的——即使法律必须总是带有证成的目的，而宗教必须总是怀着敬拜或者安抚某种超自然神灵的目标。但这种情况是可能的，即，对某些或然性(contingent)目的的成功实现使某种制度值得保持并从而解释了它的存续——即使它经常或者通常甚或必定不能达到其本质的(essential)目的。例如，焚烧动物以取悦上帝的实践持续过(或者已经持续了)很长时间，大概还从来没有真的让上帝开心过(尽管它可能增进了团体的连带，创造了上帝被供得开心的信念——潜在地促进了人类的繁荣)。即使某社会的法律实践在实现证成强制力的实施这一号称本质的目的上全面落败，但一些人因能够指导他人行为而享受到的好处——或者法律所提供的普遍合作利益——却可能使这种被误导的法律体系复制自身并历久存续。

〔29〕上一段中的观点都是 Eric Cavallero 提出的。

〔30〕在交谈中，Seana Shiffrin 跟我提过一种极其新奇和有趣的自我观念论的变型。如我所述，自我观念论从相关参与者(官员)对法律的自我理解入手。在 Seana Shiffrin 的理论变型中，我们不是从官员对法律的自我理解而是从政治共同体成员*集体的自我*观念(conceptions of *themselves*)入手。在此过程中，我们把 Seana Shiffrin 所提的东西用作道德宽容原则，意思是说我们的参与者(actors)从最贴切的角度把自己看作道德代理人(moral agents)。这意味着，譬如，他们认为自己按照合适的正义原则所支持的条件来调整相互间的事务。他们力图获得这些反映在他们的政治制度，包括法律，中的原则和其他调整性理念(regulative ideals)。然后他们问自己"按照我的自我观念，什么样的制度是我能参与其中的?"无论它还有其他什么面相，法律都是一种强制性的制度；它所得出的判决，它所禁止或者要求的行为，都可通过武力或暴力来执行。在一个将自 (转下页)

然而，也许我们过于仓促地放弃了把某种必然的道德属性归之于法律的论证。就我来说，一直都坚信困扰实证主义的不是认为法律具有某种必然道德属性的主张，而是那种认为法律所必然具有(或据说具有)的道德属性强烈到足以担保从合法律性(legality)到合法性(legitimacy)的推论的更强的主张。换言之，我完全拒绝实证主义者必须断言在法律和道德之间没有必然联系的观点。实证主义者否认的是那种非常不同的主张，即一项规范的合法律性必须依赖于它具有某种道德属性——该道德属性暗示它的合法性。如果我是正确的——为了建构一种有利于规范法理学的论证，我将假定我是正确的——那么我们就原则上有可能识别出某种道德属性，它是法律所必然具有的，强到足以把法律概念的分析导向实质的政治道德原则，又弱到不足以担保从合法律性到合法性的推论。以这种方式，我们可以从法律必然道德属性的存在中得出规范法理学，而又坚持主张，至少在原则上，规范法理学与法律概念诸种重要的实质理论——最要紧地，包括法律实证主义——是兼容的。

能够实现这两个目标的论证依赖于该思想，即在我们的规范性话语中"法律"

---

(接上页)身视为此种道德代理人的个体愿意参与其中之前，法律制度必须先具备怎样的条件——至少作为一项愿望的事宜(aspirational matter)？可能是，只有在强制力的实施还算接近或者遵循政治合法性标准的限度内，如此自我理解的人才会参与到法律制度中。

当然，没有哪种法律制度完全符合那些条件。偏离理想的原因可以有很多种。我们所指的道德代理人只是我们自己的理想化；我们不是代理人，也不是自己的理想化。我们的动机至少部分可能是自私的。而且，即使天使也可能有认知上的局限。对怀着最善良的意图行事的最完美的我们所设计的最精心的方案可能会归于失败。所有这些(还有更多)可能导致真实的法律体系达不到它的理想。尽管如此，一套可强制执行的规则是否构成法律或法律体系仍然，部分地，是一个道德而非简单的事实问题。答案必定取决于实践满足政治合法性条件的程度。另外，这种论证策略暗示，合法律性(legality)不是一个全或无(all or nothing)的问题。

Shiffrin的提议实际上是我所称的"作为理想理论的法理学"(jurisprudence-as-ideal-theory)。这样指称它时，我有意提请对这一观点的关注，即如果我们想理解法律制度和实践是什么，就需要把它们看作是对我们自我的"理想化"版本能够投身和参与其中的联合形式——合作系统与协作——的部分愿望(aspirational)的表达。法理学的入手点不是官员把某种解释性的宽容原则适用于他们受其约束并必须给以解释的那套权威宣告，而是某种"道德同情原则"——一种政治共同体成员的愿望的自我观念。

作为理想理论的法理学不仅解释了法理学的规范性维度，而且说明了为什么在确定法律内容的过程中法官将解释性的宽容原则适用于那套"过去的政治行为"。像准备参与和投身于法律制度中的其他人一样，法官只在制度适当地接近政治合法性条件的程度内愿意这么做。这表明在解释相关的权威性文本时，"道德法官"会力图把法律做到最好。这样做时，他们旨在实现法律的愿望维度(aspirational dimensions)并填缩实际的法律与它作为道德代理人投身和完全参与其中的制度之间的鸿沟。

这一谓词充当我称之为“弱称赞谓词”(predicate of weak commendation)的功能。阐明和发展“法律”的这项特征，可能证明是理解规范性/描述性法理学之争的驱动原因的最佳方法。

当我们谈到法律时，我们是指这样一种治理形式，它型构了治理者或治理机构与他们的被治理者之间独特的规范性关系。法律构造这种关系的方式不同于，并且可以说在道德上更优于，譬如军事占领情况下统治当局与被奴役民众之间的关系。更为一般地，以法治理优于以武力或恐惧治理。任何关于法律的合理描述都不仅必须讲明这些治理形式之间的区别，而且必须说明——或者使我们能够说明——我们为什么相信法律的治理具有道德上的吸引力。通过断言法律是一个“称赞谓词”，[31]我们能够捕获这一条件。

这样界定法律的特征时，我们并不想暗示法律的权威总是具有道德上的合法性或正当性，甚至也不想暗示它的任一实例(any actual instance of it)是这样的。我们当然无需声称特定社会中的法律仅凭其作为法律的身份就是正当的。在这个意义上，法律是一个弱称赞谓词，我们可以拿它和像“正义”这样的强称赞谓词(predicate of strong commendation)相对比。如果某正义理论的外延包括在道德上不受欢迎的社会、政治或经济安排，它就显然是不合理的。道德合法性的属性构成正义概念的一项本质或核心的特征，一个意指某正义分析采选了某种道德上不合法的社会安排的论证就是一个关于该正义分析不恰当性的强论证。对比之下，法律——或许甚至是法律体系——却能在道德上不合法，而且比我们愿意相信的更为经常地，很可能真是不具有道德合法性。尽管如此，我们似乎仍然倾向于承认法律治理本身还是有其值得称道之处的。

规范法理学的一种论证从法律这一谓词的弱称赞特征入手。如果法律是一个弱称赞的谓词，那么就可以论辩说，对法律何以在我们的规范性话语中起到这种作用的最好解释是法律具有某种足以担保“法律的”语言职能(linguistic role)的道德属性。也就是说，法律一定具有某种道德属性，它为法律在我们的规范性话语中发

〔31〕“法律”当然不是一个谓词，“是法律”(“is law”)才是。为了便于论述，我贸然做了一些语法上的变动。

挥此种称赞作用这一事实提供解释。法律的每一实例都必须具有这种道德属性，M——某种可能比道德合法性或自明的(prima-facie)合法性要弱的东西。如果法律具有这样一种属性，法律概念的分析就应当指明该属性M是什么——其间，概念分析必须在两个方面诉诸道德论证：确定M的内容时，该分析必须揭示如何或者为何那一属性具有道德上的吸引力；另外，总体的分析必须确保它只挑选具有属性M的物项。这样，在选择法律分析的其他要素时，理论家们就局限于选择那套能够满足、或起码符合M的要素。这种属性的证立和阐发是法律分析的适当性条件，并必然要求我们从事实质的道德论证。

这听起来像是一个规范法理学的论据，因此让我们更仔细地考虑这一观点。我们已经同意第一个前提，即法律是一个弱称赞谓词。这只是关于"法律"在我们的规范性话语中所起作用的一个简单事实。在承认这一点时，我们将"法律"是如何发挥这种作用的问题留作悬疑。一个解答就是前述论证所提供的那套说法，即法律必然具有一种道德属性M，正是该属性的存在解释了法律何以能够在我们的规范性话语中用作称赞谓词。因为法律的概念是具有某种道德上吸引人之属性的东西的概念，所以"法律"在我们的规范性话语中扮演称赞的角色。

无疑，这种在道德上合法的属性足够解释"法律"的称赞功能，但鲜有规范法理学家愿意支持从合法律性到道德合法性的推论。M还有其他价值(values)也可用来解释这种称赞特征。在探索M各种可能的价值之前，我们需要首先考虑某种必然的道德属性的存在是否我们得以理解"法律"在我们的规范性话语中所发挥称赞作用的唯一途径。

我们可以争论说，比如，法律的称赞特征只是对以往经验的归纳。历史记录为我们提供了诸多不同种类的治理形式，法律的和其他类别的，而法律的治理似乎总的来说更可取。或者，也许它并不那么值得称道：一个短视的归纳而已。或许近期的法律体系比其他治理形式更好一些。由于种种原因，我们对法律的概念已经形成了积极的联想，正是这一点解释了"法律"在我们的规范性话语中所发挥的作用。然而，这只是法律的一个偶然特征，与该概念的内容和法理学的正确方法并没有关系。

这一观点是可争论的，但我不想在此为之辩解。直接的回驳是，如果我们把对法律道德吸引力的信念建立于归纳的基础上，那么这些信念就不能由简单的历史偶然性——由关于各种治理形式如何碰巧玩得转的原初事实(brute facts)——来解释。如果法律被历史地联想为一种比其他形式更人道或公正的治理类型，这个事实就是缘于法律本质中所固有的某种东西。的确，我们应当接受我们关于法律吸引力的信念是以归纳为基础的主张，这一点首先就不是显而易见的。并不明显，历史记录——无论从长远还是短期来看——呈现了一幅法律治理毫不含糊的诱人图景，或者称赞特征确实依赖于历史记录果真做此呈现。更为可能的情况似乎是，对称赞特征的解释并不在于法律和法律体系实际上已然是什么，而在于它们*潜在地能是*什么。也就是说，固含在法律本质中的是其成为一种比其他形式更具道德吸引力的治理类型的潜能。我们的法律概念，是某种具有达到、实现或表现为特定治理理想之固有潜能的东西的概念。

现在的意见是，法律在道德上具有吸引力的属性是它实现或者宣示某种治理理想的内在潜能。作为一种潜能，它不需要在每个法律实例中得到实现，这在根本上解释了为什么规范法理学的论证无需支持从合法律性到合法性的推论。但同时，如果这种潜能构成我们的法律概念的一项本质或核心的特征，那么法律分析就仍然必须诉诸道德论证。

一种区分不同治理形式的方法是看“统治者”和“被统治者”(照我们的说法)之间的关系结构。法律的概念不仅对被统治者，而且对统治者施加限制。诚然，一套法律体系无须有效地约束统治者权力的实施，甚至可能规定法律并不强加此种约束；但若统治者完全武断地行使权力，则他或她就不是在以法治理(govern by the law)。法律由此暗示着统治者和被统治者之间的某种相互性。法律规则本身具有范围和适用上的普遍性，可预知性，以及可遵守性。这些特征表明在法律之下，被统治者在某种或许非常有限的意义上被当做能够基于理性进行商谈和行动的自治主体。法律下统治者和被统治者之间的这种规范性关系在道德上比其他治理形式更可取，法的这一内在特征解释了为什么“法律”在我们的规范性话语中具有称赞谓词的功能。

我们可以把一系列重要的法律理论理解为企图解释法律实现某种具有道德吸引力之治理理想的内在潜能的替代性尝试。德沃金关于法律是一种旨在证成国家实施强制力的实践的论断，可以被看成是对法律在道德上引人之潜能进行阐述的一种方式：无疑，一个承认自身有义务证成其强制行为的政府，有能力在道德上优于不承认任何此种义务的政府。拉兹关于法律的观点，即把它看作某种必然声称在人和适用于他们的理由之间起媒介作用的东西，包含类似的智识资源。因为它将法律与公民的关系理解为能够满足他们对正确理由的需求从而使之受益，认为法律在自治主体的商谈中占据重要位置，等等。无论其差别何在，德沃金和拉兹都让我们知道法律具有内在潜能去实现的那种治理形式的道德吸引力。但同时，两种观点都不以这一主张为支撑，即法律必须总是实现该潜能，因而，二者均未沦入赞同从合法律性到道德合法性的推论的陷阱。

甚至哈特的分析也使我们能够解释法律实现某种有吸引力的治理形式的内在潜能。当他把作为理由的规则对行为的引导安置(positing)为法律的功能时，哈特安置了一项或许能以多种不同的方式理解为具有道德吸引力的功能。法律这种假定的引导功能所具有的道德吸引力也许在一般性上高于德沃金和拉兹对法律治理道德吸引力之所在的描述，但它们全都适合于揭示法律必然是那种具有内在潜力能够实现某种在道德上引人之治理形式的东西。

称赞论的论证现在可概括如下。法律是一个弱称赞谓词。这是因为，在道德上具有吸引力是我们理解法律概念的一部分，这意味着法律的每一实例都具备某种在道德上引人的属性 M。该属性是法律实现某种治理理想的内在潜能。相关的治理理想可以在不同的一般性层次上、以不同甚或互为竞争的形式被设定；但是对法律概念的任何分析都必须援引实质的道德前提，以便解释 M 的性质，并将分析只导向那些具有 M 的实践。因此，所有的法理学都必定是规范性的。

尽管极具启发意义，该论点仍被两个致命的缺陷所困扰。第一个缺陷在于我们理解法律内在潜能这一概念的方式。让我们承认法律确实具有这种实现其他治理形式所不能实现的诸多道德理想的内在潜能，而这一点将法律与其他治理形式区别开来。这种内在潜能果真构成我们理解法律概念的一部分吗？我们不应被像“内在潜能”这样一种措辞的形而上共振(metaphysical resonance)引入歧途。对于这一的确具有形而上学含意(implication)的措辞，存在多种理解方式；但前述论点的初始合理性所依赖的，是在一种更为直接并且与形而上学无关的意义上使用的法律的“内在潜能”。

法律只是能够实现某些诱人理想的东西。关于法律的这一事实并不必然构成我们理解其概念的组成部分。毕竟，锤子是能够用作谋杀武器、镇纸或日用品的东西。宗教是能够煽动杀戮激情的东西。机器是能够形成获利性经济部门的基础的东西——这样做，如此说来，是机器的“内在潜能”。然而，一种东西，依其本性，具有某些能力或者能够用于不同目的或构成不同工程(project)的部件，这一事实并不必然导致所有或任何这些能力、目的、功能成为我们关于这种东西的概念的组成部分。对于法律实现某种具有道德吸引力的治理理想的“内在潜能”，我们必须承认的唯一一点是这一事实，即法律是具有这种能力的东西。但仅此一点就足以说明“法律”在我们的规范性话语中所扮演的称赞角色。从中不能推断出我们关于法律概念的具体内容。因此，当它假定法律的某种特别有意思的能力实际上构成我们理解其概念的一部分时，称赞论的观点出错了。我们需要某种论据来表明情况确实如此，而这样的论据似乎根本不会出现。

当然，如果我们对锤子的概念所做的分析不能解释其用作镇纸的能力，这将是该分析的一个表面缺陷。如果我们分析宗教的概念时未能说明其煽动杀戮激情的能力，我们将同样有理由诟病这种分析。不能从中得出结论说，对这两个概念的分析必须依赖、援引，或者诉诸这些标识其核心特征的能力。同理，对法律的分析应当帮助我们理解它在道德上的引人之处，而做不到这一点该分析就是不完善的。但这一条件并不意味着，为了提供一个充分的法律分析我们必须求助于道德论证。只要我们给出的分析最终有助于我们理解法律在道德上吸引人的能力，就足够了。

在我自己的作品，尤其是《原则的实践》中，我提出了一种法律理论，它包含多种要素，一些是我们熟悉的、一些不是，这些要素能以某种方式结合起来解释为什么以法治理(governance by law)比其他治理形式更可取。如果一个人被自主和尊严的道德理想所打动，那么他就能明白在我的分析中这些要素如何构成一种有能力以其他治理形式所不能的方式容纳那些理想的东西(法律)。如果一个人被有效机构增进人类福利的方式所打动，那么法律——按照我所提供的分析来理解——能够促成这些目的，就是显而易见的。但是自主、尊严和福利并不在任何节点上进入我的分析，任何其他道德属性也不涵括在内。这些理想外在于法律的概念；法律碰巧是那种能够很好地实现它们的东西。有能力这么做，在某种与形而上学无关的意义上，是法律的内在潜能。这丝毫没有暗示法律分析必须如何进行，我所提供的分析并未诉诸任何使法律具有吸引力的价值。

这些思考表明了称赞论第二个相关的缺陷。法律用作称赞谓词是关于其用途的一个事实，而该用途是任何法律理论都须要解释清楚的，就像一项法律理论必须包含足够的资源把法律话语的规范性解释清楚一样。这些要求我们无需将道德属性按在法律身上也能达到；法律能够实现的价值和它能够例示(instantiate)的治理形式也无须把我们引向法律最显著或核心的特征。无论那些要素在特定的理论中是什么，它们都应该能够解释关于法律的各种事实，“法律”在我们的规范性话语中所扮演的称赞角色是其中的一种。

自我观念论和称赞论都不足以确立规范法理学的主张。在语义学之刺失败的地方它们也没有获得成功。尽管三者都没有达到想要的目标，它们反映了我们在探讨法理学的性质——其目的、哲学基础、和对其理论予以评判的适宜标准——时所可能采用的各种不同的哲学进路。语义学之刺试图就如何从关于概念意义条件的一般主张中推出法律概念这一问题得出某种结论。自我观念论提出如果我们想懂得或者领会法律的概念，就需要首先依靠那些实践的核心参与者——一类我们看作(借用语言哲学一个熟悉的措辞)“合格语言使用者”的特殊人群——的自我理解。称赞论的头条提议就是我们要想理解法律(这种东西)，就应该研究“法律”(这个语词)在我们的语言中所起的作用。

在接下来开始思考佩里更为“排他主义的”论说(大意是哈特自身就是一个规范法理学家)之前，让我先介绍一下规范法理学的最后一个一般论证。正如早前提到的，在论述法律的功能是证成和限制国家强制性权威这一主张时，德沃金写道：

> 我们关于法律的讨论总体上假定，我认为，法律实践最抽象和根本的要点是以下述方式引导和约束政府权力。法律坚决要求，只有从过去关于集体强制力(collective power)何时是正当的政治讨论中产生的个人权利和责任所许

可或要求时，强制力才能够被使用或保有。[32]

我们不对德沃金做此解读，即把某种构成法律本质特征并因而要求我们以其为中心来定位法律分析的功能归赋给它——该功能可被演绎地推知或者被超验地辩护为我们据以对法律进行讨论和评估的前提条件——相反，我们可以认为他使用了一种多少不同的论证策略。按照这种解读，德沃金提出了一个貌似有理的理由来围绕对法律功能的某种特定理解定位法律概念的分析或理论。将这一功能归赋给法律的论据是它帮助我们理解关于法律的讨论——无论是表达对其达成的一致意见时还是对其持有歧见时，我们怎么会始终都在谈论同一件事情：它是什么，它实现什么价值，它何时是正当的，等等。

对于法律的作用、目的或功能，大概还有其他可被同理推荐的思考进路。因而，我们可以认为法律的功能是调整行为、维持合作性互动，或者容许某种自我实现等。在将某一功能或作用归赋于这种意义上的法律(law in this sense)时，我们随之相应地定位我们对概念的分析，并观望法律这一实践显现为怎样的图像。因此，我们不把德沃金解读为主张证成和限制国家强制性权威的功能构成法律的本质特征，而这种功能通过反思我们对它所持的概念是可以演绎地推知的；相反，我们可以认为他只是对法律的概念做了一个临时性的断言。这一断言可能构成某个承认我们可以将之与法律相关联的潜在功能或价值有很多的理论解释的一部分。把一个或另一个功能归赋给法律，将会以某种特定的方式引导概念的分析——把某些特定的特征指认为最重要的，而把其他的特征贬低至次要地位。这样，对某一功能、目的或价值的不同归结将会导致该概念的不同理论。我们于是根据评判法律概念诸理论的适宜标准在不同的概念间进行选择。

的确如此。问题是这一串论证的使用并不能产生出规范法理学。相反，我们将根据概念在我们关于世界的一般理论中所起的作用而在这些关于概念的理论中作出选择。认为法律主要被导向(比如说)行为指引以及主体与理由之间的关系，真的更加契合于(fit better with)其他与法律同源的概念以及其他(这么说)法律紧

[32] Law's Empire, 93.

邻社会领域中的人类实践吗？或者，从政治权力和义务的角度思考法律，真的提供了一个更佳的适合（fit）吗？在此，用于评判这些学说的规范（norms）是语用的（pragmatic）、理论的、认识的（epistemic）和推论的（discursive）。

非常清楚，照此理解，法学理论根本没有必然援引道德论证的理由。更为清楚的是，我希望，对相互冲突的概念观（conceptions of the concept）的选择并不根据政治道德来做出。这些理由一般而言是认识性和推论性的。我们选择某一概念理论（a theory of the concept）——关于这个概念的最佳理论——作为建构关于世界的总体理论及其概念装置（the concepts we employ to structure it）的组成部分。不同的概念理论让我们对法律及其概念做出不同的嵌套（nest）：一些强调它在行为引导中的核心作用；一些强调它在政治义务理论中的中心地位；还有一些强调它对某种只有在特定社会形式和制度中才能实现的个人理想的重要性。如果我们采取这一策略，我们就不是在做探究本质的工作；我们就不是在试图接近或者分辨出法律所具有的那些先于并定位我们的概念分析的形而上学本质属性。恰恰相反，这一方案似乎大体上致力于一种根据相关的认识论而得出的法律本体论。虽然我们会很自然地认为德沃金，举例来说，持有一种建构主义的法律本体论，但我不相信沿着我刚才描述的路线采用这一方案能够担保某种规范法理学。因为即使解释主义真是德沃金意义上的规范性认识论，它仍然不足以要求道德或政治论证。现在让我们从规范法理学的这套抽象考虑转向那些认为 H. L. A. 哈特——无疑是每个人心目中描述性法理学的代表人物——事实上是一个隐匿的规范法理学家的论点。

### 1.2 佩里和哈特

佩里断言在提出其法律概念理论的过程中哈特早初、经常和显著地诉诸了道德和政治论证，从他证明这一论断的说理中，我们可以区分出三个相关但不同的要点。分别是：(1)“主体论”（“Subject Matter Argument”）；(2)“内在观点论”（“Internal Point of View Argument”）；和(3)“功能论”（”Function Argument”）。现在我们来依次讨论。〔33〕

〔33〕这些标题是我提炼的，不是佩里的原文。这么提主要是为了便于论述。

法理学是规范性的，这一主张可以被理解为，在概念分析能够开始之前，我们需要先诉诸某些规范或标准以便分辨出法律概念必须予以回应的那些基本特征。我们需要识别，即使只是以一种暂时和可修改的形式，法律的哪些特征对其概念至关重要。[34] 我们需要给出理由说明为什么认定法律的权威要求（law's claim to authority）和制度本性（institutional nature），却排除法官通常穿法袍这一事实。对于法律概念被期望给予回应的那些突出特征进行筛选的过程，不可避免地是规范性的。它不仅反映了不同而独特的哲学旨趣，同时也能反映关于法律作用和目标的不同而独特的观念。

主张规范性考虑在识别任何法律理论都必须说明的法律特征的事业中占有重要位置是一回事，而主张我们必须诉诸的规范就是政治道德却是非常不同的另一回事。在辨识概念必须回应的那些法律特征时，哈特很显然地诉诸认识论的规范。这一点从《法律的概念》第一章中能清楚地看出，在那里哈特告诉我们一个合格的法律理论使我们能够一方面看到法律和制裁体系之间的联系与区别；另一方面看到法律和道德之间的联系与区别；这样的阐述进而还能揭示法律和规则之间的关系。因为如果我们想理解法律在我们的商谈生活中所扮演的角色，我们就更需要了解规则支配行为的方式。事实上，哈特主张一系列理论规范，例如协调（consilience）和统一（unification），支配着法律的理论建构。法律理论必须解释法律与其在规范和实践领域中那套同源概念之间的关系。这就是为什么强制、规则、制度性（institutionality）、商谈、代理机关（agency）等概念对于法律哲学理论很重要，而法官身穿法袍却不重要。即便其他法学家在分辨法律理论应当说明的法律实践特征时可能诉诸政治道德原则，哈特却没有这样做。

对于哈特那个挑起争议的主张，即分析法学是一种描述性社会学，在此处暂且回顾一下或许是值得的。我想考虑对这一主张的两种可能的阐释，二者都解释了哈特的方案在何意义上具有社会科学的面相，但都没有把分析法学是描述性社会学的主张简化为那种被典型地按在哈特头上的粗糙的描述主义方案。我下面将指

〔34〕参阅 Stephen R. Perry, "Interpretation and Methodology in Legal Theory", in Andrei Marmor (ed.), *Law and Interpretation: Essays in Legal Philosophy* (Oxford: Clarendon Press, 1995), 97 - 135。

认还有第三种阐释方式。就哈特而言，对用法的调查并不是，像有些人主张的那样，被定向于辨识某套确定“法律”这一术语适用条件的共通标准。相反，对用法的调查用于提供，以一种暂时和可修改的形式，某些法的范例(paradigm cases of law)，以及帮助我们挑选法律的哪些特征需要加以解释。描述性社会学的出场不是在概念理论的提出阶段，而是在准备即将予以理论化的原材料的起始阶段。

调查通常的用法可能会使某个理论家建构一种法律概念的常识理论(folk theory)，某种对法律重要特征几近全面的(如果没有完全被表述或合理化的话)理解：规则、裁判机构、强制，等等。概念分析应当对常识理论做出回应——有时是通过维护其主张、表明其要素之间的联系和彼此的关系，有时是通过要求对其进行修正。

哈特对描述性社会学的援用可能还传达了一个更大胆和更有意思的主张，它让人想起希拉里·普特南(Hilary Putnam)关于语言分工的重要论述。在任何以专家话语(expert discourses)为特征的文化中，普通言说者用某一给定措辞所表达的意思可能正是相关专家所意指的东西；的确，甚至普通言说者的多数也可能犯错，如果他们倾向于错误地假设专家们用“山毛榉”、“淋巴瘤”、“操作系统”等类似语词所表达的意思。换句话说，结果可能是普通的使用缺乏建构像法律概念的日常理论这种东西的资源——用法也许反而会揭露对“法律”这一术语的外延的广泛歧见和混淆。这并不意味着哲学家除了替换那一只有通过诉诸实质道德和政治论证才能得到辩护的可争性法律概念，就别无选择。相反，概念分析可以从诸如社会科学调查这样的专家言说中判明方位。

经济学家、历史学家、社会学家、政治学家和人类学家都研习法律——既从内在观点也从外在观点进行研究。在此过程中，他们都按照自己的法律范式工作，并可能根据其所建构的理论、以回应激发其探究活动之旨趣的方式对其法律范式做出修改。通过关注这些哲学之外的研究，我们能对那些在不同时间和地点、在非常不同的环境中被界定为法律构成性要素的治理和组织形式，获得一幅丰富而有价值的图像。对法律概念的哲学研究，当其解释那些在各社会科学的描述中均占突出地位的特征所具有的重要性及其相互关系时，应当能够对被诸社会科学挑选为法律的实践做出某种具有启发意义的说明。

最后，哲学研究的目的无需，可能也不会，与诸社会科学的所有目的完全一致，[35]但是一种圆满的哲学描述应当持续跟进这些更自然主义的（naturalistic）研究。因而，哈特似乎拥有充足的规范性资源用以辨识那些任何恰当的法理学理论都应当描述的法律特征：他诉诸统一、协调、系统性等认识论规范，他可能还把社会科学当做任何法律哲学理论都应当留心的独立理论研究而诉诸它们。然而所有这一切都不涉及对道德论证的诉诸。

根据佩里的理解，哈特反对霍姆斯和德沃金的论述以这一观点为支撑，即法律具备一种特有的功能——确切说来就是，通过作为行动理由的规则来引导行为。简言之，按照佩里的看法，哈特认为法律的功能就是引导行为。在佩里看来，这一信念反过来型塑了哈特关于如何思考法律是什么、规则之于法律的重要性等问题的观点。相比之下，德沃金似乎没有把引导功能按在法律身上。相反，他主张法律的功能是限制和证成政府的强制性权威。霍姆斯可能会同意哈特说法律具有引导的功能，但他强调法律对制裁的运用，而非对规则的信奉，才是其实现该功能的核心。非常清楚，依佩里之见，哈特对霍姆斯和德沃金的反对意见若要成立就必须以某种特定的方式解决这些争端：即证实——针对德沃金——法律的特有功能是引导；以及——针对霍姆斯——法律的功能是通过规则来引导，规则是理由，而非通过制裁来引导，制裁不是理由。于是，按照佩里的解读，哈特对法律所需解释之处的描述取决于他对法律的特有功能所持的实质性观点，一种必须由实质性政治论证来辩护的观念。

佩里对哈特所做的论断，最为清楚地显示在他就哈特对霍姆斯的反驳所做的阐释中。[36] 任何法律理论都必须说明它在那些无论从第一还是第三人称的视角都与法律相关的人的生活中所扮演的角色。第一人称的视角是法律实践参与者的视角。一种对法律的描述如果寻求使用自然科学的方法，将会漏失法律标准在法律治理接受者的商谈和实践生活中所起的作用。它会把不同的激励或制裁与行为

〔35〕在下文对所谓自然法理学的讨论中，会更多论及这一点。

〔36〕这里的论述遵循了佩里和夏皮罗之间论文辩论的结构，这些论文见于 Stephen J. Burton (ed.), *The Path of Law* (Cambridge: Cambridge University Press, 2000). 我所提供的许多对佩里的反对意见首见于夏皮罗对他的批评，并在那里得到了更完全的展开。

变化相联系，从中寻找行为的规律性。法律的这种研究进路是典型地还原性的。它们采用一个像"法律规则"这样的概念，并且按照表示制裁概率与特定行为可能性之间关联性的统计规则性(statistical regularities)给定其内容。这样，说存在一项法律规则要求人们不做 X，就是说如果人们做 X，就有概率 P 使他们遭受法律制裁 S。

哈特对这种阐释法律的方式不满不是因为它们没有启发意义或者不适当；它们或许能用于诸多科学的意图，包括就行为如何受到制裁频率和性质变化的影响等事宜提出假设。相反，哈特的不满是，无论其有何优点，这些描述都欠缺能对法律第一人称视角的各个方面做出说明的资源。因为当其把规则简化为制裁的可能性时，没有留下余地容许我们把遵守法律的原因理解为法律要求这样做。借用哈特的说法，它们把内在观点界定为不存在。

哈特的主要批判对象是斯堪的纳维亚现实主义者(Scandinavian Realists)，例如阿尔夫·罗斯(Alf Ross)。斯堪的纳维亚人不仅是还原主义者，还是道德或评价的怀疑论者，而且他们对评价性判断的内容所持的怀疑论源自其逻辑的而非法律的实证主义。按照他们的理解，唯一有意义的命题是那些具有经验(empirical)内容并因而能在经验(experience)的法庭前经受检验的命题。道德和规范语言总体上缺乏认知的(cognitive)内容，将被非认知地分析为规定(prescriptions)或者态度的表达。为了实现法律及其规范性话语的科学化，他们发现有必要通过把认知性内容归赋给它的方式重新阐释法律的语言。如此一来，法律规范就被看作是对行为遭遇特定不幸后果可能性的简约表达方式。权利、义务、特权和自由的法律语言丝毫不表达法律的任何根本方面，相反它被还原为报告制裁可能性的陈述。哈特争论说，这种法律分析缺乏能对这一事实进行解释的必要资源，即至少一些人遵守法律的原因是法律要求这样做。法律具有一个这些分析无法捕捉的内在向度，正是在这一意义上他们把内在观点界定为不存在。理解法律就是理解它能够并且确实经常在人们对应当做什么的思考中起到重要作用的方式，而不是仅仅把它看作外在观察者就法官和其他官员将会如何行为所做预测的缩影。

奥利弗·温德尔·霍姆斯(Oliver Wendell Holmes)的法理学，正如哈特对它的理解，局限于和斯堪的纳维亚现实主义者所能得到的同样贫瘠的资源——制裁和行为。与斯堪的纳维亚现实主义者只是寻求发现适合于科学研究的因果联系和类律规则(law-like regularities)不同，霍姆斯期望揭示法律在从第一人称的视角看待法律的那些人的思考过程中所扮演的角色。为了这个目的，他引入了“坏人”(bad man)的概念。坏人所关切的不是辨识法律提供的理由，而是避免法律威胁施加于他的制裁。因此，尽管法律陈述仍被还原为对制裁的预测，但预测本身却已被理解为进入了“坏人”的思考过程。

尽管霍姆斯的描述中具有第一人称的因素，哈特仍对其提出了与斯堪的纳维亚现实主义者相同的批评意见——他指责霍姆斯把内在观点界定为不存在。佩里认为这非常难以理解。毕竟，斯堪的纳维亚人寻求揭示外在的社会科学观察者所能够发现的行为中的类律规则。霍姆斯，相比之下，则寻求从法律治理接受者的视角理解法律。甚至，霍姆斯的整个方案似乎旨在给内在观点赋予不同的内容。佩里得出结论说哈特反对霍姆斯的真正理由并不是他把内在观点界定为不存在，而在于霍姆斯持有了一种“错误的”的内在观点。按照哈特的描述，法律规则本身——它代表一种关于应当做什么的社会判断——是行动的理由；而霍姆斯则把法律提供的理由定位于威胁制裁。前一描述捕捉到了一种在道德上更具吸引力的引导形式——该形式预设了一个作为能在构成理由的规则的基础上采取行动的自治主体的人的概念，而不是将其仅仅当作对威胁做出回应的算计的动物。[37]

佩里对哈特的批评错把概念上的理由(argument)认作了道德上的理由。哈特对制裁论的拒绝主要出于两个与概念有关的原因。首先，不可否认，人们做出某种行为有时是因为法律要求这样，而霍姆斯缺乏说明这一事实的概念资源。哈特批评霍姆斯不是因为他对内在观点做了在道德上令人不快的解释；相反是因为霍姆斯不能说明法律有时仅因自身作为行动理由而介入人类思考和行为的明显事实，

〔37〕事实上，对于人或人类动机的本质，哈特并没有做比霍姆斯更多的预设。哈特只是假设人有能力基于理由行动。如果霍姆斯的坏人是一个审慎的主体——在佩里的描述中他必须是——那么霍姆斯对人的本性的假定就和哈特一样。当然，哈特也不否认生活在法律之下的人有时是为了逃避制裁的目的而采取某种行动。

哈特才不无道理地指出了他的错误。[38]

此外，对于哈特来说，内在观点的理论角色并不只是为说明有关法律之下生活经验(experience)的一个显见的经验(empirical)事实而腾留出概念的空间；内在观点也为说明法律的可能性所必需——哈特主张法律依赖于合法律性判准的存在，而合法律性判准是从内在观点实践的。所有的制裁和预测理论都缺乏解释法律权威可能性的资源，因为它们不能解释授权制裁的法律规则的存在条件，或者不能解释指定制裁所依附之规则的规则的存在。制裁论不仅是不合意的或不完全的，而且是不连贯的。它们以主张法律就是制裁为支撑，却不能解释制裁是何以可能的。[39]

总而言之，尽管佩里断言哈特肯定是基于实质的道德或政治理由而以某种特定的内在观点观(conception of the internal point of view)批判霍姆斯，但事实是道德和政治的考虑无论与哈特的观点还是与一个实证主义者批判霍姆斯时所需要或者想要论述的观点都没有关系。如果哈特果真依靠法律具有某种特有功能的论断来获得其实质法律理论的基本元素，那我们就不得不向别处寻找证据。

为此，佩里引入了我称之为"法律功能"的论说。[40] 哈特明确声称要寻求任何一种比指引行为更特有的法律功能都是徒劳的。相反，德沃金主张法律的功能是以某种至少能说通法律合法性要求的方式授权和限制国家对强制性权威的运用。哈特和德沃金之间的这一区别能够解释他们各自关于法律概念的不同理论，以及他们对法律内容所持的不同观点。在德沃金看来，对法律实践的任何阐释都必须在力图从最佳角度展现法律的界限内进行；而实证主义者则不这样要求。另一方

---

〔38〕佩里的观点走入歧途，是因为"内在观点"这一措辞的意义具有某种模糊性。使用这一措辞时，我们可能大致上意指"内部人的观点"("the insider's point of view")或者"第一人称的观点"("the first person point of view")。另一方面，我们也可能意指"忠诚的观点"("the committed point of view")或者把规则用作行动理由的人所持的观点。哈特所说的"内在观点"是指第二种意思，这一点在《法律的概念》中再清楚不过了。有许多观点是第一种意义上的内在观点。霍姆斯的坏人观点从第一种而非第二种意义上说是内在的。当他指责斯堪的纳维亚现实主义者和霍姆斯都把内在观点界定为不存在时，哈特的脑中想的是第二种意思。到此为止的论述遵照了斯科特·夏皮罗对佩里的批评。

〔39〕对这一论点的完全阐发，参阅 *The Practice of Principle*，尤其是第 7 章。

〔40〕参阅 Stephen R. Perry, "The variety of Legal Positivism", in *Canadian Journal of Law and Jurisprudence*, 9 (July 1996), 361 - 381。

面，包容性和排他性实证主义者之间的分歧只有在要求法律规范必须能够对行为引导(guidance)做出实际区分——即区分法律为那些服从其规定的人所提供的理由——的语境中才是有意义的。如果不判定谁对法律特有功能的论断是正确的，我们就不能在实证主义和德沃金的解释主义之间做出选择。然而这一争执本身并不与事实相关(factual)。如果哈特和德沃金之间的争执不是就一个关于法律实际(actual)功能的真实问题产生的歧见，那么该有关法律特有功能的争论就必定是规范性的。于是，那些支撑这种或那种法律特有功能观念的实质性考量因素构成了每个法律概念理论的组成部分并决定了它的内容。

法律是一种能够满足人们多种旨趣和需要的人为建构(尽管它不仅能实现良好的和有价值的目标，还能用于邪恶的意图)。然而，声称法律能够带来某种合意的事态或者达成某种目的是一回事，断言法律具有某种功能却是完全不同的另一回事。并不是一项工艺的每个目的、结果或制品都构成它的功能。对一件东西的功能可以有多种理解和界定；我们可以把各色功能指派给这些东西，比如我书桌上的那把锤子被用作镇纸。我们可以安排某些或某类东西具有某种功能——例如，锤子楔钉子的功能。在这些情形下，东西从我们想要的用途中获得了其功能。但是，东西也可能具有不像这样与我们的意图相关的功能——譬如，手具有抓东西或使我们能够抓东西的功能。把手与它们的功能相联系的说法可以搬用意图(上天的意旨)；而我们也可以讲述一种相反的因果关系，来表明某一结果——抓东西的能力——如何作为形成和进化的原因解释了手的存在及其形态。

对于哈特把引导行为的功能归赋给法律，夏皮罗认为(我也赞同)我们不应把他解读为是在就法律的特有功能提出任何形式的道德观点。相反，我们应该把他理解为是在提供某种对法律的功能论解释。[41] 这种类型的解释在社会科学中是常见的，是一种包含意图性和非意图性要素的混合体。哈特从未详尽阐述过这种解释的形式结构，但其基本的思想是法律能够有效引导行为的能力部分地说明了它存在和存续，以及形成成熟形式之样态的原因。

---

〔41〕这是第三种也是最重要的一种阐释进路，来说明哈特的方案具有社会科学的面向。注意到并继续阐发该思路对哈特总体理论的重要性，这一功劳应主要归于斯科特·夏皮罗。参见前面引述过的他的两篇论文。

这种诉诸法律的引导功能对法律进行解释的思想片段见于《法律的概念》第五章。如果法律只包括施加义务的初级规则(primary rules)——通过把特定标准标识为人们必须遵守的准则而认知地引导人们行为的规则——那么引导将至少在三个方面是“无效率的”。首先,对于哪些规则被标识为权威,将会存在不确定;一种更有效的引导模式将会包含某种可靠的方法来辨识哪些标准具备相关的特征。其次,法律引导将会是静态的,无法对变化着的环境和需求做出回应;修订、改变和废弃某些规则以及引进新规则的能力将会使一种更有效的引导形式成为可能。最后,规则对我们提出的要求是什么,在某些情况下将会是不清楚的;如果关于法律要求的争议能够通过权威得到解决,行为引导将会更为有效。认为这些因素对于引导行为的有效性部分地说明了它们何以成为成熟的法律体系普遍而永久的特征,这种想法似乎是有道理的。为了实现各种各样的目的——有的在道德上值得尊敬,也有的在道德上不值得尊敬——人们在长久的行动中形成和发展了法律的结构,因为法律能够比其他治理形式更加有效地实现那些目的。能够在各个方面有效运转的社会常常经久长存,而它们的制度也通过各种扩散途径向外传播。因此,将引导行为的功能归赋给法律使我们得以理解为何成熟的法律体系采取了初级规则和次级规则(secondary rules)相结合的形式。

把哈特在《法律的概念》第五章中的论述解读为一种对法律的社会科学/功能主义解释是可能的。这种解释加强了把法律看作初级规则和次级规则结合体的哲学分析,并使哲学理论与某种标准的社会科学分析相连贯。任何地方的法律,无论历史和文化的差异,无论它为人们实现的特别目的,我们都能期待它的成熟形式会获得大致相同的结构。这种一般性是哈特理论高贵力量的一部分。与佩里的解读相反,在哈特的论述中没有任何成分表明通过规则引导行为的道德吸引力构成了他的这一观点的基础,即这种引导是法律的功能。[42]

---

[42] 声称哈特依赖某种道德观点的断言未能认真对待他明确的实证主义立场。具有讽刺意味的是,拥抱德沃金式解释主义方案的评论者有时似乎不愿意把其指导性的宽容原则适用于对哈特的解读。人们会发现,那些原则将要求我们以一种加强和深化其一贯的实证主义主旨的方式解读哈特。尽管在德沃金的莎士比亚看来,实证主义者可能只是阿加莎·克里斯蒂(Agatha Christies),但是当一个实证主义的方案能被解释成一个非常令人满意的谋杀迷案时却硬把它解释为哈姆雷特的二流作品,这也是没有同情可言的。

无论其总的旨趣是什么,佩里的论据没有任何一项能证实哈特在指认其法律概念理论的显著特征时采取了实质的道德和政治观点。哈特通过运用理论构建的常见规范而非政治道德规范初步指认了概念分析必须予以回应的那些法律特征。他的内在观点中心观以对法律权威可能性和理由逻辑在概念上的说明为基础。再者,他的论述中没有任何成分暗示内在观点的道德或政治根据。最后,他的主张并不是法律具有一种特有的引导功能,而这种引导功能又必须由它的道德或政治吸引力来捍卫;相反,通过把引导功能归赋给法律,我们能够更充分地理解法律为何出现、长存,并形成其成熟形式的样态。如果佩里的论述未能抓住哈特据以对这些法律基本特征做出界定——其对规则、内在观点和引导功能的信奉与指认——的真正理据,那么它们就不能支持某种更为一般的规范法理学主张。

## 2. 概念分析与自然主义

### 2.1 概念分析

哈特和追随他的许多法律哲学家认为自己是在从事概念分析的哲学计划。知识论者分析知识和认知辩护(epistemic justification)的概念;语言哲学家分析真理和意义(meaning)的概念;形而上学者分析本真(the real)的概念;伦理学家分析价值的概念;政治哲学家分析正义和权威的概念,等等。法律哲学家也不例外;他们分析法律的概念(以及法律实践的其他核心概念)。正如我早前指出的,哈特方法论的批评者对他提出了两种不同的反对意见。像德沃金和佩里这样的批评者拒斥哈特的描述主义主张。他们否认规范性节制(normative austerity)适合于法理学。法律的概念,不同于知识、真实、客观性、意义、本真等的概念,它要求争议性的道德和政治论证。在这一点上,法律的概念更像善或更善,以及正义的概念。佩里发展了这一反对意见,他争辩说不仅法律概念的分析是一项政治道德领域的活动,而且哈特自己的论述就与他所宣称的立场相矛盾。

没有人否认法律在人们的实践生活中占有重要地位;我们对法律是什么的描述应当能够说明它何以重要——它对那些接受法律治理的人所具有的重要性和价值。但是,正如我在前面提出的,如果认为这一事实衍推出了关于法理学必须如何行进的本质方面的东西,就犯了一个大错。在某种意义上它所确立的是一种理论

(theory)的适当性条件,而不是对理论说明(theorizing)的方法论限制。

关于这种不仅与哈特而且与他绝大部分的追随者——既有法律实证主义的支持者也有其批判者——相关联的法理学方法,现在我们该把注意力转向对它的第二种反对意见了。那些规范法理学的捍卫者,像德沃金和佩里,背负着说明分析法律怎样不同于分析诸如意义、真理和知识等哲学核心区域最重要概念的重担。与之相反,像布莱恩·莱特那样的反对者,他们拒斥哈特的方法论是因为,在他们看来,法律与知识、真理和意义并没有区别。因而,莱特的反对意见不是针对哈特的描述主义立场,而是针对他所投身的概念分析(Conceptual Analysis)哲学。按照莱特的看法,概念分析对于法律哲学家如同其对于知识论者或语义学家一样是徒劳无益的。两者之间的区别是,知识论者,语言、心灵和科学哲学家,以及形而上学者甚至伦理学家已经看到了只有用自然主义的方案替代概念的方案哲学才能进步,而法律哲学家仍然停留于过去困顿不前。哈特对概念分析语言学方案(the linguistic project of Conceptual Analysis)的追求可以被宽宥,或至少被原谅;如果我们不理解语言学转向对他的学术产生的影响,我们就不能公正地解读他。另一方面,当今的法理学若要发展,就不得不摈弃概念的方案而垂青自然主义的方案——或者说莱特坚持这么认为。法律哲学必须摆脱已告失败的概念分析的支配和困扰。

莱特的方案包括两个支命题。第一个涉及对概念分析的方案及至分析法学主要分支的连带拒绝。第二个关系到自然化法理学(naturalized jurisprudence)的前景。我同意莱特关于我们需要摈弃概念分析(Conceptual Analysis)这一特定方案的观点。但是,拒绝概念分析的方案(Conceptual Analysis)既不意味着拒绝对概念的分析(conceptual analysis)也不意味着拒绝分析法学。而且,对于自然化法理学的前景我深表怀疑。我的这两个观点通过另外一个事实结合起来,即自然化法理学的可能性恰恰取决于自然主义者让我们摈弃的那一分析法学的重大分命题。

让我们看看他的方案的两部分内容,先从其对分析法学的拒斥开始。按照莱特的理解,分析法学等同于概念分析的方案。概念分析的目标是揭示关于概念的有趣而又意涵丰富(informative)的真理(truths),而我们正是通过使用概念才使这个世界变得可被理性理解。基本意思是说,概念是思想的具体物化,它们构造了我们的经验并使世界可通过理性来理解;同时由于概念是共享的,所以它们对于我们彼此沟通的能力是必不可少的。奎因(Quine)提出了若干令人信服、足以瓦解概念分析方案的观点,如今这在哲学上已是老生常谈。

这些最为有力的观点是如何铺陈的或许值得我们在此简要概述。这是一种出自证明整体论(confirmation holism)的论述。设想有人提出一个经验假设"H",并寻求通过经验证据检验它。设想"H"通常被认为由"E"来证明,但收集到的证据却是"非 E"。人们可能会认为"非 E"证伪了"H";鉴于"非 E",早前相信那个"H"的人现在将不得不修正他的信念并摈弃"H"。奎因表明相信"H"的人同时保有"H"和"非 E"事实上是可能的,只要他准备好在其信念体系的其他地方做出调整或修正。证据证明或证伪的是作为整体的理论体(世界观或信念体系),而非个别的理论命题。这就是证明整体论。而基于一种自然的和关联的意义观,证明整体论衍推出意义整体论(meaning holism)。

我们关于世界的理论既包括推定的分析性真理(putative analytic truths)也包括综合性断言(synthetic claims)。它们全都要接受证据的证明。这意味着分析陈述和综合陈述一样都受制于经验证据的裁决。由此,所谓的分析陈述和综合陈述一样都要根据与之不符的经验接受修正。我们不能说分析性真理免受经验的裁判,相反我们应该说它们所处的位置比其他信念距离经验更远。

这一观点对概念分析方案有两个影响,每个都被认为是破坏性的。首先,由于所有的主张都要经受经验的裁决,因而不存在特殊的非经验的分析哲学领域:不存在哲学据以阐明事物本质的特殊方式。如果没有分析性真理,那么也就没有概念性真理:关于我们的概念没有什么是必然真实的;关于我们对桌子、艺术、音乐或法律所持的概念也没有什么是必然真实的。其次,如果各种断言的真理性嵌置于理论或信念体系的整体之中,我们就不得不放弃这一观念,即存在具体化的概念,它们是意义的载体,命题的意义由其所决定。是语言作为一个整体具有意义,语言的组成部分是从它们在语言中所处的语境(context)内获得意义的。因此,我们不仅必须摈弃对分析性或概念性真理的寻求;而且在后奎因的哲学中我们还必须摈弃把概念看作意义的具体物化或原子式载体的观点。

当然,哲学在奎因之后和许多阵线上发展很快,注意到这一点也很重要。知识论者仍在提供对知识的分析；语言哲学家仍在提供对意义和真理的分析，等等。如果我们接受奎因反对意见的要旨，那么问题就不是我们是否有权利做我们所做的事情，而是我们如何对我们正在做的事情是什么进行概念化。那些法理学或哲学其他领域中的分析方案的追求者无需放弃其方案。我们只需对表达我们正在做什么的方式加以小心。[43]

自然主义的自负形式声称对法律进行演绎式的概念分析是一种徒劳无益的活动，其所取得的进展只是一个极大的错觉。一种更为谦逊的自然主义只是否认法律理论的某些重要方面能够通过演绎式的分析得到富有成效的解决。自负的自然主义者要求我们摈弃哲学的法理学而完全倒向某种法律的社会科学；谦逊的自然主义者主张分析法学无需被摈弃，因为它可以在总体的自然主义方案中发挥次要作用。

在法理学本身的领域内，莱特集中关注的是裁判理论；更具体地说，是判决内容的确定性问题。裁判理论寻求确认规范，这些规范如被法官正确遵循就会产生那套对其具有约束力的权威性法律标准所担保的全部且特定结果。每个争议都有三种受到法律担保的可能结果。这就是："原告胜诉"，"被告胜诉"，或者"不确定"——即，法律没有规定谁胜诉。[44] 裁判理论因而旨在确认那种以具有权威性或者约束力的标准为输入、以其作为法律问题必有正确答案的每个法律争议的正

〔43〕假设我们采取判准主义(criterialism)并据此主张存在使用诸如"法律"这类术语的正确规则。这些规则规定了这些术语的意义，而且，实际上，就是其定义，这些定义陈述分析性真理——依赖术语意义的真理。通过把实证主义等同于判准主义，德沃金把它和某种常见的哲学观联系起来，根据这种哲学观实证主义的目标就是发现分析性真理，这种分析性真理揭示了我们用术语所指之物的本质特征。使用"法律"的规则因而指定了某物要列入它的外延什么必须是真的。这些分析性或概念性真理揭示了法律的本质。当其从规范法理学的角度拒斥判准主义时，德沃金也在拒斥那种依靠分析/综合之区分的哲学事业的图景。他的这种做法非常符合其哲学中众多的奎因特征(除了奎因的行为主义)。现在请注意，莱特对分析法学的拒斥和他有相同的基础——对分析/综合之区分的反对。不同的是，德沃金对分析/综合的区分采取反对意见是为了倡导作为规范理论的哲学——我想他曾经称之为"作为解释的哲学"，而莱特对分析性(analyticity)采取反对意见则是为了暗示某种作为科学的哲学观(或者就法律来说，作为社会科学的哲学观)。德沃金和莱特的哲学观都是对拒斥分析/综合之区分的过度反应。二者都依赖于因跟风拒斥分析/综合之区分而对哲学中描述性方案的可能性所持的过于狭窄的看法。一旦我们解决了法理学与"法律"的元—语义学之间的关系问题，一系列法理学的描述性和规范性方案就成为可获得的了。这些观点在 *The Language of Law* 和"Law"中得到了完全的阐发——莱特和德沃金之间的基本相同点最早是由我的合著者 Ori Simchen 提请我注意的。

〔44〕这最后一种可能性被那些坚称作为一个法律问题总是存在正确答案的人所否认。

确答案为输出的函项关系，如果这种函项关系(function)存在的话。该理论应对所有且仅仅那些原告确实具有法律上最佳理据的案件给予“原告胜诉”的答案；当被告处于相同境况时给予“被告胜诉”的答案；而当可获得的法律资料不能唯一地担保任一结果时，给予“不确定”的答案。

莱特断言，对法律和裁判的概念，或者对正确答案的观念即使有再多的哲学反思也不能揭示那一函项关系——如果这种独特的函项关系在我们或者任何其他法律体系中确实存在的话。如果存在确定何时某种答案是正确的规范，它们不能通过对概念的反思而获得；如果这样的规范的确存在，它们相反是内在于裁判实践的自身当中的。

莱特的观点很大程度上得自证明整体论的主张。根据证明整体论，所有证据检验——即，证明或证伪——的是作为整体的全套信念而非单个的信念或假设，就这一点而言，证据和信念(或理论)的关系是整体性的。那是因为通过在某人信念之库或信念之网的其他地方做出调整或修正，任何证据都能与它否则可能被认为证伪的信念或假设相调和。一个人面对反证在多大程度上愿意抛弃某特定信念，是该信念对其信念之网的决定性有多大——即，它所支撑的其他信念有多少以及支撑到什么程度——和新理论所具有的使其能够在这个世界中过得去的比较优势的函项。

诸如此类的考虑表明先验地寻找那些调整正确推理的规范是没有意义的。我们不应使用不切实际的反思来决定正当信念的检验，相反我们应该调查研究认知者逐渐持有其信念的过程以及那些增进信念可信赖性的因素。认识论的分析哲学方案被(社会)科学的(在这种情况下，是心理学的)方案所取代。这可以非常合理地直接类推到裁判理论。裁判理论是这样一种哲学活动，它试图通过对法律概念、内容、解释等的反思来确定正确裁判的整套规范。适用它们将产生唯一被担保的结果，如果这样的结果存在的话。自然化法理学断言，裁判的分析理论会遭遇与分析知识论(analytic epistemology)相同的困难，而这些困难注定了后者的失败。任意数量的自相矛盾的输出都与那套裁判性输入相兼容。而且这些自身内在协调却担保不同结果的输入具有诸多的解释原则或组织方式。不存在唯一的解释原则，也不存在哲学上可敬的挑拣正确选项的方式。

莱特下结论说我们需要用法律的社会学、心理学、人类学或者经济学来替代或补充法律哲学。我们应从哲学转向某种适当的社会科学探究——其志在揭示判决做出过程中的类律规则,或寻求确认哪些规范,如果真有的话,是内在于裁判实践的。莱特并不否认这种规范可能存在——如果哲学对这种规范的确定和证成不插手的话。

对于那种社会学的、心理学的,或心理—社会学的法学理论,没有什么好反对的。没有哪个法律哲学家会跟一个试图揭示司法判决制定过程中类率规则的方案过不去。裁判的这种社会科学规律——如果真能被发现的话——会使判决更具可预测性,这将有益于促进协调和安排计划;裁判的社会科学,作为一种使法律和法律实践更可能被理性认知的方式,仅仅出于理论的原因也是很重要的。

然而,对于其所提出的分析法学必须给自然化法理学让路——即法律哲学应被法律的社会科学取代或者退居其次——的论断,却存在若干强有力的反对意见。第一种反对意见是,自然化法理学的方案只有在大量的哲学基础工作已经做完之后才能得以推进。第二种反对意见认为,没有理由假定社会科学理论会寻求解释法理学所特别关注的现象;更没有理由相信它们如果这么做就会取得成功;更甚者,恐怕我们都没有理由预料社会科学会成功阐明它自己所提出的那些难题。让我们依次对这些反对意见进行考虑。

莱特自己也意识到自然化法理学的方案要求某种分析法学的成分,但是低估了它的程度。那种认为裁判功能依权威性法律标准运行的观念,预先就假定我们持有用以确定这些权威性法律标准是什么的判准。于是,自然主义者致力于寻求,作为一个概念的问题,某种合法律性的检验标准。另外,并不是每一个关于合法律性检验之本质的观点都与自然主义的方案相一致。例如,自然主义者不能接受德沃金式的合法律性判准理论,因为那一描述是从德沃金关于法律内容的理论中得出来的。[45] 德沃金认为法律的内容是完全确定的,如果他是对的,那么自然主义者就不可能是正确的。这使自然主义者受到这一负担的牵累,即提出某种反对德沃金整个法理学方案的哲学论证。自然主义者于是陷入了与所有其

〔45〕对这一观点的阐发见 *The Practice of Principle*,第 11 章。

他分析哲学家相同的处境——他的方案像拉兹或我的方案一样需要分析法律哲学。

这些考虑暗示——尽管并没有表明——自然化法理学预设了一种关于如何思考合法律性判准的实证主义观念。这就把自然主义归置到了实证主义的阵营，而实证主义，无论它多么引人，当然是一种具有争议性的实质法理学观点。更重要的是，这些考虑暗示自然主义只有在实证主义能站住脚时它才能说得通。这样，自然主义非但不能逃过传统分析法学的工作，反而要依赖于它。如此一来，自然主义就不能作为分析法学严肃的替选项而被接受。

进一步的问题当然是，自然主义者是否必须就合法律性判准的内容为某一特定观点争辩；以及这样做时，结果是否必须是站在包容性/排他性实证主义分野的这一或那一方。[46] 在他的一篇论文中，莱特提出美国的法律现实主义者——按照他的解读，先知的自然主义者——是隐蔽的排他主义者，或者他所谓的"强"(hard)实证主义者。[47] 我不能显而易见地看出为什么法律现实主义者或任何其他号称的自然主义者最终必定支持排他性法律实证主义，但如果莱特是正确的，那么他的自然主义就是以对另一个，在这里指的是，分析法学内部包容性和排他性实证主义之间非常难解和特殊化的争论所做的特定解答为基础的：这一争论涉及对如何理解法的规范性所持的特定观点。这给我的感觉是，那一意欲替换分析法律哲学的法理学观点竟是以大量的分析法律哲学作为其前提条件的——再者，该争执援用了法律效力(legal validity)和合法律性(legality)之间的重要区分，而这却是法律社会科学家既不感兴趣也不特别适合给以裁断的。

无论自然主义者在包容性/排他性法律实证主义的问题上最终持何立场，他都信奉这一主张，即承认规则(或者，更一般地理解为，合法律性的检验标准)具有确定的内容。如果承认规则没有确定的内容，就不可能识别出那套裁判性的输入。但是如果承认规则具有确定的法律内容，那么根据它有效的规则怎么会没有确定的内容？如果承认规则能够挑选某些行为标准作为官方的或者在法律上被授予权

---

〔46〕参阅 *The Practice of Principle*，第 8－10 章。

〔47〕参阅布莱恩·莱特，"Realism, Hard Posivitism and Conceptual Analysis", *Legal Theory*, 4/4 (1998)。

威的规则,那么根据它有效的法律规则为什么不能挑出在法律上强制的、禁止的或许可的行为?[48] 不要说尽管承认规则和根据它有效的规则都具有确定的法律内容,但法律(law)却并没有确定的内容,这么说毫无意义。它要求对某种表面上颇具争议甚至难以置信的关于法律内容之本性的主张进行辩解。的确,如果个别法律规则极端不确定,我们或许就可以推断法律引导的内容经常不确定——也就是说,规则不总是为公民和行为受到规则调整的其他人提供适足的引导。但这并没有告诉我们任何有关法律*判决*内容的东西。[49] 因为社会共同体中可能存在某些根深蒂固的纠纷解决实践可应对引导的不确定性问题。[50] 诚然,那些实践或规范不是通过对内容或裁判之本性的先验反思而辨明的。但那正是判决内容的实证主义理论已经告诉我们的:把"官方的法律声明"当作其输入并把"作为法律问题的具体案件的判决"当作其输出的"函项关系"将随不同法律体系的特殊实践而定。实证主义衍推出这一观点,即我们不能先验地确定判决内容。在此意义上,自然主义不是法律实证主义的替代者;自然主义的某种有限形式更可能是法律内容的实证主义理论的一个推论。

无论那一在特定社会里从法律输入中产出判决性输出的函项是什么——我们不能发现或提出关于这个函项的任何理论,除非我们先持有某一法律理论告诉我

---

〔48〕对莱特的这一逼问,我最早是从斯科特·夏皮罗和罗伯特·罗曼诺(Roberta Romano)那里听到的。作为回应,莱特可以争辩说,认为承认规则具有确定的内容而根据它有效的规则却没有这一点并无不妥——毕竟,它们分属不同种类的规则。一种挑选规则,另一种挑选符合抑或不符合规则的行为。因此,前者挑选的是命题对象(propositional object),而后者挑选的是行动(action)。这或许能解释何以前者是确定的而后者却不是。为什么挑选规则应比挑选归入法律之下的行为更容易,其理由并不是先验地显而易见的——部分原因在于,在法律的语境中,被挑选的规则是由行动创造的,因而人们真正挑选的是制定规则的行为(law-making acts);因此二者之间并不存在真正的区别。

不过,莱特还可以回应说,一般而言规则或者具体而言法律规则并不具有这样的特性,即如有任何一项规则是确定的,那么所有规则就都必须是确定的。一些规则可能是确定的而其他的却未必。确实如此;但是对为何承认规则应是确定的而从属其下的规则却不是做出解释的负担则显然转嫁给了莱特。这一负担很沉重,因为莱特关于承认规则之下位规则的不确定性的论断是以那些可获得的非唯一的解释原则为基础的。而这一问题同样也适用于承认规则。

〔49〕对这一重要的区别的阐发,参阅 *The Practice of Principle*,第 11 章。

〔50〕换言之,不确定的个别法律输入可能意味着普通人不能确实地探知法律对他们行为的要求是什么或者法律授予他们什么自由和权利。从他们的视角看,规则是不适足的理由。但这根本没有告诉我们法律的判决内容是否是不确定的,因为它没有告诉我们规则之下的纠纷将被官员如何解决。大量的引导不确定性是与判决的确定性相兼容的。莱特的命题所关注的是后一种而非前一种不确定性。

们法律本身是什么样的。[51] 因此，自然主义者不能仅仅因为集中关注裁判问题就躲掉分析法学的那个每一法律理论都要解答的根本问题。

在论证过我们不能因为追求自然主义的法理学而摈弃分析法学之后，现在让我们转向自然化法理学成功可能性的问题。当然，存在着某种从证明整体论到达自然主义的快捷而捉襟见肘的方法。所有的信念都必须面对经验的裁决。一切都可以根据否逆的经验证据做出修正。没有留给哲学特权的地位。如果存在调整探究活动的规范，那也是内在于探究实践的规范，等等。所有主张的真理性最终都取决于经验的证据。为什么不把所有的知识探究都移交给经验科学呢？对奎因的这种解读，把我们不仅带到了自然主义而且带向了哲学的终结。

把知识探究移交给科学的一个原因是，科学理论对经验现象所做的解释更有说服力和启发性。这是从自然的因果规律的角度做出的解释。第一个问题在于，并不是每一自然的或经验的事实都能用自然律来解释。并不是每一事实都被法律所涵盖。其次，而且更为重要的是，我们绝对没有理由相信那些使我们这样的哲学家和社会理论家感兴趣的事实同样也是社会和自然科学理论所关心或打算研究的问题。有没有这样一种社会科学理论，它关注有效性与合法律性、对官员有约束力的规则与因其构成社会共同体的法律而具有约束力的规则之间的区分？什么样的社会科学探究要求对那一区别做出说明？

接下来，并不是自然主义理论所做的每一说明对我们来说都构成说明。并不是每一自然的说明都能增进或深化我们的理解。粒子物理学或场论（field theory）等微观层次的理论解释可能对我们的多数经验不会有所启发，即使它们是正规意义上的恰当解释。最后，就法律实践而论，我们有何理由信赖社会科学理论的成功？何种社会科学范式以自然科学完成其工作的方式成功地取得了其探究成果（这里借用莱特的一句口头禅）？

---

〔51〕换句话说，正如我在 *The Practice of Principle* 第 11 章中指出的，我们不能进行从“判决内容”到“法律的判决内容”的推论。这里漏掉了一个前提，即无论法官在某一案件中被要求做出怎样的判决——或无论他们在某一案件中实际做出怎样的判决——都是在陈述或表达法律。我们可以有适当的理由把法的范畴预订给官员行为的某个子集——甚至可以说是法律渊源（legal sources）所授权的那些官员行为。拉兹，举例来说，主张只有那些能够作为实践权威的行为或规则才是法律，因此根据他的实践权威理论，并非所有由权威性渊源制定的规则或判决都会是法律。这要求说明法律在概念上是什么样的。

换言之，我们有非常合理的理由不把关于法律的所有探究移交给社会科学家。莱特的论述中没有任何成分表明我们必须这样做。我们可以同意莱特的这一观点，即奎因之后，老式的概念分析方案（projects of Conceptual Analysis）被归于无效甚至完全不可能。有争议的是，是否现代法律哲学中的任何人都能被这种在不良意义上而言的概念分析方案所缠倒。就我所知的当代法理学方案中没有一个必须被解释成这样：不是拉兹的，不是德沃金的，当然也不是我的。如果我是正确的，那么贯穿我们工作的那种分析的或概念的哲学就是莱特自己的那一非常有趣而又重要的自然化法理学方案得以顺利开始所必不可少的一部分。莱特没有给出摈弃概念分析的理由；反而提示了他本身就依赖于它的种种迹象。这也是应该的，因为我们没有理由认为通过将其移交给社会科学，哲学探究和激发哲学探究的难题就有可能被富于成效地阐明，更不要说被解决了。

# 第9章　法哲学与政治哲学

杰里米·沃尔德伦 著　韦洪发[*] 译

## 一、法律与政治

可以认为法哲学是政治哲学的一个分支吗？显然，两者之间有某种关联。法律体系是政治体系的一部分，并且，如果政治学学者声称其对法律的运行丝毫不感兴趣，这也是咄咄怪事。法律及其实施、宪法、立法机关、法院、判决、法律推理、法治等等——这些都是很好的政治学研究主题。立法机关和法院是政治机构；法治是一种政治理想；作为惯例和技术，判决和法律推理是活跃于社会中的政治文化的组成部分。当然，它们不是政治学学者唯一感兴趣的话题：政治学学者也感兴趣于如政党等非法律制度，如自由和繁荣等非法律理想，如竞选和游说等非法律实践，以及诸如权力和战争等非法律现象。尽管如此，法学学者所研究的诸多问题仍是政治学学者应当感兴趣之问题的重要子集。

因此，法律制度是政治制度的一个子集，并且任何研究政治制度的学者都必须将其考虑在内，由这一事实，我们作如下推论不无道理，即法学理论是，或应当是一般政治理论的重要组成部分。研究主题之间的关系——法律是政治的一个方面——似乎就规定了两个学科之间的关系——法学理论必定是政治理论的一个分支或子集。

---

[*] 吉林大学理论法学研究中心博士，吉林大学马克思主义学院讲师，主要从事法理学研究。

我将法律、法律制度、法律理想及实践称为“政治的”，用意并非是引发争议。有时，当人们说“法律是政治的”，他们意在表明，案件的判决是基于法官对公共政策问题的党派性观点，或是基于法官的政党政治性忠诚或意识形态方面的忠诚。或者，以这种指责的一个更加抽象的版本言之，人们意在表明，有人正成功地避开诸机制的力量，这些机制被设计出来，以确保将有争议的决定交由立法机关作出或在宪法会议上作出，而不是交给像法官一样的官员。或者他们可能意在表明，尽管法律原则和法律准则自称中立、客观，但它们都隐藏着实质性的和富有争议的政治承诺。但所有这些都不是我在开篇段落中想要表达的(尽管所有这些情形可能都是真实存在的)。

我只是想要强调，没有对特定社会公认之法律制度和惯例的理解，对其公认的政治制度及惯例的理解注定是不完整的，不管这种理解是经验性的、分析性的，抑或是规范性的。不考虑法官在表达公共价值方面所起的作用，我们就无法理解政治文化。不理解相关法律制度及惯例对政治领导人之选择和决定所施加的限制，我们也无法理解特定社会的政治权力。这既适用于经验性理解，也同样适用于规范性推理：例如，如果不考虑保持代议制机构所决定之问题与法院所判决之问题间的平衡，人们在现实世界中就无法使用民主这一概念；并且对诸如自由、正义及平等的讨论，如果其不是达到一种无法想象的抽象程度，它就必须关注人们最为熟悉的表达这些价值的体系所具有的法条主义(legalistic)性质。

## 二、相互依赖

说对政治制度的综合研究必须关注法律是一回事，但并不能由此推论认为，对法律的研究(学说性研究或法哲学研究)必然涉及政治学研究。法律可能是政治的一部分，但尽管上面我们作了很多论述，法律可能是政治的相对独立的一部分。法学学者和法学理论家的工作可能在实际上独立于政治科学和政治理论。如果我在第一部分的论述是正确的，政治学学者和政治理论家应当关注法学学者和法学理论家的工作，但反过来不一定成立。两者之间的关系可能类似于海军史与军事史的关系：海军史是军事史的一部分，军事史研究者需要关注海军史研究的进展情况。但海军史学者若认为自己的研究领域相对有限，该领域的研究只需要对军事史的非海军方面作最为宽泛或粗略的理解，这也与前述两者的关系完全一致。海军史学者可能会说,“史学家之间存在劳动分工。与我相比,我的朋友军事史学家对更大的研究途径负有责任:他必须将我的研究与陆地战役及空中战役方面史学家的研究结合起来。但我的工作——即作为海军史学家的工作——只需负责整个拼图中的一小块。”[1]

让我在这一类比上流连片刻。我所设想的海军史学者的言论不是不合情理的。但很容易看出怎样对其言论进行批评。有人可能会认为,“尽管某种程度的专门化是明智的,但这位海军史学者对那些影响海军军力之构成方式及海军战役之实施方式的一般军事历史的诸多方面视而不见,这还是不明智的。一方面,对来自相同国防预算的资源,海军、陆军及空军之间存在竞争。另一方面,离开其对包含一国各个军种的整体战略的贡献,海军战略本身是无法让人理解的。即便在整体战略之下,海军行动也经常会有特殊的侧重,以支持其他非海军的军事行动,如海上入侵或轰炸滨海城市及要塞。由于非海军事务以这些方式充斥在对海军事务的理解中,假定没有一般军事史方面的大量专业知识,也能掌握海军史领域的专业知识,这是行不通的。”

类似的论说也适用于法律与政治,以及法学理论与政治理论间的关系。除非法学学者一方面理解法律准则与法律制度间的关系,另一方面理解更为宽泛的政治背景,否则其对法律及特定法律准则运作方式的理解将不得要领,苍白无力,且拘泥于形式。让我先举一些例子。

1. 法学(jurisprudence)非常重视规则与标准(standards)之间的不同,它们对司法推理的不同要求,以及它们带来的不同困难。[2] 规则带来了模糊性及开放结

---

[1] 请注意这里的类比与哲学上更为普通的生物学与物理学之间的类比不同,也比后一种类比更为直接。在生物学与物理学的类比中,由于两个学科的研究对象(entities)在本体论层面上不同,两个学科产生了关于谁先谁后及可归约性等方面的有趣问题。在法律与政治的情形中(以及与之类似,在海军史与军事史之间的类比中),研究对象属于相同层面和相同范畴——两个学科的研究对象都是公民及其互动,制度及观念。该关系是部分与整体的关系,而非微观与宏观的关系。

[2] 参见 Henry M. Hart, Jr. and Albert M. Sachs, *The Legal Process: Basic Problems in the Making and Application of Law*, ed. William N. Eskridge, Jr. and Philip P. Frickey (Westbury, NY: Foundation Press, 1994), 138 - 143. 另请参见 Kathleen Sullivan, "The Supreme Court, 1991 Term — Foreword: The Justices of Rules and Standards", *Harvard Law Review*, 106(1992), 24; Antonin Scalia, "The Rule of Law as a Law of Rules", *University of Chicago Law Review*, 56 (1989), 1175; 以及 Duncan Kennedy, "Form and Substance in Private Law Adjudication", *Harvard Law Review*, 89(1976), 1685. 请注意,规则和标准间的区分与规则和原则间的区分不同,德沃金在其早期著作中对此有所强调,参见 Ronald Dworkin, *Taking Rights Seriously* (1977), 22 - 28 and 71 - 80。

构问题，而其适用则带来了可能归责于它们之意图的不够宽泛和过于宽泛问题。标准引发了关于法官及其他规范适用者评价性判断(evaluative judgment)之运用方面的争论，并且标准还带来了如下难题：在将诸如“合理的”这样的词汇适用于某个有争议的情形时，法官应当使用谁的价值观呢？是法官自己的价值观，还是这一标准制定者或制定机关的价值观，抑或是法官所认为的社会上通行的价值观(不管法官本人对此价值观是否赞同)？

有时，将一项给定的条款解读为一个规则或一个标准，是一个选择或判断的问题。[3] 我意在表明，这是一个这样的选择或判断问题，即法官应当在其对某一给定条款的理解中接受这些困难、要求及难题中的哪些。现在我们知道，从立法者的视角来看，解决规则与标准间选择问题的一种方式是，质问各种决定权力(powers of decision)的最佳定位是什么。例如，立法者判断根据事先的决定(*ex ante* determination)给予哪些案件以确定的法律结果，法律适用者在特定案件出现时根据自己对该案件的反应作出判断，在有理由认为前者优于后者的情形中，人们就选择规则。[4] 换句话说，通过比较制度 A 以 M 手段完成任务 T 的能力与制度 B 以 N 手段完成任务 T 的能力，从而作出选择。制度能力(institutional competence)不是唯一的考虑因素。我们宁愿国会以数字的形式确定税率，而不是由美国国税局局长在如一项“合理税收”的标准指导下通过检查个人档案制定税率，其原因与合法性有关，而与能力无关。即便国会必须采纳关于不同税率之影响的建议，我们还是认为，代议制立法机构之外的其他机构确定的税率是非法的。这也许是一个简单的例子。但在其他情形中，代议制机构确定的一个标准(如告知其下属机构考虑哪些要素，但将细节性的权衡留给该下属机构)是否对合法性的重要性给予了充分的尊重，抑或是否需要制定一个规则，我们对此不能完全确定。

---

〔3〕例如，宪法对剥夺公民权利法案的禁止——美国《宪法》第一条，第 9(3)款——可以被解读为仅禁止满足某一技术性界定的那些国会法案，它也可以被解读为禁止根据反对剥夺公民权利法案的理由而应加以反对的任何法案。

〔4〕请参见 Frederick Schauer, “Rules and the Rule of Law”, *Harvard Journal of Law and Public Policy*, 14(1991), 645, at 679 ff.，另请参见 Frederick Schauer, *Playing by the Rules* (Oxford: Clarendon Press, 1991), ch. 7。

不大量关注现存制度的样态，及其合法性的条件是和应当是什么，就无法作出这样的选择。这些是关涉政治、政治文化及政治哲学的问题。由此似乎可以推断，一位争论认为一项特定条款，即便订立于很久之前，现在应当被解读为（或继续被解读为）一个规则而非标准（抑或一个标准而非规则）的法官或法学学者，必须利用类似的政治资源。[5] 而作进一步推论，我们可以得出：这一领域中研究法官应怎样应对诸如我们刚刚陈述之问题的一般法学，还必须大致熟悉和理解制度能力，或政治合法性，而法学理论不能靠自身来提供这方面的知识和理解。[6]

2. 我所举的第二个例子更加深奥。它涉及如约瑟夫·拉兹这样的法律实证主义者与如德沃金这样的反实证主义者之间哲学争辩中的一个问题。该问题是，是否可能存在法律效力(legal validity)的道德标准。假定税法中有某一条款 T，就其对一组给定情形的影响而论，它可以有两种解读方式，$T_1$ 和 $T_2$。在德沃金看来，对于"$T_1$ 和 $T_2$ 中哪个是法律"这一问题，找到正确答案的方法是，选择其中最能代表条款 T(或整个税收体制)的一个：哪种解读使条款 T 成为最好或最公平的要求？[7] 我们来决定哪种解读是最好的，在此基础上，我们来决定什么是法律。拉兹回应说，如果我们以这种方式进行下去，我们就不能理智地认为法律能*有权威地*声称确定何谓好的或公平的（抑或最好的，或最公平的）税收方案。为了使用德

[5] 因此，如关于德沃金对特定宪法条款的所谓"道德解读"的争论，在某些情形中不能通过仅诉诸文本而得到解决。（《宪法第一修正案》仅保护那些被《宪法》制订者承认为是宗教的事物，并将宗教解释为一个描述性词汇吗？抑或它也保护那些被判断为与宗教有重要相似性的事物吗？在后一种情形中，"信仰自由"条款指引我们对相似性的重要性作出判断。）这些问题的解决必须诉诸文本，加上对将某一文本解读为一个标准而非规则之能力及合法性义涵的考量。（关于"道德解读"，请参见 Ronald Dworkin, *Freedom's Law: The Moral Reading of the American Constitution* Cambridge, Mass.: Harvard University Press, 1996, 7 ff.。）

[6] 这一点可能不能适用于所有解释性争论。在该情形中，有些理论家支持"原意"(original intent)，他们诉诸作为表达意图之行为(intentional act)的立法，而不提及关于制度能力或合法性的任何政治因素。参见 Fish, "Play of Surfaces: Theory and Law", in *Legal Hermeneutics: History, Theory and Practice*, ed. Gregory Leyh (Berkeley: University of California Press, 1992), 298 - 299。

[7] Ronald Dworkin, *Law's Empire* (Cambridge, Mass.: Harvard University Press, 1986), 255 - 256："对任何法官而言，当其最低限度的恰当性判准不能区分某法规或某类案件的两种或更多种解释时，疑难案件就会出现。然后，该法官就必须从其政治道德的立场出发，通过考察哪种解释更好地表达了该共同体的制度结构和决定——即总体而言的公共标准——然后在符合条件的解释中作出选择。这里，法官自身的道德及政治信念直接参与了上述选择。"

沃金的方法，一个人必须先自行确定这一点。[8] 拉兹认为，由于德沃金的进路坚持法律效力的这种道德标准，它就不能使法律成为其欲解决之道德问题的指导或指引(guidance)的可能来源。

这是反对德沃金理论的有力理由吗？拉兹认为它是，因为在拉兹看来，法律能够为自身主张解决这些问题方面的权威。拉兹相信，权威性(authoritativeness)是法律之自我表现(self-presentation)的最为重要的方面之一。拉兹认为，一部法律或一个法律体系当然可能*在事实上*缺少合法的权威：这可能是在如拉兹本人的"常态正当化命题"(normal justification thesis)中，我们将权威之被阐明的规范性判准(test)适用于该法律或法律体系的结果。[9] 但它必定会*主张*权威。拉兹说，如果这一主张不是毫无意义的，那么法律必定具有某些结构性特征：它的诸指令必须能够以独立于它们应当以之为基础的理由的方式被识别出来。"任何权威的主体……只有当其决定以这样的方式确立这些决定的存在及内容时，该主体才能获益，即这些方式不以增加该权威意图解决的问题为代价。"[10]

然而，如果法律不主张它的这种权威，抑或即便法律主张了其权威，但没有人认真对待法律的这一方面，也就是说，如果这种权威并不是通常使用之法律概念的显著或重要方面，拉兹的异议就会被削弱。拉兹认为：

> 法律为其自身所作的这些主张显见于其所使用的语言及其代言人(也即相关法律机关)所表达的观点。法律对权威的主张可由如下事实表明，即法律机关被官方指定为"权力机构"(authorities)……[11]

一位哲学家(或任何肤浅的评论家)能够认识到这些。但这些主张是否应被认

---

[8] Joseph Raz, "Authority, Law, and Morality", in his collection *Ethics in the Public Domain: Essays in the Morality of Law and Politics* (Oxford: Clarendon Press, 1994), 194, at 209:"根据德沃金的分析，大部分法律的识别和确定(identification)是基于与法律意图应对的因素完全相同的因素。"

[9] 关于"常态正当化命题"，请参见上注，第 198 页，另请参见 Joseph Raz, The Morality of Freedom (Oxford: Clarendon Press, 1986), 38－69。

[10] Raz, *Authority, Law, and Morality*, 203.

[11] 同上注，第 199 页。

真对待，它们在法律的存在方式中，在决定法律在社会中的地位时起到什么作用——这些问题都无法被解决，除非我们关注政治科学（法律在事实上被如何看待）或政治哲学（法律应当被如何看待）领域的问题。[12] 于是，我们又一次看到，不关注最有限意义上的法学之外的问题，我们就无法对法学中的问题作出评价。

我在第二部分中所举的例子意在表明，除非认真对待更为宽泛的政治及制度背景中的经验性工作和理论工作，否则对有些法律问题我们无法进行充分的思考或理论化。法律是政治体系的一部分，并且它作为该体系的一部分而发挥作用。可以说，它不是一个可被简单套用的、独立的、预先定制的零件。其运作方式对其政治体系之运行的其他方面非常敏感。

不必将这一论点解读为旨在使法学从属于政治科学或使法学理论从属于政治理论。相反，这意味着法学理论有时可能会有助于政治理论研究议题的确定，因为法学理论家找出了他们（作为法学理论家）需要其被解答的、重要的非法学问题。在这方面，法学理论家可能会强化政治科学中已完成之研究（如对制度能力的研究）的重要性，或者会促进新研究的开展，这些研究要求研究政治及社会的学者关注他们所研究之现象的特征（类似法律对权威的主张等特征），如果不是法学学者洞察到其重要性，这些特征可能已经被研究政治及社会的学者忽略了。

在我已经论及的两个例子（以及其他类似的例子）之外，在法学理论与政治理论的研究议题之间是否仍存在某些更为普遍和有计划的联系，这是可争论的。在第四部分中，我将对一些人所谓的实证法学与政治理论间最低限度的关联（the minimal relation）稍作论述，这种最低限度的关联指称的是必须被认为是一个法律体系存在标准之一部分的政治稳定及政治有效性的诸多方面。在第五部分中，我将考察法哲学与政治哲学之间的联系（如果二者之间有任何联系的话），“法治”被广泛认为是一项重要的政治理想这一事实就表明了两者间的联系，并且我还要将这一点与存在于法哲学家之间的这一争论联系起来，即法学理论是否应该为我们对政治义务问题的讨论做出任何贡献。最后，在第六、七两部分，我将谈谈从该讨

〔12〕一个类似的现象是，在大多数国家，过去所谓的战争部现在都被贯之以*国防*部的称谓。该命名（与我们所引用的这段话中拉兹对“法律”与“权威”间语言学上的关联的评论相类似）是否表明了军事力量的作用，仍是一个开放的问题。

论中产生的方法论方面的问题。

## 三、实体价值

在进行任何上述讨论之前，我将简要论述法哲学与政治哲学之间(实际上也是法哲学与道德哲学之间)的一系列联系，这些联系太过显见，在这样一种“元”(meta-)讨论中，对此几乎都无庸赘述了。

“法哲学”和“法学理论”这些术语，有时被用来指称对法律应当是什么的讨论：我指的是内容如下的讨论，应当制定或废除何种法律，支持或推翻何种判决，应当思考对宪法作何种修正，法律改革应采取何种总体性方案。大部分从事该方面研究的人都相信，不求助于政治哲学及道德哲学中也在研究的诸如自由、福利、正义、平等及尊重(更不用提一大堆中间层级的评价性概念，如需求、伤害、尊严、赏罚(desert)、共同体等等)等价值和原则，相关研究是绝不可能的。

于是，在立法讨论中，当一个法律因它会破坏自由而遭反对时，抑或在案情摘要或司法意见中，当某个学说的解释因与其他解释相比更多地考虑了赏罚而被支持时，就没有必要再作多少*哲学上的*论证了。不是人们每次提及一个原则或诉诸一个价值的时候，都会涉及道德哲学问题。反过来，道德哲学中的大部分研究活动(我相信在政治哲学中也是如此[13])，事实上是，也应该是以一种相对远离立法者或法官之关注对象的方式在进行。我不是仅仅要表明道德哲学家主要对个人德行感兴趣，而立法者却应该与对个人德行的关注保持距离。[14] 我的确认为，道德哲学和法哲学之间保持一种间接(mediated)而非直接关系非常重要，即便在道德观念直接相关的领域也是如此，对其原因，我将在第六部分予以说明。但我主要想表明的是，即便就道德价值而言，道德哲学家们也要应对不同的任务——元伦理学(meta-ethics)，真值条件(truth-condition)及客观性问题，认知主义与非认知主义分析等——其对政治及法律选择的直接的实践相关性是非常有限的。

---

〔13〕参见 Jeremy Waldron, “What Plato Would Allow”, in *Nomos XXXVII*: *Theory and Practice*, ed. Ian Shapiro and Judith Wagner DeCew (New York: New York University Press, 1995), 138 - 178。

〔14〕对个人德行与政治价值之哲学探讨的经典区分，请参见 Immanuel Kant, *The Metaphysics of Morals*, trans. Mary Gregor (Cambridge: Cambridge University Press, 1991), 45 - 54 and 181 - 184。

但最近几年，哲学研究方面投入了很多精力以系统地探究确切地说是立法者可能会诉诸的价值，其论述层面并不比现实政治及法律论述层面更为抽象。如罗尔斯的《正义论》不仅启发了政治价值及政治道德性方面其他“宏大理论”(grand theories)的发展(这种发展提供了思考基本权利及福利国家之基础的在哲学上论述精妙的理由)，[15]它还在一个略微不太宏大的层面上激发了一种对诸概念及问题的耐心且严格的哲学考察，这种考察有望给中间层级的法律决策带来真正的益处。[16] 现在我们关于亲属法(family law)中“孩子之最佳利益”的观点可以参考对利益及福利的哲学讨论，我们对色情作品的所谓“伤害性”的讨论，现在也可以参考哲学上对伤害及伤害原则的持续讨论。

这不是令人震惊的新现象。其伟大的先例是于19世纪早期在英国出现的作为法律改革之综合理论的功利主义。20世纪晚期哲学与公共事务之复兴的独特之处在于，它表征了在哲学上论述精妙的，作为功利主义理论之替代理论(不仅仅是同一主题上的理论变体，而是真正的备选方案)的发展。

另外，现在此种性质的工作不仅已经遍及道德哲学和政治哲学，法学学者对它的回应也日渐增多。在有些法学圈子里，没有提到哲学讨论的法律改革计划会被认为理论化程度不足，并且因为这个原因，会被认为不能让人满意。这不仅仅是一种外部的，或人为的匹配。那些负责学理分析的人现在接受了如下观点，即人们能够在法律中找到可能与道德哲学中正在被发展的观念相匹配的内在于法律的学说和概念。当然，这种“匹配”行为不是巧合。在法律方面，它可能反映了道德观念对法律的历史影响，在哲学方面，它可能也反映了逆向的影响，即法律实践对哲学理论建构的影响，这种影响或许为反思性平衡的支持所调和。[17]

---

〔15〕John Rawls, *A Theory of Justice* (Cambridge, Mass.: Cambridge University Press, 1971); Robert Nozick, *Anarchy, State and Utopia* (Oxford: Blackwell, 1974); Bruce Ackerman, *Social Justice in the Liberal State* (New Haven: Yale University Press, 1980); Ronald Dworkin, *Sovereign Virtue: The Theory and Practice of Equality* (Cambridge, Mass.: Harvard University Press, 2000).

〔16〕参见乔尔·范伯格(Joel Feinberg)的四卷本巨著，*The Moral Limits of the Criminal Law* (New York: Oxford University Press, 1984 - 1988)。

〔17〕参见 Norman Daniels, “Wide Reflective Equilibrium and Theory Acceptance in Ethics”, *Journal of Philosophy*, 76(1979), 256。

这种匹配可能发生在实体或形式层面。[18] 它既可能发生在规范层面，也可能发生在使我们对规范的思考变得活跃的背景观念层面——诸如因果与责任的观念。因此，例如在侵权法学中，学者们能够表明，从矫正正义（corrective justice）之规范理论的角度比从（例如）如财富最大化这样的准功利主义经济理想的角度能更好地解释实体准则、作为背景的理想以及形式结构。[19] 诚然，这些学者也想抵制将矫正正义的具体规范简单化地化约为分配性社会正义的某种一般理论。[20] 但是他们抵制这一点的根据本身就是政治哲学中的定理，即关于正义的实体理论。

本部分所关注的是本研究行业中所谓的*专门法学*（special jurisprudence），即关注法律中诸如侵权责任或犯罪未遂等具体问题的法学。[21] 在本文的剩余部分，我将回到一般法学这一话题上，并探讨我们可能期望的，对法律本身的一般化讨论（关于法律的观念）与政治哲学中所研究的概念及价值间的关系问题。

## 四、存在条件

法哲学家所提出的最困难的问题之一是：法律存在的理由是什么？这一问题可能涉及一个特定的法律，或者整个法律体系，但通常在回答关于某一法律的存在条件时，我们都会请提问者关注整个法律体系的存在条件，然后再关注该法律体系在其内部承认某事物为有效法律的条件。

当我们讨论实在法的存在时——在讨论存在支配某领域之行为、互动或冲突的法律时——我们心中所想的是在特定时间、地点，与特定共同体或真实的人群有关系的存在。这一点在很多方面都很重要。它对于理解该法律条款的内容、意义及含义非常重要：根据其自身条款，该制定法意图要做什么呢？它意在支配谁的行

---

[18] 但请注意，一些现代形式主义者否认下述说法，即对诸如侵权准则之内在形式的尊重要求或承认来自政治哲学中所发展的正义的规范性观念之形式的任何强化：参见 Ernest J. Weinrib, "Legal Formalism: On the Immanent Rationality of Law", *Yale Law Journal* 97(1988), 949。

[19] 参见 Jules L. Coleman, Risks and Wrongs (Cambridge: Cambridge University Press, 1992), 197－385。

[20] 参见上注，350ff。

[21] 一般法学与专门法学之间的这种区分（即法哲学本身与关于诸如侵权责任等特定法律问题的哲学之间的区分）不同于一般（或普世）法学与特殊（或地方）法学（即法哲学本身与如英国或美国等特定司法管辖区之法律相关的哲学之间的区分）。

为？但对法律实证主义者而言，相关条款与时间、地点及作为其适用对象的人之间关联的*真实性*如果不是更重要，也是同样重要的。该条款在现实世界中是否有实际的效果，抑或其只是书面上的“法律”？若没有恰当的真实联系，法律只有一种概念上的真实性。

例如，如果要浪费读者的时间，我现在就可以虚构一个规范性条款，将其严格作为文本来看待，人们可以从中推断出该“法律”所欲适用的时间、地点及人群：

*手指入耳法案：*(1)该法案适用于所有新英格兰居民。(2)在其二十一岁生日的某一时刻，该法案的适用对象必须将其手指伸入耳内，并保持两分钟。(3)任何违反该法案者要向纽黑文流浪狗中心交纳 100 美元罚金。(4)该法案自 2001 年 4 月 1 日生效。

当然，从其自身来看，该“法案”是异常的。但可以认为它是依照我所谓“新英格兰法律体系”的立法规范制定的：

*新英格兰立法的最高原则：*在新英格兰制定的任何法案，白纸黑字地见诸纸端，做两次拼写检查，并向法案制定者之外的其他新英格兰居民公布，该法案即为法律。

我已经浪费了读者的时间，如果要浪费您更多时间，我还可以相当详尽地解释这一“法律体系”，使此规范与彼规范环环相扣，表明某些规范是另外一些规范的有效性条件，增加辅助规范以解释和强化主要规范，不一而足。但所有这些都是愚蠢和徒劳。它不会引起任何人的兴趣，因为该规范体系纯粹是虚构的，其各项条款与其所欲适用的人群、时间及地点之间没有恰当的真实联系。

法律的这种联系是什么？什么使法律成为*真正的*法律？对这些问题的回答不仅能帮助我们反驳愚蠢的手指入耳法案，它还能帮助我们应对现实世界情形中所谓法律及法律体系的重要问题，从法学理论及政治理论角度看，这些所谓法律和法律体系都是边缘化的：国际领域的法律、战争法、革命期间前任政府的法律，内战时期的法律、法律的废止、对特定法律的广泛违抗及不可推行性，等等。

传统法律实证主义用*主权*这一概念来明确某一法律体系的规定（在概念上被认为是规范）与现实世界中独立的人、权力及行为之间恰当的外部联系。昔奥斯丁尝言，“每部实在法都是在独立的政治社会中至高无上的主权者或主权者团体为该社会之一个成员或众多成员订立的。”[22]刚才提到的主权或最高权力不是从制定之规范(如我所谓的新英格兰立法的最高原则)的角度理解的,而是从某种政治现实的角度来理解:

被称作主权的优先权……与其他优先权在下述几个标志或特征上不同。1.一个特定社会的主要部分对*确定的*、*共同的*上级习惯性地服从或顺从:不管该共同上级是某个个体,抑或是诸个体组成的团体或个体的集合;2.该特定个体或由个体组成的特定团体*没有*服从确定的人类上级的习惯。[23]

这些是事实性判准——正如奥斯丁所承认的,它们当然是模糊的(对此我很快会有更多论述),[24]但其模糊的方式却类似政治科学中的事实性论断,如“强大的”或“有影响的”。对奥斯丁而言,“主权的”这一术语不是一个论断,论断的使用意味着一个法律规范的适用(如“有权威的”或“有效的”)。因此,其“权威”的用法不同于戴雪在其宪政理论中所谓的“法律的主权(或至上性——译者)”,在后一种用法中,英国议会的主权被理解为是一项法律原则的结论,而不是对一项事实性判准的适用。[25]

有人可能会说这只是一项经验性事务。但传统实证主义者总是借助“主权”的现实感作为其法学的枢轴这一事实,其意义不仅仅在于他们可能需要政治学学者的帮助,以在某些情形中经验性地适用主权这一术语。确实,可能存在经验性问题。[26]但重要的是那个模糊的经验性表达的*意义*:“主权的”到底暗指什么?它可能不是暗指一个特定社会的*多数*(the bulk)习惯于服从一个共同的上级,而是暗指一个特定社会的*绝大多数*(all but a few)成员都习惯于服从共同的上级。人们为什么选择前一种标准(*多数*的服从)而不是后一种标准(*绝大多数*的服从)来作为其对主权的事实性判准呢?答案只能是:我们的政治理论或政治哲学表明的是“多

---

〔22〕John Austin, *The Province of Jurisprudence Determined*, ed. Wilfrid E. Rumble (Cambridge: Cambridge University Press, 1995), 165.

〔23〕同上注,第166页(原文即有斜体强调)。

〔24〕参见上注,第173-175页。

〔25〕参见 A. V. Dicey, *Introduction to the Study of the Law of the Constitution* (Indianapolis: Liberty Classics, 1982), 26-30,在其中,戴雪区分了法律主权和政治主权(戴雪将政治主权界定为“一国中其意志为该国公民最终服从的那个人或团体”,同上,第27页)。

〔26〕Austin, *The Province of Jurisprudence*, 173.

数”而非“绝大多数”的突出特征(salience)。例如,我们政治理论的定理中可能会有这样一条:即便特定共同体中少于绝大多数的成员习惯性地服从,只要这些成员中的多数都习惯性地服从,制度就能够存活,和平得以维系,人们的期望得到确保,等等。倘若对政治学采取一种霍布斯式的或休谟式的进路,我们可以认为这些目标的实现对现实世界之预期效果(efficacy)的诸目的而言已然足够了。

有人可能会说,这一点过于明显,不能算作法哲学与政治哲学间的联系。如果他们指的是,不用太多思考或争论,我们也绝对可以达致相同的结论,那么我想他们是对的。但这当然不表明政治理论没有完成任何工作;它只能表明政治理论的工作被当成理所当然的。

不难看出关于“主权”的界定怎样变得富有争议。尽管奥斯丁的判准是模糊的,但他会认为,一个民族对占领军的屈从(如1815年神圣同盟对法国的占领),或一个小国统治者对区域性霸主的服从(如1815年后萨克森对神圣同盟的服从)都不构成主权。在这种情形中,“由于命令与服从相对罕见且历时短暂”它们“不足以构成主权与服从关系”。[27] 可能存在遵从和服从,但不存在服从的*习惯*。于是,我们可能会问,为什么*习惯*如此重要呢? 这又是一个哲学而非经验问题。对该问题的回答肯定会从以下方面作出:没有一种常规的、可靠的服从,法律所特有的、重要的任务(如制度建构和经济安排)就无法完成。没有这样一种回答(这无疑是拜政治哲学所赐),法哲学家对这样一个最为关键的术语会感到不知所措。

该情形在20世纪法学中没有任何不同。在汉斯·凯尔森、H. L. A. 哈特及约瑟夫·拉兹的实证主义法学理论中,主权思想被弃而不用。但三位法学家都承认法律效力或预期效果之经验性判准的必要性。在凯尔森看来,这非常有损于其理论的“纯粹性”(其理论有事先设定的“基本规范”及我所谓的手指入耳法案也能满

---

〔27〕也正如我刚才所言,奥斯丁确实承认“主权”这一术语的模糊性(同上注,第167页):“某一社会中服从一个共同上级的多少成员,或占多大比例的成员,才算是该社会的多数成员呢? 假定一个社会的多数成员都服从一个共同的上级,怎样的服从频率或服从时间才算是习惯性服从呢? ——由于对这些问题无法作出准确回答,在具体的或特定的情形中,主权及独立政治社会的实际标志是一个不准确的判准。它不能使我们确定每个独立的社会是政治社会还是自然社会。”这意味着,即便政治学家向我们提供了关于服从—行为的所有信息,我们可能还是无法判断(具有模糊经验特征的情形经常如此)一个特定的政治共同体是否拥有主权,并且因此(根据奥斯丁的解释)无法判断其是否拥有一个法律体系。

足的有效性判准，如果对其理论的这种纯粹性不加干涉，它将会使凯尔森在摒弃一个阐述适当的我所谓的新英格兰法律体系时无据可循）。[28] 凯尔森的理论主张，尽管“最低限度的有效性（effectiveness）是合法性（validity）的一个条件”，并且“如果一个法律规范不想丧失其合法性，有效性必须参与该法律规范的确定”，[29]预期效果的总体条件是系统的：

当单个法律规范丧失其有效性时，一个法律体（a legal order）不会丧失其合法性。只要该法律体的诸规范*大体上*是有效的（即在事实上被适用和遵守），该法律体就被认为是合法的……有效性是合法性的一个条件——但它不是合法性……合法性与有效性的关系问题与我们更为熟悉的法律与权力或权利（right）与力量（might）之间的关系问题相一致。这里所尝试的这种解决方案只不过是权利不能离开力量而存在但又不完全等同于力量这一古老信条的科学的、准确的表述。根据这里所详述的这一理论，权利（法律）是力量的一种法则（或组织形式）。[30]

约瑟夫·拉兹评论道，凯尔森并没有充分解释怎样确定必要之预期效果的等级，[31]我认为拉兹的评论是恰当的。凯尔森只是宣告了一个标准——“*大体上*是有效的（即在事实上被适用和遵守）”——而没有作出解释或阐释。在其他场合，拉兹评论道，在法律体系之存在及身份的所有条件中，预期效果是“最少为人们研究和理解的”，而拉兹认为，这可能是因为“在这方面，法哲学没有多少贡献可做”[32]——或者至少其无法独自做出多少贡献。他认为这方面的很多工作必须由法社会学来完成。[33] 但我猜想，*该*贡献反过来又依赖一种我们对一个社会中某规范体系的部分预期效果让我们感兴趣之条件及征兆的言明的感知。法社会学家和法哲学家以其

---

〔28〕 Hans Kelsen, *The Pure Theory of Law* (Gloucester, Mass.: Peter Smith, 1989), 10－12 (ch. I, sect. 4. c) and 208－214 (ch. 5, sect. 34. f-g).

〔29〕 同上注，第 11 页。

〔30〕 同上注，第 212－214 页（原文即有斜体强调）。另请参见 Hans Kelsen, *Introduction to the Problems of Legal Theory*, trans. Bonnie Litschewski Paulson and Stanley L. Paulson (Oxford: Clarendon Press, 1992), 59－61。

〔31〕 Joseph Raz, *The Concept of a Legal System: An Introduction to the Theory of Legal System*, 2nd edn. (Oxford: Clarendon Press, 1980), 93.

〔32〕 Joseph Raz, *The Authority of Law: Essays on Law and Morality* (Oxford: Clarendon Press, 1979), 42.（但拉兹本人在其《法律体系的概念》一书第 203－208 页中对此问题的讨论很有启发意义。）

〔33〕 Raz, *Authority of Law*, 44.

不同的方式对有趣的现象进行研究和分类；并且，我们关于这一领域中令人感兴趣之问题的理论中至少有一部分（也许是客观的部分）是由政治哲学建构的。[34]

哈特在其《法律的概念》一书中提出了预期效果的一个由两部分构成的判准，以其作为一个社会中实在法体系存在的必要条件：

一方面，一般而言，那些根据该体系最终的有效性标准被判断为有效的那些行为规则必须被遵守，而另一方面，详细规定法律效力之标准的承认规则及改变规则和审判规则必须在实际上被该社会的官员接受为是共同的公共标准……第一个条件是普通公民需要满足的唯一一个条件：每个公民可自行遵守这些规则，并且其遵守规则的动机不论……该法律体系的官员还必须满足第二个条件。他们必须将此视为官方行为的共同标准，并且挑剔地将其自身及其他官员对此的背离视为过错。[35]

该说明有两个可能引起争论的显见特征。第一，该说明暗示，即便当一个共同体的被统治者（该共同体的普通成员）对支配有效性、法律承认等的次要规则一无所知时，该共同体中也存在一个法律体系。哈特承认，"情形如此的社会可能可悲地如绵羊般温顺，而绵羊的下场可能是被送往屠场。"[36]但他认为没有多少使"法律体系"这一术语远离这种情形的理由。但有些人可能对此持不同意见，其理由是，对一个共同体之法律的讨论必定不仅仅意味着存在一套陌生的原则，而不论其原因为何，该共同体的成员碰巧遵守这些原则。对此的争论无疑会既涉及政治哲学问题，又涉及法哲学问题。

第二，该说明暗示，只有在官员主观上以相同的次要规则为参照（以便共同接受那些原则中所包含的诸标准）之处，一个法律体系才能存在。这意味着什么并不明确：它的意思是法官必须将次要规则视作惯例，并且在（如）承认一个代议制机构为立法机关的恰当性方面，光有法官作出的一堆独立判决还不够吗？[37]

---

〔34〕另请参见上注所引著作中拉兹的文章，"The Institutional Nature of Law", 103 ff。

〔35〕H. L. A. Hart, *The Concept of law*, $2^{nd}$ edn., ed. Joseph Raz and Penelope Bulloch (Oxford: Clarendon Press, 1994), 116－117.

〔36〕同上注，第 117 页。另请参见 Jeremy Waldron, "All We Like Sheep", *Canadian Journal of Law and Jurisprudence*, 12(1999), 169。

〔37〕Hart, *Concept of Law*, 116. 另请参见该书第 255－257 页中为回应德沃金在《法律帝国》一书第 130－139 页中的一些批评而作的讨论。

不冒险超越法学理论非常刻板的边界(该边界被认为与关于政治组织及社会组织的一般理论相分离),我们也不清楚怎样捍卫对该要求所进行的任何特定解释。

我想哈特认为所有这些问题都可以作为没有定论的语用学问题而予以解决,因为他说,如果预期效果的条件没有得到满足,以一个法律体系的首要规则和次要规则为基础来论述人们的权利和义务是“没有意义的”。[38] 但对这种含蓄的实用主义,仍有问题悬而未决。是否可以推论,预期效果的条件与针对法定权利和义务进行陈述的独特理由或可理解的目的一样多?或者,在不会实际上失去其意义的同时,我们可否将我们的(一个)预期效果的条件调整到最低的实用层级(我们谈论法定义务的最接近无意义的理由)?又或者,我们是否干脆给予人们可能拥有的谈论法定权利及义务的理由或可理解的目的的一个子集以特权,并且将我们的预期效果的条件集中于此?若如此——我认为第三种选择比其他两种更为可行——对给予该子集以特权之原因的最佳解释可能要求我们利用政治哲学家对社会中法律为什么重要这一问题所作的解释。

到目前为止,我一直在讨论主权和预期效果,它们是法哲学的概念,对它们的分析可能要求来自政治哲学之论述的帮助。但我的论述可被推而广之,以涵盖其他法学概念。一般而言,人们期望一种完整的政治理论(其中包含法学理论)将会使法学概念与政治学概念之间的关系变得清晰。霍布斯关于实在法之承认规则的解释提供了一个很好的例子。哈特的《法律的概念》一书使我们很熟悉承认规则这一概念,它是构成一个法律体系之次要规则中的一种。[39] 但该概念在霍布斯的法哲学中也起了作用,而霍布斯比哈特早了约300年。

与哈特类似,霍布斯区分了人们对规则的道德性所作的判断和人们对规则的法律效力所作的判断。对霍布斯而言,这种区分的重要性在于拥有一个单一的、共同的解纷框架所具有的社会价值,即便在出现道德争议时也是如此:在是与非、正当与不正当等问题上存在分歧的人们,仍然能够一致认同以一套对这些问题的确

---

〔38〕 Hart, *Concept of Law*, 103－104.

〔39〕 同上注,第94－96页。

定性回答为基础来组织社会生活，即便他们中的很多人认为这些确定性回答是不明智的或在道德上是不正确的。一个人认为是邪恶的措施仍然是*一个有效的法律*这一判断，能使倾向于违反该措施者(如出于道德原因)在存在分歧的背景下对单边行为和不协调行为的危险有所警觉。[40]

基于此，人们能够认识到承认规则在霍布斯理论中的重要性。立法事务即是针对对立观点及利益间的竞争问题而开展的。不同的人对正义和公共利益有不同的界定，并且他们愿意为其而战(不管是因为他们的特殊界定推进了他们的物质利益，还是因为他们以其他方式偏爱某种界定)。这是使立法成为必要的背景条件，它也是使诸如承认规则这样的次要规则成为必要的背景条件。根据霍布斯的解释，我们需要一种承认规则，这主要是因为，对共同体中个体成员之行为应当在哪一点上进行协调，在整个共同体中存在争论。接受并遵从主权者命令的做法不会对缓和霍布斯式的自然状态起作用，除非存在厘清下述两个问题的某种可靠方式：一个问题是，"主权者命令人们做什么"，另一个问题是，"我们协作的最好基础是什么"。霍布斯认为：

光使法律成文并公布还不够，还要有明确的迹象表明，它是出自主权者的意志。对个体而言，当他们拥有或认为自己拥有足够的力量以确保其非正当图谋，并能安全地保护他们实现其野心勃勃的目的时，他们就会制定他们想要的法律，即便他们没有立法权力或违背了立法权力。因此，不仅需要对法律进行公布，还要对立法者和立法机关充分予以标识。[41]

霍布斯主张，这些标识将依赖有效性的容易实现的标准，如"公开登记、公共协商、公务大臣和公共印信"。[42] 由于这一原因，法律的承认机构被赋予了一项强制性的，同时也是实质性的政治目的——确保当某人面临据称是一项法律要求时，他能够确认，就减少社会冲突而言，该要求是否真正起到了霍布斯式法律及霍布斯式

---

〔40〕大致参见 Thomas Hobbes, *Leviathan*, ed. Richard Tuck (Cambridge: Cambridge University Press, 1988), chs. 17－26。

〔41〕同上注，第 189 页。

〔42〕霍布斯随后把这些登记、印信等描述为一种手段，"通过该手段，所有法律都能被充分核实，我强调一下，是核实，而不是授权，因为核实仅仅是法律的证明和记录，而不是其权威"(同上注)。(我将此解读为霍布斯指出了法律改变规则与承认规则的区别。请比较哈特在其《法律的概念》第 294 页对此问题所做的注释。)

法律效力所追求的作用。换句话说，必须存在某种区分真正立法与伪造立法、真法与假法的方式。如果有人骑马来到我的村子，并且宣布，“现在法律规定我们所有人都必须加入长老会”，我将坚决要求检查他正在挥舞的“法律文本”的真实性。如果我发现它是真的，那么我就能作如下理解，即我们确立了长老会式的礼拜方式以终止两败俱伤的宗教冲突。但如果作出如此宣告的人不能拿出证据，那么他的“宣告”将不得不被作为宗教斗争中的又一个策略而被拒绝，而不像法律那样是结束宗教斗争的方式。

霍布斯的讨论所表明的大致观点是，一个人对承认规则的解释必定与其对立法过程中最终何者重要的解释相联系。对霍布斯而言，立法过程中最为紧要的是单义性(univocality)、确定性、决定性以及社会冲突的消解；他认为，立法若没有了这些特征，我们有了法律也和没有法律一样糟糕。因此，在法律之承认方面，人们需要知道的是，所宣称的法律确实具有与霍布斯式的主权相联系的单义性、确定性等。就霍布斯的理论而言，如果每个人都不提及主权者，而根据自己的权威来宣布法律，我们还是没有法律可言。自然状态将会以相互竞争之伪法律间的战争状态再现，在任何有权威的立法出现之前，我们将回到之前的起点。这是来自政治哲学的讨论背景，它解释了这一最为重要的现代法学思想的实体性重要性(而不仅仅是形式的或系统理论方面的重要性)。〔43〕

对此，有人可能反对说，霍布斯的政治理论只告诉我们对一个社会而言，何种*命令系统*(system of demand)是可欲的；他们可能会说，霍布斯表明的这一可欲的命令系统是否与*法律的概念*相一致，这是一个*单独的*问题——该问题应在法学，而非政治哲学中讨论。我认为该反对意见非常没有说服力。它预先假定，对法律概念的解释可以孤立于对法律功能或法律的好处以及社会中所拥有之法律体系的任何考量。它认定，我们可以首先给出一个关于法律之概念的解释，然后当完全偶然地发现法律还服务于某种有用之意图时，我们就惊喜万分。实际上，该反对意见假定，即便不去尝试提出或回答关于法律或法律体系可能为其所在的社会做出什么贡献的问题，我们对法律概念的解释也可以是全面的和完整的——不会有任何遗

〔43〕另请参见 Jeremy Waldron, *Law and Disagreement* (Oxford: Clarendon Press, 1999), 38 - 42。

漏。在下一部分，我会将此作为关于方法论的一般性问题而予以讨论。但目前，我认为很难想象这样一种毅然决然的狭隘进路的动机是什么，除非反对者是对下述情形感到恐惧，即如果在法学的*任何*阶段引入政治因素，这些政治因素将会破坏整个法学事业，并向我们表明，也许法律的批评者终究是对的，所有事物自始至终都是政治的，并且我们必须不计代价地予以阻止。正如我在第一部分末尾处所表明的，这种“马其诺防线心态”〔44〕似乎是以对“政治的”这一语词之力量的可怕误解为基础的。

## 五、规范的实证主义

尽管如此，关于法哲学能否承受对这一政治因素之忽略的争论已经成了现代法学中一个重要的是非之地。当然，一直存在法律实证主义的捍卫者与自然法的捍卫者之间的对抗。后者坚信这一观点，即就其本质而言，法律侧重人类之善，因此，学科间的任何区分都没有问题。对这一自然法立场的争论是完全为人熟知的。它等同于关于实证主义者分离命题(separability thesis)的争论——“法律再现或满足某些道德要求决不是一个必然的真实”。〔45〕

但当前讨论中值得重视的是，现在它也是实证主义*内部*的一种争论。一些法律实证主义者确信，实证主义传统中的主要主张——包括分离命题本身——只有以某些规范性承诺为基础才能被理解和说明。他们从霍布斯和边沁那里找到了线索——而霍布斯和边沁这两位实证主义者在其法哲学中非常重视如下社会可能承受的邪恶，这类社会的成员不能区分他们对其社会之法律所要求或允许之事的判断与他们关于正义和道德的个人判断。像杰拉尔德·J. 波斯特玛(Gerald J. Postema)〔46〕这样的理论家以及其他接受该观点的理论家，〔47〕再也不愿赞同哈特

---

〔44〕这一措辞来自查尔斯·泰勒，我稍作改动，参见 Charles Taylor, “What's Wrong with Negative Liberty?” in *The Idea of Freedom: Essays in Honour of Isaiah Berlin*, ed. Alan Ryan (Oxford: Oxford University Press, 1979), 179。

〔45〕Hart, *Concept of Law*, 185 - 186.

〔46〕Gerald J. Postema, *Bentham and the Common Law Tradition* (Oxford: Clarendon Press, 1986), 328 ff.

〔47〕参见 Neil MacCormick, “A Moralistic Case for A-Moralistic Law”, *Valparaiso Law Review*, 20 (1985), 1; Tom Campbell, *The Legal Theory of Ethical Positivism* (Brookfield, Vt.: (转下页)

所确立的优先顺序：

我的解释是*描述性的*，因为它在道德上是中立的，并且不以辩解为目的：对我在法律的一般性解释中使用的形式和结构，我不以道德的或其他的理由来进行正当化证明或称赞，但我认为，对这些形式及结构的清晰理解是任何对法律的有益的道德批评的重要准备。[48]

相反，他们赞同某些实证主义的批评者（如德沃金）的如下观点：一个人给法律的道德批评所带来的，是一个已然充满了规范性理解的法律的概念。[49]

那些反对这一"规范性"观点的实证主义者在如下方面提出了反对意见：首先，他们拒绝相信一个概念的外延不确定或有争议这一事实意味着必须从政治哲学中引入规范性因素来解决这一问题。[50] 其次，他们拒绝将对法律之本质的考察与对与法律有关的有趣和重要事情的考察相等同。或者，如果这里有任何等同，他们认为这种等同只在使政治哲学的所有内容都无变化这样一种宽泛的一般化程度上才行得通——例如，对法律来说，有趣的事情是它们"提供指引"。一个类比可能有助于我们理解这一主张。在"作为职业的政治"一文中，马克斯·韦伯表明：

不能以国家的目的来界定国家。几乎任何一项工作都为某个政治组织接管，人们又可以说，几乎没有哪项工作总是为那些被称为政治性的组织排他地、专门地接管：今天的国家，或者历史上那些作为现代国家之前身的组织。最终，人们只能根据现代国家所专属的具体*手段*来对其作社会学上的界定……[51]

随后，韦伯给出了其对国家的著名定义，"国家是一个在给定地域内垄断政治力量之合法使用的人类共同体"。[52] 韦伯认为这种定义比一个目的论的定义更具

（接上页）Dartmouth, 1996)；Stephen Perry, "Interpretation and Methodology in Legal Theory", in *Law and Interpretation: Essays in Legal Philosophy*, ed. Andrei Marmor (Oxford: Clarendon Press, 1997), 129–131；and Waldron, *Law and Disagreement*, 166–168。

〔48〕Hart, *Concept of Law*, 240.

〔49〕参见 Dworkin, *Law's Empire*, 90。

〔50〕参见 Jules Coleman, "Incorporationsim, Conventionality, and the Practical Difference Thesis", *Legal Theory*, 4(1998), 381, at 389。

〔51〕Max Weber, "Politics as a Vocation", in *From Max Weber: Essays in Sociology*, ed. H. H. Gerth and C. Wright Mills (London: Routledge & Kegan Paul, 1970), 77–78.

〔52〕同上注，第 78 页。

启发意义，因为它使下述问题成为一个开放的问题：即对任何假定的职能 F 而言，“国家应该有 F 这项职能吗？”即便对职能 F 的寻求有助于解释为什么人们以这些他们可资利用的方式成立这种形态的组织，还是不能推论认为这种组织受职能 F 的约束或仅限于职能 F。与此类似，就法律而言，人们可能争论认为：即便现代实在法因霍布斯或边沁认为重要的原因而成形，但它还是能与这些目标相背离而仍被认为是法律。由于这一原因，这些实证主义者认为，保持分析法学与政治哲学，或至少是政治哲学中追问哪些目标值得用法律的手段来实现的那一部分之间的某种逻辑距离，这很重要。

丝毫不令人惊讶的是，很多这样的问题以关于法学中概念（及概念分析）之本质的争论的形式出现。每个人都同意，法哲学家的任务（至少在一般法理学中是如此）就是推进我们对*法律*、*法律体系*、*宪法*、*有效性*、*判决*、*法定义务* 等诸多概念的理解。很多人由此得出，思考法律应当是什么，或一国的宪法或法典中应当包含什么价值或意识形态，这些不是法哲学家的工作。他们认为，如果*这* 是哲学家的工作，它也是道德哲学家或政治哲学家的工作；一般法理学的任务是确保我们对诸法律的概念有清晰的理解，然后才能将其引入（非常独立的）规范性或评价性事业。在这方面，各学科之间*存在* 一种明确的分工。

这一鲜明的界线能够被维系吗？一切都取决于正在被讨论之概念（*法律*、*法律体系*，等等）的最终样貌。假定*法律* 这一概念类似*医院* 的概念，而非*国家*（韦伯意义上的）的概念。《牛津英语词典》给出的“医院”一词的一个意思是“任何救治伤病者或需要进行医疗救治者的机构或组织”。[53] 根据对其意思的这一解释，没有人理解“医院”这一词语，除非人们理解医院的*用途* 是什么。描述一个作为医院的组织，就要提供康复和救治的允诺。[54] 与此类似，有人争论说*法律* 的概念作出了关于正义或对公共利益之关注的允诺。这并不必定局限于自然法传

---

〔53〕 *Oxford English Dictionary*, 2nd edn. (online): Meaning (3a) for “hospital, sb”.

〔54〕 结果人们可能发现，作出这种承诺的特定机构的实际做法可能对患者有害。如果其伤害是已知的和故意的，这就证明该描述的真诚性是虚假的：我们认定，门格尔医生（Dr. Mengele）（臭名昭著的战犯，曾在奥斯维辛集中营对犹太人进行过令人发指的迫害，被称为“死亡大使”；其在集中营的诊所中进行的一系列所谓“医学实验”更是让人不寒而栗——译者）说他在奥斯维辛集中营中的诊所是“医院”时，他是在说反话。但如果我们发现一个机构是以康复和救治为目的，我们不会在伤害事实被发现的那一刻就撤销这一称谓。

统。[55] 著名法社会学家菲利普·塞尔兹尼克(Philip Selznick)一直坚持认为,尽管法律并不必定是正义的,但"它的确作出了正义的允诺",他认为,如果我们没能注意或解释这种允诺,我们在法学理论中就犯下了严重的错误。[56]

这一方向上的争论(我将此称作"医院"命题)对法哲学与政治哲学间关系的暗示十分复杂。作为一个极端的情形,人们可能争论说,医院命题打破了法学中的概念分析与政治哲学中很大一部分规范性论证之间的障碍。如果我们接受关于法律与正义间的概念性联系的最为坚定的说法,我们可能会得出这样的结论(与圣奥古斯丁一道),即"非正义的法律似乎不是法律"。[57] 如果这一点为人们所接受,那么将一项正义的规定转变为一项非正义之规定的政策提议将等同于使法转化为非法(non-law)。[58] 因而,正义理论将会是法学的一个重要关注对象,并且在两个学科间会有很大的重合。即便我们仅接受塞尔兹尼克的不那么野心勃勃的说法,我们还是必须以关于正义的一种解释来验证一个体系希望达到的目标,以确定是否应将其视为法律。也就是说,我们必须关注该体系希望达到的目标(如经济效率),并追问这是否可能是正义的目标。

作为另一个极端,医院命题可能以如下方式具有说服力,即将法律与其他学科不作研究,或主要在法学中进行研究的价值(如形式正义、法律的连贯性或正当程序)联系起来,而不是与诸如正义或公共利益等价值相联系。这些法律内部的联系与规范性法律变迁或法律政策可能没有多少或者没有牵连,即使它们之间有所牵涉,它们也是对政治哲学中规范性工作的补充,而非重复。

在这两个极端之间,存在这样一种可能,即一种对法律诸概念的分析将揭示法律与诸价值的联系,这些价值*首先*是以刚才描述的方式内在于法学的,但它们还拥

---

[55] 关于现代自然法传统,参见 John Finnis, *Natural Law and Natural Rights* (Oxford: Clarendon Press, 1980)。

[56] Philip Selznick, *The Moral Commonwealth: Social Theory and the Promise of Community* (Berkeley: University of Californian Press, 1992), 443 - 444.

[57] Augustine, *On the Freedom of Will*, I, v, 11,转引自 Finnis, *Natural Law and Natural Rights*, 363。

[58] 对此更为细致的论述,请参见 Finnis, *Natural Law and Natural Rights*, 9 - 18 and 351 - 366. 菲尼斯讨论了法的中心(焦点)意义与非中心(非焦点)愿意的区分,以及该区分与诸如正义及公共利益等价值的关系,这些价值经常是政治哲学研究的问题。

有超越法学的意义。朗·富勒的“法律的内在道德”理论似乎就属于这一中间范畴。富勒主张，对*法律*的分析揭示了法律与诸如一般性、非溯及既往性、透明性和可预测性等价值或原则的联系。[59] 这些价值或原则严格而言都是法律条文方面的价值——法律之*内在*道德性的一部分。但它们也表达了对不局限于法律内部的某些价值的尊重：

任何对法律内在道德性之诸原则的背离都是对作为负责任之行为体的人的尊严的冒犯。用未加公布的或溯及既往的法律来评判其行为，或者命令他去做不可能完成之事，就等于向其传达了你对其自决能力的漠视。[60]

根据富勒的判断，对这些价值的尊重与不愿对他人施以某种残忍和不人道相联系；德国纳粹党狂热而凶残的专制伴随着对遵守这些法律的内在要求的灾难性拒绝，这绝不是偶然。[61] 哈特承认富勒的原则与法律的概念之间的联系，但他拒绝承认这种联系的道德意义，其理由是，对这些法律价值的尊重并不能保证对诸如正义及人道等非法律价值的尊重：哈特认为，不幸的是，富勒所谓法律的内在道德性“并不排斥巨大的不义”。[62]

这种中间立场——将法律与法律价值相联系，然后表明这些法律价值还有非法律意义——也可以从相反的方向(即从政治哲学这一边)得出。“法治”有时被认为是一项重要*政治*理想的称谓，该称谓当然提到了法律，并且认为法律很重要，但它通常不会将法律解释为是要进行法学分析的问题。尽管如此，对法治理想的分析无可避免地会超出政治哲学而走向法学。对法治理想的分析包含三个步骤：1. 它选出一组复杂的(有时是有争议的)关于治理的相互联系的观念，如国家服从法定约束，法律上的平等思想(“所有人适用同一法律”)，关于正当程序的程序性要求，以及基于事先订立的、公开且相对稳定之规则的政府的重要性；2. 它从诸如公

---

[59] Lon L. Fuller, *The Morality of Law*, rev. edn. (New Haven: Yale University Press, 1969), 33 - 94.

[60] 同上注，第 162 页。

[61] Lon L. Fuller, “Positivism and Fidelity to Law — a Reply to Professor Hart”, *Harvard Law Review*, 71(1958), 630, at 648 - 661.

[62] Hart, *Concept of Law*, 207.(对富勒之争论的一个更有帮助的回应，请参见 Finnis, *Natural Law and Natural Rights*, 273 - 274:“一位专事邪恶之目的的暴君没有自足的理由使自己服从经由劳心费力的法律过程进行前后一致之操作的原则……”)

开性与可预测性的联系或自治的角度说明这些观念的重要性；3. 它将作如是理解的这些观念与对作为一个法律体系的相关治理体系的描述联系起来。[63] 步骤 1 和步骤 2 可限制在政治哲学范围内。但如果步骤 3 不能在法学中引起共鸣，法治理想的突出特征将会受到严重破坏。[64] 这并不必然表明，对法律的法学分析必须以谨记法治理想的方式进行(但正如我在别处所表明的，这并不是一个不可接受的方法)。[65] 但它的确表明了一个学科中的分析策略与另一个学科中的分析策略之间所存在的某种反复的重要性。

这两个学科之间一个更为显见的联系与政治义务问题有关。确定一个人对适用于他的法律之服从义务的性质、基础及限制并不是政治哲学的核心任务。实证主义传统中的多数法学家都曾竭力主张，在政治哲学对该问题的讨论及法学中对此进行的法律分析间划清界限。他们拒绝了富勒的如下主张，如我们需要"一个使忠于法律的义务有意义的法律定义"，法学分析必须表明法律"值得人们为其效忠……它不能仅仅是权力的命令，或在政府官员的行为中清晰可辨的反复的行为模式"。[66] 可以认为，这一拒绝直接源自实证主义者的分离命题，"法律再现或满足某些道德要求绝不是一个必然的真实"。[67] 但事实上，分离命题可被理解为是这样一个命题，它关注作逐一考量的法律的道德内容，并使如下可能性处于开放状态，即作为一种形式的法律必须以能够解释它所特有的对人们之效忠的主张的方式来理解。

或者这种联系可能更为微妙。德沃金争论说，若不考虑法律能够可行地对人们的服从作道德上之主张的条件，法律所特有的某些特征，如其对照章办事(stare decisis)和其他形式的有原则的一致性(德沃金将其称作完整性)的关注，就是难以

---

[63] 这方面的经典解释，请参见 F. A. Hayek, *The Constitution of Liberty* (London: Macmillan, 1960), 148 ff。

[64] 约瑟夫·拉兹在其《法律的权威》一书的《法治及其美德》一文中接近了这一点。在没有或很少有与法治理想相联系的具体美德时，拉兹似乎不认为作为法律体系的治理体系前景堪忧。

[65] 参见 Waldron, "Normative (or Ethical) Positivism", in *Hart's Postscript: Essays on the Postscript to the Concept of Law*, ed. Jules Coleman (Oxford: Oxford University Press, 2001), 411 - 433, at 419 - 222。

[66] Fuller, "Positivism and Fidelity to Law", 632 and 635.

[67] Hart, *Concept of Law*, 185 - 186.

理解的。德沃金认为，漠视后一个问题（即漠视政治哲学家对该问题之回答）的法哲学家在解释律师和法官找寻当下之判决与该共同体已经确立之标准和决定间的连续性时所表现出的关注和坚持方面，会一筹莫展。他对该影响的论述非常复杂：该论述就在于，确立有时被称作"公平竞争原则"的针对政治义务的进路〔68〕与共同体思想之间的联系，以及共同体思想与法律人所关心的一致性之间的联系。〔69〕当然，这两种联系是否以德沃金所主张的方式获得，以及共同体的两种含义是否以恰当的方式匹配，这些都是有争议的问题。〔70〕但德沃金的基本方法论是坚定不移的。他坚持认为，除非我们准备以此方式跨越边界并进入政治哲学领域，在其中我们争论为什么法律是重要的，否则，在法学中进行严肃的工作是不可能的——甚至连严肃的分析工作都不可能。德沃金争论说，没有了这一评价性维度，我们的分析将变成纯粹的语义分析，这有将我们置于下述情形的危险，在其中，法哲学家没有别的选择，只能说，那些宣扬关于法律之对立观念的人只不过是在自说自话，没有交锋。〔71〕

## 六、分析方法论

我在第四和第五部分所概述的关于法哲学与政治哲学之关系的问题还没有定论，并且我所勾勒出的争论以及我在本章中的立场（尽管其意义有限）在法哲学家中仍富有争议。那么方法论呢？能对哲学的这两个相互联系的分支中所使用之方法的异同点作更具结论性的论述吗？

我们正在讨论的这两个学科都不是完全独立的，这一事实使对上述问题的回

---

〔68〕参见 A. John Simmons, *Moral Principles and Political Obligations* (Princeton: Princeton University Press, 1979)101 ff。

〔69〕Dworkin, *Law's Empire*, 190 - 216.

〔70〕参见 Denise Reaume, "Is Integrity a Virtue?", *University of Toronto Law Journal*, 39(1989), 380; Stephen A. Gardbaum, "Law, Politics, and the Claims of Community", *Michigan Law Review*, 90(1992),685; and Larry Alexander and Ken Kress, "Against Legal Principles", *Iowa Law Review*, 82(1997),739。

〔71〕参见德沃金关于"语义上的刺痛"(the semantic sting)，同上注，第 31 - 46 页。（哈特对这一批评的回应直率但不令人信服地区分了一个概念的语义含义及该概念的适用标准：Hart, *Concept of Law*, 246. 哈特在他是否接受德沃金对发展一种关于如*法律*等概念的适用标准理论的影响方面所作的论述，语焉不详。）

答变得更为复杂。在通常被称作“法学理论”的混沌海洋中，法哲学本身就是一个基于方法论之严密性的受困孤岛。法哲学家的行为经常像遭受全球变暖威胁的太平洋小岛或环礁上的居民：思考的潮水在他们周围涌起，他们只能日益紧密地拥挤在他们目前占据的越来越小的高地上。他们知道在法学理论的其他领域，他们那种概念分析及严格论证的方法被愉快地忽略了。非哲学的“理论家们”使用浮华的术语行话，讲故事或作“叙述”，魔法般地制造幻象，公开表达自己的承诺和忠诚；他们彼此将对方作为权威来引用，或者赚取好感，或者彼此促进对方的事业；而他们似乎并没有因真理或合法性问题而感到良心不安。当他们表明自己的某种立场时，他们不一定作出论证；相反，他们依赖从各不相同的方面给对手以难堪——私人的、政治的、性爱方面的，只是偶尔有逻辑方面的——而不是依赖他们所确信之理由的内在力量，或诸理由间各种联系的逻辑力量。他们在因果关联、准则性关联、逻辑关联及心理关联间随意地反复，很少停下来关注该变化对其所制造之情形的意义。尽管如此，或因为如此，他们都非常成功。这就是大多数法哲学家对法学理论的印象。该印象不无价值，但它充斥着憎恶。我相信，这种憎恶（加上我在第四部分末尾处谈到的对“政治因素”的忧虑）很能说明法哲学家对两个学科之关系的态度。

更为肯定的是，法哲学家以使用在哲学的其他领域，尤其是在道德哲学及语言哲学中发展壮大的分析方法为荣。事实上，他们经常努力引入法哲学的不仅仅是方法论，而是整个的论题，如此一来，他们不仅能以一种受人尊重的方式重塑法学的论题，而且能使这些论题为法学领域之外的哲学家根据其标准而大量识别。因此，如应当支配司法推理之规范的问题被重塑为客观性问题，[72]法律效力的本质问题似乎可与一个命题的真值条件相类比（或似乎完全相同），[73]规则包含范围过宽或过窄问题被重塑为模糊性问题，或维特根斯坦式的规则遵守（rule-following）

---

〔72〕参见如 *Objectivity in Law and Morals*, ed. Brian Leiter (Cambridge: Cambridge University Press, 2001)。

〔73〕参见如 Michael S. Moore, "Metaphysics, Epistemology and Legal Theory", *Southern California Law Review*, 60(1987), 453 and Jules, L. Coleman and Brian Leiter, "Determinacy, Objectivity, and Authority", *University of Pennsylvania Law Review*, 142(1993), 549。

问题。[74]

在所有这些当中,下述现象值得关注,尽管法哲学家以哲学中别处使用的方法为模板,他们通常不在*政治*哲学中寻找模板。这在一定程度上是因为在哲学大家庭中,政治哲学被认为是个继子——不算真正的哲学,更像政治理论。政治哲学至多被作为"实用道德哲学"来对待,很多法学论者似乎倾向于取代中间人,直接与道德哲学打交道。

就方法论而言,这也许是个错误。当道德哲学中产生价值方面的有争议的问题时——例如,关于伤害或福利的本质问题——那些应对该问题者往往以该问题似乎有一个正确答案的方式行事。当然,他们对正确答案是什么没有一致意见;否则,就不存在哲学争论了。但一个正确答案的观念还是产生了重要影响。它在相关争论中以与他人对该事物的观点不必然相同之观点的面目运行,这就为该方面任何特定观点之真实性或可接受性的确定提供了一个客观基础。当我们从一个论题转向另一个论题,探索着一个问题的正确答案在限制或决定另一个问题的正确答案中所起的作用时,它也可以起到代数运算中占位符号的作用。我可能会接受下述讨论:

(1) 问题 $Q_1$ 的正确答案是问题 $Q_2$ 之正确答案 X 的一个函数。

尽管我不知道 X 的值是多少。也就是说,即便我对问题 $Q_2$ 有坚定的看法,我也不会犯简单化的错误并将(1)与下面的(2)混淆。

(2) 问题 $Q_1$ 的正确答案是我所给出的问题 $Q_2$ 之正确答案(即我所认为的 X 的值)的一个函数。

或者,我会更加谨慎地不将(1)与下面的(3)混淆。

(3) 问题 $Q_1$ 的正确答案是某人所给出的问题 $Q_2$ 之答案(也即某人 Y 所认为的 X 的值)的一个函数。

每位称职的道德哲学家都知道,(1)与(2)、(3)不同。没有领会它们之间的不

〔74〕但是在这方面,法哲学家有时通过指出法学*理论家*在运用维特根斯坦式的关于规则遵守的论述时所犯的愚蠢错误和缺点来彼此取乐。有些人既自己犯错,又取笑他人。参见如 Brian Leiter, "Intellectual Voyeurism in Legal Scholarship", *Yale Journal of Law and Humanities*, 4 (1992),79。

同，或者坚持认为(3)比(1)更重要，都会给人留下不严肃对待客观性的印象。没有哪位哲学家希望给人留下这种印象。

但在政治及法律(我坚信在法律中也存在)中，第(3)种类型的命题几乎总是比第(1)种更为重要。政治为问题的回答和答案的执行规定了最后期限。我们都赞同，如果*事实上* O. J. 辛普森谋杀了他孩子的母亲，就应该剥夺他的监护权(否则就不应剥夺)，我们也可以同意，这是一个客观的问题。但在由法庭、诉讼和最后期限构成的现实世界中，辛普森对其孩子之监护权的确定必须是对另外某人(Y)对其是否谋杀孩子的母亲所作出之*决定*的回应。毫无疑问，存在该决定的作出者应该是谁(或什么机构)这一重要问题。但如果秉持上述(1)的精神，坚持认为除了该事情的客观事实之外，任何人的决定都不应算数，这将是愚蠢的。一知半解的二年级哲学系学生经常这样惹恼他们的老师，当老师做出类似(1)的陈述，他们就问他，“*谁来决定*问题 $Q_2$ 的正确答案呢?”但在政治哲学中，这并不必然是一种冒犯。它经常差不多是问题的核心。在有争议的政治问题上，客观真实从来不会*亲自*(in propria persona)现身，它总是以某人的意见(通常是某人有争议的意见)来表现自己；除非为了政治目的而将某人的决定视作该问题的客观真实，否则该客观真实在政治上就是无效的，它也不能成为任何政治行为的条件。由此不能得出，“在客观上真实的”这一说法没有意义，甚至也不能由此断定它在政治中毫无用处。但是那些随意摆布客观真实者(已经习惯了其在道德哲学中的重要性)需要谨记，到目前为止，某一给定问题客观上正确之答案的存在仅是一个本体论问题：当我们坚持认为某议题应由某问题的正确答案支配时，*社会、政治或法律决定方面什么都没有确定*。[75]

由于这一原因，政治哲学对决策程序(类似多数统治的程序)极其感兴趣，*即便在被认为是客观的议题方面也是如此*。[76] 从道德哲学家的视角看，这种兴趣是一

[75] 参见 Jeremy Waldron, “Moral Truth and Judicial Review”, *American Journal of Jurisprudence*, 43(1998). 75. 另请参见 Waldron, *Law and Disagreement*, 180 ff., and Dworkin, *Law's Empire*, 76－85。

[76] 但请参看 David Estlund, “Making Truth Safe for Democracy”, in *The Idea of Democracy*, ed. David Copp, Jean Hampton, and John E. Romer (Cambridge: Cambridge University Press, 1993)。

种诅咒，道德哲学家（恰当地）对价值的真相感兴趣，而不仅仅是对关于价值之主张的受欢迎程度感兴趣。但在这方面法律必须与政治结盟，那些在方法论上完全侧重道德哲学的法学家，如果他们不考虑这一点，就会发现自己被诱惑而进入各种成问题之立场的陷阱。〔77〕

## 七、法律、理论与历史

一方面政治哲学淡入（fade into）了道德哲学，另一方面，它与稍有不同的所谓政治理论相联系。〔78〕 对于政治理论，法哲学的立场是什么呢？我在两个学科工作，而我发现两个学科的从业者对彼此工作的无知经常达到令人惊讶的程度。

我要暂时回到我在第四、五两部分中讨论的关于法律的概念及法学中概念分析之性质的争论。对一位政治学学者而言，这类讨论耳熟能详。在过去的四五十年里，政治学家和政治理论家花费了相当的精力来争论对政治学研究中的主要概念进行“中立的”或“价值无涉”（value-free）之分析的可能性，这些概念包括*权力*、*阶级*、*政党*、*官僚机构*、*利益团体*、*及参与*等。例如，一些政治理论家认为，不能对*权力*这一概念进行中立分析，而必须将其与一种谴责相联系，当我们说有权力者在某种政治情形中获得了成功时，我们通常都会表达出这种谴责。他们认为，我们所使用的概念反映了我们的利益和价值观，从我们偏爱平等反对强制的意义上讲，“用权力（机构）来指称社会的一部分，其作用更多地在于谴责，而非对政治过程进行一种规范的中立描述。”〔79〕与此相反，有些政治理论家坚持认为，规范性立场的多样性并不意味着我们能将像权力这样的概念与其他特定规范或价值相结合：

> 那些“赞同”权力概念者并不必然支持具体权力情形方面的相同“承诺”。某个将权力归于特定个体或群体P的人可能会“指责”P的不义行为；而另外

〔77〕在接受道德哲学训练的法哲学家中，这种成问题之立场中最常见的是这样一种确信，即当法庭对一个问题进行投票时，一个客观正确之答案的受尊重程度要大于立法机关或大众的投票。参见Waldron，“Moral Truth”，80 ff。

〔78〕一个单凭经验的方法是，政治理论家在政治学系工作，他们很少受哲学训练，并且他们比政治哲学家花更多时间来阅读经典名著。

〔79〕William Connolly，*The Terms of Political Discourse*（Lexington，Mass.：Heath，1974），6 and 126.

> 一个人可能会主张这是P的道德权利……道德观方面可能存在并且经常存在不同这一事实本身就能证明下述努力是正当的，即我们尝试构建一种政治审查的语言，它能为所有政治学家所用，而不论其道德观或意识形态观为何。[80]

请注意，上面所引段落的作者菲利克斯·奥本海姆(Felix Oppenheim)并不主张，一种中立的分析能很好地解释普通的惯用语。诸如"权力"等普通的惯用术语有沉重的价值负载，这可能是事实。奥本海姆毋宁是在为构建政治的一种中立语言的事业作辩护，该事业尝试(尽可能地)在普通用语的混沌中为每个这样的术语析出一个描述性含义，然后该描述性含义才可能为政治科学中经验性假定和规范性原则的清晰表述提供基础。

与此建议相反，中立分析的反对者也提出了一些建议。他们作了一种阐释学的论证：由于政治科学是在信念、目的、价值及意图的背景中理解人类行为主体和互动，它不能使用像奥本海姆的重构进路所追求的那种远离政治行为主体之日常用语的术语。中立进路追求一种科学语言，在其中，语言的描述性内容被从其评价性内容中析出。但正如理查德·伯恩斯坦(Richard Bernstein)所言，为了能够以一种"纯粹描述"的语言冷静客观地撰写社会科学文献，我们可能最终"会使用一套与……我们言说人类行为的方式很少有或没有关联的做作的、苍白无力的词汇。"[81](从这一视角来看，奥本海姆所作的反驳讽刺性地确定了其对手的观点，其所作反驳的内容是，没有人会因为原子物理学家没有用*其*人民能够理解的术语来写作和讨论而谴责他们。)[82]

政治科学中概念中立性的反对者也一直尽力主张，这不是一个将如权力这样的概念与特定的道德或意识形态*观*相联系的问题。该问题是，当诸如此类的概念被使用时，在其背景中存在某些非常一般化的价值。人类对谁拥有权力或谁没有权力感兴趣，因为他们对其自身的作用或者他人的作用有一种积极的兴趣。(与此

---

[80] Felix Oppenheim, *Political Concepts: A Reconstruction* (Oxford: Blackwell, 1981), 151 - 152.

[81] Richard Bernstein, *The Restructuring of Social and Political Theory* (London: Methuen, 1979), 78. 另请参见 Charles Taylor, "Neutrality in Political Science", in his collection *Philosophy and the Human Sciences: Philosophical Papers* (Cambridge: Cambridge University Press, 1985), 58。

[82] Oppenheim, *Political Concepts*, 187.

类似，我们可以说，在法学中，我们对法律的兴趣被某种关于和平及可预测性的非常宽泛的人类兴趣激活了，而不是被任何特定的正义理论或社会利益理论激活的。）

此外，非中立主义者怀疑，在不使我们对政治之语言的理解变得贫乏的情况下，中立主义分析能否被成功地推行。他们拒绝承认，离开围绕政治术语之使用的规范性及意识形态性争论而孤立地思考必定意味着清晰性方面或理解方面的进步。像奥本海姆这样的中立主义者相信，我们应当将这样的争论作为对待共同内容的不同态度予以再现。但很多规范主义者（normativist）相信，这忽略了“本质性可争辩性”（essential contestability）这一重要现象。一个本质上可争辩的术语，其恰当使用包含对该使用的无尽的规范性争论。[83] 这样的术语在意识形态争议、语言争议及元科学（meta-scientific）争议之间居间调解并将它们联系起来。通过尝试使这些术语的这种能力变得多余，中立主义者抑制了政治语言的重要的自反性维度。

即便对一个不是本质上可争辩的评价性术语，不思考充斥在该概念之使用中的人类利益及价值，想要理解为什么一套经验性特征以这样的方式围绕在该概念周围也是不可能的。对严格的描述性眼光而言，从某种意义上讲，在我们没有掌握特定概念的要义之前，该概念看上去是怪异的和不确定的。[84] 如果我们坚持使用满足某种“构造良好”（well-formedness）的科学的或合逻辑之标准的概念，而又*远离*任何可能形构它们的价值因素，那么，随着中立主义事业反向影响普通政治语言，并使人们更难表达复杂的、深入的评价，或保持对该评价的熟悉，我们最终又会

〔83〕参见 W. G. Gallie, “Essentially Contested Concepts”, *Proceedings of the Aristotelian Society*, 56 (1955－1956), 167. Connolly, *Terms of Political Discourse*, chs. 1 and 6 提供了对政治科学及政治理论中该观点之重要性的杰出介绍。

〔84〕道德哲学中有一场类似的争论。在道德哲学中，非认知主义者（non-cognitivist）有时假定，道德立场是人们对世上的事实性特征的主观反应；他们的策略是将诸道德概念分解为描述性成分（指称世上的某一事实）和评价性成分（表明对该事实的某种主观反应）。因此，如“勇气”这一术语在描述方面指称面临危险时的某种坚定性，而在评价性方面，它暗指对该性格特征的一种赞许态度。但许多道德认知主义者对这种分析模式的普遍适用性持怀疑态度。这种怀疑在下述作品中得到了表达，John McDowell, “Non-Cognitivism and Rule-Following”, in *Wittgenstein*: *To Follow a Rule*, ed. Steven Holtzman and Christopher Leich (London: Routledge & Kegan Paul, 1981), 144:“对这里所设想的分解操作是否总是能实现持怀疑态度是有道理的——具体而言，是对任何价值概念而言，人们是否总是能通过恰当的真实性标准来分离出世界的真实特征：也即，独立于人们实际的价值体验而客观存在的特征——对该特征而言，相关概念的胜任的使用者在使用该概念时被认为对上述特征作出了反应；而当人们剥离对恰当态度的思考时，该特征还会留在世上。”

使我们的政治词汇和政治文化变得贫乏。

很明显，所有这些考量和争论都可以适用于对法律的概念及法律体系之分析的法学争论，这一点我们在第四、五部分讨论过。（它们的适用不一定能带来任何特定的结果，但至少能增加对人们的启发。）我们知道，法学争论中处境危险的诸概念有很多这样的特征，对这些特征，政治理论家在政治理论论争中必须对它们做出艰苦的思考。但法学的相关争论在以一种孤立于相关政治理论争论的方式进行，这很奇怪。也许这种情形在法学中的非中立主义者一边不那么明显：如德沃金在阐明其法律概念的解释必定包含价值问题的立场时，就一直愿意考虑本质性可争辩性的理论思想；[85]史蒂芬·佩里（Stephen Perry）一直在援用社会科学哲学方面的论述来支持其下述论点，即法学必定包含一种机能主义（functionalist）成分，而这表明，它不可能纯粹是描述性的。[86] 相反，他们的中立主义反对者们坚决地忽视这些资源，他们像以前一样坚信，对政治理论论争表现出任何兴趣都意味着已经放弃了这场论辩。

法哲学与政治哲学（至少是在政治哲学的"理论"方面）中使用的方法间最后一个值得一提的不同与各自对待该论题之历史的态度有关。政治理论的典型研究是通过阅读经典名著，从古代政治科学中影响重大的文本（柏拉图的《理想国》，亚里士多德的《政治学》），到现代早期的经典著作（马基雅维利的《君主论》，霍布斯的《利维坦》，洛克的《政府二论》，再到欧洲启蒙运动及更晚近的作品（卢梭的《社会契约论》，《联邦党人文集》，康德的《法的形而上学基础》，以及黑格尔的《权利哲学》）。人们对政治理论的研究是通过对这些作品中阐明的思想进行解释、争论，并以其为基础进行建构。当然，该学科研究中也有概念分析进路和问题进路——正如我们所看到的，通过分析诸如*权力*概念及如*自由*和*民主*等其他概念，或者通过追踪某些熟悉的问题，如守法义务的基础等。但即便在后两种进路中，讨论也往往带有经典著作的气息，这些讨论回应了可归于如柏拉图、洛克或卢梭等思想家的立场。可兹对照的是，在法哲学中，尤其在英美法哲学中，研究者对人类有史以来的经典著

〔85〕Dworkin, *Taking Rights Seriously*, 103.
〔86〕Perry, "Interpretation and Methodology", 107.

作的感知不那么强烈。如果有一本经典著作，那也是哈特的《法律的概念》，分析法学家将该书读了一遍又一遍（然后他们就开始争论该书的原意，以及现在谁的立场与哈特当初的立场最为接近）。[87] 由于哈特理论的发展是通过对19世纪奥斯丁法学的批判完成的，因此也存在对奥斯丁作品的某种三心二意的讨论。但除此之外，法哲学的经典著作就是凤毛麟角了。我们多少知道边沁是奥斯丁的前辈；当我们想要召唤自然法的幽灵时，我们都有阿奎那或奥古斯丁的一些篇章可以引用。但直到最近，研究者们才从法学角度详细研读这些理论家的作品。[88] 至于其他，我在本章中所谴责的政治理论与法哲学间的人为划界已经表明，诸如柏拉图、西塞罗、马基雅维利、霍布斯、洛克、休谟、康德、黑格尔及萨维尼等理论家的法学研究大都被忽略了。

我尝听到高论认为，这是好事一桩：它意味着我们能够直接研究法哲学诸问题，不再受纯粹是对思想史之过时兴趣的干扰。但这些分析性讨论往往平淡无奇、推理重复，其研究范围日窄，拥趸者日寡。更糟糕的是，从哲学角度观之，它们有日渐狭隘无趣之虞，因为我们使自己远离了这些学术资源，它们能使我们理解除了我们的观念及争论之外的关于法律的观念的争论，它们还能使我们理解法律本身，法律有其历史，该历史超越了我们特定的问题和热望。长期以来，政治学学者一直承认，他们在此时此地对政治的理解需要受到其他人对该问题之思考的健康影响。[89] 让分析法学来做同样的事情也许是浪费时间，但我认为这种时间浪费值得。

---

〔87〕例如，请参见专门讨论《法律的概念》一书之"后记"的《法学理论》专号（*Legal Theory*, vol. 4/3–4, 1998）中对哈特法学思想之解释的争论。

〔88〕参见 Postema, *Bentham and Common Law Tradition*（对边沁的论述）, and Finnis, *Natural Law and Natural Rights*（对自然法传统的详论）。

〔89〕参见 John Dunn, *The Cunning of Unreason: Making Sense of Politics* (New York: Basic Books, 2000)。

# 第10章　权威

斯科特·J.夏皮罗 著　韦洪发* 译

被称为犹太法典的《塔木德》记载了埃利泽拉比与其他拉比关于瓷炉是不是宗教上的洁净物问题的争论。[1] 埃利泽竭其所能地证明炉子是洁净物，但未能说服其他拉比。在想尽一切可能的理由后，埃利泽拉比对所有拉比们说，如果法律站在我这一边，就让这角豆树验证一下。话声一落，角豆树马上由根而断，掉落100腕尺开外。[2] 拉比们回答说，角豆树什么也不能证明。埃利泽拉比又试了一次，如果法律站在我这一边，就让这水流验证一下。眼瞅着，水流马上改变了流向。拉比们不慌不忙地回答说，水流什么也不能证明。埃利泽拉比试了第三次，“如果法律站在我这一边，就让这校舍的墙壁验证一下！”和以往一样，埃利泽拉比的话被验证了，墙壁开始倒塌。但约书亚拉比对墙壁斥喝说，当学者们讨论法律问题时，你来搅什么局？

最后，埃利泽拉比抛出杀手锏大喊道：“如果法律站在我这一边，就让上天验证一下吧！”话音一落，天上立刻传来响亮的声音：“既然在所有问题上法律都站在他那边，你们为什么还要和埃利泽拉比争论？”然而，约书亚拉比回答说：这不关上天的事。[3] 耶肋米亚拉比解释说，一旦上帝在西奈山把《托拉》赐给了摩西，上帝就

---

* 吉林大学理论法学研究中心博士，吉林大学马克思主义学院副教授，主要从事法理学研究。

〔1〕Baba Metzia，59b.

〔2〕出于某种原因，《塔木德》补充说，其他人主张该角豆树掉落400腕尺开外。

〔3〕Deuteronomy 30:12.

不再对法律问题有发言权。《托拉》授予拉比们决定法律问题的独占性权力，并规定拉比们的内部争议以多数决的方式解决。由于埃利泽拉比拒不收回所说的话，他被立即驱逐出教会。

这个故事以非常醒目的方式揭示了权力的悖论。当权者要求拥有一种他们不可能获得的有影响力的权利。当权者要求有一种能将其意志强加于他人的权利，而不论他们的判断是否正确。如果这么做，他们就将自己置于真理之上。他们的权利不是建立在他们的判断的正当的基础之上的。在埃利泽和其他拉比的争论中，拉比们面对着证明他们错误的无可辩驳的证据，但仍然继续要求埃利泽接受他们对法律的解释。至少对于埃利泽而言，拉比们是在傲慢无礼地断言有一种高于上天的权力。他推想，如果拉比们是错误的，他们应该服从上天，而不是要求其他人服从他们。

埃利泽可能是历史上第一个哲学上的无政府主义者。哲学上的无政府主义者辩驳说，任何关于权力的合法性的主张都不可能得到证成。他们质问说，一个人怎么能获得一种强制另一个人做错事的权利？做正确的事情的义务应当永远优先于做其他事情的义务。对于哲学上的无政府主义者来说，"合法的权力"就是一种自相矛盾的说法。

哲学上的无政府主义者指出，即使掌权者做得对的时候，获取权力的主张也是成问题的。当掌权者命令另一人做其该做的事的时候，他们的命令其实是多此一举。因为他们并没有带来什么帮助。即使是拉比们大慈大悲地宣布炉子属于宗教上的洁净物，埃利泽也无必要服从他们的权力。埃利泽之所以会承认炉子是宗教上的洁净物，是因为它本身就是洁净物，而不是因为拉比们说它是洁净物。

哲学上的无政府主义者所提出的质疑虽很简单，但很有力量。当当权者的决定错误时，他们没有权力强迫他人当他们的决定正确时他们的强迫权又是毫无意义的。这样，权力制度要么是有害的，要么是多余的。

这一论断是如此强有力，以至于令人产生疑惑。这是因为，如果这一论断是合理的，那么那些相信权力存在的必要性的人就不仅是错误的，也是自相矛盾的。但下述结论似乎又太过极端了：那些相信自己有义务去服从的人不是在相信废话。最终，这样的义务可能并不真正存在，但认为这种义务可能存在则是不可想象的。

今天大多数理论家都认为，常识是正确的，无政府主义的质疑是可以解决的。不过，他们对于如何解决这种质疑存在分歧。在本章，我们将讨论他们提出的许多解决方案。这些理论家大体上可以分为两类：第一类理论家认为，问题源于对权力和理性的某些天真的看法，因而必须修正这些看法；第二类理论家认为，如果不进行彻底的变革，问题不可能得到解决。

在讨论权力的悖论（或几个悖论）之后，我们接着考察两种修正主义策略。〔4〕第一种策略否认合法的掌权者有在错误的情形下设定义务的权利，甚至否认合法的掌权者有设定义务的权利。合法的掌权者的命令被理解为是以制裁为后盾的正当的威胁，或者是专家意见。按照这种观点，权力的悖论就自动消解了。因为掌权者根本就没有设定义务的权力，更没有在错误的情形下设定义务的权力。

第二种策略承认诸悖论的基本前提，即合法的掌权者即便在错误的情形下也有权设定义务。但它认为，权力的诸悖论的产生，是由于该前提和另一个有关理性之性质的默会的但又是错误的假定纠缠在一起。根据这一假定，行为人必须具体情况具体分析。相反，这一策略认为，在某些情形下，行为人可以有理由忽略行为的可欲的或不可欲的属性。因此，要求服从错误的命令，就并不是自相矛盾的。因为命令是不依照那些使命令错误的理由来行动的理由。

我们将看到这些策略所带来的其他问题，这不足为怪。如果我们否认掌权者设定义务的权力，对包含大量禁止、要求、许可、权利和权力的法律之类的社会制度，我们能搞清楚它们的意义吗？同样，主张我们有理由忽略行为的理由，这前后连贯吗？

为避开这些问题，有人尝试不借助修正主义来解答这些悖论。尽管他们勉强承认即便合法的掌权者是错的，其也有权设定义务，但他们又争论说，关于理性和道德的标准理论（standard theories）能够包容这种权利。他们策略的核心是如下主张，即合法的掌权者的权威性命令是有效的决策工具。通过由合法的权威来指导行为，公民更有可能选择正确的，而非错误的结果。但这些理论家争辩道，公民

---

〔4〕这两种策略试图修正诸悖论以之为前提条件的对权威的理解，在这种意义上，它们是修正主义的。这两种策略的主张者并不是主张必须修订我们关于合法权威的概念，而仅是认为这些悖论所使用的概念尽管表面上是，但实际上不是我们的概念。

必须在接受好结果的同时接受坏结果——只有当他们也选择错误结果时，他们才能从正确的结果中获益。因此，服从错误命令的合理性与为一场赌博支付赌资的合理性一样，无悖论可言，条件是所支付的赌资少于或等于该赌博的预期收益。

尽管该进路很是诱人，我还是要作如下争辩，即它在终极意义上就不再诱人了。权威的悖论无法在理性和道德的标准理论范围内得到解决——一些修正还是必要的。我认为，哪些修正是必要的，取决于一个人以之为基础的合法性理论。有些解释将权威的合法性与掌权者提供具有工具性价值之命令的能力相联系，对此，我建议修改关于权威对实践推理之影响的标准解释。不应将权威性命令看作自愿主体用以做出决定的工具，而应将其理解为对行为的因果性约束。那些将服从命令作为手段以从中获益的人不是选择去服从——已经服从了权威，不服从就不再是一个选项了。当且仅当权威性命令抢在决策之前时，它们在工具或手段方面才能被证明是正当的。

对将合法性同尊重集体决策程序的道德义务联系起来的关于权威的解释，我建议修正我们对道德自主性之本质的见解。在某些情形中，某人要求我们以某种方式行为这一事实确实给了我们一个行为的理由。与其说服从是对自主性(autonomy)的侵害，不如说服从实际上表明了人们对自主性之价值的恰当尊重。

在本章中，我将尝试证明这些主张是正当的，并表明在合法权威的不同框架内，对这些主张的接受怎样消解了关于权威的诸悖论。尽管这些修正可能有些剧烈，我将论证，它们构成了对哲学上的无政府主义者所提出之质疑的最好回应。

## 1. 权威的诸悖论

### 1.1 权威与自主性

在其《为无政府主义申辩》一书中，罗伯特·保罗·沃尔夫(Robert Paul Wolff)表明，合法权威与道德自主性在逻辑上是互斥的。[5] 他的论述值得详细检视，这不仅因为它是哲学无政府主义者对权威之攻击的集大成者，还是因为它对权

〔5〕参见约瑟夫·保罗·沃尔夫:《为无政府主义申辩》(1970)。沃尔夫著作中相关的部分被以“权威与自主性间的冲突”为题，收录于约瑟夫·拉兹主编的《论权威》一书(纽约:纽约大学出版社 1990年版)。本章的相关引证是根据拉兹的著作作出的。

威之概念的分析比很多权威的捍卫者给出的分析更为精妙细致。

沃尔夫的讨论始于其对权力(power)和权威(authority)所作的区分。[6] 有权力意指有强迫别人服从的能力。有权威意指有统治的权利。一个持枪歹徒有权力,但他没有权威。他可以用武力威胁来强迫受害者与其合作,但他不能施加要求别人服从于他的道德义务。[7]

正如沃尔夫所指出的,一个人可以在下述两种意义上拥有权威。[8] 一个人可以通过拥有道义上的统治权而获得权威。如果这样一种权利存在的话,其行使会产生服从的道德义务。因此,从该意义上讲,一位统治者可能会主张拥有权威,但实际上没有权威。苏联最高苏维埃主张拥有统治苏联的权威,但它没有这样做的道德权利。它没有合法的,或法理上的(de jure)权威。

另外,一个人可经由被认为是一位合法的掌权者而拥有权威。例如,最高苏维埃在一定程度上确实为很多苏联民众所接受。他们相信最高苏维埃拥有权利上的权威,但他们错了——它仅拥有事实上的(de facto)权威。

沃尔夫主要对法理上的权威感兴趣。这主要是出于两个原因。第一,事实上的权威这一概念以法理上的权威这一概念为前提条件。人们一般相信事实上的掌权者就是法理上的掌权者。第二,没有人怀疑事实上的权威的存在。哲学上的无政府主义者关注法理上的权威——他们意图表明服从法律的道德义务从来没有得到公认。

在沃尔夫看来,拥有统治的权利即拥有被服从的权利。服从一项命令就是因

---

〔6〕沃尔夫,同上注,第 20 页。

〔7〕与权威不同,对权力的违反无法兑现:一个人能在其税收方面作弊,但他无法欺骗一个强盗。

〔8〕沃尔夫,第 21 页。沃尔夫忘了提及一个人在第三种意义上也拥有权威。一旦存在授予 X 以权威的规则,X 即拥有权威。所有法律掌权者都在这一意义上拥有权威。至少在适用于法律时,权威的概念产生了源出于自身的悖论,因为任何确立其存在的尝试都会生发出“鸡生蛋,蛋生鸡”的悖论。对该难题可作如下陈述:只有当法律规则授予相应权威时,X 才拥有权威。但只有当有法律权威的人创制此类规则时,法律规则才存在。那么,谁是创制授予 X 以权威之规则的人呢? 不能是 X,因为在相关规则授予其权威之前,X 是没有权威的。但如果是 X 之外的其他人,我们的问题也同样适用于此人。我们或者会进入一个恶性循环,或者会进入一个无尽的倒推理过程。参见“On Hart's Way Out”, Legal Theory, 4(1998), 454, 重刊于 J. Coleman, ed., “Readings in Philosophy of Law” (New York: Garland Publishing, 2000), 以及哈特《法律的概念》后记,略有修改,J. Coleman 主编(Oxford: Oxford University Press, 2001)。

为被命令来履行一项行为而履行之。因此，命令不同于论辩。[9] 论辩意在说服。其意在使别人相信他们应当以某种方式行为，其达致这一结果的手段是向对方表明其建议之恰当性的理由。而命令并不意图使其相对方相信其内容的明智之处。服从命令者之所以服从命令，不是因为他们相信命令值得被服从，而毋宁是因为他们被命令来做出这些行为这一事实。

因此，某人可能自愿认同并遵守(comply with)一项命令，而不是服从(obey)该命令。[10] 当该命令使人民意识到，他们有理由做出被命令的行为，并且是为了这些理由，而不是因为该命令而行为时，上述情形就会发生。在沃尔夫看来，承认某人对权威的主张权，就等于承认其权利属于其自身。[11] 他们对其规范性权力的占有是借助其自身的身份，而非其所支配的事物。

在表明了其对权威的界定后，沃尔夫继而给出了其对道德自主性(moral autonomy)的解释。在沃尔夫看来，一位具有自主性者不是一个仅对其行为被动负责的人。相反，这样一个人会为其行为*主动*负责。[12] 每当他尝试决定其在道义上应当做什么时，此人都会主动承担责任。依照沃尔夫的看法，一个自主的行为者是一个审慎的行为者。

与许多将自主性视为道德责任的一个必要条件，或将其视作选择之能力的人不同，沃尔夫将其视为一种独立的道德义务。每个人都负有检视其道德生活之每一方面的责任：他必须经常收集新信息，审视其动机，批评其欲望，并根据这种反思来评价其选择。一个人若在不评估其如此行为之优缺点的情形下行为，他就没有为其行为主动承担责任，并且在这一意义上，他就违反了其自主地行为的义务。[13]

从沃尔夫对道德自主性的界定中我们可以得出，没有人能够在服从权威的同时还保持自主性。一个人服从一项命令时，他是因别人如此命令才服从的。然而，一位具有自主性者决不会因别人如此命令而行为。只有当他确信，一个行为就其是非而言恰当时，他才会如此行为。因此，一个自主的行为者决不会服从别人的权

---

〔9〕同上注，第 22 页。

〔10〕同上注。

〔11〕同上注。但请参看本章 2.2 的讨论。

〔12〕同上注，第 25 页。

〔13〕同上注，第 28－29 页。

威。诚如沃尔夫所言,“国家的界定性标志是权威,即统治权。* 个人的首要义务是自主,即对被统治状态的拒绝。”〔14〕

沃尔夫很快补充道,尽管自主行为者不能服从权威,但他也不必然违抗权威。〔15〕 如果自主行为者认为支付税金有很好的道德上的理由,那么他就会相信他应该缴税。但此人对该义务的接受并不是因为法律要求其支付税金。他相信自己应当缴税,因为他相信这样做是正确,这与法律的要求无关。

### 1.2 初步评价

沃尔夫的论述似乎能站得住脚:在其前提给定的情况下,其结论似乎顺理成章。然而,他的前提令人怀疑。例如,其认为自主性是一种义务,这让人费解。我们对谁负有该义务呢? 认为我在道义上有义务为了别人而自主地行为,这很奇怪。只要我行为恰当,别人怎么会关心我为什么恰当地行为呢?

即便人们确实接受这一点,即存在一种自主地行为的义务,人们是否能接受沃尔夫的表述也是不确定的。为什么一个人必须权衡每一种道德行为呢? 如果别人的判断更好,他是否应该服从别人的判断呢? 关于一个人在做出每个道德判断时都必须权衡各个理由的观点,在信息不对称或认知失能(cognitive disabilities)的情形中是危险的,并且该观点还是极其不经济的。毫无疑问,以一种更为多产的方式来引导人们的精力是可能的。

当然,存在对权威的过度依赖。将过多的决策权让与他人不仅是不明智的,而且在道德上是不负责任的。另外,一个人越多地依赖别人的判断,此人丧失为自己做决定之能力的机会就越大,并且他也越容易为别人所操纵。最后,判断及自我反思这两种能力是特殊的人类能力,其行使对人类的繁荣昌盛做出了本质性贡献。放弃这些能力就是在真正意义上丧失了人性。权威的这种“非人化”(dehumanizing)作用尤其引起了威廉·戈德温(William Godwin)的关注,后者是第一位“现代”哲学无政府主义者。

人类是宇宙的装饰物,其对宇宙的装饰作用与其运用判断力的程度成正

---

* 英文原文作 the right to be ruled(被统治权),疑为 the right to rule(统治权)之误。——译者注

〔14〕同上注,第 29 页。

〔15〕同上注。

比……但当我自愿放弃我的理解力，并将我的良知交与别人保管时，后果是显见的。我因此会成为最有害和最邪恶的动物。我泯灭了自己作为人的个性，并将自己作为动物的力量赋予这样一个人，此人在欺诈行骗方面无与伦比，并且最不受正直及正义诸原则的制约。〔16〕

尽管对权威之依赖的危险是真实的，但不能将其夸大，这一点很重要。世界实在太过复杂，任何人都不能在完全没有这类或那类专家协助的情况下独力过活。甚至沃尔夫也承认，“在现代社会中，在实现完全的、理性的自主性的过程中，存在巨大的，甚或无法跨越的障碍”。〔17〕 沃尔夫意义上的完全自主性其实不是一个选择项。如果权威与自主性前后矛盾，那么对自主性而言就更加糟糕。

下述情形非常有趣，即康德本人不认为权威和自主性间存在冲突。康德的著名主张是，那些服从权威者应当质疑其要求，但对理性的这一公共使用不应阻止他们依权威者的要求行事。如果当权者要求人民盲目服从，抑或如果人民没有以无条件的服从来予以回应，启蒙都会受到妨碍。

公民不能拒绝支付向他们征收的税款；当人们被号召来缴税时，对这些税收的自以为是的批评可以作为严重的违法来予以惩罚，因为这种批评可能带来人们全面的不服从。但是，如果一个有学识的人公开就这些财政措施之不当甚或不公正表达自己的想法，该公民并没有违背其公民义务。〔18〕

沃尔夫对无政府主义者之质疑的表述不令人信服，因为他对自主性的理解不合情理。然而，我们应该小心谨慎，不去过于轻易地拒绝考虑沃尔夫的论辩，因为根据自主性的任何可信的观念，我们很难忽视自主性与权威间的张力。毕竟，“自主性”的字面意思是“为自己制定法律”。一位具有自主性者并非仅因为别人告诉他这样做他才这样做——只有当他确信行为正确时，他才会作出该行为。换句话说，自主性含有将*自己*作为道德问题之最终权威的意思。这种承诺似乎没有给外在的权威留下逻辑空间。正如那句谚语所言，忠臣不事二主。

---

〔16〕 William Godwin, *Enquiry Concerning Political Justice*, ed. K. Carter (Oxford: Clarendon Press, 1971), 122.

〔17〕 同上注。

〔18〕 Kant, “An Answer to the Question: What is Enlightenment?”, in H. Reiss (ed.), *Kang: Political Writings* (Cambridge: Cambridge University Press, 1991).

记住这一点。我想我们就可能对沃尔夫的反对意见作更为宽容的解读。我们应当首先区分权威性命令的两个不同特征，沃尔夫没能做到这一点。我们可以模仿哈特，并认为权威性命令既是行为的“强制性”（peremptory）理由，又是行为的“内容独立”（content-independent）的理由。[19] 强制性理由是切断或排除慎思（deliberation）的理由。命令被确定为是强制性理由，因为一旦命令被发布，人们就期望行为主体停止评价相关行为的是与非。一个权衡服从命令之正反两面的人没有以人们想要的方式接受命令。

权威性命令与一般理由不同，这不仅仅是因为它们意在排除慎思。命令意在成为行为的“内容独立”的理由，这就意味着，它们被认为是理由，仅仅是因为它们已经被发布，而不是因为它们指导行为主体作出本身就是有理由的行为。一个服从命令的人将该命令视为内容独立的理由，因为他因自己被命令而服从，而不是因为他有理由根据该命令的内容行为。例如，如果吉姆是因为他父亲命令他将垃圾拿出去而这样做，那么他就将该命令当成了内容独立的理由。

应当将服从一个命令方面的内容独立的理由与“内容依赖的理由”（content-dependent reasons）相对比。一个内容依赖的理由是因为一项命令具有某种内容而服从该命令的理由。如果垃圾都发臭了，吉姆就会有一个将垃圾拿出去的理由，该理由独立于父亲命令他将这样做这一事实。将垃圾拿出去，吉姆将会去除屋子里令人不悦的气味。因此，吉姆有两个服从其父亲之命令的理由：该命令是一个内容独立的理由，同时，令人不悦的气味是一个内容依赖的理由。

尽管沃尔夫似乎只反对权威的强制性本质，我认为让沃尔夫感到不快的是权威的强制性与其内容独立之品质的结合。不仅仅是因为服从权威者不慎思，权威才与自主性相冲突。问题还在于，这样一个人相信，他被命令来以某种方式行事这一事实就给了他如此行为的理由。他将别人的意志，而非当下情形的是非，作为自己的理由，实际上是当作唯一的理由。[20] 因此，这样一个人会认为自己拥有别人

---

〔19〕 H. L. A. Hart, “Commands and Authoritative Legal Reasons”, in *Essays on Bentham* (Oxford: Clarendon Press, 1982), 253 - 255.

〔20〕 参见如沃尔夫，前注 5，第 26 页（具有自主性者，只要其是自主的，他就不会服从别人的意志。他可能会做别人让他做的事情，但不是*因为*别人让他这么做（斜体强调系原书所有））。

对其不当行为之任何控诉的一个现成的辩护理由。尽管在没有此辩护理由的条件下，此人会承认他做出了在道德上站不住脚的行为，但他会争辩说，必须以一种内容独立的方式来看待其对命令之服从的合理性：不能以那些命令的内容为基础来判断其是否有理由服从那些命令。他被命令来行为这一事实，而非他被命令来做什么，给了他做出相关行为的决定性理由。

作为对照，一位具有自主性者从来不把命令作为行为的内容独立的且强制性的理由（下文简称 CIP 理由）。权威者的命令对自主行为者来说是没有意义的，因为自主行为者从来不允许自己的意志由别人的意志来决定。他只关心命令他做的行为是什么，而非命令本身，并且只有当他确信有很好的理由来根据命令的内容行为时，他才会服从该命令。根据这一解释，自主性和权威是不相容的，因为服从权威要求根据 CIP 理由行事，而具有自主性者不承认这种理由的存在。

以此种方式看待沃尔夫之论辩的一个好处是，我们之前的反对意见已经不足以应对他所带来的质疑。自主性不能被想象成是道德强加于我们的，并且是我们亏欠他人的一种孤立的义务。主张每个人都应当以一种道德上自主的方式行为，即等于对*理由空间*（space of reasons）做出主张。自主行为者承认，唯一存在的理由或者是内容依赖的，或者是非强制性的。道德自主性是重要的，因为人们应当根据理由行为，而非根据非理由（non-reasons），这一点很重要。

另外，由于这一原因，对专家的依赖并不必然导致他治（heteronomy）。专家意见是相信专家正确的 CIP 理由——一个人相信专家的话，因为专家已经这样说了——专家提供建议的目的是提醒被建议者，所建议的做法为内容依赖的诸理由间的权衡所支持。当被建议者得出了这一结论并据此行为，该行为者是在为内容依赖的理由行为，即便他不知道这些理由是什么。

非常重要的是，这一解释表明，哲学上的无政府主义者对权威的担忧不是毫无意义的：他们的担忧是，人们会将权威性命令作为行为的 CIP 理由，通过这样做，人们就不能为其行为承担恰当的责任。人们会通过辩称自己“只是在服从命令”来为自己的行为辩护。这种辩护不仅是懦弱的，而且严格来说也是不切题的。怎么可能仅仅因为别人说一个行为是可接受的，它就是可接受的呢？掌权者可能有权力改变实在法，但是没有人（甚至连上帝也包括在内）有能力改变道德律。诚如戈德温所言:“对一个在人们决定之前本质上非正义的提议,最受欢迎的论坛,或最受人尊重的立法机构都不能使其成为正义的规则。”[21]

然而,哲学上的无政府主义者提醒我们,不承认纽伦堡法庭上的抗辩有时是很好的辩护,我们很难理解法理上的权威是可能的。权威之合法性的成立与否立基于下述事实,即行为主体是否能通过辩称自己“仅仅是服从命令”来证明其行为正当。换句话说,只有当 CIP 理由可能时,合法的权威才是可能的。

**1.3　权威与理性(rationality)**

人们有时认为,沃尔夫对权威的质疑只是一个更为一般化之悖论的特殊情形,该悖论意在表明权威与理性间的不相容。该一般化论辩是为人熟知的:假定掌权者发布了一个命令,该命令要求做出行为 A。诸理由间的权衡或者支持 A,或者不支持。如果诸理由间的权衡支持 A,行为者应当做出行为 A,但这不是因为该命令要求做出行为 A,而是因为行为者应该总是根据诸理由间的权衡来行为。另一方面,如果诸理由间的权衡不支持 A,那么行为者不应做出该行为,因为行为者永远都不应违背诸理由间的权衡而行事。因此,权威性命令似乎永远不能成为行为的理由——如果一项命令给出了正确的结果,该命令就是不相干的;如果其给出了错误的结果,那么对该命令的遵守就是不理智的。

由于权威性命令永远都不能成为行为的理由,由此可以得出,理性行为者永远都不能服从权威。证据是,理性行为者总是以根据站得住脚的理由(undefeated reasons)行为为目标,并使其行为与该目标相一致。如果行为者要服从掌权者,他们或者必须相信他们有站得住脚的理由来服从,或者相信他们没有站得住脚的理由,但不管怎样,还是要服从。如果是前一种情形,那么根据第一个论点,即权威性命令永远都不能成为行为的理由,该行为者的确信就是非理性的。如果是后一种情形,那么该行为者就没有依其目标行为,即根据站得住脚的理由行为的目标。因此,理性行为者似乎永远不能服从权威。

如果上述论证能够成立,则可得出如下结论,道德行为者永远不能用权威性命令来理性地指导其行为。由于道德要求行为者根据*道德*理由间的权衡来行为,对

〔21〕戈德温,前注 16,第 88 页。

道德行为者而言，对权威的服从就永远不能被理性地证明是正当的：每当一项命令要求行为者做出为道德理由间的权衡所支持的行为时，该命令在道德上就是不相干的；反之，该命令在道德上就是有害的。权威性命令永远不能成为行为的道德性理由，因此，任何道德的行为者去服从权威都是不理智的。

这种“推导性”(derivative)论辩是可能的，因为理性本质上是一种*合形式的*理想。理性并不命令人们去服从任何特定的实体标准——它只是要求行为者践行自身的实体标准。该悖论试图表明理性与权威间的不相容性，其方式是通过说明，权威性命令会与任何实体标准相冲突：或者相关命令服从给定的标准，在这种情况下命令就是多余的，或者命令与标准相冲突，在这种情况下，该标准要求不服从命令。为了生成权威与任何具体的规范性标准之间的矛盾，人们只需要将上述标准引入该等式，人们想得到的*归谬结果*(reductio)就会立即出现。

尽管沃尔夫的质疑貌似这样一种推导性论证，它实则不是，注意到这一点很重要。当谈到理性之概念与自主性之概念角度各异时，这一点变得很明显。理性意味着以使行为立基于站得住脚的理由之上为目标，并根据该目标而行为。相反，自主性意味着以基于非CIP理由的行为为目标，并根据该目标而行为。因此，不能得出，理性行为者是自主行为者。如果一位行为者相信他有行为的站得住脚的CIP理由，并且如果他因此理由而行为，那么他的行为是理性的，但不是自主的。相反，自主行为者并不必然是理性的。如果一位行为者基于内容依赖的理由而行为，并且根据该行为者自己的标准，该理由是站不住脚的，那么，其行为就是自主的，但不是理性的。

因此，一个人可能质疑权威的合理性，而非其对自主性的影响，这应当就不奇怪了。权威与理性的悖论试图表明，不可能拥有服从权威之站得住脚的理由，以及因此，相信人们有这样一个理由是不理智的。它并没有抨击权威性命令的内容独立的和/或强制性的性质。同样，一个人可能因为权威造成他治而批评它，而不是因为其非理性。根据我们对沃尔夫所提出的质疑的解释，服从的问题在于权威性命令不是CIP理由，而不是在于相信权威性命令是站得住脚的理由会引起逻辑混乱。

由于这些批评彼此不同，人们不应期望一种质疑的解决方案会构成对另一种质疑的有效回答。要想明白这一点，请考虑下面对权威与理性之悖论的回应：该回应认为，社会契约论是一种关于政治义务的条理清晰的理论。即便它事实上是错误的，一位理性行为者可能认为它是正确的。然后我们假定一位行为者接受社会契约论为正确理论。在该行为者看来，当一人同意受某人统治时，后者即拥有了针对前者的合法权威。因为该同意产生了一种服从该权威之命令的约定的义务，掌权者发布的任何命令都给了已同意受该掌权者统治的人一个依照该命令行为的理由。假定此人同意受一掌权者统治。那么此人将会把该掌权者发布的任何命令都作为行为的决定性理由。因此，此人服从这样一个命令可能是理性的，根据此人的标准来判断，该命令的内容不为由内容决定之理由间的权衡所支持。从该行为者的视角来看，即便由内容决定之理由间的权衡不支持其对命令的服从，所有理由间的权衡——内容依赖的理由和内容独立的理由——将倾向于支持其服从。由此，即便当掌权者之命令的内容错误时，服从权威也可能是理性的。

但是，该回应与沃尔夫的质疑并不矛盾。正如我们已经看到的，沃尔夫的论辩是基于这样一种观念，即不存在行为的 CIP 理由这回事。因此，上述回应就避开了该问题。毕竟，同意本身意味着行为之 CIP 理由的产生。在社会契约论下，同意受一掌权者统治的人仅仅由于其同意就承担了义务。一个人不能通过给出另一个(所谓的)CIP 理由来表明一个 CIP 理由是可能的。他必须首先证实，其意志给了他违反理由间之权衡而行为的理由。但如果掌权者没有改变道德律的权力，人们怎么能有权这样做呢？

我不是要暗示，沃尔夫的自主性悖论比前述理性悖论更难回答。这两种悖论完全是对权威的不同批评，同样，每种批评可能需要不同的解决方案。不幸的是，那些对哲学上的无政府主义做出回应的人，并不总是清楚地表明他们是对哪个悖论做出回应。我们试图纠正这种状况，方式是将两个基本悖论分开来看，并且追问权威之捍卫者的每一种回应，其解决方案到底是适用于其中的一个悖论，还是两个都适用。

### 2. 弱化权威

每当面临两个概念的冲突时，人们总是可以通过弱化其中一个概念的表述来尝试缓和这种紧张。在无政府主义者之诸悖论的情形中，最显见的是权威这一概念。首先，因为权威概念出现在了两个基本的悖论中，人们可以通过弱化权威的概念来做到一石二鸟。其次，也是更重要的，理性与自主性的概念表述似乎足够无害，至少与对权威的表述相比是如此。正如我们已经提到的，有理性意指以根据诸理由间的权衡而行为为目标。理性只是为每个行为者施加了服从其所承诺之实体标准的义务。同样，自主性被描述为，要求行为者坚持当下情形本身的是非，而不是完全因为别人命令其做什么他就做什么。这些观点的可靠性是显见的。

作为对照，对权威的通用表述则充满悖论。人们可能会想到，拥有合法权威也即拥有统治的权利。统治的权利意味着被服从的权利。拥有被服从的权利意指拥有在不考虑内容的情况下施加义务的权力。因此，拥有合法权威者有使他人有义务服从的道德权力，即便当其命令中包含*错误*内容时也是如此。退一万步说，内容独立而使他人承担义务的权力很是怪异。诚如戈德温所言："坚称有做错事的权利(the right of doing wrong)，没有比这更荒唐的了。"〔22〕

因此，弱化权威的通用表述似乎是一个颇有前途的策略。如果能够表明掌权者从来都没有主张让别人承担义务的权力，那么这两个悖论都可以被完全回避。理性将不会与合法权威相冲突，因为权威将不会要求行为者违反诸理由间的平衡而行为。同样，自主性将会与合法权威相一致，因为二者的决定将不会是服从的CIP理由，任何人也不会作如是主张。

在随后几部分中，我们将探讨切断合法权威与要求以一种内容独立之方式行为的权利之间联系的两种策略。第一个策略试图将统治的权利与被服从的权利分离。统治的权利意指合法掌权者所拥有的强制他人服从其命令的排他的特权。在这一点上，对使用武力的授权并不意味着施加义务的权力。第二个策略否认合法掌权者拥有统治的权利，更不用说被服从的权利了。合法掌权者既不发布命令，也不发出威胁。其决定构成专家意见：不是创制义务，它们只是告知我们它们的存在。

我将表明，两种策略都是不成功的。以这些方式弱化权威的概念等于抽走了

〔22〕戈德温，前注16，第88页。

该概念的精华。不赋予合法掌权者施加义务的权力，将不可能解释掌权者所做出的很多主张，也不可能解释它们为使自身免于悖论而需要做出的主张。

### 2.1 统治的权利

追随霍菲尔德(Hohfeld)，我们可以区分出“权利”一词的两种含义。〔23〕就其第一种意义而言，说某人有针对他人做出某行为的权利，这可能指称的是一项特权。当权利所有者不负有对别人不做出某行为的义务时，其就拥有了针对此人的做出此行为的特权。例如，对你而言，我有进入我家的特权，因为我对你不负有不进入我家的义务。

另外，人们在提到这种权利归属时，他们也可能想要表明，在某一系列行为方面，权利持有者拥有支配相对方的规范性权力。当权利持有者有能力改变相对方与权利持有者之间的规范性关系时，该权利持有者在做出某一行为方面就拥有支配相对方的权力。说我有向你出租我的房屋的规范性权力即是主张，我能够改变相对于我的房屋而言你对我的义务和特权。之前你没有进入我的房屋的特权，但在租约生效后，你就不再负有不进入我的房屋的义务了。我将房屋出租给你的权利(这里的权利应理解为一种权力)，至使你有权利进入我的房屋(这里的权利要理解为一项特权)。

当我们之前说拥有合法权威就拥有了统治的道德权利时，我们应该将这种权利视为特权呢，还是权力呢？到目前为止，我们一直假定，合法掌权者拥有支配其人民的道德权力。但罗伯特·莱登逊(Robert Ladenson)指出，统治的权利应该被理解为统治的排他性道德特权。〔24〕合法掌权者有能力迫使他人服从其命令，并且他们对该能力的运用在道德上是被允许的(也即，不负有不运用该能力的道德义务)。根据该观点，掌权者并不意在创制服从的道德义务。相反，权威性命令是以惩罚为后盾的威胁。合法掌权者与匪徒的区别在于，前者发布这样的威胁并惩罚人们的不服从行为，这在道德上是被允许的，而后者负有不做出类似行为的道德

〔23〕Wesley Newcombe Hohfeld, “Fundamental Legal Conceptions as Applied in Judicial Reasoning”, ed. W. W. Cook (New Haven: Yale University Press, 1923), 35.

〔24〕Robert Ladenson, “A Defense of a Hobbesian Conception of Law”, *Philosophy and Public Affairs*, 9(1980)，重刊于《权威》一书，上注5。

义务。

在莱登逊看来，一个人只要拥有（非规范性的）施加强制的权力，并且该权力能够证明其行使是正当的，此人便拥有了合法性权威。为什么仅仅是对权力的占有就能证明该权力的行使是正当的呢？为什么认为强权即真理呢？莱登逊提供了一个“霍布斯式的”答案。[25] 如果某些机构拥有施加强制的权力，那么有且只有这些机构有能力来解决某些问题，如维持社会秩序。只有社会中最强大者才能使他人免于参与那些可能破坏社会稳定和毁灭社会的冲突。

莱登逊并没有过分地主张那些拥有权力的人以他们所选择的任何方式行使该权力都是正当的。即便纳粹党在努力推行现存的交通法方面可能是正当的，但他们从事种族灭绝的行为在道德上是不被允许的。[26] 在某些领域，掌权者可能主张合法权威，但却没能拥有该权威。如果有人有能力推行其威胁，而受威胁者也意识到了前者的这种能力，前者就拥有*事实上的*（de facto）权威。但这种事实上的权威本身并不能赋予前者*法理上的*（de jure）权威。

莱登逊之论述的优点在于，它轻易地解决了权威的悖论问题。只有当人们假定掌权者主张创制行为之理由的规范性权力时，权威的悖论才会出现。正如我们已经看到的，这样一种权力的本质似乎完全是神秘的。但莱登逊拒绝承认权力的核心假定：掌权者主张威胁和惩罚的道德许可，而不是施加义务和许可的道德权力。由于惩罚的规范性绝不是神秘的，莱登逊能够解释权威性指导怎样成了一种提供理由的（reason-giving）行为。惩罚的威胁，而非义务的强迫接受，为人民服从掌权者提供了理由。

根据莱登逊的模式，权威性指导怎样既相关又理性是显见的。只要当理由间的权衡转而支持因可能的惩罚而服从时，权威性命令与实践推理就是相关的。掌权者为行为者提供一个在权威性干预之前行为者不曾拥有的服从的理由，并且使服从成为理性的。经由强制性国家机器，掌权者可被视作对行为者的实践推理很重要。

---

〔25〕同上注，第 38 页。
〔26〕同上注，第 39 页。

对权威的服从也不会危及行为者的自主性。根据莱登逊的设想，权威性命令不是行为的强制性理由。那些发出威胁者为其预期的受害者提供了是否服从的选择（“要钱或是要命”），尽管该选择明显不是在同样具有吸引力的选项间进行的。更为重要的是，威胁不是内容独立的理由。[27] 行为者从来不会仅仅因为别人告诉他如此行为他就服从——例如，空洞的威胁不是受害者服从的理由。由于慎思中唯一算数的理由是可能的惩罚，因此在这方面行为者的道德自主性没有被危及。事实上，甚至戈德温也相信，当受到威胁时，允许行为者服从掌权者：“没有什么比下述情形更为确定无疑：即便就其自身而言做出某一行为是正当的，在一个糟糕时刻或情形中，如果我知道做出该行为会给我带来死亡惩罚，忽视该行为就成了我的义务。”[28]

然而，任何尝试将对权威的主张从权力降格为特权的人肯定会就法律之自我表现中的一个显著特征争论不休，即法律不仅言说威胁，它还言说义务。法律不仅会因公民游戏性偶然使用毒品（recreational drugs）而使其有坐牢的危险，它还“禁止”吸毒。那些违反该法律的人不仅因该“违法行为”（offence）而“有罪”，而且他们还被认为应对其“不当行为”（wrongdoing）“负责”。任何被确定的处罚既不是税金，也不是使用费，而是一项“惩罚”。法律掌权者使用如义务、许可、权力及豁免等道德概念这一事实强有力地表明，他们不仅仅要求有执行其威胁的道德许可。[29] 对于贯彻法律的威胁，从事法律工作的官员们一般在道德上不会感到不适，因为他们相信，所有人在道德上都有义务遵守法律，并且对那些没有践行其义务者施以惩罚也是适宜的。

---

〔27〕请将这一点与霍布斯本人对权威性命令的描述作比较：“命令是一个人说这样做或不这样做，同时不期望有其意志所表明之理由之外的其他理由”。也就是说，霍布斯将命令视为行为的内容独立的理由。因此，莱登逊的表述中唯一的霍布斯式的成分是他为国家强制提供的正当化证明，而不是其对权威本身的解释。

〔28〕戈德温，上注 16，第 120 页。

〔29〕对该评论的一个有影响的详尽阐述，请参见 Joseph Raz，“Authority and Justification”，in *Authority*，上注 5。莱登逊可能会回应说，法律对义务之语言的援用并不表明法律掌权者主张他们的人民有服从的道德义务。这种关于义务的词汇可能是在纯粹技术的层面上使用——在技术层面上，X 有做出 A 行为的法定义务，这只表明存在要求做出此行为的一项或多项法律规则。对法定义务的这种语义学理解的讨论和辩护，请参见 H. L. A. Hart，“Legal Duty and Obligation”，in *Essays on Bentham*，以及上注 19，第 266 页。

即便从权力政治的角度来看，莱登逊的主张也是行不通的。正如韦伯所指出的，如果政治权力要想被取得和维系，它就必须一直寻求至少是道德权力的外在样貌。之所以如此，是因为掌权者例行公事地使其公民付出了很大的代价。掌权者不仅禁止无数行为，在更弱的程度上要求特定情形中的公民相互提供援助，他们还创制出公民必须对国家本身承担的肯定性义务。这些肯定性义务中，有的稍微让人反感，如登记车辆和成为陪审员，有的让人颇感繁重，如关于缴税及供养家庭的要求，而有的则可能危及生命，如在谋杀案审判中经传唤而做出不利于被告之证言证词的义务，及应召入伍的义务。

掌权者使用很多策略以促使人们支付这些代价。也许最划算的方式是意识形态性的。经由主张施加义务的权力，而不单单是主张对强制的许可权，掌权者试图说服其人民出于道德义务而服从他们。接受法律施加此种义务之权威的人数量越多，政府为执法所必须投入的资源就越少。一旦国家赢得其人民的心智，它也随之赢得了他们的肉体。当然，合法化策略以存在大量的教育、教化及操控机构为前提。与其他事物类似，意识形态的传播不是无成本的。然而，对暴力的使用也必须以庞大的预防、侦察和惩罚机构为先决条件。即便在技术发展的当下阶段，执法的劳动密集程度也还是极高的，它需要一个由警察、侦探、公诉人和改造官构成的庞大网络，另外，它还需要一个由监狱及其他改造场所构成的昂贵体系。若一个社会穷其所有资源用于威胁恫吓，而在教化说服方面没有投入，它将会很快破产。

但成本并不是迫使掌权者使自身合法化的唯一考量。国家建立的奖掖服从、惩罚忤逆的国家机器应该由至少承认该国家的合法性并对其意识形态忠诚者操控。“一味地进行威胁”完全是不可能的。在某一点上，一个人对权威之意志的贯彻不仅是因为他觉得自己被迫这样做，而且是因为他认为自己在道德上有这样做的义务。随后，权威的悖论可以转向那些支持该国家官僚机构的人：官员听从掌权者的命令，并将源自掌权者的威胁加诸他人，这为什么是理性的呢？诸理由间的权衡或者支持该威胁的执行，或者对此不予支持。如果是前一种情形，那么执行相关威胁就是理性的，但这不是因为该官员被命令来执行该威胁，而是因为诸理由间的权衡支持该执行；如果是后一种情形，那么执行就是不理智的。

因此，莱登逊对权威的进路似乎不能通过诉诸下述事实来予以辩护，即如果莱登逊的论述是正确的，它将为权威之悖论提供一种解答。因为正如我们刚才所看到的，莱登逊的进路本身也易于受到类似问题的责难。莱登逊的论述没有解决上述悖论，它在一个语境中抑制了这些悖论，而没能阻止它们在其他语境中再现。报应到来的时刻并没有被避免，它只是被推迟了。

从该讨论中我们应该得出两个教训。第一，通过将服从仅仅解释为对威胁的反应，不可能解答关于权威的诸悖论。对由掌权者发布之威胁的执行本身即是这样一种活动，其合理性与道德性必须得到确立。第二，区分拥有"对某人的权威"与拥有"去行为的权威"这两个概念很重要，用稍微不同的语言来表述，该区分即拥有权威和仅仅是被授权之间的区分。拥有权威意指拥有改变他人之规范性关系的规范性权力。被授权仅仅是被某个拥有权威的人允许来以某种方式行事。秘书被授权来打开其老板的邮件，但她在这方面没有权力。正如拉兹所恰当指出的，莱登逊将国家可做的事情等同于该秘书可做的事情。[30] 但正如我们已经看到的，支配某人的非规范性权力以及行使该权力的权威不能等同于或替代支配一个人的权威。

**2.2 理论权威**

从权威与理性这一悖论的一个方面来看，如果诸理由间的权衡支持一项命令的内容，那么该命令就是多余的。作为对此的回应，人们可能会质疑下述观念，即一项命令仅因为其对一个规范性问题给出了正确的解决方案而变得不相关。如果一个行为者能够利用一项权威性命令来为其自身解决问题，该权威性命令可能就是相关的。通过适用该命令，行为者将能够得出正确结论，而不是被迫为手头情形的优缺点大伤脑筋。

该回应试图将权威的合法性定位于其认识论上的工具性。只要掌权者的命令是行为者相信被命令之行为为理性的决定性理由，行为者就有理由服从掌权者。反过来，只要权威性命令是源于被规制领域的一位专家，诸权威性命令就会取得其在认识论上的这一地位。根据该观点，只要掌权者的命令构成了专家意见，掌权者就是合法的。

这表明，实际的权威（即与*应然*相关的权威）可能以理论权威（即与*实然*相关的

---

〔30〕约瑟夫·拉兹《论权威》"导言"部分，同上注5，第4页。

权威)为基础。该观念与西方哲学本身一样古老。柏拉图在《理想国》中争论说,一个正义的社会必须由哲学家来统治。柏拉图的观点既是基于其对哲学家的高度敬重,也是基于其对其他人的轻视。必须由哲学家来统治正义的城邦,因为只有他们能接触真理,并且人们相信他们会为共同利益而行为。

理性、正确的判断及反思指引下简单而适度的欲求可以在一小部分人中间找到,他们有最好的自然天赋并接受过最好的教育……你也能在我们的国家中看到这一特征,在国家中,不如前述少数人那样受人尊敬之多数人的欲求为更为优越之少数人的欲求及智慧所抑制和支配。〔31〕

人们不必为了领会该进路的长处而赞同柏拉图的社会理论。将实际的权威简化为理论权威,这一点很有吸引力,不仅因为其在概念方面的简约,而且因为依赖理论权威的理由似乎不成问题。如果就某一问题而言,某人比另一人知道的更多,尊重前者的判断就是很有道理的;这样,后者的表现也会好于依靠自身的判断。另外,正如我们在早些时候提到的,对理论权威的依赖与自主性是相容的。有些根据权威性建议行事的人可能是因为相信这受到由内容决定之理由间的权衡支持而如此行为的。

尽管该进路有其裨益,但它似乎易于受到几个重大反对意见的攻击。第一,专家和受劝告者之关系的一个本质特征是,如果受劝告者知道专家们是错的,他们就不应根据专家意见行事。如果我将天气预报员视为天气方面理论权威,即便他可能预报晴天,当看到下雨时,我还是应该带把伞。当人们知道理论权威是错的,对其顺从就是没有价值的——因为,且只因为人们想知道什么是正确的,他们才会去依赖理论权威。相反,即便实际的权威是错误的,他们也有主张施加义务的权利。在埃利泽的事例中,尽管埃利泽和众拉比们都知道他们是错的,拉比们还是要求埃利泽服从。这并没有阻止众拉比们主张其权威。只要实际的权威和理论权威旨在以非常不同的方式影响实践推理,实际的权威似乎就不能被化约为理论权威。

第二,该认识论进路糟糕地曲解了政治掌权者的主张权。政治掌权者主张,他

---

〔31〕Plato, *The Republic*, trans. Desmonde Lee (London: Penguin, 1955),202. 该认识论解释的当代表达,请参见 Heidi Hurd, "Challenging Authority", *Yale Law Journal*, 100(1991),1611。

们的命令不单单是人们去相信的理由——他们主张，这些命令还是人们去行动的理由。一个人对一项命令的服从不仅仅是相信其是正当的；他必须根据该信念而行动。反过来，掌权者通常不惩罚信仰上的不足，而只惩罚行动上的不足。除非法律惩罚思想罪，否则，认为任何方面的法律是错误的都不违法。

然而，使该认识论进路的支持者为这些论证所动，也是不太可能的。对于第一个反对意见，他们肯定会回应说，该反对意见与其说是针对其立场的一种论辩，不如说是对其立场的全面排斥。那些将实际的权威化约为理论权威的人迫不及待地想要否认下述观点，即掌权者对他人的约束与内容无关。通过指出这一事实，即纵使合法掌权者是错误的，他们也有约束他人的权力，这并不能使该认识论进路的批评者有任何进展，因为这一"事实"恰恰是该认识论进路想要质疑的。因此，《塔木德》上记载的故事不能视作对该认识论立场的驳斥，因为还不确定拉比们对合法权威的主张是否连贯一致。

该认识论解释的支持者承认，即便当人民认为掌权者们是错的，后者还是可以要求前者行为。因为如果掌权者是合法的，他们的判断比其人民的判断更加可靠，当其人民认为掌权者是错的，掌权者更可能是正确的。这里至关紧要的一个词是"认为"——当人民"知道"掌权者是错的，就像天上传来一个声音告诉他们如此一样，他们就不应该服从。

该认识论进路的支持者们还会争论说，第二个反对意见是无的放矢，因为它非常糟糕地曲解了该认识论进路对权威的解释。试图将合法的实际的权威化约为理论权威的那些人不会主张说，权威性命令只是人们去相信的理由。他们承认，政治掌权者要求人民行为。更确切地讲，他们的主张是，如果掌权者是合法的，他们的命令也是人民相信这些命令的内容正当的决定性理由。实际上，他们的命令是去行动的理由，因为且仅仅因为它们是去相信的理由。

尽管这些回应是有效的，它们却带来了另外的问题。根据该认识论解释，当且仅当 A 在 C 领域比 B 更擅长时，A 才在该领域拥有超越 B 的实际的权威。但如果专门知识对合法权威来说是必要的，人们可以得出如下结论，即法律的很多方面都不可能是合法的。正如众所周知的，掌权者最为紧要的职能之一就是解决协调难题（coordination problems）：他们确立交通规则、重量及尺寸标准、统一货币等等。

在一个协调难题中，协同一致对各方都有利，但由于在协同一致方面有不止一种可接受的方法，各方必须确定在这些方法中哪种方法能使他们协调其行为。例如，一位驾驶员想要和其他所有驾驶员一样在道路的同一侧行驶。但是，由于左边和右边都是同样好的选择，在了解他人在哪一侧行驶，以及因此他应该在哪一侧行驶方面，他就遇到了麻烦。掌权者能够解决协调难题，因为他们能够指定其中的一种策略作为所有人都要服从的选择。通过指定一种交通方式，并使其对所有人都有约束力，每个人的预期都集中到该方式上，而这一信息难题也就被克服了。驾驶员们知道他们应当在道路右侧行驶，因为法律通过订立一个提出该要求的规则而选择了右侧。一位驾驶员应在道路右侧行驶，因为他知道其他期望他这样做的驾驶员们也会在右侧行驶。

因此，掌权者解决协调难题的这一能力不是源自任何专门知识。〔32〕从理论前提层面看，协调难题的出现是由于可接受之诸联合策略的多样性。当法律指定在道路右侧通行时，它这样做不是应为道路右侧好于左侧——这里需要法律，恰恰是因为道路的右侧和左侧一样好。在这方面，法律掌权者并不是专家，因为不存在其使用专门知识的对象。法律解决协调难题的能力主要源自如下事实，即人民指望掌权者来解决协调难题。〔33〕

认识论解释是有缺陷的，因为它们不能解释在与专门知识不相关的情形中法律的权威。更糟糕的是，甚至在专门知识高度可欲的情形中，它们都不能使法律权威合法化。原因很简单：与专家不同，法律权威是不具人格的。当一位法律官员主张发布一项命令的权威时，该权威来源于发布该命令的那一职位。从法律的角度讲，每个人都必须听命于布什总统，因为他是总统，而非因为他是布什。

相反，一位专家的权威完全是属人的。如果一个人听从一位专家的建议，这是因为该专家卓越的学识或技能。史密斯听从琼斯医生的建议，这是因为此人是琼

〔32〕但是，为了确定如下情形的存在，即在其中配合是必要的，可能需要专门知识。参见 Joseph Raz, "Facing Up: A Reply", *Southern California Law Review*, 62(1989), 1153. 1192。

〔33〕有人可能争论说，在协调难题方面，尽管权威性命令不是专家意见，但它们是相信其他人会根据此协调难题的解决方案行为的理由。正如我将在 6.3 部分中指出的，如果人们普遍相信，每个人都将权威性命令视为其他人之行为的根据，并且这些权威性命令是理性的，那么，权威性命令就不能解决协调难题。

斯，而非因为此人是医生。专门知识的属人性质反映在如下事实中，即与法律权威不同，理论权威不能被赠与、转让、转移、取得、继承或侵占。只是在比喻意义上，我们可以说，专家“指定”其继承人。

由于一位官员之权威的合法性是不具人格的，它实际上取决于该官员之职位的合法性，任何其他官员的属人品质都对该官员之权威的合法性毫无助益。该职位并不会因为其当前占据者的专门知识而变得更具合法性。当然，当一位官员是专家时，人们有服从该官员的一个理由。但服从该官员的这一理由要归于其专家身份，而非官员身份。如果要证明法律对权威的主张权是正当的，服从之义务的存在一定不能以那些要求别人服从者的人格为基础。

### 3. 优先的理由(pre-empting reasons)

权威的悖论似乎不能以之前所设想的方式通过弱化权威的概念来解答。如果存在合法的掌权者，他们有对其人民施加义务的规范性权力。现在，我们来探讨在解答这一悖论方面一个不那么显而易见，但却更为有趣和复杂的尝试。约瑟夫·拉兹曾争论说，问题并不是掌权者能够施加义务，或他们能够不考虑其内容而施加义务这一假设，而是对理性之本质以及权威对实践推理之影响的错误认识。一旦权威性命令对服从之理性所做出的突出贡献被人们所承认，权威的难题会很容易消解。

#### 3.1 权威的服务观念

在拉兹看来，法律主张规制人民之行为的合法性权威，这是法律的一个本质特征。它不是仅仅主张施加威胁的特权或给出建议的资格，而且还主张施加义务、许可、授权及免责的道德权利。

根据拉兹的观点，尽管法律必定会主张合法权威，但它不必然拥有权威。法律对权威的主张可能是，并且经常是虚假的。根据拉兹所谓的权威的“服务”观念，只有当政治掌权者服务于其人民时，也只是在这个意义上，他们才拥有合法性。[34]掌权者服务于我们，而不是相反。

---

〔34〕 Joseph Raz, *The Morality of Freedom* (1986), 56.

准确地讲，这种服务意指什么呢？根据拉兹对服务观念的解释，在人民及适用于他们的诸理由间居中调停是政治掌权者的特殊任务。也就是说，政治掌权者的职责就是考量适用于其人民的诸理由，并阐明或批准能使其人民服从那些理由间之权衡的命令。当人民需要掌权者的调停服务并且掌权者能满足这些需求时，掌权者就是合法的。因此，政府行使其权威的方式不是通过修建桥梁，教育儿童或驱逐外国侵略者，而毋宁是通过生产和批准允许其人民服从理性(Reason)的规范。

更为精确地讲，拉兹的"服务"观念由关于权威之本质及作用的两个命题构成。第一个命题是关于在掌权者规制行为时应当指导他们之理由的类型。在拉兹看来，一般而言，所有权威性命令都应立基于独立适用于这些命令之对象的理由。拉兹将这些理由称作"依赖理由"(dependent reasons)，并将上述条件称作"依赖命题"(Dependence Thesis)。[35]

拉兹将该依赖命题与掌权者应当服务于其人民的利益这一观念作了区分。[36]一位军事指挥官应当根据适用于士兵的理由(如保卫国家)行为，即便其命令可能不符合士兵的利益。拉兹还指出，依赖命题明确了掌权者立法及判决的应然方式，而不是其实际做这些事情的方式。[37] 很明显，很多权威的行使不是以依赖理由为基础的。

该服务观念的另一半涉及为了对权威作正当化证明而必须提供之论辩的类型。根据"常态正当化命题"(Normal Justification Thesis)，当服从掌权者之命令比尝试直接服从诸理由间的权衡更可能使人民服从适用于他们的诸理由间的权衡时，掌权者就是合法的。[38] 因此，权威的合法性立基于法律的工具理性。与尝试自己理性地行为相比，经由遵守法律，行为者更可能做其应该做的事情。

常态正当化命题详细说明了掌权者要想被认为是合法的而必须满足的条件。这是一项苛刻的测试，并且可能还没有哪种权威完全通过了该项测试。在评价理性的要求或在这些要求的满足方面提供指导时，某一权威不可能在*每种*情形中都

〔35〕同上注，第42－53页。
〔36〕同上注，第48页。
〔37〕同上注，第47页。
〔38〕同上注，第53页。

比其人民中的*任何一位*处于更佳的位置。但是，拉兹确实认可局部合法性的可能性，也就是说，在其中，一位掌权者在规制的某些领域，而非其他领域，是合法的。[39] 例如，某权威可能在规制工人安全方面是合法的，但在规制两性道德方面则不是。拉兹还承认，一位掌权者可能对某些人来说是合法的，对其他人则不是。我可能受某些旨在保护公共卫生的法律规章约束，而我的医生可能不受此约束。一切都取决于公民服从法律是否比尝试直接服从理性效果更佳。

### 3.2 优先命题(the Pre-emptive Thesis)

也许拉兹关于权威之本质的最为人熟知的主张是，权威性命令与普通理由不同，因为它们不仅是行为者根据其内容行为的理由，而且还是优先于其他行为理由的理由。它们是拉兹所谓"优先"理由("pre-emptive" reasons)的例证。当掌权者要求做出某一行为时，他们的命令不只是被添加到诸理由的权衡中，它们还排除这些理由并取而代之。拉兹将该思想称作"优先命题"。[40]

在拉兹看来，优先命题是从依赖命题和常态正当化命题中得出的。依赖命题主张，权威性命令应当立基于诸依赖理由间的权衡。由于这些命令意在考虑依赖理由，因此它们不能被算作依赖理由。这样做相当于将某些依赖理由重复计算。[41] 权威性命令必须优先于依赖理由，因为优先于后者是前者的功能。

与此类似，常态正当化命题主张，只有当人民服从权威性命令比尝试直接服从诸依赖理由间的权衡更可能使其服从该权衡时，权威性命令才有约束力。如果一位合法掌权者的权威性命令没有排除潜在的依赖理由，那么从理性角度将，一个人在决定如何行为时考虑这些理由就是可接受的。但在这样做时，此人将会审慎考虑该情形的优缺点并形成关于应当如何行为的判断。然而，如果该掌权者是合法的，那么行为者依赖自身的判断而非权威性命令从理性角度讲就是不可接受的。[42] 因此，如果常态正当化命题是正确的，那么优先命题就是正确的。

拉兹用仲裁的例子阐明了这些要点。[43] 由于仲裁者的决定应该考量特定情

---

〔39〕同上注，第 73 - 75 页。

〔40〕Joseph Raz, *The Morality of Freedom* (1986), at 57.

〔41〕同上注，第 58 页。

〔42〕同上注，第 61 页。

〔43〕同上注，第 41 - 42 页。

形的优缺点，一个人在考量优缺点时一同考虑该决定就犯了规范性计算方面的错误，因为此人重复计算了这些优缺点——一次是直接计算，一次是通过考虑意在包含这些优缺点的相关决定而进行了间接计算。另外，当各方发现他们不能自行解决其纠纷或当这样做成本太高时，他们就会动用仲裁者来解决纠纷。他们给予仲裁者权威性地决定谁是谁非的权力，经由这样做，他们就放弃了质疑该决定的权利。将仲裁者的决定视为可以与其他优缺点一同权衡的普通理由，就损害了仲裁的意图。人们期望仲裁决定消除考量和争论他们所提交案件之优缺点的必要。

由于权威性命令仅优先于它们意在考虑的那些理由，在掌权者不能或不愿追随诸依赖理由间之权衡的情形中，权威性命令将缺乏优先力（pre-emptive force）。例如，如果一位仲裁者在醉酒时仲裁，或者接受了贿赂，又或者在裁决之后出现了新的重要证据，其裁决就没有必要被服从。〔44〕同样，由于权威性命令的优先力是为了阻止行为者直接根据情形的优缺点行为，一旦行为者能够在不详察情形之潜在优缺点的情况下就能判断出命令出了差错，这些命令就不能优先了。拉兹争论说，如果权威性命令“显然是错的”，它们可能就没有约束力了。显见的错误可能不是实质性地背离诸理由间的权衡，而是从表面上看就是错的。〔45〕这与重大错误有别，后者确实对诸理由间的权衡有重大背离，并且对该错误的确定要求行为者考察被推定为支持该主张的潜在的依赖理由。

拉兹用对整数进行加法运算的例子来说明这一不同。如果一位掌权者告诉行为者总和是一个整数，那么，找出该总和之重大错误的唯一方法是真正将所有这些整数相加，然后比对结果。另一方面，如果给出的答案是个分数，那么很明显该掌权者是错的。在该情形中，理性的指导原则不要求行为者相信显见的错误，但却要求行为者接受重大错误。

### 3.3 国家的正当化

拉兹提及了在常态正当化命题下政治掌权者能够取得合法性的五种情形。〔46〕第一种情形包含这样的情况，在其中，需要专家意见，并且掌权者拥有必要的能力。

---

〔44〕同上注，第 42 页。

〔45〕同上注，第 62 页。（“确定某事物是错误的，并不要求进行潜在的推理。”）

〔46〕同上注，第 75 页。

例如，涉及药剂核准的法令通常都是基于政府占有而普通公民没有的专门知识和信息。与人们尝试自行断定哪些药物安全有效相比，他们服从这些命令效果可能更好。

接下来的两种情形包含这样的情况，在其中，掌权者对理性的各种不足有所弥补。在有些情况中，掌权者可能比其人民更不容易受诱惑及偏见的影响。在另外一些情形中，慎思可能代价高昂，这或者是由于慎思造成焦虑、疲倦，或者是由于其将认知及情感资源投向其他目标。经由依赖掌权者，人民将能够避免由尝试服从适用于他们的诸理由间的平衡而带来的代价。

第四种涉及这样的情形，在其中，掌权者处于优势地位，以提供协调难题的解决方案。例如，在订立交通规则方面，掌权者一般要优于驾驶员。尽管并不总是如此——有时非正式的习惯更有效率——但通常的情况是，自上而下的解决方案优于自下而上的解决方案，如果确实如此，则权威性解决方案对当事人而言就是合法的和有约束力的。

最后一种情形是囚徒困境。在囚徒困境中，与所有人都权重相比，所有人都合作对每位成员更好；但是相较于协调难题而言，如果所有其他人都合作，而某人背叛，则此人处境最佳。因此，如果每个人都为取得最好的结果而行为，即单方面背叛，这将会导致对每个人都是最糟糕的结果，也即，所有人都背叛。为了实现有效率的解决方案，掌权者可以发布要求所有成员都合作的命令。例如，如果没有要求我交税的法律，任何人主动为社会的综合运营支付钱款就是不理性的。结果，在社会综合运营方面就无钱可用。然而，在拉兹看来，一般要求所有人都缴税的法律被通过，每个人就有了一个缴税的理由。尽管每个人都可能不服从，但他们至少有了服从的理由，而在法律被颁布之前，他们是没有此种理由的。

### 3.4 诸悖论的拉兹式解决方案

拉兹关于权威之理论的一个巨大优点是，它为关于权威的诸悖论提供了强有力的解决方案。正如人们可能猜测到的，这些解决方案立基于拉兹关于权威的两个独特主张：第一，权威的正当性主要是工具层面的；第二，权威性命令具有优先力。

然而，在讨论拉兹关于权威之诸悖论的解决方案之前，我们必须将拉兹的术语转化成我们的术语。我认为,当拉兹言及“依赖”理由时,他所指的是我所谓的“内容依赖的”理由。出语言上的相似性之外,两种理由拥有共同的特征:它们都是独立于权威性命令的存在而适用于行为者的。

但是,在优先理由方面,拉兹否认它们与强制性理由相同。强制性理由是不去*慎思*其他理由的理由,而优先理由是不基于其他理由而*行为*的理由。拉兹批评了哈特的如下思想,即认为对权威的服从要求真正放弃判断,而不仅仅是放弃依判断而行为的权利。[47] 即便当一个人认为一项命令是错的,他也服从该命令。

我认为拉兹误解了哈特关于“慎思”的概念,甚至误解了关于“慎思”的一般概念。慎思不仅仅是处于权衡正反两面的思考过程之中。相反,慎思从本质上讲是指导行为的。一个进行慎思的人,其目的是根据慎思的结果形成行为的意图。因此,强制性理由不是不去思考其他理由的理由,而是不以其他理由为基础形成行为意图的理由。

但是,拉兹认为优先理由与强制性理由不同,这从另一个角度看又是正确的。优先理由不仅仅是不以其他理由为基础行为的理由。它是*优先于*其他理由的理由。相反,强制性理由只是将某些理由排除在严肃考量之外。它并不在慎思中优先于这些理由。

不过,如果一个理由既是强制性理由又是内容独立的理由,即一个CIP理由,它与优先理由具有同样的规范性效力。CIP理由的强制本质将仅排除行为的内容依赖的理由——如果是一个内容独立的理由,它将不会将自己排除在外。因此,一个CIP理由既是排除其他相冲突之理由的理由,也如同优先理由一样,是一个根据其内容行为的理由。

我们现在就能够讨论权威与理性的悖论了。假定一个合法掌权者向某一行为者发布了一项命令,要求后者做出一个已为诸理由间的权衡所支持的行为。在这种情形中,该行为者无疑会服从该命令。但该命令的存在与该行为者的实践推理相关吗?根据拉兹的理论,它们是相关的。根据常态正当化命题,由于掌权者是合法的,在适用于行为者的理由方面,掌权者的命令使下述情形更为可能,即与行为

---

〔47〕Joseph Raz, *The Morality of Freedom* (1986), at 39.

者直接根据这些理由行为相比,他们服从掌权者的命令效果更好。因此,该命令是行为的一个理由,因为经由该命令的指引,行为者增加了其根据由内容决定之理由间的权衡行为的几率。

另一方面,假定该命令的内容不为诸理由间的权衡所支持。行为者应该服从该命令吗? 这里答案再次是肯定的,因为根据优先命题,合法掌权者发布的命令不是仅仅添加到依赖理由间的权衡上,而是优先于某些这样的理由。作为这种排除的结果,主张不服从该命令的依赖理由就不再相关了。唯一算数的那些理由是该权衡中剩下的理由,在该情形中,这些理由恰好就是权威性命令。

由此就产生了对合法权威之理性服从的可能性。如果一位行为者相信,与慎思相比,服从掌权者发布的命令能使其在适用于他的理由方面做得更好,他就被理性地要求服从掌权者发布的每个命令,而不去考虑其在依赖理由间的权衡方面所作的判断。

不幸的是,当我们论及权威与自主性间的悖论时,我们必须诉诸推论。原因是,拉兹对自主性的理解不同于我们的理解。拉兹有时认为自主性是实践理性的一个原则,有时又认为自主性是一种自决(self-determination)的能力或自决权的行使。当把自主性理解为一种实践原则时,它是一种理性原则,而非道德原则。"将各个方面考虑在内,我将一个人根据其对应当做什么的判断而行为的权利和义务……称作自主性原则"。〔48〕 拉兹在一个脚注中补充说,"很明显,这种自主性原则不是真正的道德原则,而是理性原则"。〔49〕 在这种关于自主性的观念之下,权威与自主性间的悖论就成了权威与理性间悖论的一个简单变体,并且它能够以相同的方式予以消解。

当权威被视为是一种自决的能力,权威与自主性的行使相互冲突就不可避免。如果一个人的行为是自决的,这些行为不能同时还是由权威决定的。拉兹承认这一冲突,但并没有对此格外警觉,认为其中包含一种交换。很多时候,当一个人的判断不及另一人时,他就应当牺牲其根据自身判断行为的权利。然而,有时一个人

〔48〕 Joseph Raz, *The Authority of Law* (Oxford: Clarendon Press, 1979), 27.
〔49〕 同上注。

根据自己的次等判断行为反而更好，这恰恰是因为这些判断是自己的判断。如果不犯错误，一个人永远也无法发展出其在生活之其他领域的自主行为所必需的各种能力。

尽管拉兹对自主性的看法与我们不同，即他不将自主性看作是关于理由空间的命题，我认为清楚的是，拉兹对同样的基本关注持同情态度。毕竟，合法掌权者*去本体化地保守*(deontically conservative)是其服务观念的核心许诺："掌权者没有向其人民施加完全独立之义务的权利……他们的命令应该反映依赖理由，在任何情形中，依赖理由对那些人都是有约束力的。"

尽管我们不知道拉兹对权威与自主性这一悖论的回应，但我们能够建构一个"拉兹式的"回应。一个拉兹主义者可能会否认下面的说法，即仅仅因为行为者基于优先理由而行为，他们就是他治的(heteronomous)。他治不是基于CIP理由而行为的结果，而是明知故犯地不去服从内容依赖的理由的结果。如果一项命令通过了常态正当化命题所设置的判准，那么，其以行为的内容依赖的理由间的权衡产生服从的能力就能证明其内容独立的本质及强制性本质是正当的。因此，一个人可以同时基于CIP理由及内容依赖的理由而行为。一个人不会仅仅因为别人告诉他这样做他就服从，但经由做别人让其去做的事情，人们将更可能基于站得住脚的内容依赖的理由而行为。

### 4. 优先是必要的吗?

正如我们已经看到的，拉兹的理论提供了针对权威之诸悖论的强有力的回应，这是因为拉兹的理论将对权威性命令的*工具性*进路与关于理性的*层级*理论(a hierarchical theory)结合起来。[50] 一方面，权威性命令的功能是将人们对内容依赖的理由间的权衡的服从最大化。但是，并不是任何权威性命令都必须真正实现这一功能。只要某人在特定领域内对一位掌权者之合法性的承认是理性的，以所发布的涉及该领域的任何命令指导一个人的行为都是理性的，即便在该行为者自

---

〔50〕值得注意的是，拉兹的理论与罗尔斯关于规则功利主义(rule-utilitarianism)的表述类似。参见John Rawls, "Two Concepts of Rules", in *Theories of Ethics*, ed. Philippa Foot (Oxford: Oxford University Press, 1967)。

己看来，对这样一项命令的服从不受由内容决定之理由间的权衡所支持，情形也还是如此。

于是，拉兹之回应的成功与否就取决于对待权威性命令的工具性进路与关于理性的层级理论是否相容。这里的担忧是：如果权威性命令应当使对内容依赖的理由间之权衡的服从最大化，那么，当一项命令没有去做其应当做的事情时，一个人怎么有理由以该命令指导自己的行为呢？正如行为功利主义者（act-utilitarian）在一个相似的语境中所表明的，当一项规则的结果不是最为理想时还彻底贯彻该规则就是一种"规则崇拜"。[51] 如果权威性命令是行为的工具性理由，它们不能同时还是行为的优先理由；反过来，如果常态正当化命题是正确的，那么，优先命题则不正确。

正如我们已经看到的，拉兹提出了两个论辩以表明命令的工具性与其优先效果相伴相生——一个论辩是基于依赖命题，而另一个论辩是基于常态正当化命题。在这两个论辩中，批评者们主要回应了第二个论辩。他们试图表明，权威性命令可在工具性方面具有价值，即便它们不优先于其所应当反映的理由。在接下来几部分中，我们将探讨这种可能性。

### 4.1 简单模式

正如我们在上一部分所看到的，拉兹争论说优先命题是从常态正当化命题中得出的：如果权威性命令没有优先于依赖理由，一个人尝试服从依赖理由间的权衡在理性方面就是可以接受的，而常态正当化命题恰恰宣称这在理性方面是不可接受的。请注意，这一论辩假定仅存在两种选择：一个人或者完全服从权威性命令，或者对其完全无视并在缺失权威性命令的情况下进行慎思。然而，这两种选择似乎没有穷尽所有可能的情形。

例如，我们可以考量这样的情形，在其中，实际的掌权者是某一主题方面的理论权威。那么，权威性宣告就是相信内容依赖的理由间的权衡支持服从的理由。服从一项权威性命令可能包含将其视为内容依赖的理由间之权衡方面的强有力根

[51] 参见如 J. J. C. Smart, "Outline of a Theory of Utilitarian Ethics", in *Utilitarianism: For and Against*, ed. J. J. C. Smart and Bernard Williams (Cambridge: Cambridge University Press, 1973)。

据,并在该根据以及其他所有可获得的根据基础上行为。权威性命令不会优先于它们意在反映的那些理由——这些理由将会额外地支持该权衡的亲内容(pro-content)方面,并与所有其他内容依赖的理由一道被予以考虑。

让我们将对权威的这种解释称作"简单模式"。该简单模式对待一项权威性命令的方式与其对待任何其他理由的方式相同:将其视为被添加到诸理由间之权衡的第一层级的规范性理由,并且能够与其他内容依赖的理由一道被予以考虑。在合法权威的情形中,权威性理由的权重很大——实际上,它们的权重足以超过其他任何相反的理由。

至少乍看起来,该简单模式轻易地应对了实际掌权者也是理论权威的情形:它将掌权者的命令视作相信内容依赖的理由间的权衡支持服从的第一层级理由。对如下命令也可以做类似分析,这些命令被用来削减慎思成本并对认知缺陷作出补偿。在这些情形中,这些命令也是相信下述情况的重要的第一层级理由,即理由间的权衡支持这些命令的内容,并且考虑到权衡的成本,这些理由的权重足以超过其他任何相反的理由。

在协调难题方面,该简单模式认为权威性命令创制了引人注意的特征。该命令的发布使其内容所表明的平衡更加显而易见,并且这种"标识"将所有行为者的注意力都聚焦到该解决方案上。每位行为者不仅集中关注该解决方案,而且还期望其他人也同样关注该解决方案,并且期望其他人也期望他同样关注该方案。在其他情形中,合法的权威性命令不会优先于支持一项方案而反对另一项方案的潜在理由——它们只是据其而行为的非常强有力的理由,并且它们在重要性上超过做出相异行为的理由。

该简单模式的支持者将会争论说,与拉兹的论辩相反,根据该简单模式的建议对待权威性命令的人不会破坏依赖合法权威所带来的好处。因为,从该简单模式的视角予以解读,则常态正当化命题表明,只要赋予掌权者的命令以相当的重要性比不赋予其任何重要性能使人们在行为方面表现更好,那么该掌权者就是合法的。在协调的情形中,只要认为与人们不将该命令的内容视为显见的而是尝试自行解决协调难题相比,权威性命令标识出显见的策略并且因此将此添加到该权衡中能使人们在行为方面表现更好,该掌权者就是正当的。因此,考虑到权威的工具性即便在不存在优先的情形中也能被利用,常态正当化命题不会与优先命题相伴相生。

### 4.2 几种变化:转换、二次加权(reweighting)与推定

简单模式只是拉兹优先模式的诸多可能的替代选择中的一种。有些提议表征基于简单模式的微妙变化,而有些提议则主张更为激进的背离,这些背离与拉兹的进路极为近似。它们的共同之处在于,它们都拒绝接受优先命题,即权威性命令必须完全优先于它们意在反映的那些理由。

以简单模式的微妙变化为起点,一些理论家主张,权威性命令拥有转换的能力:它们的功能是改变整套内容依赖的理由。例如,当权威性命令构成内容依赖的理由间的权衡支持服从的强有力根据时,它们就是相信如下内容的重要理由,即其他理由实际上不是理由,因此在该权衡中没有资格占据他们的位置。根据该转换模式,用于补偿非理性(irrationality)的权威性命令不会优先于任何内容依赖的理由。它们是不根据不可信赖之*信念*(beliefs)行为的理由,而不是在理由间的权衡中将真正的理由去除的理由。正如海蒂·赫德(Heidi Hurd)所主张的,"一个人无行为能力的状况只是下述事实的根据,即在给出这些内容依赖的理由时,他可能不会使用真正的前提。"[52]

在协调的情形中,权威性命令将注意力从其他选择转向该命令的内容。不管行为者过去有什么按照其他选择而行为的理由,他们现在都不再拥有这些理由了。请考虑莱斯利·格林(Leslie Green)对协调规范的分析:

> 假定人们一般会共同期待一个备选方案被遵从,[以一种不同的方式行为]就再也没有任何吸引力了,因为如果这样做,此人就在逆潮流而上,而根据我们的假设,他这样做是没有任何好处的。但请注意:那些非选择(non-option)(即那些不显著的选择)不会留下任何踪迹——人们不会渴求它们,并且从哪个角度看它们都不会有残余的吸引力;在重要性方面它们完全败北了。通过诉诸或创制一个常规性规范来实现一种平衡,人们只需根据一阶(first order)理由间的权衡

---

〔52〕 Hurd, "Challenging Authority",上注 31,第 1624 页。另请参见 D. S. Clarke, Jr., "Exclusionary Reasons", *Mind*, 62(1977),253。

行为即可。[53]

这种主张则更为复杂,它们视权威性命令为影响其所欲反映的一阶理由之重要性的二阶理由。斯蒂芬·佩里(Stephen Perry)将这种理由称作"二次加权"理由(reweighting reasons)。[54] 二次加权理由是另一理由"似乎"有一定权重的行为的理由。在佩里看来,一位认为权威性命令是判断哪些行为合乎理性之强有力理由的行为者可能会二次加权内容依赖的理由,将权衡的某些权重从不支持该命令之内容的理由向支持该命令之内容的理由转移。

佩里所谓的二次加权理由是对拉兹优先理由的一般化。排他性理由是二次加权理由的一个极限情境(limit case),它将某些理由的所有权重都从不支持其内容的理由转向支持其内容的理由。因此,除优先理由外,二次加权理由不会优先于它们在其上进行操作的理由。

佩里还主张,除了作为二次加权理由发挥作用外,权威性命令还可能会以推定(presumptions)的形式出现,或者以其所谓"认识论方面有界限的"理由的形式出现。[55] 根据该模式,那些依赖权威性命令的人会推定认为,这些命令为诸理由间的权衡所支持。只要在某些情形中这些推定能够被反驳,它们就不会完全优先于潜在的理由。佩里相信,权威性命令确立最低限度的可靠性,一旦没有足够权重的理由超过该最低限度,该最低限度就会优先于对潜在理由的探查。该推定模式的其他倡导者们,如弗雷德·夏尔(Fred Schauer)相信,通过"草草一瞥"[56]决定是否存在怀疑该推定之可靠性的足够好的理由的内容依赖的理由,就可以反驳这些推定。

---

〔53〕 Leslie Green, *The Authority of State* (1988), 113 - 114. 类似的分析,请参见 Donald Regan, "Authority and Value: Reflections on Raz's Morality of Freedom", *Southern California Law Review*, 62(1989), 995, 1027; Heidi Hurd, "Sovereignty in Silence", *Yale Law Journal*, 99 (1990), 1016 - 1019; Larry Alexander, "Law and Exclusionary Reasons", *Philosophical Topics*, 7(1990), 18。

〔54〕 Stephen Perry, "Second Order Reasons, Uncertainty and Legal Theory", *Southern California Law Review*, 62, (1989), 913. 另请参见 Stephen Perry, "Judicial Obligation, Precedent and the Common Law", *Oxford Journal of Legal Studies*, 7(1987), 215.

〔55〕 参见 Perry, "Second-Order Reason", 同上注 55, 第 94 页。

〔56〕 参见 Fred Schauer, *Playing by the Rules: An Examination of Rule-Based Decision-Making in Law and in Life* (1991), 91。

至于简单模式，这些替代性提案允许行为者工具性地从权威中获益，没有必要彻底优先。根据这些模式作适当重新解释后，常态正当化命题使权威合法化，一旦行为者视权威性命令为有权重的一阶/二阶二次加权/推定理由并因而以作为结果的诸理由间的权衡为基础而行为，与其不如是看待这些权威性命令相比，该行为者更可能服从内容依赖的诸理由间的权衡。在满足这样一个条件的情形中，以其对诸理由间之权衡的判断为基础而行为的行为者将不会破坏权威的作用，而是会掌控权威的价值并以其应该被使用的方式使用之。

### 4.3 优先是理性的吗?

拉兹的批评者们不仅争论说没有优先，权威性命令的工具性益处也能被获得，他们还争论说，人们一般不会将权威性命令视为优先理由。[57] 例如，对某些法律体系而言，法官拥有背离已确立之规则的权力，这是众所周知的事实。例如，在某些情况下，如果某规则已过时或非常不公正，普通法法官可以拒绝遵循该判例。但如果法官将法律规则视为优先理由，并且如果不管一阶理由多么强有力，优先理由总是能使其领域内的理由无效，那么法官将永远被禁止基于支持背离诸规则的理由的行为。那么，法律规则的优先性质似乎与普通法的可修正性不相兼容。

不仅法官视判例为优先理由令人怀疑，而且，拉兹的批评者们辩称，法官们不应这样做。因为若果如此，普通法原理将会一成不变，而且法律适应新情况的灵活性将会被极大地减损。例如，迈克尔·摩尔(Michael Moore)主张，“拉兹的解释伴有这样一种缺陷……法官应当予以撤销的一些判例没有被撤销……法官的义务是，只要诸理由间的权衡(包括法治之诸价值所给出的倾向于反对撤销判例的理由)使得撤销判例是正当的，法官就要将其撤销。”[58]

相反，根据我们一直在讨论的诸备选模式，一旦存在推翻遵循法律规则之理由的足够强有力的理由，法官应当背离这些理由。同样，任何不为一阶理由间的权衡、二次加权的一阶理由间的权衡，或一阶理由间推定的权衡所支持的命令，行为者不应服从。因此，这些解释的好处是，它们尝试解释如下优点，即依赖权威同时

---

〔57〕参见如 Stephen Perry，“Judicial Obligation”，同上注 55；Schauer，同上注 57，第 91 页。

〔58〕Michael Moore，“Authority，Law and Razian Reasons”，*Southern California Law Review*，62 (1989)，827，867. 另请参见 Perry，同上注 55，第 963 页。

又不屈从于规则崇拜之恶。

我们可以对这些批评做出总结，并视它们为对拉兹关于权威与理性间悖论之解决方案的批评。当内容依赖的理由间的权衡支持对权威性命令的服从时，拉兹并没有说明为什么必须将权威性命令理解为优先理由，而非有权重的一阶理由，二次加权的二阶理由或推定。另一方面，当内容依赖的理由间的权衡支持不服从时，拉兹没有表明权威性命令怎样能够使它们不在场时很重要的规范性考虑在其在场时变得完全不重要。

### 4.4 重复计算(double counting)与囚徒困境

拉兹的批评者们大都忽视了其从重复计算角度所作的论证。他们也没能回应拉兹对囚徒困境之权威性解决方案的分析。在该部分，我将简要考察这些争辩是否有效。

根据拉兹从重复计算角度所作的论证，权威性命令必须是优先的，以避免将依赖理由计算两遍。由于人们认为权威性命令反映依赖理由，这些理由不能在权衡中与命令一道拥有独立的权重。经由尝试反映依赖理由，权威性命令必须取而代之。

但是，该争辩既过于软弱又过于强硬。它过于软弱，因为它只承认，当行为者确信权威性命令与依赖理由间的权衡相一致时，他不应将该命令与依赖理由一起计算。这的确会牵涉重复计算。然而，如果行为者不确信所发布的权威性命令将会完全反映依赖理由间的权衡，那么，他可能视依赖理由为对失误之可能性的抑制。一位行为者可能作如下推理："由于相关掌权者高度可信，我在慎思过程中会给予权威性命令很大的权重。但是由于存在掌权者犯错的可能，在判断如何行为时，我也会考虑任何不支持我服从权威性命令的理由。如果不服从的理由足够强大，那么我会认为，该命令没有成功地反映诸理由间的权衡，我将不服从它。"这里，依赖理由并没有被计算两遍——相反，它们被用来确保它们至少被计算一次。

该争辩又过于强硬，因为，如果其正确，各种建议都将拥有优先地位。那些给予普通建议的人也会企图使其建议完全立基于依赖理由之上。根据关于重复计算的论辩，由此可以得出，普通建议也是优先理由，因为如果不将理由计算两遍，就不能将其视为去相信的一阶理由。这将会导致荒谬的结果——只要被建议者知道建议给予者在其判断中考虑过前者相信后者的所有理由，任何可信的建议都将使被建议者相信建议给予者的所有理由无效。

至于拉兹对囚徒困境的分析，请回忆一下，他曾争论认为，如果权威性命令优先于背叛的理由，它们就能够被用来解决这些难题。尽管拉兹相信权威性命令的优先足以解决囚徒困境，但他明显不认为其是必要的。诚如霍布斯所言，掌权者可以通过惩罚背叛而解决囚徒困境，也即，通过重新调整优惠条件，以使背叛对社会及个人而言都不是最理想的。拉兹之分析的独到之处在于，他表明，惩罚并不是使个人理性与社会理性相一致的不二法门——通过其优先的权力，权威性命令也可以实现这一点。

尽管这是一个颇具吸引力的提议，需要进行更多的论证以战胜下述反对意见。在囚徒困境中，背叛而非合作符合每位囚徒的利益。如果理性要求行为者根据自己的利益行为，那么要求合作的权威性命令似乎在要求行为者做出违反理性的行为。但是，如果理性转而要求行为者为集体利益而行为——或者由于为集体利益而行为本身是善的，或者由于这是最大限度地使行为者服从自身利益的一种间接方式——那么行为者就应当合作，不管是否存在权威性命令。[59] 又一次，权威性命令的指引显得既无理性，又不重要。

## 5. 决策模式与约束模式

拉兹及其批判者之间的争论经久不衰，在本章中恰当地讨论该争论的微妙复杂之处是不可能的。我无意复述该争论中的攻击与反击，而更乐于表达这样一种观点，据我所知，之前还没有人表达过该观点，而该观点意在表明，至少在某些情形中，权威性命令不能是优先理由。如果权威性命令能够实现其功能，这并不是借助了其所谓的优先力。

但是，该观点不会给拉兹的批评者们带来任何安慰。因为我将主张，该观点表明，拉兹的批评者们所提出的诸模式也是不恰当的。所有这些对权威的解释所犯

[59] 当然，权威性命令可能有助于在行为者之间协调其行为，以使每位行为者根据相同的合作性解决方案而行为。命令甚至可以使行为者意识到，他们被卷入了囚徒困境。但是，掌权者没有解决囚徒困境本身，而是解决了协调难题或信息不足。

的错误是，它们假定，对权威性命令的自愿服从是某种决策的结果。

作为一种备选的解释，我将表明，当且仅当权威性命令能够影响不服从的可行性时，它们在工具意义上才是重要的。当一位行为者致力于服从一位掌权者以在其命令中获益时，该行为者即尝试约束其将来的自我，以按照该掌权者的命令行为，不管这些命令是什么。如果能够成功，在命令被发布时，该行为者将不是选择去服从——当被命令时，该行为者没有选择，只能服从。

在接下来的几部分中，我将概括对权威性指导的其他情形的看法。我将论证，当且仅当权威性命令构成对行为的因果性约束时，它们才在工具意义上对理性行为者有价值。换句话说，我将表明，如果行为者拥有或认为他们拥有服从或不服从的选择权，权威性命令就不能发挥人们一般认为它们能够发挥的作用。我还将论证，在将权威性命令的合法性与工具性联结在一起的权威架构中，我所谓的约束模式是解决诸悖论的关键。

### 5.1　优先是充分的吗?

一天早上，查理醒来时发现他的室友拉利体重超重，于是就给了他一些友好的建议。“嘿，拉利，你看起来很是丰满啊。你真需要好好锻炼锻炼了。”拉利看了看查理回敬道，“查理，你自己看起来也不怎么样，你隔三差五地锻炼锻炼也是有好处的。”遗憾的是，他们都知道对方讲的是实话。他们都意识到，他们需要减肥，而做到这一点的唯一方式就是去体育馆锻炼。

接下来，查理决定在他每天上班的路上在体育馆稍作停留以运动健身。而拉利却很焦虑。他知道自己曾经尝试过这样锻炼，但总是半途而废。拉利将自己的担忧告诉查理后，查理建议他找一位私人教练。这一建议鼓舞了拉利，于是他雇用了一位名叫索尼的前海军训练军官，以提供必要的激励。

第二天早上整六点，索尼抵达公寓接拉利去体育馆。拉利说自己很累，并且尽管拉利知道自己应当起来锻炼，但他还是告诉索尼明早再来。索尼大声说道，“如果你不服从我的命令，你休想减肥成功。我也不愿和一个失败者混在一起。”拉利理解了索尼计划的英明之处，于是致力于服从索尼的每个命令。

假定索尼命令拉利去体育馆。根据拉兹的理论，拉利会视该命令为不根据呆在家里的理由行为的理由。但他能够有这样一个理由吗？当且仅当与行为者直接服从一阶理由相比，他通过使某些理由优先并基于作为结果的权衡而行为有可能使其表现更好时，权威性命令才是优先理由。但是，不管拉利是否使某些理由优先，权衡都指向相同的方向，即指向去体育馆这一选择。毕竟，呆在家里的理由没有去体育馆的理由重要，并且尽管痛苦，但拉利还是意识到了这一点。实际上，这就是为什么拉利会雇用索尼——因为他知道自己应该去体育馆锻炼减肥，而不是在家里懒懒散散。难道这没有表明索尼的命令不是不以某些理由为基础而行为的理由吗？因为即便拉利在慎思时考虑这些一阶理由，理性还是会建议他去锻炼。

通过比较拉利与查理的情形，也可能得出相同的论点。两者都有行为的相同的一阶理由。两者去体育馆的理由都强于不去体育馆的理由，并且两者都知道这一点。由一阶理由间的权衡这一视角观之，两者之间没有差别。然而，仅拉利需要索尼。因此，对拉利而言，权威的价值不能体现为优先这一好处，因为优先同样会给查理带来相同的结果。

拉利的情形不仅仅是拉兹理论的一个问题——它对我们所探讨的所有其他解释都同样适用。例如，根据简单模式，当且仅当赋予该阶位的理由以相当的权重比不这样做更有可能使拉利表现更好时，索尼的命令才是拉利对其服从的一阶理由。若如此，那么索尼的命令不是行为的理由，因为不管是否存在该命令，权衡总是指向去体育馆。

为什么我们所讨论的所有模式都不能解释索尼之命令的规范性呢？我认为，问题来源于所有这些模式所作出的未言明的几个假定。第一个假定是，如果致力于服从权威的人意图不服从权威，他们可以自由地这样做。不过，这些人*选择*服从。每个服从的行为都包含一个服从的选择。

第二个假定是，权威性命令通过影响行为者对选择项的偏爱，或对这些偏爱的确信，而影响实践推理。因此，当行为者接受一位掌权者的合法性并被命令来以某种方式行为时，该行为者必须相信，他偏爱服从胜过不服从。另外，假如他没有被如此命令，他可能做出相反的判断。

将这两个假设放到一起，我们可以得出：当一位行为者服从由其认为合法的掌权者发布的一项命令时，他选择服从，因为他现在偏爱服从，而不是不服从。例如，当某人听从由被认为是理论权威者发布的一项命令时，此人将该命令的发布视为相信其偏爱或应当偏爱服从而非不服从的某种理由，并且此人决定以该确信为基础而行为。让我们将对权威性指导的这种解释称作“决策模式”。

该决策模式对人有很大的直觉上的吸引。但遗憾的是，正如拉利的例子所表明的，它也是错误的。如果权威性命令的功能是去影响人们的偏爱或关于偏爱的确信，那么索尼的命令就毫无意义。根据假设，拉利偏爱并且知道自己偏爱去体育馆。他不需要重新排列自己的选择项——这些选择项排列得非常完美。拉利在自己的偏爱方面没有麻烦，其麻烦在于他根据这些偏爱而行为的*能力*。决策模式不能解释权威怎样帮助像拉利这样的人。[60]

### 5.2 约束你将来的自我

我想表明，决策模式不能解释索尼之命令的规范性，因为它忽视了命令本质性的“意志”(volitional)方面。命令不是做出决策的工具——它们是防止决策被做出的一种方式。当某人服从权威时，其目的是约束其将来的自我，以依照第三方的命令行为。若该承诺行为(act of commitment)是成功的，行为者就不能违反掌权者的意志而行为。

这里所暗示的是，服从权威意味着设法内在地对自己施加约束，当尤利西斯让人将自己绑在桅杆上时，他已外在地做到了这一点。* 这是通过意志的作用放弃之后的选择，但这与使用某种预先承诺(pre-commitment)机制是同样真实的。[61] 根据我所谓的“约束模式”，权威性宣告与实践推理相关，因为且仅仅因为它们影响可行性。一项命令一旦被发布，它在将来关于是否服从的权衡中就不再是一个考虑因素了。在服从后，行为者就不会就其是否服从而权衡了。行为者只会思量哪些行为算是对规则的履行。

---

〔60〕如西德尼·摩根贝沙(Sidney Morgenbesser)向我指出的，在意第绪语中，人们将像拉利一样知道自己应当做什么但又没有能力去做的人称作“倒霉人”(schlemiels)。

* 尤利西斯自缚于桅杆之上是一个著名的典故，它来源于《奥德赛》，讲的是尤利西斯为躲避妖女塞壬歌声的致命诱惑而让同伴将自己绑在桅杆上，并以蜡封耳。——译者注

〔61〕参见如 Stanley Milgram, Obedience to Authority (New York: Harper & Row, 1974).(“由于行为者的变化在很大程度上是一种思想状态的变化，有人会说，行为者态度的变化并不是此人状态方面的真正改变。但我将表明，个体的这些变化与前面考量过的自动装置之逻辑系统的那些重大改变恰恰是等同的。当然，我们身上不会出现拨动开关，并且我们的变化是通过神经突触实现的，但这并不会使其真实性降低。”)但请参见第 6.4 部分，在其中，我争论认为，在权威性服从与预先承诺之间存在某些重大不同。

从博弈论角度来理解，必须考虑其将来行为的一位理性行为者在战略上正在与另外一位行为者相互作用——即其后来的自己。当一位行为者服从权威时，他当下的自我试图约束其未来之自我的行为。在这场“博弈”中，当下的自我首先出击，并且如果其行为成功的话，将来的自我将被禁止违反这样一个规则而行为。

应当对该提议做几点澄清。约束模式并不主张，服从权威的人永远都不能反抗。这当然是荒唐的。当某人服从一位掌权者时，他必须真诚地尝试约束其将来的自我。这并不表明他已经约束了自我，而只是表明他尝试这样做。他可能弄错了，约束可能没有生效。或者约束可能生效了，但后来却终止了。该约束模式只涉及成功的服从，在这种情形中，行为者确实自始至终服从了被发布的命令。

约束模式也不表明，权威性命令促使我们服从它们。因为服从是一种有意的行为，行为者必须行为并且为了某个理由而行为。更确切地讲，根据约束模式，权威性命令以一种因果关系约束不服从——它们阻止我们违反它们。当行为者服从被其认为合法的掌权者时，他因理由而行为，尽管经由这样做他并没有做出选择。服从是有意的行为，但非自由的行为。

由于约束模式将权威性命令的功能性定位于其影响不服从之可行性的能力，它能够解释索尼之命令的工具性价值。正如我们曾提到的，拉利的问题不在于其偏爱，而在于其依照那些偏爱而行为的能力。经由削减拉利基于诱惑而行为的能力，索尼的命令是拉利能够依照其偏爱而行为。经由索尼命令拉利去体育馆，呆在家中变得不可行了——去体育馆锻炼成了唯一有效的选择。另一方面，查理不需要索尼，因为呆在家中的可行性没有给他带来任何实际的困难。其关于该选择是次优选择的知识足以阻止他践行该选择。

约束模式不仅能够解释索尼之命令的工具性价值，它还能轻易地消解权威与理性间的悖论。为了认识到这一点，让我们假定行为者服从掌权者以从其命令中获益。我们进而假定，根据行为者自身的见解，掌权者发布了一项不受诸理由间的权衡支持的命令。该行为者对该命令的服从是理性的吗？根据约束模式，这种服从是理性的。因为，根据该模式，当一位行为者成功地服从掌权者以从其命令中获益时，若该行为者认识到适用该命令是有利的，他别无选择，只能服从。服从是唯一可行的选择，并且因此是唯一最优的选择。

现在我们假定，在行为者自身看来，该命令受内容依赖的诸理由间的权衡支持。该命令对该行为者的实践推理重要吗？是的，根据约束模式，它很重要。根据约束模式，经由转换一系列可行的选择，而非对这些选择的偏爱或对这些偏爱的确信，权威性命令影响实践推理。因此，即便行为者在命令发布前即偏爱服从，一旦该命令被发布，它将会留下其实际的印记——曾经可行的选择不再可行了。

约束模式还构成了对权威与自主性间之悖论的有效回应。根据该模式，另一人的意志由于其*因果性*力量而具有*规范性*力量。只要掌权者的命令使不服从变得不可行，该命令就构成服从的理由——该命令使服从成为默认的最优选择。颇具讽刺意味的是，经由表明就其不能完全控制其行为而言，服从权威的行为者是怎样不自主的，权威与自主性达成了和解。

诚然，只有当一个人有很好的道义上的理由来放弃其对行为的控制时，该放弃在道义上才是被允许的。当某人选择不去进行选择时，他不能仅通过主张其别无选择，只能服从命令，来免除自己的责任。我们已经讨论了一个例子，在其中，行为者有很好的理由来约束其将来的自我以服从他人的命令。在后面的章节中，我们还将遇到其他例证。

## 6. 决策模式的不足

决策模式不能解释索尼之命令的规范性。这至少表明，只要其在有些情形中是错误的，它就不能为理解权威性指导的合理性提供一个总体框架。但这可能不那么具有破坏性。人们可以争论说，与拉利的情形相似的情形不太常见，并且，在行为者知道其应当做什么的情形中，权威通常是不必要的。很大程度上，在行为者由于缺少专门知识、认知资源或协调其行为的有利位置而需要某种信息的情形中，权威才是有价值的。

在下面几部分中，我将表明，决策模式不仅在有些情形中是错误的，它在所有情形中都是错误的。在宽泛的常态情形中，如果行为者使用权威性宣告来做出决策，他们就不能理性地服从专家，弥补理性方面的不足，或协调其行为。

为了论证这些观点，我将诉诸理性选择理论（rational choice theory）的方法。遗憾的是，到目前为止我们一直在使用的实践推理模式不够有力，不管从表述角度还是从分析角度讲，它完全不足以应对处于争论中的实践情形的复杂性。毕竟，“理由间的权衡”只是一种比喻——它不能完成很多人给它布置的工作。尽管实践推理的哪种模式都不会得到普遍的赞同，但我还是希望，我要运用的概率与功效理论(probability and utility theory)的一般原则能够充分地为人们接受，以使我的结论真实可信。

### 6.1 权威性建议[62]

人们习惯性地区分两种不同程度的无知：风险与不确定性。[63] 在涉及风险的情形中，行为者不知道几种情势中的哪些有风险或将会有风险，但行为者确实为每种可能的情形都指定了一个唯一的概率值。认为一枚硬币落地时正面朝上或反面朝上几率各半的人正在风险的条件之下行为。

不确定性情形包含更大程度的无知。在这些情形中，行为者的知识不足以为每种情形，或任何情形，指定唯一的概率值。一个不知道硬币是否均质的人甚至可能不会指认其落地时正面朝上或反面朝上的几率各半。

追随艾萨克·莱维(Isaac Levi)，我们能够利用“模糊”概率(indeterminate probabilities)来模拟不确定性。[64] 不是认为不确定的行为者没有为各种情形确定任何概率值，我们认为，他确定了很多概率值。该行为者认识上的状态可以用一*整套*概率分布来表示，该行为者拒绝排除这些概率分布中的任何一个。不知道硬币是否均质的人可能承认每种相关的概率分布都是可能的，即析取性地赋予“硬币正面落地”这一状态以整个区间[0,1]。采用莱维之分析的一个优势是，它使人承认并再现不同程度的不确定性。一位行为者可能完全不确定，即他中止在每个概率分布间做出判断并且因此认为每个概率分布都是可接受的，或者他可能只是适度地不确定，即他排除一些而非全部可能的分布。

在无知的条件下，诉诸权威并服从他们的建议是正常的。经由依赖他们出众的知识和判断，我们可以补偿自身信息及专门知识的缺乏。决策模式在解释风险

---

〔62〕布鲁斯·阿克曼(Bruce Ackerman)给我的评论大大增益了本部分的论述。

〔63〕参见如R. Duncan Luce and Howard Raiffa, *Games and Decisions* (New York: Dove Publishing, 1958), ch. 13。

〔64〕参见Isaac Levi, “On Indeterminate Probabilities”, in *Decisions and Revisions* (Cambridge: Cambridge University Press, 1984)。

条件下专家意见的规范性方面没有问题。当行为者赋予某种命题以特定的概率值时，他可以选择视该命题方面的权威性建议为根据，并利用贝叶斯条件式予以校正和更新。[65] 如果专家断言该命题的真实性，那么，如果行为者是理性的，他就会增加赋予该命题的概率。增加的以及在相反命题方面相应减去的数值将由贝叶斯定理决定，并且它是赋予专家判断的可靠性及赋予相关命题的先验概率的一个函数。

然而，在不确定性条件下，服从专家在正常情况下不是一个理性策略。为了理解这一点，我将介绍莱维做出的论证。莱维已经表明，假如理性行为者可以自由地不服从专家意见，但他仍然视专家意见为可靠的根据，那么，他通常不可能利用理论权威的知识价值(informational value)。[66]

下面的例子可以使莱维的论述变得很清楚。假定托尼病了，并且必须决定是否服从其在药箱中找到的某种抗生素。托尼的医药知识很有限；事实上，他对该药会使其好转这一命题(我们称其为 h)完全不确定。也就是说，他没有赋予 h 特定的几率，而是完全中止了其对恰当几率应当是多少的判断。

假定托尼相信，他的医生在 90%的时间里都是正确的。托尼信任其医生关于该药品的建议似乎是有道理的。但是，正如莱维所指出的，如果托尼视其医生的建议为根据，并更新其贝叶斯条件式，他将一无所知并且其概率将保持极大不确定(maximally indeterminate)。

为了证明莱维的主张，作为反驳，我们假定在托尼知道医生的建议之前，其概率是极大不确定的，我们称此陈述为 e。这肯定意味着，托尼排除了某种概率函数 $p_e(.)$。设 $p_e(h) = x$，但 $p_e(.)$ 可以通过贝叶斯条件式从函数 $p(.)$ 中求得，在函数 $p(.)$ 中，$p(h) = x * p(e)/p(e \mid h)$。我们知道，托尼最初并没有排除该函数，因为其最初的认识状态是极大不确定的。因此，如果托尼以贝叶斯条件式更新其概率状态，他将以极大不确定开始，并以极大不确定结束。

---

〔65〕贝叶斯条件式：设 $p(.)$ 是 X 的概率函数，并且 $p_e(.)$ 是当 X 知道 e 为真并将 e 并入 X 的背景理论之中所得到的概率函数。则，$p_e(h) = [p(e \mid h) * p(h)]/p(e)$. 其中 $p(h)$ 是 h 的先验概率，$p_e(h)$ 是 e 已知的条件下 h 的后验概率，$p(e \mid h)$ 是 h 已知的条件下 e 的似然。

〔66〕参见如 Isaac Levi, *The Enterprise of Knowledge* (Cambridge, Mass.: MIT Press, 1980), 296 - 298, 399 - 423. 另请参见 Isaac Levi, "Induction as Self Correcting According to Peirce", in *Science, Belief and Behavior*, ed. Hugh Mellor (Cambridge: Cambridge University Press, 1980), 127。

并不是所有的都被错过了。托尼可以事先决定约束其将来的自我，并在做出陈述 e 时赋予 h 以 0.9 的概率。正如莱维所描述的，托尼并没有视 e 为“根据”，他将陈述 e 并入其背景理论中并脱离它而设定条件。相反，他视其为一个因果性“输入”，并且约束自己将其之前所服从的惯例贯彻到底。由于其医生的可靠性，这一不接受 e 为根据的“预先”选择使得托尼从医生指导中获益。

因此，莱维的论证表明，决策模式不能解释医生之建议的规范性，因为若托尼认为其医生的建议是这样做的真正不在场的约束，这是非理性的。当做出认识决策时，行为者被要求来通过贝叶斯条件式更新每个可接受的概率分布，并且因此，哪些由极大不确定之概率的人不能得到权威性建议的知识价值。于是，根据决策模式，在这些情形中服从权威是非理性的，而根据约束模式则结论相反。

相同的结论可以扩展适用于较适度不确定的情形。如果托尼排除无关的概率分布，比如，那些为任何可能状态赋予的先验概率值小于 0.1 的概率分布，托尼对其医生的服从可能仍是非理性的。因为对于每个赋予 h 以较低先验概率值的未被排除在外分布而言，条件式可能不会从-h 向 h 转移足够的概率群（probability mass），以使 h 的后验概率值超过信任接受的最低限度。在这种情形中，托尼应该继续中止对 h 的判断〔67〕，并且不认为其医生的可靠根据是真实的。

我相信，莱维的论辩在包含权威性建议的情形中削弱了决策模式的说服力。实践推理的任何模式都应当允许行为者在不确定的条件下接受权威性建议，不管这种不确定是否是完全的不确定。但是，正如我们所看到的，当行为者的认识状态是高度不确定的，决策模式不会确证其对专家意见的接受。

然而，莱维的论辩能够被用来支持拉兹的下述观点，即区分普通建议及权威性建议这两种类型的建议是恰当的，并且这是类别而非程度上的区分。在风险或适度不确定的情形中，被给出的建议可能被视为与其他任何根据类似。根据贝叶斯条件式，这种普通建议可被用来以先验概率及似然计算后验概率。相反，当行为者面临更为根本类型的不确定并且该建议发端于一个高度可靠的来源时，行为者必

〔67〕只有当每个可接受的概率分布都赋予 h 以超过适合接受之最低值的概率值时，托尼才应该承认 h 是真实的。

定会预先认可该专家的建议为真实的。当我们当下的认识状态高度不确定时，只有通过约束我们将来的自我，我们才可能理性地服从权威性建议。

### 6.2 补偿理性中的不足

在有些情形中，掌权者作为工具或手段是有价值的，因为他们使我们免于进行高成本和高风险的慎思。我们可以完全服从其公告并且相当自信地认为，我们在多数时候都做出了正确的选择。若掌权者给出错误答案，会发生什么事情呢？根据决策模式，行为者决定服从掌权者的建议仍是理性的。可以将减少慎思成本的命令比作理性的冒险(rational gamble)：每当慎思的预期成本超过其预期收益时，一位行为者应当理性地选择在每种可适用的情形中遵从命令。如果冒险者碰碰运气是理性的，那么赌输了并不表明冒险者就是非理性的。

让我们考量下面的例子。莉斯厌恶在餐厅中决定点什么菜。并且她认为侍者在菜肴方面的判断往往和自己的判断同样可靠。因此，将所有因素考虑在内，她认为，与痛苦地自行决定吃什么相比，最好视侍者的评价为权威性评价。

根据决策模式，莉斯每次听从侍者的建议时，她都做出了理性的决定。即便莉斯因为听从侍者的建议偶尔会错过一道可口的菜肴(比如她相信侍者在5%的时间里会提到一个很棒的特色菜)，考虑到与莉斯期望通过不慎思而获得的利益相比，这种事情发生的几率很低，这依然是一个可接受的风险。

该推理的问题是其在逻辑上有谬误：莉斯一旦知道特色菜，一个很棒的菜肴被推荐的概率就不再是0.05了——它或者是1或者是0。概率值的计算必须总是相对于行为者可以获得的根据总和，相对于莉斯可以获得的根据而言，侍者或者会推荐一个很棒的菜肴，或者不会。慎思或者是值得的，或者是不值得的。她不再需要冒着风险进行决策——她正面临确定性之下的一个决策难题。现在，侍者的建议对她毫无用处，因为她知道是否服从该建议(即该建议是否给出了正确答案)的唯一方式是其亲自去慎思。如果侍者给出了错误的建议，她适用该建议的决定就是非理性的。

为避免在该问题上存在混淆，我并没有主张根据的整体需求(the total evidence requirement)命令莉斯必须慎思。它只是要求莉斯的选择被对所有可获得之根据的理想慎思所认可。莉斯现在陷入了一个两难困境：她知道自己是否要慎思的唯一方式是去慎思。在这一点上，理性的各种原则无法提供指导；她决定去做的任何事情都不是非理性的。

另一方面，如果莉斯被迫听从侍者的建议，慎思对其有所助益的概率是不相关的。不管从过去的情形来看(ex post)其成功的概率如何，莉斯将被迫服从。从事前(ex ante)的视角来看，这种受约束的行为是最优的，并且因此，其委托侍者推荐菜肴的决定及其对该委托的彻底服从都是理性行为。

又一次，决策模式不能解释权威性命令的规范性。当行为者思路开阔，能够接受新事物时，他们被要求来使其预期的效用最大化。只有当行为者事先承诺接受一位掌权者的指导时，该指导才能成为行为的一个理由。

### 6.3 协调

根据决策模式，在一个协调博弈中，权威性命令通过提供关于其他行为者之行为的根据而影响实践推理。权威性命令能够提供其他人行为的根据，因为它们创制“显著特征”(salience)。例如，要求驾驶员在停车标志牌处停车的规则使得下述联合策略对众人来说显而易见，即“驶向停车牌的驾驶员停车，而交叉路上的车辆继续行驶”。该规则因此构成了下述情形的良好根据，即当我靠近停车牌时，交叉路上的车辆可能正在通过十字路口，这使我停车的决定成为理性的。

我将向该分析发起挑战。首先，我认为，掌权者不能通过创制“显著特征”来解决协调难题。显著特征是解决协调难题的一种方法，权威是另一种方法。其次，我将试图表明，假定行为者一般都认为其他人是理性的，权威性命令不能构成其他人行为的根据，并且因此不能解决协调难题。如果掌权者能够解决协调难题，该决策模式就不可能是正确的。

要想知道为什么突出特征是协作难题的权威性解决方案方面错误的概念，最好简要地考量一下我们最初引入突出特征这一概念的理由。在《冲突战略》(*Strategy of Conflict*)一书中，托马斯·谢林(Thomas Schelling)对纠正博弈论中的如下支配性趋势产生了兴趣，即把所有冲突事例都视作纯粹冲突案例的的趋势。正如他所指出的，许多重要的战略性情形都包含非零和成分。合作通常符合各方利益。困难在于，在许多战略性情形中，直率的议价行不通。因为冲突的存在经常导致交流故障，彼此对协调均衡(coordination equilibrium)的选择不能通过对意图简单的言辞表达来得到。合意(meeting of the minds)必须经由一个虚构的预测(imaginative second-guessing)过程才能得以发生,由于知道另一位行为者知道自己知道此事,每位行为者都试图判断出另一位行为者期待自己选择什么。[68]

因此,在默会的议价中要做的主要工作就是猜测。每一方都试图猜中对方猜到了什么。谢林将具有"最容易被猜中"这一特点的选择称作"特征显著"的选择。因此,显著特征与其说是一个选择之独特性的一种作用,毋宁说是其显见性(conspicuousness)。每一方必须知道该选择在某一方面很突出,它能吸引和集中人们的注意力,并且每一方还必须知道相对方也知道这一点。

将默会议价称作对猜测的演练,这并不等于主张认为,各方不能对协调能够被达致这一点比较有信心。实验研究已经表明,人类是很好的默会议价者。这里的要点是,这些情形中诸预期的协调并不是经由一个交流过程来实现的。由于不存在对意图的明示表露,每一方必须猜测另一方在想什么。

注意到下面这一点很重要,即显著特征预测作为对交流之缺乏的补偿而被需要。"这里为默会议价而提出的"协调"概念似乎不能直接适用于明示议价。当可以使用言语时,直觉上的和谐关系就不是显见地必要;在默会情形中协调思考并影响结果的偶发的、外在的线索又恢复了偶然的细节这一身份。"[69]下述说法是错误的,即当双方同意做出给定的行为时,他们都是基于同样的选择而行为,因为该选择在当下是最为显著的。在这些情形中,显著特征是多余的。

正如在明示议价的背景中谈论显著特征是错误的,在探讨权威性指导时也是如此。在协调的诸背景中权威是适当的,因为它补救了关于不交流(non-communication)的诸难题。在已知与明示议价相关联的显见交易费用的条件下,

---

[68] 谢林关于"混合动机"博弈的一个例子涉及化学战的情形。假如二战中所有参战国都对限制伤亡人数感兴趣,所有各方都知道共同限制神经毒气的使用对各方都是可欲的。然而,各种可能的禁令数量众多,如"禁止毒气","只能使用一些毒气","毒气只对参战人员使用","毒气只在自卫中使用",不一而足。在冲突之初,交战各方间的交流是不可能的,并且考虑到协调方面的一次失败可能会阻止后来的合作,各种选择的测试也不能进行(很难约束一支刚刚遭受对方毒气之苦的军队不对对方施放毒气)。最终会导致默会的议价(tacit bargaining)。在所有可能被选择的规则中,绝对禁止神经毒气的使用最为简单。每一方都推测另一方将选择相对方可能会猜到他们所猜到的规则,并且由于简单的规则最为引人注意,它就成了签订协议时的焦点。

[69] Thomas Schelling, *The Strategy of Conflict* (Cambridge, Mass.: Harvard University Press, 1960), 67.

很多协调难题不得不在没有双方言语互动的情况下解决。为了克服这一点，掌权者充当了单向信号发出装置，[70]它允许各方通过使用共同的换算法来消解协调难题。一位掌权者不会比同意选择某一行为的两个人更能使一个选择特征显著。在两种情形中，各方拥有一个固定的技巧，该技巧使得他们能够毫不费力地解决一个难题，而如果没有这样一种程序，该难题会更难解决，甚至不可能解决。

反对决策模式的论证不仅仅是主张该模式的支持者使用了错误的专门性概念（即显著特征），它毋宁是要表明，说权威有时或总是创制显著特征，这掩盖了在这些情形中协调难题能够被解决的独特方式。首先，也是最重要的，当掌权者被牵涉其中时，协调难题的解决方案被提前确定了。掌权者去掉了协调行为时的猜测。其次，在权威的背景中，本来与确立显著特征相关的理由变得不相关了。因此，权威性解决方案往往比它们特征显著的相对物更加稳定，条件是其内容的显见性方面的变化不会使权威性命令无效。

决策模式的支持者可能会接受该反对意见，并且承认，权威性命令不会创造显著特征。然而，他们可能仍然会争论说，不管权威性命令怎样使人们的注意力集中于均衡，它们吸引人们的注意力这一事实给了每个人作如是相信的理由，即其他人会选择根据该均衡而行为。权威性命令能够解决协调难题，因为它们有时能构成其他人服从该命令的强有力根据，因此使同样选择服从成为理性的。

但是，这仍是行不通的。因为，如果我们假定行为者都是理性的，并且他们都相信彼此的理性，决策模式不会产生下述结果，即任何行为者服从这些命令都是理性的。让我们考虑如下一系列推理：决策模式主张，当且仅当我们所谓的行为者 X 能够证实一项命令提供了关于其他行为者之行为的良好根据时，X 决定服从该命令才是理性的。但只有当其他人服从该命令的行为是理性的，该命令才能为其他人的行为提供良好的根据。然而，如果这些行为者是理性的，他们服从该命令的行为是否是理性的这一问题与 X 服从该命令的行为是否是理性的就是相同的问题。因此，只有当 X 能够首先证实其服从该命令是理性的，他才能够证实该命令构成

---

〔70〕对一个“单向”信号发出装置而言，发出信号是为了协调受众成员们的行为，而对一个双向装置而言，信号的传播是为了协调信号发出者与受众的行为。请主要参见 David Lewis, *Convention* (Cambridge, Mass.: Harvard University Press, 1969), 122，在该书中，相关论述随处可见。

了其行为的良好根据。

现在X绕完了一个圈。如果X想要证实其对该命令的服从是理性的，他似乎必须已然知晓其服从该命令是理性的。但是由于他正在尝试证实其服从该命令的合理性，他不能假定该命题以证明该命题。因此，如果X不是已经相信其对该命令的服从是理性的，他永远也不会得出该结论。

我认为我们应该从该论证中得出的结论是，如果行为者是理性的，协调规则就不能解决协调难题，并且人们一般认为，每位行为者都是理性的，并且行为者只是将权威性命令视作他人之行为的根据。行为者必须相信，至少有些其他行为者或者会(1)视权威性命令为加诸行为之上的约束，或者会(2)相信至少有些其他行为者会视这些命令为加诸行为之上的约束。有些行为者承诺服从掌权者这一事实能够保证他们服从规则，并且这些承诺，或至少对如此承诺的确信使适当预期的形成以及由此而来的协调的发生成为可能。

### 6.4 可行性[71]

到目前为止还没有分析的约束模式的核心概念当然是"可行性"——一项命令被视为"不可行"，或被视为无法为行为者所得到的"选择"的情形暂且不论。因此，很重要的是，我至少要简单谈谈约束模式所使用的"可行性"这一概念。

当且仅当一位行为者有能力*为某一理由*做出一个行为，我们才说对该行为者来说该行为是一个可行的选择。因此，只要行为者没有能力为某一理由做出一个行为——也就是说，当该行为不是一个可能的、有意的行为时，该行为就是不可行的。

现在，如果我们要思考权威性命令使不服从变得不可行的诸机制，我们立刻想到两种可能。第一，对一位掌权者的服从可能是预先承诺的心理相对物，在其中，通过某种方式，行为者在肉体方面丧失了移动其身体的能力。这种身体方面的无能力不是某种外在手段强加的，而是经由纯粹心理方面的方式方法由"内部"产生的。

---

〔71〕该部分是由"The Difference That Rules Make", *Analyzing Law: New Essays in Legal Theory*, ed. B. Bix (Oxford: Clarendon Press, 1998)一文第7部分改写而成。

我倾向于认为该进路没什么前途，至少当我们专注于一般而言由规则指引之行为的现象学时，情况是如此。人们通常不会认为对一位掌权者或一个私人规则的服从会导致一种身体上的瘫痪(无能力)。当某人同意接受永远不在酒吧中喝酒的规则时，此人不会认为，以某种方式，他在酒吧下单点酒的行为在身体方面被预先排除了。不是说此人会认为，如果他开口说话，他不能说出“给我来杯啤酒”这样的话，或者如果他点了啤酒，他的手会固定在向下的位置无法抬起。在这方面，他与尤利西斯不同:尤利西斯能够意图挣脱绳索并且尝试这样做。另一方面，规则指导(rule-guidance)更像是对意志的约束，对有效的意图形成(intention-formation)的约束。如果约翰确实打算喝点酒，他很可能最终会这样做。

相反，我想表明，权威性命令通常会阻止行为者“意图”违背其命令，但不是通过在身体方面使行为者意志的表达能力丧失。对意志的这些限制是怎样出现的呢？首先，该命令加上对掌权者的承诺，二者可能阻止行为者考量不服从命令的理由。换句话说，不服从的理由将会被该命令“压制”。这种压制阻断了与该命令相反之有意行为的可能性——由于没有意识到不服从的理由，行为者将不能够因一个理由而不服从。其次，该命令加上对掌权者的承诺，两者可能会使行为者丧失正常心理抑制(normal psychological inhibitions)的能力。处于掌权者掌控中的行为者可能再也不能承受某些情感压力，如负罪感和羞耻感，即便该行为者意识到不服从的重要理由。

所有这些都是推测，但我的确认为这似乎是有道理的推测。如果人们考虑人之精神的能力，毫无疑问，其中的一种能力是压制、压抑(repression)的能力。我们通常总是对自己隐藏“行为的理由”。意识到我们以一种而非另一种方式行为的所有理由，这简直过于痛苦而令人无法承受。我意在表明，当我们服从权威以期在工具意义上从中得到助益时，至少有些时候，我们利用了这种能力，以压制某些事实和愿望，使它们不进入我们的实践推理。在规则方面，表明该过程的最为常见的表述是:“我有一个规定不这样做的规则，因此，我甚至不会考虑做出相反的行为。”经由拒绝考虑这一点，人们确保了其不会违反关于诸理由的规则。

但是，多数时候，我们甚至都不会意识到我们在压制违反我们承诺的理由。我们只是服从规则和命令，而不会有任何的抗争或冲突，甚至在如下情形中也是如此:在这些情形中,如果我们思考这一点,我们的行为会给我们带来深深的困扰。它们变得几乎与习惯类似,因为它们能够几乎不通过思考而被执行。

压制理由的能力并不是人人都有,并且人们拥有该能力的程度也各不相同。对不同人来说,压制理由之需要的重要性也不相同,这主要是因为,所有人并不是都以相同的频率来监控自己的行为。正如控制论理论家所言,有人的"反馈圈"(feedback loops)较他人为长。在对指导的需求非常迫切的情形中,如在军队里,要训练人们,使其反馈圈延长。新兵训练营就是要训练新兵忽略其直觉和本能,首先做出反应而不是去思考。这一点的实现部分地通过对生活的彻底严格的控制,部分地通过迫使他们执行荒唐的任务,如用牙刷清洁地板。因此,使人们压制理由的最容易的方式是,首先阻止他们促使自己去寻求理由。

至于抑制解除(disinhibition),众所周知,服从命令而行为的人可能被安排来以非常凶残的方式行为。他们并不是不知道自己在做什么;相反,他们似乎不能反抗发布命令的掌权者的命令。在报告其于20世纪60年代进行的著名服从实验的结果时,斯坦利·米尔格莱姆(Stanley Milgram)形象地描述了该现象。在这些实验中,米尔格莱姆想要知道,当被一位掌权者命令来伤害别人时,普通人会伤害别人到什么程度。受实验者被告知,他们将参与一个关于学习与惩罚性强化的实验。每当假定的学习者犯一个错误时,受实验者都被该实验的领导者告知对犯错误的学习者施以强度渐增的电击以惩罚后者的错误。让米尔格莱姆感到惊讶的是,很多受实验者服从了实验领导者的命令并向学习者施加了在受实验者看来是极端痛苦的电击。更让人惊讶的是,受实验者经常对继续实验表示出极大的疑惑,但他们还是将实验进行到底,因为他们被命令这样做。下面是米尔格莱姆的描述:

有些人将实验的情形解释为这样一种情形,在其中,受实验者能够以一种高度理性的方式权衡该情形中彼此冲突的价值,根据某种心理计算法加工处理各要素,并使自己的行为立基于该等式的结果之上。于是,受实验者面临的困境被简化为一个关于理性决策的问题。该分析忽视了该实验所表明的行为的一个重要方面。尽管很多受实验者作出了理性的决定,即他们不应该对学习者施以更多电击了,但他们常常不能将该确信转化为行为。观察实验室中的这些受实验者,人们能够感觉到他们在使自己摆脱掌权者方面激烈的内心斗争,但是不可名状却又十分强大的联结使他们留在了电击发生器旁。一位受实验者告诉实验人员："他无法承受这个。我不想杀死那边的那个人。你能听见他在那里喊叫，他在喊叫，他无法承受这个。"尽管在言语层面上该受实验者已经决定不再继续，他还是继续按照实验人员的命令行为。很多受实验者尝试着选择不服从，但随后就像被绳子缚住手脚一样被制止了。[72]

米尔格莱姆假定，经由承认别人的权威，一个人就放弃了根据自己的价值观抑制自身行为的能力："个体要素自身起作用时至关重要的抑制机制开始让位于将控制权让与协调成分的需要。"[73]换句话说，他赞成约束模式。

从某种意义上讲，在机能正常的人中间，我所描述的机制是否在场是无关紧要的。严格来讲，只要我们认为我们有能力约束将来的自我，权威性命令就能够提供人们意图它们提供的助益。我们能否真正做这样的事情又是另一回事了。在确信掌权者能够为理性行为者提供行为的理由方面。我们可能是错的，但该确信既不是前后不一致的，也不是不合情理的。

### 6.5 暂时的结论

在前面几部分中，我争论认为，在宽泛的普通情形中，决策模式不能解释权威性命令为理性行为者提供的工具性潜能。我还争论认为，约束模式确实提供了一种差强人意的解释。只有当理性行为者不作出关于是否服从个体命令的选择时，他们才能从提供给他们的命令中获益。他们可以做出选择以将自己委托给掌权者——但那些选择是不做出将来之选择的选择。

另外，我指出，约束模式能够为权威的悖论提供恰当的解决方案。当权威性命令给出错误的答案时，做出承诺的行为者服从该命令既不是非理性的，也不是不道德的，前提是服从是唯一可行的选择。当权威性命令给出正确的答案时，就该命令影响不服从(non-conformity)的可行性而言，他与实践推理是相关的。

但是，该论证不足以结束关于诸悖论的讨论。因为即便人们接受约束模式的真实性，哲学上的无政府主义者可能仍会争论说诸悖论继续存在。只有当前设一

---

〔72〕Stanley Milgram，上注 62，第 148 - 149 页。

〔73〕同上注，第 129 页。

个关于合法掌权者的特定理论时，也即当前设一个接受常态正当化命题的理论时，该约束模式才能消除这些悖论。如果一位掌权者的合法性不是基于其发布具有工具性价值之命令的能力，诸悖论仍没有被消除。因为，对于不是以欲求利用命令的工具性潜能为动机的服从，约束模式无话可说。尽管命令缺乏工具性价值，仍服从这种命令的个体是在做出服从的决定（决策），这与约束模式并不矛盾。若是如此，悖论继续存在：行为者选择服从错误的命令，这怎么能是合理的/道德上可接受的呢？

当然，只有当下述情形是可能的，悖论才会继续存在，即尽管掌权者没有能力发布具有工具性价值的命令，该掌权者依然是合法的。正如我在下文将要论述的，我们必须严肃对待这种可能性。

### 7. 为被统治者服务

尽管拉兹的权威理论引起了评论家的广泛关注，但很少有人质疑常态正当化命题的正确性。拉兹的批评者大体上接受了他的如下主张，即从独立适用于行为者的理由来看，如果服从掌权者的命令比行为者尝试直接服从这些理由可能使行为者表现更好，掌权者就是合法的。正如我们所看到的，争论的焦点主要集中于优先命题，而非常态正当化命题。

我相信，常态正当化命题的吸引力在于，它是服务观念（Service Conception）的一种表达。根据服务观念，掌权者的职能就是为被统治者服务。常态正当化命题认为该服务的体现是施命令于行为者，以使他们更好地服从那些约束他们的理由。

掌权者为我们服务而不是相反，这是自启蒙运动以来所出现的最为重要的观念之一。〔74〕启蒙思想拒斥这样一种观念，即认为掌权者的权力来自其高人一等的出身或社会地位。实际上，尽管事实是没有哪个个体比任何其他人都“优秀”，但掌权者却能够拥有他们主张拥有的权力，对此的解释一直是现代政治理论的负担。服务观念为这一困境提供了标准的解答：掌权者拥有告知我们如何去做的权力，因为我们能从他们对这种权力的拥有中获益。

---

〔74〕或者，我应当说是“重现”，因为服务观念在古典政治思想中就是一个重要的主题。

然而，正如我将要论证的，常态正当化命题只是该服务观念的一种表达方式。相应地，我将区分两种不同的服务模式，一种模式视掌权者的职能为在理由与人之间进行调解(mediation)，另一种模式视掌权者的角色为在对立各方之间做出仲裁。我将论证，对服务的传统自由主义理解不在于调解，而在于仲裁。常态正当化命题不是去记录传统自由主义思想的一个占优势地位的主题，而是表征了对合法掌权者之职能的有些激进的理解，即他们天生是为了服务被统治者。

当然，说常态正当化命题与传统决裂，这并不是反对该命题的一个论据。相反，我将论证，拉兹的权威理论存在瑕疵，因为它没有赋予民主决策以充分的正当化职责(justificatory role)。根据常态正当化命题，一个社会中各种分权方案(schemes of power-sharing)的价值主要是从工具意义上理解的——当一种政府结构比另一种政府结构更可能追随诸依赖理由间的权衡时，前者就比后者更具合法性。因此，民主结构比非民主结构更好，因为前者能够产生“更好的”命令。

但是，我将表明，民主决策的价值并不在于其工具性价值。相反，民主程序能够支配合法掌权者，因为它们表征了公正的分权安排。留意那些自己认为是错误的规则，这不是妨碍一个人的自主性，而可能是对一般而言的自主性价值的一种肯定。它表现出对他人之理性能力的尊重，承认在合作事业中承担责任的公正性，并支持通过社会平等地分配权力。

### 7.1 调解与仲裁

掌权者可以通过下述两种方式中的一种来服务其人民。第一，他们可以通过他们的命令所提供的指导来服务其人民，也就是说，通过使人民获得离开掌权者的命令本无法获得的助益来服务人民。在本章中，我们已经看到了权威性指导通过其命令能够确保的很多助益，如分配重要信息、补偿认知缺陷、节约慎思成本、抗议脆弱的意志，并协调行为。

第二，掌权者可以通过为其人民提供一种基于规范性内容解决其纠纷的方式来服务其人民。各方之间的异议可以诉诸某个人或某些人的权威性决断来解决，如牧师、老师、家长、官员、法院、立法机构，或行政机构。出于这一原因，服务的成功与否不是以所发布的命令的内容来衡量的。相反，当掌权者发布的命令能够解决真正的或潜在的纠纷时，他们的职能就实现了。

因此,我们能够区分关于掌权者的两种服务观念。第一种可被称作"调解模式",它将掌权者的职能理解为在理由和人之间进行调解。对一位行为者来说,掌权者有效履行其职能,掌权者就是合法的,也就是说,与该行为者直接服从那些理由相比,服从权威性命令能使该行为者在服从约束他的理由方面表现更好。该调解模式的主要支持者当然是约瑟夫·拉兹。

根据所谓的"仲裁模式",掌权者的职能是在行为者之间充当仲裁者。对一个特定的行为者而言,当一些人对仲裁过程之约束力的接受为该行为者创制了一种必须接受仲裁结果的道德义务时,掌权者就是合法的。基于仲裁模式类型的不同,接受的类型、必须接受仲裁过程的各方以及这种接受所创制的道德义务的性质也各异。例如,一位社会契约论者会将这种接受理解为该行为者的同意,并将所生成的义务理解为约定的义务。另一方面,一位公平竞争论者可能将这种接受理解为行为者对该过程之助益的自愿接受,并且所创制的义务是一种公平义务,换句话说,当相关各方自愿接受该过程的助益时,他们也必须承担该过程所带来的负担。

调解模式与仲裁模式在下述三个方面不同。首先,非常显见的是,它们在赋予掌权者的主要职能方面不同。对调解模式而言,掌权者的职能是在理由和人之间进行调解;对仲裁模式而言,掌权者的职能是在对立的各方之间进行仲裁。其次,这两种模式在它们所引起的掌权者的职能及其合法性的关系方面不同。在调解模式中,职能与合法性两者之间的关系是直接的:当且仅当掌权者为一位行为者提供了调解职能,对该行为者而言掌权者才是合法的。与此不同,在仲裁模式中,对一位行为者而言,掌权者成功地解决涉及该行为者的纠纷,这并不必然表明掌权者是合法的。这种联系更为间接:仲裁职能给了各方接受仲裁过程之结果的理由,并且是这种接受,而非对纠纷的成功解决,赋予了该过程以合法性。

再次,两种模式之合法性的最终根据不同。在调解模式中,掌权者最终被依赖理由合法化。当面对合法的掌权者时,就约束行为者的理由而言,每位行为者服从掌权者的命令都可能比他不服从时表现更好。在仲裁模式中,就依赖理由而论,行为者可能表现更糟。能约束行为者的是一些人对该过程之约束力的接受。

对两种模式之间的不同可作如下总结。在调解模式中,服从本身在工具意义上是有价值的。在仲裁模式中,各方不会通过其服从获益。相反,服从是各方为了确保别人的服从而必须支付的道德*代价*。[75]

### 7.2 调解与民主

在现代自由主义理论中，仲裁模式想必在对权威的解释中占支配地位。古典自由主义理论家，如霍布斯、洛克和康德，都相信合法权威的根基即在于其仲裁纠纷的能力。他们论证说，从自然状态向公民社会的转变因与无政府状态相联系的成本而变得必要，也即，缺失了争斗各方能够为解决纠纷而可诉诸的一个人或一些人。为其人民服务是掌权者的职能，但这种服务主要不是通过发布具有工具性价值的命令，而毋宁是通过他们发布命令这一事实。当然，理想情形是，所发布的命令应当是道德上正确的，并且有利于实现公共利益。然而，服从这些命令的义务并不以这些命令满足甚或接近这一理想为基础。

尽管调解模式在现代自由主义理论中出于边缘地位，该模式已经立住了脚并且其发展势头越来越猛。遗憾的是，这里并不是以仲裁模式为参照全面考察调解模式的恰当场合。但是，我还是想指出，调解模式的可行性可能比到目前为止人们所想象的要小。

根据调解模式，掌权者的合法性全部是由其提供具有工具性价值之命令的能力决定的。该权威政体的起源似乎无关紧要，至少从服从的义务这一立场来看是如此。正如我们已经看到的，制度主要是在工具意义上被衡量的——一种架构比另一种架构能带来更多有效的调解，则前者比后者更具合法性。

但是，这种工具观忽视了民主的内在价值。规则的合法性一般不根据其*输出*来排他地判断，甚或主要不根据其*输出*来判断，而毋宁是根据其*输入*来判断，也就是说，根据该政体是否由大众决定并为大众所支持来判断。数世纪以来，柏拉图主义政治理论恰恰是由于其自上而下的结构而为人们所嘲笑。尽管哲学家国王调解技术高超，他的统治权是有瑕疵的，因为他所统治的那些人在其是否应该拥有统治权这一问题没有发言权。

---

〔75〕除这两种解释外，我们可以想象第三种混合的权威模式。该"混合模式"是调解模式与仲裁模式两者的分离性结合体(disjunctive combination)。只要掌权者或者是成功地在理由和人之间进行了调解，或者人民方面服从掌权者之决定的承诺实际上创制了服从的道德义务，该模式就会赋予掌权者以合法性。

与之形成对照的是，民主规则在使掌权者合法化方面起到重要作用，而仲裁模式拥有能够容纳该重要作用的空间。为了理解这一点，我们必须回到权威的悖论上。

### 7.3 仲裁与权威的悖论

正如我们已经看到的，调解模式试图通过对权威性命令采取彻底工具性的进路来解决关于权威的悖论。但是，该策略对仲裁模式不起作用，因为命令的规范性并不立基于它们的工具性价值。例如，即便当权威性命令不受内容依赖的诸理由间的权衡所支持，并且行为者意识到了这一点，从而有能力不服从时，仲裁模式还是鼓励服从。因此，我们必须理解对权威的服从是否能与理性和自主性相兼容。

让我们以权威与理性间的悖论开始。假定一位合法掌权者发布了一项命令，该命令受内容依赖的诸理由间的权衡所支持。该命令是否给了行为者一个行为的理由呢？根据仲裁模式，答案是肯定的。由于行为者有服从合法过程之结果的道德义务，该行为者将拥有一个支持服从的额外理由。若行为者不服从掌权者，他就犯下了两种罪过：他将会做出独立于掌权者之命令的，他本不应做出的行为，并且他将会违反服从的道德义务。

现在假定该命令受内容依赖的诸理由间的权衡支持。服从仍是理性的吗？根据仲裁模式，答案是肯定的。由于每位行为者由服从的道德义务，该命令就构成了行为的内容独立的理由。所有理由间的权衡，包括内容依赖的理由和内容独立的理由，都将会向服从的方向倾斜，尽管如果该命令没有被发布，它可能向相反的方向倾斜。

请注意，仲裁模式为权威与理性间的悖论提供了一种解决方案，不管该解决方案正确与否。因为只要行为者认为它是正确的，该行为者的服从就是理性的。

相反，为了能够为权威与自主性间的悖论提供一个解决方案，仲裁模式必须是正确的。因为只表明相信其可能拥有服从仲裁结果之道德义务的行为者方面的一致性是不够的。必须证明，这些义务切实存在。

例如，我们可以考量仲裁模式的社会契约论变体形式。人们可能论证认为，经由同意产生的约定义务为行为者提供了做出与内容依赖的诸理由间的权衡相反之行为的理由，并且他们试图通过这种论证来解答权威与自主性间的悖论。但正如我们在第 2 部分中所看到的，这种回应是在回避问题的实质（question-begging）。如果某个人的意志不能给我做通常来说是错误事情的理由，我自己的意志怎么能给我这种理由呢？由于同意（consent）也声称能够引发行为的内容依赖的理由和内容独立的理由，社会契约论解释只是将给悖论向后推了一步，也就是说，我已经同意遵守某一过程之结果这一事实怎么会赋予我遵守该过程之结果的足够好的理由呢？

接下来，我将表明，在某种条件下，服从权威的道德义务可以从一个自由主义民主政体中产生。该观念大致如下：在有意义的自由（meaningful freedom）的条件下，对民主选举的掌权者的服从和尊重就是对*社会所必需的*、*授权的和公正的*分权安排的服从和尊重。经由不服从，行为者就单方面地，因此是非理性地，调整了社会合作的条件和方向。

该论证的一个简要版本以下述自明之理开始，即作为一个实践问题，没有解决纠纷的程序，社会合作是不可能的。各方在社会互动的适当条件以及对社会盈余的分配方面存在的争论或者妨碍个人事务及共同事务，或者使其偏离正确的轨道。并且由于缺乏可接受的决议，争论将会恶化为彻底的仇视，而内部两败俱伤的争斗很可能会威胁共同体的生存。

当然，民主的决策程序仅构成可能之纠纷解决机制的一个很小的子集。但是，它们因其对公民授权的程度而显得突出。在自由主义民主政体中，通过允许公民经由选举权来影响社会合作的条件以及集体事务的方向而赋予了公民控制自己生活的权力。公民可以直接通过公民投票或通过更为常见的选举代表的间接方式来影响社会景观的形态。对言论自由的保护赋予公民机会以使对手及不受诺言约束者相信其观点，这也使公民能以此影响社会结构和社会目标。因此，与神谕、神裁法或掷硬币不同，民主程序使个体能够对其争端的解决有所输入和贡献。民主政体表达出了个体的自主性能力并创造机会使其能够得到锻炼。

最后，发生于有意义之自由的条件下的民主过程构成了公正的争端解决程序。这些民主过程是公正的，因为权力被以一种大致平等的方式分享。首先，平等的分权在于个体及由个体构成的群体在政策选择或代表选举中的平等投票权。其次，权力的平等由个体及由个体组成的群体所拥有的表达自身观点的机会和使别人相信其立场之价值的机会所决定。

我并不是主张所有民主过程都是公平的，只有那些发生于有意义之自由的条件下的民主过程才是如此。一个社会将选举权扩大到覆盖所有公民并保护公民言论自由，该事实并不表明政治权力的分配是公平的。众所周知，言论自由权实际上有实质性伤害公民在公共辩论中使其声音被听到之能力的潜在危险。例如，在巴克利诉瓦莱奥案（*Buckley v Valeo*）〔76〕中，美国最高法院主张，尽管对捐款额度的限制在宪法上是可以接受的，但《美国宪法第一修正案》禁止对竞选支出规定强制性上限。作为该判决的后果，巨额金钱想方设法进入政治竞选，这主要是通过使用代表某些候选人的政治利益团体所筹集和花费的所谓“间接资助”（soft money）。很多人争论说，金钱对政治话语的影响在道德上起到破坏性后果，它允许某些团体主导公共辩论，同时有效地盖过其他声音。〔77〕美国当下的情形是否没有满足“有意义的自由”的诸多条件，若如此，恰当的补救方案是什么，〔78〕所有这些问题都超出了本章的关注范围。但是，我将假定，这些条件在现代社会是可获得的，尽管我承认这样一种主张远非不证自明的。

## 7.4 民主与自主性

该论证中的最后一个步骤是这样一种主张，即个体不服从社会所必需的、授权的和公正的程序，这是非理性的。为了推动该主张，请思考可能提出的质疑该主张

---

〔76〕424 US1(1976).

〔77〕参加如 Ronald Dworkin, “The Curse of American Politics”, *New York Review of Books* (17 Oct. 1996), at 19; David A. Strauss, “Corruption, Equality and Campaign Finance Reform”, *Columbia Law Review*, 94(1994), 1369; Cass R. Sunstein, *Democracy and the Problem of Free Speech* (New York: The Free Press, 1993), 94 - 101; John Rawls, *Political Liberalism* (New York: Columbia University Press, 1993), 356 - 363。

〔78〕说句公道话，多数评论家相信，巴克利遭遇了误判，并且他们强烈要求撤销该判决。除了上个脚注所提供的文献来源，领情参加 C. Edwin Baker, “Campaign Expenditures and Free Speech”, *Harv. C. R. -C. L. L. Rev.*, 33(1998), 1; Owen M. Fiss, “Money and Politics”, *Columbia Law Review*, 97(1977), 2470; Edward B. Foley, “Equal-Dollars-Per-Voter: A Constitutional Principle of Campaign Finance”, *Columbia Law Review*, 94(1994), 1204; Richard L. Hasen, “Clipping Coupons for Democracy: An Egalitarian/Public Choice Defense of Campaign Finance Vouchers”, *California Law Review*, 84(1996), 1; Burt Neuborne, “Buckley's Analytical Flaws”, *J. L. & Pol'y*, 6(1997), 111. 想了解一个不要求撤销巴克利之判决的颇具吸引力的改革建议，请参见 Bruce Ackerman and Ian Ayres, *Voting with Dollars*（即出）。

的反对意见。[79] 人们可能争论说，要求个体受他们不曾自愿接受的程序约束，这是对个人自由的无理侵害。当特定利益是被强加于其他人时，没有人有权要求这些人承受相应负担。

但该反对意见乏善可陈。它忽略了这样一个事实，即只有当社会合作方案已然就位之时，个人自由才有价值。当一个人开展某种计划的有意义的能力是基于其他每个人所受的约束时，此人就不能抱怨说，他以自己认为合适的方式开展此计划的能力负担过重了。[80] 该反对者关于个人自由的主张本身即表明他自愿接受了这些程序所带来的利益。换句话说，该反对者想要拥有自己的一份蛋糕，并吃掉它。

我们可以说，一个对社会所必需的、授权的和公正的程序的结果有异议并因此漠视该结果的人，其行为像个独裁者：他单方面对他人规定社会互动的条件，并因此对其同胞的生活施加了不当的控制。该反叛者指出相关程序产生了错误的结果，这不是抗辩的理由——因为不管该程序是否产生了错误的结果，都轮不到他将其自己的判断强加给别人。

我想得出的结论是，至少在某些情况下，对民主意愿的不服从等同于对权力的无理僭取。[81] 以这种非理性方式行为的人剥夺了大多数人的三种重要利益。第一，他们剥夺了大多数人有权期待的结果。第二，他们剥夺了大多数人有权对其生活施加的控制。第三，他们剥夺了大多数人作为公正、分权之安排的平等参与者应当享有的尊重。

令人有些惊讶的是，结果证明，对权威的服从不会导致对自主性的无情侵害，而事实上却表明了对自主性的尊重，当然，这里我们将自主性理解为个人对其生活的控制权。在有意义的自由条件下，服从民主选举的掌权者或民主选定的政策就是服从自己的同胞。这样做，人们就是尊重了赋予人们对其生活的某种控制权的重要性以及平等分享权力的公正性。

---

〔79〕参见如 Robert Nozick, *Anarchy, State, and Utopia* (New York: Basic Books, 1974), 90－96。

〔80〕这里，我有意忽略了所谓"内心的放逐"(internal exile)，其所感兴趣之个人自由的实现不是以关于社会合作的先在安排为基础的。

〔81〕关于民主政府对其公民施加之义务的本质，类似的观点请参见 Thomas Christiano, *The Rule of the Many* (Boulder, Colo.: Westview Press, 1996)。

相反，调解模式低估了民主决策对支持、维护个人自主性可能做出的重要贡献。政治不仅仅意味着使某事正常进行——它也意味着对公共活动的参与，在其中，所有的声音都有机会被听到，并且每种声音都至关重要。诚如汉德法官(Learned Hand)的著名论述所言：

对我本人而言，我发现受一群柏拉图式的精神监护人统治非常令人厌恶，即便我知道怎样挑选这样的监护人，我确信自己不会这样做。如果他们当权，我将会错过在这样一种社会中生活的刺激，在其中，至少在理论上，我对公共事务的方向有所贡献。当然，我知道相信自己的投票会决定什么事情，这有些虚无飘渺，但当我走向投票站时，在我们所有人都参与一个共同的事业这一意义上，我有一种满足感。〔82〕

我将以下述简要的否认声明来结束本部分。我并不认为是争论，民主共和国中的公民，即便他们处在有意义之自由的条件下，他们也应当在所有事情上都服从大多数人的意志。实际上，自主性和公平在使服从民主程序的义务有所依凭方面扮演了重要角色，该事实表明，服从民主程序之义务的范围本身受到那些关注的限制。每当民主政体过深地嵌入我们的私人生活，剥夺我们部分的公民权，或歧视政治上的无权者时，服从这些具有伤害性之规则的义务就终结了。

在该部分中，我的目标是简要描绘出对权威之诸悖论的解决方案。这些悖论试图表明，掌权者没有能力使其公民在道德上承担义务。因此，这些悖论的恰当解决不需要描绘出合法权力的整个领域——它只需要表明，这样一个领域是存在的。如果有人能够表明，至少在某种情况下，掌权者有不考虑义务内容而施加义务的权力，这些悖论就将被消解。

我试图通过主张透过自主性的镜片看待民主权威的主张来驱散悖论的迷云。如果要确保公民自主性，民主掌权者必须拥有即便在其错误时也能施加义务的道德权利。在一个社会中，如果个体因为相信集体决定误入歧途而回避之，那么这样的社会将是一个无人有权力影响社会合作之条件和方向的社会。只有在诸个体对其有异议的人仍决定服从的意义上，个体才对其社会生活有控制权。换句话说，只

〔82〕Learned Hand, *The Bill of Rights* (Cambridge: Harvard University Press, 1958), 73 - 74.

有当个体能够因为他们或其代表如是说而使他人行为时，个体才是自主性的。

## 8. 结论

让我们回到埃利泽和诸拉比的争论上来。埃利泽不服从诸拉比的错误判断，这是正当的吗？我想，公道地讲，埃利泽的行为很糟糕。如果他确实在意上帝的意愿，他本该服从，因为上帝的意愿是，法律决定由多数投票作出。

埃利泽表现出一种恶习，该恶习在虔诚者中非常普遍，我们可以称该恶习为“过度纯粹主义”(excessive purism)。过度纯粹主义者总是坚持以技术上正确的方式行为。他们总是拒绝使自己讹误，拒绝屈尊到下层人的水准上像无知者那样行为。但是，正如我所表明的，即便人们知道别人是错的，他们也有服从别人意愿的理由。高傲地站在纷扰和争吵之上，这可能是对同胞的极度不尊重。

也许，在权威问题上，过度纯粹主义的危险与另一个极端所带来的危险(如冷漠、懒惰和奴性)相比是微不足道的。最为健康的立场也许是对权威持一种怀疑态度。但我已经表明，这种怀疑论可能会走得太远。

# 第11章 理由*

约翰·加德纳 蒂莫西·麦克莱姆 著 韦洪发** 译

在对人和其他动物作出区分时,亚里士多德强调了人类在语言及理性这两种紧密相联的能力方面的卓越性。[1] 我们可以将这些高度发达形式的能力视为人类与世界联系的特殊方式。第一种能力,即语言能力,为我们提供了一种向世界施加影响的特殊方式。第二种能力,即理性能力,反过来成了世界向我们施加影响的特殊渠道。

在所有人类实践中,关于法律的实践能够最为明确地向人类提出这样一个问题,即这两种能力是如何彼此相联的。法律语言以一种令人困惑的方式创造着法定事由(legal reasons),并且由此产生的难题是法定事由经常被编码于法律语言之中,法理学上许多亘古常新的难题即由此产生。最近的法理学发展潮流突出了语

---

* 在伦敦大学、多伦多大学、罗格斯大学及纽约大学的讨论会上,我们二人或单独或合作地为本章的全部或部分内容做过辩护。我们向讨论会的所有参与者表示感谢。限于篇幅,我们对在上述场合中提出的具有深远影响的质疑和异议不作回应。我们希望有机会在别处应对这些质疑和异议中的一些。同时,我们需要向格兰特·拉蒙德表示特殊的谢意,他提出的富有挑战性的质问和质疑有助于我们在很多问题上澄清思路。

本章多次出现 reason (s), reasoning, legal reasons, legal reasoning, reasonableness 等。一般来说,reason 作不可数名词时,意为"理性",而作可数名词时意为"事由、理由、原因"等,但考虑到上下文的连贯和汉语的语言习惯,在翻译可数的 reason 时,译文视情形用了"理由"和"事由"两种说法;reasoning 则一般被译作"推理"。按照本章中作者们的观点,rational (rationality)和 reasonable (reasonableness)几乎没有差别,而在翻译时,译文一般将前者译为"合理性的(合理性)",而将后者译作"合理的(合理)"。——译者注

** 吉林大学理论法学研究中心博士,吉林大学马克思主义学院讲师,主要从事法理学研究。

〔1〕亚里士多德:《政治学》,1253a7 ff;《修辞学》,1355b1ff.

言与理性这一等式中的语言方面。法律推理方面的研究越来越被视为是法律话语研究的附属，这一趋势肇始于哈特对一般性语言哲学的兴趣以及尤其对言语一行为理论的兴趣，中间经历了德沃金的解释理论，再到费什（Fish）等人令人怀疑地将文学理论适用于法律，并在最近对法律美学和法理形式之兴趣的复兴中达到顶峰。这一潮流在一定程度上反映了人类文化心理方面一种普遍的变化，即人们日益觉察到理性本身莫名其妙地令人失望，理性主义的乐观为人们提供了一种关于进步的虚假承诺。但这在一定程度上也是对 19 世纪及 20 世纪早期法理学研究中唯科学主义取向的一种可以理解的反动，这种唯科学主义取向使许多人不无理由地感到它已经超越了法律生活中富有创造性和建设性的维度，转而倾向于乏味地专注全面的合理化（rationalization）。

法律哲学中的这种倾向更为广泛地反映了哲学中的风尚（fashion）。尽管最近有大量关于理性（reason）及合理性（rationality）的重要作品出现，但相对于人们对语言及解释的兴趣而言，它们却是在逆强流而上。〔2〕但是，与其他风尚类似，该风尚过于频繁地从其先前最为荒谬和做作的版本中吸取养分以维持生计。因此，合理性被例行公事地描绘成我们自己建造的牢笼。有时，好像所有尝试理解该概念的人都会因其低级错误而成为该概念的负担。〔3〕在这种风气中关于合理性的多种形式的怀疑论得以盛行。怀疑论者所反对的通常是一种古怪的拙劣模仿，它作为一种人类才能都未被承认，更不用说作为一种人类美德了。如果合理性果真如怀疑论者所说的那样，我们完全有理由怀疑其在人类之自我理解中的重要性。但幸运的是，合理性既不像它最为鲁莽的狂热者所描述的那样，也不像利用了这种鲁莽的诋毁者所描述的那样，并且，如果对合理性作恰当的理解，它的重要性还是完全像亚里士多德所主张的那样是必然的和不可忽视的。

在本章中，我们将强调人类生活中经常被误解的理性作用的某些方面。一些

---

〔2〕例如，这种解释主义转向可简要地见之于如下倾向，即倾向于将诸价值不可通约的相关主张解读为是对关于世界之诸对立解释之间的不一致性或矛盾性的主张，而不是解读为对本章第 7 节所陈述之（合）理性力量的主张。对实践哲学中这种普遍的解释转向的批判，请参见：Michael S. Moore, "The Interpretive Turn in Modern Theory: A Turn for the Worse?", *Stanford Law Review*, 41(1989), 871; Joseph Raz, "Morality as Interpretation", *Ethics*, 101(1991), 392。

〔3〕关于对女权主义思想中表现出来的该趋势的精妙讨论，请参见：Genevieve Lloyd, *The Man of Reason*, 2nd edn. (London: Routledge, 1993)。

误解源自合理性之狂热者被夸大的期望，还有一些源自怀疑论者对这种狂热的过度反应。针对怀疑论者，我们开篇就会重申这样一种传统观点，即作为合理性的人，我们生活在世界中，并对世界有所回应（第 1 节）。对理由（reasons）的回应即是对事实的回应，而不是对某人对事实之理解或建构的回应。但随着本章论述的进行，该观点的某些广受吹捧的、假定的含义，即认为理由存在于事实领域的观点被进一步精练，被质疑，甚至被直截了当地否定。经常被误解的事实和价值之间的差别被予以细致入微的说明（第 2 节），从而使人们能对理由和价值之间的关系有更为清楚的认识（第 3 节）。抛开其真实性（facticity）不论，对我们每个人来说理由也以某种方式呈现出私人性或因人而异的特征，这一点也得到了解释（第 4 节）。那种认为鉴于理由的重要性任何事情都应通过利用理由进行推理来完成的唯理主义冲动也遭到了批判（第 5 节）。随后，通过猛烈攻击认为理由具有强制性的观点（第 6 节），并解释不可通约性（incommensurability）的重要性（第 7 节），本文设法消除了人们的下述焦虑，即认为理由从根本上说具有强制性或约束性的观点。最后，根据上述所有努力，本文对“合理的”（reasonable）与“合理性的”（rational）之间有时所作的区分给予了批判（第 8 节）。最终的结论是，本文再次证实，作为合理性的人身上存在的那种对世界的特殊回应性并不是成为一个人的全部要求，尽管没有这种回应性，一个人就不会是一个有充分资格的人。合理性本身也会为语言、创造及构建能力腾出空间（make space）。

总体来说，我们的例子不是来自法律，并且我们对法定事由和法律推理所给予的特殊关注也极其有限。我们属于这样的一群人，他们相信，尽管其位于言语和理性之间的接合点这一重要位置，但并不存在特殊的法律样式的合理性，也不存在任何特殊的法律语言学。与人类生活的其他方面一样，法律思维和法律行为也遵守同样的合理性的基本准则和原则（并且法言法语也遵守同样的语言的基本规则）。在此我们不会对这一观点作出论证，但是，如果本章在本书中的存在还有些道理的话，这一点必须被假设。

## 1. 理由与事实

一个孤独的身影离开漆黑的河岸，匆忙地奔向滑铁卢大桥，同时还不停地向后张望。到达大桥中央后，他突然停了下来，先是朝后继而向前看看了，然后纵身向河里跳去。在最后一刻一个路人一把抓住了他，他一面努力想要挣脱，一面高声喊着说一群手握弯刀的人正从四面八方追赶过来。实际上没有人追赶他。然而，他是否如其所言的那样有理由跳河呢？假如确实有一群手握弯刀的人在追赶他，并且假定他跳河逃生的机会大于其与手握弯刀者拼死一博，那么他就有了跳河的理由。没有人追赶他这一事实是否意味着他没有其本人认为有的那个跳河的理由呢？即便被欺骗了，他的确信(belief)是否仍然是一个理由呢？

一年后，经过对偏执狂疾病的成功治疗，此人(我们称其为 A)与其救命恩人又见面了。他向后者充分表达了谢意，为其造成的麻烦致歉，并向其解释说当时他感觉有一群手握弯刀的人在追赶他。实际上他没有任何理由跳河。当时他病了并且行为不理智。那么，他现在指责其在获救时给出的理由，这正确吗？或者不管当时他被蒙蔽到什么程度，他的关于被人追杀的确信是否构成其跳河的理由呢？

哪种陈述应该被采信呢？关于其生命的特定时刻，即其准备跳下桥去的时刻，A 在不同时间的说法不同。在桥上时，A 主张说他(跳河)是有理由的，而一年后他又说当时没有理由。我们不能通过关注两种主张之间的时间间隔来避开两种主张之间的矛盾。当然，在其病愈后，A 没有理由跳河。问题仅仅是当其准备跳河时，A 是否有这样一个理由呢。当时他说他有理由，后来他说没有。哪种说法是真实的呢？

人们容易判定他最初在桥上说的话是真的。人们易于得出结论认为，尽管他当时在桥上的确信是虚假的，但它却是他跳河的理由。毕竟，只有这种确信能够解释其当时的行为。作出解释不是理由的职责所在吗？但请注意，不管是在桥上还是之后，A 本人都没有认为其确信是一个理由。在桥上，他指向了其追杀者的在场(presence)，而不是其对追杀者之在场的确信的在场。之后，他指向了追杀者的不在场，而不是(如果他对此“拒绝”*，他可能会指向这一点)其对他们在场之确信的不在场。当其用其先前的确信对其在桥上的行为予以解释时，这恰恰是否认那个

* 这里的“拒绝”，英文是“denial”，它应该是一个心理学词汇，意指一种无意识的反抗机制，其特征是拒绝承认痛苦的现实、想法或感受。——译者注

确信是其行为的一个原因。实际上，他所说的是，他当时的行为不理智，因为其行为是基于一种被蒙蔽的确信。

人们可能会认为，这里的问题，即对其先前的确信不是一个理由的解释，恰恰就是那个正在被讨论的确信受到了蒙蔽。这个可怜的家伙当时精神错乱了。如果当时其行为是基于实际上有某种根据的确信，也许情况会有所不同。这样一个确信不是一个理由吗？也许是。那么让我们看另一个故事，在其中没有蒙蔽，没有桥，也没有跳河这回事。假设在河岸的黑暗处，一个人看到一小群人转向他前面的小路，这群人非常像之前刚刚和他在酒馆发生口角的那些人。他们现在离他太近了，他已经无法转身逃走。如果他快速出击将他们中体形最庞大的人放倒，他可能突出重围，到达前面繁华的、灯火通明的街道。如果他不主动出击，他将被他们制服，或者他认为他将被制服。结果他出击了，并且因此成功地到达了前面的街道，结果却被一个警察截住了。

事实上，并且这位警察也很快作了如此的认定，那些魁梧的人是一些德国游客，他们希望观赏他们所谓的河岸的浪漫，他们当时正试图就最近之地铁站问题向他们认为是一个友好的当地居民问路。当获悉这种情况，我们的主人公(我们称其为B)非常尴尬并且满怀歉意，但他坚持认为这完全是一个认错人的案例。这些魁梧的人可能是游客，但在河岸的黑暗处，在之前不久刚发生过口角的酒馆不远处，他们的体型和数量使B有理由确信他们就是刚才和他争吵的人，并且认为他们可能会攻击他。但这是否意味着B有理由如他事实上所做的那样去攻击他们呢？

A的事例和B的事例之间的显著不同是，B基于其持有错误确信的理由捍卫了自己的错误确信。自始至终，他都没有被蒙蔽。他确实与人发生口角，并且那些接近他的魁梧的人确实与酒馆中的人很相似。尽管B很抱歉，但是他并没有像病愈后的A那样认为自己之前的自我解释是不合理的。但是，B不认为自己的行为不合理这一事实并不表明他还是认为他有理由(以其错误的确信为形式)攻击德国游客。〔4〕这与他作出一种更为适度的主张是不矛盾的。这与他承认自己虽没有

〔4〕试比较Derek Parfit的评论：对不能被极端地指责为“不合理的”的事物也(可以)进行合理性批判。Parfit, *Reasons and Persons* (Oxford: Oxford University Press, 1984), 119。

这种理由，但仍然认为他有理由确信（正如他当时确实确信的那样）自己在当时确实有这样的理由也是不矛盾的。他的理智（rationality）体现在这一事实中，即他对确信的理由（reasons for belief）而不是行为的理由（reasons for action）作出了正确的回应。在对确信的理由作出了正确的回应之后，作为一个理性行为体，他很自然地对其被误导而确信其具有的行为的理由作出了回应。但尽管如此，与 A 一样，事实上他也没有这种理由。[5]

这里的区别是有行为的理由与有理由确信自己有行为的理由。这一区别与所有律师都熟知的正当理由（justifications）和免责事由（excuses）之间的区分相对应。一个人通过证明其有理由做出之前的行为而证明其行为是正当的。一个人的行为因其有理由确信其有理由行为而免责。准确来说，典型的免责事由是一个人正当地确信自己有正当理由。有时，律师们称免责事由为“推定性”或“判断性”正当理由。[6] “推定性”和“判断性”这样的限定词表明这里讨论的理由不及真正的正当理由（a real justification）。对我们的心智来说，这表明这里谈论的是某一行为的不及于真正理由（a real reason）的其他什么理由。实际上它是对有理由行为之确信的一个真正理由。

我们应当指出并不是所有的免责事由都是基于确信的。有些免责事由是基于这样的论辩，它主张一个人的不正当行为是基于某些可正当化的情感，如愤怒和恐惧。但这是对同一基本观念的修改或微调，该基本观念就是，源自某人之愤怒或恐惧的行为与源自其错误确信的行为一样，看似是正当的，而实际上不是。但是，这种愤怒、恐惧或错误的确信本身可以被证明是正当的，这是一个人免责事由的理据。[7] 这种免责事由的事例（B 即为其中一例）与 A 的事例不同。A 不对其偏执

---

〔5〕以一种说法言之，A 和 B 同样都有解释性（或激发性）理由（explanatory or motivating reasons）而不是导向性（或规范性）理由（guiding or normative reasons）。尽管这种说法有其用处，但我们这里避开了这种说法而采用了另一种说法，根据后者，A 和 B 没有行为的理由但认为自己具有这样的理由，这可以作为其行为的解释。简言之，正如我们所表明的，所有理由都是导向性理由。对于另外一种不同的分析，参见 Michael Smith, *The Moral Problem* (Oxford: Blackwell, 1994)；另请参见 Garrett Cullity, Berys Gaut, Ethics and Practical Reason (Oxford: Clarendon Press, 1997) 中的许多文献。

〔6〕例如，可参见 Suzanne Uniacke, *Permissible Killing* (Cambridge: Cambridge University Press, 1994)。

〔7〕约翰·加德纳，“The Gist of Excuses”, *Buffalo Criminal Law Review*, (1998), 575。

狂行为承担责任，因此，A的那些行为不需要正当理由或免责事由，因为对正当理由和免责事由的期待仅适用于应承担责任的行为体。[8] 这一点也是A在充满歉意地指责其受蒙蔽的行为是基于不理智的控制时想要表达的。与A相比，当B充满歉意地辩称他的错误的但可被正当化的确信是其明显不正当之行为的一个免责事由时，他肯定了自己的责任。在为自己的行为辩解时，尽管他承认了自己的错误，但他无意使其理智受到指责。

这些思考趋向于确证这一主张，即行为的理由是事实而不是确信。或者至少，它们支持这样的提法，即虚假的确信不是行为的理由，即便它们是一个人完全有理由具有的确信。B和A都没有他们在自己行为时确信自己具有的理由，因为他们的确信背离了事实。无可否认，这不会完全消除行为的理由是确信而非事实这一可能性。也许，行为的理由是真实的确信（true belief）。

然后，让我们考虑一个新的事例，在这个事例中，理由存在，但相应的确信却是缺失的。假定一位年轻女子新近获得了电视节目主持人的职位，但她也不幸引起了一位追踪骚扰名人者（celebrity stalker）的注意，此人正准备要将她杀死。她对此人一无所知，更不用说他的谋杀企图了。但是，警方从一些渠道获悉了关于此人及其企图的全部消息，并且他们被告知有一个书信炸弹正在被寄给该女子。在警方没能中途拦截这枚炸弹的情况下，他们有理由警告这位年轻女子（我们称她为C），让她在警方到达之前先别碰邮件吗？

当然他们有理由这么做。谁会否认这一点呢？但严格说来警方有什么样的理由呢？与建议的概念（the idea of advice）类似，警告这一概念的一个组成部分就是，该警告或建议是引导另一人关注其在警告者或建议者看来早已具有的理由。因此，要想让警方的做法成为一个警告，他们就必须引导C关注一个在警方看来C本人早就具有的不打开信件的理由。理由是信件中有一个炸弹。当然C对此理由并不知情。警方获悉了此事而C却无从知晓。但如果理由是（真实的）确信，那么在C真正知道（并因此真正确信）信件里有一颗炸弹之前，她没有理由不去打开

---

[8] 注意这一陈述并不必然表明A在其一生中都处在正当理由和免责事由的范围之外。他只是在关于其基于偏执狂的错觉而做出的行为方面享受这种待遇。关于这一点，请参见 Anthony Kenny, *Freewill and Responsibility* (London: Routledge, 1978), 80–84。

信件，并且在C没被警告不要打开信件之前，她也没有理由不打开信件。由此我们得出，她不打开信件的理由不可能成为警方让其知晓信件中有炸弹的理由。换句话说，警方没有什么好警告她的。这一结论是怪异的。由此我们可以断定，C还没有确信其身处危险之中这一事实不能成为其有理由避免该危险的障碍。（C不打开信件和警方警告C不要打开信件的）理由就是信件中有一颗炸弹这样一个事实，而不是C对这一事实的真实的确信，在需要这一确信来证明警方的警告为正当的时候，C并没有这种确信。

这样看来，理由似乎是事实而不是确信。这一观点的最为常见的一个反对意见来自我们先前已经讨论过的理由和正当理由的关系和联系。如果不管C对炸弹事件知晓与否她都有同样的理由的话，那么我们不就能得出这样的结论了吗？即在所有其他情形等同的情况下，即便她不知道信件内炸弹的事情，她很幸运地不打开信件也是有正当理由的。这将表明人们在意外地做出了符合理性的行为时，不管他/她有没有进行推理，他/她都是有正当理由的。这一结论似乎让人难以接受。很幸运的是，我们没有必要接受该结论。要想证实一个人所做之事有正当理由，至少有两个独立的条件需要被满足。第一，他必须表明理由确实在其所从事的行为中起到了支持作用。第二，他必须表明他因为这些支持性理由中的一个而行为。〔9〕由此我们可以得出结论，如果C没有意识到她不这么做的理由，她拒绝打开信件的行为就没有正当理由，因为在这种情况下，她没有因这些理由而行为。但是，理由还是存在并且它们能够满足第一个条件，不管她是否意识到了它们。因此，不意识的正当理由就不是正当理由这一事实不会与理由是事实而非确信的主张相矛盾。

但那些持相反观点（即理由是确信）的人又发现此结论在解释某些确信时无法令人满意，尤其是在解释A所持有的偏执狂式确信（A确信当时他正在被一群手握弯刀的人追赶）时；这些持相反观点的人必须将某些确信排除在理由的范围之外，而不去考虑那些确信与事实之间的关系。为了实现这一目标并因此保全他们

〔9〕约翰·加德纳在其收录于A. P. Simester and A. T. H. Smith (eds.), *Harm and Culpability* (Oxford: Clarendon Press, 1996)一书的"Justifications and Reasons"一文中对第二个条件做了论证。

的立场，他们需要诉诸那些确信作为确信的品质。他们需要诉诸我们可以称其为那些确信的“确信性”(beliefness)的东西，这里，确信的这种品质不在于那些确信与事实之间的关系，即不在于它们的真实性。他们能这么做吗？确信性与真实性之间的差别本身是怪异的，因为一个确信的本质中就包含这样的内容，它是针对事实的，因此，人们可能会认为不管确信性为何物，它必定是与真实性成比例的。我们认为，这种想法是有根据的。事实上，为了确认一个理由(或者一个理由的缺失)，我们的这些反对者需要诉诸事实(或者事实的缺失)，并且相应地他们实际上提供的论证仅仅在下述意义上才是可能的，即他们的那些论证要以明示或暗示的方式诉诸确信与事实的关系，也就是这些确信的真实性。

尽管有人会费尽心思地尝试不依赖事实而表明 A 的确信有问题，表明 A 没有他认为自己具有的跳河的理由，但最终，从 A 的推理中将错误剔除的唯一方式还是通过诉诸事实。A 的确信中还有其他不对的地方吗？我们可以选用人们有时提出的确信性的判断标准(tests)中的两个标准来衡量，这些确信与 A 的其他确信不一致吗？或者他没有相信自己的确信有正当理由吗？绝对不是。他的疾病不是痴呆或强迫性冲动(compulsion)。他内心里并不混乱，也没有不情愿地与奇怪的冲动作斗争。相反，他怡然自得于自己尽管被蒙蔽但又前后一致的关于世界的知识和看法。他对一群手握弯刀者之在场的确信是不理智的，但这不是因为该确信前后不一致或不统一(这会导致确信性的缺乏)，而仅仅是因为它是被蒙蔽的，即它远离了事实。诉诸前后一致性，或二级认知认可(second-order cognitive endorsement)，抑或确信中的其他关系，这些做法的吸引力来自这些判断标准与真实性方面可信的判断标准之间隐含的联系。人们被这种联系诱骗，进而认为前后一致的或被认可的确信更加可能是真实的(反之亦然)，在此原理的基础上，人们才为合理性的这种解释所吸引。但人们不应该被如此诱骗。与 B 相比，A 的理智(合理性)的缺失在于其与事实之联系性(connectedness)的缺失。B 如此热切地使自己远离不理智(irrationality)之罪名的真正原因是他不承认自己离事实(并因此离世界)那么远。B 的免责事由的要旨在于他几乎完全与事实相关联。因为理由就是事实。

## 2. 事实与价值

即便那些认同理由是事实而非确信这一观点人也可能会说这不是事情的全

部。他们可能会说,一个完整的理由实际上由两部分构成,而其中只有一部分被公认为是事实性成分。另一种成分是可评价的(evaluative)。为了对提供理由的要求作出回应,我们有时仅仅陈述了事实性成分(如有一颗炸弹在C的邮件中),但有时我们又只说出了可评价成分(如炸弹把C炸得粉碎将是可怕的)。我们选择陈述并因此强调哪种成分取决于我们认为我们的交谈者已经将哪种成分视为显见的,因此就不必说了。有时,两种成分都很复杂,都需要表述清楚。但一般来说一种成分就够了。然而,有人指出,另一种成分总是潜伏在背景中。[10]

我们同意这样的说法,即因为许多陈述视某些事物为理所当然,所以它们是不完整的。假如D在酒类商店中碰到的朋友问她为什么要买一瓶扎比安奴葡萄酒(Trebbiano)。假如D只是回答说自己晚饭要吃意大利面。她的朋友很困惑。他问道,扎比安奴酒是意大利面的烹调配料吗?D说不是,但它是意大利面很棒的佐餐酒。这一回答表明她最初的回答不是对其购买扎比安奴酒之理由的完整陈述,或者换句话说,她并没有说明其购买该酒的完整理由。她的完整理由包括两种成分,一种是有效的(operative)而另一种是辅助性的(auxiliary)。[11] 她的理由的有效成分是,扎比安奴酒是意大利面很棒的佐餐酒。而辅助性成分是她晚餐要吃意大利面。这些成分一起构成了她购买扎比安奴酒的完整理由。它不是购买此酒的唯一可能的(完整的)理由,也不是购买此酒的唯一包含辅助性成分(即D计划晚餐吃意大利面)的可能的理由。正如D的困惑的朋友的提问所表明的,购买此酒的一个可能的理由是根据某些烹饪方法此酒是意大利面的烹调配料而非佐餐酒,并且D的朋友已经决定根据那些烹饪方法中的一个来制作意大利面。同样地,同一个有效前提可以与许多不同的辅助性成分组合。如果D和她的朋友还没有决定晚饭吃什么并且他们晚上计划喝扎比安奴酒,那么此酒是意大利面的很棒的佐餐酒这一事实也可能是制作意大利面的理由。

---

〔10〕根据人们最为熟知的,认为每个完整的理由都只能由两部分构成的观点,每个理由包括一个赞成性态度(pro-attitude)和一个确信。该观点首先且主要由Donald Davidson提出。"Actions, Reasons and Causes", in Davidson, *Essays on Actions and Events* (Oxford: Clarendon Press, 1980). 并且此观点已经被许多人采信,其中包括,如Philip Pettit and Michael Smith, "Backgrounding Desire", *Philosophical Review*, 99(1990),565。

〔11〕我们从约瑟夫·拉兹那里借用了这两个术语,Joseph Raz, *Practical Reason and Norms*, 2nd edn. (Princeton, NJ: Princeton University Press, 1990),33-35。

但是否每个完整的理由都包含这两种成分呢？请考虑D在对其选择作进一步解释时所提及的有效前提，即扎比安奴酒是意大利面很棒的佐餐酒。它难道不是与D当下的行为所不同的一个行为(如尝试意大利面和扎比安奴酒两者的结合)的完整理由吗？对于购买扎比安奴酒或吃意大利面来说它并不是一个完整的理由，因为这些行为的理由在辅助性成分缺失的情况下是不完整的，其中的辅助性成分是D和她的朋友今晚要吃意大利面，或者他们已经打开了一瓶扎比安奴酒。但是该有效前提确实是尝试两者之结合的一个完整理由，这一点也能够为D的朋友所认可。例如，在接下来的一周当D问她的朋友为什么如此坚持食物和酒的这种搭配时，作为解释，D的朋友只需要提供这一前提即可。这难道不能表明下面的结论吗：尽管每个辅助性前提都需要一个有效前提来使其构成一个完整的理由，但反之则不然。

对这一论点的一个自然的回应也许是尝试着表明即便这个理由(即扎比安奴酒是意大利面很棒的佐餐酒)也可以被分解成两个成分，并且我们四处炫耀的有效前提实际上还是一个有效前提和一个辅助性前提的结合。人们可能会主张说，扎比安奴酒是意大利面很棒的佐餐酒这一陈述就其涵义而言还包括了一个未申明的有效前提，即食物和酒的良好搭配总是值得尝试的，对于这一前提而言，已申明的、据信完整的理由严格说来只是一个辅助性前提。但这种回应是无效的。刚刚被表明的有效前提是没有意义的。一方面，毋庸赘言，很棒的搭配总是值得尝试的，另外，这一点毋庸赘言的原因是它们总是值得尝试的这一想法是它们是很棒的这一想法的组成部分。换句话说，这一命题是重言式的(analytic)。已经说了扎比安奴酒是意大利面很棒的佐餐酒，再进一步解释为什么一个人要尝试这一搭配对整个问题无任何增益，更不用说通过补充说很棒的搭配值得尝试来为理由增加有效成分。

对于扎比安奴酒是意大利面很棒的佐餐酒这一完整理由，也许可能通过其他聪明的方式将其分解为两个成分，一个是真正有效的，而另一个是真正辅助性的。我们想要表明的是，总是会到达这样的一个点，在该点上，继续对有效前提作进一步分解变得毫无意义。在该点上，毫无意义的假的有效前提出局了，被认为是辅助性的前提被证明还是有效的，并且该有效前提本身正当地成为一个完整的理由。

这不是要削弱辅助性前提的合理性重要性(rational importance)。这丝毫无损于它们的核心作用，即它们在实践推理中的作用。它们的作用是将行为的一个完整理由传达给另一行为，即一个有助于第一个行为之执行的行为。例如，一旦一个人计划晚餐吃意大利面，购买扎比安奴酒的行为有助于对扎比安奴酒和意大利面这一完美搭配的尝试。同理，万一有手握弯刀的人追赶他并且河流能以更少危险的方式将其从这些人那里带走，A的跳河就有助于其从那些手握弯刀的人那里逃走。在这些情形中，一如在其他情形中，在有效前提已确定的条件下，辅助性前提是行为的一个理由。它是实际上有助于更进一步行为之履行的行为的一个理由，而对于此进一步之行为而言，有效前提就是一个完整的理由。这就是为什么A、B和C给出的引证了辅助性前提的解释能够成为合理性解释，条件是这些辅助性前提是真实的。

至此我们可以说，我们对我们前一部分的主张提出了质疑。我们在前面主张理由就是事实。然后我们在本节中以对这一观点的挑战开篇，即事实并不是事情的全部这一挑战。该挑战进一步认为，理由的有效成分是可评价的而非事实性的。在论证有效前提在不倚赖辅助性前提的情况下也可以是完整的理由时，难道我们没有认可有些理由没有事实性成分这一观点吗？在这种理由的情形中，如我们之前所言的理由就是事实的观点不是连一半真理都没有吗？

但是，在认可有效前提和辅助性前提这一区分时，我们并没有认同有效前提不是事实的观点。我们认为正确的是，有效前提是可评价的，但它们是可评价的恰恰是因为构成它们的事实是有价值负载的事实。这些事实是像扎比安奴酒是意大利面很棒的佐餐酒一样的事实，或者是像五大湖区很漂亮一样的事实，又或者像泰晤士河很危险一样的事实。那些尝试将每个完整理由分解为有效成分及辅助性成分的人的基本错误在于，他们认为尽管可能存在事实和价值的混合物，但不会存在由两者构成的真正的化合物。据他们讲，将事实性事物和可评价的事物分离开来而不改变它们各自的特征，并且也不会陷入无意义的状态，这总是可能的。但一个人也不需要相信所有可评价性特征都依附于事实性特征之上这样极端的论题，并进而否定这种分离总是可能的。〔12〕 不管怎样，认为所有理由都是有价值负载的主张

〔12〕关于与实践推理相关的伴生性的变体形式，请参见 R. M. Hare, “Supervenience”, in Hare, *Essays in Ethical Theory* (Oxford: Clarendon Press, 1989)，或者 John McDowell, “Non-Cognitivism and Rule-Following”, in McDowell, *Mind, Value and Reality* (Cambridge, Mass.: Harvard University Press, 1998)。

与认为所有理由都是事实的主张决不会相矛盾，这一点货真价实。

### 3. 理由与价值

这样看来所有理由都是有价值负载的。每个完整的理由都包含一个有效成分，该成分揭示出将会由行为为其服务的价值，而该价值又是该行为的一个理由。如果这是正确的，它就提出了理由和价值之间的关系问题。它尤其可能使我们想起一个富有争议的、我们可以称之为比例主义(proportionalism)的论题。比例主义是这样一个论题，它主张理由和价值之间的关系是不变的。严格说来，根据比例主义，一个人总是有更多理由去完成两个行为中更有价值的一个。有些比例主义者主张该学说在分析上是正确的，因为关于理由的陈述完全是关于价值之陈述的同义语。换句话说，他们将理由界定为价值或将价值界定为理由。[13] 还有些比例主义者主张该学说是一种综合性事实，因为尽管两者不是同一事物，但理由会追随价值或者价值会追随理由。有时，人们将比例主义者的观点与结果主义(consequentialist)道德理论或者更宽泛地与对合理性的工具主义观点联系起来。[14] 但是，正如我们对它的陈述所表明的，比例主义不必是如此狭隘的信条。一个比例主义者可能相信理由会追随价值或者价值会追随理由。后一种可能性与义务论道德观念相联系，根据这种义务论道德观念，以罗尔斯式的惯用语言之，正当优先于善。[15] 只要人们认为相关的价值会始终如一地追随理由，或者换句话说，只要人们认为只是在行为是正当的这一意义上才能说行为是善的，这种义务论观点与比例主义就是完全相容的。

---

〔13〕我们用“或者”一词，因为界定的方向一般是基于读者认为其对两个概念中的哪个已经理解了。在 *What We Owe to Each Other* (Cambridge, Mass.: Harvard University Press, 1998)一书中，T. M. Scanlon 将责任从价值的概念推给了理由的概念。有些人可能认为反过来追究责任更易于理解。我们怀疑这种责任是否应该被推来推去，不是因为在价值和理由之间不可能有有效的中间概念(interdefinition)，而是因为两个概念中的哪个都不会比另一个更容易理解。

〔14〕参见 John Finnis, *Fundamentals of Ethics* (Oxford: Clarendon Press, 1983), 85 - 86. 我们认为我们所指称的比例主义与菲尼斯所指称的工具主义是同一事物。

〔15〕实际上罗尔斯区分了两种类型的义务论道德观念。一种义务论理论“或者不会脱离正当来确定善，或者不会将正当解释为能够对善进行最大化。”*A Theory of Justice*, rev. edn. (Oxford: Oxford University Press, 1999), 26. 也许，罗尔斯第二种类型的义务论理论确实挑战了比例主义的解释，尽管这种挑战不是直截了当的，罗尔斯不直截了当地挑战上述解释的原因在下面第 5 节和第 6 节中有相关讨论。

然而,许多人确实接受了比例主义的观点。他们共同的焦虑如下所述。他们会说,价值的确是非个人的事物,然而理由却是(或可能是)个人的、私人的。[16] 我可以有我的理由,你可以有你与我非常不同的理由,而这并不意味着我们之间有任何竞争或对抗。但这种观点认为,我的价值观与你的不同的价值观只能是对抗性的。于是他们得出结论,如果理由是个人的而价值是非个人的,那么理由不可能与价值相一致。它们之间必定相互独立且有所不同。而不同可以有两种取向。可能存在不与价值相一致的理由。也可能存在不与理由相一致的价值。比例主义的不同的批评者会强调这些可能的不对称中的一种或另一种。但这些批评者就是正确的吗?存在针对比例主义的真实的反例吗?

### 3.1 不包含价值的理由

对比例主义的一种攻击指出,可能存在不与价值相一致的理由。据他们讲,那些理由的有效成分严格说来不包含对行为的相应的正面评价,而这些有效成分是行为的理由。这是最为常见的意见,也是我们将要强调的意见。和价值一样,欲求也可以构成行为的理由。[17] 比例主义者可能会回应说,也许是这样的,但即便欲求在推理过程中出现,它们也不需要为此而与价值相分离。首先,某种事物被欲求这一事实本身可能成为赋予该追求以价值的因素之一。其次,欲求本身可能与价值相一致,在这种情况下通过指出支持欲求的价值就可以将欲求是理由这一提法解释过去。不管怎样,将欲求引入我们对理由的讨论并不会破坏理由和价值之间的关系。

上述两种关于欲求在合理性中的作用的说法能站得住脚吗?在欲求得到满足这一事实中可能存在价值吗?或者欲求可能与价值相一致吗?我们认为两种说法

---

〔16〕对于这一焦虑的概述和例证,请参见 David McNaughton and Piers Rawling, "On Defending Deontology", *Ratio*, 11(1998), 37。

〔17〕对所有理由都与价值相一致的一个不同的反例可能来自于法律。法定事由是以来源为基础的,而不是以价值为基础的。换句话说,如果被问及做某事的法定事由,正确的反应总是诉诸法律权力机关,而不是诉诸某种价值。但这不是反例。每当一个法律权力机关创制了做某事的一个法定事由,它总是主张做那件事情本事就是有价值的。这是否意味着有时理由只是和被主张的价值而不是实际的价值相一致呢?当然不是这样的,因为就价值仅是被主张的而非实际的价值这一点来说,法定事由仅是被主张的理由,即,它们仅是法律视角中的理由。对于这一现象的一种解释,参见约翰·加德纳,"Law as a Leap of Faith", in Peter Oliver, Sionaidh Douglas-Scott, and Victor Tadros (eds.), *Faith in Law* (Oxford: Hart Publishing, 2000)。

都是成立的，但它们是相互联结的，因此第一种可能性以第二种可能性为基础。当欲求得到理由的充分支持时，它们本身能够成为进一步的理由。当该条件得到满足，它们能够成为我们的目标（goals），而目标不仅仅反映理由，它们还能构成理由。

试想一个在其中该条件没有得到满足的例子。假设一个我们称其为E的人在上班前查看自己是否锁了前门。检查完房门后他踏上了庭院中的小路，但到了院门口他又回转身来再次检查房门，这次他使劲地将房门推了好几下。在第二次检查完房门后他又踏上庭院中的小路，并进而来到街上，但他又一次转身回来检查房门。如此这般，反反复复，结果最终他花了十分钟才离开房子，并且在房前街道拐角处他还不住地回头张望。他每次查看房门的欲求都是他查看房门的理由吗？我们可以不去考虑他查看房门的这个理由，即作为其欲求没有得到满足的后果，他若不查看房门，在一天中他都可能感到焦虑。该理由与一个价值相一致，即在一天中免于焦虑的价值，因为焦虑的一天是本来可以获得其他有价值之事物的一天，也是由消极无用之体验构成的一天。这里E可能会将其欲求作为理由，但如果他这样做，他将会限制有效前提，即那些耗尽其一天之价值的恼人的欲求。E有此欲求这一事实是此理由的辅助性前提。我们的问题是，一旦我们在这一事例中撇开焦虑的去除不谈，那么他每次查看房门的欲求是否还是其查看房门的理由。欲求是有效的吗？并且因此欲求本身是一个理由吗？

该事例是A之事例的一个变体，在A的事例中，他的行为是基于一种心理疾病引起的确信，并且他并没有他认为自己具有的跳河的理由。E的行为是基于一种病态的欲求，这种欲求反过来又是基于一种由心理疾病引起的确信，即认为自己没有锁房门。查看房门比从桥上跳下去有更多理由吗？E不太可能不给出进一步的理由而主张自己只是觉得想要查看房门。即便他这么主张，这只会让人觉得他精神错乱加倍了。对明确知道已经锁上的房门，谁会只是觉得想要再检查一下以确认它确实锁上了呢？E更可能说自己对房门是否已经锁上不太确定，说自己不能记起是否已经锁上了房门，说自己曾因为忘了锁门而遭遇盗窃，因此想要确定这次不是再次忘记锁门，不一而足。如果E在确信自己没锁房门方面不是如此明显地错乱，上述所有说法都将是其查看房门和想要查看房门的很好的理由。

E之所以提供这样一种解释是因为他承认，与行为类似，欲求与理由相一致。正如在E的事例中他的解释的失效所表明的，当欲求没有理由支撑时，欲求本身不是做出满足该欲求之行为的理由。正如E所承认的，只有当其欲求是一个有价值的欲求（例如，如果它确实有助于降低未锁门而带来的风险）或者当该欲求经由避免来自其未被满足的挫折感或焦虑而变得在理智方面有意义时（在这种情形中，它将会是那个有效前提的辅助），他的欲求才能成为行为的一个理由。不管以哪种方式，它都不会打破理由和价值之间合比例的关系。

正如在A的事例中一样，也许这里的问题是，该欲求是一种病态。通过思考这些明显由心理疾病引起的事例（在其中，人们有意地使自己或主张使自己与对价值的追求对立起来），也许我们能够找到更引人注目的反例。这些事例可以被分为三种类型。第一种，存在这样的事例，在其中，人们反对追寻价值，而他们没有意识到他们的所作所为的真正含义，因为他们错误地认为没有价值的事物是有价值的，而认为有价值的事物没有价值。这些人要求不对理由和价值之间的关系作重新评价。他们的情形与B类似。就他们误解了价值这一点来说，他们同样误解了适用于他们的行为的理由。但他们仍然是理智的，因为他们仍然有理由相信他们错误地相信的事物。他们基于这种确信的所作所为至多是有免责事由，但没有正当理由。

第二种事例更是有问题的。该事例是关于无自制力（akrasia）或意志薄弱的。人们经常认为这给人类行为的合理性解释带来了最大的挑战，因为在该事例中，对于一种行为的欲求胜过了理由，而行为者知道这些理由将更为支持另一行为的实施。[18] 但这种描述本身就表明了为什么无自制力对比例主义不构成任何挑战，因为，从行为者在行为时有意违反理由这一层面上讲，他/她在行为时也有意违反了价值。或者，至少无自制力这一概念所表明的就是这样。实际上，它是另一种由心理疾病引起的事例，尽管它不那么富有戏剧性并且更为日常化。它不那么戏剧化，因为一般而言无自制力的人对其所作所为有相关理由，并且作为与此的对应，其行

[18] 这方面常被引证的章句来自 Donald Davidson's "How is Weakness of the Will Possible?" in his *Essays on Actions and Events*, n. 10 above。

为中存在价值。问题是，考虑到其他可能的选择，他们没有足够的理由和足够的价值来证明其所作所为是正当的，而这一点他们自己也相当清楚。

我们还剩下第三种类型的事例。在这种事例中，行为者完全地反对对价值的追求。他们追求邪恶本身。[19] 当然，我们没必要证明这些人的所作所为是有理由的。他们也许是不理智的。但他们行为时还在思考，这一点如何是可以理解的呢？如果比例主义是正确的，他们如何能想象在不限制善的情形下还有理由追求恶呢？我们是否必须断定比例主义是虚假的，除了价值之外还存在其他可以被算作理由的事物呢？不是这样的。就该行为者是可理解的而言，他们确实在偷偷地在善的名义下追求（他们所认为的）邪恶。正如全世界恶魔崇拜者（Satanists）的荒唐追求所表明的，邪恶这一表述是表征其追求者私下认为善之事物的符码。也许它是成为分享破禁之战栗（frisson of forbiddenness）的团体的一员所包含的价值，又或者它仅是执拗和乖张（contrariness）所包含的价值。人们不应否认这些事物中可能存在真正的价值。当然，在其是价值这一意义上讲，当将其放在它完全败坏的特征中考虑时，这种真正的价值可能不足以证明对邪恶的追求是正当的。但这仅能表明比例主义者在这种事例方面没有什么好害怕的。什么能够证明这些追求为正当这一问题实际上是关于其价值的问题，因为人们在为其辩护时，除了引证那些与它们所具有的真正价值相一致的理由外没有任何其他理由。

由此而作出结论，认为欲求直接退出了合理性图景，并且它们不会为出现任何行为的事例增加什么，而至多只能为人们在任何情形中做其有理由做之事物时提供动机的强化（而最坏的情形是带来动机上的障碍），这一结论是很诱人的。但这却是过于草率的结论。当一个人的欲求得到了理由的充分支持，他有这些欲求这一事实能为此人提供做其欲求之事的进一步的理由。这些进一步的理由表征了一个人经由欲求而使自己加入了无论如何都是有价值之追求的价值。这能够解释先前表明的一个观点吗？即行为的理由是个人性的，我有我的理由而你有你的。

---

〔19〕有时故意施加痛苦或苦难被认为符合这种无道德规范的态度，但在多数事例中它并不符合。正常来说，人们认为为了更大的利益，这是值得的或有正当理由的，并且在这种背景下也是有价值的。我们在这方面的观点与 Warren Quinn 类似，参见 Warren Quinn，“Putting Rationality in its Place”，in Quinn，*Morality and Action* (Cambridge：Cambridge University Press，1993)。

但它还没有提供一个详尽的解释。一个人的参与是有价值的，并且这一价值与其他价值相似，在原则上它们都是所有人都可追寻的价值。在我们到目前为止所作的论说中，我们没有暗示说私人参与的价值是相对于行为者而言的(agent-relative)价值，是一种尤其出现在行为者生活中的价值，并且因此尤其与行为者的实践推理相关。[20] 只要其生成了理由，它就不仅为每个个体参与其中生成了理由，而且为所有人促成该个体参与生成了理由。因此，如果有人认为某些实践理由(practical reasons)是个人性的，这一点还需要解释。

### 3.2 不包含理由的价值

我们的结论是，如果存在一个反对比例主义的事例，它不在于不与价值相一致的理由的存在，因为没有这样的理由。它是否存在于相反的可能性中呢？存在不与理由相一致的价值吗？让我们看看最近相处不太愉快的两个朋友的例子。意识到这种对他们之间友谊的威胁，他们同意今天出去聚聚，看看事情能不能有所好转。他们其中的一个对情势过于焦虑，他做了所有能做的事情来取悦对方，这使得对方相当恼火。他们之间随后发生了短暂的争论，并且那个焦虑的朋友(我们称其为 F)承诺不再继续尝试取悦对方。当然，如果他遵守诺言，他这么做的部分价值将会是这样做能取悦他的朋友。但如果 F 为了取悦其朋友而这么做，并且如果那个价值在其推理过程中是有效的，他就没有遵守诺言。由此我们可以断定，取悦其朋友的价值没有给 F 任何遵守诺言的理由，尽管事实上该价值是遵守诺言之价值的一部分。F 有其他任何遵守该诺言的理由，但这个理由不行。

这种现象的解释在于这样一个事实，即一个理由之本质的一部分是该理由让一个人为此理由所做出的行为必须在逻辑上是可能的。F 之事例的问题在于，如果他为了取悦朋友而尝试遵守诺言，他必定会违反诺言。如果他因此理由而行为，在逻辑上他肯定会违反自己的初衷。因此，即便他的行为有相应的价值，即，

---

〔20〕这种相对于行为者而言的价值和中立于行为者(agent-neutral)的价值之间的区分来自 Thomas Nagel, *The Possibility of Altruism* (Oxford: Clarendon Press, 1970), 90－95. 这两个术语形成于他的作品"The Limits of Objectivity" in Sterling McMurrin (ed.), The Tanner Lectures on Human Values, Volume 1 (Salt Lake City: University of Utah Press, 1980), 79, at 102."相对于行为者而言"(agent-relative)这一术语经常在更为松散的意义上使用，例如为了表明某些专门责任。但是严格说来，如果不仅存在 A 去承担责任的理由，也存在 B, C, D 等人帮助 A 承担责任的理由，那么专门责任就是中立于行为者的。

与那个理由相一致的价值(假如他有那个理由的话),他也不能基于那个理由而行为。

但不能推论认为该价值不会为任何人提供行为的理由。假定F有另外一个朋友叫G,他知道F的这个诺言并且知道该诺言对F及F先前那位朋友之间友谊的重要性。G还知道F是个容易焦虑不安的人,而且知道不要付出太多代价,也许只要向F提及先前那位朋友当时心情不好就可以恢复F想要取悦于他结果弄巧成拙的热切之情。为了使F不致以此种方式背叛诺言,在将两个朋友聚到一起吃午饭时,G在本来可能说话时保持了沉默。他无意使F先前那位朋友的心情变得更糟。G基于此理由的行为在逻辑上没有自我拆台、自相矛盾(self-defeating)的地方。他的行为有助于F因一种理由而信守诺言,而该理由不是F自己信守诺言的理由,尽管它与F对诺言之信守的价值部分地一致。将背叛诺言会使F诺言的受约者不高兴这一事实作为F信守诺言的一个理由对F来说在逻辑上是自相矛盾的,但对G却不是这样。

我们不相信任何有价值负载(value-bearing)的事实对每个人来说都没有合理性意义。它们合理性意义的缺乏总是相对于特定的人和那些人特定的行为而言的。最为常见的情形是对第一方(即其行为将承载我们所讨论之价值的一方)来说,那种价值不是理由,而第三方(即那些通过诸如谋划、哄骗和强迫等手段有助于第一方价值承载行为之做出的一方)对该价值的利用是合理性的。他们可以为了那个理由而谋划、哄骗或强迫,即便第一方不能因那个理由而做出此种行为。

我们将此种情形称作最为常见的情形,但有些人可能会说我们所描述的这种情形一点也不常见。有些人可能会说我们的例子是不同寻常的、精心策划和设计的,它与承诺不遵守自己的诺言的两难情形非常类似。恰好相反,我们认为我们的事例离这种两难的情形非常遥远。我们所引证的诺言是可理解的、有根据的,并且在我们看来是相当常见的。更为重要的是,我们所讨论的诺言强烈地突出了现实生活的一个方面,在没有任何诺言、命令、请求或类似的独立于内容的创造理由的手段介入时,该方面还是会出现。

让我们假设一个没有朋友的人(我们称其为H)听到每个人都在谈论拥有朋友

的重大价值。由于从来没有参与过这种其不太熟悉的价值，她开始想要试一试。她是一个极端出色的模仿者。她很快学会了以一种看似友好的方式与他人交往的技巧，并很快获得了在她看来的一个朋友圈。不仅如此，这些人也认为她是该圈子的一员。但是，她自始至终却只关注拥有朋友的价值（the value of having friends）。她从来没有以朋友间惯常的方式考虑她所谓的那些朋友。她从来没有与他们共喜忧，他们的热情让她觉得尴尬，如此等等。她将他们看作满足其要有朋友这一需要的人。她没有意识到的是，她对待他们的方式，她回应他们的方式本身与她拥有这些朋友就是不相容的。尽管在与其假朋友的关系中她企图与他们做朋友，但她却没有朋友。让我们想象一下一位该圈子之外的人问 H，她为什么是这个圈子成员的朋友。她说她的目的是要有朋友。这只能表明她并不是他们的朋友。她对拥有朋友之价值的追求在逻辑上是自我拆台式的。当然，H 的根本问题在于她误解了拥有朋友的价值。有些人会说这是评价性错误（evaluative error）的一个例子，而不是在追求真正价值时的自我挫败。但我们的要义在于，H 的评价性错误恰恰在于她认为一个人可以为了有朋友而交朋友。确实，有朋友是友谊之价值的一部分。但它并不是做出任何友谊之构成性行为的理由。[21]

在我们看来，这一事例可以被复制。存在其他一些在逻辑上人们不能通过追求它们而将其引入行为之中的理由。例如，我们认为有些或所有美德的内在价值都属此类价值。我们认为在为了表现勇气而做出的行为中没有勇气可言，在为了表现同情心而做出的行为中也无任何同情可言，不一而足。这些都是棘手的事例，我们在此不便详述。但是我们确实详述的事例已经表明比例主义是一种过于简单化的学说。很多学者一直在尝试通过表明有些理由与价值不相一致来质疑这种学说。我们不接受这种批评，但支持另一种不太被广泛支持的批评，即相对于某些行为者和某些行为而言，某些价值与理由不相一致。那些行为者对那些行为的做出所包含的价值与他们做出那些行为的理由不相一致，尽管他们可以生成理由来帮助他人做出那些行为。

---

〔21〕请再次注意这种限制或禁止不会转而及于第三方。即使 G 像 H 一样误解该价值，如果 G 为了让 F 有朋友而采取行动，这种限制或禁止对 G 也是无效的。这在逻辑上与 G 帮助 F 重建新的友谊并不相斥。

## 4. 理由与人

通过研究理由与价值间的关系，我们已开始看到，理由是怎样比价值更加个人化。以 F 和 G 以其行为为之服务的一种价值(即取悦诺言的受约者的价值)为例，G(第三方)具有与那个价值一致的理由，而 F(承诺者)则没有。但到目前为止，这似乎都是一种错误方向上的不对称。人们会期待个人参与的价值达到这样一种程度，对其自己的诺言来说，F 具有 G 所没有的理由。到目前为止我们唯一看到的理由中的行为者相对性(agent-relativity)似乎不当地将每个人行为的合理性负担转嫁给了他人。

但还是让我们回到关于 F 的承诺及 G 为其信守诺言所做的贡献这一故事上来。让我们考虑一种更为复杂的情形。午餐时注意到了受约人的糟糕心情，G 可能会因此而警告 F 通过如遵守诺言这样的行为来使受约人高兴。别忘了，F 对受约人的讨好是 G 促成这种讨好的理由，并且有什么样的促成方式能够比对受约人之心情的友好建议更自然的呢? 但在 C 及其信件炸弹的事例中，我们让大家关注了警告和建议的一种特别的特征。警告或建议某人是使其注意力集中于他已经具有的理由。我们已经知道，讨好受约人并不是 F 遵守诺言的理由。由此可以推出，在知道 F 诺言之内容的情况下，G 不能警告 F 为这一理由而信守诺言。这将完全不是促成 F 对诺言的信守。相反，这是在帮助 F 违反诺言。这是自我拆台式行为的另一种情形。使这种行为变得自我拆台的并不是 G 做出其行为的理由，而毋宁是 G 为那一理由而做出的行为。与 F 不同，G 有行为的理由，但该理由并不是做出这种诱惑行为(诱惑 F 讨好受约人)的理由，因为这里的理由是对情形有所助益的理由，而这种诱惑行为对情形毫无助益。

这只是一种普遍现象的一个特殊事例。我们已经在一个理由会让人做出的行为与为了那个理由的行为之间作出了区分。在最后一节中我们主张，没有什么能成为这样一个理由，它能让任何人做任何其要求之事，除非其要求之事在逻辑上是可能的。现在我们补充另外一点。有时，人们的行为是为了这样的理由，但这些理由实际上并不支持他们做出上述行为，相反，这些理由却支持其做出其他行为。他们具有那些理由，因为他们按照那些理由要求他们的方式为那些理由行为在逻辑上是可能的。遗憾的是，他们真正为那些理由所做出的却是其他行为。例如，他们有理由促成他人的行为，但他们为此理由的所作所为却远不是一种促成或促进。它实际上是一种妨碍。这是一种重要的合理性错误。它与A和B犯的错误有细微的差别，A和B的错误简单来讲是关于哪些理由适用于他们的问题。相反，这里的错误是关于哪些行为得到了大家公认之理由的支持。[22]

这类错误中最为常见的是第三方忽视个人之参与这一价值的错误。一如我们所言，这一价值与所有其他价值一样，是中立于行为者的。每个人对有价值之活动的个人参与在原则上讲是每个人自己的事情。表述该观点的这种方式唤醒了所有爱管闲事者的鬼魂，他们事事强行打扰他人的生活。它让人们想起了反对实用主义的理由，即它给予每个人同样的为每个人服务的目标。[23] 但请注意，该观点忽视了这一事实，即人们可能会对他人目标之追求所做的贡献可能根本不是贡献，因为这些贡献会减损而非增加个人参与，而追求一个目标本身就意味着这种个人参与。由于这些爱管闲事者的存在，世界上的个人参与不是更多了而是更少了。因此，他们必须对他人的个人参与有所助益的理由并不是他们做出这些具有虚假助益之行为的理由。

这是使人们在印象中认为理由可能比价值更具私人性的主要原因。[24] 事实上，这些所谈论的理由与价值(除了我们在前一节后半部分提到的特殊事例)一样是中立于行为者的。对第三方和对当事方来说，它们都是一样的理由。但是，这里的要点是，在当事方对理由的服从中，第三方仅仅有能力为此事做出有限的贡献。因此，适用于第三方的理由是(比他们乐于设想的)更多限制而更少令人激动的干预的理由。面对这一点，人们以一种相对于行为者的方式来思考他人的角色和追

---

[22] 这些差别是细微的，因为正如可以论证的那样，在每个事例中，错误在于辅助性前提。但是说理由适用于G但不适用于A和B是有道理的。如果G发现他没法做什么来帮助F，他有理由感到失落，而如果A和B发现他们没有办法逃跑，他们没有理由感到失落(尽管他们认为他们有理由)。

[23] 该反对意见是 Bernard Williams 著名的正直性抗辩(integrity objection)，"A Critique of Utilitarianism", in J. J. C. Smart and Bernard Williams, *Utilitarianism: For and Against* (Cambridge: Cambridge University Press, 1973), 116 - 117. Peter Railton 在"Alienation, Consequentialism, and the Demands of Morality" in *Philosophy and Public Affairs*, 13(1984), 134 中进一步阐发了该观点。

[24] 我们在此处是基于 Joseph Raz, *The Morality of Freedom* (Oxford: Oxford University Press, 1986), Ch. 12. 我们的结论超出了拉兹为之辩护的结论。

求也许是有些价值的。[25] 当然这一点也可能失控并蜕变为一种荒谬的个人中心主义。然而,在日常生活中,我们在自己的实践推理中有限度地采用相对于行为者的视角有助于我们抗拒这种诱惑,即我们想要过度地牵涉进他人的个人参与,以至于他人的个人参与都不再是个人参与了,并且这些个人参与本身的价值也因我们出于善意但自我拆台式的干涉而遭到了破坏。

## 5. 理由与推理

上节介绍的例子阐明了间接推理的价值。在这些例子中,人们有理由做些什么,但在为了该理由而行为时,他们又容易做错事。有帮助的理由(比如一个人的朋友在实现自己的目标时遇到麻烦)并为该理由行为时,人们容易在干预他人时达到这样一种程度,即妨碍了而非有助于目标的实现。在这些事例中,为某一理由而行为是偶发的自我拆台行为(contingently self-defeating)。[26] 它在逻辑上不是自我拆台的,因为一个人意图帮助别人并实现这一点在逻辑上是可能的。然而,个人的特征或个人的困境可能会阻止其成功。可能存在注意力转移、诱惑或其他因素,它们可能会让一个以帮助他人为目标的人结果却妨碍了他人。这是那些广受批评的不切实际的社会改良家的缺点,她意识到有帮助他人的理由,但却不知道在什么时候停下来。她没有注意到,在某一点上,她对他人应当达致其目标的热切以及作为后果的对他人达致目标之过程的极力参与恰恰是他人实现目标时的障碍。因为在某一点上,她的参与冲淡了他们的参与,即他们的个人参与,这是他们拥有并追求目标之价值的一部分。在此点上,她有理由不去尝试帮忙。这并不表明她没有帮忙的理由。只有在为了帮忙而帮忙的行为在逻辑上自我拆台时才能得出这样的结论,而在此事例中情形并非如此。这也不表明她有不帮忙的理由。她所具有的是一个不因某个特定理由而行为(即不为帮助别人这一理由而行为)的理由。在拉兹之后,作为排他的理由(exclusionary reasons),这种不为某一理由而行为的理由

---

〔25〕关于有限的行为者相对主义(agent-relativism)的一个更为坚定的相对于行为者的事例,请参见 Derek Parfit, *Reasons and Persons*, n. 4 above, part one。

〔26〕Parfit 的《理由与人》(见前注)以对自我拆台性(self-defeatingness)的研究开篇。他对直接的自我拆台和间接的自我拆台的区分与我们对偶发的自我拆台和逻辑上的自我拆台的区分近似,但不完全相同。

已经广为人知。[27]

有时，为了保护孩子而行为很明显是有道理的。让孩子系上安全带确实有助于保护他们免受伤害，并且从多数人的情况来看，在为了孩子安全而让孩子系安全带时，没有什么让人分心或使事情复杂化的情形。但涉及孩子安全的其他活动则更为复杂。

让我们设想有这样一位家长，我们称他为J，他为了保护孩子不受繁忙的交通及恶意陌生人的伤害而禁止孩子到街上玩耍。短期内他成功了。但很快情况就不妙了。大一点的孩子长大后很听话但却胆小。当孩子作为年轻的成年人自己走在街上时，他发现自己在应对交通和陌生人方面非常吃力。他不知如何测算开过来的车辆的车速，并且不会判断别人的性格。但是，小一点的孩子长大后却非常叛逆并且轻率鲁莽。她不顾交通径直过街，并且在选择同伴时完全不知区分。在孩子们长大成人后，他们面对危险时非常脆弱，而如果在他们童年时他们的父亲J不是如此地重视他们的安全并且不是如此严格地禁止他们到街上玩耍，他们本来不会如此脆弱。J对孩子安全的过度重视以及他后来为了安全而采取的保护行为是一种偶发的自我拆台行为(假定他所重视的安全是孩子的长期安全，是一直延续到成年时代的安全)。为了按照该理由所要求他的去做，即为了使孩子们更加安全，J最好不要如此经常地为该理由而行为，最好不要如此地呵护备至。在太多父母的情形中，该理由诱使他们犯下了过于具有保护性的错误。鉴于这种诱惑，至少在孩子成长过程中的某些情形中，父母有不为该理由行为的理由：一个排他的理由。

有些人总是怀疑排他性理由存在的可能性。[28] 对他们的怀疑的一种解释是，他们误解了我们在第三节中介绍的关于理由的主张，即除非一个理由在让一个人为之行为时此人的行为在逻辑上可能的，否则任何事物都不是一个理由。对该主张的误解认为，除非一个理由在让一个人为之行为时此人的行为在客观情势下是可能的，否则任何事物都不是一个理由。该误解产生了两个神话，我们称其为理性

---

〔27〕Joseph Raz, *Practical Reason and Norms*, n. 11 above, 39.

〔28〕参见如 Michael S. Moore, "Authority, Law and Razian Reasons", *Southern California Law Review*, 62(1989), 829 at 859 ff. 这个例子非常有趣，因为它直接支持了下文所描述的理性主义神话。

主义神话。这两个神话的结合得出了这一结论:行为的理由比人们本来预想的要少,但那些理由能更加保证其忠实的践行者少犯错误。

第一个神话经常见之于“应当意味着能够”这样的口号。那些深受理性主义神话束缚者在使用该口号时,它的意思是,那些能力较弱或机会较少者出于此原因而具有较少的行为的理由。对任何他们缺少能力或机会去做的事情,他们也缺乏去做的理由。我们在此不直接应对该神话。[29] 我们的主要兴趣在于第二个理性主义神话。根据这个神话,一个理由具有这样的性质,在做任何理由要求人们去做的事情时,除了为该理由行为外,没有其他任何比该理由更好的方式。该思路认为,理由就是要被遵从的。该神话的支持者会问,即便就该理由本身而论,不遵从该理由怎么能够与这一真理相一致呢?怎么可能有不遵从一个理由的理由呢?怎么可能有排他的理由呢?

第二个神话在现代道德哲学中的一个显著的发展成果将该神话看作被援引来应对相互冲突的不同理由的一个原则。让我们回忆一下,根据第二个神话,在做任何理由要求人们去做的事情时,除了为该理由行为外,没有其他任何比该理由更好的方式。对有些人来说,下面的主张距离上述主张只有一小步的距离,即在做各理由间的平衡要求人们去做的事情时,除了权衡这些理由,也就是说除了权衡、考虑特定情形中一个人能做的各种行为的好处和坏处外,没有其他更好的方式。

但人们不必引证关于排他的理由的观念来表明这小小的一步在方向上是错误的。权衡一个人将要做什么本身就是一个人所做之事。它是一个先于其他行为(或活动)的行为(或活动)。同样,有支持或反对参与该行为的常规理由。因此,权衡接下来的行为并不总是去做一个人的权衡中的理由要求人们去做的事情的最好

---

〔29〕但是,我们想说的是,有一种特殊的理由是以能力为上限的。它们是基于利益的理由(或关于福利的理由)。有些事情是符合你的理由的(对你的福利有所助益),条件是,第一,它是有价值的,第二,你有能力参与到该价值中来。你还是有理由去追求不符合第二个条件的事物,但它们的价值不会增加你的福利。这同样也适用于他人的福利。通过追求他人无法参与其中的价值,你并不会增加他们的福利。认为理由都是以能力为上限的观点可能来自于两个虚假假设的令人生厌的联合,一个是,理由都是关于福利的理由,另一个是,所有关于福利的理由都是相对于行为者的。关于这些以及相关观点的进一步讨论,请参见蒂莫西·麦克莱姆,“Choice and Value”, *Legal Theory*, 6(2000), 1, 和约翰·加德纳,“The Mysterious Case of the Reasonable Person”, *University of Toronto Law Journal*, 51(2001), 273。

方式，因为这种等同将会排除支持和反对权衡本身的理由。简言之，对有些价值而言，审慎的行为对其非常不利，而自发的、无拘束的行为则更为适合。[30] 很明显，自发性有其价值，它是许多有价值之关系的一个要素。但更为平常的是，还存在不停下来深思熟虑所节省的时间的价值。这些价值产生了反对下述情形的理由，即审慎地思考是否去完成一个人有理由完成的行为。因此，认为完成理由要求人们去完成之行为的最佳方式必定是去权衡这些理由的主张破产了。这种破产与排他的理由没有任何关系。排他的理由并不是反对深思熟虑的理由，或反对将某些理由纳入一个人的深思熟虑的理由，而是反对为某些理由而行为的理由，不管其行为中是否包含深思熟虑。

当代道德哲学、政治哲学及法律哲学中的很多混乱都是来自这一假定，即我们的合理性才能（rational faculties）就是我们的审慎（或协商）才能（deliberative faculties）。由于深思熟虑的审慎是一种合理性力量，因此说如果一个行为没有经过深思熟虑，它就不那么合乎理性（rational），这也是有道理的。但它只是在一个方面不那么合乎理性。在其他很多方面它可能更合乎理性。

一个出于本能反应拯救自己生命的人不会表现出他所有的合理性能力。非常显见的是，他不会表现出自己审慎的能力。但全面地加以考虑，他比那些表现出了审慎的能力，但由于在审慎思考的过程中浪费了时间而在审慎思考问题时就死去了的人要更为合乎理性。在合理性标题下最重要的能力是为理由而行为的能力，而这位发自本能的自我拯救者表现卓越，这比他更为审慎的对手更好。毕竟，他逃离了不断增速的势不可挡的力量，而他的对手不幸地置身其间，想要考虑清楚该怎么做。他受自然的恐惧（raw fear）的驱使。这表明了广受吹捧的理性与情感之区分的谬误。只要我们的恐惧或愤怒是有正当理由的，它们就是合理性的朋友。只要一个人的恐惧或愤怒是基于这样的事实，这些事实到如此程度，如果这些事实使一个人恐惧或愤怒，此人因此就更可能以一种比他自己度量斟酌的方式更为精确

---

〔30〕这是对 Bernard Williams 在其“Persons, Character and Morality” Williams, Moral Luck (Cambridge: Cambridge University Press, 1981) at 18 中所阐发的著名观点“一个念头都是多余”(one thought too many)的一种解释。但对本观点的另一种解读则使其成为了我们在上文第二节中论点的再现，其大意是，某些假定的有效前提实际上是多余的，并且因此根本不是有效的。

的方式回应这些事实，那么他的恐惧和愤怒就是有正当理由的。正如我们在第一节中所提到的，很自然地，人们有可能出于有正当理由的恐惧或愤怒而做出没有正当理由的行为。但是，一个人之恐惧或愤怒的正当理由即在于他/她不做出这一行为的可能性。[31] 与所有正当理由类似，该正当理由是合理性的。如果一个人被问及为什么感到恐惧或愤怒，此人会给出自己的理由。

因此，审慎考虑(deliberation)这一话题是一种让人注意力分散的事物。排他的理由是规制一个人为之行为之理由的理由。它们是悖论式的(paradoxical)这一判断并不是来自下述想法，即审慎地去做理由让我们做的事情比有意识但无思考地(intentionally but without thought)去做同样的事情在合理性方面更具优势。它毋宁是来自这一想法，即有意识地做理由让我们做的事情(不管有没有思考)比意外地做了同样的事情在合理性方面更具优势，在后一种情形中，这意味着按照那些理由的要求去做了，但却是为了某种其他原因。第二个理性主义的神话提出的问题是，意外地做了理由让我们做的事情这一行为本身是否有些古怪可疑。这难道不是挑衅或背叛一个人的合理性(rationality)吗？[32]

一个人必须理解存在需要被服从的理由的真正含义以及合理性会使人们基于理由间的平衡而行为的真正含义，了解这一点没有什么不好。严格说来，合理性所要求的是人们总是为了一个未被弃置的理由(an undefeated reason)而行为。普遍使用的平衡的隐喻(the balance metaphor)将人们的注意力集中到了这样的事例上，在其中，理由在与对立行为(rival actions)的普通理由的普通冲突中被弃置。换句话说，它们在价值和重要性上被超过了(outweighed)。但被排他的理由所排除

---

[31] 很自然地，在决定一个人出于情感而做出之行为的正当性时，人们必须考虑到对该情感之表达的价值。人们不应当假定只有当一种情感趋向于撇开该情感之表达这一价值来做出行为时，该情感才是有正当理由的。这里判断的依据(test)是，考虑到情感表达这一价值，行为是否是有正当理由的。因此，我们关于情感之正当化的观点不致退化为一种纯粹工具主义的观点。但是，有些情感较之其他情感更具工具性。例如表达悲伤或负罪感的行为的正当化通常受到表达性价值(expressive value)的影响，而表达恐惧或厌恶的行为通常更多地从除了它们表达恐惧和厌恶这一事实之外的其他事实那里获得它们的正当性，这就使得后面一类情感在其合理性作用方面更具纯粹的工具性。

[32] 这是 Robert Paul Wolff 在其 *In Defense of Anarchism*，2nd edn. (Berkeley：University of California Press，1998)，ch. 1 一书中对权威进行攻击的基础。拉兹在 *The Authority of Law* (Oxford：Clarendon Press，1979)，ch. 1 中通过捍卫排他的理由并因此捍卫了权威而对此做出了回应。

的理由也是被弃置的理由。当合理性要求一个人依理由的平衡行事时，相应地，它也要求此人为一个既没有在价值和重要性上被超过且没有被排除的理由行为。这种表述表明现实是意外与意图之间的一种中间事物(tertium quid)。只要一个人的行为是为了某种未被弃置的理由(并且在这一意义上有意地与理由相契合)，那么按照一个理由的要求去做但却不是为此理由而行为(换句话说，意外地做了理由要求人们去做的事情)并没有什么不对的。这加强了我们在第一节中提出的正当理由的判断标准。在第一节中我们这么说是为了表明如果一个人的行为是有正当理由的，此人必须表明理由确实支持了他所从事之行为的全过程，并且他为那些支撑性理由中的一个而行为。现在我们以更为学术但又更为精练的语言表述了这一双重条件的判断标准(biconditional test)。要想表明一个人的行为是有正当理由的，只需要表明此人为一个未被弃置的理由而做出了该行为。(并且出于同样原因，要想表明一个人的确信是有正当理由的，只需要表明一个人因一个未被弃置的理由而持有这一确信，而要想表明一个人的恐惧是有正当理由的，只需要表明一个人因一个未被弃置的理由而感到了这种恐惧，如此等等。)

有人可能反对说我们对未被弃置的理由的讨论不正当地掩盖了在价值与重要性上被超过了的理由与被排除的理由之间的主要不同。当一个理由在价值与重要性上被其他理由超过时，这实际上对于一个人应当做什么关系重大。正确的行为是为在价值与重要性上超过其他理由的理由支持，同时为在价值与重要性上被其他理由超过的理由所徒劳地反对的行为。另一方面，反对意见会认为，根据我们自己的证明，一个被排除的理由仅仅是一个我们不应该为之行为的理由。在理由间相互权衡的已知条件下，排除的策略只是使一个人通过某种方式做其应做之事的间接策略。作如此理解后，排他的理由就属于手段的哲学而非目的的哲学。[33]

---

[33] 手段哲学和目的哲学之间的对立一路追随所谓的"规则功利主义"(rule utilitarian)进路，直到道德推理。如密尔和西奇威克(Sidgwick)这样的规则功利主义者的伟大洞识是，规则不能被看作仅仅是实现某些独立的特殊目的的手段。在规则之下一个人应该做的事情并不必然是在规则之外一个人应该做的事情。但下一段中所指出的那种深刻的错误致使上述洞识被认为是情境功利主义(act utilitarianism)的一种胆怯的和不可信的变体。实际上，规则功利主义的许多错误的情形中，大多数都要归咎于情境功利主义。罗尔斯在其"Two Concepts of Rules"，*Philosophical Review*，64(1955)，3 一文中对此问题作了著名的讨论。最近，能让人记起此成就的一个令人耳目一新的作品是 Brad Hooker 的 *Ideal Code*，*Real World* (Oxford：Clarendon Press，2000)。

但该对立是一个虚假的对立。一个理由不论是通过在价值和重要性上被超过还是通过被排除而遭到弃置这一事实与是否最好去做该理由要求人们去做之事这一问题完全无关。由于每个理由都对应一个价值,因此按照每个理由的要求去做总是较好的,不管相关理由被弃置与否。在一个合理性冲突的情形中,诸理由将一个人向两个或更多相互矛盾的方向拉扯。鉴于各方向间的相互矛盾性,不可能在两个(或更多)行为中实现同一价值。从分析上讲,最好为最佳的价值而行为,或者换句话说,最好不要去做出所实现的价值比一个人可能做出的其他行为价值更少的行为。但是如果通过情势的某种奇迹般的变化,一个人既按照被弃置的理由的要求去做了,又按照未被弃置的理由去做了,这样更好。在不会成为行为的更小的理由这一意义上,或在做其要求之事的吸引力不会比此前减少这一意义上,在价值和重要性方面被超过的理由不会失去它们的合理性力量。它们在价值和重要性方面被超过或它们被排除的唯一结果是为这些理由行为的合理性被消除了。

### 6. 理由的力量

通过关注在其中一个人通过为某一特定理由行为而承担了没能按该理由的要求去做的风险的事例,我们介绍了排他的理由这一范畴。在这些事例中,排他的理由的作用是控制逆生产性(counterproductivity)。但并不是所有排他的理由的存在都是为了服务于这一目的。有些排他的理由的存在是为了使一个人更可能按照某一特定理由的要求去做,不是通过排除该理由,而是通过排除某种其他理由,后一种理由通常但不总是与前一种理由相矛盾的理由。一旦来到了餐馆,最好不要根据价格来调整你在菜单上的选择,因为这么做就错失了晚上出来吃饭的心境和精神。同理,最好不要着眼于自身的利益而在财务方面给朋友提出建议,因为在这一过程中你背叛了自己的友谊。这种类型的事例不胜枚举。它们与在其中理由仅仅是在价值和重要性方面被超过了的事例不同。自然地,一个人可能有其他理由来尝试碰巧是菜单中最便宜的菜品,或者建议朋友投资,而该投资碰巧对自己有利。这些理由可能在价值和重要性上超过了相反的理由。这里的要义在于,当情形如此时,一个人有其他未被弃置的理由来做被排除的理由要求其做的事情。但一个人也有不为被排除的理由去做这些事情的排他的理由,换句话说,在相关事例中不因菜品的廉价或自身的利益而去做相关事情。

排他的理由实现它们强化理由以对抗对立理由之功能的典型情形是关于义务(duty)(也被称作约束力(obligation))的情形。一个人有义务做某事亦即有做此事的理由:第一,该理由的存在不是基于此人当时的目标,第二,该理由也是不为某些相冲突的理由行为的一个理由。第一个特征赋予义务以绝对性特征(categorical feature)。绝对的理由是那些不受制于它们对其产生作用的行为者的主要个人目标的理由。一个人要做出承诺的理由通常是基于此人想要实现的目标,但一旦承诺已经做出,由该承诺所创制的理由不会屈从于此人所希图之事物的变化。但对我们的目的来说,第二个特征更为重要。如果做某事的理由同时也是不为某些相冲突之理由行为的理由,该理由就是一种特殊的理由,它被拉兹称为是受保护的(protected)理由。受保护的理由并不仅是行为的理由与不为某些相冲突之理由行为的排他的理由之间偶然的联合。其要义在于作为一个人行为之理由的同一个事实还是此人不为某些相冲突之理由行为的理由。一个人已经做出承诺这一事实本身既是按照此人的承诺去做的理由,也是不为现在做此事比当初承诺时更为困难这一事实所动的理由。当一个理由拥有了这种特殊的受保护的结构,我们感到它的力量就是强制性的。我们必须按照此理由对我们的要求来做。理由可以是绝对的而不是强制性的,也可以是强制性的而非绝对的。义务是理由的一种特殊的和重要的情形,在其中,理由既是绝对的,又是强制性的。

例如,让我们设想在爱丁堡国际艺术节期间一位热心艺术的人被给予了在朋友位于爱丁堡的公寓里暂住的机会。这是一个绝好的机会。尽管此人住在离爱丁堡不远的格拉斯哥市郊,但他很少有机会光临这一艺术盛宴,更不用说在这里逗留几天了。他对公寓的暂住没有任何附加条件并且钥匙将会交由一个邻居保管直到他去取用。在他看来,这次旅行的诱惑无法抗拒。但是在他准备出发的那个早上,我们的这位艺术迷(我们称其为 K)发现他的车子没法起动了,并且当地的机械师说修好车子要花一周的时间。为了赶上开往爱丁堡的火车,看来 K 只能坐公车去市里了。所有这些麻烦又增加了他正开始感觉到的在这一周之内不去工作的压力,因为事有不巧,许多重要的客户计划本周来访。考虑到所有的因素,参加艺术节的想法变得麻烦异常且价值全无。他没有办法在这般压力下消受这艺术节了。

他对于艺术的热情正逐分逐秒地减弱。我们所举的例子到目前为止还没有什么问题。现在K想要抓住机会的理由可能被弃置了。但如果他答应在其朋友离开的这段时间帮助朋友照看公寓,并且担心公寓没人照看的朋友因此没有雇用帮佣照看房子,那么情形就不同了。在这种情形下,K就有义务如其所说的那样赶往爱丁堡。该义务意指他有一个去爱丁堡的理由,即他答应他会去,并且该理由有两个特殊的特征。与他对艺术的热爱不同,该理由不会随其意图、心境和热情的变化而变化。也就是说,该理由是一个绝对的理由。另外,该理由不仅是要赶往爱丁堡的理由,它还是不能因为现在赶往爱丁堡比他当初答应前往时他所想象的情形更为不方便和更具破坏性而呆在家里的理由。换句话说,该理由也是强制性的。

让我们暂时将义务或强制力的绝对性特征放在一边。它影响义务存在的条件而不是当义务存在时义务的力量。我们所关注的是义务的力量。义务的力量有两个维度。换句话说,义务在两个层面上攻击其对手(与义务相冲突的行为的理由)。第一,作为行为的理由,它们拥有普通的、惯常的力量。第二,不管义务本身还是其对手的普通力量如何,义务还有一种特殊的、内在的和排他的力量来保护它们对抗相冲突的行为的理由。人们可能会认为第二个方面使得第一个方面变得多余。由于义务是排他的,它在价值和重要性上超过其他理由还有什么意义呢?由于它们的对手已经被打败了,它们为什么还要再次将对手打败呢?简单的回答是,义务的排他的力量不需要是绝对的。典型情况下,做某事是一个人的义务这一事实意指此人不能以某些反对理由为借口不做此事。例如人们一般不能以不便或烦恼作为反对理由。在K的事例中,义务经由同意而被认为是想当然的,K不能以他在做出承诺时有理由想到的日常的不便和烦恼作为不去的借口。但其他对抗该义务之履行的理由还是存在的。比如,如果在K到了爱丁堡的第一天他的家就遭遇了盗窃,这完全可以是其回家的不可排除的理由。如果另一个理由的价值和重要性足够大,它完全可能证明K离开爱丁堡的公寓并因此违反了他对朋友的义务的做法是正当的。

在这一点上,一切都是基于起作用的理由的价值和重要性,包括现在被看作是行为的一个普通理由的义务本身的价值和重要性。人们不应假定该理由拥有特别的价值和重要性。理由可以同时既是强制性的又是微不足道的。它们可能善于通过排除来战胜对手而不善于在价值和重要性方面击败对手。在一次聚会结束后，一个人有感谢主人的强制性理由，但该理由却没有特别大的价值和重要性。一个人在聚会后非常疲劳这一事实不是不感谢主人的理由，因为这一理由无疑是被排除的。但其他很多理由，从一个人的婴儿的临时照看者焦急地给其打电话这一事实到主人与他人交谈正欢这一事实，都可能是此人违反该义务的充分的、正当的理由。

一个有趣的语言学上的意义不明确被制造出来。“错误”的一种意义认为，当且仅当行为没有正当理由时，行为才被认为是错误的。但是，对义务的有正当理由的违反这一事实引入了“错误”这一语词的一种不同的细微含义。存在错误的但又是有正当理由的行为，并且恰恰由于这些行为是错误的，这又创造出一种特殊的证明行为有正当理由的压力。考虑到所有的情况，它们成了这样的事情，一个人去做这些事情是正当的，但如果做了这些事情，一个人同时又做了某种错误的事情。在后一种意义上，“错误”仅意指“违反了一个要求”，而有无正当理由这一问题还是开放性的。〔34〕

人们经常认为后一种意义上的做错（wrong-doing）具有特别的重要意义，因为它在人的生活中留下了痕迹。这一点是不能否认的，但它可能被夸大了。每次一个人不去做任何理由要求他做的事情时，不管该理由是否是强制性的，他的生活中就会留下一点痕迹。原则上这总是值得遗憾的事情，因为我们不会认为仅仅由于被弃置了，理由就会丧失其作为理由的力量。〔35〕 但是，当涉及普通理由时，与相关理由的最初力量类似，这一持久性力量只是劝告性的（advisory）。它可能在价值和

〔34〕有些人喜欢追随 W. D. Ross, *The Right and the Good* (Oxford: Clarendon Press, 1930)，将后一种意义上的错误的行为称为“自明的错误”（“prima-facie wrong”）。类似地，他们可能还会谈及自明的义务，自明的理由等等。这种说法具有误导性。自明的理由是正当的理由，自明的义务是正当的义务，那么相应地，自明的错误成了正当的错误。对 Ross 这一说法的犀利批判，请参见 John Searle, “Prima Facie Obligations”, in Joseph Raz (ed.), *Practical Reasoning* (Oxford: Oxford University Press, 1978)。

〔35〕Bernard Williams 很长时间以来一直以理由是“内在的”而非“外在的”这一观点自娱，该观点导致其远离了我们在第一节到第三节中所采取的立场，而他对此观点的不认真对待主要源自这样的想法，即我们所采取的立场没有为后悔留下余地。我们希望我们已经表明了相反的情形。参见 Williams, “Ethical Consistency” in Williams, *Problems of the Self* (Cambridge: Cambridge University Press, 1973)。

重要性方面非常关键，但许多众所周知的不去后悔的理由也同样关键，并且后者通常会证明一个人撇开悔恨的包袱继续过活是正当的。

但是，当一个人没有去做一个强制性理由要求他做的事情时，该理由的持久性力量是不同的。甚至在此人失败后，它仍然是一个强制性理由。正如某些不去从事被要求之行为的理由由于行为被要求这一事实而被排除一样，在一个人没有履行相关行为这一事情发生后，他要忘记此事的理由也被排除了。换句话说，人们很难漠视没能去做强制性理由要求人们去做的事情这一事实。这不是简单指出如下说法就能解决的问题，即如果一个人对难收之覆水停止伤悲感怀，他的生活会更好。当强制性理由同时还是绝对理由时，情形就更是如此，因为这里一个人目标的变化对消除理由的适用无任何助益，并且当行为之履行的时间过去后，情形也同样如此。一个人不能通过简单地改变方向来逃避自己生活中的污点。它所创造的合理性压力是各种诸如道歉、支付赔偿金、忏悔或惩罚等补救性和赎罪性反应的为人熟知的理由。〔36〕当然，每个这样的反应的恰当性还要受更多条件的制约。如果作为这些反应之对象的行为是有正当理由的，一些反应，如惩罚，可能是不正当的。但尽管如此，所有这些反应都以对义务的违反为条件。

我们刚刚谈到，行为的普通（未受保护的）理由仅有一种劝告性力量，这与强制性力量形成了对照。请注意这不同于说它们是许可性的（permissive）。当然，存在一些这样的理由，不按其要求去做是被允许的，并且为其行为则是职责之外的（supererogatory）（或者“超出了义务的范围”）。它们表征了另外一种包含排他成分的特殊类型的理由。它们不仅是未受保护的理由，还肯定是被暴露的理由（exposed reasons）。在此，我们不能探讨它们的逻辑结构，其结构比未受保护的理由的逻辑结构更为复杂。〔37〕但是仅仅为了告诫人们警惕那种认为理由只有两种声音的倾向（即要求（requirement）的嗓门提高的声音及许可（permission）的共谋性私语），提及它们也是值得的。不幸的是，这一条文主义的区分遗漏了合理性的正

---

〔36〕同样的力量为诸如负罪感、羞耻感和悔恨感等回溯性情感（retrospective emotions）创造了合理性压力。这些情感道德上的重要性表明了我们在上面注释 31 中阐述的关于情感的表达性（及工具性）价值这一观点的重要性。

〔37〕参见 Raz，“Permission and Supererogation”，American Philosophical Quarterly，12（1975），161。

常声音。通常，理由仅是我们的顾问和向导。将所有特殊的排他的成分排除，理由仅仅支持它所支持的行为(或确信，情感等)。在任何排他的力量缺失的情形下，做出某一行为的理由使得该行为变得可取。如果存在相互冲突的理由，一个行为比其他任何行为的理由都更有价值和重要性这一事实完全会使该行为成为最为可取的行为。如果我于周六在人群到来前早点去超市，而不是更晚，也许我的购物工作会做得更好。也许其他都是相同的：我不喜欢睡懒觉，在周六这一天的其他时间我没有别的安排，等等。如果我去晚了，我很明显做了不那么可取的行为。从合理性角度讲，我犯错了。在我们之前提到的第一种意义上，我做了错误的事情。但在第二种意义上我并没有做错事。在最为可取的时间去购物对我来说并不是强制性的。因为，就我们之前的事例而言，我没有如此行为的受保护的理由。

我们猜想一个共同的假设是，在类似这样的事例中，受保护的理由会在最后的障碍面前自动发挥作用。很明显，我们的结论是，我推迟购物是不合理的。因此，除非愿意被冠以不理智的罪名，否则早去购物的确是我的唯一选择。如果我去购物的理由被弃置了，我可能不必现在去购物，但由于该理由没有被弃置并且每个相冲突的理由都被弃置了，难道不是对合乎理性的一般性要求，即对人们应该为未被弃置的理由行为的一般性要求，加入进来并最终使其变成了强制性理由了吗？

我们怀疑任何这样的对合乎理性的一般性要求的存在。承担某些特殊职责的人，如法官和其他行政官员，有义务在承担这些职责时合乎理性。另外，在尊重我们自身以及他人的理智方面，我们确实都有各种各样的义务。但这与得出理智本身对我们每个人有平等的要求这一结论相去甚远。但即便如此，请注意，这一主张强化了而非否认了我们在本节中所阐述的最为重要的观点。要想理解对合乎理性的一般性要求这一观念，人们需要理解要求是什么，这将它与普通的行为理由区分开来。主张说我们有理由合乎理性是一种同义反复。但主张说我们都受制于合乎理性这一要求，或者说(并且)这是我们的义务就不是同义反复。由于这些主张不是同义反复，因此要求和义务中肯定包含着普通理由所没有的某些东西。本节解释了这“某些更多的东西”是什么。要求(或强制性理由)是受保护的理由，意指它们是行为的理由，同时这些理由还是不为某些对该行为有负面影响之理由行为的理由。义务(或约束力)与此完全相同，但它们有另外一个特征，即它们还是绝对的，意指它们不受制于它们对其产生作用的行为者的主要的个人目标。

对为什么人们急于承认理由在根本上中立于行为者的性质这一问题的一种解释是这样一种观念，即如果一个人行为的理由自动生成其他每个人帮助其完成那些理由要求其做出的行为的理由，那么我们的视野中将充斥着对我们极端苛刻的义务。[38] 该观念继而认为，毕竟理由是强制性的，并且为他人之目标服务的理由是基于他们的目标，而非我们自身的目标，并且因此这些理由看来似乎是绝对的。这样的问题又一次出现了，即是否存在我拥有自己之目标的余地？

我们在第四节中针对这种热望给出了部分的回应。我们认为，一个人可能为他人对其目标之追求所做的贡献是有限度的，并且考虑到过分热心地干涉他人的可能性，如果可能的话，人们应当在一定限度内对生活采取一种中立于行为者的进路。现在我们来补充另一要点。即便一个人在帮助另一人实现其目标时能做很多贡献，这并不表明此人有义务这么做。实际上，人们没有理由作如下设想：即便另一人负有义务，为帮助此人履行其义务而做一个人能做的所有事情是后者自身的义务。

一个人拥有一个理由会自动地给予所有人帮助此人做该理由要求其做的事情的理由这一事实并不表明，如果此人的理由是绝对的、强制性理由，所有其他相关人员的理由就都是绝对的和强制性的。[39] 要想证明后者的理由是绝对的和强制性的，人们需要表明，相对于每个人来说，存在不以某些相互对抗的理由（包括那些与此人之目标相关的理由）为基础而行为的理由。这通常是一种苛刻的要求。勿庸置疑，表明一个人有义务帮助其他每个人实现其目标的要求是一种苛刻的要求。当然，这并不表明一个人永远没有这种义务。它只是表明，所有这些义务的存在以如下论据为基础，这些论据支持那一特定义务的存在，换句话说，它们支持一个人不计至少某些代价，为他人追求独立于其自身之目标的目标作出贡献。

---

〔38〕对这种热望的有力表达和批判，请参见 Samuel Scheffler, *Human Morality* (New York: Oxford University Press, 1992)。

〔39〕从技术上讲，一个人有理由做任何充分的事情来帮助满足任何（其他的）理由，不管这么做是不是必须的。但是，一个人不必然有义务做任何充分的事情来帮助履行任何（其他的）义务。关于实践推理之逻辑的这些方面，请参见 Anthony Kenny, *Will, Freedom and Power* (Oxford: Blackwell, 1975), ch. 5. 在整篇文章中，我们都基本支持 Kenny 的结论。

## 7. 选择的作用

因此，到目前为止我们已经发现在两方面合理性对我们的约束比一些人习惯认为的要少。但到目前为止，我们忽略了合理性将我们的选择保持开放的第三个，有些人可能认为是更为重要的一个方面。我们还没有论及不可通约性(incommensurability)的作用。让我们暂时将排他的理由的错综复杂的影响放在一边，如果两个备选的(alternative)行为中哪个与另一个相比都没有更有价值和更重要的理由支持，而两方面的理由在价值和重要性上又不等同，那么这两个备选行为就是不可通约的。[40]

假设一个年轻的女子(我们称其为L)今天下午有两个备选的活动。她可以和上了年纪的父亲一起去看《卡萨布兰卡》的日场电影，或者她可以和哥哥一起去打网球。两者都是有价值的活动。它们会以不同的方式让其家庭的不同成员感到高兴，会为其提供两种不同的放松方式，并且都会以不同的方式有助于她对自身目标的追求，因为她既是一个电影迷，也热心网球运动。两个活动都不能被推迟，因为《卡萨布兰卡》只在该下午放映而她的哥哥也只在今天下午不上班。她该怎么做呢？此时的情形不是说一种选择会比另一种选择带来更多乐趣，或者比另一种选择有更有趣的要求，又或者比另一种选择更能满足当事人的需求。似乎在两者之间没法做出选择。L可能最终认为两种备选方案都同等地受到理由的支持。

但这不是唯一可能的结论。如果它们同等地受到理由的支持，那么，一方任何少许额外的理由就会使它比另一方在合理性方面更为优越。假如L的父亲打电话告诉她说要放映的《卡萨布兰卡》是新版的。假定新版电影的品质加强了她去看电影的理由，即便只是非常微弱的强化，她大概也会认为她父亲的电话已经解决了问题。她之前没有意识到有助于她选择看电影的另一个理由，并且由于对该理由的不知，她一直认为所有其他理由都是势均力敌的。假定她不认为她的考虑在其他任何方面有错误，现在她知道该考虑在一个方面有错误，即一个理由被忽略了。如果没有该理由时两个备选活动在合理性支持方面是相等的，加上该理由

---

[40] Raz, *The Morality of Freedom*, n. 24 above, at 322.

后它们则不可能相等。[41] 但L可能会得出结论认为在两者之间还是没法做出选择。如果她作此结论是正确的,在此前和之后她都知晓这一额外的信息,该事例就是一个关于不可通约性的案例。和父亲去看电影的理由不比和哥哥去打网球的理由更有价值或更重要,反之亦然。但两种理由的价值和重要性也不是相等的。

在实践推理中具有相同价值和重要性的理由没有多少日常的重要性,因为消除这种平等状态的必要的、极小的理由几乎总是近在眼前。通常,一个人可以仅通过调整自己的目标来强化其做出一种行为而非另一种行为的理由,因为目标的调整就意味着个人活动之价值的调整,而价值的调整很快就打破了之前的平衡。在这一点上,另一方的理由在价值和重要性上被击败。但当两方面的理由在价值和重要性上不是相等而是不可通约时,情形就不同了。在不可通约的情形中,一方面理由的调整不必然带来有利于该方面的理由。这意味着理由的不可通约性比理由的平等性有更多的日常重要性,因为一个人可以采取的微调可以消除后者,但它对前者却毫无作用。既然如此,因未被弃置的理由而支持一个行为的合理性原则无法在两个备选方案间做出判定。这里还是假定没有排他的理由方面的复杂情形,两个行为都是为未被弃置的理由支持的。而试图打破理由间的平衡也是没有道理的,因为不存在可以被打破的平衡。

有些人提出了他们认为是对L的困境的另一种解释。他们说,如果新的、公认的在合理性方面相关的信息(即《卡萨布兰卡》电影是新版的)没能打破平衡并倾向于看电影,那么这表明L面临的两个备选方案尽管可能不平等,但大致是平等的。[42] 但这意味着什么呢?我们认为这可能表明L对某些或全部相关理由的价值和重要性不甚确定,因此在她父亲打电话之前,她所得出的结论(即两方面的理由是平等和均衡的)肯定是一个近似值。[43] 但故事还要继续,她父亲提供的额外

---

〔41〕该观点是源自John Mackie,"The Third Theory of Law",*Philosophy and Public Affairs*,7(1978),1, at 9。(拉兹对此作了回应)

〔42〕e.g. Derek Parfit,*Reasons and Persons*, n. 4 above, 430 - 432; James Griffin,*Well-Being* (Oxford: Clarendon Press, 1986)80 - 81.

〔43〕对有些论者所谓的大致平等所表达的涵义的另一种可能的解释,请参见麦克莱姆,"Choice and Value", n. 29 above,该文对本文中概述的立场有进一步的探讨。

理由没有穷尽最初的近似值的误差幅度，并且因此没有提供她更改这一近似值的理由。两种备选方案还是大致平等的。

可能存在与此类似的事例。[44] 但如果如此，它们与不可通约性事例不同。大致平等这一概念属于间接推理策略的范畴，因为它是一个被用来应对理由的价值及重要性的不确定性的策略（人们可能会怀疑这是否是一个好的策略）。该理论继而认为，鉴于不确定性的存在，一个人有不为支持一方的不甚重要的额外理由行为的排他的理由。但在不可通约的情形中，没有理由不为这些不甚重要的额外理由行为，在以合理性手段解决冲突的徒劳的希望中，这些额外理由可能会起作用。一个人可以尽情地为这些理由而行为，但这丝毫不会使他更接近于一个确切的、合理性的方向。形成竞争的另一路径还是有未被弃置的理由支持，并且选择两个中的哪个路径也都完全是合理性的。

尽管我们两位作者都是合理性生活中不可通约性之普遍作用的信徒，但此处不适合为该信念作辩护。但意识到不可通约性之普遍作用的意义还是很重要的。人们可能会问，为什么不可通约性这一思想会让人们如此急躁不安。即便在那些有义务合乎理性（换句话说，有义务为未被弃置的理由而行为）的人中，人们也不清楚为什么有人应当被认为有义务，甚或有理由，不做违反未被弃置之理由的事情。[45] 也许感觉人们有这样一个理由这一事实进一步反映了我们在第五节提到的理性主义神话的流毒之深。这些神话是那些人的杰作，他们人为地向合理性中加入了对抗偶然性、运气和任意性的关于安全的承诺。这种意志被认为是需要合理性控制（rational control）的任意性因素。但只要该意志总是与未被弃置的理由相呼应，它的随意性程度就不会引起担忧。该条件在不可通约性事例中得到了充分的满足，在此类事例中，双方的理由都是未被弃置的。通过引导人们到达这种情形，合理性在其承诺的程度内引导着人们。它仅仅承诺了这些。在两个选择都已经被推测（ex hypothesi）为在合理性方面是可辩护的情形下，认为合理性会进一步

---

〔44〕我们说“可能存在”，因为在这一点上我们两位作者意见不同。

〔45〕主张或否认“疑难案件中正确答案”之存在的很多法学作品都是基于这一假定，即法官确实有这样一个理由，甚或这样一个义务。有时公众的期待会生成这样一个理由，但总的来说，我们认为法官对不能弃置（击败）对抗他们的判决的理由这一事实没有什么好害怕的，前提是他们给出支持其判决的未被弃置的理由。

引导人们并告诉人们选择哪条道路的想法只不过是那些对人类情形感到恐惧者的奇怪的、毫无根据的奢望。

我们可以回应说选择的作用已经在我们之前引证的事例中被给予了充分的考虑。为了让人们有不同的目标并为了让这一事实影响他们应然的行为，我们已经留下了余地。但我们这里介绍的意志的作用则更为根本。它不仅解释了我们怎样让我们的目标影响我们应然的行为，而且解释了我们首先怎样使自己足够自由以拥有那些目标。就之前的论述来看，我们的目标为我们施加了合理性压力，证明了有些行为过程是有正当理由的（而没有这些目标，这些行为过程就不会被证明为有正当理由），并且相应地将其他一些行为过程的正当理由予以撤销。但在本节中提到的不可通约性的正常情形中，两个备选方案都被推测为是有正当理由的，并且人们的选择不会打破这种合理性平衡。相反，这些选择会让人们奔向一个方向而非另一个方向，同时它们还不会使得人们奔向某一特定方向这一问题成为与合理性决定（rational determination）有关的问题。

我们刚才讲到“不可通约性的正常情形”能够为我们开启各种选择。这是为了给下面一类特殊的事例留点余地，在这类事例中，让人困惑的是，不可通约性的作用被颠倒了。不是为我们提供多于一个的有正当理由的前进方向，在这类情形中不可通约性剥夺了我们任何有正当理由的前进方向，并且将我们放逐到这样的情形中，在其中，我们能够希望的最好结果是找到一个免责事由。我们能想到的是一种特殊的情形，在其中，不可通约之各方的冲突是两个或更多受保护的理由间的冲突。基本的问题是这些理由受到保护而又彼此冲突。每个理由都将另一个理由排除在考虑之外。当此情形出现时，正常的结果是，该冲突由理由按照排他的理由的方式根据各自的价值和重要性来决定。问题是，两个不为某一理由行为的理由中哪个更有价值或更重要呢？但请设想两个排他的理由本身就不可通约的情形。在这种情况下，哪个排他的理由都没法弃置（击败）对方。因此，哪个排他的理由都不能阻止对方发挥其排他性力量。于是，行为的这两个理由都会因被排除而被弃置（击败）。从而，没有办法为一个被弃置的理由而行为。这就是我们通常所言的道德两难的核心情形。许多被称为道德两难的事物不太会达到这种悲剧的程度。但所有这些道德两难都包含这种悲剧的暗示。所有这些道德两难都提醒我们，我们所设想的合理性的安全(the supposed security of rationality)不仅在为我们创造狭小空间以遵循我们的意志时受到了危害,而且有时在将我们锁定在这样的情形中时也受到了危害,在该情形中,不管我们的德行为何,我们都注定会违反合理性的基本原理。[46]

当集中营卫兵让苏菲在处死她的两个孩子和选择处死其中的一个之间做出选择时,该卫兵的图谋是用我们刚刚描述过的方式来危害她的理性。他意图让苏菲面临针对其孩子的两个相互冲突而又彼此相互排斥和不可通约的义务,即保护孩子们的义务和不对其中一个孩子表达出多于对另一个的爱的义务,他使苏菲陷入没有有正当理由之选择的境地,并且因此贬低苏菲的理性(除了她将承受的其他令人惊骇、恐惧的事情之外)。大多数《苏菲的选择》的读者认为卫兵的计划失败了。苏菲拯救了一个孩子而使另一个孩子死去有了正当理由。大多数读者认为这不是向被拯救的孩子表达了更多的爱,或者认为不向一个孩子表达出多于另一个的爱的义务在价值和重要性上不及保护孩子的义务。当然这使得苏菲处在了一种我们在第六节所描述的合理性的困境中。她还是违背了她的一项义务并且这造成的创伤一直折磨着她。[47] 你可能会说这已经够糟糕的了。但它不符合该卫兵所意图的道德上的毁灭。通过将苏菲置于一种不管她做什么都没有正当理由的境地,该卫兵旨在不仅伤害作为母亲的苏菲,还要伤害作为一个合理性的人的苏菲。

### 8. 合理(reasonableness)的标准

一些当代道德哲学家区分了合理性和所谓的合理。[48] 如他们所描述的,合理的标准比合理性更具包容性,因为它为意见的不同留下了余地,即为合理性所要求之事物的反对意见留下了余地。必须指出,总的来说,在需要合理这一更具包容性

---

〔46〕我们猜想,Williams 在其"Conflicts of Values", in Williams, *Moral Luck*, n. 30 above, at 74 一文中意图要贴上"悲剧性"标签的就是这些情形,尽管他的论述可能有多于一种的解释。

〔47〕有些人认为,如果这些创伤是合理性的,这种创伤的存在本身必定表明了某种不可通约性的在场。关于既看到了该观点中真理性的成分,又看到了该观点中虚假性成分的出色讨论,请参见 Jonathan Dancy, *Moral Reasons* (Oxford: Blackwell, 1993)120 ff。

〔48〕John Rawls, "Kantian Constructivism in Moral Theory", in *Journal of Philosophy*, 77(1980), 515; Scanlon, *What We Owe to Each Other*, n. 13 above, 22 - 33.

的判断标准来加以逃避的到底是合理性的哪些内容这一点上，这些观点是模糊不清的。通常，这些观点似乎是基于对合理性的拙劣模仿(parody)，在其中，合理性的人是仅发展了其合理性机能之某一方面而丧失了所有其他方面的人。在这一图景中，合理性的人要么是一个一心一意地对任何事情都谨小慎微的人，要么是一个不加鉴别地将其目标的价值视为理所当然并极其冷酷地追求这些目标的纯粹的工具主义者，要么又是一个过分专注于抛弃所有偏袒和偏爱，高洁傲慢的坚守节操者。我们同意如下说法，即适用合理性这个词来挑选出这些狭隘和有限的能力是可能的。但这样挑选出来的能力确实又是狭隘和有限的，并且以牺牲其他所有能力为代价掌握其中的一种能力在任何能够为人类行为者构建一种有效、完全之理想的意义上说都不是合理性的。如果作恰当理解，合理性则完全如我们在本文中所描述的那样。它与合理完全相同。正如我们一直所强调的，它只不过是专门且始终(only and always)为未被弃置的理由去行为(思考、感知等等)的能力和倾向。作为一种理想的典型，合理的人(通情达理的人)或合理性的人(有人可能会这样称呼)是完全能作为该能力和倾向之典范的人，并且他们在其信念、情感、态度、行为等等方面也都是如此。只要存在理由，他就不会藐视其力量。

根据这一观点，“合理的”与“有正当理由的”含义几乎相同。合理的行为是有正当理由的行为，合理的确信是有正当理由的确信，合理的情感是有正当理由的情感，如此等等。出于同样的原因，一个合理的人不多不少恰好是这样的人，他的生活中需要有正当理由的方面都是有正当理由的。在法律中，合理的人的标准有时被用作确信的判断标准，而合理(reasonableness)的判断标准又被用作正当理由的判断标准。正如我们在第一节中所讲的，依赖一个有正当理由的确信而行为与在该确信是错误的情况下以一种有正当理由的方式行为不是一回事，这千真万确。这种行为没有正当理由，但是有免责事由。可能是一个有免责事由的行为仍然是一个合理的人(a reasonable person)的行为这一观念使人们相信了如下观念，即与合理性(rationality)的标准相比，合理(reasonableness)的标准提供了更大的自由度和空间。可能是这一点致使有些人总结说合理性能够提供正当理由而合理能提供免责事由。但这是一个错误。正当理由是提供免责事由的唯一根据。也就是说，一种人类反应(如一个确信或一种情感)的正当理由是另一种人类反应(通常是一个行为)的免责事由。它是合理性的标准,如果一个人有未被弃置的理由并且对那些理由作出了回应(不管是在其确信中,还是在其情感、态度或行为中,视具体情况而定),他就满足了这种标准。

# 第12章　权利

F. M. Kamm　著　杜宴林、李子林*　译

“权利”通常被认为是对某种事物的请求，或者是受保护的行动选择（options to act）。谈到“请求”，我并不是说任何人实际（或者被允许）提出请求，而只是说某人对某物有请求的资格。某人享有权利，这能为权利持有人或者其他人提供独有的行动理由。例如，某人对某物享有权利，这就可以成为把该物赋予该人的一个理由，而不用考虑其他理由如何，诸如该物将会带来善（good）或者满足偏好。而且，这个理由看起来是作为排他性的或者抑制性的理由而起作用的。也就是说，它排除了我们对于通常构成理由的某些其他因素的考虑。例如，如果某人对某物享有权利，那么，别人是否会从中获得快乐就是不相关的事情，而不仅仅是次要的事情。正是因为权利抑制了许多其他表面理由，所以，权利几乎消除了关于何去何从的争论。然而，如果并非所有考虑因素都被权利所抑制，那么，权利就未必是底线。[1]此外，权利是一种独特的理由，它要求他人的义务与之相互对应，或者，它甚至产生了他人的义务。（相反，如果某人得不到我的帮助就将遭受不幸，那倒是提供帮助的一个独特理由，但未必产生义务。）重要的是，这项义务是指向特定的权利人的。并非所有的义务都是指向特定人的。个人，作为具有意思能力的行为者（agents），

---

* 吉林大学法学院、吉林大学理论法学研究中心教授，主要从事法理学、法哲学研究。吉林大学理论法学研究中心2007级硕士。吉林大学法学院王彦志副教授和法理学博士研究生姚远提供过校对的帮助，一并致谢。

〔1〕关于排他性理由的思想，参见 Raz, *The Morality of Freedom* (*MF*), (Oxford: Oxford University Press, 1986)。

是典型的权利享有者。然而，婴儿并不是行为者，但却通常被认为是享有权利的。或许，并非行为者的团体也享有权利。[2] 道德权利据说是独立于任何法律体系而存在的，有人通过道德论证表明道德权利的存在。作为一类道德权利的人权就是人之为人所应当享有的权利。法律权利的存在依赖于法律体系，但是，在某方面也可能与道德权利相关。在本文中，我将首先讨论权利（包括道德权利和法律权利）的某些概念问题，然后转而分析更实质性的问题：权利的基础、权利与促进善(goods)之间的冲突、权利的冲突。

## 1. 基本概念

就权利的概念体系而言，以霍菲尔德的最为著名。[3] 他把权利分为四种类型。第一种是 A 对 B 享有的请求权。在霍菲尔德看来，此权利相当于（也就是说，此权利存在，当且仅当）B 就此项请求的内容而言对于 A 承担了义务，例如，B 不得侵犯 A 的财产。这种请求权可以是消极的（即请求不得干涉）或者积极的（即请求有所促成）。这种权利是有指向性的，也就是说，指向某个人（或许很多人），而且要求后者对权利人承担相应的定向义务。因此，如果 B 对 A 负有某物，而 B 没有履行其义务，那么，他可能不仅仅是行为不当，而且可能不当侵害了 A。其他人可能对 A 没有任何如下义务，例如，确保 B 履行对 A 的义务，甚或不干涉 A 从 B 那里所享有的事物。据此，A 享有的请求权，未必涉及所谓限制（或制约）（任何）其他人对 A 所享有请求之物的干涉。

乔・费因伯格指出，[4]即便没有人享有权利，也仍然可能存在义务，并非所有

---

〔2〕作为对于团体权利的可能的直觉支持，试想如下的例子：假设一个团体的成员（在身份上属于该团体）因其是该团体的成员，而被不公正地杀死。这些人没有直系家庭后代。如果他们或者他们的后代仍然活着，他们本来有权因其所受迫害获得赔偿。在此情况下，认为他们所归属的该团体有权利（如同他们的家庭后代本来会做的那样）获得赔偿而且有义务为了该团体其他成员而使用这笔赔偿，这种观点不合理吗？这是一种其赔偿归属于该团体的情形，而不仅仅是他们应该得到公平的金钱份额方显公正的问题。因为该团体可能非常富有，其财产远远多于这笔赔偿。实际上，如果他们没有权利获得这笔赔偿，把这笔赔偿给予他们就是在道德上错误的，因为这笔钱花在其它人身上将会更好。

〔3〕见 Hohfeld, *Fundamental Legal Conceptions* (New Haven, Conn.: Yale University Press, 1923)。

〔4〕见 Joel Feinberg, "The Nature and Value of Rights", *Journal of Value Inquiry*, 4(1970)。

为 A 做某事的义务都是相应于 A 享有权利从而对 A 承担的义务。(相反,我可能因为对上帝的权利承担相应的义务从而为 A 做某事。)如果我没有履行此项义务,我可能行为失当。就 A 的财产而言,我甚至可能不当地对待了 A,对他造成了不利影响。但是,我尽可以如此行为而没有不当侵害 A(即使他是此项义务指向的对象),因为我不是向他履行此项义务。A 享有权利,增加了对 A 负有某物的观念(尽管它的蕴涵不止如此);A 拥有 B 在某方面所负有的债务。[5] 应该说,这也使得 A 成为了此项义务所指向的主体。

朱迪斯·托马森强调,[6]假如 B 对其他人负有更重要的义务,或许,B 不应该履行其对 A 承担的(相应于 A 的权利的)义务 x。[7] 进而,即便确实如此,我们也未必有理由认为,B 在这些情形下对 A 没有义务以及 A 没有相应的权利。也就是说,我们不必把 A"对 B 的 x 享有权利"看作是一种附加具体条件的"除非当 m、n、o 等情形,对 B 的 x 都享有权利"。相反,A 对 x 的一般权利可能是非绝对性的,从而是可被侵犯的(infringeable),但是,正因为在 m、n、o 等情形下 A 仍然享有此项权利,所以一旦此项权利遭到侵犯他才可以得到赔偿。因此,不能说,只有别人应该授予一项权利,一个人才享有此项权利。[8]

托马森认为,如果我们可以侵犯某人的权利,那么,我们并没有不当侵害她。只有违犯了(violating)(也就是说,应该授予而没有授予)一项权利,我们才不当侵害了某人。但是,在做应为之事的过程中,难道就不可能不当侵害某人吗?例如,假设 A 有权利要求我不对他说谎,但是,为了挽救 B 的生命,我却应该说谎。看起来,我已经不当侵害了 A,尽管我侵犯了(infringe)但却并没有违犯(violate)他的权

---

〔5〕医生们很愿意认为他们负有义务而且把他们的患者看作是此项义务的对象。然而,他们拒绝认为患者对他们享有请求权,而这意味着他们拒绝认为他们对患者负有义务。

〔6〕见 Judith Thomson, *The Realm of Rights* (Cambridge, Mass.: Harvard University Press, 1990)。

〔7〕做义务外之事(supererogatory acts)也许会压倒相应于权利的义务。对此,参见我的"Supererogation and Obligation", *Journal of Philosophy* (Mar. 1985)以及下文。

〔8〕朱迪斯·托马森区分了(可允许的)权利侵犯(infringing)和(不可允许的)权利违犯(violating)。我也将区分可允许的权利侵损(transgressing)(即侵犯)和不可允许的权利侵损(即违犯)。因此,"侵损"(transgressing)是介于可允许和不可允许之间的中性概念。也应指出,违犯权利与违犯某人是有区别的。后者是可允许的或者不可允许的某种物理上的侵害。关于托马森的区分,参见她的论文"Ruminations on Right",文章重印于她的文集 *Rights, Restitution and Risk: Essays in Moral Theory*, ed. W. A. Parent (Cambridge, Mass.: Harvard University Press, 1986),以及她的 *The Realm of Rights*。

利。这表明,不当侵害某人或许是可以被允许的。

托马森认为,一定程度上由于权利的可侵犯性,权利观的概念构成包含了严格与之相应的义务之外的从属性的义务:如果一个人不履行相应的义务,那么,他就有义务寻求权利人的豁免或者对权利人提供赔偿。然而,这三者却并不是同等好的备选方案,因为履行严格相应的义务具有首要地位。[9] (例如,鉴于与其他迫切的权利或者义务相互冲突,)也有可能同样不应该履行任何从属性的义务。总之,权利的存在与如下事情的真实性之间并没有必然的概念关联,即作为底线,应该对权利人做某事。

如果权利被功利以外的其他因素所压倒,那么,权利也许是非绝对性的但却仍然是优先于功利的。[10] 但是,我不相信所有的权利——而非最重要的人权——都总是不可被功利考虑所压倒的。甚至,即使最重要的人权也可能有功利门槛,只不过门槛极高罢了。如果这样,那么许多权利都将不会压倒功利,而且这些权利可能因为其它理由从而是非绝对的。

霍菲尔德的第二种权利类型是特权。如果 A 就 x 而言对 B 没有义务,那么 A 就 x 而言就对 B 享有特权。因此,就 x 而言,A 在与 B 的关系上是自由的,这通常被理解为包含了一种双边选择,也就是说,就 x 而言,选择做某事或者不做某事。(尽管霍菲尔德没有提到"做某事的自由",但我们通常都会扩展双边选择的概念从而将之适用于行动本身。)但是,A 的自由并不意味着他人负有不得干涉其就 x 从事行动的义务。(自由或许是霍布斯式的权利概念。)做某事的自由若是涉及到双边选择并且涉及到不得干涉任何一种选择的某种请求,就是托马森所指的"权利束"。哈特指出,[11]那些经常伴随着做某事的自由的请求,并不必然要求与此项自由的对象严格相应的义务。我可以有注视你的自由,但是,如果你可以被允许在你面前放置屏障,那么你并没有义务让我注视你。你对应我的自由所承担的义务是

---

〔9〕鉴于这是托马森的观点(例如第 94 页注释 7),因此,非常奇怪,在 *The Realm of Rights*(第 96 页)中她却声称,如果义务人支付了赔偿,那么再对没有履行与权利严格相应的义务而感到内疚就是不适当的了。若义务人没有履行其实现具有首要地位的那部分义务,难道他为此感到内疚不是适当的吗?

〔10〕这一观点应该归功于 David Enoch。

〔11〕见 Hart, "Bentham on Legal Rights", *Oxford Essays in Jurisprudence*: *Second Series*, ed. A. W. B. Simpson (Oxford: Oxford University Press, 1973)。

一种即便脱离我的自由也可能存在的义务，例如，不得伤及我的眼睛（作为一种妨碍我看你的自由的方式）。

自由权的观念也就是道德哲学家们所指称的“特权”背后的观念吗？（例如，塞缪尔·谢夫勒[12]提到拥有不去促进善的特权，即便这善并不伴随着禁止强迫他人行善。）并不完全如此，应该注意到，这种特权意味着不去促进善是在道德上被允许的（也就是说，在道德上不是错误的）。比较而言，拥有自由权（或者请求权）的观念就没有这么强，因为，可能会有道德或者法律上的权利去做道德上错误的事。也就是说，尽管我对你没有义务去做某事，但我不去做却仍然可能是错误的。

最后，在霍菲尔德的体系中，还存在着作为改变自己和他人权利的权力的权利，以及作为免受他人改变自己权利的权力的权利。因此，这些权利是元权利。

## 2. 权利和相关义务的理论

权利在任何意义上都优先于与之相关的义务从而构成了义务的基础吗？在霍菲尔德看来，请求权完全相当于它所指向的义务。这种“当且仅当”的关系仍与权利产生义务的观点是相符的。在托马森看来，请求权恰恰就是其所指向的义务，而且这意味着排除了优先关系。假设这两种观点中的一种是正确的。这样，如果一个人对自己有义务，那么，他就对自己有权利。但这却是荒谬的。一个人对自己负有义务至少是可能的但对自己享有权利却是不可能的，这个事实不恰恰反驳了把对A的义务等同于A的权利吗？[对于这种挑战，一个可能的回应方式是，把对自己的义务真正当作是对于人的特性（例如理性的人性）的适当回应的义务去分析。只有在这种意义上，这些义务才是对自己“负有”的义务。比较而言，对其他人负有义务就是对他这个人负有义务（而不仅仅是对于他的特性负有回应的义务，即便正是基于这些特性才对他承担了义务）。因此，我可以对他人负担债务，但我却不能以同样的方式对自己负担债务，尽管我对自己负担义务。]即使对自己承担的没有权利的义务被正确地指向了这个人，但是，这并不表明这些权利优先于并且产生了

[12] 见 Samuel Scheffler, *The Rejection of Consequentialism* (Oxford: Oxford University Press, 1986)。

被指向的义务。

也许下面的思想实验将会有助于理解这个问题。设想只有A一个人在其中生活的世界。我认为,A所具有的特性使得,如果其他人B存在,那么B将有义务不以某些方式对待A,在这种意义上,说A享有权利,就是有意义的。尽管我们把权利概念化为包含了潜在的指向性的义务,但是,权利的来源在于A的特性,这使得我们认为A的权利是优先的。进而,在只有A作为权利人的一个人的世界中,说任何人对A实际上负有义务是没有意义的。假设对C负有的义务不是基于C的特性而是基于义务人D的特性。例如,假设D是一个罪犯,他受到的惩罚就是服从将会出现的完全的陌生人(不是他的受害人)。于是,如果C是下一个出现的人,他将对D享有权利,该权利来自于D的特性,这些特性产生了D的被指向的义务。[13] 在这个例子中,我认为,说被指向的义务产生了权利,这是有意义的,因为正是义务人的特性产生了义务/权利组。在没有C的世界中,D还负有义务吗?我认为没有。因此,权利仍然可以存在,即便没有人实际上负有这些权利所产生的指向性的义务,而且,尽管指向性的义务也能够产生权利,但是,如果实际的权利人并不存在,那么,这些义务也就不存在。[14]

如果认为权利包含了(至少潜在地,即使它们不可化约为)对某人负有的义务,那么,这就实质性地指涉了某个该义务中的义务主体以外的别人。这个别人就是权利人。某些权利理论关注的是那些产生具体权利/义务组的权利人的某种特性(例如他的利益)。其他权利理论则关注权利人所具有的做出选择或者提出请求的权力,除了他也是作为指向性义务所指向的主体以外。让我们来简要考察一下这些理论。

### 2.1 受益人理论和选择理论

根据边沁的观点,拥有权利即是成为义务的意图指向的受益人。[15] 作为对于

---

〔13〕拉兹认为权利产生义务,而义务并不产生权利。但是,在这个例子中,义务看起来确实产生了权利。

〔14〕此外,如果一项一般权利与几项指向性的义务相关(每项义务都包含了一项特定的相关权利),那么,至少,该一般权利看起来优先于这些义务。权利能够产生新的义务,拉兹将其看作是权利的动态品格。参见 *MF*, 171。

〔15〕这明显包含了行为功利主义义务理论以外的其他某种预设。

这种观点的反对，哈特提出了知名的第三方受益人的情形。例如，我可以有权要求你照顾我的母亲。我的母亲是意图指向的受益人，但是，我是对你享有权利，而你是对我（我是主体）负有义务（义务的对象是我的母亲）。[16] 哈特说，我享有权利的标志就是，我的选择是确定你是否应该帮助我的母亲的有效基础，例如，我可以放弃这项权利从而免除你的此项义务。我享有权利的标志并不是我将会因为它的实现而从中受益。哈特的权利选择理论的起源就在于此。

对于这个第三方受益人的例子，有几个方面值得注意：

(1) 应该认为该母亲可以设定自己是否得到照顾的条件。也就是说，如果她不希望得到照顾，那么，对我负有义务照顾她的那个人就可以不照顾她。然而，这与她没有此项权利是相一致的，而与她放弃或者取消了此项权利并不相同。因此，我的母亲她设定了照顾的条件并不足以表明她（而不是我）享有要求照顾她的权利。然而，当哈特讨论福利权的时候，[17]他却把权利归属给了福利的受益人，而这仅仅是因为福利的受益人设定了是否接受福利的条件，也就是说，他必须申请行使这项权利，尽管他不能取消这项权利。但是，如果设定条件的权力是享有一项权利的充分证据，那么，在这种第三方的例子中，我的母亲也将会享有这种权利。看起来，在福利权的例子中，那些并不请求获得福利的人不仅对于授予此项权利的其他人设定了条件。他们还放弃了他们的权利。但是，如果他们在另外的场合选择了行使此项权利，那么，他们就并未因此让渡这项权利。

(2) 就不是我的母亲享有此项权利而言，重要的证据在于，如果我决定免除义务人的义务，那么，我的母亲没有权力阻止他被免除义务。然而，如果我的母亲仅仅享有一项取决于我的权利的派生性的权利，那么，又将会如何呢？我的弃权可能赋予我取消她的权利的权力，而支配性的权利就是如此。然而，它可能不会是唯一的权利。但是，如果她享有这种权利，那么，她为什么不能够（像我那样）单独地放弃这项权利而非只能设定权利行使条件呢？

(3) 也许可以认为，我也是一个此项权利的被意图的受益人，而不仅仅是此项

〔16〕见“Bentham on Legal Rights”。
〔17〕同上。

权利的非意图的受益人。这是因为,我的利益(在符合我的利益的意义上)就在于能够缔结合同以便我能够获得我就此想要得到的。(这种利益可能是风险不定的而且得到了满足,即使这意味着我的其他利益因此受到了阻碍。)此外,既然我母亲的利益也是被意图的,那么,意图受益人理论如何能够确定我还是我母亲是权利人呢?至少,除非我们都享有权利,否则,仅仅是意图受益人就并不足以表明谁享有权利。但是,如果我们都享有权利,那么,我们应该再次思考,为什么我的单方弃权(而且只有我的弃权)足以免除义务人的义务呢?

(4) 如果我也是意图受益人,这也可能被用来帮助表明它是我的权利而不是我母亲的权利。假设我对我母亲享受福利的愿望是微弱的,我并不非常想要得到它。那么,我对于一项支持此种微弱愿望的合同得到履行的利益也只能是微弱的。比较而言,假设我母亲对其福利的利益是很强的,因为她的生命危在旦夕急需得到援助。假设她得到援助的权利与一项相当强的、与此无关的权利或者与一种相当重大的善发生了冲突。我直觉地相信,鉴于这里的具体情况,此项权利可能会轻易被压倒。当权利的严格性反映了我的微弱的利益而非我母亲的很强的利益时,这种后果很可能是真实的。(但是,假设权利的严格性反映了谁的利益并不总是表明它是谁的权利,那么,我可能因为别人的很强的利益而享有很强的权利。我的微弱利益给予了我母亲微弱的权利,而她的利益却是很强的,这可能吗?)

更一般地,哈特的选择理论提出了几个问题:

(a) 他认为,不可让渡的权利对于他的理论提出了质疑,这些权利必须被作为对于他人改变权利人地位的权力的豁免(immunities)来对待,而不能被作为权利人对其权利予以放弃或者要求实现的受到保护的选择来对待。(这些权利必须被作为豁免,这种豁免使得他免受他人权力影响而被改变自己的地位,而不能被作为受到保护的选择,这种选择允许权利人放弃或者要求实现其权利。)但是,即便是不可让渡的权利,也是可能被放弃的。[18] 例如,在特定的场合,我可以放弃我说话的权利,尽管我不能让渡我说话的权利。因此,对于哈特来说,不可让渡的权利也许

〔18〕参见 Joel Feinberg, "Euthanasia and the Inalienable Right to Life", *Philosophy & Public Affairs*, 7(1978)。

并非真的是一种挑战，尽管不可放弃的权利可能如此。

(b) 第三方（而不是我）可能有权力免除某人对我的义务。但是，这并不表明这义务不是对我承担的而是对能够免除其义务的该第三方承担的。[19]

(c) 也许，关键的是在“坚持”权利的意义上“提出请求”的权力，而不是放弃权利的权力。乔·费因伯格就强调了这种提出请求的活动。[20] 但是，提出请求（就像放弃一样）是一项独立的行为，也许，我可能享有一项权利，而与此相应地某人则对我负担某物，然而，我却没有权利坚持得到它。

### 2.2 利益理论和个人身份理论

1. 约瑟夫·拉兹提出了权利的利益理论。他解释说：当且仅当一个实体（有能力成为权利持有人）的某种利益（福利方面）足够成为义务的基础时，这个实体才享有一项权利。[21]（拉兹声称，基于某人福利一个方面的权利未必有助于该人的整体福利。他还说，也许，产生权利的利益并不表现在该人具体享有的某一权利所指向的特定事物中。例如，我可以对我的衬衫享有权利，因为拥有个人财产符合我的利益，尽管我对于拥有我的衬衫这一特定利益并不足以产生我对它的权利。因此，对衬衫的权利就是更加一般的财产权利所派生出来的一项权利。）拉兹还提出了另外略有不同的权利解释：当且仅当一个（能够成为权利持有人的）实体的某种利益（福利方面）足以成为义务的基础，而该义务又必须是显著地（*in a significant way*）照顾和促进该利益时，一项权利才得以存在。[22]

第一种解释和第二种解释的含义是不同的。例如，假设我确保你享有一种很高的福利水平。这可能足以使我承担一项义务，确保你的福利水平不再进一步提高（理由是你与他人的平等，或者是因为你不该享有这么多的福利）。根据第一种

---

〔19〕这个观点是彼得·格拉汉姆(Peter Graham)提出的。

〔20〕见“The Nature and Value of Rights”。

〔21〕*MF*, 166. 拉兹将自己归入广义的边沁式的权利理论之中。然而，请注意，边沁的理论并不要求只有受益人的利益足以构成义务的基础时才存在一项权利，即使权利归属于该受益人。边沁的理论并未回答如下问题：为了产生C的权利（假定该理论将该权利归属于C是正确的），除了C的利益之外，还必须有A的指令，要求B促进C的利益。因此，拉兹的理论看起来忽略了这样的可能性：行为人，由于拥有一定的权力，能够赋予他人一项权利，假设接受人具有使其能够成为权利人的属性。与边沁理论相比的另外一个不同之处将在后文指出。

〔22〕*MF*, 183。

(但不是第二种)权利解释，你将会有权利要求我履行这项义务，但是，这看起来不可能成为现实。第一种解释不同于边沁，因为边沁要求权利享有者必须也是“受益人”。只有拉兹的第二种解释包含了这个要素。

然而，第二种解释意味着：如果你病得很重，而且这足以让我承担义务为你提供重大帮助，那么，你就有权利要求我帮助你。但是，有人会认为，即使你没有权利要求我这样做，我也有义务帮助你(我在道德上必须帮助你)。因此，这就可能存在一种仅仅基于你的利益而产生的义务，然而你却并不享有权利。例如，如果我有义务为你的康复而祈祷，那么，你却并没有权利要求我以这种特定方式与上帝沟通。实际上，可以认为，我有义务救助某人免于溺死，而这仅仅是因为被救助是符合她的重大利益的。但是，说她有权利被救助的含义则不止于此：这意味着，我对她(作为主体)承担了义务。在缺少相应权利的情况下，溺水的人就输掉了，因为我并没有履行我的义务，但是，无论是她，还是其他任何人，都没有什么理由指控我不去施救。也许可以说，权利赋予某个特定人以一种获得援助的道德资格。不过，某人承担了一项义务，而这项义务来自于其他人的利益，这一事实却并没有赋予某个特定人以要求义务人履行其义务的道德资格。

我认为，这些问题之所以产生，是因为，在拉兹提出的两种权利解释中，义务都没有被表述为向权利人承担的指向性的义务。(即便第二种解释也并没有说我们承担的促进某人利益的义务指向的是他。)当拉兹(以及费因伯格)声称权利的范围广于其相关义务时，与霍菲尔德和托马森不同，他们都没有考虑指向性的义务，也就是向某人承担的义务。(实际上，当费因伯格将权利与义务进行对比时，他比较的是对特定人承担的义务与其他的义务。[23] 因此，他对权利优先于相关义务的辩护是没有说服力的。)

拉兹能够提供其他理由，认为权利广于权利人利益基础上的指向性义务。他指的是他所认为的权利的动态品格，也就是说，权利能够产生尚不存在的新义务，尽管我们知道权利的存在。例如，如果某人享有受教育权，他认为，这可以产生许多与之相关的义务(而非一项义务)，它所产生的这些义务可以随着时间和地点而

---

〔23〕“The Nature and Value of Rights”.

发生变化。就此而言，当权利的对象要比它所产生的具体义务更加具有一般性时，权利可以是动态的。（这与拉兹的观点有关，他认为，并不是利益能够促进的所有方式都产生义务。）但是，请注意，当这种一般性的权利产生了这些具体义务时，看起来，它也将同时产生从属性权利，这些从属性权利与那些指向性义务是严格相关的（而且，鉴于权利的动态品格包含的各种内容，这些从属性权利也许并不多于那些指向性义务）。

2. 我已经指出，可能存在这样的情形，你的利益足以产生我对你的义务，但是，你却对此却没有权利。我认为，也有可能存在这样的情形，他并没有利益（福利方面）足以产生义务（即使是派生性义务），但是，他却对此享有权利。如果我仅仅赋予你权利获得我的一些钱财，那么，你拥有这些钱财的利益并不导致（更遑论足以导致）我现在有义务给你这些钱财。（这个问题尚未解决：我有权力赋予你权利，这符合我的利益，但是，我赋予你权利所体现的利益并不是你的利益，即便你对你衬衫的权利间接地服务于你对一般个人财产的利益，也是如此。）这与享有权利符合你的利益是一致的（尽管享有权利的利益也不导致产生你的权利。）这甚至与这样的可能性也是一致的：你不可能有不以某种方式符合你利益的权利。然而，实际上，我认为，你不可能有不以某种方式符合你利益的权利，这是不真实的。我可能赋予你做某事的权利（一项相对于我的特权，再加上请求我不得干涉的权利），尽管享有这项权利并不符合你的利益。例如，我给予你一项不可让渡的权利，授权你当你生气时可以引爆核武器。还有其他一些并非产生于权利人利益的权利的例子（即使这些权利可能附带地有利于他的利益）：父母可能有权要求孩子服从他，神父可能有权要求追随者尊重他。

拉兹本人说，权利的严格性可能超过它所最直接保护的利益的重要性。在一些情况下，他认为，这是因为，产生权利或者决定权利严格性的利益并不必然就是权利所具体保护的人的利益。他说：[24]“权利重要性与其对权利人福利的贡献之间不一致的主要理由在于这样的事实：权利的正当化理由的一部分在于它对于公共善

〔24〕参见“Rights and Individual Well-Being”, *Ethics in the Public Domain* (New York: Oxford University Press, 1994), 55。

的促进。”一个例子就是记者言论权的重要性，他认为，它主要是观众利益的函数。

不清楚的是，在记者言论权例子中，他对于权利重要性超过了权利直接保护的利益的论述是否与他对于权利和利益关系的两种解释相互一致。这两种解释认为，当权利人利益足以产生义务时，权利就存在。但是，如果记者有权保护其利益的理由是为了满足其他人的利益，那么，他的利益是不足以产生不得干涉他的言论的义务的。也许，记者写作的利益足以产生一项微弱的权利，但是，该权利的高度严格性却并不是产生该权利的利益的函数。但是，拉兹提到把其他人的利益(正如在记者言论权的例子中)作为该权利(而不仅仅是它的严格性)的“正当化理由的一部分”。相反，一个拉兹主义者也可能认为，权利人的利益产生了该项权利，而其他因素则解释了该权利的严格性。[25] 我不打算探讨这种可能性，因为我所关心的是要论证权利及其严格性所反映的可能不止是利益。

在许多法律权利的情形中，某人权利享有的产生可能完全是因为这促进了其他人的利益而非他自己的利益。例如，在理论上，警察可能有权使用枪支来捍卫每个人(而不是他自己)的利益。一个人可能有(法律上的和道德上的)权利保护动物，而这却仅仅是出于关心动物的利益而非他自己的利益。

某些权利可能完全独立于促进任何人的利益(更不必说权利人的利益)而得到证成吗？神父有权得到尊重可能就是这样的例子。人人享有平等对待的权利(一项本质上属于比较性的权利)，但却并不基于其他人的利益而承担义务。相反，我想说，这项权利是基于人的本性，而未必与其任何的福利因素有关。即使可以证明具有这种本性是符合他们的利益的，该权利也是来源于他们的本性而非他们对享有该权利所具有的利益。人的平等对待权甚至可能降低(也就是说，从某些人索取福利而又不将其给予其他人)其他人的福利。即便有独立的“尊严利益”体现在被平等对待中(也就是说，因为它促进了某些方面的心理福利)，有权享有平等对待也并不是因为它促进了“尊严利益”。这可能仅仅是因为无差别地对待一个人是合适的。作为另外一个例子，在报应理论中，惩罚权的正当性独立于对任何人利益的考虑：惩罚他人可能是一种负担，对被惩罚的人来说这也是一种负担，而且也许不能

〔25〕这是 David Enoch 的观点。

期待这会对社会有好处。然而，作为一种认真对待人类能动性的方式，我们也许有权确保人人得到他所应得。[26]

最后，按照这种思路，考虑拉兹给出的另外的例子，这个例子涉及到普通公民的自由言论权。他认为，该项权利比它所保护的她对自己言论自由的利益更加重要。他的解释是，她（而不是其他人）对于从其他人的自由言论中受益具有很强的利益。实际上，拉兹认为，比之于生活在一个他自己拥有而其他人却缺乏言论自由的社会中，生活在一个其他人拥有而他自己却缺乏言论自由的社会中，他自己的利益将会得到更好的促进。在这个例子中，一个人的利益之所以最重要，并不是作为言论生产者，而是作为言论受益人。这种观点意味着，一个特定的人之所以享有很强的言论权，这仅仅是因为，不可能既拒绝赋予他言论权而与此同时又不拒绝赋予其他人言论权。利益理论要求强言论自由权的不可分离的配置，以此解释这种强言论自由权对于任何特定人所具有的重要性。因为，如果它们是可分离的，那么，真正强有力的权利就将是允许其他人自由言论的权利。[27]

相反，如果我们不再坚持权利的利益理论，那么，我们就可以承认，任何特定人在言论自由方面的利益都不很重大，同时，又仍然可以认为，他享有强言论自由权，即使它的重要性独立于它所（直接或间接）促进的他自己或者其他人的任何其他利益。言论权也许正是对待具有独立思想和使用工具表达思想的能力的人的唯一适当的方式。即使他们的言论自由受到干涉只会稍稍妨碍他们的利益，但是，允许这种干涉（也就是说，他们没有权利禁止这种干涉）将意味着，他们就成了一种完全不同的存在了。[28] 不给人们言论自由，就是对他们的不尊重。有人可能放弃（甚至可能让渡）言论自由的权利以促进他的更大利益。但是，说任何特定人没有资格享有强言论自由权，就等于是说没有任何人可以非工具性地享有这种资格。也就是说，这就等于是说人性的某些重要特征不足以产生任何人的这种权利。而这看起来是错误的。在我所提供的对于为什么权利的重要性超过了它所保护的任何利益

---

〔26〕这个例子来自 Larry Temkin。

〔27〕这里有个假定：一个人并没有权利要求其他人必须实际发表言论——尽管根据拉兹的分析这实际上最符合任何特定人最重要的利益——因为，那样的话，其他人就有义务必须发表言论了。

〔28〕Tomas Nagel 表达了相似的看法，参见“Personal Rights and Public Space”，*Philosophy & Public Affairs*，24/2 (Spring 1995)。

的这种替代性解释的基础上，我们也许可以说，某些权利是对于人的善（价值、重要性、尊严）和/或其对自身的至上性的回应，而非对于什么对他有好处（什么符合他的利益）的回应。[29] 如果成为具有这种重要性的人符合他的利益，那么，权利仍然不是对于他成为这种重要的人的利益的回应，而只是对他的重要性的回应。（这种利益受到保护，但只是作为权利的副作用，而不是作为权利的本质。）权利的重要性并不表明它所保护的利益的重要性，而是表明了这样的事实：权利是对于使人之所以重要的人的特性的回应。因此，权利是对人的属性的回应，这种属性本身可能是保护人们利益之所以重要的必要前提。[30]

### 3. 权利与冲突

即使是利益理论也并不意味着保护某种利益的权利因此就促进了一个人的整

---

〔29〕基于人的价值及其对自身的至上性的权利大概是所有人都享有的权利，而且（至少）是根本人权。在本章中，我不想详细讨论这些人权都是哪些，但是，提出某些警示性的标示还是有用的。当有人说到人基于理性而具有的主体能动力时，他们推导出了一项对自由的主体能动性（agency）的根本人权，其中也许包括维持那种主体能动性的条件的权利。也许，这是正确的一步，但是，在如何解释它的时候，我们必须非常谨慎。我已经表明，对自由的主体能动性的根本权利不必来源于这种主体能动性能给人带来好处。请注意，如果我们违背本人意愿而摘除了某人的肾，或者我们只在少数几种场合干涉了他的行动自由，那么，我们并未妨碍他作为自由能动的主体或者干涉他作为自由能动主体的条件。（James Griffin 在其未发表的作品中指出了这一点。）但是，如果认为，只要一个人仍然能够作为自由能动的主体，那么，无论做什么（干涉）都是可允许的，即使这干涉了他作为自由能动主体的具体决策，这种观点是错误的。尊重一个人作为自由能动主体，这要求尊重他的主体能动性的各种具体表现。然而，他作为能动主体对事物施加控制的决策则只有当它们涉及到他有权控制（或者至少有权试图控制）的事物时，才需要被尊重。因此，如果他决定放弃自己的肾，那么，他的决策应该得到尊重。当他决定捐献你的肾时，他的决策不必得到尊重。这表明，除了对自由的主体能动性的根本权利之外，还存在着对于使人成为单个人（例如，人的身体组成部分）的那些事物的根本权利，而无论那些事物是否是作为自由的能动主体的必要条件。这就是我所指的人对其自身的自主权。

〔30〕我将会进一步说明权利及其严格性如何不能成为其所保护利益的函数（在 3.2 节）。我对权利可能独立于利益所做的解释也与 Louis Kaplow 和 Steven Shavell 在其书稿 *Principles of Fairness versus Human Welfare* 中的主题有关。他们认为，具有根本重要性的是满足偏好，而非满足利益。但是，他们并不把权利看作是满足偏好的方式，相反，他们批评权利妨碍了偏好的满足。他们声称，当一项权利妨碍了每个人的偏好的满足时，这种权利就是非理性的。然而，我已经表明，惩罚的权利如果被行使的话，将会妨碍每个人的偏好的满足，但它却并不是非理性的。况且，我们又如何能够假定偏好的满足具有根本的重要性呢？某些偏好的对象是毫无价值的，它们并不体现真正的利益或价值。即使这不成问题，我们也可能想要知道，如果某些生灵本身并不重要，那么，他们的偏好（或者利益）的满足是否重要。而且，也许，某些权利体现了某些生灵的价值（人与企鹅），这是满足其偏好之所以具有重要性的一个必要前提。（此外，这也是反对满足某些偏好的理由，这些偏好妨碍了对于赋予这些生灵以价值的那些事物的持续尊重。）

体生命的利益或者所有人的整体利益。因此,在尊重权利与利益满足的最大化之间可能存在冲突。(我此刻是指作为产生了更大善而被满足的利益的最大化。)这并不令人惊讶,因为,说某人有权得到某物,通常就是排除了在决定如何对待某人方面进行总体善恶的计算的一种方式。(因此,权利就被指涉为"排他性理由"的一种类型。)假设,善对恶的平衡要求 A 得到 x。在最大化结果善的行为结果主义的体系中,这将意味着某人有义务为 A 提供 x。如果善的天平向另一端偏移一点点,A 就不应该得到 x。在这个体系中,对于"为了 A 拥有其生命而生产最多的善"以及"A 对其生命享有权利是正当的"而言,认为 A 对其生命拥有权利的想法是多余的。但是,权利的观念却与这类想法形成对照。[31] 行为结果主义者认为,如果我们能够以一个人的生命换来两个人的生命,那么,这一个人对他自己的生命就不享有权利。他的权利以这种方式体现的有无变换使得一个人对其生命拥有特别自主权(这是生命权的通常理解)的观念无处安身。他被当作促进总体善的资源来看待,只有以下事实除外:在计算总体善的过程中,他的利益与其他人的利益被给予平等的考虑。[32] 然而,规则结果主义理论体系可以认为,权利的观念在这种方式下并不是多余的:总体而言,赋予权利(而不是在具体情形下权衡善恶)将会最大化所得到的善。这是一种把权利作为促进利益满足最大化的工具的理论。

与之相反,非结果主义者试图论证一种具有非工具性价值并且可能会与即使最终产生总体最大善相互冲突的权利体系。进而,即使这种最大善敏感于人们之间善的分配,从而应该优先考虑境况最差人们的利益,但是,非结果主义仍然坚持认为,权利可能会阻止这种公平分配的产生。[例如,每个人的价值意味着每个人都有维持身体完整性的权利,而且这些权利可能会妨碍(在总体上和在长期内)身体器官的分配,从而所有人的寿命之和应该予以最大化并且被公平分配。]

---

〔31〕因此,如果边沁的权利理论说,拥有权利意味着使一个人成为义务的受益人,那么,这只能是拥有权利的一个必要而非充分条件。

〔32〕当我们不得不决定究竟是使用我们的资源来救助一个人还是救助另外两个人时,我认为,救助更多的人是正确的。我们可以使用"平衡理论",它告诉我们,我们每个人赢得多少应该与平等的相对人进行权衡,而由剩余的那个人对此问题作出决定。但是,当救助两个人要求我们使用另外一个人(而不是我们的资源)时,他有权控制他自己生命这一事实就排除了"平衡理论"的使用。关于"平衡理论",参见我的 *Morality*, *Mortality*, *vol*, *i*: *Death and Whom to Save from It* (New York: Oxford University Press, 1993)。

然而，权利的概念不必然意味着，当尊重权利与产生更多善发生冲突时，尊重权利总是优先于善（无论在行为层面还是在规则层面）。

权利不必然是绝对的，相反，而是可能有其界限的，超出这个界限，善恶的计算就又被重新引入。我可能有权要求你给我某物，但是，如果只有侵犯我的权利，才能产生大的善，那么，这种侵犯就可以被允许。那么，该权利就将被侵权而非被违犯。我们必须牺牲的善（而非侵权权利）越多，该权利的严格性就越大。有人主张，某些根本人权足够迫切以至于它们阻止了甚至大善的实现。这可能是因为，它们体现了人的价值，这种价值是保护人的利益之所以具有重要性的前提。但是，权利也可能与不得不据以行为的能动主体的个人利益相冲突。例如，某人获得保镖救助的权利可能给保镖施加了义务，即使为了雇主而牺牲自己的生命。那么，至少存在两种评估权利严格性的标准：(1)需要多少善才可以压倒这种权利，以及(2)行为人需要做到什么程度才能履行与此权利相关的义务。正如我们将会看到的，这两种评估标准并不必然总是相符的。例如，如果某人必须付出很大才能被赋予的一项权利并不要求太多善就可以被压倒（也许比某人不必需要付出很大就能被赋予的另外一项权利还要少得多的善），那么，二者就并不相符。

权利相互之间也可能发生冲突。[如果一个人必须付出很大才能被赋予的一项权利（因此在这种意义上该权利具有很大的严格性）应该被另外一项权利所压倒（在这种意义上后一权利具有更大的严格性），而后一权利一个人不必付出很大就能被赋予，那么，这两种评估严格性的标准在此也并不相符。[33]]保护利益的权利，甚至可能与该权利直接保护的权利人本人利益本身保护的事前最大化相冲突。我们现在将分析每一种冲突类型和评估权利严格性的方式。

### 3.1 权利和善(goods)的冲突

1. 首先考虑权利（积极权利和消极权利）与不受权利保护的重大善之间的冲突[34]。如果重大善是通过很多人的微小善积累起来的，那么这种善能压倒权利

---

[33] 我首先在“Supererogation and Obligation”中讨论了这个问题，并在 *Morality*, *Mortality*, *vol*, *ii*: *Rights*, *Duties*, *and Status* (New York: Oxford University Press, 1996)第 12 章进一步讨论了这个问题。

[34] 此处的“善”，我认为应当包括得到的具体利益以及免于受到伤害。

吗？或者，与享有某一权利的人（假如其权利得不到保护）相比，那些可能失去某一善的人的处境必须更遭吗？后一种情况（涉及到对个人的一次一个的"两相比较"）似乎比前者更可行。权利之所以能够压倒善，一个理由是总体善在人们之间没有以正确的方式分配。（但也可能是，对许多人——其中每个人损失的善并不多于享有权利者可能损失的善而是一样多——造成的累积损失，提供了善压倒权利的理由。下面，我们将考察，以此种方式分配的善是否仍然不能够压倒权利。）

罗纳德·德沃金试图在如下意义上解释某些权利优于重大善的原因：即使将功利主义作为理论背景，那些权利也不应当因促进重大善的缘故而被侵损。他认为，如果一些人的外部偏好倾向于拒绝赋予他人偏好以平等地位，那么他们的外部偏好就不应该纳入功利主义的计算中，也不能由此确定如果不这样做将有多少善会面临危险。他认为这是对的，即使如果不这样做，个人（由于没有满足外部偏好）受到的损失将比那些我们采取行动对抗其利的人损失要多。在他看来，优于累积功利的权利可能是带来某种启示的设计，说明要从社会计算中排除这样的外部偏好，而不必在任何情况下都进行这样的实际计算[35]。然而，这个解释未能说明为什么人们应该享有优于非不当外部累积偏好的权利。例如，在另外五个人都意欲生存（非外部偏好）的情况下，而这五人的生命可以由牺牲另外一人为代价而保存，为什么单独的那个人有优势性的权利保全自己？（德沃金对于权利优于外部偏好的解释也没特别要求对二者做出个人损失的比较，但为分析累积的非外部偏好创造了条件，在累积的非外部偏好中，每一个偏好都是对一种微小善的偏好。）

朱迪斯·托马森解释了为何一些权利必须永远不能受到侵损，即使为了实现并不包含不适当的外部偏好的重大善，即使每个人在放弃重大善后受到的损失同权利人同样多。在某种意义上，她认为，在这个世界上，并没有足够具有道德相关性的善来压倒某些最具严格性的权利。她认为，其原因在于，在决定一项权利是否应当被侵损的时候，首先要考虑的不是累积的善，而是比较如果不侵损那项权利，那些构成整体善的个别善的享有者们的境况会变得有多差。有时，让任何一个人

〔35〕Dworkin, "Rights as Trumps", in *Theories of Rights*, ed. J. Waldron (Oxford: Oxford University Press, 1984).

比受到侵权的权利人的命运悲惨得多，是不可能的，而只有这种情况能够证明侵权是正当的。例如，我们不得通过违犯一个人不受杀戮的权利来挽救因为甚至更加痛苦的自然原因而溺水身亡的十个人的生命，因为那十个人中的任何一个都不会比权利人的命运悲惨得多。托马森的解释认为，可能存在这样一些权利以至于某人可能遭受的损害比权利人受到的相应损害要严重得多，这时就可以允许侵犯这项权利。我认为她的观点还包含了如下含义：即使会遭受如此足够悲惨命运的人在数量上增加，也不比我们在只有一个人遭受如此足够悲惨命运时更有正当理由侵犯权利。（为什么在她看来，单个人足够悲惨命运的恶化与道德相关，而多人同样悲惨命运的累加就不与道德相关呢？）[36]她似乎也忽略了一种可能性，即有些权利的严格性或许并不是可能受到侵犯的利益的一种函数，因此即使某个人会比权利人遭受悲惨得多的命运，权利也是不可侵犯的。例如，即使不限制他人阅读色情刊物的自由与限制他人的这种自由相比，个人的境况会更差，然而限制他的这种自由却仍然是错误的。

而关于权利优先于重大善，另外的一个理由是违犯权利的后果总是比重大善的缺失还要糟糕（例如，死于权利受到侵犯比死于自然原因更糟）。这似乎是非常不合情理的，部分的原因在于因为这种观点意味着没有任何理由基于善的考虑而压倒权利。通过考虑如下假设，可以确证其不合理性：我要么能够保证甲的胳膊不被砍掉的身体完整权不受违犯，要么拯救另外二十个在不涉及权利违犯情况下意外溺水者的生命，但只能在二者中选其一。这种情况下我会选择去救那二十个人。然而如果违犯权利产生了更坏的后果，我将有充分的理由去阻止权利受到违犯。以上观点的重大错误在于它将如下二者等同起来，并认为前者是我们对后者看法的反映：一个是某人有权要求他人不以特定方式对待他，另一个是如果这样对待他，将会出现怎样的糟糕后果。如果真是这样，有五个人受到这样对待，这五人的处境将会更差，就可以允许杀掉一人来挽救其余五人的生命，但那是错误的。

---

〔36〕在当个人的善与多人的善相冲突时采取的措施，以及权利与善冲突时采取的措施这二者之间，托马森所做的区分非常谨慎。在个人的善与多人的善冲突的情况下，她认为（至少）可以对遭受同样厄运并可以获得同样救助的人数进行累计。因此，在不考虑权利的情况下，应带救助人数多的一方。

托马斯·内格尔认为这种错误来源于试图通过具有行为人中立(agent-neutral)的价值的事物(即任何人都有义务阻止的由于违犯权利引起的糟糕境况),解释与行为人有关的要求(适用于任何行为人,要求他们不得对某人从事某种行为)。[37] 权利结果主义认为,对权利的违犯是一种新型的消极价值,能够用来评估违犯权利的结果的严重程度。另一种观点则认为权利是负面限制[38],要求我们不对某人做某事,即使这么做能够阻止同样的事情扩大到很多人的身上,也是如此。

有人对把权利看作与行为人相关的要求进行这样的解释,即相对,正是我为获得重大善侵损权利的行为,造成了(至少从我本人的角度看)与重大善的缺乏有关的更糟后果。在这种观点看来,我不应该做某事,因为这将会产生从我的角度来说更糟的后果。这种观点将对行为人相关的结果评估纳入了结果主义的视角之中,所以为避免最坏的结果,我就不得侵损权利。[39] 行为人对自身的关切也可以纳入非结果主义的框架中:不得侵损权利的责任比任何促使最好结果的义务更为重要,因为行为人不应该只从事特定种类即促使最好结果的行为。这些说法的强调重点从潜在受害者权利的重要性(这意味着我不应该对他做某事)转向了某行为人不属于特定类型行为人的重要性。这意味着如果另一个行为人为了更大的善要侵权,我们就没有理由阻止他。所以假设为了挽救很多人的生命,乙要违犯甲免于被切掉手臂的权利。那么我是否有理由(即使没有义务)放下手边的事情、阻止乙的违犯行为,而不是放任乙的行为以实现更大的利益?我认为应当阻止他。[40] 另一方面,如果我不得从事特定类型行为的要求是至关重要的,那么我应该减少卷入这些行为的数量吗?昨天我启动了即将杀死五个人的威胁,现在我可以杀掉一个人以阻止这个威胁吗?我不这样认为。这些例子表明如果把行为人相关性解释为我本身做出的不得违犯权利的要求,那么就是错误的。与之相反,不得侵权的原因在于不得通过违犯权利来获取更大的善,即使从我的或任何其他人的角度来看,权利受到我的违犯都不是最糟糕的情况。

---

〔37〕参见内格尔的“Personal Rights and Public Space”。

〔38〕这个术语来自罗伯特·诺齐克,参见 *Anarchy, State and Utopia* (New York: Basic Books, 1973)。

〔39〕例如参见 Amartya Sen, “Rights and Agency”, *Philosophy & Public Affairs*, 11(1981)。

〔40〕这不是因为否则的话我就是想凭借别人达到我自己的目的,我未必有这种想法。例如,我非常忙,对我来说去阻止乙是一件累赘,尽管我有理由去阻止乙。

事实上，在权利与增进更大善之间产生冲突时，权利的存在有如下看起来悖论的意味。假如在一次事故中为了挽救多数人的性命，乙要侵犯甲免于切掉手臂的权利。可是这种方法成功的概率只有90%；另一方面我自己就有能力救人，而我若去施救便无法阻止乙侵犯甲的权利，但我还是会去救人。（我有理由去阻止乙，但有更多的理由去挽救许多生命。）现在再让我们假设，救援的必经之路被阻挡了，我没有任何办法施以援手。那么现在任何本会尝试挽救许多人的人都会像我一样，必须阻止乙侵犯甲，即使这意味着许多人因此得不到救援。

怎样从对权利的尊重推导出上述观点？我认为那些免于受到伤害的权利的不可压倒性体现出个人在某种程度上是不可违犯的。[41]（高度的不可违犯性可能保障人的生命利益，但某人可能有非可压倒性地阻止甲的侵害的权利，即使他同样可能遭受乙的类似侵害。在这种情况下，某人的生命利益将无法受到对甲的那项权利的保护，但不妨碍这项权利的存在。）不可违犯性是一种地位，它描述了不得对某人从事哪些行为，而且它并不取决于针对某人实际发生了什么。即使某人受到了不被允许的违犯，也不会丧失其不可违犯性。即使我离开甲以便能够救助他人的情形导致了甲事实上被允许遭受侵害，也不意味着我在道德上赞同侵害甲这种做法（使它被允许）。然而，如果没有理由阻止为救助他人而侵害甲，甲受到侵害以救助其他人因而甲的不可违犯性被降低这一事实就会得到道德上的支持。所以说要尊重不受侵害的权利，就应当尊重不可违犯性的地位，就此而言，一项权利是否得到了尊重并不取决于其本人是否受到违犯或者其利益是否受到阻却。

进一步分析这种权利解释，可以看到，在权利和更大善的冲突之中，可以提出一种观点来解释为何行为人不得侵损一项以某种方式立足于善的权利。不过，要做到这一点就需要扩大善观念的范围，使其涵盖增进利益以外的内容。同时还应当摒弃结果主义对于（因果上）造就善的狭隘观点。我要提出的观点是，有一类善是现实存在的，但如果允许为拯救多人生命侵损某个人的权利，这类善就不复存在

---

〔41〕对于这个研究路径，我在下列文献中已有论述："Harming Some to Aid Others", *Philosophical Studies* (Nov. 1989); "Nonconsequentialism, the Person as an End-in-Itself and the Significance of Status", Philosophy & Public Affairs (1992); *Morality*, *Mortality*, ii. 我所说的人的不可违犯性只适用于无辜的、没有危险的旁观者。我不否认可以允许违犯侵略者、威胁等。

了。这便是人之为人的善，人的价值在于使得人具有高度的不可违犯性，并要求他人不得以某些特定方式对待他。这类善的确意味着一个人的某些特定利益是不应该被牺牲的，但不可侵犯性之所以重要，其原因并不仅仅在于其作为服务于那些利益的工具。（从整体上而且就事前的观点看，不可侵犯性甚至可能无助于那些利益的增进，这是因为，不得卸掉一个人的手臂来拯救事故中其他很多人的生命，这实际上事先就减少了每个人的生还几率。）不可违犯性是个人价值的一种反映。就这种说法而言，在意外事件中为救很多人而伤害一个人是不能被允许的，因为这种做法与受害人享有的这种地位是不一致的；如果我伤害了他，当然是我的行为造成他的伤害，但最让我有理由去避免伤害行为的不在于那是我在伤害他，而在于伤害与受害者的地位不符。

而且，只有当任何人的权利都不允许被侵损，每个人才拥有不可违犯性这种地位。在上文例子中每个死去的人也有高度的不可违犯性，其理由仅仅在于侵害他人是不被允许的。如果某个人作为人所拥有的属性不足以使其获得高度的不可违犯性，它们也不会使其他人获得高度的不可侵犯性。这意味着如果可以允许侵害一个人去挽救其他人，就没有任何人会拥有高度不可侵犯性所表达的价值。所以，在某种意义上，当我们肯定每个人都具有不可侵犯性的善时，就否定了那些将死之人生存的善。〔42〕

应当将以下两种情况区分开来，一是可以产生某人不可侵犯性的他所拥有的善，二是让人成为具有此类价值因而不可违犯性的人是好的。即使后者符合他的利益，这也不能作为与他的不可违犯性相关的权利的来源。要值得享有不可违犯性，他必须有一种自然属性，而不是利益。而且，他作为不可违犯的实体所拥有的

---

〔42〕此处我并未解释为何个人的价值在于高度的不可违犯性，而不在于高度"可获援助性"的地位。如果在于后者，就必须放弃一人的生命，来使多数人获救。但我在这方面确信如下论点的重要性，即人之为人的地位，是任何个人真实状况的函数。如果你获救的原因仅仅是你属于多数的那一伙人，这无法说明你或者你们那一伙人作为个人而言更值得获得援助，而只能表明人数的多寡能够影响我们的应然做法。严格地说，高度的"可获援助性"须表现为努力营救任何一个人的义务。（如下说法是自相矛盾的：高度可获援助性的地位应当体现为允许杀死一个人以救助他人免遭牺牲生命以外的其他伤害，因为这样一来被牺牲的人也就是最应当援助的人。）认为那种地位逐个人决定的并与人数多寡无关的观点可以与托马森的立场联系起来，她认为，在决定为了重大善是否应当侵损一项权利时，人数是不起作用的（即使当侵权不是问题所在或者与相同类型的权利发生冲突时人数起作用）。

利益也不同于他被承认为这种存在所拥有的利益。(有时人们称它为尊严利益)他对这种承认享有利益并不是他享有获得承认的权利的根本理由。实际情况是,拥有权利可能成为某种实体的标志,而这种实体的利益和欲求(例如要求其权利得到承认)应该被给予认真的考虑。

不可违犯性未必是绝对的。不可违犯性的程度可能与在我们可以压倒权利之前他人的具体境遇多么糟糕有关,或者可能与多少人遭受这种厄运有关。与托马森不同,我所描述的立场并不赞成对每个个体的糟糕境遇——等同于遭受侵权的权利人的遭遇——进行非累积处理。也就是说,我并不认为,与权利人遭遇相当的人数的增加与我们是否可以侵权无关。我只是认为,反对侵权的某一种善,就是每个人具有不可违犯的地位的那种善。

我认为应当深入研究计算不可违犯性(进而权利的严格性)程度时相互有别的累积性方法和非累积性方法。为此不妨考虑一下所谓的"五美元例子":有二十个人,一场大风来过,每个人都被刮走五美元。由于只有甲的五美元没有受损失,对其他人来说要想挽回他们的损失,唯一途径就是拿走甲的五美元并将其作为投资,来收回一百美元的损失。不幸的是,甲的性命危在旦夕,将不能从投资中受益[43]。我认为以甲损失五美元的代价弥补他人的永久性损失是错误的,因为其他人的损失与甲的损失是一样的(都是五美元)。如果允许为以上的目的拿走甲的钱,那么包括受益者在内的任何人对自己那五美元的请求权其效力都是比较弱的。只有在不允许拿走甲的钱的情况下,其他人占有五美元的相关权利其效力才是较强的(如果他还有那五美元的话)。(这与上文关于一个人和所有人的不可违犯性的论述是高度类似的。)然而,即使这些观点都正确的,但是没有人认为拥有五美元的权利是高度不可违犯的,如下事实能说明那种不可违犯性是很弱的:如果不从甲那里拿走五美元,另一个人的真正重大的善就会遭到损失,那么或许可以允许那样做。

正如能够证明不得为拯救二十人的生命而牺牲掉一个人,我已经尝试过用相同的办法证明不得为挽救其他人的五美元而夺走甲的五美元。也就是说,如果允许那样做,那么,每个人及其权利都不再是不可违犯的了。我不否认这是真的,但

[43] 这方面的例子是我在 *Morality, Mortality* 一书第 2 卷第 11 章中首先提出的。

我要问的是，既然这同时适用于两个例子，那么究竟表明了什么？也许权利与多人累计损失的对抗能力并不能作为衡量不可违犯性程度的标准，(如托马森所言)它是一个信号，指出在决定是否可以侵犯权利的时候，如果考虑了受益人数目的多少，就在权利的逻辑层面上犯了错误。在五美元例子中，与其说我们希望我们的行为方式能够反映任何人占有五美元的某种不可违犯性程度，倒不如说我们认为计算着许多人的同等损失是在某种意义上非逻辑的。〔44〕

综上，在2.2节中，我基于拉兹的如下主张对权利的利益理论提出了质疑，即权利的力量似乎通常超过它所保护利益的分量。我认为这可能是因为权利体现的是个人的价值，而不是他的利益。最近我探讨了这样一个问题：为什么有的时候个人最重要的利益(例如避免死亡)会比其他人的相似利益(例如避免死亡)更加重要。我给出的一个答案还是，每个人的价值都体现为不允许违犯任何人，并且每个人的这种价值都优先于一些人免于死亡的利益。我指出，权利的力量之所以甚至能够超过它所保护的利益，是因为权利表现了人类所共有的、胜过任何人利益的东西。而后我没有推翻这个观点，又提出了另一个问题：不允许以多人的累计损失为理由对抗权利，这种做法是否体现了权利的严格性(以及个人不可违犯性的程度)，或者，相反，这反映了这样的事实：在理解权利的问题上采取计算累计损失的方法是一个严重的逻辑错误。

2. 现在来考虑不可违犯性的另一个方面：不可侵犯性的量化程度只是相关问题的一部分；同样重要的是允许和不允许侵损个人及其权利的具体方式。我认为这有助于我们反驳权利的利益理论。拉兹发现，利益未必能产生所有保护它们的权利。我不认为拉兹充分地解释了其原因，以及某种解释与利益理论不一致。

在如下情况下，不可侵犯性的量化程度可能是相同的：(1)只允许以X方式侵权，不允许Y方式；(2)只允许以Y方式侵权，不允许X方式。然而在如何对待具体某人之上，前者可能正确，后者可能错误。我认为，同样的一种利益，以一种方式不能得到保护，以另一种方式却能得到保护，这表明对于有能力享有权利的人来说，生成权利至少不仅是利益，还应当包括对待一个人的方式，这些方式所影响到

〔44〕在后文中我还会谈到这个问题。

的那些关键性利益决定了权利是否存在。

在讨论权利和善的冲突方面，有过这样一个例子——即使不去实施危害行为(如杀人)，仍可能允许危害行为发生(例如放任死亡)。上述两种情况中，最明显的利益(即生存)都处于危急状态。然而，杀人时剥夺了他人的生命，如未遭遇外来干涉，其生命本来可以继续下去；放任死亡时，只有借助外来的干涉，生命才能继续下去。只有当我们杀人时，被杀者对生命的主权才陷入危急；当犹豫是否要放任死亡的时候，施救者对生命的主权就万分紧要。这(而非单纯的利益本身)有助于解释权利的存在与否。与生存之符合个人利益不同，我们能认为生命自主权符合个人利益本身吗？但我们同样也看到去做别的事情而放任他人对自主权进行剥夺的现象(如放任杀害他人)。因此，符合某人利益的自主权能够产生一项免于遭受杀害的权利，而不能产生一项受到救助的权利。为什么呢？受影响的利益明明是相同的。(要注意我们放弃杀害或放弃放任死亡而在肉体上不得不做出的牺牲可能是相同的，所以行为人受损失的不同未必能解释权利是否存在。)如果允许杀人，道德无疑将赞成侵损自主权，但如果允许放任侵损自主权，道德就未必在赞成侵损自主权。但是我们仍然需要解释为何当侵权行为对受害者的利益造成相同影响时，可以赞成放任侵权行为。

在解释权利优于善时，为产生权利而来的不同利益保护方式的重要性便到了紧要关头。认为权利优于利益的人，坚持不允许为促进某些利益而蓄意侵权；但上一部分讨论的例子表明，他们未必因此主张总是应当通过牺牲那些利益来防止蓄意侵权。(可以允许的是救助遭受自然灾害的多数人而不是救助一个为保多人性命而遭杀害的人。)

甚至人们对不允许蓄意侵权的讨论也是不够精确的。例如，假设生命利益以及权利人自主权的利益与增进更大善有关的利益是不变的。为了使相同的利益得到实现，在有些场合某人有权不受到蓄意的干涉，而在其他场合他则没有这方面的权利。在这方面，哲学家们经常讨论的一个例子是“电车问题”。假设一辆电车(由于自然灾害引发的不可抗力)失去了控制，冲向前面的五个人。这时可以利用道闸将车引到另一条轨道上，挽救那五个人的生命；但这样做会撞死在另一轨道上的另外一个人。据说这样做是被允许的；许可这种方式的理由是它并没有以不正当的方式侵权。然而，把另外一个旁观者推向失控的电车则是不被允许的——这时一项权利会以不正当的方式受到侵损——即便是为了避免五个人被撞死而必须如此。这表明免予杀害的权利的力量不仅仅是它最明显保护的利益的函数（例如在所有这些例子中所有人的生命），而且也是它所保护的利益得以实现的方式的函数。（前提是假定除了相关的权利，没有其他的理由决定是否允许杀人。）当然，为支持在这些例子中所做的判断，我们需要对一个人在何时、为何以此种方式享有而以其他方式却没有免遭杀害的权利给出一般的解释。我认为，正确的解释将会说明，更大的善与人们所受的较小的伤害之间应有怎样的因果关系，它不仅仅关涉潜在受害者利益〔45〕，我想也不关涉行为人本人的利益。（例如允许改变电车的行驶轨道，但不允许把某个人推向电车，这不是取决于行为人作出每种选择的难度。不管怎样，即使行为人面临的难度巨大，但是，这也仅仅给了行为人以不把某人推向电车的选择，而没有给行为人施加不得如此的义务。）

### 3.2　权利与个人利益的冲突

到目前为止，我已经讨论了权利如何抗拒更大的善或者被更大的善所压倒的情形。但后者并没有提出解决的办法。假设甲有权要求乙与他共进午餐，但乙在赴宴的路上遇到了急需肾脏移植的丙。丙获得帮助的善是巨大的，因此我们会认为可以允许乙不履行对甲的义务。但可想而知，即使为了这么大的善，也没人要求乙把肾脏捐献给丙。因此，这对他而言是义务外之事，他没有如此为之的义务。然而如果他愿意就可以那么做；认为只有乙有义务捐出其肾脏、以挽救丙性命的情况下，才可以允许压倒甲的权利的观点，是错误的。因此，做义务外之事可能会与权利发生冲突并压倒权利。〔46〕

在这个事例中，甲由于权利遭侵犯而受到的损失是微乎其微的，从我们的角度看来，他应该放弃此项权利。再让我们假设丁有要求其保镖戊保护自己生命的权利，即使戊本人将为此遭受巨大的损失。眼下在保护丁还是救一万个陌生人之间，

〔45〕关于这方面的更多论述，详见“Toward the Essence of Nonconsequentialism”, in *Fact and Value: Essays in Ethics and Metaphysics for Judith Jarvis Thomson*, eds. Byrne, *et al*. (Cambridge, Mass.: MIT Press, 2001)。

〔46〕这个和以下的例子以及针对他们的讨论重复了我在“Supererogation and Obligation”一文中首先提出的观点。

戊面临一个无法两全的选择。我认为丁不必放弃要求戊保护他的权利。但我相信,可以允许戊为救那一万人而放弃丁。即便戊不愿付出与丁若不受保护而遭受的损失同样多的个人牺牲,或者与戊为了履行保护丁的义务所必须愿意遭受的损失同样多的牺牲,也是这样。因此,为了使一万人得救,丁所受损失大于戊为救一万人所甘愿受到的损失也是可以允许的。戊应当按照自己的意志行事,于是戊的义务并不等于他应须从事的行为。实际上,如果戊由于救一万个人受到的损失是微小的(因而不是义务外的),他就应当直截了当地去那样做,并且无须尊重丁要求戊保护其生命的权利。

由此可以得出:(1)在我们对权利和较重大善的比较中,较重大善可能优于权利。但是(2)我们是否应当增进更大的善,则取决于重大善对增进之人的影响。这是因为考虑私人善与较重大善这两个因素的时候,促进较大善往往是义务外之事。可以用“P”代表“私人善”,“GG”代表“较重大善”,“D”代表“权利对应的义务”,“>”代表“可能优先于”。于是,这两种主张就可以描述为 P>GG 以及 GG>D。那么我们是否能递推出 P>D 的结论?这意味着如果某人不必付出很大的努力去促成较大的善,那么他也不必以同样的努力去兑现某人的权利。然而上述推论是错误的。即便戊不必牺牲自己去挽救那一万人,而且他可能救了一万人而没有救丁,但当保护丁不妨碍救一万人的时候,他可能不得不放弃自己的生命去救丁。〔47〕在此可以用一个例子用来说明丁的权利是如何与戊的义务严格相关联,而较重大的善却与戊的义务没有这种严格关联。但是丁的权利却与较重大善之间没有严格的关联。于是,如果促成较重要善所需的努力是微小的,那么戊就应当促成较重大的善,而不是兑现权利;即使兑现这项权利与满足较大善相比可能需要较大的努力。

当然,这并不意味着每项权利都可以要求义务人尽最大的努力。如果没有特别的约定,就不必如此。例如,与某人共进午餐的义务可能由于履行的成本过高而得不到履行。

〔47〕对于此处不可递推性的解释,详见“Supererogation and Obligation”,以及我的 *Morality, Mortality* 第 2 卷第 12 章。

假设存在这样的情况：戊知道如果满足丁的权利要求，事实上他可能为此而丢掉性命。进一步假设，为了救一万个人丁可能遭受的损失也是其生命。为救那一万个人而牺牲生命对他来说通常是义务外的；既然他受到的损失与救丁的损失是一样的，那么这种牺牲是否属于义务性的？我并不这样认为；有人可能从道德上反对为了某一目的（即较大善）而不得不去做他为了另一目的所愿意做的同样事情。有的人会拒绝为了较大善本身的缘故而承受这重大损失。然而，这并不意味着戊根本没有义务用自己的性命挽救一万个人。假设如果放弃丁，戊能以很小的损失挽救那一万个人。再假设如采取更危险的方式，戊就可能同时挽救一万个人和丁，但要以他的生命为代价。如果他确实需要以生命去实现丁的权利，而且他也想救那一万个人，他就必须选择这种更为危险的方式。戊不能以增进更大善为借口侵犯丁的权利，仍然有义务不计代价地履行对丁的义务。在这种情况下，戊仅是间接或变相地以自己的生命挽救那一万个人；既然这是可能的，既然他选择了救这一万人，他就必须采取两全其美的方式：既履行对丁的义务，又救了一万人。（当然，他要是发现救丁的代价大于同时救他和那一万人的代价，他就可以决定不去这样做。）

### 3.3 权利的冲突[48]

1. 冲突的类型。如果权利之间可以产生冲突，那么就说明一项权利即使不能被授予，它也是一项真实有效的权利，而不仅仅是在决定存在何种权利时需要考虑的一个因素。有人认为权利冲突的原因只是它们产生的义务发生了冲突[49]。然而，假设有两个人都获得接受医疗的权利，但只有一份药物，且无法分割使用。似乎权利发生了冲突，但无论谁的义务都没有与其他人发生冲突。实际上冲突产生的原因在于每个人都有接受医疗的自由，同时也有放弃使用药物的义务（这项义务与他人享有的排他权相对应）。放弃治疗的义务之间并不发生冲突；产生冲突的是个人的自由与其自身应承担的义务。

当相关义务冲突而引起权利产生冲突的时候，义务可能存在于不能同时履行

〔48〕对于这个问题的具体论述，见我的"Conflicts of Rights: Typology, Methodology, and Nonconsequentialism", in *Legal Theory*, 7(2001), 239-254。

〔49〕参见 Waldron 的"Rights in Conflict", *Liberal Rights* (Cambridge and New York: Cambridge University Press, 1993)，下文中的注释略为"Waldron"。

两项义务的一个行为人身上。可以将其称为“行为人相关的权利冲突”(agent-relative conflict)。比如,当行为人驾驶的电车失去控制时,他必须决定把车开向哪里——是撞死甲还是撞死乙[50],这就可能存在消极权利之间的冲突。可能存在消极权利与积极权利之间的冲突,例如当行为人必须决定是否为履行救助某人的义务而伤害其他人时。还可能存在积极权利与积极权利之间的冲突,例如当行为人需要救助十个人而却只有能力救其中之一的时候。

也可以将权利的冲突理解为不同行为人负责履行相关义务时产生的冲突。我们可以称其为“行为人中立的权利冲突”(agent-neutral conflict)。要么一个行为人去满足其(因积极权利或消极权利)负有义务的权利人的要求,要么另一个行为人去满足其负有义务的权利人的要求,但是,每个行为人都不可能同时满足其权利人的请求。当一个行为人侵犯了一项消极权利以阻止另外一个行为人侵犯消极权利时,一种特殊类型的“行为人中立的冲突”就出现了。(在这种情况下,第二个行为人无论如何都无法实现权利人的权利,但假如第一个行为人介入,第二个行为人的权利人的权利就不会遭受违犯。)注意,在这种情形下,从行为人相关的角度,第一个行为人面临着履行消极义务与帮助他人避免消极权利遭受违犯之间的冲突。如果这被一项要求实施帮助的积极权利所涵盖,那么从相关行为人的角度来说,就存在消极权利与积极权利的冲突,即使从行为人中立的角度说这里存在的是消极权利之间的冲突。

无论涉及到的利益是否属于相同类型(比如重要或不那么重要的利益),所有这些种类的冲突都可能出现。

2. 冲突与严格性。我们应该如何解决这些冲突?可能有人认为需要由下列基础决定:首先要考虑所涉权利的严格性(效力较强的权利优先)。其次,在严格性相同的情况下,要考虑无法实现的权利的数量。在此我们又需要衡量权利

---

〔50〕Waldron(同上)似乎错误地认为在一个只有消极权利的行为体系中,不可能存在冲突。假定某人需要在如下两种情形中选择其一:一是解除他在以前对某人制造的威胁,而且这个威胁马上就要实现;二是对其他人进行新的威胁。这时无论他怎么做,都会侵犯消极权利。但他目前面临的冲突在于,他有一项积极的义务去避免侵害潜在受害者的消极权利,这就与他的一项消极权利产生了冲突。

的严格性了。托马森[51]指出，权利的严格性是受其保护的利益的重要性的函数，[52]在权利冲突或至少行为人相关冲突的方面，应该首先满足涉及更重要利益的权利，如果利益是同等的，就满足涉及更多利益的权利。

但是上文的分析认为，应该否定权利的唯一来源是其保护的利益的观点，同时应该认为权利的严格性可能与其保护的利益不成比例。因此，举例来说，甲有一项消极权利使自己的胳膊免于被砍断，这项权利保障甲免受任何人的侵害；乙有一项积极权利要求其保镖保护自己的生命。如果利益是衡量权利严格性的唯一标准（即使它不能完全解释权利来源），那么只要是为履行保护乙生命的义务而别无他途，就可以允许保镖砍断甲的胳膊。但实际上这是不能被允许的。的确，托马森恰恰是根据不允许如此为之而论证要求协助的积极权利是不存在的[53]。但看来毫无疑问，在保镖与雇主之间至少可以约定积极权利。因此，我认为从该例子中必定得出，权利严格性不仅仅是所涉利益的函数，它也是权利类型以及权利不被满足所导致的权利人所受对待方式的函数。

不能简单地认为消极权利比积极权利更严格，当利益的重要程度保持不变时尤其如此。例如保镖可能有一项积极义务使失控的电车改变轨道，避免撞死他的五个雇主，却撞死另外的一个人。[54]

在涉及消极权利冲突的情况下，权利的严格性也不仅仅是受到保护的利益的函数。假设有两种方法可以阻止失控的电车撞死五个人：(a)使其改变轨道，轧死另外一个人；(b)将一个人扔到轨道上，后果仅仅是那个人将被压成残疾。在可能损害的两种利益中，尽管后者小于前者，但可能允许发生的是前者而非后者。

最后，在权利甲和权利乙并存的情况下，即使权利乙所保护的利益大于权利甲

---

〔51〕参见 *The Realm of Rights*。

〔52〕我在前面指出，权利严格性的含义之一是指如下东西的函数，即允许压倒一项权利需要多少善。将这两种观点结合起来便会发现，允许压倒权利所需的善的数量，是权利所保护利益的重要性的函数。

〔53〕Thomson, *The Realm of Rights*.

〔54〕累积多项权利的方法并不能解决所有的问题。假设在甲岛上甲享有一项契约性权利，有权在性命危急时获得救助；在乙岛上的乙也享有同样的权利。然而当二人都面临生命危险时，只能去救一个岛上的人。而乙岛上的丙也有一项契约性权利，要求他人治疗他的喉咙痛。如果决定满足乙的权利，丙的权利也将得以满足。我以为，不该根据丙显著轻微的权利来决定满足甲或乙的重要权利。详见我的 *Morality, Mortality*, i。

保护的利益，而行为人面临着遵从何者的矛盾，也可以明示保证，权利甲不应当被权利乙所压倒。在此，那涉及较小利益的权利应该被满足。

在行为人相关的冲突中，即使我们应该选择遵从最具严格性的权利，它所保护的利益也未必就是最重大的。在行为人中立的冲突中，通过遵从最严格权利来解决权利冲突的做法显然是错误的。因为这意味着为了防止一个（或数个）人被杀，我们就应该砍掉某人的胳膊。在此权利的相关严格性可能没有争议——不被杀死的权利也许强于胳膊免于被砍掉的权利——但不应以此作为基础指导我们做出决定。

沃尔德伦（Waldron）并没有告诉我们是什么产生了权利的严格性，只是提供了一种在行为人中立冲突中衡量权利严格性的方法。他认为，通过注意到不论损失多少言论自由都不得对某人施以酷刑，我们可以对免于酷刑虐待的权利和言论自由的权利进行衡量。而这表明，免于酷刑的权利要强于言论自由权。而我相信，这种衡量权利力量的程序明显有问题。我们不能通过比较如下两种情形来比较 R1 和 R2 两种权利本身的力量：（a）对故意侵损 R1 加以禁止的力度（b）已经预见到的、无意地放任侵损 R2（假如没有侵犯 R1）。与 R1 和 R2 有关的语境特征上的差异（故意 vs 预见到，主动引起 vs 放任发生）或许会解释为何不允许以侵犯 R1 为代价阻止对 R2 的侵犯。（在上文已经指出，允许酷刑等于在道德上赞成降低人的不可违犯性地位，允许违犯言论自由则不等于赞成违犯言论自由。）因此，由于这些语境因素不同，我们无法衡量 R1 与 R2 本身的效力大小。这正是沃尔德伦采用的方法。通过这一程序，甚至可以证明 R1 强于 R1 本身，例如，即使为了阻止任何数量的其他人遭受酷刑，也不允许故意侵损某个人免受酷刑虐待的权利。显而易见的是，R1 不可能比它自身的效力更强。这种方法同样也可能“证明”R1 效力强于 R2 而 R2 效力又强于 R1。因为我们既可以通过免受酷刑致死的权利（R1）来保护人们先刑后死的权利（R2），也可以通过先刑后死的权利（R2）来保护人们免受酷刑致死的权利（R1）。此处就产生了 R1 强于 R2 且 R2 强于 R1 的矛盾。

我认为，检验 R1 与 R2 相对严格性的正确方法在于，应当在所有与这两种权利相关的因素都均等的情况下才去检验它们。有一些测试——都是在行为人相关的冲突的背景下——至少能够满足这种均等化的要求：（1）选择测试（The Choice

Test)。为实现特定目标，唯一方法是侵损 R1 或者侵损 R2，假定必须择一为之，那么行为人会先选择哪一个？（这一测试允许我们做错事。）这意味着，在其他因素都相同时，宁愿选择牺牲效力较弱的权利。（2）目标测试（The Goal Test）。要故意地侵损 R1，需要多么重大的目标？要故意侵损 R2 呢？这意味着，在其他因素相等时，要侵损较强的权利需要更重大的目标。[55]（这一测试对应着文章前面曾经提到过的测试：要压倒一项权利需要多大的善。）（3）付出测试（The Effort Test）。一个人要付出多大的努力（或承受多大的损失）才能够（a）避免可预见的侵权，（b）遵从权利，或（c）补偿或消除侵权的后果？（这里的（b）对应着文章前面已经出现的测试：为了履行与该权利相关的义务应该付出多少。）这意味着，较强的权利要求付出更多的努力。就某个方面而言，选择测试比另外二者能揭示更多的问题，因为权利在强度大小上可能有所不同，较弱权利的强度也可能需要通过最大努力以避免对其侵损，而且，也只有最大的重要目标才能够使得对其侵犯具有正当性。（然而必须记住，至少在行为人中立的背景下，衡量权利的强度其本身并不能决定该如何行事。）

这些测试至少有三个问题。首先，付出测试和选择测试可能产生相互冲突的答案。例如，保镖可能被要求为保护其雇主的生命付出更多的牺牲，但他为阻止陌生人失掉手臂就不必做出那么多牺牲。但是在可预见到的情况下，或许不能允许他以陌生人失去手臂为代价保护其雇主的生命。其次，付出测试与目标测试也可能对于一个问题给出冲突的答案（正如前文出现过的）。例如保镖可能需要付出更大的牺牲才能挽救其雇主的生命，而兑现另外一个雇主——为该雇主服务将拯救一万个人的生命——的权利则不需要那么大的牺牲。假设还有一项挽救五千人生命的目标，那么要实现它就会压倒第一个雇主的权利，但却不会压倒另一个雇主要求他进行服务以拯救一万人生命的权利。[56]

第三个问题是，这些测试在衡量权利严格性方面上的应用依赖于一个假想中

---

[55] Alon Harel 认为侵犯言论自由权的理由可以是阻止对他人的侮辱；但不能是为了赢得一场战争，尽管后者是一个更重大的目标。但此处不是所有因素都相同，言论自由在确保战争的正当性方面具有重要作用。

[56] 当义务外行为与义务冲突时，付出测试和选择测试也可能不相同。义务外行为与履行义务相比可能要求更多的行动，但不得为完成义务外行为而不履行义务。（在“Supererogation and Obligation”一文中，我分析了付出测试与选择测试的各种不同冲突：对某人的要求是付出很多努力去履行一项义务，而不是从事义务外行为；但他也可以选择义务外行为而不是义务。）

的可递推性(transitivity):如果 R1 能够对抗损失 x 而 R2 不能,那么 R1 的严格性就大于 R2。由于 R1 和 R2 之间特定的相互作用,事情很可能并非总是如此。于是,这些测试充其量只是在表面上初步显示某些权利相对于其他权利的严格性。假设甲有权获得 x 程度的帮助,而乙只有获得 x－n 程度帮助的权利。即使承认甲的请求比乙的请求更重要,但在二者发生冲突时,仍然可能只满足乙的权利,原因在于:乙是甲的家长,孩子绝不应先于家长得到帮助。[57]

在应用这些测试(或其他类似测试)时,我们应当认识到,仅仅依据 R1 和 R2 在某些情况下产生了相同的结果,并不能说明它们在本质上具有同等的强度。不能通过表明对于某些相同情形我们必须付出相同花费以避免侵损每种权利,来论证 R1 和 R2 具有相同强度这一普遍性真理。因为随着维护权利不受侵损的代价的提高,R1 可能要求避免受到侵损而 R2 则没有这样的要求。但假如 R1 哪怕在唯一的场合产生了与 R2 不同的结果,而 R2 却没有产生类似不同的结果,就有理由证明 R1 与 R2 就强度本身而言有所不同。(只要有一条反驳的理由成立,就能推翻一个普遍性真理。)[58]

沃尔德伦提供了确定权利相对强度的另一种方法。他说如果我们认真对待一项权利,那么除了负有不得违犯它的基本义务以外(比如不得酷刑虐待某人),还必须认定它生成了一些相关的义务,例如惩罚实施酷刑者的义务,教育人们反对酷刑的义务,等等。但他认为,所有这些与免受酷刑权相关的义务的强度,都不强于言论自由权派生的义务。例如,惩罚违犯言论自由者的义务可能强于教育人们反对酷刑的义务(在以应当投入资源的多少来衡量二者的时候)。但是,如果较强权利的相关义务的效力弱于较弱权利的相关义务,他认为,那么所谓较强权利的效力就不那么强,较强权利就可能由于较弱权利的生发出的足够重要的考量而被比下去。(在此,他从相关义务的弱效力退回到原始权利的弱效力上。这一主张采取了归谬法的形式,即如果假定某一权利有很强的效力,那么我们可以证明它并不具有此种强效力。)

---

〔57〕对于这些种类的不可递推性的讨论,见"Supererogation and Obligation", *Morality*, *Mortality* (ii, ch, 12)。

〔58〕这里的问题与如下讨论中谈到的问题很相似:不得杀人的义务是否比不得放任死亡的义务更严格。我的讨论详见 *Morality*, *Mortality*, ii。

我认为这一观点是错误的，尽管有部分内容看似正确。认真对待权利一定意味着——除了不故意侵损该权利这一基本义务之外——认真对待那些相关义务吗？（它是否意味着原始权利具有很强的效力？）当罗纳德·德沃金说有些权利优于功利时，他的意思是说我们必须遭受同样的功利损失以便阻止某人故意违犯那些权利（或者便利权利行使）吗？[59] 如果他是这种意思，权利至上的观点就是不可接受的了。[60] 沃尔德伦的明智之处就在于，他否认所有与权利相关的义务都具有同等的效力强度。[61]

通过以上论述，可以否认权利的理由在于具有权利能力的个人的利益足以生成一项义务的观点。例如，如果免受酷刑的权利完全出自免受酷刑的利益，那么他就有权主张任何非常可能导致酷刑的对待方式都应该被同样禁止（假定为此所付代价相同），这项权利也允许人们不去阻止施加于他人的酷刑。但如果免于酷刑的权利也涉及在道德层面上能否排除导向酷刑的某种特定待人方式，那么我们就可以解释为何免于酷刑的权利具有很强的效力，并优先于已经预料到的功利损失，而为何阻止酷刑的权利则没有如此强的效力。人们甚至可能享有阻止实施酷刑意图的权利，即使这项意图很难实现，却没有同样强度的权利去阻止很可能即将发生的酷刑虐待。这正是非结果主义的主题——事物的后果状态（如受到影响的利益）可以是相同的但产生这种后果的一种方式是允许的而另一种方式却是不允许的——在权利违犯上的适用。[62]

---

〔59〕这种表述并非针对权利是否优于其他权利。参见"Rights as Trumps"。

〔60〕或许在公共政策方面，在号召行动起来避免对权利的违犯时，权利至上的观念被错误地使用了。

〔61〕同样应注意，沃尔德伦非常准确地指出第二位的言论自由相关义务可能优于第四位的免于酷刑相关义务，但是这无法说明两项排位相同的、分属不同权利的义务中何者更优先。免于受酷刑致死比免受酷刑以外故意杀害更加重要，但这并本身不意味着解救受害人免遭试图酷刑致死就比解救受害人免遭普通的故意杀害更加重要。有人如此解释这个现象（我未必赞同）。与杀害相比，酷刑对待一个人的方式更不符合人之为人的本性。但当我们不得不留下一个人受害时，我们将不支持这种不适当的对待。因此，只有每个人遭受的损失才是相关的，我们不应该允许以与每个人得救（免死）的损失相比更加微小的附带损失（免遭酷刑）来决定解救谁。

〔62〕德沃金在为一项要求医生帮助自杀的权利进行辩护时，采取了非结果主义的观点。他考虑到了这样的反对意见：由于错误地行使，这项要求得到帮助以实现自杀的权利（以及医生从事这种行为的权利）会导致违犯更多免于不情愿被杀害的权利。一方面他承认数量足够多的错误会使权利的严格性降低，但另一方面他坚持认为政府限制帮助自杀权的意图必须与政府对于那些错误的预见（而非意图）相比较。参见"The Philosophers' Brief to the U. S. Supreme Court", *The New York Review of Books* (27 Mar. 1997), 41－47。

但沃尔德伦犯了一个错误，他认为，由于假想的强权利产生的义务其效力可能是弱的而且假想的弱权利产生的一些义务可能优先于它们，所以其实所谓的强权利其效力一点也不强。甚至对弱权利违犯的阻止也还是能优于故意侵损强权利的行为。如果影响利益实现的方式是非常重要的，那么，无论在行为人相关的冲突中还是在行为人中立的冲突中，直接故意的侵犯权利行为也可能不被压倒，即使其他影响利益的方式可能被压倒。

例如甲有一项权利，要求他人不得伤害性地推他而失掉他的一条腿；乙有一项免遭故意杀害的权利，则甲权利的效力可能要弱于乙的权利。但在“电车问题”的讨论中，我们已经看到，甲权利强于乙那种不由于改变电车轨道来挽救更多人生命而被杀的权利。尽管活下去的利益大于不失去腿的利益，此处决定各种权利是否存在以及效力强度大小的却是不同的对待方式。这并不意味着可以故意杀死乙，以避免使甲失去一条腿。[63] 我的结论是，需要有一些沃尔德伦观点以外的论证来表明一项权利不足以优于其他权利。

3. 应用。让我们详细考查一下：在深度讨论的涉及行为人中立视角下的消极权利冲突的情形中，我在权利冲突讨论中着重考虑的因素起到了什么样的作用。假定除非行为人 1 杀了乔，否则行为人 2 将杀死吉姆和苏珊。沃尔德伦主张[64]，假如采取利益派生权利的理论并关注权利，出现此类消极权利冲突时行为人 1 应当考虑杀死乔。（确实如此，即便对权利的关照并不意味着应当通过杀死乔以避免吉姆和苏珊死于致命自然灾害。甚至有人认为，如果关注权利而又不杀死乔，这是自相矛盾的、非理性的。）沃尔德伦说，不管另一个行为人会怎么做，行为人 1 不得杀死乔，这是因为我们所采取的理论的基础在于义务而不在于权利（至少它不是从利益衍生出来的、以权利为基础的理论）。他说，这一理论的基础之所以是义务，是因为我们关注的是杀人对于行为人的意义，并视之为不得为之的事情；我们并没有

---

〔63〕这个问题与我对 Peter Unger 在 *Living High and Letting Die* (New York: Oxford University Press, 1998)一书中观点的讨论有关，见我的“Rescue and Harm”, *Legal Theory*, 5/1 (Mar. 1999)。我打算在以后(在这个问题上)为这些评论增添内容。当然，它并不意味着我们在面对 a 和 b 的冲突(a 指为救更多的人，改变电车的轨道以杀死甲；b 指为救更多的人而故意砍掉乙的一条腿)时，必须选择前者。我们可以从事就事情本身而言不被允许的行为(即砍掉乙的腿)，以之作为出于甲利益的考虑而受许可行为的替代。我称之为“次要许可性原则”。

〔64〕参见他为 *Theories of Rights* 撰写的前言。

关注那些受到权利保护的潜在受害者的利益。

这一模式试图“由内(行为人)而外(对受害人)”地而非“由外(依照受害人权利的行为人)而内(对行为人)”地推导出对于行为人的约束。[65] 我认为这是错误的。首先要注意,以义务为基础的理论在讨论杀人对于行为人的意义方面,当(从直觉上)不该杀人时,并非总是会告诉他不该杀人。因为假如行为人 1 已经(或将要)安放一枚炸弹,将要炸死吉姆和苏珊,除非他现在就杀了乔才能阻止吉姆和苏珊被炸,如果行为人 1 又产生了不想杀人的念头,就可能通过杀死乔来阻止更多的人被杀。但似乎这样做是不被允许的。

其次,考虑一个“关于艺术品的例子”:如果某人热爱艺术,我们就认为他会保护而不是毁坏艺术品。但如果为了阻止其他人毁坏五件同样宝贵的艺术品而必须自己毁掉一件,这时他该怎么做? 或许应当允许他这么做。这表明对危害他人行为的约束并不是“由内(行为人)而外”产生的,而是“由外而内”产生的,因为这项约束反映出她行为的对象种类——即一个人,而不是艺术品。

第三,我想,有些以行为人为中心的观点,它们关注行为人的行为或心智状态的性质,而不关心受害人的权利,但这些观点并不关注行为、受害人或结果之上的“行为人印记”。例如,如果行为人杀死了一个人,那么,他从事杀人的行为或心智状态的性质被认为是十分令人厌恶的。杀人行为当然是行为人本人从事的,但令他感到厌恶的关键并不在于这是他的行为而非别人的行为,而是在于杀人行为的本身。倡导这种观点的人可能声称,它解释了为何一个人现在不应当为了把更多的人从她自己以前或者将来的恶劣行为中解救出来而去杀死一个人。然而,应注意到这种基于义务的约束的解释结构,是与基于权利的约束大致相同。根据二者,无论是行为类型的场合还是权利类型的场合,都妨碍了在许多相同的行为类型和权利类型场合下最小化不当行为(misconduct)的努力。如果义务考虑的逻辑并不要求将对权利的侵损最小化,而只是要求不得侵损,那么,为什么权利考虑的逻辑却要求将对权利的侵损最小化呢?

---

〔65〕参见 Stephen Darwall 的“Agent-Centered Restrictions from the Inside Out”, *Philosophical Studies* (1982),以及 Elizabeth Anderson 的 *Ethics and Economics* (Cambridge: Cambridge University Press, 1993)。

我认为，关注与权利有关的潜在侵权受害人的、以权利为基础的理论可能要求行为人 1 不得杀乔。至少，关注权利而又不最小化权利侵损所造成的权利违犯，这不是非理性的或者自相矛盾的。赞成这一点，涉及到对权利与善之间冲突的前述讨论的一种变化。如果可以允许行为人 1 杀死乔以拯救吉姆和苏珊，那么这必定意味着，与不得杀死他相比，乔拥有一项较弱的免遭杀害的消极权利。（即使我们正在侵犯而非违犯他的权利，也是如此；不被允许侵损的权利将会是较强的权利。）由于一个人的情况可以适用于其他任何人——因为必须使道德原则普适化——所以吉姆和苏珊也具有较弱的消极权利。受较弱的消极权利的保护意味着其不可违犯性较小，并且我认为这意味着一个人的内在价值较小。一个人的消极权利越强势，他的不可违犯性就越强。不可侵犯性是一种地位（它告诉不得对某人施以哪些行为）；它与在某人身上实际发生了什么没有必然关系。如果因为没有杀乔就要放任吉姆和苏珊被杀，后者就遭受了违犯，但后者的不可违犯性并不比乔更弱。这是因为道德不支持（不意味着允许）杀人；他们被杀是错误的。相反，如果已经允许为救另外二人而杀死乔，那么道德就认可了一种形式的杀人，并因此认可了对任何人不可违犯性的削弱，（我认为）这意味着任何人都不是那么重要的生命。对权利的关注的理性表达，不在于假定每个人的权利都是较弱的因而可以允许将对这种较弱权利的违犯最小化来行事，而在于根据权利的强度来行事。很有必要强调，是对杀人的可允许性的不同而不是实际的杀人行为降低了人的地位。并且，禁止从事的行为以及相关的不可违犯性程度不是由任何选定的道德标准所规定的：我们无法使人成为可违犯的。任何人或者值得或者不配享有这种不可违犯性。如果他们值得享有不可违犯性，我们就应据此行事。

如果存在一项效力较强的消极权利，就可能禁止行为人 1 杀害乔，其理由不在于行为人本身，比如行为人应当更关注自身的能动性（agency）而非其他人的能动性（或者更关心他现在的能动性而非之前或将来的能动性）。实际上要求他不得杀死乔的是行为人中立的理由（也就是每个行为人都必须考虑的理由），即由强效消极权利体现出来的、对抗杀人者的任何人的高度不可违犯性。行为人 1 应该被阻止，是因为它将杀害的任何人都享有的权利，而不是因为那人具有任何特殊性（即作为他的受害者），也不是因为行为人具有任何特殊性（即正是他在杀人)。[66]

反对将权利违犯最小化的理由关注个人的地位(可以对他从事哪些行为,这表现了他是种怎样的存在)与个人的实际境况之间的区分,而非一个行为人的行为与另一个行为人的行为之间的区分。如果人们的不可违犯性地位得到了提高,那么这可能意味着更多的侵犯将会发生。我想这一分析表明,在更高的层面上,乔免遭杀害的权利与吉姆和苏珊的同样权利之间的行为人中立的冲突在某种程度上消失了。假设对于每个人来说(无论他们是否已经认识到),高度不受违犯性的价值都是重大的。于是吉姆和苏珊就成为不允许杀害吉姆*的"受益人"。当然,他们并没有像乔那样因生存(或其权利得以强制实现、并被人们承认)而获益。而且"活着"(其次的利益在于权利的强制实施并为人们承认)大概就是权利的利益理论下消极权利所保护的利益。在较高层面上权利的冲突有所消失,这是与权利的利益理论一致的,如果成为值得享有不可违犯性地位的人,亦即成为真正享受这种地位的那种实体是符合个人利益的话。

甚至对如此弱化的利益理论形式,我们也可以拒绝接受。对于权利(以及其他基本人权)的另一种理解是,权利产生的地位表达了这样的善:与其说这种善是符合个人利益的,不如说正是他那里的善使其利益值得保护。世界上若充满了应得这种地位的实体,将因此变得更美好,对他们来说这种资格是一种荣誉。然而这一地位之所以重要,主要并不是因为它是人的一种利益或者它服务于人的其他利益(假如确实如此的话)。至少基本人权并不是保障个人利益,而是对于人之所以为人的本性的表达,作为人,其利益才值得保护。这些基本人权表明人的价值而非符合人利益的东西的价值,并且可以想见,很难因为一个人作为人的价值而保护他的

---

〔66〕当如果权利受到保护就根本不存在利益纠葛的时候,那么显然对权利的关注本身并不必然引起对权利违犯的最小化。在"神父的例子"中,每位神父都有权要求我向他鞠躬,这仅仅是尊敬的一种体现。在路上遇到一名神父,我就应当鞠躬,但他后面又来了五名神父,这时如果我对第一个神父鞠躬,那另外五人就会从我面前走过,我就来不及再对他们鞠躬。另外,还有其他人也会错过那五个神父,但如果我不向第一个神父鞠躬,其他人就不会错过。似乎显然我应当满足第一个神父的权利。这个例子显示,为了保护利益而非处于最小化对该权利的违犯的考虑而侵权,似乎更有意义(即使那可能不正确)。详见我的 *Morality*, *Mortality*, ii。

* 应该是乔而非吉姆,原文似乎有误。

其他利益。[67] 毫无疑问，在较高层面上乔与吉姆、苏珊之间的所谓权利冲突在某种程度上消失了——假如乔不享有此项权利，那么，他们二人都不会享有此项权利亦即此种地位，而且，这是可以与他们的权利被执行分开的。

阐释这一观点的另一路径，是看作为压倒权利的理由而被权利排除的东西。如果人们在某些方面拥有高度的不可违犯性，那么表现这种不可违犯性的权利将特别把某些因素作为侵权理由加以排除。例如，表现生命高度不可违犯性的权利可能表明(或暗指)"不得践踏个人免遭杀害的权利，即使这样做是为了挽救更多生命免遭杀害"。这就是约瑟夫·拉兹所说的权利发挥着排他性理由的功能。假设吉姆、乔和苏珊都有这项权利，但吉姆和苏珊的权利将受到侵犯。以他们都享有的权利为理由侵犯吉姆的权利(即仅计算数目)将是自我矛盾的。允许为了吉姆和苏珊而违犯乔从而将权利的保护最大化，这也是自我矛盾的，因为这项权利特别地要求不得这样做。我们不能通过容许去做实质上否定每个人所享权利的事情来保护该权利。这是权利无用论的观点。[我认为以上分析的成功之处在于，它将如下两种观点结合起来了:(1)侵权的最小化可能最终仅仅捍卫了较弱权利;(2)在计算受权利违犯的数量或承受可比较损失的人数时，存在着逻辑上的不一致。照此，这一分析似乎将前面两条解释为什么一项善不能压倒一项权利的不同研究路径合并起来，其中一条研究路径在原则上排除累积的计算，另一条研究路径则可能容许累积累计。然而，这种不一致是相同的吗?][68]

当侵损某人的权利将阻止侵损其他人权利时，这里对消极权利冲突的分析可以应用于其他权利(如言论自由权)。的确，可以看出这一分析结果与沃尔德伦关于言论自由冲突分析的结果之间存在着差异。[69] 沃尔德伦从纳粹分子和共产主义者的言论自由权角度分析权利的冲突。纳粹分子想通过言论自由剥夺共产主义者的言论自由权。我们可以为了言论自由权本身而去干涉纳粹的言论自由吗? 沃尔德伦持肯定的态度，并给出了三个理由:(1)他们主张的言论自由权会毁灭采纳

---

〔67〕在这里我们可以重拾 Mill 的观点:一个人可能情愿做不满足的苏格拉底，也不愿做满足的傻瓜。

〔68〕也许有人认为，在最理想的社会状态下人们确实拥有不可违犯的地位，但会有人因防止更多人遭违犯而对一个人从事不受允许的违犯行为。但这只能表明我们的目标不是实现所谓的理想状态，而是根据现存价值(比如人们的不可违犯性)行事。

〔69〕参见"Rights in Conflict"。

言论自由观念的生活方式(如所有人的言论自由);(2)言论的内容和倾向与所宣称的言论自由权是不相容的;(3)真正意义上的言论自由要求一人的行为必须与其对方以某种方式相联系,给二者都留有一定的余地。

就我看来,沃尔德伦创设了一种较弱形式的言论自由权,它是在总体上实现维护某种言论自由的目标所要求的。假如每个人都有较强的言论自由权,按照上文所建立的模型I,就可能将言论自由的保护本身作为限制言论自由的理由而排除掉。也就是说,强权利能够压缩每个人作为自由言论者的地位,即使对这种地位的尊重使得某些人(他们仍然有同等地位)因为不恰当地遭到权利违犯而没有言论自由。尽管通过行使言论自由权去阻止他人的言论自由可能是错误的——在行使权利与正当行为之间存在着众所周知的差别——尽管我们可能因为特定善(即让更多人实际行使言论权)——而侵犯(即被允许的侵损)该权利,但这并不意味着可以证成为顾及言论自由本身这项较强的权利而侵权。如果为人们自由言论的善而侵犯这项强权利,那么我的观点是,我们这不是在出于对这项强权利的考虑而行事,也不是在保护这项强权利。

4. 事先视角(Ex-Ante Perspectives)。* 从充分的事前视角出发,个人权利(或利益)冲突的代表事例与个人相互之间为增进他们自身利益而协议放弃强权利的事例可以是相通的。所以请再次考虑(以通常被视为违犯权利的方式)杀死一人而为挽救五人免于被杀的例子。我们(至少)可以用两种事前视角来看待这个例子。从其中的任一观点来看,任何人都可以认为自己现实中要么是被牺牲掉的那个人,要么是获救的五人中的一个。依据事前视角1,每个人(主观上)都有一种可能性,成为不是被解救的五人中的一人而仅仅是肯定被牺牲的那个人。依据事前视角2,每个人(主观上)有一种更小成为被牺牲的那个人的可能性,而有更大的(主观)可能性成为那五个受益者之一。我认为事前视角2较有力地论证了我们应将权利视为已经被放弃。一个人如果在真实生活(不是假设生活)中一直没有机会从目前他要付出代价的安排中获益,使他承受损失会是比较困难的,即使他有机会成为可

* 在一般法理学领域内,我们可能会将事先视角与法律工具主义(或者法律现实主义)联系在一起。——译者注

能获益的另一个人(正如事前视角 1 所言)。

从上述任何一种事前视角来看,对于可能处于的不同地位(比如,牺牲者或被救助者)存在着两种不同的态度。在第一种态度中,每个人可能认为自己成为牺牲者的可能性较小。这种思考方式使每个人设想没人真会沦为牺牲者。然而,事实上我们知道肯定有人会处于这个地位。因此,每个人毋宁说应该采取第二种态度:每个人都应认为自己不仅有沦为牺牲者的危险,而且认为确实会有人沦为牺牲者。其实也许他只应当考虑确实会有人沦为牺牲者这个问题。〔70〕

我们应当怎样理解当存在"杀一保五"协议时那个事实上不幸被杀的人?应当把他理解为这样一个人:(依据事前视角 2)为了最大化自己不被杀的机会(因为如果他不甘冒风险就将有更高被杀的几率)而甘愿承担被杀的风险(而这时他不愿被杀)。人们始终冒着被杀的危险去增大生存的可能,以及为了其他次要的善。例如,有些人服用具有可能致死的副作用的药物,因为那些药物具有较高的可能维持他们的生命。然而在我们的例子中不同于这种情况的是,当我们知道冒死亡危险不再能符合一个人的利益时,死亡就是刻意强加的。冒着后来被置于受害地位的危险,是符合他的事前利益的。

我们应该怎样捍卫权利而反对那种事前放弃权利的推理(其实是一种形式的事后权利让渡)呢?一种路径是将事前推理与道德结论的相关性整个归于无效。据此,我们必须在决定怎样对待根据一个人时,仅考虑相关需要和对他人的影响。每个人成为牺牲者的可能性都是相同的,以及每人都有能力通过尽量满足他人利益来使自己利益的几率最大化——这样的事实与确定那种方式是否在道德上适当是无关的。〔71〕另一种(相关的)路径主张接受* 某些对待方式的权利在事前是不可让渡的,即使是为了最大化自己的利益,也是如此,这大概是因为反对此种对待方式的权利体现了人的价值,这一价值是增进利益重要性的基点。即使冒着遭到某种特定(但是不可允许的)对待的风险在事前是符合一个人的利益的,也并不表明

〔70〕Thomas Scanlon 在"Utilitarianism and Contractualism"中强调了两种态度的区别,此文收于 *Utilitarianism and Beyond* (Cambridge: Cambridge University Press, 1982)。

〔71〕我认为 Thomas Scanlon 也持同样的观点。见 *What We Owe to Each Other* (Cambridge, Mass.: Harvard University Press, 1998)。

* 疑为"反对"之误。

允许那样对待他。[以下的问题是可以争议的：在损失被施加时(或者意识到这种损失被施加的最近时刻)，允许为了解救他人(而不是作为事前最大化其自己利益的最后一步)而自愿牺牲，或者在仍然是为了其自己的利益而出现牺牲时自愿牺牲。这最好被表述为放弃权利而非让渡权利。][72]

在用这种方式设定某些权利不可让渡时，至少存在一个问题。我想可以证明，一项权利因为某个理由而是事前不可让渡的，有可能因为另一个理由成为可让渡的。而且似乎权利是否可以让渡并不取决于与牺牲者相比有多少人会遭受同样的损失，而是取决于从牺牲中获益的那些人的境况会变得有多坏。(我认为这进一步支持了上述托马森的观点，他认为累加的方法对于是否允许侵犯权利而言不起作用，但阻止足够糟糕的处境对此却是有作用的。)[73]

举例来说，当一个人还不愿意为了避免另外五个人的胳膊被砍掉的时候就事先协议砍掉一个人的胳膊，这可能是错误的，即使这种协议可以使牺牲者有最大的可能保留自己胳膊。这是否意味着保护胳膊不被砍掉以救助他人的权利在事前是不可让渡的？在“两种疾病的例子”中，[74]某个社区里爆发了两种疾病。一种是“胳膊病”，这使得每个人的胳膊而且只是一条胳膊会脱落，这种病在一部分居民中很流行，并且我们可以事先甄别出都包括哪些人。另一种是“死亡病”，此病的患者是居民中的另一些人，不同的是它比较罕见，我们也能鉴别出容易感染此病的人。治愈“胳膊病”的唯一方法是通过切除疑似“死亡病”(但并未患上死亡病)的患者的手指来制作血清，而治疗“死亡病”的唯一方法是通过切除可能但尚未患“胳膊病”者的手臂来获得的血清。

我认为，为需要时提供血清而达成的协议符合所涉一切人的事前利益，而且这个协议的实施在道德上并没有不当之处。即使这是一个事前视角1类型的协议，亦是如此，因为现实的人们知道他们可能患什么病。“胳膊病”的发病率很高，因此很有可能的情况会是：切掉疑似“死亡病”患者的一个手指，作为交换，他们将以较

---

〔72〕见 Feinberg，“Euthanasia and the Inalienable Right to Life”。

〔73〕尽管在精心设计的“电车例子”中，当所做选择减少了每个人丧失重要利益的的事先主观可能性时，托马森本人愿意采用事前让渡来证明杀死一些人以救助更多其他人的正当性。见 *The Realm of Rights*。

〔74〕这个例子和下面的“救护车例子”都出自 *Morality, Mortality*, ii。

小的风险为代价避免较大的损失，即死亡。死亡病的发病率很低，因此为降低他失去胳膊的高度可能性，胳膊病的疑似患者(最终)会失去一条胳膊，这样的可能性也很低。

在本例子中，一个胳膊病患者将不得不付出一条胳膊的代价来增加他保住这条胳膊的可能性，即便人们知道这么做已经不再符合他的利益(因为他不再面临胳膊病的威胁)，因为他就只得到了预防胳膊病的可能性增加的利益。在这个例子中，某人的胳膊将被牺牲掉以阻止其他人的更大损失(死亡)。也就是说，牺牲者的损失明显小于获救者如果没有获救所遭受的损失。

最后要注意，损害发生的方式似乎对于如下命题是至关重要的：即仅仅以较多数量的人获救而避免同样损失为理由能否使得损害行为正当化。在这方面应当考虑“救护车例子”。在“救护车例子 1”中，〔75〕一个社区要决定是否购置一辆救护车。假如决定购置，就会挽救很多本会死去的人的生命，但有少数本不会过早死去的人会在救护车驶向医院的途中被车撞死。实际上我们可以想象(出于某种原由)仅仅那些不需要救护车救命的人才会被救护车撞死。在达成协议的时候，没有人知道自己是不是属于这种人。因此这是一个事前视角 1 类型的例子。是否应当允许社区购置救护车？结论或许是肯定的，在事前视角 2 类型的例子中甚至更是这样。因此，看起来，单纯的同样重大预期损害的数量在此处确实就与道德有关了。

现在考虑一下“救护车例子 2”。例 1 中的那个社区要制定救护车的使用规则。假如认可如下规定那么总体上将会挽救更多生命：在救护车载着许多生命危急的患者驶往医院时，即使为避免撞死阻挡救护车的人可以停车，也不得停车。社区应该通过这条规定吗？例 3 中有另一种可能性，即社区将决定在救护车上安装新型的刹车装置，这使得，无论什么时候，与路上撞死的人相比，只要救护车上有更多的人能够得救，救护车就不可能在撞人之前停车。这些协议看起来是不被允许的。

如果车辆的引进没有带来任何好处，那么就可以将人们免遭杀害的权利作为一项理由提出来，用以反对引进可能造成人员死亡的车辆。但是在例 1 中，利益与

---

〔75〕这个例子由罗纳德·德沃金提出。

人人都没有故意害人——除了为了他们的利益而拥有车辆之外——的事实一起，似乎驳倒了基于免遭杀害权利的反对意见。相反，在例 2 中，在可以轻易避免的情况下（尽管以救助更多生命的机会成本为代价）我们故意实施了明知会杀死某人的行为。这种引发死亡的方式使得基于免遭杀害权利的反对具有了适当性，而且即便将会死亡者的数量更多也不足以压倒免遭杀害的权利。在例 3 中，类似地，故意使得我们不可能容易地避免杀害某人，也被免遭杀害的权利所排除了。〔76〕

〔76〕我认为在我所使用的救护车例子与 Thomas Scanlon 在 *What We Owe to Each Other* (Cambridge, Mass.: Harvard University Press, 1998, 206-209)中对于损害可能性的相关性的讨论中使用的例子之间存在某种相似。